정치편
행형제도 감옥(1)
식민지 감옥의 설치와 운영

정치편

일제침탈사
자료총서 10

행형제도 감옥(1)

– 식민지 감옥의 설치와 운영

동북아역사재단 일제침탈사 편찬위원회 기획
이종민 · 박경목 · 이승윤 편역

| 발간사

　일본이 한국을 침탈한 지 100년이 지나고 한국이 일본의 지배로부터 벗어난 지 70년이 넘었건만, 식민 지배에 대한 청산은 이루어지지 못하고 있다. 일본의 독도영유권 주장은 도를 넘어섰다. 일본은 일본군'위안부', 강제동원 등 인적 수탈의 강제성도 인정하지 않고 있다. 일본군'위안부'와 강제동원의 피해를 해결하는 방안을 놓고 한·일 간의 갈등은 최고조에 이르고 있다. 역사문제를 벗어나 무역분쟁, 안보위기 등 현실문제가 위기국면을 맞고 있다.

　한·일 간의 갈등은 식민 지배의 역사를 어떻게 볼 것인가 하는 역사인식에서 기인한다. 역사는 현재와 과거의 대화이며 이를 기반으로 미래로 나아갈 수 있다. 과거 침략의 역사를 미화하면서 평화로운 미래를 말하는 것은 불가능하다. 식민 지배와 전쟁발발의 책임을 인정하지 않고 반성하지 않으면 다시 군국주의가 부활할 수 있고 전쟁이 일어날 위험성도 배제할 수 없다. 미래지향적 한일관계를 형성하고 나아가 동아시아의 평화와 번영의 기틀을 조성하기 위해 일본은 식민 지배의 책임을 인정하고 그 청산을 위해 노력해야 할 것이다.

　식민 지배의 역사를 청산하기 위해서는 식민 지배는 어떻게 이루어졌는지 그 실상을 명확하게 규명하는 일이 긴요하다. 그동안 일본제국주의에 맞서 조국의 독립을 위해 헌신한 독립운동가들의 활동을 찾아내고 역사적으로 평가하는 일에는 상당한 성과를 거두었다. 반면 일제 식민침탈의 구체적인 실상을 규명하는 일에는 충분한 노력을 기울이지 못했다. 제국주의가 식민지를 침탈했다는 것은 너무나 당연한 사실로 여겨졌기 때문에, 굳이 식민 지배에서 비롯된 수탈과 억압, 인권유린을 낱낱이 확인할 필요가 없었는지도 모른다. 그러는 사이 일본은 식민 지배가 오히려 한국에 은혜를 베푼 것이라고 미화하고, 참혹한 인권유린을 부인하는 역사부정의 인식을 보이는 데까지 이르고 있다. 일제의 통치와 침탈, 그리고 그 피해를 종합적으로 조사하고 편찬할 필요성이 여기에 있다.

　일제침탈사를 체계적으로 정리하는 일은 개인이 감당하기 어렵다. 이에 우리 재단은 한국학계의 힘을 모아 일제침탈사 편찬위원회를 꾸렸다. 편찬위원회가 중심이 되어 일제의 식민지 침탈사를 정치·경제·사회·문화 모든 방면에 걸쳐 체계적으로 집대성하기로 했다. 일제 식민침탈의 실체를 파악하기 위해 2020년부터 세 가지 방면으로 사업을 추진하고 있다. 하나는 일제침탈의 실상을 구체적이고 생생한 자료를 통해서 제공하는 일로서 〈일제침탈사 자료총서〉로 편찬한다. 다른 하나는 이들 자료들을 바탕으로 연구한 결과물을 〈일제침탈사 연구총서〉로 간행한다. 그리고 연구의 결과를 대중들이 이해하기 쉽게 〈일제침탈사 교양총서〉를 바로알기 시리즈로 간행한다. 자료총서 100권, 연구총서 50권, 교양총서 70권을 기본목표로 삼아 진행하고 있다.

〈일제침탈사 자료총서〉에서는 정치·경제·사회·문화 모든 방면에 걸쳐 침탈의 역사를 자료적 차원에서 종합했다. 침략과 수탈의 역사를 또렷하게 직시할 수 있도록 생생한 자료를 제공하는데 목표를 두었다. 그동안 관련 자료집도 여러 방면에서 편찬되었지만 원자료를 그대로 간행한 경우가 많았다. 이번에 발간되는 자료총서는 해당 주제에 대한 침탈의 실상을 체계적으로 이해할 수 있는 구성방식을 취했으며, 지배자의 언어로 기록되어 있는 자료들을 독자들이 쉽게 읽을 수 있도록 모두 번역했다. 자료총서를 통해 일제 식민 지배의 실체와 침탈의 실상을 있는 그대로 이해할 수 있게 되기를 기대한다.

2021년
동북아역사재단 이사장

| 편찬사

    1945년 한국이 일제 지배로부터 해방된 지 76년의 세월이 지났다. 그럼에도 불구하고 일본 사회 일각에서는 여전히 일제의 한국 지배를 합리화하고 미화하는 주장이 나오고 있으며, 최근에는 한국 사회 일각에서도 일제 지배를 왜곡하고 옹호하는 주장이 나오고 있다. 이는 한국과 일본 사회, 한일 관계와 동아시아 국제관계의 미래를 위해서도 결코 바람직하지 않은 일이다.

    이에 동북아역사재단은 일제의 한국 침략과 식민 지배에 대한 학계의 연구 성과를 총정리한 〈일제침탈사 연구총서〉를 발간하기로 하였다. 이에 따라 2019년 9월 학계의 전문가를 중심으로 편찬위원회를 구성하였으며, 편찬위원회는 학계의 연구 성과를 토대로 정치·경제·사회·문화 부문에서 일제의 침탈이 어떻게 이루어졌는지 정리하여 연구총서 50권을 발간하기로 하였다.

    주지하듯이 1905년 일제는 러일전쟁에서 승리한 뒤, 한국에 군대를 주둔시키면서 한국의 외교권을 빼앗고 통감부를 두어 내정에 간섭하였다. 1910년 일제는 군사력으로 한국 정부를 강압하여 마침내 한국을 강제 병합하였다. 이후 35년간 한국은 일제의 식민 통치를 받았다.

    일제는 한국의 영토와 주권을 침탈하였을 뿐만 아니라, 군사력과 경찰력으로 한국을 지배하면서, 정치·경제·사회·문화의 모든 부문에서 한국인의 권리와 자유, 기회와 이익을 박탈하거나 제한하였다. 정치적으로는 군사력과 경찰력, 각종 악법을 동원하여 독립운동을 탄압하고, 한국인의 정치활동을 억압하고 참정권을 박탈하였으며, 집회와 결사의 자유를 억압하였다. 경제적으로는 일본자본이 경제의 주도권을 장악하고, 일본인 위주의 경제정책을 수행했으며, 식량과 공업원료, 지하자원 등을 헐값으로 빼앗아 갔고, 농민과 노동자 등 대다수 한국인의 경제생활을 어렵게 하였다. 사회적으로는 한국인들을 차별적으로 대우하고, 한국인의 교육의 기회를 제한하고, 한국인으로서의 정체성을 박탈하여 결국은 일본의 2등 국민으로 만들고자 하였다. 문화적으로는 표현과 창작의 자유, 종교와 사상의 자유를 억압하고, 한

글 대신 일본어를 주로 가르치고, 언론과 대중문화를 통제하였다. 중일전쟁, 아시아태평양전쟁을 도발한 뒤에는 인적·물적 자원을 전쟁에 강제동원하고, 많은 이들을 전장에 징집하여 생명까지 희생시켰다.

〈일제침탈사 연구총서〉는 침탈, 억압, 차별, 동화, 수탈, 통제, 동원 등의 단어로 요약되는 일제의 침략과 식민 지배의 실상과 그 기제를 명확히 밝히고자 하였다. 이를 통해 일제의 강제 병합을 정당화하거나 식민 지배를 미화하는 논리들을 비판 극복하고, 더 나아가 일제 식민 지배의 특성이 무엇이었는지, 식민 통치의 부정적 유산이 해방 이후에 어떤 영향을 미쳤는지를 밝히고자 하였다.

편찬위원회는 연구총서와 함께 침탈사와 관련된 중요한 주제들에 관하여 각종 법령과 신문·잡지 기사 등 자료들을 정리하여 〈일제침탈사 자료총서〉도 발간하기로 하였다. 아울러 일반인과 학생들이 보다 쉽게 읽을 수 있는 〈일제침탈사 교양총서〉를 바로알기 시리즈로 발간하기로 하였다.

일제의 한국 침략과 식민 지배의 역사는 광복 후 서둘러 정리해냈어야 했지만, 학계의 연구가 미흡하여 엄두를 내기 어려웠다. 이제 학계의 연구가 어느 정도 축적되어 광복 80주년을 맞기 전에 이와 같은 작업을 할 수 있게 된 것을 다행으로 생각한다. 한일 양국 국민이 과거사에 대한 올바른 역사인식을 갖고 성찰을 통해 미래를 향해 함께 나아갈 수 있기를 기대하면서 삼가 이 책들을 펴낸다.

2021년
동북아역사재단 일제침탈사 편찬위원회

차례

발간사		04
편찬사		06
편역자 서문		11

I 신문기사로 본 식민지 감옥의 설치와 운영 ········ 15

    <해제> ········ 16

1. 감옥 관련 정책과 법령 ········ 35
2. 감옥의 설치와 확장 ········ 67
3. 감옥 운영 현황 ········ 117
4. 재감자 증가 추이 ········ 147

II 감옥 법령 ········ 221

    <해제> ········ 222

1. 기본 법령 - 『조선형무제요』 제7편 감옥 제2장 「감옥령」 ········ 225
2. 수용 규정 - 『조선형무제요』 제7편 감옥 제3장 「수용」 ········ 323

Ⅲ	**감옥 현황과 운영 실무**	············ 395
1	강제병합 전후의 감옥과 제도 - 『조선의 행형제도』	············ 396
2	감옥 운영 실무 - 『서대문형무소예규류찬』 서무부 편	············ 398

Ⅳ	**통계로 본 식민지 감옥**	············ 715
	<해제>	············ 716
1	연도별 감옥 예산과 직원	············ 720
2	연도별 재감인원	············ 729

Ⅴ	**관보에 나타난 사형 집행 사례**	············ 745
	<해제>	············ 746
1	대한제국관보	············ 751
2	조선총독부관보	············ 795

자료목록	············ 837
참고문헌	············ 853
인명 색인	············ 855
기타 색인	············ 864

일러두기

1. 일제침탈사 자료총서는 가급적 일반 시민들이 읽고 이해할 수 있는 현대적인 문장과 내용으로 구성하였다.
2. 외국 인명, 외국 지명 등 고유명사는 처음 등장할 때 원어를 병기하고 이후에는 한글만 표기하였다. 한글 표기는 국립국어원 외래어표기법에 따랐다.
3. 연도는 서력 표기를 원칙으로 하고 관련 연호는 병기하였다. 날짜는 원문 그대로 하고, 음력과 양력 여부를 알 수 있는 경우에만 '(음)' 또는 '(양)'으로 기재하였다.
4. 숫자는 천 단위까지 아라비아 숫자로 표기하고, 만 단위 이상은 '만' 자를 넣어 표기하였다. 도표 안의 숫자는 가급적 그대로 표기하였다.
5. 국한문혼용체와 같이 탈초만으로 문장을 이해하기 힘든 경우 가급적 현대어에 가깝게 윤문하였다. 단 풀어쓰기 어려운 낱말이나 문구는 원문을 병기하거나 편역자 주를 이용하였다.
6. 낱말이나 문구에 대한 설명이 필요한 경우 또는 편찬사업의 취지에 따라 자료 해설이 필요한 경우 편역자 주를 적극 활용하였다. 단 편역자 주는 1, 2 등으로 표기하고, 원 자료의 주석이 있는 경우는 *, ** 등으로 표현하였다.
7. 원 자료에 수록된 표는 가급적 그대로 수록하되, 지면상 수정이 필요할 경우 가로쓰기로 수정하였다.
8. 다양한 방식으로 읽을 수 있는 일본 인명은 통용되는 훈독을 따랐으나, 오류가 있을 수 있어 한자를 병기하였다.
9. 판독이 불가한 글자의 경우 ■로 표기하였다.

| 편역자 서문

1. 행형 관계 연구 현황과 자료집 발간의 의의

행형이란 징역, 금고, 구류 등 자유형을 집행하는 일체의 절차와 방식을 의미하며, 감옥은 그것을 집행하는 기관이다. 근대 이후 신체의 자유를 구속하는 형벌인 자유형이 탄생하면서 이를 집행하기 위한 근대감옥이 설립되었다. 우리나라에서는 1894년 갑오경장 이후 형벌제도 전반의 개편으로 자유형의 도입과 감옥 개혁을 시도하였지만, 일본 제국주의의 침략으로 도중에 좌초되었다. 즉 서구식 형사·사법제도의 틀을 어떻게 도입할 것인지 충분한 모색과정을 갖지 못한 채 일본식 행형제도가 일방적으로 이식되었다.

일제는 한국을 지배하기 이전부터 통감부를 통해 사법권과 감옥 관련 권력 일체를 장악함으로써 국권 침탈 및 식민지 운영에 적극 활용하였다. 일제강점기 식민지 조선에서 행사된 사법·경찰 권력은 수많은 피의자와 수감자를 양산하였다. 특히 식민지 조선은 독립운동 및 대중운동으로 인한 저항이 강력하고 끈질기게 지속되었으므로, 이에 대한 일제의 탄압, 즉 반작용 또한 일본의 다른 식민지와 비교가 안 될 정도로 대대적으로 이루어졌다는 특징을 가지고 있다. 정치·사상범에 대한 탄압과 통제책이 끊임없이 모색되었던 것도 이러한 맥락에서 이해되어야 할 것이다.

그러나 일제강점기 형벌과 감옥의 역사는 오랜 기간 연구가 지체되어 있었다. 과거 식민지 시기의 일본인 관리들은 '선진적인' 일본의 행형제도 도입으로 조선의 기존 형정(刑政)이 인도적이고 합리적인 방식으로 진보를 거듭해 왔다고 행형사를 정리하였다.[1] 이에 대해 그간 우리 사회에서는 일제의 지배하에 이루어진 근대법과 형사처벌제도가 한국 사회의 형사·사법 부문의 근대화를 왜곡시키고, 식민지 민중, 특히 항일운동가를 탄압하는 수단으로 활용되었다

---

1 中橋政吉, 1936, 『朝鮮舊時の刑政』, 京城 : 朝鮮治刑協會; 朝鮮總督府 法務局 行刑課, 1938, 『朝鮮の行刑制度』, 京城 : 朝鮮治刑協會가 대표적이다. 후자의 서적은 본 자료집에 수록하였다.

고 보았다.² 다만 사법제도 및 독립운동 연구의 일부로만 다루어지던 기존의 연구 경향이 식민지 감옥과 행형제도, 수감자를 대상으로 한 단일 연구로 확장된 것은 2000년 전후가 되어서야 시작되었다고 볼 수 있다.

우선 근대적 행형의 형식과 내용을 규명하기 위해 서구식 근대감옥과 행형제도가 일본을 통해 한국에 이식되는 과정에서 어떻게 굴절되고 식민지에 차별적으로 이식되었는지를 보여주는 연구가 이루어졌다.³ 독립운동사 영역에서도 많은 업적이 나왔다. 특히 서대문형무소를 중심으로 일제강점기 수형기록카드를 통한 수감자 분석과 항일운동 관계를 중심으로 연구가 이루어져, 누가 어떤 이유로 어떤 생활을 했는지에 대한 구체적인 분석이 이어졌다.⁴ 당시 서대문형무소가 한국의 '대표감옥'으로서 수용 규모나 사상범 통제 면에서 일본의 식민지 감옥을 대표하는 위상을 가졌던 만큼, 다양한 각도에서 조명되어 왔던 것이다.

이 밖에도 감옥 내 사상통제(教誨),⁵ 가출옥(가석방),⁶ 수형자의 노역과 전시 수형자 동원,⁷ 옥바라지⁸와 같은 개별 주제에 대해서도 논문이 이어지고 있다. 이와 같은 점에서 앞으로도 행형에 관한 연구가 활성화될 것을 기대하고 있으나, 아직 행형제도 전반에 대한 체계적 이해나 각 형무소별 연혁과 특징 및 해방 이후의 상황 전개와 역할 등 기초 연구 면에서 비어 있

---

2 김용덕, 1969, 「3·1운동 이전의 태형」, 『3·1운동 50주년 기념논문집』, 동아일보사; 鈴木敬夫, 1988, 『법을 통한 조선 식민지 지배에 관한 연구』, 고려대 민족문화연구소; 신동운, 1991, 「일제하의 예심 제도에 관하여」, 《서울대법학》 제27권 제1호. 이 밖에 기존의 형무소 사료에 근거하여 각 형무소를 소개하고 제도의 흐름을 정리한 법무부, 1987, 『한국교정사』도 훌륭한 참고서가 된다.

3 이종민, 2017, 「제국일본의 '모범'감옥-도쿄·타이베이·경성의 감옥 사례를 중심으로」, 《동방학지》 177; 1999, 『식민지하 근대감옥을 통한 통제 메카니즘 연구-일본의 형사처벌 체계와의 비교』, 연세대 박사학위논문; 1999, 「1910년대 근대감옥의 도입」, 《정신문화연구》 22권 2호.

4 박경목, 2019, 『식민지 근대감옥 서대문형무소』 일빛; 2018, 「일제강점기 수형기록카드 현황과 명칭」, 《한국독립운동사연구》 67, 한국독립운동사연구소; 2016, 「일제강점기 서대문형무소 수감자 현황과 특징」, 《한국근현대사연구》 78, 한국근현대사학회; 2013, 「1930년대 서대문형무소 일상」, 《한국근현대사연구》 66; 최우석, 2012, 「『매일신보』가 그려낸 1919년 감옥의 풍경」, 《향토서울》 80.

5 장신, 2020, 『1930·40년대 조선총독부의 사상전향정책 연구』 성균관대 박사학위논문; 김경화, 2015, 「1930년대 후반 조선총독부의 사상범 행형 교화와 전향 유도 정책」, 고려대 석사학위논문.

6 김정아, 2012, 「일제강점기 독립운동가 「가출옥관계서류」에 대한 검토」, 《한국독립운동사연구》 41.

7 이종민, 2017, 「태평양전쟁 말기의 수인(囚人) 동원 연구(1943~1945)-형무소 보국대를 중심으로」, 《한일민족문제연구》 33; 2000, 「일제의 수인노동력 운영실태와 통제전략-전시체제를 중심으로」, 《한국학보》 98; 김정미, 1999, 「일본점령하 중국 해남도에서의 강제노동-강제연행·강제노동 역사의 총체적 파악을 위해」, 『근현대 한일관계와 재일동포』, 서울대출판부.

8 전영욱, 2016, 「식민지기 서대문형무소 주변의 옥바라지-이른바 옥바라지골목의 역사성과 관련하여」, 《도시연구》 16.

는 영역들도 다수 눈에 들어온다. 행형 연구의 역사가 짧았던 만큼, 앞으로 개척되거나 심화 연구되어야 할 부분도 적지 않다.

본 자료집에서는 아직 알려지지 않은 부분이 많은 행형 관계 영역과 관련하여 그동안 가독성이 제한되어 접근이 어려웠던 기본 자료를 모아 편찬하기로 하였다. 특히 행형과 감옥에 관해 본격적으로 다룬 자료집은 현재까지 출간된 예가 없으므로,[9] 금번 자료집 편찬으로 일제의 식민지 침탈상을 구체적으로 이해하는 데 일조하고자 한다.

2. 1차 자료집의 구성

행형 및 감옥 관련 자료집은 총 3차에 걸쳐 간행할 예정이다. 매년 한 권씩 주제를 정해 발간할 예정으로, 1차 자료집은 식민지 감옥의 설치와 운영에 관한 자료를, 2차에서는 수감자 관리와 처우를 통해 본 식민지 행형 집행에 관한 자료를, 3차에서는 감옥을 통한 항일독립운동 탄압과 사상통제에 관한 자료를 편찬할 예정이다. 이번에 발간하는 1차 자료집은 일제강점기 감옥의 설치와 운영에 대한 정책과 법령의 이해는 물론, 제도화와 그 사회적 파장을 구체적으로 파악할 수 있도록 하는 데 중점을 두었다. 이에 I. 신문기사로 본 식민지 감옥의 설치와 운영, II. 감옥 법령, III. 감옥 현황과 운영 실무, IV. 통계로 본 식민지 감옥, V. 관보에 나타난 사형 집행 사례를 배치하여 각 장별로 관련 자료를 분류, 선별하여 수록하였다.

'I. 신문기사로 본 식민지 감옥의 설치와 운영'에서는 당시 여론에 반영된 감옥의 실상을 보기 위해 감옥의 설치와 운영에 관련된 기사를 발췌, 수록하였다. 《황성신문》, 《대한매일신보》, 《부산일보》, 《매일신보》, 《동아일보》, 《조선중앙일보》 등의 신문 가운데 관련 기사를 섭렵하여, 감옥 관련 정책과 법령, 감옥의 설치와 확장, 감옥 운영 현황, 재감자 증가 추이라는 주제별로 소개 및 비판 기사를 분류하였다. 당시의 여론이 감옥의 실상을 어떤 관점에서 접근하는지에 대해 매체별로 적지 않은 차이가 있음을 확인할 수 있을 것이다.

'II. 감옥 법령'에서는 1942년 조선총독부 법무국 행형과에서 편찬한 『조선형무제요』 가운데 제7편 감옥편에 수록된 감옥 법령을 기본 법령과 수용 규정으로 나누어 수록하였다. 기본

---

9 유일한 자료집으로 3·1운동 관계 수형기록카드를 수록한 서대문형무소 3·1운동 수감자 자료집 편찬위원회, 2019, 『서대문형무소 3·1운동 수감자 자료집』, 서대문형무소역사관이 있다.

법령 편에서는 「조선감옥령」, 「조선감옥령시행규칙」 등의 내용을 일본의 감옥법과 대조하여 살펴볼 수 있도록 하는 한편, 개정 전후의 내용을 소개하였다. 『조선형무제요』는 실무 운영상 상급기관에서 하급기관에 통지되었던 훈령과 통첩(通牒), 형무소장 지시사항 등을 담고 있으므로 감옥의 설치와 운영을 구체적으로 파악하는 데 도움을 줄 것으로 기대한다.

'Ⅲ. 감옥 현황과 운영 실무'에서는 1938년 조선총독부 법무국 행형과에서 편찬한 『조선의 행형제도』를 수록하였다. 이 자료는 일제강점기 설치된 여러 감옥의 현황과 제도, 운영 및 그 기구에 관한 자세한 통계와 사진이 실려 있어 식민지 행형 전반을 이해하기 위한 기본 자료로 이용될 수 있다. 아울러 수록된 『서대문형무소예규류찬』(1939)은 식민지 조선의 대표적 근대감옥이라 할 수 있는 서대문형무소에서 편찬한 자료이다. 감옥 실무에 필요한 각종 예규 사항을 한데 모은 자료로, 수감자에게 적용하였던 각각의 규정을 세세하게 들여다 볼 수 있다.

'Ⅳ. 통계로 본 식민지 감옥'에서는 식민지 감옥의 설치와 운영의 결과로서 나타난 제 양상을 통계를 통해 일목요연하게 살펴볼 수 있게 하였다. 1910년부터 집계된 『조선총독부통계연보』의 '감옥' 통계를 활용하여, 일제강점기 연도별 수감인원, 근무인원 등의 수치와 수감자 변동 추이를 제시하였다.

마지막으로 'Ⅴ. 관보에 나타난 사형 집행 사례'에서는 《대한제국관보》와 《조선총독부관보》에 고시된 '사형' 집행 기사를 종합하여 일제강점기 항일독립운동가에 대한 사형 추이를 살펴볼 수 있다. 수감자들의 죽음에 대한 연구는 그 중요성에도 불구하고 연구가 매우 부진했던 영역이므로, 이번 기회에 사형을 둘러싼 기본 자료를 제시함으로써 현황을 파악하는 데 도움이 되고자 한다.

이상의 자료는 행형제도와 식민지 조선의 감옥 전반에 대한 기초적인 이해를 돕고, 식민지 감옥의 특수성을 이해하는 데에도 중요한 사료가 되리라 기대한다. 이번 자료집으로 관심 있는 연구자의 연구 활성화는 물론 역사인식의 대중화에 일조하고, 일제강점기 식민지 침탈사의 일면을 밝히는 데 도움이 되기를 바라는 바이다.

편역자를 대표하여
이종민

I

신문기사로 본 식민지 감옥의 설치와 운영

해제

일제강점기 감옥을 소재로 한 신문기사는 매년 수백여 건씩 보도되었다. 감옥의 설치, 확장, 운영, 재감인원, 주요 수감자의 출옥, 탈옥 및 각종 사건 사고 등에 대한 기사가 주를 이루었다. 또 유명인사의 옥중 근황, 출옥 후 소감, 감옥 개선에 대한 의견 등 다양한 논의가 신문기사를 통해 제기되었다. 즉 신문이 정보가 폐쇄된 감옥에 대한 소식과 논의의 통로로 역할했던 것이다. 특히 일제 조선총독부의 감옥 정책과 수감자 처우는 한국 민(民)으로서 매우 궁금한 사안이었는데, 신문이 일부나마 그 궁금증을 해소해 주는 정보를 제공하였다.

금번 자료집에서는 일제의 침략이 가시화되는 1907년 7월 정미조약 체결 전후부터 1944년 12월까지의 기사를 수록하였다. 관련 기사는 '감옥', '형무소'의 키워드로 신문기사를 검색하여 이 가운데 '감옥의 설치와 운영'을 살펴볼 수 있는 자료로서 유의미한 기사 293건을 추려 수록하였다. 당시 신문기사 중 현재의 문어법과 맞지 않는 부분은 가급적 현대문과 가깝게 윤문하여 수록하였다.

기사는 각 주제별로 선별하여 다음과 같이 네 가지로 분류하여 수록하였다.

1. 정책과 법령 36건
2. 감옥의 설치와 확장 105건
3. 감옥 운영 현황 53건
4. 재감자 증가 추이 99건

인용한 신문은 총 7개로 《황성신문》(22건),[10] 《대한매일신보》(20건),[11] 《부산일보》(19건),[12] 《매일신보》(109),[13] 《조선일보》(1건),[14] 《동아일보》(95건),[15] 《조선중앙일보》(27건)[16]의 기사를 활용하였다.

단 신문의 발행시기와 성격에 따라 감옥에 대한 시각의 차이를 보인다는 점을 감안하여 기사를 이해해야 한다. 예를 들어 《황성신문》과 《대한매일신보》는 사실을 전달하면서도 종종 기유각서 문제 등 감옥제도의 문제에 대해 비판적인 언급을 하기도 한다. 반면 《매일신보》와 《부산일보》는 새로운 감옥시설의 설치, 위생 보건 등 '개선'에 대한 내용이나 '범죄'로 인한 수감자 증가, '교화' 등 감옥정책의 '우수성'에 대한 내용 등 일제 조선총독부의 식민지 운영 시각을 보인다.

《동아일보》와 《조선중앙일보》는 사실 위주의 보도에 초점이 맞추어져 있지만, 감옥제도에 대한 개선안을 제기하거나 논설인의 입을 통해 수감자의 고충과 울분을 종종 보도하는 등 식민지 감옥에 수감된 사람들에게도 관심을 보이고 있다. 《조선일보》는 1건을 인용하여 보도 경향을 추정하기 어려우나 수감자 중 독립운동 관련 수감자가 대다수임을 보도하였다.

---

10 1898년 9월 창간, 사장 남궁억. 1910년 8월 《한성신문》으로 변경, 9월 12일 폐간.
11 1904년 7월 창간, 발행인 겸 편집인 베델, 총무 양기탁, 주필 박은식.
1910년 5월 소유권이 통감부로 넘어감. 6월 사주 이창훈으로 변경. 1910년 8월 《매일신보》로 변경.
12 1905년 2월 창간, 일본어신문, 초기 조선일보로 창간, 1905년 11월 《조선시사신보》, 1907년 10월 《부산일보》로 변경, 일본인에게 정보를 제공하는 상업신문으로 사설에 일제의 정책선전에 충실한 내용이 다수 있음. 1914년 12월부터 1944년 3월까지 기사가 확인됨.
13 조선총독부 기관지, 강제병합 전 통감부에서 《대한매일신보》를 장악하고, 1910년 8월 신문명에서 '대한'을 떼어내고 《매일신보》로 발행.
14 1920년 3월 창간, 사장 조진태. 창간 이후 경영상의 어려움으로 수차례 사장 변경, 1921년 4월 사장 남궁훈, 1924년 9월 사장 이상재, 1931년 7월 사장 안재홍, 1932년 4월 사장 유진태, 6월 사장 조만식, 1933년 7월 사장 방응모. 1940년 8월 폐간.
15 1920년 4월 창간, 대표 김성수. 창간 당시 민족대변지를 표방함. 1940년 8월 폐간.
16 1933년 3월~1936년 9월 발행. 1937년 11월 폐간. 한국어 민간신문. 《중앙일보》를 여운형이 인수하여 창간.

각 주제별 주요 내용은 다음과 같다.

1. 정책과 법령

강제병합 전후부터 감옥제도의 제정과 변경, 관련 정책, 형무소장회의에 대한 내용을 담고 있다. 1909년 7월 12일에 체결된 기유각서에 대한 논의가 《황성신문》에 거론되는 한편, 일본인에 의해 감옥이 장악되는 현황을 보여주고 있다. 강제병합 이후에는 감옥직원의 증가, 감옥법 개정에 대한 변화 양상과 1912년, 1923년 감옥 명칭 변경과 제도 변경 사항 등이 기사화 되었다. 1930년대 후반에 들어와서는 수감자 분류와 사상범 심사, 수인노동의 강화 등을 주로 논의하고 있다.

2. 감옥의 설치와 확장

1908년 7월 감옥의 업무 개시 현황부터 감옥 신설, 증설, 증축, 확장, 이전 등에 관련한 기사를 선별하여 그 동향을 살펴볼 수 있다. 1920년대 초반까지는 주로 감옥의 증축, 확장 기사가 다수 보이고, 1920년대 중반부터는 및 이른바 '주의자' 또는 '사상범'을 별도로 수용하기 위한 독감방, 구치감 등 특별 격리시설에 대한 설치와 건축 기사들이 주를 이룬다. 그리고 특수 형무소로 개성, 인천, 김천 3곳의 소년형무소와 한센병 수감자를 수용하는 소록도의 병동형무소를 신설하는 내용도 보이고 있다.

3. 감옥 운영 현황

1907년 7월 한일신협약 후 감옥서장을 일본인으로 임명하는 기사부터 감옥 예산, 직원 배치, 선발, 양성 등 조선총독부에 의해 감옥 운영이 주도되는 양상을 담고 있다. 1920년대부터 조선인 간수 선발 시험에 관한 내용과 함께 복제 변경, 수인복 변경, 여간수 모집 등의 운영에 관련된 기사가 보인다. 주목할 부분은 1930년대 석방자에 대한 사후 관리 대책이 논의되는 부분이다. 조선총독부는 이른바 '개과천선'이라는 명목으로 '행형누진처우제'를 실시하고, 석방 후 '면수보호'라는 명목으로 출옥자 관리 대책을 부심하였는데, 이러한 현황이 기사에 보이고 있다.

4. 재감자 증가 추이

1908년 서울 서대문에 신축한 감옥[17]으로 죄수를 이동한다는 기사를 시작으로 시기마다 전국 감옥의 재감인원 현황을 담고 있다. 연도 말을 기준으로 전국 감옥 및 각 지역별 감옥 수용인원 및 현황 등이 보도되었다. 이중 3·1운동의 영향으로 인한 보안법 위반자의 증가, 1920년대 후반 이후 사상범의 증가에 따른 감옥 부족 현상 등 일제 식민지배에 저항했던 모습이 수감자 숫자로 보인다. 기사 가운데는 '격증', '격증', '증가', '초만원', '과잉' 등의 단어가 반복되어 일제강점기의 열악했던 감옥 현황을 짐작할 수 있다. 한편 신문에 따라 시각차가 있다. 《매일신보》는 대부분 재감인원 숫자 파악에 주력하거나 수감자 증가가 범죄로 인한 것임을 강조한 반면, 《동아일보》는 열악한 감옥 상황과 그에 대한 대책 요구, 감옥을 사이에 둔

---

17 경성감옥을 뜻함. 후에 '서대문감옥'(1912), '서대문형무소'(1923)로 명칭 변경.

수감자와 가족 사이의 애틋한 심경 등을 기사화하여 식민지 감옥에 갇혀 있는 피식민자의 고통을 표현하기도 하였다.

이상 신문지상에 기사로 노출된 감옥은 신문사의 시각에 따라 때로는 일본제국주의가 선도하는 새로운 제도이자 첨단시설이었고, 때로는 뭇 사람들의 가십의 대상이었고, 때로는 식민지배를 받는 민족의 설움의 대상이었다. 그러나 기사 내면에 숨겨져 있는 항일독립운동가들의 수감 증가 현상과 감옥 확대를 통해 식민지 경영을 안정화하려는 일제 조선총독부의 정책 방향을 읽어낼 수 있다.

▣ 신문기사 목록

1. 감옥 관련 정책과 법령

순서	신문명	보도 일자	면/단	제목
01	황성신문	1907.08.01	2면 6단	감옥인계 반포
02	황성신문	1909.07.29	2면 3단	신협약의 논란
03	대한매일신보(국한문)	1909.10.17	2면 3단	감옥제도
04	황성신문	1909.10.17	2면 5단	감옥제도 개정
05	대한매일신보(국한문)	1909.12.11	1면 6단	위임지고(委任之故)
06	매일신보	1910.09.08	1면 5단	감옥 개량
07	매일신보	1910.10.27	2면 6단	사법부와 감옥통계
08	매일신보	1919.05.08	2면 4단	대전감옥 설치
09	매일신보	1919.05.11	2면 4단	감옥원 증가
10	매일신보	1920.03.31	3면 2단	4월 1일부터 발포 시행될 조선의 태형 폐지
11	매일신보	1922.04.01	2면 11단	감옥직원 수 개정
12	매일신보	1922.11.21	2면 3단	감옥법 대개정
13	매일신보	1922.12.17	3면 2단	조선의 감옥 명칭도 형무소로
14	매일신보	1923.05.06	3면 1단	감옥을 형무소로 형무소 고친 후에는 전옥의 직명도 형무소장으로 부르게
15	매일신보	1923.10.04	2면 6단	총독 훈시: 형무소장회의
16	매일신보	1924.04.01	2면 5단	현행 감옥법 개정
17	매일신보	1924.04.24	2면 8단	형무소법 개정 여하
18	매일신보	1924.10.05	2면 6단	법령을 선(善)히 활용해서 시운에 순응을 기도하여 형무의 효과를 오르게 하라
19	매일신보	1924.12.17	2면 6단	금회의 행정 정리에 따른 도(道) 사무분장 규정
20	매일신보	1925.01.20	1면 7단	시기 문제인 감옥제도의 개선

순서	신문명	보도 일자	면/단	제목
21	매일신보	1926.07.08	1면 1단	사법성에서 탈고한 신감옥법 개정 요점
22	동아일보	1930.11.27	1면 8단	시대에 합(合)토록 감옥법 개정
23	동아일보	1931.01.27	1면 1단	일본의 감옥제도 개선안
24	동아일보	1931.05.03	6면 3단	행형법규의 관견(1)/칼럼
25	동아일보	1931.05.06	6면 5단	행형법규의 관견(2)/칼럼
26	동아일보	1931.05.07	6면 2단	행형법규의 관견(3)/칼럼
27	동아일보	1931.07.23	1면 1단	사설 : 수인의 격증
28	동아일보	1932.07.21	1면 1단	사설 : 행형제도 개선의 필요
29	매일신보	1933.07.12	2면 4단	소년법은 무망, 형무소 확장예산 60만 원을 세워
30	동아일보	1933.09.29	2면 8단	회의의 중심점은 사상범문제
31	동아일보	1935.10.24	2면 1단	복수주의 행형에서 '개과천선' 목표로!
32	매일신보	1937.01.06	1면 1단	소년범죄는 증가, 사상범은 낙조
33	매일신보	1938.03.31	2면 11단	형무소장회의 자문사항
34	매일신보	1938.12.25	2면 4단	적의부터 개량코, 신문구독도 허가
35	매일신보	1940.06.20	3면 1단	응보행형에서 교육행형으로
36	매일신보	1941.11.07	1면 1단	국가부탁에 부응하라 형무소장 및 보호교도소장 회의 미나미(南) 총독 훈시

2. 감옥의 설치와 확장

순서	신문명	보도 일자	면/단	제목
37	황성신문	1908.07.16	2면 1단	감옥사무 개시
38	대한매일신보 (국한문)	1908.09.05	2면 2단	철망감옥
39	황성신문	1908.09.05	2면 2단	감옥 수리
40	황성신문	1908.10.07	2면 3단	감옥서 이접
41	황성신문	1908.10.20	2면 4단	감옥 이첩

순서	신문명	보도 일자	면/단	제목
42	황성신문	1908.12.04	2면 2단	감옥 설치
43	대한매일신보 (국한문)	1909.01.28	2면 4단	죄수 분옥(分獄)
44	대한매일신보 (국한문)	1909.02.21	2면 1단	구재(區裁) 및 감옥 개청
45	황성신문	1909.02.25	2면 2단	사무 개시
46	대한매일신보 (국한문)	1909.04.08	2면 2단	대감옥 건축
47	황성신문	1909.04.08	2면 3단	대감옥 건축비
48	대한매일신보 (국한문)	1909.04.16	2면 3단	감옥 증축
49	대한매일신보	1909.06.27	2면 2단	짓나니, 감옥서
50	대한매일신보 (국한문)	1910.02.12	2면 3단	감옥 일증
51	황성신문	1910.02.24	2면 3단	재판소와 감옥의 건축비
52	대한매일신보 (국한문)	1910.03.23	2면 2단	감옥일대
53	대한매일신보	1910.05.06	3면 2단	재판소와 감옥서
54	대한매일신보 (국한문)	1910.06.26	2면 4단	감옥 신건공사
55	매일신보	1911.11.10	2면 7단	신의주감옥 이전
56	매일신보	1912.10.11	1면 2단	평양통신 : 분감 신축
57	매일신보	1912.11.05	2면 5단	마포감옥 준성
58	부산일보	1915.08.12	3면 3단	대구감옥 증축 결정 곧 공사에 착수
59	부산일보	1918.02.21	2면 4단	대전감옥 설치
60	매일신보	1920.09.25	4면 7단	감옥 대확장 다섯 곳의 분감을 본감으로 승격해
61	매일신보	1920.11.16	3면 5단	감옥의 대증축
62	조선일보	1920.12.17	3면 4단	재감인 반수는 독립단, 경성감옥의 현상
63	매일신보	1921.06.19	3면 10단	종로구치감에 보건 욕장 건설

순서	신문명	보도 일자	면/단	제목
64	매일신보	1921.09.29	3면 2단	조선 최초의 유년감옥
65	동아일보	1922.03.03	2면 2단	유년감옥 공사 3곳 함께 진행 중
66	동아일보	1922.07.11	2면 4단	소년감옥 10월경 일제 개시
67	매일신보	1922.07.12	2면 3단	유년감 개감기
68	매일신보	1922.07.20	4면 4단	강릉분감 개청식
69	매일신보	1922.09.26	3면 6단	유년감옥 개청식
70	매일신보	1925.03.06	2면 2단	전선 감옥 대만원
71	부산일보	1925.07.19	4면 7단	강릉형무소 결국 폐지
72	동아일보	1926.09.18	2면 7단	주의자 형무소 특별 설립계획
73	동아일보	1926.12.03	2면 4단	사상범 독감방 100개 증설
74	동아일보	1926.12.26	1면 12단	총독부 내년 영선건축비 340여 만 원
75	부산일보	1927.06.07	3면 7단	전주형무소 증축, 곧 면목을 일신할 것이다
76	동아일보	1928.04.13	2면 6단	격리수 1,500 특별감방 계획
77	매일신보	1928.05.29	2면 5단	사상범 전문 형무소 신설 계획안 제의
78	동아일보	1928.07.01	2면 6단	100만 원 거액으로 사상범 독방 확장
79	동아일보	1928.08.21	1면 7단	명연도 건축비 420만 원
80	동아일보	1928.08.23	1면 6단	명연도 예산 2억 4천만
81	동아일보	1928.08.31	2면 4단	사상범 격증, 가감방 급조, 불일간 낙성을 보리라고
82	매일신보	1929.03.11	2면 7단	김천소년형무소 독방과 교장(敎場) 증축
83	매일신보	1930.08.13	3면 4단	목포형무소 개축
84	동아일보	1930.09.05	2면 8단	감옥확장비 60만 원 계상
85	동아일보	1930.09.10	2면 7단	형무소 증축비로 1천만 원 예산 청구
86	매일신보	1930.09.22	3면 9단	대전형무소 독감방 건축
87	동아일보	1930.10.02	6면 2단	대전형무소 감방 금년 내 증축
88	동아일보	1930.10.29	2면 6단	800만 원의 경비로 감옥확장안 실현?
89	동아일보	1930.11.09	1면 4단	서대문형무소 확장, 부청사의 신축 등

순서	신문명	보도 일자	면/단	제목
90	매일신보	1930.11.09	2면 8단	서문형무소 독방에 증축 총 경비 집주
91	동아일보	1930.12.19	3면 7단	대전형무소에서 독방 80 준공
92	동아일보	1931.01.15	1면 5단	1931년도(昭和 6) 조선 예산 강요(綱要)(하)
93	매일신보	1931.01.31	2단 7단	사상범 수용할 독거방 각 형무소에 증설
94	동아일보	1931.07.16	2면 1단	평양사건으로 형무소 가증축
95	매일신보	1931.07.16	7면 1단	500여 명을 수용할 가(假)형무소를 급조
96	동아일보	1931.07.19	7면 3단	청진형무소 50 감방 증축 감옥이 협착해 또다시 지어 수용자는 일가월증
97	동아일보	1931.08.05	3면 2단	청진감옥 증축, 독방 50을 늘여
98	매일신보	1931.08.16	1면 5단	형무소 2개소 증설을 계획
99	동아일보	1931.10.07	3면 5단	평양형무소 감방을 증축
100	동아일보	1932.02.07	7면 4단	독립 구치감 금춘부터 기공
101	동아일보	1932.05.16	3면 6단	청진형무소 증축
102	동아일보	1932.06.28	2면 4단	형무소 증설과 소작조정령 실행
103	동아일보	1933.04.01	3면 5단	5만 원 예산 들여 함흥형무소 증축
104	조선중앙일보	1933.07.28	5면 1단	사상범 격증으로 함흥형무소 증축
105	동아일보	1933.08.21	2면 1단	각종 범죄 축일(逐日) 증가로 전 조선 유치장 확장
106	조선중앙일보	1933.10.01	4면 7단	정원 초과로 구치감 신축
107	조선중앙일보	1933.12.25	2면 7단	경성구치감 명춘 3월 준공
108	동아일보	1934.06.20	2면 5단	사상사건 검거 증가로 형무소 증설 결정
109	매일신보	1934.07.14	1면 1단	법무국 신규사업, 형무소를 신축 개수
110	조선중앙일보	1934.07.14	2면 4단	형무소 대확장 동시 사상 제2부 신설
111	조선중앙일보	1934.07.14	2면 4단	50만 원 예산으로 소년형무소 증설
112	매일신보	1934.07.25	5면 7단	평양형무소 여감, 암정(岩町) 이전은 명춘 3월
113	매일신보	1934.09.12	1면 5단	소년형무소 명연도에 실현
114	동아일보	1934.11.07	5면 7단	함흥형무소 불원간 낙성?
115	조선중앙일보	1935.01.17	2면 1단	문둥병자 전문의 병동형무소 신설

순서	신문명	보도 일자	면/단	제목
116	매일신보	1935.01.18	1면 3단	나환자 수용의 특별형무소 신설
117	매일신보	1935.04.28	5면 3단	인천소년형무소 기지를 결정
118	조선중앙일보	1935.05.08	2면 1단	문제의 소년형무소 인천부 외로 결정
119	매일신보	1935.06.10	2면 7단	경성구치감 낙성식
120	매일신보	1935.08.09	3면 4단	구 마산시가 주민 형무소 이전 갈망
121	조선중앙일보	1935.08.16	2면 6단	나병환자 전문의 특수형무소 설치
122	부산일보	1935.08.20	7면 3단	소년형무소 30만 원으로 인천에 건설
123	부산일보	1935.08.31	5면 7단	인천소년형무소
124	조선중앙일보	1935.09.08	2면 4단	소록도 특수형무소, 수형자 60명 수용
125	동아일보	1935.11.07	2면 7단	소년형무소 건축하고자 100여 성인수 이감
126	매일신보	1936.04.25	5면 9단	청진형무소 이전에 부민이 반대운동
127	매일신보	1936.06.02	7면 1단	영천 악박골 홍망사(2)
128	조선중앙일보	1936.06.30	2면 1단	홍제정에 있는 화장장 이거를 요구
129	부산일보	1936.06.30	5면 3단	민의를 무시하고 증축하는 형무소
130	매일신보	1936.07.17	2면 9단	인천소년형무소 소장 이하 임명
131	조선중앙일보	1936.08.20	2면 6단	서부 경성 발전에 장벽인 경성형무소
132	매일신보	1936.08.21	2면 10단	행형기관 확충, 형무소 증설
133	매일신보	1936.10.23	5면 11단	인천소년형무소 28일 개소식
134	매일신보	1936.10.28	3면 6단	30명 수(囚) 청주 이감
135	매일신보	1936.11.10	4면 7단	대전형무소 무덕전(武德殿) 낙성식
136	부산일보	1937.03.20	2면 9단	형무소 교회당(教誨堂) 신축
137	동아일보	1938.01.20	8면 11단	대전형무소에도 여수(女囚) 수용소 설치
138	부산일보	1938.04.08	3면 8단	진주형무소 연무장 낙성
139	매일신보	1938.06.28	3면 6단	심신모약(心神耗弱) 수형자는 공주형무소로
140	매일신보	1939.05.17	3면 7단	서대문형무소 신축 청사 준공
141	부산일보	1940.12.06	3면 9단	부산형무소 부전리의 가감

3. 감옥 운영 현황

순서	신문명	보도 일자	면/단	제목
142	대한매일신보 (국한문)	1907.08.22	2면 2단	일인으로 서임
143	황성신문	1908.03.15	1면 6단	감옥설비상 참고
144	황성신문	1908.04.25	2면 2단	일인 전옥
145	황성신문	1908.05.23	2면 5단	감옥의 한일인
146	대한매일신보 (국한문)	1908.06.12	2면 3단	감옥사무 인계
147	황성신문	1908.06.12	2면 1단	필의 후 사무 인계
148	대한매일신보 (국한문)	1908.06.24	2면 2단	한인 간수
149	황성신문	1908.06.24	2면 3단	일인 예산 유족호(日人豫算有足乎)
150	대한매일신보 (국한문)	1908.07.15	2면 2단	김(金)·신(愼) 자퇴
151	황성신문	1908.07.15	2면 4단	감옥서 배치
152	황성신문	1908.08.16	2면 2단	전옥 조처
153	황성신문	1909.04.16	2면 4단	내시사형자(乃是死刑者)
154	대한매일신보 (국한문)	1909.06.15	2면 4단	사형하다(死刑何多)
155	황성신문	1910.02.06	3면 1단	감옥 경비
156	대한매일신보 (국한문)	1910.06.26	1면 5단	결(決)·미결(未決) 분수(分囚)
157	매일신보	1910.10.23	2면 4단	감옥 개량 실시
158	매일신보	1913.01.26	2면 8단	감옥서 상황 관람 통지
159	매일신보	1918.08.01	2면 3단	태형 집행과 조사
160	매일신보	1920.01.13	2면 5단	태형 폐지와 자유형
161	매일신보	1920.02.09	1면 1단	작년의 조선, 총독부 조사: 사법
162	매일신보	1921.06.20	3면 4단	서대문서 낙성 축하와 여흥

순서	신문명	보도 일자	면/단	제목
163	매일신보	1921.08.03	3면 12단	조선인 간수시험
164	동아일보	1922.11.22	3면 8단	조선에도 감옥 개명하야 형무소로 유년감옥에는 간수복도 개량
165	동아일보	1924.01.27	2면 1단	전 조선에 1만여 인 형벌 집행 후라도 반이 못 되면 4분의 1 반을 지난 사람은 남은 형기의 2분의 1
166	동아일보	1924.01.29	2면 1단	감형 죄수 수 속보
167	매일신보	1924.03.16	2면 7단	전국 형무소장회의 개최
168	동아일보	1924.05.05	1면 9단	개정 감옥관제, 형무소에 전문 기수
169	매일신보	1926.07.09	3면 7단	조선인 여감 채용시험, 기일은 20일
170	동아일보	1927.03.08	2면 3단	적색을 회색화, 수인복색 변혁, 미결 청색복도 개조
171	매일신보	1928.06.20	4면 6단	조선인 간수시험
172	동아일보	1928.10.23	2면 3단	죄수 복색 변경, 붉은 빛을 갖게 되었다고
173	동아일보	1929.10.11	2면 8단	장단기 분리 수용, 기미결 구별 대우
174	매일신보	1929.12.12	5면 3단	평양형무소 간수 양성 개시
175	매일신보	1930.04.23	7면 4단	여간수 모집
176	매일신보	1930.05.28	1면 8단	감옥관제 개정, 29일 각의 결정
177	동아일보	1931.08.03	2면 5단	간수 증원
178	조선중앙일보	1933.09.28	2면 5단	형무소 초만원과 행형당국의 대책
179	동아일보	1935.06.19	2면 10단	재범 방지, 행형당국의 계획
180	조선중앙일보	1935.07.03	2면 4단	서대문-영천 간 전차 부설 착공
181	동아일보	1935.07.20	1면 1단	범죄소년 교정문제
182	매일신보	1935.08.15	5면 6단	형무소를 나오는 사람들 매년 평균 2만 5,000 그들은 과연 재생(再生)하는가?
183	매일신보	1935.11.13	4면 3단	각지 정신작흥주간
184	조선중앙일보	1936.07.24	2면 1단	간도사건 사형수, 작일 전부 사형 집행
185	매일신보	1937.03.25	2면 6단	조선 내 형무소 수형 구분 개정

순서	신문명	보도 일자	면/단	제목
186	매일신보	1937.05.15	3면 2단	대구서 전선에 효시 수인의 노력조사
187	매일신보	1937.10.08	1면 11단	형무소장과 관찰소장회의
188	매일신보	1938.02.05	1면 1단	교육칙어 봉재, 전선 각 형무소에서
189	매일신보	1938.02.16	2면 4단	전선 형무소에서 레코-드 배부
190	매일신보	1938.08.04	2면 4단	형무소 '감(監)' 자 철폐, 용어부터 개선키로 법무국에서 통첩
191	매일신보	1938.09.16	2면 1단	소년 교호(敎護)의 급무
192	동아일보	1938.10.02	2면 8단	총후원주간 각 형무소 행사
193	매일신보	1939.02.28	2면 11단	철창에도 애국가, 애국심을 기르고자
194	매일신보	1944.06.03	3단 1단	모자 대신 철모, 형무소직원 복장 개정

4. 재감자 증가 추이

순서	신문명	보도 일자	면/단	제목
195	대한매일신보(국한문)	1908.10.08	2면 4단	기결자 이수
196	황성신문	1909.01.26	2면 5단	죄수 통계표
197	황성신문	1910.02.06	2면 4단	죄수의 거처 상태
198	대한매일신보(국한문)	1910.06.18	3면 2단	8천 죄수
199	매일신보	1911.11.15	3면 4단	전도 재감수도 수
200	매일신보	1912.01.16	2면 5단	최근의 재감수도
201	매일신보	1912.07.11	2면 5단	재감인원의 현상
202	매일신보	1913.02.13	2면 5단	경향 각 감옥 재감인원
203	매일신보	1913.12.11	2면 4단	서대문감옥 현황
204	부산일보	1914.12.09	6면 4단	대구감옥 재감수
205	매일신보	1916.06.29	2면 4단	죄수 증가의 추세, 감옥 증축의 필요
206	매일신보	1920.01.14	3면 8단	현재의 감옥수(囚), 살인강도가 제일 많아

순서	신문명	보도 일자	면/단	제목
207	매일신보	1920.10.05	3면 5단	서대문감옥의 매일 취반(炊飯)이 13섬(石)
208	매일신보	1921.08.25	3면 5단	하절에 옥중생활
209	매일신보	1921.10.12	3면 6단	정치범의 미결수
210	매일신보	1922.03.06	4면 5단	해주감옥 재감수
211	동아일보	1924.10.25	3면 5단	진남포형무소 수인 150여 명으로 연 1만 1,000여 원의 생산
212	동아일보	1925.06.06	3면 4단	부산형무소 죄수 격증, 원인은 생활난
213	동아일보	1925.08.25	5면 3단	형무소 재감인 1만 2,825명, 작년 말 현재
214	동아일보	1926.01.20	2면 1단	작년 중 조선의 암흑면 살인사건 600, 교수대 원혼 17명
215	동아일보	1926.05.20	2면 5단	전 조선 기결수 1만 3,000여 명
216	매일신보	1926.08.12	3면 6단	연년 증가하는 가련한 죄수군 전선 16개소의 형무소에 신음하는 무리들이 날로 늘어 6월 말 현재 약 1만 4,000
217	매일신보	1926.09.15	2면 2단	원산의 형무지소 근황
218	동아일보	1926.12.12	5면 1단	전 조선 형무소에 1만 4,101명
219	매일신보	1927.02.06	2면 1단	전선 형무소 재감 조선인 수=미결 1,029인, 기결 1만 1,730인
220	동아일보	1927.02.08	2면 1단	일각삼추(一刻三秋)의 지정(至情)에도 완호부동(頑乎不動)한 흑철원문(黑鐵圓門)
221	동아일보	1927.03.15	5면 5단	2월 말 현재 재감수 1만 3,600인으로 점점 증가
222	부산일보	1927.06.04	2면 9단	옥중에서 괴로워하는 사람 부산형무소 복역자 남녀 합해 528명 형사피고인은 42명
223	매일신보	1927.10.06	2면 9단	전선 형무소에 1만 3,000여 명
224	부산일보	1927.10.12	7면 3단	마산형무소 재감자 수 237명
225	동아일보	1928.01.01	2면 7단	2,700 동포 철창 신음 또 1년, 철창 밑에도 새로운 햇빛 경성·서대문 양 감옥
226	동아일보	1928.01.29	4면 4단	군산 재감자 현재 480명

순서	신문명	보도 일자	면/단	제목
227	부산일보	1928.05.18	4면 9단	부산형무소의 재감자 630명 5월 17일 현재 조사
228	매일신보	1928.06.10	2면 1단	정원 200명에 500명을 수용 소장회의에서 망라하였던 양 형무소의 소년수
229	동아일보	1928.09.28	3면 2단	신의주감옥 죄수 현재 수
230	동아일보	1928.10.23	2면 3단	연부년(年復年) 증가하는 철창신음의 수인수, 작년 보다도 1,000여 명 늘어
231	동아일보	1928.12.31	2면 4단	매년 1만여 명 입감, 사형 집행 40여
232	동아일보	1929.01.05	5면 3단	전주 재감자 작년 말일 현재
233	동아일보	1929.07.14	2면 6단	6월 말 조선재감자 1만 4,600여 인 해마다 증가되는 현상
234	동아일보	1929.07.21	4면 3단	광주형무소 재감 694명
235	동아일보	1929.12.16	2면 5단	각지 감옥 대만원, 독감 부족으로 공황
236	동아일보	1929.12.17	1면 1단	조선의 옥정
237	매일신보	1929.12.20	3면 3단	함흥형무소 최근의 상황
238	동아일보	1929.12.29	2면 5단	말없는 철문 타령(1) 내 문 밑다면서도 출입자 1만 2,000명
239	동아일보	1929.12.30	2면 3단	말없는 철문 타령(2) 우울과 초조중에 침묵하는 미결수인
240	동아일보	1929.12.31	2면 3단	말없는 철문 타령(3) 금년도 저물었다, 출입한 사상범인
241	매일신보	1930.04.16	7면 8단	수인의 대부분이 30 이내의 장년 현재 재수는 총 1,404명, 대구형무소 근황
242	매일신보	1930.05.30	2면 1단	8,000명 있을 형무소에 1만 6,000명 수용
243	매일신보	1930.07.31	3면 6단	개성형무소와 장기수의 상황
244	부산일보	1930.09.18	7면 7단	함흥형무소 재류자 수 늘어남, 현재 854명
245	동아일보	1930.10.04	7면 3단	대전형무소 재감자 800
246	매일신보	1930.11.20	7면 7단	전선 형무소 재소인원 총 1만 7,424인 전월보다 406명 증가

순서	신문명	보도 일자	면/단	제목
247	매일신보	1930.12.04	2면 6단	신의주형무소에 난방장치 금후 부쩍 추운 지방에 있는 각 형무소에도 시설
248	매일신보	1930.12.12	3면 9단	청진형무소 연말 죄수 현재
249	매일신보	1930.12.21	3면 13단	함흥형무소 죄수 수
250	동아일보	1931.02.13	7면 7단	대전형무소 재감자 800여
251	동아일보	1931.03.08	2면 7단	철창 신음 1만 6,000여 인 금년엔 1,000명을 보석 수용정원의 3~4배씩 수용하야
252	동아일보	1931.07.22	2면 1단	1만 6,900 죄수, 철창 고열 또 1년
253	동아일보	1931.07.22	2면 6단	평양형무소 대혼잡 연출
254	동아일보	1931.10.02	3면 6단	대전 재감자 현재 800여
255	동아일보	1931.12.19	2면 1단	전 조선 재감자 총수 1만 7,500여 명
256	동아일보	1932.01.07	3면 1단	부산형무소 수형자 통계
257	부산일보	1932.03.18	3면 12단	개성소년형무소 상황
258	동아일보	1932.06.22	4면 5단	청주형무소 재감자 350여 인
259	동아일보	1932.06.25	4면 4단	원산형무소 재감자 348인
260	동아일보	1932.12.08	3면 1단	함흥재감자 990명
261	동아일보	1932.12.23	5면 8단	과동(過冬) 재유자 737명 전주형무소에서
262	동아일보	1933.02.27	2면 2단	사상 관계의 재감자 2,200명 돌파, 공산주의자만 1,400여 명
263	매일신보	1933.04.01	2면 5단	수인 격증으로 간수를 증원
264	동아일보	1933.08.04	2면 6단	형사 피고 갈수록 증가, 각 형무소 초만원
265	동아일보	1933.08.11	2면 1단	고열 지나니 감상의 추풍, 철창 수인 1만 8,000여 명
266	조선중앙일보	1933.08.29	2면 1단	수인은 수년 증가, 각 형무소 초만원
267	동아일보	1933.08.30	2면 3단	형무소 확장난으로 금후 가출옥 증가?
268	조선중앙일보	1933.09.03	2면 4단	형무소 감방에 매 평 4인 이상을 수용 인도상으로도 중대 문제
269	조선중앙일보	1933.09.04	2면 11단	수인 등 대전 이감

순서	신문명	보도 일자	면/단	제목
270	부산일보	1933.10.21	2면 5단	선내(鮮內)의 각 형무소 불황으로 좁아지다 범죄 격증으로 만원의 성황
271	조선중앙일보	1933.11.02	5면 7단	함흥형무소 기결 여수 14인 원산형무소로 이감
272	조선중앙일보	1933.11.30	2면 5단	각 형무소 재감자, 점차 증가하는 경향
273	조선중앙일보	1933.12.29	4면 11단	서대문이 만원으로 평양으로 죄수 이송
274	동아일보	1933.12.30	2면 4단	철창 과세 재감자, 전 조선 1만 8,000여
275	매일신보	1934.09.08	7면 1단	초범보다 누범이 많고 지능범도 수년 증가
276	조선중앙일보	1934.09.29	2면 9단	형무소 수용 과잉으로 20명 죄수를 이감
277	조선중앙일보	1934.10.16	2면 10단	서대문형무소 만원, 죄수 중 25명을 경성형무소로 이감
278	동아일보	1934.12.05	7면 1단	감방에서 환세하게 될 수인, 1만 7,000으로 정원 초과
279	매일신보	1934.12.05	2면 5단	형무소의 증축 절박 반갑지 않은 현상 법무당국은 완화책에 부심 중
280	부산일보	1935.03.28	3면 8단	수인 25명 경성에서 이사, 청주형무소에 이감
281	조선중앙일보	1935.05.08	2면 1단	전 조선 각 형무소의 수용자 1만 8,000여
282	조선중앙일보	1935.07.02	2면 7단	서대문감옥 수인 신감방으로 이감
283	동아일보	1935.07.19	2면 7단	염열(炎熱)하의 수인 1만 8,000여
284	동아일보	1935.09.14	2면 1단	옥문을 통해 본 세대 매년 수형자 1만 2,000 재범자 10분의 4
285	동아일보	1935.09.30	2면 5단	입초의 서대문감, 함흥·공주로 수인 이동
286	조선중앙일보	1935.11.04	2면 4단	엄동을 압둔 철창에 수용된 1만 8,000명
287	동아일보	1935.11.21	2면 7단	소록도형무소에 나병수인 이송
288	동아일보	1935.12.08	2면 4단	수인의 격증으로 전 조선 형무소 초만원
289	조선중앙일보	1935.12.21	1면 1단	사설: 소년수형자의 격증, 감옥 증축만이 능사인가
290	동아일보	1936.03.08	2면 8단	전조선 27개 형무소에 수용자 1만 8,000명
291	매일신보	1937.04.02	4면 1단	널리 천하의 환희 춘색, 철창 통한 해방 소식

순서	신문명	보도 일자	면/단	제목
292	매일신보	1938.01.12	3면 1단	전선 27개 형무소에 수용자 1만 9,000여
293	부산일보	1939.04.03	2단 8단	전선 형무소 재소 수인 조사 1월 말 현재 약 2만 인

1. 감옥 관련 정책과 법령

> 〈자료 01〉
> 《황성신문》 1907.08.01, 2면 6단
> 감옥인계 반포

내부(內部)에서 감옥인계 폐지 및 구류에 관한 건을 반포하였는데 그 조건이 다음과 같으니, 제1조 종래 각 부군에 감옥은 지금부터 경무서에 인계하여 경무분서 또는 경무분파소의 유치장으로 사용케 함이 가함. 단 관찰부 소재지에는 종전의 부군 감옥은 함께 폐지함.

제2조 본년 6월 법률 제1호 민사형사소송에 관한 건에 대하여 구류하는 경우에는 그 민사와 형사를 불문하고 모두 경무서 경무분서 또 경무분파소의 소속 감옥, 혹 유치장에 구류함이 가함이라 하였다.

> 〈자료 02〉
> 《황성신문》 1909.07.29, 2면 3단
> 신협약(新協約)의 논란(論難)

한일신협약 제1조를 거한즉 사법 감옥 사무를 일본정부에 위탁한다 하여 한국을 주체로 하고 편무적(片務的) 조문을 작성하였으니 일편(一便)의 통지로 인해 즉시 그 협약을 파기함을 득할 것이오, 또 제2조에 한인을 재한일본재판소의 관리로 임용한다 하였으니 이 제국(일본) 헌법에 저촉함이라고 비난하는 설이 학자와 정객 간에 훤자(喧藉)[18]하다더라.

> 〈자료 03〉
> 《대한매일신보》 1909.10.17, 2면 3단
> 감옥제도(監獄制度)

---

18 훤자(喧藉) : 여러 사람의 입으로 퍼져서 왁자하게 됨.

사법권 위임 실시한 후에 감옥은 본감 9개소, 분감 10개소를 설치한다는데 감옥제도는 한일인(韓日人) 분방(分房)조직을 채용하는 여부를 현금 연구 중이라더라.

> **〈자료 04〉**
> 《황성신문》 1909.10.17, 2면 5단
> 감옥제도 개정

사법권 위임을 실시한 후에 개정될 감옥제도를 상문(詳聞)한즉, 본감옥이 9처에 분감옥이 10처이며 그 내부 감방은 한인옥(韓人獄), 일인옥(日人獄)을 분설케 하리라더라.

> **〈자료 05〉**
> 《대한매일신보》 1909.12.11, 1면 6단
> 위임지고(委任之故)

강도살인범 이영배(李永培)를 지난 7일 경성감옥서에서 교형을 집행하였는데, 사법권을 일본에 위임한 결과로 상주 일의(上奏一疑)[19]는 그만두고 다만 총리대신의 지휘로 시행하였다더라.

> **〈자료 06〉**
> 《매일신보》 1910.09.08, 1면 5단
> 감옥 개량

조선에서 치외법권을 철거함으로 금후에는 외국인 범죄자도 일반 조선감옥에 수용할 터인데 총독부에서는 먼저 이 감옥을 개선할 필요로 인하여 해당 경비로 10여만 원을 1911년도(明治 44) 예산에 계상하기로 결정하였다더라.

---

19 상주 일의(上奏一疑) : 임금에게 말씀을 올려 사형 집행의 재가를 얻는 절차를 지칭하는 표현.

⟨자료 07⟩
《매일신보》 1910.10.27, 2면 6단
사법부와 감옥 통계

종래로 조선의 감옥 통계는 일정한 형식이 없어 일반 정확한 통계를 보기 불가능한 까닭에 당국에서도 이 통일에 대하여 고심 연구 중이라니 최근에 또 취급규정을 완성하여 총독부로 월송(越送)[20]한 후면 정확한 수를 가■하겠다더라.

⟨자료 08⟩
《매일신보》 1919.05.08, 2면 4단
대전감옥 설치

조선총독부 감옥 및 분감 명칭·위치 개정의 건은 7일부 부령으로 발포되어 즉일 시행될 터인데 이는 충청남도 대전에 새로이 대전감옥을 설치하고자 하는 것이다. 대전 감옥은 이미 1918년도(大正 7)에 기공되어 1919년도(大正 8) 이후는 모두 수형자를 사역하여 총독부 직영 공사로 이전하고자 하는 ■■하에 이미 가설감옥의 설치가 완성되었으므로 본년도 및 명년도에 약 500인의 수형자를 다른 감옥에서 이송, 수용하기 위해 사무 개시의 요구가 있어 금회 부령의 개정을 하게 된 것이라더라.

⟨자료 09⟩
《매일신보》 1919.05.11, 2면 4단
감옥원 증가

주임 및 판임대우 감옥직원 정원 증가의 건은 10일 총독부령으로 발포하여 즉일부터 시행할 터인데, 이는 종래의 정원 1,322인을 1,413인으로 증원한 것이라더라.

---

20 월송(越送) : 순서를 밟지 않고 바로 상급 관아로 보냄.

〈자료 10〉
《매일신보》 1920.03.31, 3면 2단
4월 1일부터 발포 시행될 조선의 태형(笞刑) 폐지
— 노름꾼 같은 것도 감옥에 집어넣을 작정
　감옥의 설비도 이미 정돈

　　사이토(齋藤) 총독이 조선에 신청을 선포하는 동시에 성명한 바와 같이 조선의 태형제도를 돌아오는 4월 1부터 폐지하기로 발표하고 발표 당일부터 시행하게 되었다 한다. 조선에도 태형이 비로소 폐지가 되기로 내정이 되매, 한편으로 생각하니 매우 경하할 일이지만은 또 한편으로는 태형 폐지의 반향이 좋지 못한 일도 많아질는지도 알 수 없는 일이다. 그러하기에 민간 법조계의 모 씨는 이에 대하여 말하되 "우리 조선 현 제도의 문화상으로 보면 태형을 폐지하기 족하겠느냐 못 하겠느냐 하는 문제가 생겨 왔다. 가량 도박범 같은 미묘한 범죄자 같은 것도 태형 폐지에 의지하여 일일이 감옥에 다 집어넣게 되면 지금 있는 감옥 같은 것이 3, 4배가 더 늘게 된다 할지라도 도저히 그 많은 죄수를 수용하기 능치 못하겠고 또는 검사가 기소하여 집행유예만 하고 엄중한 설유로 방석을 하게 되면 면(免)범죄하는 불량배는 더욱 늘어갈 것은 소연한 일인데 감화원이나 또는 유년범죄자를 훈육시키는 유년감옥 같은 설비도 없는 조선에서 태형 폐지 같은 것은 아직 시기가 이르다 하지 않을 수 없다."라고 여러 가지로 평론이 많은 모양이며, 후카자와(深澤)[21] 감옥과장은 말하되 "이번에야 비로소 조선에도 태형을 폐지하기로 아주 작정되어 4월 1일부터 발포 시에는 도박범과 삼림령 위반법 범죄자가 적지 않게 늘어갈 것은 그럴듯한 일이지만은 어찌 하여튼 태형 폐지에 따라서 감옥의 설비도 어디까지든지 충분하도록 설비하기로 착착 진보되어 거의 준비가 정돈되어 가는 터이다."라고 말하더라.

〈자료 11〉
《매일신보》 1922.04.01, 2면 11단
감옥직원 수 개정

21　후카자와 신이치로(深澤新一郎) : 조선총독부 법무국 감옥과 사무관.

주임 및 판임 대우 조선총독부 감옥직원 정원 중 다음과 같이 개정할 뜻을 4월 1일부 부령(府令)으로 발포하였더라.

'1,910인'을 '1,911인'으로, '52인'을 '65인'으로 고침.

> ⟨자료 12⟩
> 《매일신보》 1922.11.21, 2면 3단
> 감옥법 대개정

【도쿄】사법성은 형사소송법의 개정에 반해 감옥법 중의 개정을 요하는바 있으니 지금 아키야마(秋山) 참사관을 주임으로 하여 조사 중인바, 동시에 제도상의 대개정을 가하여 교훈(教訓)함을 치할 일로 되도록 이번 시기 의회에 제출할 예정이라더라.

> ⟨자료 13⟩
> 《매일신보》 1922.12.17, 3면 2단
> 조선의 감옥 명칭도 형무소로
> — 장차 이름을 고쳐 달 모양이라고 해

감옥을 형무소라고 개칭한다는 말은 이미 일반이 아는 바로, 내지(內地)[22]에는 이미 형무소라는 간판이 붙어 있는데 조선에는 언제나 간판이 변할 터인가. 모 법무 당국자는 말하되 '감옥'을 '형무소'라고 개칭한 것으로 말하면 단지 명칭만 변했을 따름이오 내용에는 하등 변함이 없을 뿐만 아니라, 법률에는 여전히 감옥과 전옥이라는 문자가 다수 있으므로 법률에 있는 것부터 고치지 않으면 안 될 바로 이것을 고쳐도 일석일조가 될 바가 아님에 조선에도 형무소라는 간판을 걸게 됨은 될 것이나 언제부터 되는지 확정하지 못하였으며, 사실 간판을 변한다고 하더라도 법률에는 감옥·전옥이 그대로 있고 직제상으로만 형무소니 소장이니 할 터이매 이왕의 아명을 관명으로 변했을 뿐으로 조선에는 또한 직무 문제도 있다고 하더라.

---

22 내지(內地) : 일본을 뜻함. 내지인(內地人)은 일본 사람을 뜻함.

> **〈자료 14〉**
> 《매일신보》 1923.05.06, 3면 1단
> 감옥을 형무소로
> 형무소로 고친 후에는 전옥의 직명도 형무소장으로 부르게
> ― 다음 달 7일 관계법령 발포

시세의 진보와 인심의 취향은 모든 관청제도에 미처 기왕의 제도에만 족하지 아니하고 현대에 적합하도록 그 결점이 있는 것을 개조하고자 하는 것은 이제 다시 말할 필요가 없는 바인데, 총독부에서는 여러 방면으로 조선의 민도에 적합하며 현대의 사조에 상응하도록 일반의 시설을 진행하는 중에 있음은 일반이 또한 중히 하는 바이다. 그 중에 감옥에 대해서는,

내용은 이미 개선되어 세상 사람의 생각함과 같은 부자유 한 것과 불합리한 일이 없어져 가는 중이나 그러나 그 명칭을 감옥이라 하여 잠시 들어도 좋은 인상을 얻기 어려움은 내용과 명칭을 같이 개선함이 필요하다 하여 오랫동안 감옥의 명칭을 변경하고자 의론한 결과 성안을 얻어 내각에 보냈더니 이번에 그 변경에 대한 법령이 내일 총독부 관보로 발포됨과 동시에 곧 시행하게 되리라는데, 그 변경의 내용은 현재 감옥이라는 이름을 형무소라 개칭하며 분감을 형무지소라 하며 현 전옥이라는 관리는 그 관명은 그대로 두나 직명은 형무소장이라 부른다더라.

　시운과 세조에 적응하여
　내용의 개선은 물론이오 형식으로도 여러 가지를 개량코다
　총독부 법무당국자 담(談)

감옥을 형무소라 변경함에 대하여 총독부 법무 당국자는 말하되, "명칭을 변경한다 함은 형식에 지나지 못함이라 생각할 듯하나 그러나 명칭에도 대단한 영향과 관계가 있는 바이라. 세상 사람은 감옥이라 하면 구일의 옥(獄)과 같이 알지만, 현재의 감옥제도는 그와 같은 것이 아니오 심리상의 어떠한 결함과 수양이 부족함으로 말미암아 범죄한 자를 수용하여 그의 품성을 고치게 하여 선량한 사람이 되게 함과 동시에 체력을 건전히 하며 직업을 얻게 함이 그 근본 취지요, 형벌을 쓰는 본뜻이 또한 이에 있는 바이외다. 그런 까닭에 현재 조선의 감옥에서도 물론 이 취지에 적합하도록 내용을 개선하는 중인데, 다만 명칭만 구일의 옥이라 함을

쓰는 고로 명칭과 내용이 부합하도록 변경하게 된 것이오. 감옥이라 하는 명칭을 변경함과 동시에 형식 명칭에도 여러 가지 변경할 것이 있음은 물론인데, 그 예를 들면 입감한 자를 수인(囚人)이라 하며 또한 입감한 자의 의복을 붉은 빛으로 하는 등 여러 가지가 있으니, 이러한 것도 시대의 진보와 같이 금후 변경하게 될 것이외다." 하더라.

〈자료 15〉
《매일신보》 1923.10.04, 2면 6단
총독 훈시 : 형무소장회의

　여기에 각위(各位)를 회동하고 친히 소회를 말할 기회를 얻게 된 것은 흔행(欣幸)[23]하는 바이라. 형무소 각위의 노력에 의하여 점차 그 진보의 공적을 인(認)하였다 할지라도 근시 세운(世運)의 진전은 현저히 서정의 쇄신을 재촉하고 형정의 개량 또한 일일이라도 지체하지 못할 자 있으니 지난번에 감옥의 명칭을 형무소라 고치어 직원의 대우를 올리고 또 새로 소년감을 설치하여 또 제 법령의 개폐를 행한바, 이는 실로 형무의 쇄신을 기하고자 함에 불외(不外)하며 각위는 마땅히 생각을 이에 맡기어 구투(舊套)[24]를 벗어 새로운 경시에 취하여 능히 부하 직원의 지덕을 연마하여 인격의 도야를 도모함과 함께 두루 각 수인의 개성과 심정의 경향을 살펴서 구분하여 처우의 개선을 기하고 각고정려(刻苦精勵)[25]해서 그 실적을 올리기를 바라노라.

　몇 해 전부터 경제계의 동요가 현저하고 특히 관동지진의 이후에 일층 심해진 바 있으니, 그 결과 작업 경영에 영향하는 바 적지 않을지라. 각위는 항상 그 추세를 살피고 수용 공급의 관계를 자세히 알아 완급(緩急)이 일에 응하여 계획을 시행함에 그 뜻을 제도하는 주의가 있음을 요하노라. 의무(醫務) 및 교무(敎務)는 형무행정 중 중요한 사항에 속하므로 우선 의무의 조사에 촉탁원을 설치하고 교무도 역시 쇄신의 방법을 강구하는 중이라 각위는 당해 직원을 독려하여 신중 연구하여 힘을 그 개선에 바칠지요. 석방자보호사업은 형정의 성과에 지대한 관계가 있는바 올해 그 개량 발달의 가시할 바 있음은 흔쾌함에 부족함이 없다 하겠으나, 그

23　흔행(欣幸) : 다행히 여겨 기뻐함.
24　구투(舊套) : 예전의 양식이나 관습, 도덕, 사상 따위.
25　각고정려(刻苦精勵) : 몹시 애를 쓰고 정성을 들임.

러나 자세히 그 시행의 실상을 사찰할 때는 아직 개량의 여지가 적지 않다 하겠으니 각위는 한층 주도한 감독의 절실한 지도에 노력함과 함께 일반 공중(公衆)으로 하여금 이 일의 정신을 양해케 하여서 더욱 보호의 실적을 올리어 형정의 완미를 기할 일을 바라노라.

> 〈자료 16〉
> 《매일신보》 1924.04.01, 2면 5단
> 현행 감옥법 개정
> ― 조선도 교화에 입각하여 인권을 존중
>   특별의회에 제출할 희망

형사소송법의 개정에 따라 현행 감옥법도 개정을 행할 일은 종래 누차 전하던 바 인데, 정부는 이미 사법부에 행형조사회를 설치하고 법안의 기초에 착수하여 조선에 있는 해당 법령은 대체로 내지의 감옥법에 준거하여 제정되고 시행 법칙도 조선의 사정에 적합지 아니한 1, 2를 제한 외에는 거의 내지 동양의 규칙에 의하여 정한 관계상 내지에 법령 개정과 같이 당연 조선감옥령도 개정될 터이라. 개정의 정■은 인권의 존중을 일층 명확케 하여 현행 제도가 소극적인 징계에 치우친 감이 있으므로 다시 일보 나아가 교화에 가장 의미를 두어 형사 정책의 실을 거둘 적극적 견지로부터 출발한 것이라.

행형조사회는 예의(銳意)로 개정 초안의 탈고에 노력 중으로 오는 특별의회에 제안될 터인고로, 4월 7일부터 사법성에서 열리는 전국 형무소장회의에 조선측으로부터 모든 법무국 감옥과장 이하 각 형무소장이 출석하는 것도 이의 개정의 전제이라. 감옥령이 개정 시행되면 따라서 시행규칙의 변경도 할 터인데, 종래 가장 취체를 엄중히 하던 신서(信書)의 검열도 어느 정도까지는 관대히 하고 면회 횟수 및 시간도 증가될 것이며 수인의 보건 시설에 대하여 조사회 등의 연구 기관과 상준하여 일층 효과를 올리게 하고 다시 종래 모욕적인 취급이라 하여 비난이 많던 의류 같은 것도 사계절에 순응한 색과 형상으로 고치고 감옥 내 창살도 가급적 완화케 하여 회오전미(悔惡轉迷)[26]의 땅에 최선의 시설로 함이 개정의 본뜻이라.(당국자 담)

---

26 회오전미(悔悟轉迷) : '번뇌로 인한 미혹한 것을 뉘우치고 깨닫는다'는 뜻으로 '전미개오(轉迷開悟)'와 비슷한 말.

〈자료 17〉
《매일신보》 1924.04.24, 2면 8단
형무소법 개정 여하
— 요코야마(橫山) 씨 차(車) 중 담(談)

형무소장회의에 열석 중이던 공주형무소장 요코야마 도사부로(橫山藤三郞) 씨는 회의를 종료하고 3일 아침 연결선으로 부산에 상륙하여 특급 열차로 바로 귀임하였는데 열차 중에서 말하되 감옥서가 금회에 형무소라는 명칭으로 개정된 결과 감옥서 법도 형무소 법으로 하지 않을 수 없게 되었으므로 이에 대하여 누누이 회의하였는바, 현 사법대신은 기왕의 감옥국장으로 재직한 일도 있었으므로 감옥 즉 형무소의 개선은 일찍이 비상하게 뜻을 기울였으므로 금회의 감옥법 개정을 기회로 하여 종래의 제도를 고쳐 행형법을 실시하기로 회의에서 결정하여 이번 가을의 통상 회의에 제출하여 그 협찬을 거치게 되었으니 이 행형법의 시행은, 복역자의 취급 혹은 대우 상에 비상히 중대한 의미를 포함한 것이라 지금까지에 복역자의 대우는 죄악에 대한 응보라 하는 의미로부터 나아가 응징에만 치우쳤던 면이 있었으나 응징이 반드시 죄인을 선도함은 아니라. 금회에는 교양하고 또 이끌 대방침으로 이를 취급하게 될 것이요, 다시 대우에 대하여도 지금까지는 근면한 자든지 태만하던 자도 전연 무차별이던 것을 근면한 자, 충실히 노동한 자에는 대우를 두텁게 하게 될지라. 일례를 들면 입욕(入浴)과 같은 것도 통상 1일 1회이던 것을 3일 1회로 하든지 다시 근면한 자라면 이를 격일로 하게 하든지 식사와 착의(着衣) 등과 같은 것도 이에 준케 되리라 하더라.

〈자료 18〉
《매일신보》 1924.10.05, 2면 6단
법령을 선(善)히 활용해서 시운에 순응을 기도하여 형무의 효과를 오르게 하라
— 형무소장회의 석상 사이토(齊藤) 총독 훈시

전도 각 형무소장회의는 3일부터 예정과 같이 총독부 제1회의실에서 개최되었는데 이에 대한 사이토 총독의 훈시 요항은 다음과 같더라.

"무릇 관리가 그 직에 재함은 공정을 뜻으로 하고 게으름을 경계하며 일의 본말 경중을 헤

아려 생각하고 집무의 간첩(簡捷)을 도모하며 각근봉공(恪勤奉公)[27]의 정성을 다할 것은 말을 불사(不俟)하는 바로, 각위는 항상 소행을 닦고 기율을 중히 하여 청렴을 준수하며 품위의 향상과 덕조(德操)의 함양을 도모하고 의절(儀節)을 보여서 관리의 본분을 도모할지로다.

근시 재정의 정리 긴축을 요함은 극히 절실함으로써 각위는 이에 유의하여 화(華)를 제거하고 실(實)에 위하며 국비(國費)의 용도도 그 뜻을 맞추어서 정무 진정의 길을 구할지로다. 일반 사조의 변천에 따라서 행형의 방침도 역시 구식의 묵수(墨守)를 불허하는 것이 많거늘 감옥법령은 여전히 개조한 바가 없다 하나 이 활용에 있어 상당한 고려를 가하면 또한 시운에 순응함을 득할지니, 각위는 항상 연구 불태(不怠)하여 결코 시세에 지체치 않을 각오가 있음을 요하노라.

형무소의 작업은 종래 전혀 근면의 관습을 양성하고 직업의 훈련을 하게 함으로써 주안으로 하였으나 근시의 상세(狀勢)는 이와 그 취지를 다르게 하며 작업의 수익에 의하여 그 경제를 유지코자 하는 경향이 있다. 그 이해는 아직 속단하기는 어렵지만 국가의 금고가 다단(多端)할 때에 또 부득이 한 것으로 보며, 유래 조선에 있어서는 근로를 싫어하는 풍조가 있어 아직 풍속을 이루고 있으므로 재소자에 대하여 근면의 습성을 순치(馴致)함이 필요함은 물론이나 일면 세운과 첩경에 비추어 재소자의 능률 증진에 뜻을 주의하고 작업의 기획 경영이 그 뜻을 득하고 수익의 증가에 노력함을 바라노라. 지난번에 천은(天恩)이 우악(優渥)하여 석방자 보호사업 및 그 관계 공로자에 대하여 수전(殊典)의 하사가 있었음은 실로 감격하는 바로, 이들 사업이 갈수록 더욱 그 기능을 발휘케 함은 각위 당연의 책무이라.

요즘 문화의 급진은 세상에 지대한 변동을 주어 실생활의 곤란은 날이 갈수록 극심을 더하므로 지금에 힘을 석방 후의 보호에 두지 아니함은 혹은 완비한 행형의 효과를 공허케 함에 이르지 않음을 보전하기 어려우니, 각위는 능히 뜻을 이에 두고 장래 한층 이 개량 발전에 진췌함을 바라노라."

---

27 각근봉공(恪勤奉公) : 나랏일에 정성을 다하여 부지런히 힘씀.

> ⟨자료 19⟩
> 《매일신보》 1924.12.17, 2면 6단
> 금회의 행정 정리에 따른 도(道) 사무분장 규정
> — 훈령으로 개정 발포
>   형무소, 지소도 폐합

　15일 부 조선총독부 훈령으로 금회 행정 정리에 따른 도 사무분장 규정 중 개정의 건과 동일 부 부령으로써 형무소 및 형무지소 폐지의 건을 발포하여 동일부터 시행한다는데 그 훈령 및 부령의 개정 내용은 다음과 같다더라.

(중략)

　형무소 및 동(同) 지소 폐지의 건은 영등포형무소를 위시하여 함흥형무소 강릉지소, 목포형무소 제주지소를 폐지함에 이르렀는데, 전기 훈령으로써 금회 행정 정리에 따른 각 도에 임한 과(課)의 폐합이 실현되었고 각 과의 분담 사무는 도지사가 직접 이를 정함에 이르렀다더라.

> ⟨자료 20⟩
> 《매일신보》 1925.01.20, 1면 7단
> 시기문제인 감옥제도의 개선
> — 거의 자택에 있는 것과 같이 외출도 허용
>   도이(土井)[28] 감옥과장 담

　감옥제도 개선에 관하여 정부는 기보와 같이 지난번에 법규 개정을 기획하였는데 이의 실시에 대하여는 형사정책상 아직 연구할 여지도 있고 또 막대한 경비를 요하는 점에서 정부는 금번 의회에 제안치 아니하고 다시 개정법안에 관한 심의를 속행하리라고 전하므로, 혹은 급속한 개선은 희망하기 어려울지 알 수 없으나 정부 의향도 대체 결정되었고 또 민권을 존중 절규하는 시대의 요구로부터 보면 후년도로 조정(繰廷)할 운명에 있어 실현할 가능성도 있는데, 그러면 그 개선은 여하한 정도의 것인지에 대하여 법무국 도이 감옥과장은 크게 아래와 같이 말하더라.

28　도이(土井) : 조선총독부 감옥과 사무관 '도이 히로미(土居寬申)'의 성(姓)인 '도이(土居)'의 오기이다.

내지에서는 이미 2, 3년 전부터 실시할 전제로 준비에 착수하여 금일에는 오직 시기의 문제이라 아직 내용을 적확히 알지는 못하나, 대체로 말하면 시설에 의하여 수인의 인격과 대우의 향상을 도모하고 복역 중이라도 가급적 실 사회와 접근하게 하여 자치를 목적으로 지도하여서 건실한 사회생활에 순치케 하고자 하는 것이 그 주안이라. 따라서 현행 법규에 기초하는 준엄한 직접적 징벌과 같은 것이 현저히 완화될 것인데, 그 반면에 범측자는 자체적으로 엄중한 제재를 가하게 될 터이라. 이에 대해서는 필요한 설비가 수반되니 즉 수인의 개전 상태와 평소의 성적에 따라 암흑한 감방에서 명랑한 실내로, 좁은 데서 넓은 데로, 소위 계급누진주의로 감방, 공장 등의 실내 분탄을 다수히 요하는도다.

그리하여 성적과 소행이 가량(佳良)한 자에 대하여는 거의 자택이 있음과 같은 대우와 어느 정도까지의 자유를 주어 시시로 외출도 허할 터이며, 기타 기거동작으로부터 공장의 작업설비에 이르기까지 거의 이상적으로 하고자 함에 있으므로 설비비만으로 막대한 경비를 요하는도다.

조선에서는 아직 그 정도까지 진보된 계획은 없으니 내지에서 실시하게 되면 이에 순응하지 않지 못할 터인데 과연 이러한 문화적으로 진보된 제도가 조선의 민도 실정에 적합할는지 자못 의문이며, 더욱이 서대문형무소를 제외한 그 외의 형무소는 독방은 거의 없으며 공장도 부족을 고하는 상태이므로 실내의 분류 시설만으로도 막대한 경비를 요하는도다. 그러나 다만 조선에 시행치 아니하여서는 국책상 좋지 못하므로 당국에서는 그 점에 고심과 연구를 요하는 바이라 하더라.

〈자료 21〉
《매일신보》 1926.07.08, 1면 1단
사법성에서 탈고한 신감옥법 개정 요점
— 수인의 대우를 개선하고
　형무소장의 권한을 확장
　래(來) 의회에 제출할 터

【도쿄】 사법성(司法省)은 신감옥법의 입안에 노력하여 요즘 비로소 탈고하였는데, 탈고한 신감옥법안은 전문 130조로 완성하였으며 주요 개정점은 다음과 같더라.

누진제를 채용

수감자의 형기에 따라 이를 3기로 나누어 제1기 주야독방, 제2기 야간독방, 제3기 주간독방의 제도로 하고 성적에 의하여 적절히 방실(房室)을 안배하고 또는 가출옥을 하게 한다.

부정기형 제도

현행 제도에 의하면 형무소장은 가출옥 기타에 있어 조금도 자유재량의 권한을 행하지 않고, 일일이 검사의 지위명령을 따라야 하는데, 이에 대해서는 행령(行令)상 근본취지를 해치기 불가능하므로 신법에는 소장의 독단으로 다만 대신의 결재를 얻어야 가출옥을 허락하게 되었다.

위생보건 개선

종래에는 수감자가 병이 걸리거나 상해를 입어도 수인으로 취급하였으나 금후는 형무소에 병원을 부설한다.

책부제도 개선

현행법에는 우선 예심판사가 검사의 의견을 청한 후 형무소장에게 명령하는 형식인데, 신법은 소장의 재량에 의해 예심판사의 양해를 얻어 책부 출소케 할 수 있게 하였다. 동 법안은 근근(近近) 법제심의회에 부의될 터이요, 52의회에 제출할 것이라더라.

〈자료 22〉
《동아일보》 1930.11.27, 1면 8단
시대에 합(合)토록 감옥법 개정
— 래(來) 의회(議會)에 제안

【도쿄 25일발 연합】 현행 감옥법은 1890년(明治 23)의 제정으로 시세의 추이에 맞지 않은 점이 많으므로 목하 형법 및 감옥법 개정위원회에서 심의 중인데, 사법성 행정국에서는 잠정수단(暫定手段)으로 감옥법 중 개정에 관한 건을 금번 의회에 제안하기로 결정하고 25일 오전 10시 반부터 대체로 다음과 같은 요항에 대하여 심의하였다.

1. 수형자에 자변품의 급여를 허가할 것
2. 미결구류자에 대한 신서(信書)의 발수(發受)를 엄중히 취체할 것

3. 소년법과 저촉하는 점을 수정할 것

4. 소년 및 약년수(若年囚)의 처분방법 개선의 건

5. 가석방 및 허가기간의 단축

〈자료 23〉
《동아일보》 1931.01.27, 1면 1단
일본의 감옥제도 개선안
— 조선에도 실시하라

1

25일발 도쿄 전(電)에 의하면 사이타마현(埼玉縣) 우라와(浦和)형무소에서는 전국에 솔선하여 수인에 대한 대우 개선안을 제정하는 동시에 며칠 내로 이것을 실행하고자 그 방법을 고구(考究) 중이라 한다. 그 개선될 요점은 어제 제2면에 상세히 보도한 것과 같이,

(1) 종래 수인과 면회함에 있어서 수인과 면회인이 눈과 눈만 맞대고 면회하던 것을 이것을 폐지하고 책상을 마주앉고 면회하게 하고 부부간의 면회에 있어서는 입회인을 두지 않는다 하며

(2) 형무소 밖에서 대소변을 보게 하고

(3) 형무소 밖에 나가 산보를 하게 하며

(4) 1주일 내지 2주일간 휴가를 주며

(5) 우대실을 두어 감옥의(監獄衣)를 벗고 차입의(差入衣)를 입고 신문, 잡지를 읽게 하며

(6) 희망에 의하여 직업을 갖게 한 후, 외근을 하게 하는 것이라 한다.

2

오인(吾人)은 지난 해 조선의 감옥제도의 개선설을 들었을 때 형무소는 요컨대 수인에게 형벌을 과하는 것이 목적이 아니라 사회적 병자를 치료 또는 교화하는 병원 또는 교회일 것이라 하여 그 개선할 바를 주장했거니와, 이제 위의 우라와형무소가 이것을 솔선 실행하랴 하는 것은 실로 시세에 추반(追伴)하는 감이 있다. 행형은 요컨대 사회적 병자 또는 사회적 결함자를 치료, 교화함에 있다. 이것을 형벌로써 대하는 것은 봉건적 유습이

다. 이리하여 선진제국이 감옥제도를 개선하여 일종의 병원, 일종의 교화소로 만들려는 경향이 있음은 실로 이러한 이론상의 근거에 있을 것이다.

3

그런데 돌이켜 조선의 감옥제도를 보면 많이 봉건적 유풍이 있어 혹은 의복에 있어서, 혹은 음식에 있어서, 혹은 거주에 있어서, 혹은 노역, 면회, 기타 정신적 생활에 있어서 이것을 형벌로 대하는 경향이 있는 것은 누구나 공인하는 바이다. 형무소라는 그 명칭조차 아직 형벌의 의미를 포함한 시대 추이에 맞지 않은 명칭이려니와, 그 내면에 있어서 여전히 물질적, 정신적 고통을 수반하는 연년의 발병자, 병사자, 동상 등 제 현상을 드러냄으로써 분명하다. 오인은 금번 우라와형무소가 솔선 고안 중의 감옥개선안이 즉시 조선에도 고려, 실시되기 바란다.

〈자료 24〉
《동아일보》 1931.05.03, 6면 3단
행형법규의 관견(1)
— 사회진화 따라 형벌 관념도 추이
　도쿄에서 최인해(崔寅海)

◇ 머리말

나는 이 법규를 아시는 분보다 모르시는 여러분을 벗 삼아 대략 이야기하겠습니다. 그러나 실제 그 방면의 경험이 없는 일학도(一學徒)의 관견(管見)이 되매, 이것이 혹시 그 진상과 상이할지는 모르겠습니다만, 좌우간 이 관견을 말씀드리게 된 것도 한편으로는 지금 우리 사회의 한 시대적 요구이라고 생각하고 볼 때 나는 주저 없이 붓을 들었습니다.

◇ **첫째 행형법규란 무엇일까**

감옥에 관한 법률 및 명령을 총칭하는 말입니다. 이 법규는 사회진보에 따라 형벌 관념의 추이와 형사정책의 발달과 범죄현상의 복잡화함으로 인하여 잠시도 쉬지 않고 개수되어 감을 봅니다. 그러자니 이 감옥법규에 관해서는 말할 수 없이 다수하고 또 번잡합니다. 원인에는 3설이 주장되어 있는데, 그 1설은 형벌의 본질은 사회방위작용에 있다고 하는 목적주의가 있고, 그 2설은 목적주의에 따른 특별예방 작용의 보급이요, 그 3설은 범인을 개별적으로 처우하자는 이른바 개별처우의 시인론(是認論)이랍니다.

◇ 행형(行刑)의 진화(進化)

소위 사회가 형성되는 곳에는 필연적으로 법률이 있게 되고 형벌이 정해집니다. 그 의미에 있어 행형은 인류공동생활의 시초부터 존재한 모양인가 합니다. 그 방법은 형벌에 대한 사상의 변천과 함께 자연히 상이하여 갑니다. 장구한 세월에 응보사상(應報思想)은 각 국민사상 중에 개재(介在)하여 그에 따라 행형은 참인가혹(慘忍苛酷)하여 오다가 1595년 화란(和蘭: 네덜란드)에서 인도주의와 개선주의를 요소로 한 행형제도가 시행된 이후, 1832년에는 영길리(英吉利: 영국)에서 소위 누진제도(累進制度)가 발달되었고 1913년에는 아메리카합중국에서 수인자치제(囚人自治制)가 발달된 것입니다. 이에 각국 일부 학자 간에는 행형을 일국의 문제로 보지 않고 세계 공통문제로 연구하게 되었습니다. 1872년 아메리카합중국 '이·시·와인쓰'의 주선에 의하여 국제감옥회의가 설립된 것은 주목할 만합니다.

◇ 그러면 감옥이란 어떤 곳일까

다 아시는 바와 같이 범인을 구금하여 개선·교정하는 설비인 동시에 범인으로 하여금 일반사회와 격리시키는 곳입니다. 그러나 아직 현금(現今) 일본 법률하에서는 형벌과 보안처분(保安處分)의 사이에 상이한 성질이 있다고 관념하므로 감옥과 교정원(矯正院)이 판이할 뿐 아니라 감화원(感化院)과도 구별치 아니할 수 없습니다. 감옥이란 곳이 개선작용을 목적하는 곳이라고 보면 범인의 정신상은 물론이거니와 위생상에도 크게 주의를 하여야 합니다. 즉 채광, 환기, 음참(陰慘), 습윤(濕潤) 등에 대한 설비를 조직적, 합리적으로 하여 구금자의 생리적 발육조장(發育助長)과 기율적(紀律的) 생활 등에 가장 유의하여 장래 선량한 사회 일원이 되게 하여야 하는 곳이라고 할 수 있습니다.

◇ 감옥제도엔 독거제(獨居制)와 잡거제(雜居制)

감옥제도에는 독거제와 잡거제가 있는데 어느 편이 가타부타고 말은 못하겠으나 너무 극단은 피하여야 합니다. 1595년 화란 '암스텔담' 감옥이 설립된 이래 행형의 개선사상이 점차 대두하자 그 사상이 구금제도에 파급되어 저 나마(羅馬: 로마) '산미해르'에 소년감옥이 건설되었습니다. 1703년에 건설된 이 소년감옥은 소년개선제도로 되었는데 야간독방에 구금하기로 하였답니다. 또 1773년 이래 영국에서는 '죤·하와드'라는 사람이 수년간을 구주대륙에 실지 여행하여 자기 나라와 기 상태를 비교한 서적을 발표하여 수인에 대한 개선주의와 주야 독거제를 고창한 이래 영국 감옥제에서 중요시되었습니다. 그러나 이 주창에 동국 '애리 사베쓰·후라이' 여사는 반대하여 말하되, 독거구금은 인류의 본능을 박탈하므로 이 독거제에 반기를 들었다 합니다. '후라이' 여사 역연(亦然) 감옥개량가의 한 사람인 만큼 그 설에는 동감이 되고 권위도 있습니다. 독거제는 정신적 개선을 주안으로 하나 인간의 본능인 사교성과 군거성(群居性)을 무시하는 점이 결점이라고 봅니다. 또 재감자 수와 재정상의 결점입니다. 또 잡거제는 일국의 경제 관계상으로 된 제도라 하나 가장 옛날 제도라 볼 수 있습니다. 그러면 현행 제도에는 차 양제도가 채용되어 있답니다. 이 잡거제에서 주의할 점은 잡거 구금시에 분류주의를 반드시 시인하여 동류(同類) 분리를 고려하여야 됩니다. 재감자의 죄질이며 성격, 범수(犯數), 연령 등을 짐작하여 감방을 판이케 하여야 됩니다. 속담에 혹 떼려고 하다가 혹 얻는 격을 연출치 말게.

◇ 감옥의 정역(定役)

그 다음에 감옥의 정역을 말씀하면 감옥 내에서 작업하는 것인데, 이에는 작업의 목적과 시간문제가 중대한 고려를 요하고 있습니다. 작업의 목적은 어디까지든지 수형자에게 고통을 느끼게 하는 일인가 합니다. 이제 윤리적으로 그 목적을 관찰할 때 피(彼) 등은 인간으로서 노동하여야 될 도덕적 의무가 있고, 법률적으로 관찰하면 형의 감화 목적에 한 수단이겠고, 경제적으로 관찰하면 많은 수익을 취득하려는 것이 그 목적이랍니다. 그러나 우리가 이곳에 많은 주목을 하여야 될 점은 소위 사역인(使役人)의 인간적 양심이라 하는 것입니다. 그러면 작업에 대한 시간은 1일에 몇 시간이 최적할까요? 각국 입법예(立法例)를 보면 보통 9시간 내지 10시간이라고 하겠습니다.

〈자료 25〉
《동아일보》 1931.05.06, 6면 5단
행형법규의 관견(2)
— 사회진화 따라 형벌 관념도 추이
　어(於) 도쿄 최인해(崔寅海)

◇ 재감자(在監者)의 급양문제(給養問題)

또 재감자에 급여하는 급양문제를 보면 관급설(官給說)이 있고 각자비용설(各自費用說)이 있는데, 관급설은 작업의 임금 청구권의 유무에 따라 결정될 것 같고, 미결 구류자는 자비설이 적당할까 합니다. 왜 그런가 하면 미결구류자의 구속은 단지 소송 수단상인 까닭입니다. 일본 현행법규를 보면 수형자의 임금을 부인하므로 의류, 침구, 양식 등은 관급제가 원칙이고, 예외로 구류수(拘留囚)에게는 자의(自衣) 착용을 허락하고 기타 수형자에게는 내의(內衣, Shirt) 자변(自辨)을 허락할 수 있답니다.(감옥법 32조, 34조)

또 보면 형사피고인, 피의자 및 노역장 유치 언도를 받은 자에 대하여는 구금의 성질상 의류, 침구는 원칙상 자변이요 자변 불능자에게는 대여하고, 양식은 모두 관급이 원칙이요 형사피고인과 피의자에 대하여는 자변을 허락할 수 있다고 하였습니다.(감옥법 33조, 35조) 여하간 먹고 입고 사는 사람이고 보니 그 제도의 여하를 막론하고 의류, 침구는 체온 보존상 상당히 필요한 정도까지는 급여하여야 하겠고, 음식품 등 종류는 이 또한 영양상 상당히 급여하여야 합니다.

그러면 재감자에 급여하는 양식은 밥 1인 1회 3홉(合: 1홉 180.39ml) 이하(下白米 40%, 麥 60%), 채(菜: 야채) 1일 5전 이하인데 만약 지방의 상황, 물가의 고저에 의하여 또는 건강상 필요가 있는 때는 전옥(典獄)29이 사법대신의 허가를 얻어 가지고 종류 변경도 하고 식량 증가도 합니다.(시행규칙 94조) 물론 이에는 각 인(人)의 체질, 건강, 연령, 작업 등을 참작할 필요가 있겠다 하나 이상의 영양량(榮養量) 및 분량으로 필요 이상의 고노(苦勞)에 감당하여 나아갈는지 1928년(昭和 3) 3월에 와서 미결 구금자에 대하여는 형무소 내에 판매하는 물품은 자변하기를 허락하였다 하나 이는 미결 구금자에 대한 성질상 당연한 것입니다. 식량은 1인 1회 3홉으로 정하면 부족하나마 그렇다 볼 수 있지만 찬대(饌代: 반찬값)가 5전 이하라니 이곳 도쿄(東京)를 두고 보면 물가의 고저는 있다 하나 1일 찬대 20전은 가져야 영양량을 취할까 합니다. 백미도 품질 하(下)라고 하니 이 또한 영양상 중대 문제라 아니할 수 없습니다.

◇ **재감자 구제문제(救濟問題)**

또 재감자 취업에 인하여 상병(傷病) 및 사망시를 볼 때 구제라는 의미하에 수당금이라 하여 얼마를 주는 모양입니다. 상병시는 보석할 때 본인에 급여하고, 사망시는 신분관계자가

---

29 전옥(典獄) : 감옥 사무 일체를 총 관장하는 직 또는 그 사람. 일본 구 감옥제도에서 감옥의 장(長)을 일컬음. 형무소장. 현재의 교도소장.

받는다 합니다.(감옥법 28조)

이제 그 금액을 일별하면 1. 사망수당 : 최고 180원에서 최저 100원, 2. 상병(傷病)수당 : (가) 종신병 : 최고 150원에서 최저 90원, (나) 종신 노무 불능자 : 최고 125원에서 최저 75원, (다) 종래의 노무에 복무하지 못하는 자 : 최고 100원에서 최저 50원 등으로 정하였답니다. 물론 이 점에 있어서는 체질 및 범인의 사회지위 등에 치중하여 생각할 때 이상과 같이 일률적 제정은 타당치 못할 것 같습니다.

◇ **위생 및 의료에 관하여**

또 위생 및 의료에는 개인의 건강과 집단생활에 관한 각종의 전염병 예방방법 등을 항상 고려하여야 합니다. 형벌과 건강은 별개의 문제입니다. 형벌은 개선을 목적하고 건강은 건전한 정신을 가지게 하며 능률을 증진케 하니 연후에야 직업적 훈련도 필요하겠습니다. 구금으로 인하여 건강을 해치지 말게 하여야 합니다. 항상 청결하게 하며 옥외운동도 시키고 발병자에게는 속치(速治)하고 수술이며 주사 등을 완전히 하여 보건시켜야 됩니다. 또 이에 대한 적당한 설비를 구비하십시오. 더구나 임부(姙婦), 산부(産婦), 노쇠자, 불구자 등에는 재언(再言)할 필요도 없습니다.

◇ **재감자의 접견에 대하여**

그러면 또 재감자의 접견(接見)[30]과 서신에 대하여 보겠습니다. 원칙상 친척 이외에는 불허합니다. 예외로 교육자 및 보호사업가(保護事業家) 등에는 서신발수(書信發受)하고 접견을 허락하고 있습니다.(감옥법 45, 6조)

형의 종류에 의하여 구류수는 10일 만에 한번씩이요, 금고수는 1개월 만에 한번씩이요, 징역수에는 2개월에 한 번씩이랍니다. 그러면 접견하는 시간은 얼마나 줄까요? 시간은 30분 이내이며 질병으로 인하여 부득이 거소(居所)[31]에서 접견시키는 때를 제하고는 일정한 접견실에서 만나게 합니다. 내왕 서신은 일일이 전옥이 검열한 뒤가 아니면 불허합니다. 또 서신은 일요일, 휴업일, 휴식시가 아니면 작성치도 못합니다. 이에는 예외가 있는데, 대단히 급할 경우라 합니다. 감옥은 자유를 박탈하는 곳입니다. 그러고 보면 재감자에게 타인과 접견 및 서신

---

30 접견(接見) : 면회.
31 거소(居所) : 죄수가 거주하는 곳. 감방 안을 뜻함.

왕래를 막는 것은 당연한 일이라 하겠습니다. 그러나 너무 극단으로 하면 이것은 재감자로 하여금 정신적으로 파멸시킵니다. 부모를 잃고, 사랑하는 처자를 버리고, 세상과 이별하였다가 하루아침에 석방한들 어느 누구를 의지하겠습니까? 부모처자의 위안을 잃고 친척고우(親戚故友)의 보호를 잃은 피(彼) 등의 가는 곳은 그 어디일까요?

〈자료 26〉
《동아일보》 1931.05.07, 6면 2단
행형법규의 관견(3)
— 사회진화 따라 형벌 관념도 추이
　어(於) 도쿄 최인해(崔寅海)

이 점으로 보아 더욱더욱 자유 박탈은 완화하여야 하겠고, 또 소위 개선작용의 직능을 발휘하자면 더욱 완전한 누진제도(累進制度)를 시인하여야 될 줄 믿는다. 누진제를 간단히 말하면 1832년 오태리(奧太利: 오스트리아)의 '캅테인·마고노기'가 창설하여 1854년 '아일란드워트·틀오후든'이 수정을 가하여 이래 각국에 보급된 제도인데, 이 제도의 주요한 목표는 재판상 언도받은 형기를 수개(數個) 계급단(階級段)에 분(分)하여 수형자에 대한 행형성적에 따라 대우를 점차 높인다는 것으로, 그 반대에 행형성적이 불량한 자는 타수의 대우에 자극되어 분발 노력케 하고, 성적이 양호한 자는 더욱더욱 우대를 받기 위하여 일층 많은 노력을 하게 된다는 것입니다. 바꾸어 말하자면 자유형의 탄력성을 광용하여 수인에 자력적 개선을 하게 함이 즉 이 제도의 성질입니다. 고로 이 제도는 수인으로 하여금 최초에는 회오반성(悔惡反省)하게 하고 집행의 진행에 따라 점차 사회적 생활에 가깝게 합니다.

이 의미하에 누진제도는 항상 독거구금과 잡거구금을 병용하고, 또한 이에 가출옥제를 가하여 성립된 것과 또 하나는 독거 및 잡거에 반(半)자유적 구금을 인정하여 장차 사회에 나올 준비기간을 두는 점이 특색인데, 이 소위 아일란드제(Irishsysten)가 그것이다. 그리고 보면 이 누진제도에는 독거, 잡거 및 가출옥의 3요건으로 되는 것과 독거, 잡거, 반(半)자유적 구금 및 가출옥의 4요건으로 되는 것의 두 종류가 있다고 합니다.

또 1913년 아메리카합중국에서는 '못도·오쓰뽀'에 의하여 수인 자치제(Imeafo self gauerment)

가 되어 수인 중 선량한 자에게 자치를 시인하였으나 요컨대 이 또한 아일랜드식 연장밖에 못 됩니다. 그러면 일본 현행법을 보면 대략 입법취지로서는 시인치 않는다 하겠습니다. 다만 그 운용에 있어 유사한 조직을 볼 수는 있다 하나, 확정한 규정은 없다 하겠다. 이 점은 많은 고려를 요합니다.

◇ 가출옥(假出獄)

가출옥은 징역 또는 금고에 처한 자에 대하여 개전을 촉진케 함인 까닭으로 이를 당연히 허할 것은 물론이거니와 죄질, 성격, 연령, 환경 및 사회적 지위, 명망 등을 상당히 참작 고려하여 당연히 형의 언도 당시부터 일정한 조건부로 석면(釋免)하는 것이 가할 듯하다. 왜 그런가 하면 감옥의 의의가 결국 개선작용을 최대 목적으로 하고 보면 구태여 감옥에 넣지 않고도 능히 기 자신의 양심상 가책에 의하여 혹은 장래를 위하여 혹은 사회적 명망, 신용 등을 위하여 자기의 소행을 반성하며 참회하여 개전의 정상이 현저할 때는 입옥(入獄)시킬 필요가 없기 때문입니다. 또 더구나 구류에 처하게 된 자 및 노역장 유치에 대하여는 더욱 적절히 느낀다.

또 이곳에 잠깐 말할 것은 위경죄 즉결처분(違警罪 卽決處分)이라는 것이다. 이에 대하여는 이미 의회에도 위헌(違憲)이라는 비난이 있는 듯하나 또 한편 엄정(嚴正)한 비평안(批評眼)을 가지고 볼 때, 이 즉결처분에는 재판소의 정식재판을 청구할 권리를 인정하므로 위헌이 안 된다 하나 많은 사람들 중에는 이 정식재판할 수 있는 권리의 유무를 알지 못할 것 같고 또는 설혹 이를 알고도 행사 안 하는 사람이 그 얼마나 많음을 생각할 때 또는 우리 향촌에서만 볼 수 있는 그네들의 절대권을 볼 때 더욱 재판권의 행사는 통상 재판소의 권한에 속한다는 원칙만을 인정하고 그 예외는 이를 부인할 것임을 재삼 고려할 필요가 없을까요? 좌우간 이 즉결처분을 받은 자에게는 더욱 그 연령, 환경, 성격, 죄질 등을 참작 고려한 후 상당히 경계하여 일정한 조건부로 하여 석면하는 편이 좋겠다. 왜 그런가 하면 이 처분을 당하는 사실적 범죄 종류와 법익의 침해는 사소할 뿐 외에 그 과형(科刑)은 단시일이다. 단시일 과형은 도리어 왕왕 범인의 심정에 반항심을 일으킬 뿐이다.

◇ 사형(死刑)에 대하여

마지막으로 사형에 대하여 보면 사형은 역사적으로 보아 가장 옛날부터 나려오는 형벌이랍니다. 그러므로 형법의 역사는 사형의 역사라고 할 수도 있답니다. 그러나 국가가 이 형벌권을 행함에 관해서는 제설(諸說)이 분분하여 일정치 못하나, 1764년 '백가리아'의 『범죄와 형벌』을 세상에 내고 사형폐지설을 주장한 후 이태리(伊太利), 화란(和蘭), 아메리카합중국 수주(數洲), 남미 등에서는 지금까지 사형을 폐지하였고 1918년 서서(瑞西) 형법초안, 1927년의 오태리(奧太利) 형법초안에는 사형이 없답니다. 또 1927년 독일형법 제5초안부터 최근에까지 사형을 제(除)하였답니다. 그리고 보면 금일의 대세는 사형폐지론이 우세하여 갑니다. 사람이 하는 재판에 어찌 절대 오판이 없겠다고 확정을 못하는 이상 여사(如斯)한 형벌은 폐지하여야 된다고 하는 것이 그 이유의 하나이겠고, 자고로 수많은 사형을 집행하는데도 불구하고 의연히 사형에 당할 만한 범죄자가 속출하는 것은 사형의 위력에 그다지 신뢰할 수 없다고 하는 것이 그 이유의 하나요, 피해의 정도와 사형을 대비할 때 사형이 너무나 참혹한 것이 그 이유의 하나라고 본다. 일본은 말할 것 없이 사형 실행국의 하나이겠지요. 그리고 보면 이 또한 행형 연구상 일대 숙제이다.(종)

〈자료 27〉
《동아일보》 1931.07.23, 1면 1단
사설: 수인의 격증
— 사회적 의의 여하(意義 如何)

1

6월 말 현재 전(全) 조선 16형무소 및 10형무지소의 재소인원은 수형자, 형사피고인 및 노역장 유치자를 합하여 1만 6,900여 인이어서 이것을 작년 6월 말 현재의 그것과 비하면 약 460여 인의 증가라 한다. 금번 평양사건에 의하여 약 400여 인의 형사피고인이 일시에 수소(收所)된 때문이라고도 하나 그간 형무소의 협착(狹窄)으로 약 1,000인의 가출옥자를 내었다 한즉 1년간에도 수백 인의 격증을 보는 것만은 사실이다. 인하여 내년의 수인의 증감상태를 보면 때로 증감이 있었으나 점차로 증가한 것은 사실이니 1918년(大正 7) 내지 1919년(大正 8)의 1년간에 3,400여 인의 비약적 증가를 본 것은 특례라 할지라도, 1921년(大正 10) 이후 점차 증가하여 작금은 1920년(大正 9) 말의 1만 6,700인의 기록을 넘기가 200인임은 수인이 점차 증가함을 시(示)함이라 않을 수 없다.

2

    사회의 복잡화에 따라 범죄자가 증가하는 것은 거의 불가피의 사실이지만 조선과 같이 그 증가의 속도가 속하고 또 정치적 의의를 가진 자 많은 것은 적을 것이다. 즉 1919년(大正 8), 1920년(大正 9) 간의 범죄자의 증가는 주로 제령(制令) 제7호 위반, 출판법 위반 및 보안법 위반에 의한 것이었으나, 1925년(大正 14) 이래의 범죄자의 증가는 치안유지법 위반 및 보안법, 출판법, 삼림법 위반 등에 의한 것이어서 현재 적체된 예심사무의 6할은 사상범에 관한 것이라 한다. 그러므로 이것을 다른 사회에서 보는 것과 같은 파렴치자의 증가와 비교함은 그 본질을 모르는 처사다. 오인(吾人)은 그 사회적 의의를 고구(考究)치 않으면 안 된다.

3

    범죄의 동기에 대해서는 환경설(環境說)과 성품설(性品說)의 둘이 있다. 환경설이 범죄의 동기를 사회적 환경에 두고 성품설이 범죄의 동기를 개인의 성품에 두는 것은 주지의 일이거니와, 학설에 있어서 그 어느 것이 정당하다 할지라도 조선의 현실적 사실에 감(鑑)하여 후자에 승점이 있는 것은 불무(不誣)할 명확한 사실인 듯하다. 하고(何故)오 하면 만일 조선인의 성격이 더 많이 범죄를 범하리 만큼 패악(悖惡)하다 할 것 같으면 어찌 다른 나라보다 특히 형법범(刑法犯)에 많지 않고 특별범(特別犯)에 많을 것이랴. 즉 조선의 1929년(昭和 4) 말 현재의 수형자를 보면 형법범 8,300여 인임에 대하여 특별범 3,000여 인이라는 특별범의 엄청난 대비를 본다. 이것으로써 보면 조선인 반드시 성악(性惡)으로 인하여 범죄자를 냄이 아님을 알 수 있다.

    특별범이란 것은 보안법, 정치에 관한 처벌, 경찰법처벌규칙, 출판법, 치안유지법, 삼림령 등이다. 이것들의 대부분은 조선에 특히 존재한 법령으로서 조선인의 생활에 직접 관여한 것이다. 이러한 법령의 다수의 존재를 시인하고 조선의 수인의 격증됨을 탄(歎)해도 그 효과는 적을 것이다. 이 어찌 사회적으로 비판될 문제가 아니랴.

〈자료 28〉
《동아일보》 1932.07.21, 1면 1단
사설 : 행형제도 개선의 필요
— 경성형무소 사건

1

 재작 18일 경성형무소 수인 1,200명이 소(所) 내에서 소동을 일으키어 근 3시간을 걸려 진압하였다 함은 작지(昨紙)의 보도한 바다. 소동의 원인은 일부의 사상범인들이 그 나머지 범인들과 종류를 달리한 것을 자임하고, 그 대우가 타 범인과 동일한 것을 분개하여 타 범인을 선동한 때문이라고도 하고 식사에 불만을 품었다고도 하거니와, 여하간 형무소 내에서 1,100여 명이 소동을 일으켜본 일은 종래에 없던 일이오 또 대우에 불만을 품은 것은 사실인 듯하니 이는 당국의 연구 및 반성의 기회가 아닐까 한다.

2

 원래 행형의 개념에는 2종류가 있다. 하나는 징벌주의(懲罰主義)요, 하나는 보호주의(保護主義)다. 전자는 범죄를 죄악으로 인(認)하고 엄벌로 나가자 하는 주의요, 후자는 범죄는 사회의 평상적 상태에서 변태적(變態的) 상태에 있는 것이니 말하자면 병적 상태에 함입(陷入)한 것을 감화(感化) 치료하자는 주의다. 양 주의 모두 일리가 있는 바이어니와 근세학자의 경향은 대개 후자에 찬동한다. 그리하여 이미 선진제국에서는 이 행형제도가 발달하여 형무소의 설비 및 수인에 대한 대우가 매우 개선 관후(寬厚)하였음을 볼 수 있다. 작년 일본 우라와(浦和)형무소가 솔선하여 수인의 독서, 면회, 산보, 대소변을 위한 출입 등을 비교적 자유롭게 했다 하는 것은 그 보호주의의 일례를 시(示)한 것이라 하겠다.

3

 그런데 조선의 행형제도를 보면 종래의 감옥이라는 명칭을 형무소로 개칭하고 일부이나마 동절(冬節)에 난방장치를 하여 기분(幾分)의 개선을 하였으나, 아직 설비가 불완전한 바 많고 대우도 불철저한 바 있음은 불무(不誣)한 사실이다. 수인의 수용소를 형무소라 하고 수인에게 적의(赤衣)를 입혀 고통을 주는 것이 이미 이상에 말한바 보호주의와는 거리가 상원(相遠)한 일이지만 위생시설이 불비하여 하절(夏節)에는 피부병자를, 동절에는 동상자를 내며, 독서, 면회, 차입 등에 많은 제재가 있다 하는 것은 공인하는 바다. 이 밖에 발병시의 치료, 간호 등의 언어동작(言語動作)들도 그 개선할 바 있다. 특히 만근(輓近)[32] 범인의 격증과 재정의 긴축으로써 생기는 수인의 고통은 가히 상상할 바이다.

---

32 만근(輓近) : 몇 해 전부터 지금까지.

4

요컨대 행형은 사회적 병자를 치료하는 것이다. 그러므로 범인을 감화시키고 회개시키어 전비(前非)를 각(覺)하게 하고 완전한 인격이 되기를 기해야 할 것이다. 그러므로 조선의 현재와 같은 엄벌주의는 상당히 개선을 요할 점이 많은가 한다. 왈(曰) 난방장치, 왈 의복제도의 개선, 왈 의료시설의 구비, 왈 독서, 왈 면회, 차입 및 출입 등등의 제한 완화 등이 이것이다. 이미 일본에서는 몇 개의 형무소에서 행형제도의 개선을 시(試)하였다 하거니와 조선서도 이것의 개선은 목하의 급무이다. 관계당도(關係當道)의 개선을 촉하는 바이다.

〈자료 29〉
《매일신보》 1933.07.12, 2면 4단
소년법은 무망, 형무소 확장 예산 60만 원을 세워
— 명년도에 요구할 듯

소년법이 내지에서 시행되자 그것을 전후하여 조선에서도 현 법무국장 가사이 겐타로(笠井健太郎) 씨가 구미(歐美)의 실제 조사를 하고 귀국하게 되어 그 대략의 시행 준비를 갖추게 되었다. 이래 10여 년에 그 기회를 얻지 못하여 당시의 조사 서류도 수지가 되고 말았었다. 내지의 소년법은 당초 도쿄(東京) 오사카(大阪) 및 부근 수 현(縣)에 한하였었으나 시행 후 그 성적이 자못 양호하여, 사법성에서는 작년도부터 나고야(名古屋)에도 시행하였고 내년도에는 후쿠오카(福岡), 히로시마(廣島)에까지 점차 확대되어 장차 전국에 미치게 할 것이다. 조선에도 소년범죄가 해를 거듭하여 증가되는 현상이므로 이 사실에 비치어 하루라도 속히 시행하여야 할 필요를 느끼고 있다. 소년법 시행에는 먼저 소년심판도 소년보호소 등의 신설을 요하고 적어도 1백만 원에 가까운 경비를 요하게 되므로 목하의 형편으로 당분간 실현의 가망은 없다. 이에 법무국에서는 그 대책으로 우선 소년형무소의 내용 충실을 계획하고 김천, 개성 두 소년형무소의 내용 개선을 도모하는 동시에 양 형무소는 실로 정원의 2배 이상을 수용하여 이 이상 수용액은 없으므로 다시 1개소의 신설을 하기로 내정되었는데, 내년도 예산에는 실시와 설비 내용 개선비 약 60만 원을 요구하게 될 모양이다.

<자료 30>
《동아일보》 1933.09.29. 2면 8단
회의의 중심점은 사상범문제
― 이 앞으로 전향에 전력 계획
　금일 형무소장회의 개회

　전 조선 형무소장회의는 28일 오전 10시부터 총독부 제1회의실에서 예정과 같이 개최되었다. 개회 벽두의 총독훈시가 있은 후 법무국장의 주의사항이 있고 휴게하였는데 기보와 같이 이번 회의는 여러 가지 토의사항 중에서 논의 초점이 사상범의 사상전향문제가 되리라 한다.
　아직까지 방향을 전환한 사상수인이 없는 것도 아니나 그들은 대부분이 훈회사(訓誨師)를 통하여 전향한 것이었으므로 철저하지 못하였고 따라서 현하의 정세를 수인들에게 잘 알리지 못하였었다.
　이번 형무소장회의에서 이 문제를 토의·결정한 후에는 훈회사에만 일임할 것이 아니오, 형무소 당국자가 직접으로 그 층에 당하여 현하의 정세와 전향의 효력 등을 알아듣도록 하여 그 수확이 크도록 할 작정이라 한다.

<자료 31>
《동아일보》 1935.10.24. 2면 1단
복수주의 행형에서 '개과천선' 목표로!
― 행형누진처우, 가석방(假釋放) 법령준비
　명춘부터 행장(行狀) 우량자에게 실시

　총독부 법무국에서는 죄의 형벌이 복수주의로 취급되어 오던 종래 행형상의 관념을 떠나, 구금된 사회생활의 약자를 사회생활의 적당한 자격자로 만들어 사회에 돌려보낸다는 것을 목적으로 한 온정주의로 그의 행형 형태를 바꾸게 되리라 한다.
　이는 일찌기 일본 내지에서 실시되어 예상 이상의 호성적을 거두고 있는 소위 행형누진처우령(行刑累進処遇令)이라는 것과 가석방심사규정(假釋放審査規定)을 장차 조선에서도 그와 유사한 법령으로 공포 실행하려는 것이다.

그 근본정신은 "학교는 입학시키는 것이 목적이 아니요 잘 가르치고 또한 훌륭한 인격을 완성하게 한 후 졸업을 시켜 내어보내는 것이 목적인 것과 마찬가지로, 현재의 다수한 죄수를 수용하고 있는 전 조선의 형무소의 행형도 금후로는 죄인을 형무소에 수용하는 것만이 목적이 아니요 이미 죄를 짓고 형무소 안에 들어와 있는 그들을 좋은 사람으로 교화하여 사바세계로 내어보내는 것이 목적이라는 취지에서 개과천선한 그 정도를 따라 그의 처치와 대우를 각별히 하려는 것이다. 그리고 그의 행장(行狀)의 우량에 따라서는 남은 형기에 장단을 불게하고 그를 석방한다."라는 것이다.

그 실행기는 아직 법령의 제정, 또는 그 소요예산의 관계상 급속은 곤란하나 우선 내연도부터 그의 예비적 준비로 조선형무소에서 그 준거된 행형을 시험적으로 실시하리라 한다.

그리하여 총독부 법무국 행형과 모리우라(森浦)[33] 과장은 이를 실시하고 있는 일본 내지 각 형무소의 실행과 또는 그 성적을 실지로 견학하고 또한 오는 11월 2일부터 도쿄에서 개최되는 형무소장회의에서 참고사항을 청취하기 위하여 오는 26일 도쿄에 출장하기로 되었다 한다.

그러므로 동 과장의 귀임을 기다리어 그의 실시 준비는 착착 진행되리라 한다.

〈자료 32〉
《매일신보》 1937.01.06, 1면 1단
소년범죄는 증가, 사상범은 낙조(落潮)
— 연두소감의 일단으로
　　법무국장 마스나가 쇼이치(增永正一)

그 다음 행형 방면을 볼 것 같으면 전선(全鮮) 28개 형무소의 수용 인원은 1936년(昭和 11) 12월 1일 현재 1만 8,627인 중 수형자는 1만 6,613인으로서 전년에 비하여 의연 증가 경향을 보이고 있다. 그중에서도 누범률의 앙등과 소년수형자의 격증은 특히 주목할 현상이라고 하지 않으면 안 된다. 즉 누범자는 전 수형자에 비하여 1931년(昭和 6)의 4할 4푼 및 1926년(大正 15)의 4할 2푼에 대하여 작년도는 4할 8푼으로 증가하고, 또 소년수형자는 1,957인으로서

---

[33] 모리우라 후지오(森浦藤郎) : 1935년 당시 조선총독부 법무국 행형과장.

1922년(大正 11) 소년형무소 특설 당시의 약 4배에 달하는 것은 모두 한심한 현상이다. 누범원인은 다종다양하여 따라서 이의 방지 대책 또한 각종의 견지에서 고구(考究)하여 할 대문제이나 우선 행형의 개선으로써 이에 도달함이 아주 중요한 일이다.

그리고 행형 완벽을 기하려면 필연적으로 설비의 충실과 방법의 개선이 요구되는 바로서 따라서 당국은 그 점에 대하여 늘 이의 조사연구에 매진하고 있으므로 불원간 이의 실현을 기할 수 있다고 확신한다. 또 조선에 있어서 소년형무소는 종래 개성, 김천의 2개뿐이었으므로 자(玆) 수년 내 소년범의 격증에 따라서 현저한 수용 과다에 함(陷)하여 교화의 불철저는 물론 인도상 간과할 수 없는 바 있기 때문에 1935년(昭和 10) 소년형무소를 증설하기로 결정하고 장소를 인천 학익정으로 정하고 동년 여름 공사에 착수하였다. 그 후 소년수형자의 격증은 도저히 동소(同所)의 준공 완성을 기다릴 수 없는 사정이었으므로 이의 수용 완화를 도모하기 위하여 작년 7월 7일 공사 일부의 준공으로써 인천 소년형무소를 개청하여 소년수형자의 수용을 개시하고, 동시에 종래의 수용 구분을 다시 보통소년, 준소년, 저격(低格)자를 전연 구별하기로 하여 그 결과 얻는 바 교화상의 효과는 충분 기대할 수 있음을 확신한다.

동소(同所)는 사방이 막히고 고요하여 소년행형에 흡적(恰適)한 땅으로서 그 규모가 크지 않으나 건물의 구조 내부의 제설비 등 대개 소년의 보건과 교화에 입각하여 고안한 것으로서 반도 형무계의 하나의 색다른 것이라고 할 수 있을 뿐 아니라 정신적으로도 육체적으로도 제2의 국민인 소년을 양성하는 데 부족함이 없다고 믿는 바이다.

사법보호사업은 최근 현저한 발전을 이루었다. 즉 보호단체의 수는 27개에 달하여 형무소의 수와 대략 동수에 불과하나 그 질에 있어서 또 그 사업성적에 있어서 수년 전의 그것에 비할 것 같으면 현저히 면목을 일신하여 더욱더 업적을 거(擧)함은 실로 동경(同慶)에 불감(不堪)한다.[34] 다시 석방자 보호의 취지를 일층 철저히 하기 위하여 보호회의 지부를 설치하여 보호망을 확장한 것이 작년 중 22개소에 미쳐 이미 설치한 것과 합하여 40개소의 다수에 달하였다.

이리하여 27의 보호회와 40의 지부가 서로 연락, 협조하여 성심성의 보호의 충(衝)에 당(當)하고 있음은 물론이나 원래 차등(此等)의 사업은 새삼스레 말할 것도 없이 형여자(形餘者)의

---

34 동경(同慶)에 불감(不堪)한다 : 같이 축하하지 않을 수 없다.

보호에만 그치지 않고 더 나아가서는 재범을 방지하고 범죄에 대하여 사회를 보호하는 사명을 유하는 것이므로, 보호회의 직원은 물론 사회 일반도 이 점을 충분 인식하여 이 사명 달성에 대하여 원조를 아끼지 말기를 바라는 바이다.

　최후로 특기할 것은 작년 말 조선에 사상범보호관찰제도가 제정된 것이다. 대저 범죄를 방지하는 방법으로는 범인에 대한 보호제도가 제일 효과적인 것은 만근(輓近) 형사정책상 누구나 인정하는 바로서, 검찰재판 행형의 각 제도는 그 최후에 다시 보호의 단계를 가(加)함에 의하여 비로소 충분한 기능을 발휘하고 형정의 완벽을 기할 수 있다 하여도 과언이 아니다. 그리고 범죄는 그 종류 여하를 불문하고 모두 안녕질서를 문란하는 것이므로 이의 방지는 항상 사회의 급무임은 물론이나 사상범죄는 직접 국민의 사상 일반에 동요를 미쳐 그 화해(禍害)가 이루 말할 수 없는 바 있다. 따라서 이의 방지는 급무 중의 급무라고 하지 않으면 안 되는데도 돌이켜 조선에서의 사상 범죄의 정세를 일고(一顧)하면 1932년(昭和 7)을 최고조로 일시 창궐을 극한 공산주의운동도 당국의 부단한 검거와 일지사변(日支事變) 이래의 사회정세의 변천, 기타의 사정에 의하여 내지에서와 같이 점차 낙조에 향하고 있는 것 같이 보이나 금일 전과 다름없는 준동(蠢動)의 흔적을 없애는 데에는 이르지 못했다. 그리고 1928년(昭和 3) 이래 1935년(昭和 10)까지 치안유지법 위반사건으로 검거된 자가 실로 1만 6,000인을 초과하는데 그중 기소유예자, 형집행유예자, 가출옥자, 만기석방자는 수년 증가하여 그 수가 약 6,400명의 다수에 달하므로 지금이라도 사상범인에 대한 만전의 방책을 수립하지 않으면 재범 방지의 결실을 거둘 수 없다. 조선에 있어서 사상범보호관찰제도를 설정하게 된 것은 바로 이것 때문이다. 보호관찰소 및 보호관찰심사회는 경성 외 6개소에 이를 설치하고 치안유지법 위반자 중 기소유예자, 형집행유예자, 가출옥자, 만기석방자 등으로서 특히 보호관찰심사회에서 필요하다고 인정한 자에 대하여 보호관찰에 부쳐 그 사상행동을 관찰하고 이에 적응한 보호를 가하여서 그 사상의 선도와 생활의 확립을 도모하여 이에 의하여 재범을 방지하려는 것이다.

　본 제도는 실로 형정사상의 획기적 제도로서 이의 운용의 적부(適否)는 국가의 치안, 국운의 진전에 영향하는 바 극히 크므로 관민 각위는 본 제도의 의의를 충분 인식하고 이의 운동에 당하여 협조 원조를 아끼지 말기를 희망하여 마지않는다. 이상으로써 연두 소감을 대신한다.

〈자료 33〉
《매일신보》 1938.03.31, 2면 11단
형무소장회의 자문사항

전선 형무소장회의는 오는 5월 상순 총독부에 소집할 예정인데 이에 대한 자문사항은 아래와 같다.
 1. 수형자에 대한 국어 보급의 촉진 방법
 1. 사법보호사업 발전의 합리적 방법

〈자료 34〉
《매일신보》 1938.12.25, 2면 4단
적의부터 개량코
신문구독도 허가
― 금년 봄부터 감옥령시행규칙의 일부를 고쳐
  수형자의 획기적 대우안(優遇案) 수립

어두운 세상에서 몸의 자유를 잃은 재감자를 위하여 총독부 법무국에서는 그간 많은 설비 개선을 하여 이들의 개과천선에 노력하고 있는데 이번에 다시 감옥령의 시행규칙을 일부 개정하여 재감자들의 교화상 특별한 방책을 취하기로 하였다.

현재 시행하고 있는 감옥령의 시행규칙은 1912년(明治 45)에 제정한 것으로 실시 후 26년을 경과하였는데 이 중에는 제정 당시와 행형의 제반사정을 달리하고 있어서 현재 시국과는 현격한 차이가 있으므로 이번에 광범위에 뻗친 개정을 하기 위하여 금년 1월 1일부터 실시하기로 하였다.

특히 행형누진처우규칙도 제정되고 있으므로 여기에 순응하도록 이번에 개정을 단행하게 된 것이며 행형교화에 명랑성을 드러내도록 대 영단을 하게 된 것인데 이제 각 부문의 개정 내용을 보면 다음과 같다.

즉 재감자들의 계구(戒具)를 변경한 것을 필두로 하여 시국인식을 확실히 해두고자 신문과 시사논설 등을 읽히기로 하였고 의복·침구 등도 빌려주며 식기도 변경하는 등 일반적으로 우대를 하기로 하였다. 그리고 각방 공장 내의 기구를 새로 제정하며 특히 수형자에게 붉은 옷을 입히지 않아도 좋을 만큼 제도를 개선하는 동시에 그들에게 주는 음식물과 종류도 훨씬 낫게 하였고 다시 면회 시간과 횟수를 늘려서 자주 친족들과 회견을 시키기로 하는 등 종래에 없는 새 개척을 해서 수감자들의 심적 안위와 교화에 주력을 하기로 하였다.

〈자료 35〉
《매일신보》 1940.06.20, 3면 1단
응보행형에서 교육행형으로
— 전선 1만 9,000 수형자 지도책 획기적 전환
  시국산업의 인적 자원으로 적극 활용
  금일 형무소장회의 개최 협의

오늘부터 사흘 동안 총독부에서는 형무소장회의를 열고 형무소 재소자들의 보호지도에 대한 것을 여러 가지로 협의하게 되었다.

현재 조선에는 17개소에 형무소가 있으며 여기에 수용되어 있는 죄수는 1만 9,000명에 달하여 국책적인 시국산업에 절대한 협력을 하고 있는데 이들의 근로 작업은 비상시하에 많은 효과를 거두고 있으므로 이번 회의에서 수형자들의 교화와 보호 지도에 적극방침을 위해 구체적 방침을 세우기로 되었다.

이번 회의에는 특히 각 형무소장에게 수형자의 교화지도 방침을 어떻게 개선했으면 좋겠냐는 것을 자문한 바 각 형무소장은 그동안의 실제 성적과 그들의 현상은 살펴 구체적인 방침을 답신할 것으로, 그 결과가 극히 주목되고 있는데 총독부 법무국으로서는 전시하에 그만한 인적 자원을 활용하고 그만한 노력을 시국산업으로 운용한다고 하는 중대한 사실에 비추어 이번 회의에서는 종래에 없던 지도방법을 세우리라고 한다.

그래서 지금까지의 응보행형, 즉 지은 바 죄의 대상으로 많은 벌을 받게 하는 소극적인 방침으로부터 떠나 교육행형으로 전향하여 재감 중에 완전한 인격을 갖추는 동시에 비상시하 총후활동을 한몫할 수 있을 만한 기술을 가르쳐 훌륭한 인적 자원이 되게 한다는 것이다.

더욱이 현재의 1만 9,000여 명 재소자는 절반 가까이 누범(累犯)으로 되어 있으므로 이러한 좋지 못한 결과가 드러나지 않게 하며 한 번 출소하면 두 번 다시 죄의 도탄에 헤매지 않을 만큼 재감 중에 완전한 회오(悔惡)를 하도록 교육적인 행형을 할텐데, 그 구체적 방침은 범죄자의 감소와 함께 사회의 암흑면을 명랑화하는 한 가지 사회적 정책으로서도 이 교육행형의 결과에는 많은 기대를 가지고 있다 한다.

> **〈자료 36〉**
> 《매일신보》 1941.11.07, 1면 1단
> 국가 부탁에 부응하라
> 형무소장 및 보호교도소장회의 미나미(南) 총독 훈시

전선 형무소장 및 보호교도소장회의가 6일 오전 9시부터 본부 제1회의실에서 3일간 예정으로 개막되었다. 각 법원장과 형무소장 17명과 보호교도소장 1명이 출석하고 본부 측으로는 미나미 총독 이하 미야모토(宮本) 법무국장, 각 관계과장 등 60명이 임석한 가운데 처음 미나미 총독으로부터 (1) 행형관리 및 예방구금리의 각오, (2) 행형교화의 근본정신, (3) 사상범 예방구금제도의 운용, (4) 사상범 수형자의 교화연성과 예방구금제도 운용과의 관계, (5) 소년행형의 중요성에 대한 별항과 같은 훈시가 있은 다음 미야모토 법무국장의 주의가 있고 각 출석자의 개황보고가 있었다. 이렇게 오전 중의 일정을 마치고 오후에도 계속하여 개황보고와 별항과 같은 자문사항의 답신이 있은 다음 오후 4시경 산회하였는데 제2일도 오전 9시 반부터 속개할 터이다.

자문사항
1. 사상범 수형자에 대한 교화와 그 사상동향에 관한 심사를 일층 적절하게 하는 방안.
2. 현하 시국에 대하여 형무작업의 경영에 대하여 개선할 구체적인 방책.

여기서 현하 중대 시국하에 있어서 형무소장 및 보호교도소장회의를 개최하고 친히 소회의 일단을 말하는 동시에 소속 사업에 대하여 그 상황과 의견을 청취하게 된 것을 기쁘게 여기는 바이다.

2. 감옥의 설치와 확장

> 〈자료 37〉
> 《황성신문》 1908.07.16, 2면 1단
> 감옥사무 개시

금번 신설한 감옥서에 사무는 본일 개시한다더라.

> 〈자료 38〉
> 《대한매일신보》 1908.09.05, 2면 2단
> 철망감옥(鐵網監獄)

근일 이래로 감옥서에 피수한 죄인들이 탈옥 도주하는 폐가 종종 있으므로 이를 방어하기 위하여 해당 감옥을 완전히 수리도 할 뿐더러 해당 가옥을 철망으로 길게 친다는 설이 있다더라.

> 〈자료 39〉
> 《황성신문》 1908.09.05, 2면 2단
> 감옥 수리

몇 해 전부터 감옥서 죄수들이 탈옥 도주하는 폐가 흔히 있으므로 이 폐단을 방비하기 위하여 해 감옥서를 전에 비해 견고하게 수리한다더라.

> 〈자료 40〉
> 《황성신문》 1908.10.07, 2면 3단
> 감옥서 이접(移接)

종로에 있는 감옥은 일간에 신문 외 건축 영사(營舍)로 이전한다는데 옮겨 수감할 죄인은 741인이오, 인천과 수원에서 옮겨 수감할 죄인이 300여 명이라더라.

⟨자료 41⟩
《황성신문》 1908.10.20, 2면 4단
감옥 이첩(移牒)

감옥서를 전 보도와 같이 재작일에 신문(新門) 밖 새로 건축한 청사로 이전하였는데, 여인들은 마차에 탑재하여 마차 위에 판위(板圍)를 만들고 기타 죄인은 요부(腰部)를 결박하여 순사 및 간수가 데리고 갔다. 총을 멘 병정이 좌우에 열립 호위하고 죄인의 도주를 예방하기 위하여 종로에서 금계동까지 좌우 협로에 순사가 파수하였는데 종로에 있는 감옥서는 다른 곳으로 이부(移附)하기 전에 청의 관리 여러 명을 간수로 배치한다더라.

⟨자료 42⟩
《황성신문》 1908.12.04, 2면 2단
감옥 설치

법부에서 금년 3월경에는 전국 중요지에 재판소 지부를 설치하고 같은 곳에 감옥을 설치하기로 정하였다더라.

⟨자료 43⟩
《대한매일신보》 1909.01.28, 2면 4단
죄수 분옥(分獄)

현금 죄수가 매우 많은데 기결수는 신문(新門) 밖 감옥서에 두고 미결수는 종로감옥서에 가둔다더라.

⟨자료 44⟩
《대한매일신보》 1909.02.21, 2면 1단
구재(區裁) 및 감옥 개청(開廳)

본년에 신설된 경남 마산진 남포의 구재판소(區裁判所)는 3월 1일 개청할 터이오, 또 본년에 신설된 8처 감옥서 분서 내의 인천, 전주, 부산의 3개소는 이미 개청되고 그 나머지 원산, 춘천, 의주, 청주, 경성 5처도 3월 1일에 개청할 터이라더라.

<자료 45>
《황성신문》 1909.02.25, 2면 2단
사무 개시

진남포(鎭南浦) 구재판소와 경성감옥서 춘천분감은 내달 1일부터 사무를 개시한다더라.

<자료 46>
《대한매일신보》 1909.04.08, 2면 2단
대감옥 건축

법부에서 금년도에 경성과 평양, 대구 3곳에 대감옥서를 건축하기로 결정하였는데 경성감옥의 공사 예산은 30만 원을 지용(支用)하여 1,500인의 수도(囚徒)[35]를 수용할 터이오, 이를 모범하여 평양과 대구에 각 7만 원의 예산으로 수도 1,000인을 수용케 할 예정이라더라.

<자료 47>
《황성신문》 1909.04.08, 2면 3단
대감옥 건축비

법부에서 금년도에 경성, 평양, 대구 3처에 대감옥을 건축할 터인데, 경성감옥의 공사예산은 약 30만 원으로 1,500인의 수도(囚徒)를 수용하게 하며, 평양, 대구의 양 감옥 예산은 각각 7만 원으로 각각 1,000인의 죄수를 수용하게 할 터인데 본년 내로 낙성케 한다더라.

---

35 수도(囚徒) : 감옥에 갇힌 죄인.

〈자료 48〉
《대한매일신보》 1909.04.16, 2면 3단
감옥 증축

신문 외 신건축한 감옥서가 협착하여 죄수를 수용하기 어려운 까닭에 다시 증축하기로 의논 중이라더라.

〈자료 49〉
《대한매일신보》 1909.06.27, 2면 2단
짓나니, 감옥서

남부 둔지미 등지에 감옥서를 새로 건축한다는데 그 건축비는 10만 환 가량이라더라.

〈자료 50〉
《대한매일신보》 1910.02.12, 2면 3단
감옥 일증(日增)

내부에서는 수도(囚徒)가 더욱 증가하여 현재 감옥이 심히 협애하여 수도를 수용하기 어려운 까닭에 용산(龍山) 청파(靑坡)에 감옥을 신건축한다더라.

〈자료 51〉
《황성신문》 1910.02.24, 2면 3단
재판소(裁判所)와 감옥의 건축비

통감부 사법청의 본년도 총 예산은 2월과 3월 두 달의 추가예산 47만 8,000원과 경상비 330만 원인데, 이 외에 우리 정부에서 재판소 및 감옥소의 건축비로 121만 원을 지출하여, 평양, 대구 양 공소원 내에는 지방재판소 및 구재판소(區裁判所)를 증축하고 공주, 해주 및 함흥의 3지방 재판소에는 구재판소를 증설하며 이 외에 구재판소 및 지방재판소의 지부 17소 증축 공사와 경성, 평양, 대구의 본감옥 및 춘천, 청주의 분감옥 등의 건축비에 충용한다더라.

〈자료 52〉
《대한매일신보》 1910.03.23, 2면 2단
감옥일대(監獄日大)

당국에서 용산 효창원 일부지에 일대 감옥을 건설하는데 본년 내로 공역에 착수하기로 하여 목하 기초공사를 준비 중이오, 내달 중순부터 건축을 개시한다는데 1,000명을 수용하게 한다 하며 그 공역비는 3만 원 이상이 된다더라.

〈자료 53〉
《대한매일신보》 1910.05.06, 3면 2단
재판소와 감옥서

지금 건축하는 해주, 공주, 함흥, 부산, 광주, 신의주의 지방재판소와 청진지방재판소 지부의 청사는 본년 내에 필역이 될 터이오, 또 감옥서를 광주, 대구, 평양, 경성 네 곳에 건축하는데 경성감옥서 이외에는 모두 본년 내로 필역할 예정이라더라.

〈자료 54〉
《대한매일신보》 1910.06.26, 2면 4단
감옥 신건공사(新建工事)

용산방(龍山坊) 청파(靑坡) 사계(四契) 등지에 광대한 감옥서를 신건축할 것으로 일전부터 공역에 착수하였다더라.

〈자료 55〉
《매일신보》 1911.11.10, 2면 7단
신의주감옥(新義州監獄) 이전

목하 신의주에 신축 중인 감옥 전부의 낙성은 본월 말일에 있을 것이오, 임시 감옥사 일부를 이전하게 하기 위하여 오늘 10일에 가(假)이전을 행할 터이라더라.

〈자료 56〉
《매일신보》 1912.10.11, 1면 2단
분감(分監) 신축

【평양】 평양감옥 진남포분감은 원 삼화부(三和府)의 일부를 임시로 충용하였는데 감실(監室)도 협착하고 설비도 불완전하므로 본년 8월부터 진남포(鎭南浦) 비석동(碑石洞)에 분감 건축공사에 착수 하였는데 대지 총면적은 1,250평이오, 공사비는 1만 7,600원을 계상하였으며 전부의 준공시기는 본년 12월 초순으로 예정이라더라.

〈자료 57〉
《매일신보》 1912.11.05, 2면 5단
마포감옥(麻浦監獄) 준성

금년 봄 이래 경비 30만 원을 투자하여 건축 중인 조선의 모범감옥이 될 마포감옥은 작금 점차 일반 건축공사를 종료하고 목하 내부의 장식을 급행 중인데, 오는 12월 11일에는 전부 준공할 터이라 하며 완료 후에는 실 1,500인을 수용한다 하고 또 수도(囚徒)는 오로지 조선인을 수용한다더라.

〈자료 58〉
《부산일보》 1915.08.12, 3면 3단
대구감옥 증축 결정
— 곧 공사에 착수할 것

대구감옥은 수인의 증가에 반해 감옥이 좁다고 느끼기에 이르러 이에 미리 증축계획 중인 바, 드디어 곧 공사에 착수하기에 이르렀다고.

〈자료 59〉
《부산일보》 1918.02.21, 2면 4단
대전감옥 설치

　예전부터 대전 인사가 열망하고 있던 대전감옥 설치의 건은 고쿠부(國分) 사법부장관이 대전을 방문한 후 드디어 설치하는 일이 결정되었다. 이에 해당 감옥은 공주감옥과는 별개의 것으로, 영등포감옥과 같이 장기수(長期囚)를 수용하며 영등포 이남의 장기수를 입소시키는 것으로서 이에 1918년도(大正 7)부터 4개년 계속사업으로 행할 것이다.

〈자료 60〉
《매일신보》 1920.09.25, 4면 7단
감옥 대확장
다섯 곳의 분감(分監)을 본감(本監)으로 승격해

　작년 3월 만세소리가 일어난 이후로 입감자가 배나 늘어서 경성 서대문으로부터 신의주, 부산까지의 열 감옥과 열셋의 분감에 용납할 여지가 없도록 만원이 되어 한 평에 평균 네 사람 내지 여섯 사람의 비례로 수용되어 기거도 부자유하므로 이에 대한 일반의 불평이 여론을 크게 일으켰는데, 이번에는 기어이 감옥에 대확장을 실행할 터인바 청진, 대구에는 이미 공사에 착수하였은즉 오래지 않아 준공되려니와 그 나머지는 아직 예산을 편성 중인데 어떻게 하든지 금년 내로 공사에 착수하도록 하리라 하며, 지금까지 분감으로 있는 광주감옥의 전주, 목포 분감을 본감으로 승격하게 하며 함흥감옥의 청진분감과 평양감옥의 의주분감, 경성감옥의 영등포분감도 승격하게 할 터이며 금번에는 감방을 일층 광대히 하여 입감자를 위하여 매우 편리하도록 할 터라는데, 이에 대하여 법무국 사무관은 말하되 분감을 본감으로 승격하는 것은 아직 법령이 발표되지 않았으나 확실히 실현될 것은 의심할 여지가 없다고 한다더라.(평양지국)

〈자료 61〉
《매일신보》 1920.11.16, 3면 5단
감옥의 대증축
— 연내에는 120만 원으로

◇ **조선인의 태형을 폐지한 까닭에 감옥을 크게 증축**

본년 3월 말에 영구히 조선인에 대한 편의한 환형(換形) 집행 방법되는 태형을 폐지하는 동시에 사법 당국에서는 당연히 증가할 단기 자유형 수도 수용으로 볼지라도 조선 전도 각 감옥을 증축할 필요가 있어서 2, 3년도의 계속 사업으로 대략 계산해도 170만 원이 요구되는 동시에 즉시 책임질 것으로써 공사를 개시하기에 이르렀는데 그 후 임시의 회의협찬을 얻은 추가 예산액과 합하여 약 120만 원의 사업을 본년도 내에 완전히 마칠 터이오, 주요 감옥에서는 이미 아주 공사가 완성됨에 이르렀는데, 이같이 자연 감옥의 증대를 한 결과로 행정상의 필요로부터 최근 신의주, 청진, 전주, 목포, 영등포의 다섯 분감을 본감으로 승격하게 하고 종래의 여섯 감옥을 열한 감옥으로 하는데 또 이 외에 안동, 김천의 두 곳에 본감을, 제주도의 두 곳에 출장소를 신설하려고 머지않아 발표하리라더라.

〈자료 62〉
《조선일보》 1920.12.17, 3면 4단
재감인 반수는 독립단, 경성감옥의 현상

지금 경성감옥에 수감된 죄수는 전부 약 2,200인데 이 중에서 서대문감옥은 1,400인을 수용한바 미결수가 약 700명인데 그중 300여 명은 조선독립운동에 관련에 있는 사람이라 옥중에서도 종종 다른 수도에 대하여 독립사상을 선전하는 모양이므로 요사이 다른 죄수와는 회소를 각각 안 둔다더라.

〈자료 63〉
《매일신보》 1921.06.19, 3면 10단
종로구치감에 보건 욕장 건설
— 경성부 사업으로 건설할 계획이다

향자에 종로구치감이 서대문감옥으로 이전한 후 그 구치감은 일부 감옥의 사용으로 거의 감옥 창고와 같은 터이므로 경성부에서는 어떻든지 그 구치감 자리를 넘겨받아 가지고 경성부의 사회사업에 사용한다는데 만약 넘겨받게 되면 그곳에 보건 욕장을 건설하리라더라.

〈자료 64〉
《매일신보》 1921.09.29, 3면 2단
조선 최초의 유년감옥
— 20만 원으로 지금 개성에서 건축한다

젊은 아이, 어린아이, 즉 미성년자들의 불량소년들을 오늘날까지 증가하여서 양심에 뉘우치게 할 곳이 없어서 당국자로 하여금 깊이 연구하며 사회의 교화에 진전을 시키고자 애를 쓰던 중, 따라서 반대로 더함인지 근래에 와서 불량소년배가 발호하여 별별 못된 짓을 많이 하는 까닭에 유년감옥 같은 것을 짓고 그곳에 모두 수용하여 회개를 시킬 작정임은 이미 준비 중인데, 이에 대하여 이무타(蘭牟田) 경성감옥 전옥은 말하되 "나는 오랫동안 내지의 이와쿠니(岩國)감옥에서 유년죄수를 취급하였는데, 조선에 오기는 본년 1월이었소. 조선에도 본년도의 예산에서 20만 원을 지출하여 개성에 경성감옥 분감을 건설하고 조선 전도의 유년죄수를 수용하여 감화·교회를 시키기로 되어 4월 1일부터 착수하고 목하 그 공사를 급히 하므로 내년 5, 6월경까지는 준성을 볼 터이라. 내가 이와쿠니감옥에서 유년죄수를 취급하고 있었기는 약 일곱 해 동안이었던바 유년 죄수는 보통 죄수와 달라서 17, 18세 되는 불량소년이므로 그 감화·교회에 대하여도 너무 어려운 모양인데, 나는 교육, 수양 등의 방면에서부터 생각하는 업무로는 활판인쇄와 농업을 하였소. 즉 활판인쇄는 글자를 생각하는 것이므로 그것에서 스스로 깨달을까 하는 생각으로 실행도 하여 보았는데 매우 효과가 있었소이다. 농업이란 것도 나이 어린 자로 하여금 산업에 나아가게 하는 한 가지 계제요, 특히 농업에 힘쓰는 농가의 아이들은 농업을 장려하게 하고 방면한 후에는 대부분은 반드시 농업에 종사하게 하는 터이오. 조선에서 생기는 유년감옥의 작업 등은 아직 결정하지 않았는데, 유년의 감화라는 것은 억지로 가져다가 모두 한가지로 실행하지 않고 그곳의 관습과 형편을 따라 얼마든지 생각하여 극단한 감화법으로써 감화를 시켜도 안 될 것은 없소"라고 말하더라.

〈자료 65〉
《동아일보》 1922.03.03, 2면 2단
유년감옥 공사 3곳 함께 진행 중

총독부에서는 금번 개성에 유년감을 신설하고 김천, 광주 양 감옥에도 유년감을 설치한다는데, 요코야마(橫山) 감옥과장은 이야기하여 말하기를 "조선의 유년 죄수는 과거 통계에 의하면 점차 증가되는 경향이 있는바 금번에 개성유년감을 신설하게 되어 지난 가을 이래로 신축 공사에 착수하였고 이는 늦어도 금년 8, 9월경에는 완성될 터인데 여기에는 각지의 유년 죄수 중 비교적 장기간 복역자 약 300명을 수용하게 될 터이며, 또 김천과 광주 양 감옥의 일부를 확장하여 유년감에 충하려고 목하 확장 공사 중에 있는 바 김천감옥에는 남선(南鮮) 방면의 유년죄수 약 200명을 수용할지며 광주감옥에는 전라남북도 내의 감옥에서 약 100명을 수용할 계획이다."라고 하더라.

〈자료 66〉
《동아일보》 1922.07.11, 2면 4단
소년감옥 10월경 일제 개시
— 요코타(橫田)[36] 법무국장 담

소년감옥령의 실시에 따라 소년감옥을 경기도 개성, 경상북도 김천, 충청남도 공주의 3개소에 신설하기로 결정하여 작년 10월부터 기공하여 목하 공사를 진행 중인데, 신설 소년감 중 개성소년감은 독립한 1개의 감옥으로 하여 약 300인을 수용할지며 설비도 완전하며 김천 및 공주는 김천분감 및 공주감옥에 부설할 터인데 전자는 100인 내지 200인을 수용하고 후자는 150명 내외를 수용할 만한 설비를 하여 3개가 모두 대체의 공사를 종료하고 목하 착착 진보 중이므로 오는 10월경부터 일제히 개감할 예정이로다. 그래서 소년감옥을 독립할 것인지 혹은 보통감옥에 병치할 것인지 그 이해에 대하여는 의론이 있으나 그러나 개성소년감과 같이 독립하여 총 설비를 완성한 것은 물론이고 적당한 소년감에는 수용된 미성년자에 대하

---

36 요코타 고로(橫田五郎) : 조선총독부 법무국장.

여 출감 후 저들이 자활할 만한 각종의 직업 교육을 족치 아니치 못할 것이며 따라서 독립감은 저들에게 주는 직업의 종류가 적은 점으로부터 보면 보통감옥에 부설하는 것이 편의한 경우가 많다. 일본 내지 및 조선에 있는 불량소년수의 비교는 통계상 일부분 조선이 많은 것 같으나 미성년자의 범죄에 대한 기소 및 불기소 처분에 대하여는 어느 나라든지 각기 상당한 가감이 있는 고로, 필히 통계에만 의하여 다과를 논하기 부득한 동시에 소수라 하여 안심하기는 불능하도다. 그래서 소년감이 번창함은 일면으로는 사회적 결함의 존재를 말하는 것이로다"라고 말한다.

〈자료 67〉
《매일신보》 1922.07.12, 2면 3단
유년감(幼年監) 개감기(開監期)
— 요코타(橫田) 법무국장 담

유년감옥령의 실시에 따르는 유년감옥은 경기도 개성, 경상북도 김천, 충청남도 공주의 3개소에 신설하기로 결정하여 작년 10월부터 각각 기공하여 목하 공사를 진행 중인데, 신설 유년감 중 개성소년감은 독립한 1개의 감옥으로 약 200인을 수용할지며 설비도 완전하고 김천 및 공주는 김천분감 및 공주감옥에 부설하는 것으로 전자는 100인 내지 300인을 수용하고 후자는 150명 내외를 수용할 수 있는 설비를 하여 3개 모두 공히 8분 가량 공사를 완료하고 목하 착착 진척 중이므로 오는 10월경부터 일제히 개감할 예정이로다.

소년감옥을 독립하게 할 것인지 혹은 보통감옥에 병치할 것인지 그 이해에 대하여는 종종 의론이 있다. 그러나 개성소년감과 같이 독립하여 모든 설비가 완성된 것은 물론 가하나 소년감에서 수용 미성년자에 대하여 출옥 후 저들이 자활할 수 있도록 각종의 직업교육을 제공하지 아니하면 불가하며 따라서 독립감은 저들에 부여할 직업의 종류가 감소하나니 이들로부터 보면 보통감옥에 부설하는 것이 편의한 경우가 많도다.

내지 및 조선에 있는 불량소년수의 비교는 통계상 어느 정도 조선이 많은 것 같으나 미성년자의 범죄에 대한 기소 또는 불기소 처분에 취하여는 어느 나라일지라도 상당히 고려하여 이를 결하므로 필히 통계만에 의하여 다과를 논함을 부득하는 동시에 적다 하여 안심키 어려우니 하여간 소년감의 번창함은 일면으로부터 보기에 사회적 결함의 존재를 말하는 것이므로 감심(感心)하기 불능하도다.

> **〈자료 68〉**
> 《매일신보》 1922.07.20, 4면 4단
> 강릉분감 개청식

함흥감옥 강릉분감은 작년 8월부터 건물 공사에 착수 중이던 바 7월 1일에 개청식을 거행하였더라.

> **〈자료 69〉**
> 《매일신보》 1922.09.26, 3면 6단
> 유년감옥 개청식
> ―관민유지 다수의 참열하에 성황 속에 개청식은 마치어

개성 유년감옥의 개청식은 이미 보도한 바와 같이 지나간 24일 오후 1시부터 그 감옥 신축 청사에서 거행하였는데 경성으로부터는 요코타(橫田) 법무국장, 마루야마(丸山) 경무국장, 구도(工藤)[37] 경기도지사와 및 기관민 유지를 합하여 100여 인의 내빈이 착석하매, 분감장의 개최사와 및 공사 경과보고를 마치고 요코가와 법무국장으로부터 별항 게재한 총독 축사를 대독하고 그 다음에 법무국장, 구도 지사와 히지야(泥谷) 경일(京日)[38] 편집국장 등의 축사 연설이 있은 후 일동이 기념촬영을 하고 오찬을 같이 한 후 오후 4시 반에 자못 성황 속에 산회하였더라.(특파원)

사이토(齋藤) 총독 축사

개성분감이 건축의 공사를 준공하여 이에 개청의 식을 거함에 이르게 되었음은 나의 흔쾌히 생각하는 바이라, 생각하건대 소년 범죄의 예방, 진압의 시설은 목하 형정상의 중요 사항으로 취중 소년 범죄자의 구금 처우에 관한 시설은 최급(最急)을 요하는 바이다. 따라서 앞서

---

37 구도 에이치(工藤英一) : 경기도지사.
38 경일(京日) : 조선총독부 기관지로 경성에서 발행된 일본어 신문 《경성일보(京城日報)》를 말함.

소년수 집금(集禁)[39]의 제(制)를 정하고 광주 및 김천의 본·분감에 적도(適度)의 설비를 시행하고 별도 이곳에 소년감을 특설함을 계획하였었는바, 지금에 그 낙성을 고하여 행형상의 시설이 대략 완성하여 구시의 면목을 일신함에 이르렀으며 특히 본감은 그 규획(規劃)이 최신하며 설비를 정돈하여 소년 처우의 효과를 거함에 족하도다. 당 감옥에 봉(奉)하는 자는 협심 진력하여 능히 감화 교정에 노력하여서 행형의 목적을 달성함을 바라며 말을 술하여 축사로 하노라.

〈자료 70〉
《매일신보》 1925.03.06, 2면 2단
전선 감옥 대만원
— 수용 초과 2,900명
　폐지한 형무소를 합병하여 수용능률을 크게 확장 계획

작년 재정 정리로 인하여 영등포형무소 및 강릉, 제주의 두 지소를 폐지한 후 현재 조선의 죄수 수용 능률은 본소 16과 지소 10곳, 감방 면적 5,433평으로 매 평에 2명씩을 수용하기로 하면 약 5만 5,000명을 수용할 수 있는데, 그중에는 독감방도 있고 잡거감방도 있어 지금의 형편으로는 약 1만 명밖에 더 수용치 못할 터인데 현재의 수용 인원을 보면 전선 도입이 1만 2,900여 명으로 약 3,000인이 정원에 초과되어 이만치 감방의 부족을 느끼게 되므로 이왕 폐지한 형무소 및 형무지소의 건물을 다른 형무소로 옮겨 감방을 일층 확장하기로 결정되었다더라.

〈자료 71〉
《부산일보》 1925.07.19, 4면 7단
강릉형무소 결국 폐지

39　집금(集禁) : 수용자 가운데 치료 등 일정한 목적이나 효율적인 관리가 필요한 수용자를 하나의 교정시설에 모아서 수용하는 것.

【강원】이번의 행정·재정 정리의 액운을 만나 강릉형무소는 감방 창고 기타 대부분이 함흥형무소에, 나머지 작은 부분은 원산형무소에 해체되어 운반하는 것으로 결정되었다고.

〈자료 72〉
《동아일보》 1926. 09.18. 2면 7단
주의자(主義者) 형무소 특별 설립계획
― 감옥 중에서 선전을 한다고
  특별히 감옥을 설치할 의향
  형무소장회의에 부의

해마다 늘어가는 사상범인을 형무소에 수용함에 대하여는 당국에서 매우 머리를 태우고 있어 오던 바, 사상적 근거가 전혀 다른 그들의 개전(改悛)[40]은 전혀 절망일 뿐 아니라 사상범인을 다른 보통수인들과 함께 수용하고자 하나 현재 전 조선 26개소의 형무본지소(刑務本支所)의 독방은 그 수가 적어서 도저히 수많은 사상범을 격리수용할 수가 없고 특별형무소를 건설함에는 현재 극도로 곤궁한 재정으로는 전연 가망이 없다 하여 당국에서는 이 처치를 목하 고려 중이라는데 10월 초순경에 5일간 예정으로 개최될 전 조선 형무소장회의에는 이 문제를 주로 하여 토의하게 되었다더라.

〈자료 73〉
《동아일보》 1926.12.03. 2면 4단
사상범 독감방 100여 개 증설
― 주의자 중범은 감옥에서도 선전
  서대문 부근에 독거방을 증설해. 형무소 적화를 염려한 결과

조선의 공산주의자와 무정부주의자들이 법률의 저촉을 받아 형무소에서 청창의 신산한 날을 보내는 사람이 경성을 비롯하여 현재 조선 각지에 약 300명 가량이나 된다는데, 그들이

---

40 개전(改悛) : '행실이나 태도의 잘못을 뉘우치고 마음을 바르게 고쳐먹음'이라는 뜻으로, 감옥에서는 통상 사상범이 그 사상을 바꾸는 것을 의미한다.

주의선전에 있어서는 형무소 안에서도 충실하여 기회가 있는 대로 일반 수인들을 적화시키는 모양이라고.

　당국에서는 이것을 몹시 염려하여 특히 사상범의 수용에 대하여는 깊은 주의를 가지고 일반잡범들과 접촉하지 못하도록 독방에 수용한 후 공동작업 같은 데도 보내지 않는다 한다. 조선의 행형 현상으로는 각지의 형무소를 통하여 독거방이 약 500개밖에 안 되므로 당국이 심려하는 바와 같이 사상범을 필두로 기타 중대범 등이 약 2,000여 명이나 되는 그들을 도저히 격리하여 수용할 수가 없다고 총독부 행형과에서는 그 근본방침을 연구하기에 머리를 썩히며 고도(孤島) 형무소나 혹은 특종의 형무소를 설치하겠다는 계획도 종종 있어 온 모양이나 하나도 구체화되지 못하고 내년도에는 약 2만 원의 경비를 계상하여 서대문형무소에 독거방 약 100개를 증설하기로 되었다더라.

〈자료 74〉
《동아일보》 1926.12.26, 1면 12단
총독부 내년 영선건축비 340여만 원
— 신예산 결정과 공히 내년도 총독부에서 행할 영선건축은 여좌

계속사업

▲총독부청사 280,000원

　주위의 정리, 즉 배수, 붕(棚), 문, 구내도로, 창고 등

▲대학 신영비 474,710원

　법문학과 본관, 의학과 본관 계속공사

▲경성재판소 계속공사 303,180원

신규사업

신영 및 설비비 2,320,298원, 영선비 20,462원인바 주한 내력도 여좌

▲총독부 관계

　피복창고 기타 32,380원

　재판소지청 출장소 신증축 82,442원

형무소작업장 증축 87,700원

▲지방청 신영 491,115원

▲권업모범장 관계 42,800원

▲전매국 관계 529,815원

▲대구분공장 기타 신증축

▲영림서 신증축 353,288원

　　신의주영림서, 기타

▲관사 신영 118,152원

▲선박 구입 156,000원

별도사업

▲진해양어장 50,000원

2개년 계속사업 내년도 지출액 등으로 내년도 영선건축에 투할 총액은 344만 8,650원인 바, 본년도 225만 595원에 비교하여 119만 8,055원의 증가라더라.

〈자료 75〉
《부산일보》 1927.06.07, 3면 7단
전주형무소 증축
곧 면목을 일신할 것이다

【전주】전주형무소는 본년 내에 본청사의 증개축을 하는 동시에 각 수십 평이 요구되는 제작공장 1동, 창고 1동 및 바깥 담장을 연와(煉瓦)로 쌓아 견고하게 개축하기 위한 소요 경비는 미결이나 약 수만 원을 요청하여 가능한 한 전연 면목을 쇄신한다고 한다.

〈자료 76〉
《동아일보》 1928. 4.13, 2면 6단
격리수(隔離囚) 1,500 특별감방 계획
— 십년 계속 2백만 원 예산으로 사상범 위해 장차 독방을 증축
　불완무쌍(不完無雙)한 조선 감옥

현재 조선 내 각 형무소에 갇혀 있는 죄수 중에는 보통죄수와 격리할 사상범 기타가 1,500명이나 있으나 독방이 없어 그중에 약 500명만을 수용하고 나머지 1,000여 명은 그대로 보통감방에 수용하여 있으므로 다른 죄수에게 사상을 선전한다든지 여러 가지 영향을 미치게 하는 일이 많으므로 총독부 법무국 행형과에서는 우선 감방을 증축할 계획을 세우고 방금 그에 대한 여러 가지 재료를 조사 중인데, 전기 격리하여야 될 1,000여 명의 죄수를 수용할 감방을 건축하려면 건축비에 300만 원, 그 격리감방을 감시할 간수 기타 비용에 200만 원, 도합 500만 원의 비용이 소용되나 총독부 예산으로는 그만한 돈을 낼 수 없으므로 결국 10년간 계속사업으로 실행할 수밖에 없으리라는데, 지금 조선 내 감옥의 설비 같은 것은 세계에 드물 만치 불완전하여 감방 매 평에 3인 이상이 수용되었고(일본은 2인 이하) 이불 같은 것도 2, 3인이 겨우 하나를 같이 덥고 있는 형편이므로 우선 전기 계획인 독방 증축과 동시에 다소 수용을 완화하게 될 듯하다더라.

〈자료 77〉
《매일신보》 1928.05.29, 2면 5단
사상범 전문 형무소 신설 계획안 제의
— 실현되면 후보지는 대구?
　형무소장회의 중요 안의(案議)

오는 6월 5일부터 경성에서 개최될 전 조선 형무소장회의 안(案) 중에 중요한 의제는 '사상범을 어떻게 취급할까' 하는 문제인데 그것은 고등경찰기관 충실계획 일부에 포함된 것으로 형무소 간수장 2명, 간수 29명은 증원하기로 되었으나, 사상범인 현재 수 600명은 다른 수인(囚人)과 같이 형무소 안에 수용하기 때문에 사상을 선전할 의심이 있으므로 사상범인만 수용할 형무소를 신설하자는 급진론이 판검사 사이에 많이 있게 되어 동 문제협의의 추이를 지금부터 비상히 기대하는 중에 있고 경성에 형무소가 이미 2개소가 있으므로 만약 사상형무소를 신설하게 되면 대구가 유력한 후보지로 인정된다더라.

〈자료 78〉
《동아일보》 1928.07.01, 2면 6단
100만 원 거액으로 사상범 독방 확장
― 법무당국에서 계속사업으로
　전 조선에 1,000여 실 증축

　경무당국에서는 사상 방면에 대한 취체를 더욱더 엄중히 하여 사상범을 자꾸 검거하는 중이어니와 그 한편으로 이런 수인(囚人)을 수용할 조선안의 형무소는 의연히 구태를 벗어나지 못하고 전 조선 26개 형무소에 독방은 겨우 600실로 총수 3분의 1도 못 될 뿐 아니라 그 수용율도 매 평(坪)에 세 사람씩이라는 참담한 현상이므로 감옥에 들어간 사상범은 엄중한 감시 중에서도 교묘히 적화선전을 하며 여러 가지 음모계획을 하는 현상이라 하여 지난번 총독부에서 열린 형무소장회의 석상에서도 이 문제를 중심으로 하여 각 전옥으로부터 독방 확장을 주장하였다는데 법무당국에서도 이 사태를 보아 취체 방면과 서로 호응하여 사상범을 수용하고자 명년도부터 독립 감방 1,000여 실을 전 조선 각 형무소에 배분 증축하기로 되었다는데 그 경비는 100만 원을 계상한 모양이라더라.

〈자료 79〉
《동아일보》 1928.08.21, 1면 7단
명년도 건축비 420만 원

　총독부 명년도 예산에 계상된 건축비는 422만 원에 달하는바 결정한 것은 다음과 같음.
　대학 신영비(新營費) 46만 원, 전매국창고(專賣局倉庫) 100,000, 신의주재판소 300,000, 의주통(義州通)전매지국 350,000, 보통학교 신축 1,600,000, 부산부청사 신축보조 200,000, 형무소 신축 100,000, 도립병원 신축 150,000, 합계 4,220,000원, 이 외에 함남도청사 신축의 30만 원, 대구경찰서의 10만 원의 현안이더라.

〈자료 80〉
《동아일보》 1928.08.23, 1면 6단
명년도 예산 2억 4천만
— 신규사업 내용

총독부 명년 예산은 21일로서 총독총감의 사정(査定)을 완료하였으므로 구사마(草間) 재무국장은 본월 말경 이 안(案)을 휴대하고 바다 건너 대장성과 절충할 터인데, 명년도 예산 총액은 약 2억 4천만 원에 달하며, 1928년도(昭和 3) 실행 예산에 비하여 약 2천만 원의 증가요, 명년도 신규사업의 주요한 것을 거하면,

(단위: 천 원)

보통학교 충실비	1,600
제국대학 신영비	460
척식철도 건설비	2,000
박람회비	1,000
사방사업비 증액	1,200
삼림철도 건설비	800
전매국창고 건축비	1,000
동의주통공장 증축비	500
전신전화 설비비	700
간이보험 개시비	1,000
항만 수축비	1,500
국경경비비 증액	300
도립의원 건축보조	150
모히전매공장 신축비	200
이동경찰 시설비	100
경관 증원비	200

소년형무소 건축비   50
토목사업국고보조 증액   400
하급이원(吏員) 대우비   1,000

그중 척식철도의 2백만 원, 사방공사비 증액의 120만 원, 전매국창고의 100만 원, 계 420만 원은 예금부 차입금에 의하리라더라.

> **〈자료 81〉**
> 《동아일보》 1928.08.31, 2면 4단
> 사상범 격증, 가감방(假監房) 급조, 불일간 낙성을 보리라고
> ― 창일(漲溢)한 서대문감옥

조선에는 날로 사상범이 늘어가는 터에 감옥에 있어서 주의선전할 염려가 있다 하여 사법당국에서도 여러 가지로 고려하던 중 최근에 이르러서는 40여 만 원의 예산으로 전 조선 안 형무소의 감방을 확장하여 각각 중요 사상범은 독방에 수용할 계획이라 함은 기보한 바이어니와, 수년 내 조선 사상범의 관계자들이 가장 많이 수용되어 있는 서대문형무소에서는 이미 작년에 계상했던 예산으로서 얼마 전부터 건평 100여 평의 감방을 증축 중 요사이 급급히 공사를 서둘러 불일간 낙성이 될 모양이라는데 그것은 100여 명 내외를 수용할 만한 건축물로서 그에는 전혀 사상범인만 수용할 모양이라더라.

> **〈자료 82〉**
> 《매일신보》 1929.03.11, 2면 7단
> 김천소년형무소 독방과 교장(敎場) 증축
> ― 2만 3천여 원을 들여
>   격증되는 소년범죄

총독부 행형과에서는 명년도 예산에 소년형무소 신설 경비를 요구하였으나 부결되고, 다만 김천(金泉)소년형무소 증축비 2만 3,000여 원이 승낙되었다. 현재 조선에 소년형무소는 김천과 개성 양처가 있을 뿐인데, 김천에 450명, 개성 500명, 합 950명을 수용하는 바 언제든지

정원 2배에 달하므로 전기와 같이 1개의 소년형무소를 신설하기로 계획하고 요구했던 것이 부결된 것이다. 명년도에 증축할 김천형무소는 독방 50과 교장 및 공장을 증축할 것인데, 이 시설만으로서는 근래 격증되는 소년범죄자를 수용할 수가 없는 현상이므로 법무국에서는 다시 1930년도(昭和 5)에 소년형무소 건축비를 청구할 터이라 하며, 금후 신설할 소년형무소는 작업의 편의와 수인의 감화상 필요를 주로 하여 경성(京城) 시외에 적당한 지대를 선정하기로 된 모양이더라.

〈자료 83〉
《매일신보》 1930.08.13, 3면 4단
목포형무소 개축

【목포】목포형무소에서는 작년래 4위(圍)의 판병(板塀: 담장)을 석재로 개축 중이었는데 이번에 정면과 양각의 망루(望樓)가 준공되어 면목을 일신하였다. 전부의 준공(竣工)은 명년이다.
(사진은 형무소 정면)

> ⟨자료 84⟩
> 《동아일보》 1930.09.05, 2면 8단
> 감옥 확장비 60만 원 계상
> ― 사상범 등 격증 관계로 서대문형무소만 반액(半額)

만근년년 세세로 축년 증가하는 특히 사상범(思想犯)의 격증으로 인하여 정원을 초과하던 전 조선 각지의 형무소는 더욱 협착하게 되어 죄의 있고 없음이 판결되지 아니한 미결수는 정원의 2배 이상, 이미 죄가 결정되어 복역 중에 있는 기결수는 정원의 약 2배 가량이나 되어 그나마 구차한 철창에서도 고단한 몸을 펴지 못하여 그들 건강에도 중대한 문제가 되어 있는 작금에 그 같은 현상을 아는 총독부 법무국에서는 긴축 절약하는 긴축 제일주의인 이 시대에도 불구하고 본년도 예산에 형무소 확장비로 60만 원의 예산을 계상하였다. 그것이 원안대로 통과될지 여부는 아직 미상이나 동 예산의 내용을 보면 그 반액은 정원의 2배에 가까운 기결수와 정원의 2배 이상이나 되는 미결수가 수용되어 있는 시내 서대문형무소에, 그 밖에 반액은 전 조선 각지의 형무소 증축에 쓰라는바 지금의 현상으로 보면 그 같은 60만 원의 확장예산으로는 새발의 피와 같은 것으로 어느 정도의 협착으로 완화할까는 자못 의문이라 한다.

> ⟨자료 85⟩
> 《동아일보》 1930.09.10, 2면 7단
> 형무소 증축비로 1천만 원 예산 청구
> ― 매년 평균 1,100여 명 격증
>   한 편에 다섯 사람씩 수용이 된 셈
>   현재 수인 1만 7,000명

조선에서 불어가는 것 중의 하나인 형무소 죄수의 격증은 경이적 숫자를 보여 매년 평균 1,400인의 증가, 현재 재감인 총수 1만 7,000여 명으로 기미년 만세 때의 임시 현상이던 1만 8,000인을 장차 돌파할 지경이다. 이렇게 되어 방금 형무소 과잉 인원이 7,800인에 달하여 한 편에 5, 6명이 콩나물 나듯이 갇혀 있다. 그러므로 법무국에서는 형무소 증축비로 해마다 막대한 예산을 요구하였는데 대개 통과되지 못하고 겨우 15만 원 내외를 얻어 응급시설을 하여 왔으나 이제는 더 어쩔 수가 없다 하여 계속사업비로 1,000만 원을 요구한 모양이나, 이 막대한 요구가 통과될 수는 없을 터이므로 결국은 잘되어야 120만 원 가량의 낙착을 보게 될 모양이라 한다.

형무소 신축비는 1인당 1,200원이 들므로 120만 원의 예산이 선다 하더라도 1,000명 수용의 형무소 한 군데밖에 지을 수가 없다. 어쨌든 당장 넘치는 과잉인원 1,800명을 처치하자면 1,000명 수용의 형무소 8개, 500명 수용이면 16개나 지어야 된다고 법무국에서도 머리를 앓는 중이다.

보석율(保釋率) 높여도

완화(緩和)는 극난(極難)

[도이(土居) 행형과장 담(談)]

이에 대하여 도이(土居) 행형과장은 "1919년(大正 8)의 재감인 1만 8,000인은 임시 현상으로 즉시 줄어버렸지만 최근의 1만 7,000명은 점증적 숫자로 장차 이 추세로 늘어나게 될 모양이오. 형무소의 협착은 예상 이상으로 심하여 매년 1,000명을 수용하는 형무소 하나씩을 신설하여도 과잉인원을 처치할 수가 없는데 재무국에서는 예산에 대삭감을 가하므로 내년도에 하나 짓기도 어떨지 모르겠소이다. 이렇듯이 형무소가 협착하므로 응급책으로 웬만한 죄수는 보석을 하도록 하지만 암만 보석률을 높여도 조금도 완화되지 않습니다. 만일 연전에 은사(恩赦)까지 없었더라면 큰일이 났었겠지요"라고 한다.

〈자료 86〉
《매일신보》 1930.09.22, 3면 9단
대전형무소 독감방 건축

【공주】충남 대전형무소에서는 기지(基地) 212평에 연와제(煉瓦製)로 독감방 80칸을 신축하기로 결정되어 목하 공사에 착수 진행 중인바, 결빙기 전에 준공시키고자 공사는 매우 급급하고 있다 한다.

> ⟨자료 87⟩
> 《동아일보》 1930.10.02, 6면 2단
> 대전형무소 감방 금년 내 증축
> — 벌써 기초공사는 끝나
>   설계는 독방 80칸

【대전】 대전형무소에서 목하 건축 중인 독거 감방은 건평이 212평의 연와제(煉瓦製)로서 독방이 80칸(間)이라 하며 벌써 기초공사는 끝나고 재목도 대부분 도착되어 금년 결빙기 전으로 대체의 건축을 끝내고자 방금 공사에 진력 중이다.

> ⟨자료 88⟩
> 《동아일보》 1930.10.29, 2면 6단
> 800만 원의 경비로 감옥확장안 실현?
> — 삭감된 것을 다시 부활 요구
>   서대문엔 구치감(拘置監) 신축

형무소 확장안은 5개년 계속사업. 명년 예산 160만 원, 총액 800만 원의 계획을 세우고 재무국에 요구하였으나 극히 적은 부분이 통과되었을 뿐이므로 법무국에서는 형무소 신축은 실업구제 사업에 포함될 수 있다는 이유를 들어 다시 부활운동을 일으켰으므로 대개 원 계획대로 실시되리라고 본다. 이 계획이 완성되는 날에는 현재 정원 초과의 7,500명 중 5,000명은 수용하리라 한다. 이 계획이 형무소 확장 제1기 계획인데, 이 계획이 완정되는 대로 다시 제2기 계획 실시에 착수하리라 한다. 그리고 별도 예산 10만 원으로 서대문형무소 구내에 구치감을 신축하리라 하는데 독방을 주요히 설치하고 기타 설비에 개선을 하리라 한다.

> ⟨자료 89⟩
> 《동아일보》 1930.11.09, 1면 4단
> 서대문형무소 확장, 부청사(府廳舍)의 신축 등
> — 총액 2백여만 원으로 명년도 건축비 예산

내년도의 총독부의 건축비 예산은 총액 200여만 원을 계상하였는바 주요한 건축 예정의 것은,

1. 서대문형무소 확장 3개년 계속 35만 원으로 600인을 수용할 수 있을 구치감의 신축.

(이하 기사 내용 생략)

〈자료 90〉
《매일신보》 1930.11.09, 2면 8단
서대문형무소(西大門刑務所) 독방에 증축 총 경비 집주(集注)
— 연년히 늘어가는 사상범 관계
　일반적 계획을 중지

총독부 법무국 행형과에서는 해마다 약 15만 원씩을 들여 조선 각지의 형무소 확장을 시설하여 왔다. 그러나 금년부터 이후에는 "도범 등의 방지 및 처분에 관한 법률의 실시로 일반 수인(一般囚人)들이 종전보다 자연히 증가될 것과 또 사상범(思想犯)의 격증 등으로 형무소를 현재보다 크게 확장하지 아니하면 안 되겠다." 하고 1931년도(昭和 6) 총독부 예산에 형무소 확장 신규 요구로 3년간 계속 500만 원을 요구(당시 기보)한 바 있었었다. 그러나 사정의 결과 원안의 통과를 보지 못하고 크게 삭감을 당하여 역시 명년도에도 예년과 같이 15만 원밖에 통과가 되지 못하였다. 행형과에서는 긴축 절약의 이때에 있어 재원이 없어 요구대로 승낙하지 못한다는 재무당국의 말을 그대로 수긍하고, 그러면 재정이 허하는 범위에서 형무소를 확장하고자 그동안 여러 가지로 연구하는 중에 있더니, 이번 형무소장회의의 결과 종래에는 형무소의 확장을 각지에 분산적으로 조금씩 시설하여 왔으나 무엇보다도 사상범의 격증을 우려하여 명년부터 3년 동안에는 각지의 형무소 중 긴급 부득이하게 확장할 것을 제한 외에는 일절 이를 중지하고 경성 서대문형무소에 전력을 집중하여 미결감 독방(사상범을 수용하는)을 크게 확장 증층하기로 하고 3년간 매년 15만 원씩을 들여 총 경비 45만 원을 가지고 1년에 독방 200개씩 모두 600개를 증설하기로 방침을 결정하였다.

⟨자료 91⟩
《동아일보》 1930.12.19, 3면 7단
대전형무소에서 독방 80 준공
— 공장 1동도 신축 중

【대전】 대전형무소에서 목하 신축 중이던 연와제(煉瓦製) 독거감방 80칸(間)은 준공되었으며 계속하여 공장 1동을 공사 중이라는데 동 공장도 금년 내로 준공하고자 한다.

⟨자료 92⟩
《동아일보》 1930.01.15, 1면 5단
1931년도(昭和 6) 조선 예산 강요(綱要)(하)
— 총액 2억 3천8백만 원

(앞의 내용 생략) ▲형무소 구치감 신영(42만 4,000원 3개년 계속비) 120,000 ▲형무소 독거방 신영 17,900 ▲동 외위(外圍) 수선 5,250
(이하 기사 내용 생략)

⟨자료 93⟩
《매일신보》 1931.01.31, 2단 7단
사상범 수용할 독거방(獨居房) 각 형무소에 증설
— 약 14만 원의 예산을 세웠다
  서대문형무소만 600개

사상범 격증에 따라 총독부 법무국 행형당국에서는 사상범을 수용하는 형무소 독거방 증설의 필요를 통감하고 서대문형무소에 독거방 600개 증설 계획을 비롯하여 기타 각지에도 독방의 증설을 계획 중이라 함은 기보한 바이어니와, 이에 관하여 총독부 1931년도(昭和 6) 예산에 그 경비로 약 14만 원을 계상하고 그중 12만 원을 가지고는 서대문형무소에 독거방 200개, 기타 2만 원을 가지고는 각지 형무소 중 사상범의 수용이 많은 대구(大邱)와 청진(淸津)

두 곳 형무소에 각각 독거방 50개씩을 증설하기로 되었는데 서대문형무소에 대해서는 1년에 200개씩 3년간 계속으로 600개를 증설하려는 것이다.

> ⟨자료 94⟩
> 《동아일보》 1931.07.16, 2면 1단
> 평양사건으로 형무소 가증축(假增築)
> — 송국된 500여 명 피의자는 검사 6명이 취조 중

【평양】평양지방법원 검사국에서는 이번 사건의 500여 명의 피의자를 형무소가 협착한 관계로 전부 수용할 수 없어서 임시로 수용소를 가증축(假增築)키로 하였다 한다.

이에 대하여 가키하라(柿原) 검사장이 11일 상경하여 총독부 당국과 형무소의 인원 증가, 수용소 증축 및 범인들의 처벌에 대하여 협의한 결과이다.

검사국에서는 작보와 같이 6명의 검사가 피의자 취조에 전력을 기울이고 있는 중인바 기소될 사람이 상당히 많을 듯 하다.

> ⟨자료 95⟩
> 《매일신보》 1931.07.16, 7면 1단
> 500여 명을 수용할 가(假)형무소를 급조
> — 조중인(朝中人) 충돌사건 검거자로 만원 된 평양형무소 구내에 검거된 자 총 2,000명

조중(朝中) 충돌사건으로 검거 수용 중인 폭행자는 경성, 인천, 평양 기타 각지를 합하여 2,000여 명에 달하여 검거가 목하 계속 중이므로 현재 만원 된 형무소에는 수용난을 느끼게 되어 총독행형 당국은 예비금으로부터 2만 5,000원의 지출을 얻어 검거 중심지인 평양형무소 내에 우선 500명을 수용할 수 있는 '바락크(가건물)'를 급조하여 간수양성소 학생을 동원하여 감시케 하기로 되었다.

〈자료 96〉
《동아일보》 1931.07.19, 7면 3단
청진형무소 50감방 증축
― 감옥이 협착해 또다시 지어
　수용자는 일가월증(日加月增)

　【나남】 청진형무소는 점점 수용자가 증가되어 작년 통계에 의하면 건평 85평에 500명이나 수용되어 고생에 고생을 거듭하던바 근간 총독부로부터 증축 인가가 되었는데 건평으로는 100평이오, 감방은 50방이나 증가한다고 하며 사무소로부터 감방까지 '스팀'을 설비한다고 한다.

〈자료 97〉
《동아일보》 1931.08.05, 3면 2단
청진감옥 증축, 독방 50을 늘여

　함북 청진형무소의 독방 증축공사는 실시설계서 도착과 함께 곧 착수할 터라는데, 목하 형무소에서는 제작공장(製作工場), 기타의 이전 준비 중인데 증축될 독방 수는 50방 가량 된다 한다.

〈자료 98〉
《매일신보》 1931.08.16, 1면 5단
형무소 2개소 증설을 계획
― 총독부 법무국에서 명년도 예산에 계상

　전 조선 형무소 수용자 수는 1만 7,000여 인으로 인구 1,000인에 대하여 1인의 비율로 되어 내지의 1,300인에 1인의 비례에 비하면 비상한 고율로 되어 있는데 한편 범죄자 수는 연년 증가 경향을 보여 이를 수용하는 형무소는 현재 정원의 2배를 수용하고 있는 상태로 그 때문에 독거격리를 요하는 사상범 같은 것도 잡거수용하고 있으므로 취급상 비상한 불편을 야기하고 있을 뿐 아니라 기타 일반수용자의 처우상에 유감의 점이 많으므로 총독부 법무국에서는 형무소 확장 계획을 세우고 있는데, 그동안은 경비의 관계로 겨우 일소부분의 증축을 해 왔음에 불과하여 도저히 세움이 되지 않으므로 신년도에는 소년형무소 1개소, 보통형무소 1개소를 신설하여 당좌(當座)의 급(急)을 면하기로 계획하고 있다. 또 계획에 의하면 500인을 수용할 수 있는 소년형무소 1개소, 1,000인을 수용할 있는 보통형무소 1개소를 3년 내지 5년 계획으로 신설하려는 것으로 이에 요하는 경비는 소년 120만 원, 보통 200만 원, 연도할(年度割) 60~70만 원을 1932년도(昭和 7)에 요구하기로 되었는데 신설 장소는 아직 미정이다.

〈자료 99〉
《동아일보》 1931.10.07, 3면 5단
— 평양형무소 감방을 증축

【평양】 7월 폭동사건 피고 500여 명의 수용으로 감방이 부족되어 증축 중인 평양형무소 신감방은 이달 20일경에 준공되리라 한다. 신감방은 2동 30여 방으로서 이것이 준공되면 현재 기름을 짜는 듯한 감방 협착을 완화하게 되리라 한다.

〈자료 100〉
《동아일보》 1932.02.07, 7면 4단
독립 구치감(拘置監) 금춘부터 기공
— 미결수용자를 수용
  대우 기타를 개선

조선 최초의 독립 구치감은 1931년도(昭和 6)로부터 1933년도(昭和 8)까지 3개년 계속사업으로 40만 원을 계상하여 1931년도부터 서대문형무소 부근에 터를 사고 1932년도부터 기초공사와 담을 건축할 예정이다. 그리하여 이 구치감은 조선으로서는 처음인 독립 구치감인바, 미결수용자의 대우도 현재와 같이 형무소의 죄수와 같이 두기 때문에 생기는 여러 가지 불편도 제거되리라고 한다.

〈자료 101〉
《동아일보》 1932.05.16, 3면 6단
청진형무소 증축
— 죄수 격증으로 감방을 확장해
　 독감방도 50 신축

【나남】 청진형무소는 원래 340~350명의 죄수밖에 수용하지 못하는 감방을 가지고 있을 뿐더러 위생설비와 기타설비가 불충분한 관계로 항상 죄수의 불평과 불만이 폭발하여 전번 모 사건의 피고들이 단식사건까지 있어 세간의 여론이 불등하였고, 죄수가 격증하여 지난 11일 현재로 420여 명으로 정원수의 70여 명을 초과하는 형편이므로 동 형무소에서는 금번 독감방 건평 90평, 감방수는 50방과 병감, 기타 필요한 건물 신축에 착수하였다는데, 준공은 9월경이 되리라고 한다.

〈자료 102〉
《동아일보》 1932.06.28, 2면 4단
형무소 증설과 소작조정령(小作調停令) 실행
— 판사 증원, 감옥 신축 등
　 가사이(笠井) 법무국장 담(談)

가사이(笠井) 법무국장은 그간 동경에서 열린 사법관 회의에 출석하였다가 27일 오전에 귀임하여 다음과 같이 말하였다.

형사보상법과 소작조정령은 금년 내에 실시하게 된다. 조정령 실시와 동시에 조정하는 판사를 수명 신임한다.

내년도에 형무소 3, 4개소의 증개축을 할 터인데 경상비 예산 10만 원 가량을 얻어야 되겠으나 희망대로 되지는 못하겠고, 아마 5, 6만 원이나 얻을 듯하다. 제일 긴요한 사업은 소년형무소인데 만사를 제지하고라도 속한 곳은 신설할 터이다.

근래 관북에 사상범죄가 격증하였으므로 내년도 예산에서 함흥지방법원에 1명을 증원하겠다.

사상범 전용 형무소를 세움이 어떠하겠느냐 하는 말도 있으나 일본의 유일한 사상형무소인 구마모토(熊本)형무소의 성적이 별로 좋지 못하므로 조선에는 따로 세우지 않겠다.

일본서는 방금 형법 개선을 진행 중인데 그것이 시행하게 되면 조선에도 실시하겠다. 개정 형법 중에서 주의를 끄는 것은 거주제한(居住制限), 부정기형(不正期刑)의 제정인데 이 두 가지는 조선에 매우 필요하다.

〈자료 103〉
《동아일보》 1933.04.01, 3면 5단
5만 원 예산 들여 함흥형무소 증축
— 죄수가 5년 전의 배가 늘어
　3평 방에 15명 수용

【함흥】함흥형무소에서는 앞으로 5만여 원의 비용을 들여 감방을 증축하기로 하였다는데, 현재 수감되어 있는 죄수는 1,100여 명으로 5년 전 500여 명에 비하여 배가 늘어났고 당시에 3평 방에 8인씩 수용하던 것인데 현재는 15명이라는 다수를 수용하지 않고는 안 될 경우이며 그와 같이 많은 수인 중에도 사상범이 제일 많다고 한다.

〈자료 104〉
《조선중앙일보》 1933.07.28, 5면 1단
사상범 격증으로 함흥형무소 증축
— 날로 늘어가는 사상범 때문에 잡방 36실 독방 36실을 지어
　건축비 4만 8천 원

함흥형무소는 수년 내에 격증해 가는 사상범으로 말미암아 현재에 있어서는 비상히 협착하게 되어 종내 수용수의 몇 배를 수용하게 되므로 일반수인들에게는 비상히 곤란하던바 금번 동 형무소에서는 4만 8,000원이라는 거액을 들여 증축하기로 되었다는데 공사는 1934년도(昭和 9)까지 하게 되리라 하며 증설 감방수는 잡방 36실과 독방 36실로 합 72감방을 증축한다고 한다.

〈자료 105〉
《동아일보》 1933.08.21, 2면 1단
각종 범죄 나날이 증가로 전 조선인 유치장 확장
— 형무소에선 감옥 통용 거절
　경무국이 실황조사

　　때를 따라 각종 범죄가 증가되어 가는 것은 경관의 증원, 형무소의 증축 등으로 그 일면을 유지할 수 있거니와 최근에 이르러서는 점차로 격증되어 가는데 특히 한 사건의 혐의자가 몇 배씩의 인원으로 검거되는 관계로 경찰서 유치장은 이 혐의자의 수용을 다할 수 없는 이른바 과잉생산격이 되었다.
　　이리하여 초과되어 도저히 수용할 수 없는 인원은 형무소에 보내어 수용하는 중이었는데 유한한 형무소의 감방으로는 증가할 일면인 인원을 다 수용할 수 없어 법무국에서는 초과인원의 접수를 거절하였으므로 경무국에서는 생각하던 끝에 전 조선의 경찰서 유치장의 수용 상태를 조사시켜 그 보고를 접한 후에는 유치장의 대확장을 실시하게 되리라 한다.

〈자료 106〉
《조선중앙일보》 1933.10.01, 4면 7단
정원 초과로 구치감 신축
— 정원수의 4할 과잉으로
　대전형무소의 계획

　　【대전】 조선에 있어서 모범 또는 사상감이라는 평을 듣고 있는 대전형무소는 수용인원의 정원수 초과로 직접 계호자(戒護者)인 형무관리에게 커다란 두통거리가 될 뿐 아니라 매 감방에 7인 내지 8인밖에 수용할 수 없는 용적에 12인 내지 13인을 수용하게 되어 위생상 또는 등한시할 수 없는 인도상 문제라고 하여 수형자로부터 때때로 이에 대한 항의가 있다고 한다. 이에 대하여 당국자들도 적잖은 관심을 가지고 있던바 지난 7월부터 그 보충을 도모키 위하여 감방 증축 공사를 시작하여 명년 하기(夏期)까지는 그의 준공을 보리라 하며, 거기에 대한 간략한 개요를 적어 보면 총 수용인원수 1,150명인데 이것을 144감방에 배치한다면

10명 평균밖에 안 된다는바, 그 중에는 미결수 약간과 40명 가량의 사상범이 있어서 각각 독방을 차지한 관계로 한 방에 4인 혹은 5인씩을 더 수용하게 되는 셈이라고 한다. 그런데 금번 증축 중에 있는 것은 구치감이라고 하는데 종래 감옥 설계에 대조하여 보면 가장 '첨단'이라고 하며 완축 후에는 사상범과 미결수가 모두 이 '모단(모던)' 감사(監舍)로 올 것이라고 한다.

〈자료 107〉
《조선중앙일보》 1933.12.25, 2면 7단
경성구치감 명춘(明春) 3월 준공
― 구치감이 준공되는 날이면 800명 수용이 가능

최근 사상 관계 범죄 격증으로 각 형무소 미결감에 정원 이상 수용으로 위생관계 등 오랫동안 문제되어 오던 중 이를 완화하기 위하여 재작년 이래 3년간 계속 사업으로 경성 서대문형무소 서편에 신축 중이던 조선 최초의 경성구치감이 금년도에 들어 겨울이 따뜻한 관계로 공사가 속히 진행되어 명년 3월에 그 준공을 보게 될 모양이다. 법무국 행형과에서는 전 조선 각 형무소에 초만원으로 수용 중인 현재 인원을 완화하기 위하여 명년 2월부터 순차로 미결수를 이감, 수용할 모양이다.

이 구치감은 최초 42만 원의 공비를 계상한 것인데 그 후 예산관계로 10만 원이 감소하였으나 4동(棟)을 건축하는바 벽돌로 지은 근대식 건물인데 약 800인의 미결수를 수용할 수 있고 난방설치, 변소, 취사장 등 모범적이라고 자랑하는 것인데 각 형무소의 사상 관계 범죄의 미결수는 대부분 이곳에 수용할 터이다.

〈자료 108〉
《동아일보》 1934.06.20, 2면 5단
사상사건 검거 증가로 형무소 증설 결정
― 미결수 감시코저 간수도 증원
  삼처(三處)의 구치감도 증축

최근 사상 관계의 검거사건이 줄어지지 아니함을 따라 각 형무소는 초만원의 현상을 연출하고 있다. 이에 따라서 간수의 수효도 부족을 감하고 감방의 협착으로 말미암아 수인들이 비위생적임은 더 말할 필요도 없거니와 사상 관계의 수인들은 독방을 차지하게 되는 일이 많으므로 형무소를 증축치 아니하면 아니 될 터이라고 한다.

그리고 사상수들은 보통 잡수와 달라 특별한 감시를 요할 것이므로 명년도에는 간수의 증원과 동시에 형무소를 증설하기로 되었다.

그리고 기결수를 수용할 감방보다도 미결수를 수용할 감방이 대부족한 관계상 명년도에는 서대문·대전·함흥 등 3개소의 형무소에다가 구치감을 증설하게 되리라 한다.

〈자료 109〉
《매일신보》 1934.07.14, 1면 1단
법무국 신규사업, 형무소를 신축 개수
— 보호과도 신설
　판검사 15인 증원 방침
　경비는 3백만 원

비상시국의 반영으로 경무국 관계의 예산을 비상히 확충하여 전 조선에 경비망을 확충하고 있음에 따라 법무국에서도 명년도 신규사업의 계획을 대규모로 설계하게 되었다. 즉 진남포·서산·밀양의 3개소 법원지청을 부활시키고 소년형무소의 신설, 공주지방법원의 대전 이전, 진주지방법원지청의 신축, 치안유지법 대개정에 따른 사상부 제2부를 경성·함흥 양 법원에 신설 및 판검사 15명 증원, 형무원·보호원의 증원, 법무국 내에 보호과 신설, 부산·평양·대구의 3법원장 칙임제(勅任制) 실시 등으로 이에 필요한 예산 총액이 300만 원에 달하는바 이 또한 법무국의 연내 예산 중에서 처음으로 방대한 예산이라 한다.

〈자료 110〉
《조선중앙일보》 1934.07.14, 2면 4단
형무소 대확장 동시 사상 제2부 신설
— 법무국이 3백만 원 예산으로 비상시의 행형대책

작보한 바와 같이 비상시국의 반영으로 경무국 관계 예산을 비상히 증액하여 전 조선에 경비망을 확충하고 있음에 따라 총독부 법무국에서도 명년도 신규사업의 계획을 대규모로 확충할 모양이다.

즉 진남포(평남), 서산(충남), 밀양(경남)의 3처 법원지청 부활, 소년형무소 신설, 공주지방법원 대전 이전, 진주지방법원지청 신축, 치안유지법 대개정에 따른 사상부 제2부 신설, 판검사 15명 증원, 형무원·보호원의 증원, 법무국 내에 보호과 신설, 부산·평양·대구 외 3법원장 칙임제 실시 등으로, 그에 필요한 예산 총액은 300여만 원에 달할 터이라는 바, 이는 법무국의 연내 예산 중에 제일 방대한 것이라 할 수 있다.

〈자료 111〉
《조선중앙일보》 1934.07.14, 2면 4단
50만 원 예산으로 소년형무소 증설
— 개성, 김천은 정원의 3배 이상
  명년엔 1처 신설

조선의 각 형무소는 최근 정원 몇 배 이상의 초만원으로 그 행형상 중대한 문제를 야기하게 하는 바 있는데 그 반면에 또 조선 죄수가 격증하여 개성, 김천 양 소년형무소도 비상히 협착하여 그 3배 이상인 1,200~1,300명에 달하였다.

이는 조선의 소년범의 치형상(治刑上) 또는 소년교회 선도상 중대한 문제이므로 법무국에서는 명년도 신규예산 중 가장 중요한 것으로서 50만 원의 예산을 요구하여 약 500명 가량 수용할 소년형무소 1처를 신설할 계획이라는바 형무소 그 대확장 등은 금일 특수 조선에 한 기현상이다.

〈자료 112〉
《매일신보》 1934.07.25, 5면 7단
— 평양형무소 여감, 암정(岩町) 이전은 명춘 3월

평양형무소 대흥부(大興部)출장소는 여수(女囚)들의 수용소로 그 부근에는 상수(上需)공보교를 위시하여 평양고등보통학교 등 교육기관이 많이 있어 풍교(風敎)상 자미(滋味)롭지 못한 점이 많다 하여 오래 전부터 교육계에 일 현안으로 되어 내려오던 것인데, 형무소 당국에서도 이 뜻을 통감하고 벌써부터 이전할 만한 장소를 물색하여 내려오던바 평양형무소 인접지인 암정(岩町)에 이전하기로 결정하고 그곳 주민들의 반대도 청이불문(聽而不聞)하고 기타 1,500평을 매수하여 지난 21일부터 건축 기초공사에 착수하였는데 뇌사(牢舍) 완성은 명춘 3월 예정이요, 이전은 5월경에 할 예정이라 한다.

> ⟨자료 113⟩
> 《매일신보》 1934.09.12, 1면 5단
> 소년형무소 명년도에 실현
> ─ 후보지는 함흥 관내?

법무국의 명년도 신규사업 중 5법원지청 부활은 재무국의 사정(査定)으로 결국 3개소 밖에 부활이 못 되게 되었으며 연래(年來)의 현안이던 소년형무소의 신설은 예산이 용인되어 명연도에는 실현하게 되었다. 그런데 이 소년형무소의 신설 후보지로는 전주, 함흥, 평양 등 3개소인데 해당 지방 등에는 모두 기설치된 형무소가 있으므로 그 지방에 설치하는 것은 고려 중이나 결국 함흥법원 관내의 적당한 지역을 선택하여 설치하기로 될 모양이라 한다.

이 형무소는 일반 소년의 감화를 주로 하는 한편 소년사상수를 중심으로 수용하여 북조선 지방의 소년 사상사건을 감소하게 하자는 것이 그 주안이라 한다.

> ⟨자료 114⟩
> 《동아일보》 1934.11.07, 5면 7단
> ─ 함흥형무소 불원간 낙성?

【함흥】 수감인원 초과로 함흥형무소를 증축하기로 되었다 함은 기보한 바이어니와 그 기초공사는 일단락을 짓고 불원간 낙성하게 되었다는 바, 방금 수감인원은 기결수 741명, 미결수 167명으로 지금의 형편으로는 매우 협소한 편이나 증축 중에 있는 3동의 건물이 낙성되면 감방의 협소로 곤란을 당하지는 않으리라 한다.

〈자료 115〉
《조선중앙일보》 1935.01.17, 2면 1단
문둥병자 전문의 병동형무소 신설
— 살인·강도범행의 대책, 치료를 겸하여 한다

최근 전 조선적으로 문둥병[41] 환자가 격증하는 한편 이들이 범하는 범죄가 현저해 가는 중, 특히 문둥병 환자가 그 수효에 있어서 많다고 하는 남조선 지방에서는 강도, 살인 등 범죄가 빈발하고 그들의 처벌문제가 곤란하다는 것을 생각한 바 있는 법무국에서는 단연 이 폐단을 근치하고자 그 대책을 강구해 오던 중 명년에는 이들을 따로 처형하며 따라서 이들의 치료를 위한 병동형무소를 신설하리라 한다.

여기에 드는 경비로는 약 1만 원의 예산을 세우고 있으며 동 형무소의 건물만은 뇌병(癩病) 예방연합협의회로부터 기부를 받기로 하였으며 초년도, 즉 명년도부터 전남 소록도에다가 이것을 설치하고 우선 직원으로는 간수장 1인, 간수 9인으로 하고 수용할 인원은 50명 가량으로 하여 이들의 처벌문제와 치료책을 해결지으리라 한다.

〈자료 116〉
《매일신보》 1935.01.18, 1면 3단
나환자 수용의 특별형무소 신설
— 소록도갱생원 내에

총독부 행형당국이 다년 부심하고 있는 나환자(癩患者)의 범죄자는 현재 전선 형무소에 약 100명을 수용하고 있는데, 타 범죄자의 동 감방에 수용할 수도 없고 협애(狹隘)를 탄(嘆)한 뿐인 형무소로서는 실로 그 취급상의 곤란을 감하여 왔다. 이제 이를 완화하기 위하여 행형 당국에서는 특별형무소 신설의 계획을 진행하고 있는바 마침내 예산이 대장성(大藏省)을 통과했으므로 명년도에 전남 소록도 나환자수용소 갱생원의 반대측에 형무지소를 건설하기로 결정하였다. 경비는 1만 원으로 우선 1935년도(昭和 10) 전선 형무소로부터 50명의 나환자 범

---

41 문둥병 : '한센병'을 일컬음. 당시의 신문기사에서는 '라병(癩病)' 혹은 '뇌병'으로 표기하고 있다.

죄자를 수용하기로 되었는데 나환자의 특별형무소는 일본 최초의 것이라 한다.

> 〈자료 117〉
> 《매일신보》 1935.04.28, 5면 3단
> 인천소년형무소 기지(基地)를 결정
> — 토지매수의 승낙도 대개 얻어
>   장소는 부천군(富川郡)하

　인천소년형무소를 금년에 새로 설치하기로 되어 위치를 선택 중 최근에 인천부의 부천군 문학면(文鶴面) 학익리(鶴翼里)에 결정되어 4만 평을 매수하기로 되었는데 26일 인천재판소 나가타(永田), 김세완(金世玩) 양 판사가 부천군청에서 토지소유자들과 면회하여 토지매수에 대한 교섭을 행한 결과 대부분이 승낙되었는데 승낙하지 않는 자에게는 수용령을 적용할 터이라 한다. 그런데 동 형무소에 수용할 인원은 약 800명이라 한다.

> 〈자료 118〉
> 《조선중앙일보》 1935.05.08, 2면 1단
> 문제의 소년형무소 인천부 외로 결정
> — 3년간 30만 원 예산으로 금년부터 기공 착수

　소년죄수를 수용하고 있는 개성과 김천의 양 소년형무소는 방금 정원 600명을 훨씬 초과하여 배나 되는 수효를 보이고 있어 이 대책으로 1개소의 소년형무소를 더 늘리기로 하여 경성부의 공덕리로 내정이 되었었으나 여러 가지 사정으로 인하여 장소를 인천부 외로 작정하여 기지 교섭까지 되었으므로 곧 공사에 착수한다고 한다. 예산은 3개년 계획으로 30만 원의 방대한 예산을 세워 금년 제1년에는 10만 원을 들여 우선 4만 5,000여 평의 기지를 정지(整地)하고 감방과 작업장을 만든다는데 총 평수 4만 5,000평 중 3만 5,000평은 농작지를 만들어 소년죄수들에게 농작법을 가르치기로 하였다 한다.

〈자료 119〉
《매일신보》 1935.06.10, 2면 7단
경성구치감 낙성식
― 30만 원의 총 공비로

1933년(昭和 8) 10월에 기공한 서대문형무소 소속의 경성구치감이 이제 완성이 되었으므로 9일 오전 11시부터 동 형무소 구내에서 낙성식을 거행하였는데 마스나가(增永) 법무국장을 비롯하여 관공민 300여 명의 참석으로 성대히 거행하였다.(사진은 낙성식 광경)

〈자료 120〉
《매일신보》 1935.08.09, 3면 4단
― 구 마산시가 주민, 형무소 이전 갈망

마산형무소는 구(舊) 마산 시가지의 중심지에 있기 때문에 시가지의 발전상, 도시 미관상, 자녀 교육상 여러 가지 방면으로 그 영향을 미침이 많아 일반 부민(府民)은 이것의 이전을 갈망하여 마지않는 중 최근에 와서 오동동(吾東洞) 주민 및 완월동(玩月洞) 주민 등은 대표로 음재식(陰在軾), 명도석(明道奭) 씨 등을 선정하고 연서진정서를 제출한 후 당국의 이에 대한 대책을 심심히 주목하고 있다.

〈자료 121〉
《조선중앙일보》 1935.08.16, 2면 6단
나병환자 전문의 특수형무소 설치
― 전남 소록도갱생원 구내에
  10월 중에 기공 착수

【광주】누보한 바와 같이 '나병환자의 낙토(樂土)'라는 별칭을 듣는 전남 소록도에는 민간 측의 수백만의 기부와 원국■보조로 갱생원(更生園)이라는 뇌병환자치료소를 대규모로 건설하여 전 조선 각지에 산재한 뇌병 환자를 수용하게 되었다. 뇌병환자는 그 병 차체가 본래 치료하기가 어려운 동시에 또한 전염되기가 쉬우므로 자포자기하여 보통사람으로 하지 못할 잔인한 짓을 하며 또는 범죄를 많이 짓게 되어도 경찰서에서나 형무소에서 취급하기가 곤란하여 적극적으로 취급하지 못했던바 금번에 소록도에다가 뇌병 환자를 수용할 형무소를 신축하게 되어 명칭은 광주형무소 지소라 한다는데, 지소장이 될 요코가와(橫川) 씨는 지난 7일에 광주로 와서 광주형무소에서 실지 조사와 기타 준비를 하였으며 조사한 사항을 갱생원장 스오(周坊) 씨에게 보고하고 이미 예산도 세웠으므로 금년 10월 중부터는 공사에 착수할 터이라는데, 동 형무소가 되면 전 조선 각 형무소에 이미 수용되어 있는 60여 명의 뇌병환자도 같이 수용할 터이라는바 이러한 특수 형무소는 동양에서도 처음이라 하여 그 성과와 장래를 일반은 주목한다.

〈자료 122〉
《부산일보》 1935.08.20, 7면 3단
소년형무소, 30만 원으로 인천에 건설

【인천】기보와 같이 총 공비 30만 원 3개년 계속 사업으로서 부외 문학면 학익리에 신설되는 소년형무소는 이번에 유유히 공사에 착수하였는데, 우선 최초 약 150명을 수용할 수 있는 감방 1동을 완성하여 여기에 경성으로부터 약 100명의 성인수(成人囚)를 데려와 그들의 손에 의해 공사하도록 하여 되도록 빨리 완성시킬 방침이라 한다.

〈자료 123〉
《부산일보》 1935.08.31, 5면 7단
인천소년형무소

【인천】올해부터 3년 계속으로 총 공비 30만 원을 들여 착공하는 경기도 부천군 문학면 학익리 소재 인천소년형무소는 이미 기초공사를 끝내고 벽돌쌓기에 착수하였는데, 올해 안에는 공장 감방 각 1동 및 외벽을 완성시킬 예정으로 동 형무소의 직원은 소장 이하 약 100명으로서 내년도는 아마도 간수, 용인 등 60명을 필요로 하게 된다.

〈자료 124〉
《조선중앙일보》 1935.09.08, 2면 4단
소록도 특수형무소, 수형자 60명 수용

특수형무소로서 금년도부터 개선 준비를 진행하고 있던 광주형무소 소록도지소는 지난 1일부터 개소되었는데 최초로 수용된 수형 나병자는 남자 57명, 여자 3명, 합계 60명이라 한다.

〈자료 125〉
《동아일보》 1935.11.07, 2면 7단
소년형무소 건축하고자 1백여 성인수(成人囚) 이감
— 인천에서 경성으로

【인천】인천 소년형무소를 건축하고자 경성의 성인수 105명을 이감. 지난달 26일 오전 9시 50분 상인천역(上仁川驛) 착 열차로 경성 성인수 50명이 인천소년형무소로 이감되었으며, 6일 오전 동 열차로 제2차로 51명이 이감되어 전후 105명이 이감되었는데, 그들은 동 소년형무소를 완성하고는 다시 경성으로 이감될 예정이라 한다.

> <자료 126>
> 《매일신보》 1936.04.25, 5면 9단
> 청진형무소 이전에 부민이 반대운동
> — 호리에(堀江) 형무소장은 부인

  【청진】청진지방법원을 나남으로 이전한다는 문제가 작년부터 각 방면으로부터 전파되어서 청진상공회의소와 청진번영회에서는 청진시민과 함께 열렬히 이전 반대를 하여 오던 중 금일까지 하등의 소식이 없어 청진시민은 겨우 안심을 하자, 근일에 돌연히 또다시 청진형무소를 나남에 이전한다는 풍문이 있어서 각 방면에서 많은 반대운동을 개시하고 더욱이 청진상공회의소와 청진번영회에서는 임시간부회를 개최하고 청진형무소 이전에 대한 반대와 대항책을 연구하고 있다. 그리하여 작년에 청진지방법원을 나남으로 이전한다는 풍설이 발생하였던 원인을 조사하여 본 결과 나남 측에서 운동하는 사실이 판명되었는데, 금일에 돌연 청진형무소를 나남에 이전한다는 풍설이 있는 것을 보는 청진시민은 방심할 수 없다고 각 방면에서 심히 중시하고 있다.

  그런데 호리에(堀江) 형무소장은 왕방(往訪)한 기자에 대하여 말하기를 현재 소(所)는 설비가 불완전하여 사무취급상 비상히 곤란한 점이 많은 사실이고 나남으로 이전한다는 말은 아직 본부(本府)에서 하등의 방침이 없는 모양이나 결국은 2, 3년 내로 증축이나 혹은 이전을 행하지 않으면 수인의 수용상 매우 곤란하므로 일일이라도 속히 당소 확장을 희망하고 있다. 이유는 당소 현재 수용인원 600여 명 내에 기결자가 350명, 피고인이 250명에 달하는데 장래에는 1,000명 수용될 정도의 설비가 필요하고, 피고인 수가 전선적으로 보면 경성형무소 다음에는 청진형무소이므로 건설하기에 상당한 이상적 건물이 아니면 사무 수행상 곤란하고, 또는 형무소가 이전되면 지방법원의 이전도 동시에 실행될 줄로 생각하니, 여러 가지 관계상 금명년간은 절대로 당소 이전이 불능할 줄로 안다.

〈자료 127〉
《매일신보》 1936.06.02, 7면 1단
영천 악박골 흥망사(2)
― 형무소 되면서부터 약수터도 개화, 부근 터는 주택지가 되고

　형무소가 세워지고 민가가 늘고 하면서 독립문 밖 일대도 아연 활기를 띠게 되어 지금까지 돌보지 아니하던 문밖 황무지가 일약 중요한 주택지로 개척되게 되었다. 이에 따라서 엉천 악발골도 다만 한 개 영검한 약수터로 뿐만이 아니라 교외의 산책지로 그곳까지 길이 나고 매점 등이 생기게 되었다.

　전 회에 말하고자 한 바인데 기왕에 그곳에는 소위 '염병막'이라 하여 당시에 위생시설이 없는 시대라 전염병 환자들이 이곳에 막을 짓고 격리하여서 치병(治病)하였다.

　그 염병막도 철폐를 당하고 산협 숲 사이에 악발골도 개명하게 되어서 그 물터까지 신작로 길이 나고 손님들을 유치하게 되었으니, 이에 따라 이곳을 찾는 손님들이 격증하여 나중에는 2층 건물의 당당한 요정까지 생겨서 장안 유야랑들이 홍군(紅裙)[42]을 데리고 나와 가무음곡의 질탕한 소리까지 들리게 되었다. 주택지로, 산책지로 이렇게 가치화(價値化)하게 되자 이것을 이권화(利權化)하여 이에 착목한 사람들의 이권 쟁탈이 그때나 이때나 심하던 중에 당시 송병준 씨가 그 이권을 손에 넣고서 물터에서의 영업세, 약수 먹는 약수세를 받고자 계획하는 한편 약수를 분석하여 그 유효함을 과학적으로 증명하여 선전하였다. 그러자 그러한 계획이 실현되지 못해 수포로 돌아가 버리고 말았는데 그 후 그 일대 토지 소유권은 개성 부호 박모 씨의 손으로 또 유모 씨라는 부호 등의 손을 지나서 30년 동안의 변화가 무진하였다.(계속)

〈자료 128〉
《조선중앙일보》 1936.06.30, 2면 1단
홍제정에 있는 화장장 이거(移去)를 요구
― 서대문형무소도 함께 치워 달라!
　발전상 저해물을 배격

42　홍군(紅裙) : 붉은 치마라는 뜻으로 '미인'이나 '예기(藝妓)'를 이르는 말.

별항 부내 서대문 방면 일대의 주민이 수도·위생·교통 각 방면으로 발전을 저해하는 일체 불완전하고 불공평한 시설을 반대하는 동시에, 다시 나아가서는 몇십 년의 역사를 가지고 몇 천 평의 지역을 싸고 있는 '붉은 우울한 집' 서대문형무소의 이전과 '사(死)의 인간'을 마지막 으로 처치하는 화장장의 철퇴를 요구함에 이른데 대하여 주민들의 요망의 내용을 들어보면, "서대문형무소는 과거에 있어서 동 지역이 시가지의 한편 구석 산골로서 한산한 빈민굴이 있 을 때에는 무관하였으나 지금은 그곳이 대 경성부의 중심일 뿐 아니라 이미 전차 선로가 독 립문을 넘어가 있어 그곳으로부터 고개를 넘어 홍제정에 이르는 도로 연선은 장차 대 간선도 로의 시설과 아울러 시가지의 호화판이 건설될 곳인데 이곳에 우울한 붉은 벽돌의 수인의 집 이 가로막혀 있는 것은 발전의 일대 위협이 될 것이고, 다시 화장장에 있어서는 장차 학교와 학원 등의 문화 방면의 중심지대가 될 곳으로 이미 홍제공보의 설치를 보게 되고 다시 여상 (女商)도 이곳에 부지를 닦음에 이르렀는데 만일 교육의 중심지에 이대로 화장장이 놓여 있어 '제2세대 조선'의 어린 감수성에 범죄와 사(死)를 깊이 뿌리박아 준다면 이에 미치는 악영향은 상상 이외로 큼에 이를 것"이라는 바 이러한 이유에 입각한 서부 일대 주민의 화장장과 형무 소 이전의 요망은 더욱더 구체성을 띠어 가는 중에 있다 한다.

〈자료 129〉
《부산일보》 1936.06.30, 5면 3단
민의를 무시하고 증축하는 형무소
— 정내(町內)의 발전을 저해하고 풍교(風敎)상 묵과하기 어렵다는 견지에서
  이전운동 재연(再燃)

【대구】근년 장족의 진보발전을 이루고 있는 부세(府勢)의 신장에 따라 삼립정(三笠町)의 대 구형무소가 마침 시가(市街)의 중앙에 위치하고 있으니 특히 그 배경에는 12칸 폭의 간선도로 가 세무감독국의 일각에서 사범학교를 향해 관통하여 주택의 건축과 더불어 각종의 건조물 이 기대되는 이때에 형무소에서는 신설도로에 면하여 확장공사를 하려는 형적(形跡)이 있다. 실제로 소유지를 교환하여 토목공사를 하려는 모습을 본 지역주민들은 다시 이전운동을 시 작하고자 모여서 협의 중인 모양인데, 이 문제는 수년 동안 시끄럽게 소리를 높여온 만큼 형 무소가 그와 같이 민의를 무시하고 확장공사를 시도하는 것은 주민에 대한 일종의 도전이라

고 말할 수 있다. 아무리 국가사업이라 하여도 너무도 지나치게 난폭한 조치로서 지역주민의 분개를 자초하므로, 지역에서는 왕년의 결의도 있었던 만큼 이번에 감행하여 전부민의 여론에 기대어 이전 촉진을 다시 추진하려 하며, 또한 이전에 관해서 경비 예산 관계를 방패로 하여 주민 및 부민을 속이려 하고 있는데 수성(壽城) 방면에 부지를 선택하여 현재의 장소를 매각하면 충분히 이전비를 염출할 수 있을 뿐더러 당사자에게 의지만 있다면 결행은 어렵지 않다. 풍교(風敎)상의 견지로 보아도 이미 묵과할 수 없게 되었고 단연 여론을 일으켜 힘껏 노력을 경주할 모양이다.

〈자료 130〉
《매일신보》 1936.07.17, 2면 9단
인천소년형무소 소장 이하 임명
— 노역시키는 일변 훈도 교화
　150명을 수용

【인천】인천부 외 학익리에 신설된 인천소년형무소는 금월 1일부로 소장 이하 50명의 직원이 임명되었던바, 우치야마 류지(內山隆治) 소장은 16일 오전 9시 57분 상인천역 도착 열차로 착임하여 개소 준비에 착수하였다. 인천소년형무소의 수용 인원은 700명 가량으로 보통학교 3학년 수업 정도 이상으로 18세 미만의 초범자를 수용하여 농경 및 기타의 노역을 시키면서 훈도·교화하여 완인을 만들기에 노력할 터인데 우선 150명 가량을 수용할 터이라 한다.

〈자료 131〉
《조선중앙일보》 1936.08.20, 2면 6단
서부 경성 발전에 장벽인 경성형무소
— 이전운동 드디어 구체화

경성부의 행정 구역이 지난 4월 1일부터 확장되면서 서부 경성 일대의 발전은 눈을 거듭 떠 보게 하는 약진상을 보이고 있는데 서북쪽으로 전찻길을 따라 독립문을 나가 무학재에 이르는 곳에는 '붉은 죄수의 집' 서대문형무소가 어마어마하게 홀연히 솟아서 발전을 막고 있고 다시 무학재를 넘어 홍제정 일대는 장차 대 경성의 학교촌이 될 곳인데 '주검'을 어린 뇌수에 박아 주는 화장장이 우울한 연기를 뿜고 있어 이 서북 방면 일대의 주민들은 일찍이 서대문형무소와 경성부 화장장의 철퇴 없이는 이 방면의 도시적인 발전은 무망이라 하여 이의 철(중략: 판독 불가).

경성의 또 한줄기로서 개명 앞으로부터 남쪽으로 뻗어 죽첨정, 도화정, 아현정, 마포정에 이르는 연연 5리에 긍하는 일대는 최근 전차의 복선이 완성되면서 새로 생긴 길을 가운데 놓고 하수도의 정비 등과 양쪽에 즐비한 건축 외관의 일신 등으로 찬란한 약진적 발전을 하고 있는 터인데, 아현정을 넘어 공덕정에 이르자 공덕정 105번지 광대한 지대에는 이 역시 장기수의 집으로 이름난 경성형무소가 주택지의 발전을 억제하고 산 밑에서 길 앞까지 붉은 담을 두르고 있어서 서남 방면의 발전을 꺾고 있다 하여(중략: 판독 불가).

결국 공덕정 마포주민이 주력이 되어 이 반대의 깃발을 들게 될 모양인데 이 형무소 철퇴 문제는 서북 일대의 서대문형무소 철퇴문제로 혈안이 되어 있는 만큼 상호 남북이 호응하여 구체적인 방침을 세워 당국에 요망하게 될 터라는바 그 추이는 서부 일대의 발전을 좌우하는 문제인 만큼 일반의 비상한 주목을 끌고 있다.

〈자료 132〉
《매일신보》 1936.08.21, 2면 10단
행형기관 확충, 형무소 신설
— 명년도 예산으로 황해도에
　수인 수용 완화책

사회사정이 복잡해짐에 따라 범죄상도 다단해지고 있으므로 금년도에는 인천에 소년형무소를 증설하였고 또 명년도에는 황해도 지방에 형무소를 증설하고자 요구 중인데 행형기관의 확장에 따라 수인의 수용도 다소 완화되어 갈 것이라 한다.

〈자료 133〉
《매일신보》 1936.10.23, 5면 11단
— 인천소년형무소 28일 개소식

【인천】 신설된 인천소년형무소의 개청식은 28일 오후[43] 11시부터 동소 내에서 거행.

〈자료 134〉
《매일신보》 1936.10.28, 3면 6단
30명 수(囚) 청주 이감

【청주】 지난 26일 청주형무소에는 서대문형무소로부터 죄수 30명이 이감되어 왔다.

〈자료 135〉
《매일신보》 1936.11.10, 4면 7단
대전형무소 무덕전(武德殿) 낙성식
— 무도대회도 성황

【대전】 대전형무소 무덕전 낙성식은 지난 8일 오전 10시부터 신축 무도장에서 관민 유인(有忍) 200여 명, 선수 200명의 참례하에 거행하였는데 후지무라(藤村)[44] 소장의 축사를 비롯하여 내빈 총대(總代)의 쓰다(津田)[45] 판사, 검도부 총대 이치하라(市原) 사범, 유도부 총대 야마노우치(山之內) 간수의 축사로써 식을 마치고 동일 오전 10시 반부터 검도유도의 모범시합 발승(拔勝)시합을 행한 후 오후 2시에 폐회하였다.

---

43 '오전'의 오기로 추정.
44 藤村喜一 : 대전형무소 전옥.
45 津田猛哉 : 공주지방법원 대전지청 판사.

〈자료 136〉
《부산일보》 1937.03.20, 2면 9단
형무소 교회당(教誨堂) 신축

부산형무소에서는 지난 가을 이래 교회당의 신축 공사 중이었는데 이 정략(程略) 외용(外容)이 완성되어 목하 내부설비 공사 중 4월에 완성하고 5월에 낙성식을 거행하기로 되었다. 신 교회당은 벽돌 2층 건물로 건평 100평, 2층을 교회당으로 하여 1,200인을 수용하기에 충분한 공간으로 아래층은 사무실로 사용될 것이다.

〈자료 137〉
《동아일보》 1938.01.20, 8면 11단
대전형무소에도 여수(女囚)수용소 설치
— 법원 이전에 따라서 실현

대전형무소는 현재에는 남죄수만 수용하고 있었는데 공주지방법원이 대전으로 이전됨을 기회로 하여 여자죄수의 수감을 폐치 못할 터이므로 옥사를 신축하기로 하고 근근해 옥사를 일부를 개조하여 공주지방법원의 대전 이전을 조금도 유감없이 하리라 한다는데, 현재 죄수는 1,200여 명이나 되어 조선에서도 굴지하는 모범시설과 대규모의 형무소가 일층 더 크게 되리라고 한다.

〈자료 138〉
《부산일보》 1938.04.08, 3면 8단
진주형무소 연무장 낙성
— 오는 10일 도장 열기로

진주형무소 지소에서는 신축 공사 중의 연무장이 어느 정도 낙성되었으므로 오는 10일 오후 1시부터 신축 연무장에서 도장 개시 연무대회를 성대히 거행하게 되었는데, 경찰서의 강자를 비롯하여 관민(官民) 연무자의 다수 참가가 예상되므로 근래 보기 드문 열전이 예상된다.

〈자료 139〉
《매일신보》 1938.06.28, 3면 6단
심신모약(心神耗弱) 수형자는 공주형무소로

총독부에서는 특수수형자 중 나병환자는 소록도지소에, 불구노쇠자는 마산지소에 각기 집금(集禁)시켜 적당한 행형을 실행하고 있으나, 심신모약자의 수형자에 관해서는 아직 전선 각 형무소 및 지소에 수용하고 행형을 시키고 있다.

그런데 이것은 여러 가지 불편이 있고 수인교육상 유감스러운 일이 많으므로 금번 공주형무소에다가 전선 각 소에 산재한 심신모약 수형자를 집금시켜 이에 적응하는 행형을 실시하기로 되었다.

〈자료 140〉
《매일신보》 1939.05.17, 3면 7단
서대문형무소 신축 청사 준공

부내 현저정(峴底町)에 있는 서대문형무소에 연달아 작년 6월부터 건축에 착수한 형무관의 연습소 청사 기숙사는 이번에 준공되었으므로 전선 형무소장회의를 열고 그 기회에 낙성식을 거행하기로 되었다.

그리고 서소문정의 구청사는 전선 형무소 제작품 진열소로 쓰게 되어 6월 하순에 제5회 전선 형무소 작품 품평회를 열 모양이다.

〈자료 141〉
《부산일보》 1940.12.06, 3면 9단
부산형무소 부전리의 가감(假監)
— 10일경 상동식

북부 부산시가지 계■공사에 종사하는 부산형무소의 재감자를 수용하기 위해 겸하여 부전리 공사현장에 건설중인 300명 수용의 가감방은 어느 정도의 골조를 완료하여 10일경 상동식(上棟式)⁴⁶을 거행하게 되었는데, 연내에 준공시키려 토목공사에 착수하여 3개년 예정의 계획을 2개년 반에 완성시킨다는 기세하에 임하고 있다고 한다.

---

46 상동식(上棟式) : 상량식(上樑式)

3. 감옥 운영 현황

〈자료 142〉
《대한매일신보》 1907.08.22, 2면 2단
일인으로 서임

경시총감 마루야마 시게토시(丸山重俊) 씨가 내부대신에 보고하되 보좌관 중에 시오텐 가즈마(四王天數馬)는 감옥서장으로, 기타 기리하라 히코요시(桐原彦吉), 이와이 게이타로(岩井敬太郎) 등 7인은 경시(警視)로 서임하라 하였다더라.

〈자료 143〉
《황성신문》 1908.03.15, 1면 6단
감옥설비상 참고

법부서기관 함태영(咸台永) 씨가 지방 각 경찰서에 조회하되 감옥 설비상에 참고할 필요가 있으니 그 사항을 조사하여 자세히 알리라 하였는데 감옥 건축물의 유무와 수입 경비 액수, 적당한 가옥의 유무 및 차입할 만한 가옥의 동수·방수·평수, 간수로 임명할 상당한 한인 10명 내지 30인을 채용할 일의 여부, 관청용 비품류와 간수의 복장, 대구류(帶具類)를 일일이 시명(示明)하라 하였더라.

〈자료 144〉
《황성신문》 1908.04.25, 2면 2단
일인 전옥

본년 6월에 개청(開廳)하고 재판소에 감옥서를 설치함은 기보하였거니와 해서 직원 중 전옥은 일본인으로 임용하고 간수는 한일인 중에서 채용할 터이오, 또 일본의 감옥서와 같이 그 죄수 중에 각종 물품을 제작케 한다더라.

〈자료 145〉
《황성신문》 1908.05.23, 2면 5단
감옥의 한일인(韓日人)

본년도에 신설한 감옥서 직원 중 전옥 8명, 간수장 25명은 일본인으로 임명 하였거니와 간수장 30명, 간수 200명은 한일인 중에서 절반씩 임명한다더라.

〈자료 146〉
《대한매일신보》 1908.06.12, 2면 3단
감옥사무 인계

지난날 이래로 법부에서 개회한 감옥서 전옥회의는 금명(今明)간 종료될 터인데 각 전옥은 본월 16일에 임지로 향하여 출발, 부임한 후 각 경찰서로부터 감옥사무를 인계하여 즉시 개청할 터이라더라.

〈자료 147〉
《황성신문》 1908.06.12, 2면 1단
필의(畢議) 후 사무인계

법부에서 개의하던 각 감옥서 전옥회의를 금명간에 종료할 터인데 본월 15, 16일경에 임지로 발행하여 도임한 후에 각 경찰서의 감옥사무를 인계하여 즉시 개청할 터이라더라.

〈자료 148〉
《대한매일신보》 1908.06.24, 2면 2단
한인 간수

법부에서 감옥서를 경향에 여덟 곳을 설치하는데 한인 간수장은 이력이 있는 사람을 선임하여 매 서에 1인씩 분서(分署)한다더라.

〈자료 149〉
《황성신문》 1908.06.24, 2면 3단
일인 예산 유족호(日人豫算有足乎)

법부에서 신설한 8개소 감옥에 전옥 및 일인 간수장은 이미 서임하여 매 감옥에 3인씩 배치하였거니와 본국인 서임 건은 20여 과인데 예산이 부족하므로 매 옥에 1인씩만 두기로 예정하였는데, 감옥서(監獄署)에 재근한 3인 중에서 아래 경성 2인은 지방으로 파송하고 5인은 이력이 우이(優異)한 사람으로 선택하여 서임한다더라.

〈자료 150〉
《대한매일신보》 1908.07.15, 2면 2단
김(金)·신(愼) 자퇴

경성 및 각 지방 감옥 8개 처의 한인 간수장을 우선 1인씩 배치하기 위하여 법부에서 가감한 사람을 선택하여 현금 감옥의 재근하는 간수장 이석구(李錫求), 홍진항(洪鎭恒), 이기용(李基庸) 3씨 외에 전 총순(總巡) 전기선(全箕善), 동 권종열(權鐘熱), 전 주사(主事) 권철수(權喆洙), 동 김기준(金基俊), 전 참위(參尉) 민영갑(閔泳甲) 씨 등 5인을 새로이 서임하여 일간 반포가 된다는데, 전 경무감옥서 주사 김은종(金殷鐘), 동 신태범(愼台範) 양 씨도 금번에 간수장 채용차로 법부에서 초청하여 그 지원을 물은즉 해당 씨 등 답이 "재능도 감당하지 못하거니와 지방에 출재하여서는 여간 박봉으로 살림을 지탱하기 어렵다"라고 불고하였다더라.

〈자료 151〉
《황성신문》 1908.07.15, 2면 4단
감옥서 배치

경성 및 각 지방에 감옥서 8개소를 설치하고 한인 간수장 1인씩을 배치하기 위하여 법부에서 감당할 사람을 선택 중이더니 현금 경성감옥서에 재근하는 간수장 이석구(李錫求), 홍진항(洪鎭恒), 이기용(李基庸) 3씨 외에 전 총순(總巡) 전기선(全箕善), 권종열(權鐘熱), 권철수(權喆洙),

김기준(金基俊), 전 참위(參尉) 민영갑(閔泳甲) 씨 등 5인을 서임하여 일간에 반포될 터이오, 전 주사 신태범(愼台範), 김은종(金殷鐘) 양씨도 금번에 간수장을 채용할 차로 법부에서 초청하여 지원을 물은즉 해당 양씨 답이 재능도 불감하거니와 지방에 출재하여서는 여간 박봉으로 살림을 지탱하기 어렵다고 자퇴하였다더라.

〈자료 152〉
《황성신문》 1908.08.16, 2면 2단
전옥 조처

경성감옥은 신관제의 규정을 인하여 지난달 15일부터 개청하였는데 이래 1개월이 미만하여 지난번에 내란죄, 강도죄의 피고인 14명이 도주하고 금번 양기탁 사건으로 대영 국제문제가 야기한지라, 이는 당국자의 착오에서 나온 것이로되 그 책임은 면하기 난면(難免)이라 하여 전옥 이하를 상당히 조처하리라더라.

〈자료 153〉
《황성신문》 1909.04.16, 2면 4단
내시사형자(乃是死刑者)

감옥서 죄수 7명이 탈신, 도주하였다 함은 기보하였거니와 그 도주자의 성명 및 죄범을 추문한즉 손영삼(孫永三), 오남석(吳南石), 유현서(柳鉉西), 강도범 엄해조(嚴海調), 내란범 유문재(柳文在), 이성팔(李聖八), 사기취체범 임용대(林容大) 등이라는데 이는 모두 사형선고를 받은 자이라더라.

〈자료 154〉
《대한매일신보》 1909.06.15, 2면 4단
사형하다(死刑何多)

경성감옥서에서 의병으로 사형선고를 받은 자가 20명에 달하였다더라.

〈자료 155〉
《황성신문》 1910.02.06, 3면 1단
감옥 경비

명년도 감옥 경비(經費)는 종래보다 20만 원을 증가하여 50만 원으로 편성할 터인데, 이는 박봉한 한인 감수(監囚)⁴⁷를 제태(除汰)⁴⁸하고 후봉(厚俸)한 일인 감수를 채용함으로 인함이라더라.

〈자료 156〉
《대한매일신보》 1910.06.26, 1면 5단
결(決)·미결(未決) 분수(分囚)

일전 종로 및 신문 외 양 감옥서에서 죄인을 교환한다 함은 기보이어니와, 미결수는 종로 감옥서로, 기결수는 신문 외 감옥서로 분수(分囚)하였다더라.

〈자료 157〉
《매일신보》 1910.10.23, 2면 4단
감옥 개량 실시

조선의 감옥제도는 재작년 이래로 개선하였는데 당시는 각 도를 통하여 다만 8개소에 불과한 고로 수도(囚徒) 수용상에 불완전한 점이 많았더니 작년 1, 2월 양월 사이에 인천, 부산, 진남포 등 기타 주요지에 분감 13개소를 새롭게 설치하여 이래에 수도를 수용하였으나 이를 일본 내지에 비교하면 수용한 수도가 실로 2배 내지 3배에 미치는지라, 지금 그 수도 수용의 상황을 문하건대 경성은 점점 완비하여 종로, 서대문, 독립문 외 등의 감옥에 수용한 기결과 미결의 수도가 9월 말일 현재는 1,969명인즉 무려 2,000명 이상을 수용할지오, 기타 대구감옥은 경성에 불급하나 1,000명 이상의 수도를 수용할지오, 평양의 감옥은 아직 불완전한 점이 다하여 현금 신축 공사에 착수하였는데 경비의 지출되는 범위 내에서는 신축·수선을 가

---

47 감수(監囚) : 죄인을 잡아 가두고 지킴, 또는 지키는 사람.
48 제태(除汰) : 하급관리의 구실을 그만두게 함.

하여 경성, 대구, 평양의 3대 감옥을 확장하고 점차 분감을 신축 및 개축할 터라고 당국자는 말한다더라.

〈자료 158〉
《매일신보》 1913.01.26, 2면 8단
감옥서 상황 관람 통지

서대문 외 금계동 소재 경성감옥서에서 경기도청에 통지하되, 본 일요일을 이용하여 일반 직원은 가족을 대동하고 혹은 친지인을 동반하여 해당 감옥서의 위치 및 설비와 일반 수도의 상황을 관람(觀覽)하라 하였다더라.

〈자료 159〉
《매일신보》 1918.08.01, 2면 3단
태형 집행과 조사
— 확대설은 무근
    후카자와(深澤) 감옥과장 담

조선 태형의 현 상황과 감옥 구금 상태 및 행형비의 관계에 있어서는 매년 그 성적을 고사(考査)하는 중인데 본년 7월의 조사에 의한즉 재판사건에 대한 태형 처단율은 『형법대전』 실시 당시에 있어서는 전 수형자 중 겨우 20퍼센트에 불과하던 것이 태형령 제정 이래 수년 그 비율이 증가하여 1916년(大正 5)은 46퍼센트, 1917년(大正 6)은 아직 통계가 완성되지 못하였으므로 적확한 숫자를 보기 불능하나 50퍼센트를 넘을 것으로 예상되니 이와 같이 태형 처단자가 증가한 결과 감옥의 구금 상태에 대하여 소극적(消極的)으로 다대(多大)한 완상(緩相)을 여하여 현저히 행형비의 팽창을 대비하는 중이니, 즉 재판사건에 취하여 이를 보건대 태형 집행 총인원은 1913년(大正 2)의 6,210인으로부터 1914년(大正 3)은 7,070인, 1915년(大正 4)의 8,997인, 1916년(大正 5)은 일약 1만 3,320인에 오르고 1917년(大正 6)은 실로 2만 496인으로 격증하고 집행한 총 태(笞) 수, 즉 총 일수에 해당하는 것이 1913년(大正 2)은 42만 8,559이더니, 1917년(大正 6)은 145만 5,216에 달하고 태형 집행으로 인하여 감옥에 구금한 실 일수(1인

1일에 행한 태형 수는 30대 이내 이므로 약 1인에게 90대를 행할 경우는 3일이 필요할 터이므로 3일간 감옥에 구금하는 것이라.)를 자유형을 언도하지 아니하고 태형 처단의 결과에 의하여 공제한 일수는 1917년(大正 6)은 142만 4,472일이니, 이 불요(不要) 구금에 의하여 절약함을 득할 행형비액은 44만 4,435원 26전이라. 이에 범죄즉결사건에 의한 감옥비 및 경무비 46만 9,144원 20전의 절약액을 가산하면 작년뿐으로도 91만 3,179원 46전을 절약함을 득하였도다.

연한데 1917년(大正 6년)에 있어 재판 및 즉결사건의 태형 처분자를 합하여 행형비의 절약, 기타의 상황을 지금에 약간 상세히 보면 감옥비에 88만 2,135원 38전, 경무비에 유치인비 및 식비 3만 1,444원 5전의 행형비를 절약하고, 감옥에서 1일 평균 7,745인의 인원을 완화하여 감방 1평에 대하여 1일 3인 5분을 수용할 것으로 되었으니 지금에 만약 태형 처단을 폐한다고 가정하는 경우이면 감방 1평에 취하여 1일 평균 9인을 수용하지 아니함이 불가할지니 이를 보면 비상한 완화를 득한 일을 인(認)할지오. 이로 인하여 감옥 증설비를 절약함을 득한 일은 다대한 것이라.

지금에 태형을 전폐하고 이를 전부 감옥에 수용하기로 하면 정원 500명의 감옥(부산, 함흥과 동형)을 증설하면 15개소 반을 요하고 이를 1개소 당 25만 원의 경비를 요할 터이니 총계 387만 5,000원을 요할 계산이라 이를 국가경제상으로 보면 막대한 금액이요, 한편 다년의 경험으로 볼지라도 형기가 비교적 짧은 자는 자유형보다 태형으로 하는 것이 요원히 효력을 있는 것인 일을 인하였으니 하여간 태형 처단의 증가가 감옥관리상 중대한 좋은 영향을 미친 일은 살펴보는 데 어려움이 없도다. 오히려 이 기회에 변명하여 두고자 함은 지방 각 지상에 당국이 태형제도를 확대하고자 하는 의지가 있음과 같이 기재하였으나, 이는 전연 와전이요 아직 제도의 확대를 기획함은 없다 하도다.

〈자료 160〉
《매일신보》 1920.01.13, 2면 5단
태형 폐지와 자유형
— 경상비 계상 = 감옥 확장 및 신설

총독부에서 드디어 1920년도(大正 9)부터 태형을 폐지하고 이에 대한 기본형인 자유형으로써 할 일로 되어 그 결과 감옥비의 팽창을 초래하게 하여 태형 폐지로 인한 감옥 경상비에 84만 3,000여 원을 계상하고 또 새로이 감옥을 신설할 경비로 235만 3,000여 원을 1920년(大正 9), 1921년(大正 10) 양 연도에 계속할 사업비로 계상하였다. 태형을 폐지하고 자유형으로써 이에 대신하게 함에는 조선 내에 혹 부분적으로 감옥을 확장하며 또는 신설함으로써 충분하지 못하니 현재 전 조선에 걸쳐 본감 혹은 분감을 적당히 확장할 일을 요하며 또 분감의 혹자는 확장하는 동시에 이를 본감으로 변경할 일을 요한다. 대체 본감으로 할 것이 5개소요, 새로이 분감 4개소, 출장소 3개소를 설치하며 동시에 직원으로 전옥 5인, 전옥보 3인, 간수장 30인(내에 조선인 3인, 내지인 27인[49]), 통역생 2인, 감옥의 5인, 교회사 3인, 간수 389인(내에 조선인 167인, 내지인 222인), 촉탁의 5인, 촉탁교회사 7인, 감정(監丁) 71인(내에 조선인 36인, 내지인 35인)을 증가할 터이다. 이상은 기왕 수년간의 태형 집행인원 및 태형의 평균을 구하여 대체에 태형을 폐지하는 때는 1일 6,000인의 재감인원이 증가할 것이라고 간주하나 이때 재정의 형편도 보아서 약 4,000인의 재감인원이 증가할 일로 하여 이상의 감옥 확장을 계획한 것이라더라.

〈자료 161〉
《매일신보》 1920.02.09, 1면 1단
작년의 조선, 총독부 조사: 사법

(앞 기사 내용 생략) 감옥의 재감자가 수년 증가의 추세를 보여 이에 따라서 감방 공장의 증축 및 기타 시설 개선에 유의하여 지난번 본부 직영하에 수도를 사역하여 신축 공사 중에 관계한 해주 및 함흥의 양 감옥은 대체로 건축을 함께 마치고 재감자의 수용에 지장이 없음에 도달하였으므로 수도의 일부를 나누어 이에 수용하고 구금의 완화를 도모하였다. 또 1919년(大正 8) 새로이 대전에 감옥을 설치하고 이 건축에 취하여 또한 본부의 직영으로 하여 점차 가감방의 건설을 종료하였으므로 11월 개청식을 거하여 경성, 서대문, 대구, 평양 기타 감옥에서 건축에 요하는 수도 237명을 이감·수용하여 재래 공사를 진행하는 중이라.

1919년(大正 8) 2월 말에 현재 재감인원은 1만 1,715인이었는데 3월 조선 각지에 망동사

---

49 기사에는 37인으로 표기되어 있으나, 이는 27인의 오기임.

건[50]이 발발 이래로 아연히 재감자가 격증하여 9월 말까지에 망동사건의 입감자 총수는 실로 9,788인에 달하여 도저히 기설 감방에 수용함이 불가능하고 각 감옥은 공히 공장, 교회당 및 무술도장 등에 응급 시설을 설치하여 일시 이에 수용하는 부득이한 상태에 빠지게 되었으므로 경성감옥 외 6개소에 가감방, 공장 등의 급조를 계획·시행하여 준공을 득하여 재감자를 이에 이동하여 구금의 완화와 처우의 적실을 도모하였더라. 그리고 망동사건의 수용자에 대하여는 처우상 특히 주의를 요하여 저들의 오해를 석명키에 노력한 결과 점차 그 잘못된 것을 회오(悔惡)하여 개전의 정을 보임에 이르렀더라.

기타 일체 수인의 정황은 극히 정온하여 더욱 양호해 나아가는 중인데 최근 물가의 앙등이 분명함과 재감자의 격증에 따라서 감옥의 경비는 비상한 팽창을 초래하여 경리상에 미치는 영향도 매우 많았으나, 재감자의 급여 및 위생에 관해서는 특히 유의한 결과 구금 상태가 이상(異常)하였음에도 불구하고 재감자 건강은 일반에 가량(佳良)하여 조금도 우려할 것이 없으며, 또 수년 감옥 시설이 개선됨에 따라서 행형이 그 효과를 주(奏)하여 점차 가출옥자의 수가 증가하고 1919년 11월 말 현재에 994인을 계산하여 전년 동기간에 비하여 394인의 증가를 보였더라.

〈자료 162〉
《매일신보》 1921.06.20, 3면 4단
서대문서 낙성 축하와 여흥
— 오는 25일에 새 청사로 옮길 터

오랫동안 서대문감옥 안에 사무소를 두고 사무를 집행하여 오던 서대문경찰서는 그 후 사무소의 협착과 위치의 불편이 적지 아니하여 작년 12월 중순부터 2만 3,000원의 예산으로 지금 서대문우편국과 고양군청의 사이에 2층 양옥으로 새로이 건축하여 오던 중 일전에 전부 다 낙성되었으므로, 6월 25일 새 청사로 이전식을 거행할 터인데 당일은 일반 서원(署員)과 경성 시내 각 경찰서 측의 검도선수와 여러 유지 제씨를 초대하여 오전 10시부터 신청사 대광

---

50 1919년 3월 1일 3·1운동을 의미함.

장에서 검도회를 열 것이며 다시 여러 가지 서원의 위로회와 가족 원유회 등 기타 재미있는 여흥이 많이 있다더라.

> ⟨자료 163⟩
> 《매일신보》 1921.08.03, 3면 12단
> 조선인 간수시험
> ― 직원이 부족하여서

【대구】대구감옥에서는 이번에 안동(安東), 김천(金泉) 두 분감 설치에 대하여 직원이 부족하여 사무에 꺼리는 일이 적지 아니한 까닭에 내일 4일에 대구감옥에서 조선인 간수 채용 시험을 볼 터이라더라.

> ⟨자료 164⟩
> 《동아일보》 1922.11.22, 3면 8단
> 조선에도 감옥 개명(改名)하야 형무소로
> 유년감옥에는 간수복도 개량
> ― 도쿄 갔다 온 가키하라(柿原) 감옥과장 말

요코타 법무국장과 함께 도쿄에 갔던 가키하라(柿原)[51] 감옥과장이 20일에 경성으로 돌아왔는데, 그가 말하되 "일본에서 감옥을 형무소(刑務所)라 고치고 전옥(典獄)을 형무소장이라고 고치는 데 대해서 칙령으로 발포하여 금번 열리는 국회에 통과시켜야 할 것이라. 일본 내지에서 그렇게 변하는 동시에 조선에서도 고칠 터이니까 내년 안으로는 고칠 터이오, 간수 의복제도에 대해서는 특수한 감옥 즉 조선에서는 개성의 유년감옥에서 개량복을 쓰게 되었는데 그 복색은 현재 간수처럼 테를 두른 모자와 칼을 차는 것이 아니라 보통 압제 친 양복을 입힐 터인데 이것은 총독부의 훈령을 기다리어 개정하리라" 하더라.

---

51 가키하라 다쿠로(柿原琢郞) : 조선총독부 법무국 감옥과 사무관.

> 〈자료 165〉
> 《동아일보》 1924.01.27, 2면 1단
> 전 조선에 1만여 인
> 형벌 집행 후라도 반이 못 되면 4분의 1
> 반을 지난 사람은 남은 형기의 2분의 1

금번 은사(恩赦) 축령에 의지한 감형은 아직 형벌 집행을 시작하지 아니한 사람이나 이미 형벌 집행을 시작하였을지라도 아직 전 형기의 반이 못 된 사람은 전 형기의 4분의 1을 감하게 되고, 이미 형벌 집행을 시작하여 형기의 반을 지난 자는 나머지 형기의 2분의 1을 감하게 되었는데, 조선 전도를 통하여 은사를 입은 사람이 대략 1만여 인이라더라.

각처 형소(刑所) 감형 수
작일까지 알게 된 각처의 감형인 수

전 조선 스물아홉 군데의 형무소에 있는 죄인으로 이번 감형의 은전을 받는 자의 수효는 7일 오후 1시 반까지 본사 지국의 특전과 총독부 법무국에 도착한 각처의 전보를 송합하건데 열두 군데에서 감형된 자는 2,464명이며 감형되지 아니한 자는 468명이나 되는데 각지별로 보도하면,

◇ 청주(淸州) 청주분소에 수감 중인 죄수는 224명이나 되는데 이 중에서 178명이 감형되고 4명이 방면되었으며 정치범은 1명도 없고,(청주지국 특전)

◇ 마산(馬山) 마산분소에 있는 죄수 전부 117명 중에서 97명은 감형되었는데 이 중에 정치범은 3명이며 사형받은 죄수는 없다더라.(마산지국 특전)

◇ 개성(開城) 개성소년형무소에서는 전부 174명 중에서 1명만 남기고 모두 감형되었으며,

◇ 신의주(新義州) 신의주형무소에서는 471명이 감형되고 25명은 못 되었으며,

◇ 함흥(咸興) 함흥형무소에는 전부 398명 중에서 337명은 감형되고 61명은 감형되지 못하였으며,

◇ 안동(安東) 안동분소에서는 152명이 감형되고 21명은 못 되었으며,

◇ 강릉(江陵) 강릉분소에서는 조선인 남자 65명과 여자 2명이 감형되고 조선인 남자 14명

이 못 되었으며,

◇ 청진(淸津) 청진형무소에서는 238명이 감형되고 282명이 못 되었으며,

◇ 진주(晉州) 진주분소에서는 242명이 감형되고 28명은 못 되었으며,

◇ 원산(元山) 원산분서에서는 조선인 남자 182명과 여자 3명, 일본인 남자 14명, 중국인 남자 2명, 모두 201명이 감형되고, 조선인 남자 27명과 일본인 남자 4명, 모두 31명은 못 되었으며,

◇ 서흥(瑞興) 서흥분소에서는 107명이 감형되고 8명이 못 되었다더라.

〈자료 166〉
《동아일보》 1924.01.29, 2면 1단
감형 죄수수(罪囚數) 속보
― 제주도 이외의 각 형무소 감형 수효

전 조선 스물아홉 군데의 형무소와 분소에서 감형된 죄수의 수효는 연일 보도하는 바와 같거니와 기왕 보도한 것과 작일 오후 1시 반까지 온 보도를 종합하면 제주도 한 군데만 내어 놓고 전부 다 알게 된 모양인데 이제 아직 보도하지 아니한 곳만 차례로 쓰면,

◇ 영등포(永登浦) 형무소에서는 284명이 감형되고 105명이 못 되었으며,

◇ 춘천(春川) 춘천분소에서는 206명이 감형되고 28명은 못 되었으며,(지국 특전)

◇ 공주(公州) 공주형무소에서는 374명이 감형되고 30명이 못 되었는데 감형된 죄수 중에는 정치범이 8명이나 되며 감형으로 인하여 출옥된 사람이 7명이며,(지국 특전)

◇ 대전(大田) 대전형무소에서는 539명이 감형되고 139명이 못 되었으며,

◇ 금산포(金山浦) 금산포분소에서는 130명이 감형되고 14명이 못 되었으며,

◇ 김천(金泉) 김천분소에서는 188명이 감형되고 10명은 못 되었으며,

◇ 해주(海州) 해주형무소에서는 453명이 감형되고 45명이 못 되었는데 감형 죄수 중에는 정치범이 21명이나 되며,(지국 특전)

◇ 목포(木浦) 목포형무소에서는 298명이 감형되고 51명이 못 되었으며,

◇ 전주(全州) 전주형무소에서는 349명이 감형되고 41명은 못 되었으며,

◇ 군산(群山) 군산분소에는 221명만 감형되고 28명은 감형을 받지 못하였더라.

평양에는 1,030명
정치범 100명도 전부 감형되어

【평양】지난 26일은 은사가 있는 날이라 하여 평양형무소의 철창 아래서 신음하는 1,000여 명 죄수는 물론이오 그의 가족과 일반 사회에서 기다리는 전황은 실로 일각이 삼추 같았었다. 날은 혹독히 추운데 외촌(外村)에는 가족들과 부내(府內)의 친척들이 아침부터 형무소 문밖에서 기다렸으나 이날은 오후 4시까지 소식을 알지 못하였으며 물론 출옥된 사람도 한 명도 없었다. 은사에 관한 통지가 수일 전에 형무소로 도착한 후 평양형무소와 평양지방법원 검사국에서는 며칠 동안 밤을 새워 가며 은사 입을 죄수의 조사를 시작하여 은사가 내릴 26일 오전까지도 마치지를 못하였었는데 이날 11시쯤 되어 직원들만 봉축식을 거행하고 간수장 이상은 전부 출근하여 크게 분망한 중 오후 2시가 넘도록 은사에 관한 칙령의 전달이 없으므로 크게 초조하며 우선 구와하라(桑原) 교무주임이 죄수 전부 차례로 교회당에 모은 후 교회(教誨)를 하고 기다리던 중 3시쯤 하여 칙령의 전달이 이르러 각 죄수에게 은사 발표를 하였다.

평양형무소 안에 있는 죄수는 전부가 1,905명인데, 그중에 1912년(大正 원년)의 특차를 받고 다시 들어왔던 죄수와 강간치사와 직계존속에 대한 범죄인 63명을 제하고 그 외 1,032명은 전부 감형이 되었다. 감형은 남은 형기에 대하여 2분의 1과 4분의 1 두 가지로 되었는데 정치범 100명은 감형되었으며 전번에 공소 판결을 받은 무정부주의자 오이시 다마키(大石環)도 형기의 4분의 1을 감형받아 2년 3개월로 되었으며 노동동맹회의 진병기(陳秉基) 등도 감형을 받았다더라.

대구에도 1,030명 - 대구의 감형인 수

【대구】대구형무소 죄수 1,157명 중 1,030명이 감형되었는데 그중 조선인이 909명이요, 일본인이 121명이라 하며 무기징역할 죄수로 20년 징역으로 감형된 자가 15명이요.

세상보다 염라국에 더 급하게 간 73세 노인

【대구】70세 이상의 노인 2명도 26일에 대구에서 출옥되었는데 그중 1명이 감옥 문을 나오기 전에 곧 죽어 버렸다는바 그 이름은 박태준(朴泰俊)으로 현재 73세요 삼랑진 사람이라 하며, 상고 중인 것과 공소 중인 2명의 사형수가 있으나 모두 확정된 것이 아니므로 은사를

입지 못했으며 감형 때문에 27일 출옥자는 6명이라더라.

경성형무소의 중대범인 감형
무기가 유기된 것이 70명

섭정궁 전하의 가례 끝에 경성형무소에서 감형의 은전을 받게 된 죄수들 중에 중요한 것을 들면 미국 의원단이 경성에 들어 올 때에 활동을 하던 광복단장 김영철(金泳喆)은 전 형기 10년인 것이 7년 6개월이 되었고, 밀양 폭발탄사건의 수괴 곽재기(郭在驥)도 8년 6개월이 되었으며, 의용단장 김석황(金錫璜)도 전 형기 10년이 7년 6개월이 되었다. 그 외에 중국 간도에서 조선 독립을 표방하고 여러 가지 일을 하다가 제령 위반, 살인범으로 무기징역을 받은 장두량(張斗良), 장남섭(張南燮), 장태칠(張台七) 등 3명도 은전을 입어 20년의 유기징역이 되었으며 김영렬의 공범으로 10년 징역을 살던 김최명(金最明), 김성택(金聖澤) 등 2명도 7년 2개월로 감형되었으며 밀양 곽재기의 공범으로 6년 반의 윤치형(尹致衡)은 4년 8개월로, 윤소룡(尹小龍)은 8년 반에서 4년 4개월 15일로 각각 감형되었는데 그중에도 제일 기뻐한 사람은 무기징역에서 24년의 유기징역으로 된 70명의 죄수이라더라.

공소 취하하고 감형받은 3명, 사형이 무기로

'북간도'에서 일본 밀정을 죽인 사건으로 청진지방법원에서 사형선고를 받은 김두일(金斗一, 49)과 무기징역을 받은 마정덕(馬正德, 36), 장봉학(張鳳鶴, 41)의 세 사람은 그 판결에 불복한 후 경성복심법원에 공소를 제기했던바 지나간 25일에 그 공소를 취하하여 이번 섭정 전하 가례의 '은전'을 입었는데 사형선고를 받은 김두일은 무기징역이 되고 무기징역의 선고를 받은 장봉학과 마정덕 두 사람은 20년 징역으로 되었다더라.

〈자료 167〉
《매일신보》 1924.03.16, 2면 7단
전국 형무소장회의 개최

사법성은 4월 7일부터 5일간 전국 형무소장을 소집하여 본년 1월 1일부터 시행된 신 형사소송법에서 개정된 미결 구류의 단축에 따르는 처치, 기타 감옥 내 개선 유수(留囚)제도에 대한 성적에 대하여 각 형무소의 의견 보고를 청취하기로 되었는데, 제1일은 법상(法相)의 훈시 차관 형사국장의 주의가 있을 터이라더라.

> 〈자료 168〉
> 《동아일보》 1924.05.05, 1면 9단
> 개정 감옥관제, 형무소에 전문 기수(技手)
> — 모로도메(諸留) 감옥과장 담

조선총독부 감옥관제 중 개정의 건은 기보와 같이 2일 각의에서 결정되어 머지않아 칙령으로서 공포된 것인바, 이에 대하여 법무국 모로도메(諸留)[52] 감옥과장은 말하되 "수인의 직업적 훈련을 시대의 추이에 따라 한층 철저히 순차적으로 행할 것은 물론 심히 긴요한 일이다. 하물며 수인의 직업교육이란 처지로 보아 실로 유감이다. 일면 또 형무소의 사업 그것의 발전을 기함에도 불가불 이것의 개선을 도모함은 가장 필요한 일이다. 이러한 견지(見地)로서 금회의 개정이 된 것인바 종래 조선의 수인 작업은 각 형무소의 수업수(授業手)에 의하여 지도되어 온바 전부 용인(傭人)으로 채용된 고로 수인과 균형상 재미없는 일도 있고 또 지도자로는 심히 부족한 점도 많으며 따라서 누누이 유감으로 생각되는 일도 적지 않다 하였다. 더욱이 전력, 기타의 동력에 의하여 진보된 기술상의 지도는 특히 전문 지식을 요하는 터인즉 금후의 관제 개정에 의하여 신설된 판임 대우의 작업기수도 이 방면으로 임용되고 수인의 직업상에 관한 훈련 교육을 분장하게 되어 종래의 단점을 보하는 동시에 사업의 발전을 기한 터이다. 일본 내지 및 대만에는 이미 기수의 임명이 있어 수인의 훈련도 더 완전하고 또 형무소의 사업도 상당한 성적을 거두었고 조선에도 좀 늦었으나 머지않아 실시하게 된바 과연 몇 인씩이나 배치하는지 이는 형무소의 업종과 난이도에 의하여 결정될 터인즉 아직은 알 수 없다. 수업수도 타 관청 동양(同樣)의 고원(雇員)으로 승격하게 하여 작업기수의 보조기관으로 존속하게 할 것인 바 예산의 관계상 일정에 전부의 승격은 도저히 바랄 수 없다. 그러나 본인

---

52 모로도메 유스케(諸留勇助) : 조선총독부 법무국 감옥과 사무관.

의 성적에 의하여 점차 온화케 할 방침이라" 한다.

> **〈자료 169〉**
> 《매일신보》 1926.07.09, 3면 7단
> 조선인 여감(女監) 채용시험, 기일은 20일

　서대문형무소에서는 오는 20일 오전 8시부터 동 소에서 조선인 여감 취체 시험을 시행하기로 하였는데, 수험지원자는 시험 전일까지 지원서와 이력서를 제출하기를 바란다 하며, 시험과목은 작문(作文), 산술(算術), 사자(寫字) 3과목이요, 입학 연령은 만 20세 이상으로 만 30세까지라 한다.

> **〈자료 170〉**
> 《동아일보》 1927.03.08, 2면 3단
> 적색(赤色)을 회색화(灰色化)
> 수인복색 변혁
> 미결 청색복도 개조

　형무소에 재감 중인 죄수에게는 붉은 옷을 입히는데 붉은 옷은 처음부터 보기가 흉할 뿐더러 조금만 낡으면 더욱 흉하여 죄수의 교화에도 영향을 미친다 하여 일본에서는 사법성에서 개량할 복색을 고안 중인데, 조선에서도 행형당국에서 미리부터 이 점에 착안하여 조선의 독특한 사정을 참작하여 값싸고 물색 낡지 않으며 보기에도 흉하지 않은 물색을 연구중이던 바, 최근에 겨우 일정한 복안을 세운 모양으로 각 형무소장의 의견을 물어보는 중이라는데 대체로 회색이 좋다는 의견을 많이 가진 듯하다고 하며 미결수가 입는 청의(靑衣)는 한국시대에 죄수가 입던 복색이므로 역사적 인연이 재미없다 하여 이것도 개혁하게 되리라더라.

> **〈자료 171〉**
> 《매일신보》 1928.06.20, 4면 6단
> 조선인 간수시험

【해주】해주형무소에서는 오는 16일 오전 8시 동 형무소 내에서 조선인 간수시험을 행한다는데, 지원자는 오는 25일 오전 9시까지 지원서 및 이력서를 제출하되 당일에는 전기 시각까지 필묵(筆墨)을 휴대하고 출두하여야 된다더라.

> 〈자료 172〉
> 《동아일보》1928.10.23, 2면 3단
> 죄수복색 변경, 붉은 빛을 갈게 되었다고
> ― 하절엔 백색, 동절엔 흑색

형무소 죄수의 의복 빛이 붉은 것은 그 빛 본체가 현대에 정당치 않을 뿐더러 오래 입으면 색이 날아가 버려 더욱 쓸쓸한 기분이 나타나게 되어 자연히 죄수의 마음을 거칠게 한다 하여, 법무국에서는 적색 대신에 청색을 사용하자는 의견이 있어서 각 방면으로 연구하였으나 청색은 옛날 조선감옥에서 사용하던 색으로 일반의 인상이 청색을 꺼리는 상태이므로 장차 겨울에는 검은 빛, 여름에는 흰 빛이나 혹은 흰 빛에 가까운 의복을 입히기로 내정되어 벌써 소년죄수에게는 검은 옷을 시험적으로 입히는 중이라더라.

> 〈자료 173〉
> 《동아일보》1929.10.11, 2면 8단
> 장단기 분리 수용, 기미결(旣未決) 구별 대우
> ― 복색문제는 그대로 유안(留案)
>   형무소장회의 내용

전 조선 형무소장회의는 지난 9일까지로 의사(議事)를 마치고 10일은 일동이 무도대회에 참석했는데, 금년 의사의 내용은 대부분이 사무에 관계된 것으로 별로 주목할 바는 없으나 수인(囚人) 대우에 대하여 협의된 바가 있다. 이것은 얼마 전에 보도한 바와 같이 음식물 개선에 대한 것을 비롯하여 단기형 죄수를 장기형 죄수와 분리하자는 의견이 많았으므로 이론상으로 정당한 주장이라 하여 채택하기로 되었으나, 그렇게 하자면 감방 신축에 경비가 많이 들 터이므로 현안으로 남겨 두기로 했고, 미결수 대우 개선에 대하여도 많은 의론이 있은 결과 실행방법에 대하여는 법무국에 일임하기로 되었는데 그 협의의 내용은 미결수는 실상 죄수가 아니라서 일반 기결수와 같이 대우함이 불가하니 매점(賣店)을 형무소 안에든지 혹은 일반 상점 중에서 지정하여 물품 구입을 자유로 하게 하자는 것인바 이것도 어떤 형무소는 협착하여 한 감방에 정원 이상을 넣어 두었으므로 실시에 장해가 되는 터 순차로 실시하기로 하였다 한다. 이 밖에 복색 개량문제 같은 것도 있으나 이는 형법이 개량됨에 따라 일본 안의 형무소의 개량 상황을 본 후에 개량하기로 하였다더라.

〈자료 174〉
《매일신보》 1929.12.12, 5면 3단
평양형무소 간수 양성 개시

【평양】평양형무소에서는 본년도 내로 간수연습소(看守練習所)를 동소 내에 설치하기로 했는데, 우선 현재 부족을 보충하기 위하여 5명의 견습생을 모집하여 10일부터 강습을 개시했으며, 금후로도 평양형무소 관내에 필요한 간수는 평양에서 양성하기로 되었더라.

〈자료 175〉
《매일신보》 1930.04.23, 7면 4단
여간수 모집

【광주】광주형무소에서는 오는 5월 2일 오전 9시부터 내지인(內地人) 여간수 채용시험을 시행한다는바, 시험과목은 산술(算術), 작문(作文), 사자(寫字) 등이며, 채용된 후에 급료(給料)는 월 60원이라 한다.

〈자료 176〉
《매일신보》 1930.05.28, 1면 8단
감옥관제 개정, 29일 각의(閣議) 결정

【도쿄】27일 각의 조선 관계 결정 사항은 다음과 같다.

1. 조선총독부 감옥관제 중 개정의 건.

〈자료 177〉
《동아일보》 1931.08.03, 2면 5단
간수 증원

형무소에 수감되는 사람이 해마다 증가한다 함은 이미 보도한 것으로 그 때문에 예산이 허락하는 범위 안에서 해마다 형무소를 증축하고, 또 간수의 부족이 심하여 일반은 긴축하는 때임에도 불구하고 이번에 남자간수 정원 1,769인을 1,792인으로 23인을 증원하고 또 제2차 증원으로 47인을 늘여 도합 70인을 증원하기로 되었다.

이 새로 증원되는 간수는 긴축의 필요상 대개 조선인을 채용하기로 되었다.

〈자료 178〉
《조선중앙일보》 1933.09.28, 2면 5단
형무소 초만원과 행형당국의 대책

기보한 바와 같이 최근 사상 관계의 범죄가 해마다 격증하는 동시에 전 조선 26형무소에서는 수인 초만원으로 감방 한 평에 정원 이상은 물론이려니와 5, 6명씩의 수형자를 수용하여 인도상 또는 그들의 보건상 중대 문제로 되어 있으므로 행형당국도 형무소 증설 예산을 요구하였으나 이는 모두 삭제되고 말았으므로 그 대책을 강구하기 위하여 전 조선 형무소장 회의를 총독부 회의실에서 열고 형무소에 수인 수용의 포화 상태에 대한 응급책으로,

　1. 면수(免囚) 보호책을 확립할 것
　2. 구금 현상과 보건상 그 처리에 관한 대책
　3. 사상범 전향 장려와 가출옥 장려에 관한 것

등을 주요 의제로 할 터이라 한다. 동 회의의 결과가 얼마나 효과를 보게 될지 주목된다.

〈자료 179〉
《동아일보》 1935.06.19, 2면 10단
재범 방지, 행형당국의 계획

　최근 법무국에서 조사한 바에 의하면 현재의 수형자 수효는 5,000인에 달하는 바 그중에 사상 관계자는 860인에 달한다고 한다.
　이들 중에서 초범과 재범을 구분해 보면 각각 2,500인씩이라 한다.
　그 까닭에 그들을 될 수만 있으면 교화 방면에 주력하여 재범을 방지하고자 수양 강화 등을 '라디오' 등을 통하여 하고자 하나 이미 시설한 9개소 형무소의 성적으로 보아 설비 기타의 관계로 충분치 못하므로 혹은 명년도 예산에 이것을 계상하여 완전한 설비를 하게 될는지도 모르리라 한다.

〈자료 180〉
《조선중앙일보》 1935.07.03, 2면 4단
서대문-영천 간 전차 부설 착공
— 금년 9월엔 준공

　경성전기회사(京城電氣會社, 약칭 '경전')에서는 서대문우편국 앞에서부터 영천형무소까지 전차 신선로의 부설을 인가 신청 중이던 바 금번에 인가되어 오는 10일부터 공사에 착수하여 9월 말까지는 준공할 예정이라 하며, 동 공사의 구간은 약 1km의 복선인 바 공비는 약 10만 원이라는데 전부 준공이 되면 동대문에서 영천으로 직행 운전을 하게 되리라 한다.

〈자료 181〉
《동아일보》 1935.07.20, 1면 1단
사설: 범죄소년 교정문제

　1. 만 20세 이하의 범죄자를 범죄소년이라고 하여 조선에 있어서도 지금 그들에게는 특별한 취급을 하여 오는 바이니 그들은 일반 성년 범죄인과 구별하여 특별감옥을 만들어 행형

하게 된다. 14세 미만자의 행위는 벌할 수 없는 것이니 만 14세로부터 20세 미만자까지를 수용 행형하는 기관이 소년형무소이다. 개성과 김천에 있는 것은 그 저명한 것이라 하겠다.

2. 지금 현재로 보면 수형 중에 있는 소년죄수가 통계 1,561인인데 그중에 다시 세별(細別)하여 보면 18세 미만의 남자가 675인, 여자가 44인이고, 18세 이상 20세 미만의 남자가 797인이오, 여자가 45인이다. 이들의 범죄 동기를 살펴보면 거기에는 참으로 눈물겨운 인생의 비애가 잠겨 있는 것을 발견할 수 있다. 소년범죄자 중에도 더군다나 18세 미만의 어린아이들은 그 환경의 사정에 완전히 지배되어 있는 것을 발견할 수 있으니, 이것이야말로 교육문제가 더 크게 그 안에 개재하여 있는 것이다. 그들은 대부분이 불량한 가정으로부터 나온 이들이니 부정당한 부부관계로 출생된 아이들 가운데 이러한 불행한 경우에까지 이르게 되는 이가 많고 또 조실부모하고 의지할 곳 없는 아이들이 불량한 동무들과 섞여 행동하는 때에 불미한 일이 많이 발생된다.

3. 만일 그들에게 따뜻한 부모의 사랑을 입게 하고 남과 같이 교육받을 기회를 가지게 했더라면 그들의 대부분은 좋은 방면에서 활동하게 되었을 것이다. 문제를 근본적으로 추구하여 보면 성인의 범죄에 있어서도 사회적 이유를 명백히 지적해 낼 수 있는 것이지마는 더군다나 소년범죄자, 그중에도 18세 미만의 철모르는 범죄자에게 대하여는 그들은 책하는 것보다 사회가 먼저 책임을 지지 아니하면 아니 될 것이니 이러한 의미로 일본 내지에서는 벌써 그들에게 대해서는 특별한 처치를 취해 오는 바이다. 18세 미만의 범죄자는 형무소로 보내지 아니하고 교정원에 보내서 그들로 하여금 형벌을 받는다는 생각보다 교육을 받는다는 생각을 가지게 하여 더 좋은 효과를 얻으려고 하는 것이다. 그것이 얼마만한 효과를 나타내는지 알 수 없는 바이지마는 그들을 특별히 지도해야 한다는 의도만은 인정하지 아니할 수 없는 것이다. 또 범죄의 유무를 결정하는 절차에 있어서도 보통형사재판과 같이 번잡하고 공개적인 방법을 취하지 아니하고 간단하게 결정하여 아동들로 하여금 너무 그 자존심을 상하지 아니하게 하도록 주의하고 있는 터이다. 이와 같이 한다면 압박혹사하(壓迫酷使下)에 있어서 사람을 신용하지 아니하고 따라서 증장(增長)되는 반사회성을 얼마쯤 저지할 수 있으리라고 생각되는 바이니 조선에서도 18세 미만의 범죄자를 전문으로 취급하려고 하는 소년심판소와 교정원의 설치의 의(議)가 있게 된 것은 형사정책상 일보를 진(進)한 것이라고 하겠다.

〈자료 182〉
《매일신보》 1935.08.15, 5면 6단
형무소를 나오는 사람들 매년 평균 2만 5천
그들은 과연 재생(再生)하는가?
— 면수(免囚)보호의 강화가 급무

　　재범 방지에 속을 썩이고 있던 사법부에서는 면수보호사업 강화를 도모하고자 대책을 강구 중인 바 제1착으로 오는 12, 13일 양일 경성, 대구, 평양의 3개 복심법원 검사장을 법무국에 초집하고 그 대방을 결정하게 되었다. 현재 조선 내에 있는 면수보호사업단체는 26개 단체에 불과하고 경비 부족으로 그 활동도 뜻대로 되지 않으며 매년 평균 형무소를 나오는 2만 5,000명의 범죄자 중 보호를 하게 되는 것은 겨우 1,300명 내외로 빈약한 터이다. 이 상태로서는 당국이 재범 방지에 노력하나 효과를 내지 못하는 것으로 금번 강화 제창을 하게 된 것이다. 강화안은 경성에 본부를 두고 회원 조직으로 각 방면의 계급으로부터 지지 회원을 망라하고 50만 원의 기금을 기부받아서 활동할 예정으로 멀지 않아서 관민합동협의회를 개최할 것이다. 회장은 가나이다(金井田) 정무총감으로 발회식은 내년 봄 초순에 개최할 예정이다.

〈자료 183〉
《매일신보》 1935.11.13, 4면 3단
각지 정신작흥주간

　【춘천】 서대문형무소 춘천지소에서는 지난 7일부터 1주일간 전국을 거하여 실시하는 국민정신작흥주간을 좌기 요목에 의하여 실시 중이라고 한다.

　11월 7일(토) 경신숭조일(敬神崇祖日)

　오전 11시 공장 앞 광장에서 국기게양 동방요배를 행하고 계속하여 주간행사에 관해 소장으로부터 훈화가 있고 교무주임의 경신숭조에 관한 훈화

　11월 8일(일) 경로애유일(敬老愛幼日)

　오전 11시경부터 경로애유에 관한 훈화(교무주임)

　11월 9일(월) 건강증진일

오후 2시부터 구내 광장에서 위생훈화가 있고 '라디오' 체조를 행함(의무주임)

11월 10일(화) 극기인고일(克己忍苦日)

국기를 게양하고 오전 10시경 초서봉독식을 거행하며 작업능률 증진에 관한 훈화(작업주임)

11월 11일(수) 공덕함양일

오후 2시 시간 존중, 잡담 폐지, '불조심'에 관한 훈화(계호주임)

11월 12일(목) 생활개선일

주방공장 내외 청소정돈, 색복 착용, 근검정신에 깃든 훈화(교무주임)

11월 13일(금) 보은감사일

구내 광장에서 국기게양 동방요배 정오 '싸이렌' 신호로 1분간 명상 합장하고 성은감사.

〈자료 184〉
《조선중앙일보》 1936.07.24, 2면 1단
간도사건 사형수, 작일 전부 사형 집행
― 간도 일대를 근동한 대사건
　서대문형무소에서

지난 6월 18일 고등법원에서 사형의 최후 판결을 받은 중국공산당 간도총국 사형 피고 주현갑 등은 어제 22일에 부내 서대문형무소에서 모두 사형의 집행을 당하였는데 그 성명은 아래와 같다.

박익섭(朴翼燮, 34), 김봉걸(金鳳틀, 24), 박금철(朴金哲, 31), 김용운(金龍震, 29), 유태순(劉泰順, 30), 이종립(李鍾立, 27), 김동필(金東弼, 27), 노창호(盧昌浩, 27), 민창식(閔昌植, 31), 지연호(池蓮浩, 31), 권태산(權泰山, 33), 주현갑(周現甲, 33), 이동선(李東鮮, 31), 김응수(金應洙, 34), 고하경(高河鯨, 27), 박동필(朴東弼, 28), 조동율(曺東律, 28), 김광묵(金光默, 31). [이하 호외 재록(再錄)]

〈자료 185〉
《매일신보》 1937.03.25, 2면 6단
조선 내 형무소 수형 구분 개정

형무소의 수용 구분을 4월 1일부터 다음과 같이 개정하여 시행하기로 되었다.

▲경성형무소 무기 또는 유기의 남수형자

▲서대문형무소 형기 10년 미만의 남수형자, 무기 또는 유기의 여수형자

▲춘천지소 형기 10년 미만의 남수형자, 형기 1년 미만의 여수형자

▲공주형무소 형기 10년 미만의 남수형자

▲청주지소 형기 10년 미만의 남수형자, 형기 1년 미만의 여수형자

▲대전형무소 무기 또는 유기의 남수형자

▲함흥형무소 형기 10년 미만의 남녀수형자

▲원산지소 형기 10년 미만의 남수형자, 형기 1년 미만의 여수형자

▲청진형무소 동(同)

▲평양형무소 형기 10년 미만의 남수형자, 무기 또는 유기의 여수형자

▲진남포지소 형기 10년 미만의 남수형자, 형기 1년 미만의 여수형자

▲금산포지소 형기 10년 미만의 남수형자

▲신의주형무소 형기 10년 미만의 남수형자, 형기 1년 미만의 여수형자

▲해주형무소 동

▲서흥지소 동

▲대구형무소 형기 10년 미만의 남수형자, 무기 또는 유기의 여수형자

▲안동지소 형기 10년 미만의 남수형자, 형기 1년 미만의 여수형자

▲부산형무소 동

▲마산지소 형기 10년 미만의 남수형자, 형기 1년 미만의 여수형자 및 무기 또는 유기의 불구노병자

▲진주지소 형기 10년 미만의 남수형자, 형기 1년 미만의 여수형자

▲광주형무소 형기 10년 미만의 남수형자 및 여수형자

▲소록도지소 나환(癩患) 남수형자 및 여수형자

▲목포형무소 형기 10년 미만의 남수형자, 형기 1년 미만의 여수형자

▲전주형무소 동

▲군산지소 동

▲인천소년형무소 연령 18세 미만 형기 1년 이상의 남수형자

▲개성소년형무소 동

▲김천소년형무소 연령 18세 이상 20세 미만 형기 1년 이하의 남수형자

〈자료 186〉
《매일신보》 1937.05.15, 3면 2단
대구서 전선에 효시, 수인의 노력(勞力) 조사
― 심리, 지능고사도 실시

【대구】 대구형무소에서는 전국형무소 중 최초인 재감수인의 노동력 조사를 하고 있는바 현재 수인대표 등으로부터 200명을 선출하여 최초에는 심리고사시험과 지능고사 등을 행한 후 그 다음에는 노동력 조사와 연령별, 음식 작업 등으로부터 구별한 다음 조사를 행하고 있다. 이것으로써 수인에 대하여 무슨 작업이 최적하며 노동시간은 얼마 가량인가를 세밀히 조사할 것이라는 바 7월경에 들어가서는 본격적 조사가 끝날 터이라는데 금번 이 조사로 말미암아 전국형무소에 중대한 자극을 준 것이라고 한다.

〈자료 187〉
《매일신보》 1937.10.08, 1면 11단
형무소장과 관찰소장회의

본부(本府) 법무국에서는 오는 25일부터 3일간 본부 제1회의실에서 전 조선 28개 형무소장회의를 개최하기로 결정하였다. 또 11월 12일부터 2일간은 전 조선 7개 관찰소장회의를 본부 제1회의실에서 개최하게 되었다.

〈자료 188〉
《매일신보》 1938.02.05, 1면 1단
교육칙어 봉재, 전선 각 형무소에서

전 조선 각 형무소에서는 금회 교육에 관한 칙어사본을 봉재하게 되어 오는 2월 9일에 각 형무소장 또는 그 대리관(代理官)[53]이 본부에 출두하여 그 전달을 받아 2월 11일의 기원가절(紀元佳節)[54]에 비로소 봉독을 하게 되었는데, 이후 4대절 등에는 필히 봉독을 하여 재소 수인의 황국신민으로서의 정신적 훈육에 자(資)하게 되었다.

〈자료 189〉
《매일신보》 1938.02.16, 2면 4단
전선 형무소에 레코-드 배부

차디찬 영어(囹圄)[55]에서 자유를 잃은 몸이라 할지라도 이들 수인들에게 정조교육을 시켜 교화에 힘쓰라고 하는 의미에서 작년부터 조선 안 각 형무소에서는 수인들의 교양시간, 휴양시간, 집합시간에 '레코-드'를 들려주어 따뜻하고 경쾌한 '멜로듸'로 수인들의 기분을 완화시켜 온 결과 그들의 사회에의 적응성 함양에 적지 않은 효과가 드러나고 있으므로, 이번에는 다시 전 조선 각 형무소에 비상시국조(非常時局調)를 여실히 드러낸 '레코-드'를 다수히 구입·배부키로 법무국에서는 그 준비를 마쳤다. 그리하여 '레코-드'의 종류는 군가를 필두로 열두 가지의 여러 가지 씩씩한 '리즘(리듬)'을 갖춘 행진곡 등 336매를 2월 12일부로 배급하였는바, 시국을 상징한 애국의 군국조(軍國調)는 마침내 영어의 장벽을 넘어 들어가 형무소 안의 수인들을 긴장과 흥분으로 감격시킬 것이라 하여 좋은 결과를 많이 기대하게 되었다.

---

53 대리관(代理官) : 다른 관리를 대신해서 그 직무를 처리하는 관리.
54 기원가절(紀元佳節) : 일본 기원절. 기원전 660년 2월 11일임.
55 영어(囹圄) : 죄수를 가두는 감옥. 감옥을 매우 제한된 문맥에서 완곡하게 표현하는 말.

〈자료 190〉
《매일신보》 1938.08.04, 2면 4단
형무소 '감(監)' 자 철폐, 용어부터 개선키로 법무국에서 통첩
― 재소자의 생활을 명랑하게

자유를 잃은 세상에서 유폐된 그날그날을 보내는 형무소의 재소자들에게 뇌옥(牢獄)[56]에 있다는 느낌을 주고 그들을 물건같이 보는 듯한 감옥 내의 용어에 대하여 이번 법무국은 일대 영단을 내려 그 개혁을 단행하기로 금 3일 법무국장의 명의로서 각 형무소장에게 통첩하였다.

종래 행형 교화와 그들의 생활 개선을 위하여 많은 개선을 해온 법무국에서는 이번 '감방', '병감', '입감'이니 하는 용어를 고쳐 그 용어로부터 감옥이라는 관념을 없애 복역자로 하여금 정신상으로 다소의 명랑성을 가지게 하였다.

그리하여 형무소 내의 각종 명칭은 각 형무소에 따라 달랐던 것을 이번에는 전부 통일케 하여 용어로부터 이들을 선도해 가기로 하였고 그들의 시청각에 부드러운 감정을 집어 넣어 주게 하였다.

이제 변경될 용어의 예를 보면 다음과 같다.

▲징역감, 금고감, 구치감 = 감(監)을 장(場)으로 ▲남감(男監) = 남구(男區) ▲여감(女監) = 여구(女區) ▲소년감 = 소년구 ▲병감(病監) = 병사(病舍) ▲감방(監房) = 거방(居房) ▲옥문(獄門) = 표문(表門) 및 이문(裡門) ▲감내(監內) = 구내(構內) ▲제11호감(監) = 제11호사(舍) ▲입감(入監) = 입소(入所) ▲재감 중(在監中) = 재소 중(在所中) ▲가출옥 = 가석방 ▲이감 = 이송 ▲복감(復監) = 복귀 ▲남수 = 남수형자 ▲장기수 = 장기수형자 ▲옥칙 = 규칙

대체로 이상과 같이 형무소 내의 명칭을 개정하여 '감(監)'이라는 불유쾌한 감정을 일소해서 형무소는 일정한 기한을 두고 생활의 회오(悔惡)를 하는 곳이며 생활의 개선을 하는 곳이라는 관념을 가지도록 한 것이다.

---

56 뇌옥(牢獄) : 감옥을 일컬음.

> **〈자료 191〉**
> 《매일신보》 1938.09.16, 2면 1단
> 소년 교호(敎護)의 급무
> 우선 100명을 수용할 무안(務安)에 감화원 신설
> ― 10월 1일부터 개원

　사회의 암흑면 속에서 자라나고 있는 조선 내의 불량소년은 최근에 확실한 숫자는 늘어나지 않으나 1934년(昭和 9) 말 조사에 의하면 불량소년 중 형벌법령(刑罰法令)에 저촉된 자만도 2,222명의 다수에 달하고 있다. 그 외에 소위 불량성을 띠고 있는 소년은 1만 5,762명으로 형벌을 받은 자까지 합하면 실로 1만 7,984명이나 되는데, 이들을 사회적으로 구조해 낼 시설이라고 하는 것은 대단히 빈약한 상태에 있다.

　그러나 내지에 있어서는 소년법의 실시라든지 혹은 교학원과 교정원(矯正院) 등이 있어서 불량소년들을 구조하고 있으나 이러한 내지의 소년교호법(少年敎護法)이 아직 조선에서는 실시되지 않고 있으므로 이들의 구제에는 손이 미치지 못하고 있다. 그리고 내지에는 현재 소년교호위원의 수만도 9,165명의 다수에 달하고 있으며 이러한 교호시설이 되어 있는 시정촌(市町村)만도 3,166개 정(町)에 달하고 있어서 이 소년문제를 사회적으로 크게 취급하고 있다.

　그러나 이와 반대로 조선에서는 소년감화사업시설로 총독부 직할의 함남 영흥학교와 민간기관으로 고아원 같은 것이 5개소에 있을 뿐, 이곳에 수용하고 있는 수는 불과 300명밖에 안 되는 미미한 현상에 있다.

　그리고 소년수는 인천·개성·김천 3개소의 소년형무소에서 교화지도의 확충을 거하고 있다.

　그리고 소년교호는 사회적으로 절대한 급선무로 되어 있으므로 이 감화사업에 대한 것을 총독부에서도 연구하던 중 드디어 전남 무안군에 총독부 직할 감화원을 설립하기로 하고 오는 10월 1일부터 개원하기로 되었는데, 우선 불량소년 중 시급히 보호해야 할 소년 100명을 수용하기로 되었다.

〈자료 192〉
《매일신보》 1938.10.02, 2면 8단
총후후원주간 각 형무소 행사

오는 10월 5일부터 1주일간 전 조선적으로 거행되는 총후후원강화주간을 당하여 전 조선 각 형무소에서도 주간행사를 실시하고 재감자로 하여금 크게 시국의 중대성을 인식케 하리라고 한다. 즉 이 주간 중에 순국영령에게 대하여 묵도를 바치도록 하고 휴게시간을 이용해서는 상이군인의 건강 회복을 비는 동시에 출정군인의 무운장구를 기원하도록 하였다.

그리고 재감자에 대하여 이 주간행사의 취지를 철저히 하는 훈화를 해서 상이군인, 출정군인, 유가족에게 존경, 감사하는 생각을 가지도록 해서 비상시의 인식을 강화하도록 하였다.

〈자료 193〉
《매일신보》 1939.02.28, 2면 11단
철창에도 애국가, 애국심을 기르고자
— 형무소에 레코드 배부

차디찬 철창 속에서 거친 기분으로 사는 수인들에게도 경쾌한 '멜로듸'로 위안을 주는 동시에 애국심을 길러 주자는 뜻으로 총독부 법무국에서는 조선 내 각 형무소에다 〈대륙행진곡〉, 〈아버지여 당신은 굳세더이다〉, 〈애마행진곡〉 등의 애국가요, 군가, 동요 등의 레코-드 15~16종을 배부하였는데, 이것을 때때로 수인들에게 틀어 줄 터이라 한다.

〈자료 194〉
《매일신보》 1944.06.03, 3단 1단
모자 대신 철모, 형무소직원 복장 개정

총독부에서는 6월 1일부 관보에 훈령 제52호와 동 제53호로 전선 형무소직원의 복장규칙을 개정하였는데, 그 특색은 일반 형무소 직원은 방공상 필요가 있을 때에는 방독면을 가지고 다니고 또는 모자 대신에 철두(鐵兜)[57]를 쓸 수 있다는 것을 정식으로 규정한 것과 소년형무소와 밑에 것에 준하는 곳의 전옥, 전옥보, 간수장은 평상시 집무할 때 국민복으로써 제복에 대신할 수 있고 또 예상의 곳에서 군무하는 전옥, 전옥보, 간수장과 간수는 형무소 내에서 평상 집무할 때 칼을 차지 않아도 좋게 한 점이다.

---

57 철두(鐵兜) : 철로 만든 투구.

4. 재감자 증가 추이

〈자료 195〉
《대한매일신보》 1908.10.08, 2면 4단
기결자(旣決者) 이수(移囚)

종로감옥서 죄수를 어제 신문 외 신건축한 감옥서로 이수함은 이미 보도하였거니와 현금 죄수가 기결·미결 합 700여 명 내에 기결수만 신감옥서로 이수하였다더라.

〈자료 196〉
《황성신문》 1909.01.26, 2면 5단
죄수 통계표

작년 말에 국내 각 감옥서에서 수용한 죄수 인수를 조사하였는데 그 통계표가 다음과 같으니, 기결수에는 남이 1,904인이오, 여가 44인이오, 미결수에는 남이 705인이오, 여가 17인인데 합계한즉 남이 2,609인이오, 여가 61인이더라.

〈자료 197〉
《황성신문》 1910.02.06, 2면 4단
죄수의 거처 상태

현재 감옥 내 죄수의 거처(居處) 상태를 들은즉 1칸 미만에 10인 혹은 12인씩 두었다더라.

〈자료 198〉
《대한매일신보》 1910.06.18, 3면 2단
8천 죄수

감옥서에 피수한 죄인을 조사한즉 8,000여 명에 달하였다더라.

〈자료 199〉
《매일신보》 1911.11.15, 3면 4단
전도(全道) 재감수도(在監囚徒) 수

사법부 조사에 관계한 10월 말일 현재 경성감옥 외 공주, 함흥, 평양, 해주, 대구, 부산, 광주 등의 동 감옥 지부에 재감 형사피고인의 총수를 득문한즉 9,299인 중 남수(男囚)가 8,847인, 여수(女囚)가 452인인데, 이를 수형자 및 형사 피고인 내·외인별로 기하면 아래와 같다더라.

○ 수형자 총수　　　　　　　　8,700인
　　내지인　　　남　627인　　여　25인
　　조선인　　　남 7,531인　　여 378인
　　외국인　　　남　137인　　여　2인
○ 형사피고인 총수　　　　　　　599인
　　내지인　　　　　　　　　　　70인
　　조선인　　　　　　　　　　　520인
　　외국인　　　　　　　　　　　9인

〈자료 200〉
《매일신보》 1912.01.16, 2면 5단
최근의 재감수도(在監囚徒)

사법부 조사에 관련한 지난해 12월 말일 현재 재감수도는 총원 9,588인인데 전월에 비하면 내지인에 30인을 감하였고 조선인에 171인을 증하였고 외인에 9인이 감소하였으니, 그 내외인을 별표로 기하면 다음과 같다더라.

○ 수형자
    내지인   654인
    조선인   8,129인
    외국인   107인
    합 계   8,890인
○ 형사피고인
    내지인   77인
    조선인   604인
    외국인   9인
    합 계   690인

〈자료 201〉
《매일신보》 1912.07.11, 2면 5단
재감인원의 현상

6월 말일의 조사에 의한즉 경성, 공주, 함흥, 평양, 해주, 대구, 부산, 광주의 각 감옥, 기타 각 분감에 수용한 자가 수형자 내지인 674, 선인(鮮人)[58] 8,802, 외국인 99, 계 9,575이고, 형사피고인 내지인 105, 선인 741, 외국인 9, 계 855인데 총계 내지인 779, 선인 9,543, 외국인 108, 계 10,430이라. 전월에 비하면 합계 26을 감했고, 또 노역장 유치 내지인 남 2, 선인 남 1이고, 외국인 남 1이고, 휴대유아(携帶乳兒)[59] 내지인 여 1, 선인 남 11과 여 88이더라.

〈자료 202〉
《매일신보》 1913.02.13, 2면 5단
경향 각 감옥 재감인원

---

58 선인(鮮人) : 조선인을 일컬음.
59 휴대유아(携帶乳兒) : 여성 수감자는 수유가 필요한 1년 미만의 유아를 감옥에 함께 데리고 있을 수 있었는데, 이러한 유아를 일컬음. 휴대유아(携帶幼兒) 혹은 휴대아(携帶兒)라고도 불렸으며, 따로 그 현황을 파악했음.

경성 외 21개 감옥 및 분감에 재감인원은 수형자 총계 8,500인, 형사피고인 980인인데, 그 안에 내지인이 870인이오, 선인이 8,482인이오, 외국인이 128인, 계 9,480인으로 12월 중에 비하면 내지인 43명이 증가하고 선인 129명, 외국인 6명이 감소하였더라.

〈자료 203〉
《매일신보》 1913.12.11, 2면 4단
서대문감옥 현황

서대문감옥의 일반 상황을 들은즉 수도(囚徒)를 합하여 1,200여 명 중에 지나인(支那人: 중국인) 200명, 내지인이 20여 명, 그 외는 대부분 조선인이라, 남녀 아동을 구별하면 아동이 34명인데 범죄 사실은 거의 절도범이오, 17, 18세 된 여자가 300여 명인데 범죄 사실은 유아 살상 및 본부(本夫)를 모살하려던 자요, 그 외는 사기취재 혹은 독■(瀆■)의 사실이라 하며, 일반 죄수로 하여금 기예(技藝)를 배워 각종 물품을 제조하게 하고 전옥, 주임이 종종 일반 죄수를 대상으로 회개를 주지(主旨)로 하여 설명한다더라.

〈자료 204〉
《부산일보》 1914.12.09, 6면 4단
대구감옥 재감수

대구감옥에 있는 현재 입감자는 내지인 남 87명 및 여 4명, 조선인 남 1,000 및 여 58명, 합계 1,149명으로서 징역 기간은 즉 내지인 10년 미만 5명, 5년 미만 18명, 3년 미만 46명, 1년 미만 7명, 6개월 미만 10명이고, 선인(鮮人) 무기 9명, 15년 이상 18명, 15년 미만 130명, 10년 미만 130인, 5년 미만 111명, 3년 미만 339명, 1년 미만 104명, 6개월 미만 117명, 2개월 미만 1명이다. 인하여 작년 12월 말은 1,604명인 것에 비해 금년은 현저히 감소하고 있으며 또 사형 집행은 작년 18명, 본년 16명이다.

〈자료 205〉
《매일신보》 1916.06.29, 2면 4단
죄수 증가의 추세, 감옥 증축의 필요

조선 각 감옥 재감수도(在監囚徒)는 작년 12월에 은사령의 결과로 자못 감소하여 일시는 9,000인으로 감했더니 그 후에 죄수가 점증하여 최근은 1만 1,000인에 상(上)하였으니 이 상태를 지속하면 명년까지에 1,500인을 산할 터인데, 한편 이를 수용할 감옥의 설비는 이에 따르지 못하여 목하 1평에 4, 5인 이상의 수용을 보이는 중인즉 계속 신영(新營) 중의 서대문, 해주, 함흥 세 감옥의 준성(竣成)을 볼지라도 오히려 크게 증축할 필요가 있겠더라.

〈자료 206〉
《매일신보》 1920.01.14, 3면 8단
현재의 감옥수(監獄囚), 살인강도가 제일 많아

최근의 범죄 상황을 조사하기 위하여 서대문감옥, 종로구치감에 재감 중의 미결수의 범죄 사건 수를 조사하여 본즉 1월 7일 현재의 수인별은, 내란죄 3, 소요사건 5, 통화 위조 6, 살인 40, 사기 및 공갈 26, 주거 침해 2, 문서 위조 24, 유가증권 위조 5, 무고 2, 외설·간음·중혼 2, 도박 5, 강도 23 합계 244.

그중에 소요사건 내란죄에 관한 죄는 동 구치감에서는 그리 많지 못하고 기타의 사건으로 범죄 정황을 보건대 살인, 절도, 강도, 사기, 공갈 등 악성 범죄가 많음은 종래와 틀림이 없다 하겠더라.

〈자료 207〉
《매일신보》 1920.10.05, 3면 5단
서대문 감옥의 매일 취반(炊飯)이 13섬(石)
― 보안법 위반 범인은 479인이오 보통 합계는 2,300여 명에 이른다고
　서대문감옥 미쓰이(三井) 전옥 담

작년 3월 소요 이후로부터 지금까지에 경성 서대문감옥으로 수용된 보안법 위반 피고의 현상을 미쓰이(三井) 전옥에게 물어본즉, 동씨는 말하되 "참말이지 작년 3월부터 시작하여 소요범인이 들어온 것을 대개 말하면 한참 동안은 하루에도 다른 범인은 고사하고 소요범인만 50~60명이 들어오는데 수용할 곳이 없어서 수시로 감방을 만들어도 협착하였는 바 제일 많이 들어온 달은 금년 6~7월부터 8월에는 매월 1,700여 명에 달하였는데 그 저간에 매일 평균 7~8명씩 나가므로 현재에는 복역 중에 있는 사람이 남자가 39명이고 여자가 1명이며, 미결 중에 있는 사람이 남자가 479명이고 여자가 1명이며, 그 밖에 보통 범인까지 합하면 2,300여 명인데, 매일 밥 짓는 것이 13섬 가량일 뿐 아니라 하루 삼시에 밥을 일일이 분배하여 주며 또 의복으로 말하더라도 일할 때에 입는 것과 감옥에 들어와서 입는 것과 여름에 입는 것의 구별이 있는 고로 그것이 모두 큰 일거리이며 그리고 요전에 쌀값이 비쌀 때에는 매일 1명 먹는 쌀값이 18전이나 걸리더니 요즘에는 15전밖에 들지 아니하여 다소간 경비가 적은 모양으로 어디든지 일반이겠지만은 도무지 범인이 감하여 가지 아니하고 도리어 점점 늘어 가는 형세라고 말하더라.

〈자료 208〉
《매일신보》 1921.08.25, 3면 5단
하절에 옥중생활
— 지금 서대문감옥에 정치범인은 200여 명이 있는 모양

　요사이 혹독한 더위로 인하여 성한 사람도 부지하지 못할 지경에 이르도록 됨에 따라 항간에는 혹독한 더위로 인하여 감옥에 갇힌 수도(囚徒)가 매일 200~300명씩 사망하여 감옥에서는 시체 처리에 매우 분망 중이라는 풍설까지 돌아다니게 되어 수도의 친족들은 항상 근심 중, 더욱이 놀라서 시골에서부터 올라와 친족의 안위를 탐지하는 등 인심이 매우 흉흉하기까지에 이르렀으므로 기자는 사실의 진상 여하 및 여름 사이 지내는 상황을 알기 위하여 서대문감옥 전옥(典獄) 도이(土居)를 방문하고 사실을 물은즉, 씨는 매우 놀라는 모양으로 "일기가 너무 심히 더운 까닭에 일반은 억측으로 죄수 중 사망한 사람이 많으리라 하여 그 같은 무근의 풍설을 낸 것인 듯합니다. 본 감옥에는 지금 수감된 수도가 2,300명 가량인 바 그 동안 하

루에 200~300명씩 죽었다 하면 지금은 몇 사람이 남아 있지 못할 것이 아니오, 실로 맹랑한 와전이올시다. 원체 일기의 관계로 환자는 다른 때에 비교하여 다소간 증가되었다 할 수 있으므로 현재의 환자는 130~140명 가량이나 되는 바 대부분은 경한 병으로 2~3일 혹은 하루 동안에 치료할 만한 병이요 중병자는 별로 없으며, 사망한 수도 1월 이래로 전부 24명인바 가지고 있던 병으로 인하여 사망했을 뿐이요 다른 원인은 없으며, 수일 전에도 기와를 운반하던 수도 중 한 사람이 더위를 못 이겨 길에 졸도하여 사망한 자가 있는 바 일사병 같았으나 검시한 결과 전의 병이 돌발한 것임이 판명되었소. 실상은 감옥에서는 위생에 더욱 주의를 게을리 아니하므로 조금도 전염병 같은 병이 발생될 염려는 없소. 하루에도 세끼씩 의례히 주는 까닭으로 도리어 생활이 곤란하던 사람들은 감옥이 편한 줄로 생각하는 사람이 있는 모양입디다" 하였다.

말하는바 1919년(大正 8) 소요 이후의 정치범인에 대하여 물은즉 "정치범인은 현재 수감된 자가 200명 가량인데 그 사람들은 노동자가 아니요 중류 계급의 인물이 많으므로 노동 같은 것은 시키지 아니하고 그 외에 힘에 넉넉히 할 만한 일만 시켜 그들의 깨달음을 기다릴 따름인 고로 같은 수도 중이라도 200여 명은 자못 안락한 처지에 있는 모양이며 한 평 감방에 대하여 평균 네 사람 내지 다섯 사람씩의 비례로 있으므로 별로 불편한 점은 없으며 감방의 부족으로 인하여 지금 증축할 계획이올시다" 하는 바, 하루에 몇백 명씩 사망한다는 풍설은 어떠한 이유로 전파됨인지 모르겠으나 자기의 친족을 감옥에 보내고 조석으로 근심걱정을 하여 한시도 편히 지내지 못하는 죄수들의 가족이 이 풍설을 들을 때에 그들의 놀람은 과연 어떠하였을 터이며 그들의 놀란 가슴은 아직까지 진정되지 못했을 것임은 여러 말할 필요도 없거니와, 이상에 말한 바와 같이 사실의 와전임을 조사하여 진상을 보도하는 동시에 죄수들이 편안히 지내는 현상까지 아울러 보도하는 바이니 그들의 가족되는 이들은 조금도 놀라지 말기를 권하는 한편으로 이후에는 이와 같은 무게의 풍설을 내지 않도록 일반은 주의하기를 간절히 바라는 바이라.

〈자료 209〉
《매일신보》 1921.10.12, 3면 6단
정치범의 미결수
— 지금 200명이나 미결수대로 있는 모양

　12일 현재의 경성 서대문감옥서에 있는 남녀 죄수의 기결수 및 미결수를 보면 남자는 기결 죄수가 1,330명이요 미결죄수가 466명이며, 여자는 기결죄수가 82명이요 미결죄수가 14명인 바, 이에 그 감옥서 태평동(太平洞)출장소에 있는 조선인 기결수 452명을 합하면 총계 1,909인 인데,[60] 전월분에는 1개월 평균 출감자가 422명이요 입감자가 488명이라, 이와 같은 비례에도 매월 입감자가 출감자 수보다 몇십 명씩 증가하므로 그 감옥서에서는 부득이 제한의 인원을 입감하게 하는 때가 많이 있는 모양이며, 현재 2,000명이나 되는 죄수가 온 데에 정치범이 남자가 190인, 여자가 2명인데 미결수가 119인이라 하며 그중에도 제일 많은 범죄자는 절도인데 457인이라더라.

〈자료 210〉
《매일신보》 1922.03.06, 4면 5단
해주감옥 재감수

　【해주】본년 2월 말일 해주감옥 재감인 총수는 719인인데 그중 수형자가 676인이오 아직 미결 중으로 있는 피고가 38인인데, 1월 이후 가출옥자가 6인이오 그중 남자 2인은 제령 위반자요, 수형자 중 여자 34인이라는데 병세로 휴역(休役) 중에 있는 자가 2월 말일 현재 11인인데 그 질병 원인은 동상 온료(凍傷溫療)에 불과하고 그 나머지는 모두 건강한 신체로 작업에 복종하며 평온한 태도로 옥칙(獄則)을 준수한다더라.

60　명시된 기결수와 미결수를 모두 합하면 총 인원은 2,344명임.

〈자료 211〉
《동아일보》 1924.10.25, 3면 5단
진남포형무소 수인 150여 명으로 연 1만 1,000여 원의 생산

【진남포】 최근 진남포형무소의 상황을 듣건대 현재 재감수인의 총인원은 164명이라던데 그중에는 피고인이 조선인 9명과 일본인 3명 합계 12인 이외에는 형수(刑囚) 조선인 143명, 중국인 2명, 일본인 5명이 있는바, 이를 형기별로 보면 15년 미만자 일본인 1명과 조선인 6명, 10년 미만자 일본인 1인과 조선인 34명, 5년 미만자 일본인 1명과 조선인 37명, 3년 미만자 일본인 1명과 조선인 29명, 1년 미만자 일본인 1명과 조선인 20명, 6월 미만자 조선인 1명인데 이들 수인은 매일 조조 6시 반에 기상하여 오후 5시까지 작업장에 입하여 각각 기능을 따라 양복, 재봉으로부터 포목 직조, 망입(網叺: 가마니) 제조, 제연(製燃) 철공, 기타 목공, 원예, 농업 등에 종사하여 1인 평균 작업료가 10여 전에 달하여 1년간에 생산고 1만 1,000여 원에 달한다고.

〈자료 212〉
《동아일보》 1925.06.06, 3면 4단
부산죄수 격증, 원인은 생활난

【부산】 지난 4일 현재 부산 형무소 죄수는 미결수 54명 중 일인 7명, 조선인 남 45명과 여 2명이요, 기결수 460명 중 일본인 98명과 조선인 360명, 합계 519명으로 작년 금월의 390명에 비하면 129명이 증가되었다는 바, 원인은 작년 이래 불경기의 결과와 기타 관계로 재범자가 제일 많아 조선인 204명, 일본인 63명, 중국인 1명이요, 초범자 조선인 156명, 일본인 35명, 중국인 1명인데 이것을 죄명별로 보면 다음과 같다.

죄명	조선인	일본인
절도	195	42
강도	40	1
사기·공갈	17	15
문서 위조	32	6

살인	5	3
상해	4	5
횡령	11	6
강도·유인	5	1
도박	8	2

이러한 현상으로 일본인은 제일 사기·공갈이 많고 조선인은 강도죄가 많다고.

〈자료 213〉
《동아일보》 1925.08.25, 5면 3단
형무소 재감인 1만 2,825명, 작년 말 현재

법률을 만들어 이에 범하는 사람을 잡아 가두고 모든 자유를 구속하는 형무소 수효가 전 조선에 얼마나 되며 이에 갇혀 사지(四肢)도 마음대로 놀리지 못하고 신음하는 사람이 얼마나 되는가, 작년 말 현재와 재작년 말 현재를 비교하여 보면 다음과 같다.

	작년 말 현재	재작년 말 현재
형무소 수	26	19
수형자 수	11,519	12,598
형사피고인	1,005	863
노역장 유치	301	148
계	12,825	13,703

〈자료 214〉
《동아일보》 1926.01.20, 2면 1단
작년 중 조선의 암흑면(暗黑面)
살인사건 600, 교수대 원혼 17명
— 사람 죽인 부녀자가 170여 명
　감옥에서 출생한 어린아이 11명
　강절도 범행 7,000여 건

법무국 행형과의 재감자 통계에서 작년 중의 통계를 감하여 보면,

 남자 재감자 12,693인

 여자 재감자 414인

 계   13,107인

이라는데 이 중에 11인의 젖먹이 어린아이가 어두운 감방 안에 여죄수 어머니의 손에 자라나는 중이라 한다. 그러면 작년 중에 형벌을 새로 받은 죄수가 얼마나 되는가.

 남자 수형자 10,945인

 여자 수형자 434인

 계   11,379인

이라 하며 이것을 재작년 말에 비교하여 보면 282인이 증가되었다는데, 이렇게 해마다 죄수의 수효가 증가되는 것은 경제의 공황으로 강절도가 늘어난 까닭이라 한다. 다시 이것을 형기로 나누어 보면,

 징역 1년 미만 2,444인

 징역 3년 미만 3,934인

 징역 5년 미만 2,213인

 징역 10년 미만 2,443인

 징역 15년 미만 581인

이라 하며, 그 이상이 238인이라 하며,

 무기징역   90인

이라 한다.

그 이외에는 형사피고인 혹은 노역유치인(勞役留置人)이며 작년 중에 사형 집행된 자가 재작년에 비하여 10인이 증가된 바,

 남자 사형 집행자 15인

 여자 사형 집행자 2인

이라 하며, 이것을 범죄별로 보면,

 절도   4,614인

 강도   2,872인

사위협갈(詐僞脅喝)　1,046인

　　살인　　　599인(여 171인)

　　상해　　　　　365인

　　횡령　　　　　294인

　　문서 위조　　　235인

　　방화　　　　　180인

등이며 기타

　　제령(制令), 치안법 위반　124인

이라 한다.

　이들 수인을 감시하는 간수 한 사람당 수인 8.8명이 달려 있다는바 당국에서는 명년도부터 간수를 상당히 증원할 방침이라더라.

〈자료 215〉
《동아일보》 1926.05.20, 2면 5단
전 조선 기결수 1만 3,000여 명
― 남자는 절도가 가장 많고
　여자는 살인미수가 최다
　각지 형무소의 근황

　인생이라는 어지러운 속에서 정치운동을 하다가 또는 생활곤란에 쪼들리다가 혹은 성적(性的) 충동을 받아 별별 행동을 하다가 마침내 국가가 정한 법률망에 걸려 꽃 피고 달 밝은 자연천지를 등지고 유령의 굴 같은 철창 속에서 눈물을 흘려가며 세월을 보내는 죄수가 최근 총독부 행형과에서 조사한 바에 의하면 전 조선을 통하여 5월 현재로 남자 1만 3,032명, 여자 437명, 합계 1만 3,468명이라는데, 그들의 범죄별로 보면 남자는 4,585명의 절도범이 제일이고 여자는 172명의 살인미수가 최다수이며 범죄 연령별로 보면 20세로부터 40세까지가 제일 많고 70세 이상의 노인은 5명이라는데 전 조선 형무소에 수용된 인수는 다음과 같다더라.

경성	조선인 1,105	일본인 25	중국인 10
서대문	조선인 1,519	일본인 101	중국인 28
춘천	조선인 189	일본인 1	
공주	조선인 474	일본인 15	중국인 2
청주	조선인 285	일본인 2	
대전	조선인 669	일본인 24	중국인 1
함흥	조선인 500	일본인 12	중국인 12
원산	조선인 209	일본인 15	중국인 1
청진	조선인 209	일본인 13	중국인 16
평양	조선인 1,197	일본인 60	중국인 21
진남포	조선인 76	일본인 5	
금포(金浦)	조선인 90	일본인 1	
신의주	조선인 701	일본인 30	중국인 43
해주	조선인 511	일본인 1	중국인 5
서흥	조선인 127		
대구	조선인 1,177	일본인 88	중국인 7
안동	조선인 171	일본인 2	
부산	조선인 387	일본인 110	중국인 3
마산	조선인 158	일본인 16	
진주	조선인 271	일본인 2	
광주	조선인 571	일본인 17	중국인 1
목포	조선인 48	일본인 148	중국인 1
전주	조선인 459	일본인 12	중국인 3
군산	조선인 330	일본인 19	중국인 2
개성	조선인 419	일본인 17	
김천	조선인 386	일본인 11	중국인 1

> **〈자료 216〉**
> 《매일신보》 1926.08.12, 3면 6단
> 연년(年年) 증가하는 가련한 죄수군
> ─ 전선(全鮮) 16개소의 형무소에
>   신음하는 무리들이 날로 늘어
>   6월 말 현재 약 1만 4,000

　당국의 조사에 의하면 본년 6월 말 현재의 전선 26개소의 형무소에서 인생의 가장 쓰라린 생활을 하는 죄수들의 통계를 보면 피의자가 남자 142명, 여자 2명이요, 형사 피고인이 남자 1,041명, 여자 52명이요, 수형자가 남자 11,674명, 여자 395이요, 노역장 유치자가 남자 400명, 여자 26명이고 또 그들이 기르는 유아가 남자 8명, 여자 12명으로 합계 남자 14,265명, 여자 491명인데 전월 말일에 비하여 272명의 증가를 보였고, 이를 각 형무소별로 보면 아래와 같더라.

형무소명	남	여
경성	1,135	-
서대문	1,558	74
춘천	184	14
공주	465	42
청주	323	-
대전	689	-
함흥	495	43
원산	228	-
청진	241	15
평양	1,114	81
진남포	97	-
금산포	120	-

신의주	748	12
해주	482	32
서흥	117	1
대구	1,234	64
안동	205	12
부산	515	4
마산	142	28
진주	306	11
광주	640	45
목포	510	5
전주	478	4
군산	388	4
개성	449	-
김천	423	-
계	13,290	491

〈자료 217〉
《매일신보》 1926.9.15, 2면 2단
원산의 형무지소 근황
— 면수(免囚)보호에 특가주의

【원산】함흥형무소 원산지소 근황을 듣건대 재감수형인 237인, 형사피고인 18인(내 여자 2인)이라 하며, 작업은 연와(煉瓦) 연산(年産) 100만 매를 위시하여 양복공, 직물공, 수세공(手細工), 편물공 등인데 목공부도 신설하고자 하는 터이며, 면수보호사업은 아직 현저한 효과를 보지 못하므로 금후 특히 차점에 유의하여 상당한 시설을 하고자 연구 중이라고 이리에(入江) 소장은 말하더라.

> 〈자료 218〉
> 《동아일보》 1926.12.12, 5면 1단
> 전 조선 형무소에 1만 4,101명
> ─ 조선인이 1만 3,200여 명
>   12월 현재 = 재감인 통계

　12월 말 현재의 전 조선 형무소의 재감자 총수는 1만 4,101명으로 그중에 조선인이 1만 3,283명, 일본인이 665명, 외국인이 153명인데, 그중에 수형자는 1만 2,313명으로 전년 동기에 비하면 28명이 감소하였고 형사피고인은 1,397명으로 전년 동기보다 119명이 증가하였으며 노역장 유치인은 391명으로 전년보다 9명이 증가하여 결국 총계 100명이 작년보다 증가한 셈이라더라.

> 〈자료 219〉
> 《매일신보》 1927.02.06, 2면 1단
> 전선 형무소 재감 조선인 수 = 미결 1,029인, 기결 1만 1,730인
> 특사, 감형의 은전
> ─ 특별한 은사와 감형도 있다
>   은사는 국사, 정치범뿐

　【도쿄】당일에 공포될 은사(恩赦)는 대사, 특사, 일반감형, 특별감형, 복권 등인바 대사는 원칙으로 정치범, 국사범에 대한 은전(恩典)이오, 그 외로는 경죄로 출판법·신문지법 위반, 치안경찰법 위반 등을 준 정치범으로 늘었으나 실제로 정치범, 국사범은 별로 없고 불경죄로 극히 적은 범위이며 가장 많은 것은 출판법·신문지법 위반, 치안경찰법 위반뿐이오, 공산당 사건과 일본의 대본교(大本敎) 사건 등은 금번 대사(大赦)에 늘었을 것이나 은사조문 안에 소요죄, 치안유지법 위반, 치안방해의 목적으로 범한 폭발물 취체 벌칙 위반은 제외된 것이 확실한 모양이므로 일본 내지의 중대사건으로 나가노(長野), 쓰루미(鶴見) 또는 하마마쓰(濱松) 등의 소요사건은 대사의 은전을 입기 어려우며 또는 선거법 위반이 은전을 입을 터이며 일반감형은 전 수도(囚徒)에게 대하여 일정의 형기를 감할 터이나 특별감형 및 특사는 재판소장, 검

사정(檢事正), 형무소장 등이 개전(改悛)의 뜻이 현저하여 은전을 입을 만하다고 인증하는 자에게 한하여 사법대신에게 상신하게 되었는 바, 그것도 별로 많지 못한 모양이요, 또 복권은 범죄 후 정지된 국민의 특권 즉 선거권, 은급권, 병역권 기타 특별법규에 규정된 권리를 회복하게 되는 것인 바, 이에 대한 수는 적지 않으리라더라.

〈자료 220〉
《동아일보》 1927.02.08, 2면 1단
일각삼추(一刻三秋)의 지정(至情)에도
완호부동(頑乎不動)한 흑철원문(黑鐵圓門)
─ 부정한 석벽에 부딪히는 무심한 조조의 삭풍
  혼잡한 중에도 감개가 무량한 누백 명 출영자
  유정무정(有情無情)한 작일의 철창세계
  서대문형무소

일반이 기다리고 있던 2월 7일이 어제이다. 한 세상 한 시내에 있으면서도 딴 세상에 나뉘어 있는 것과 같이 서로 그립고 서로 못 잊어 애면글면하던 사람들이 아버지는 자식 찾아, 마누라는 남편 찾아, 자식은 부모 찾아, 남편은 아내 찾아, 아저씨는 조카 찾아, 조카는 아저씨 찾아, 형 찾아, 아우 찾아, 친구 찾아 의복 보통이를 둘러멘 사나이, 갓 든 부인, 모자 든 영감, 제각기 반가운 눈물이 넘칠 것을 미리 상상해 가며 우리 영감도 혹시나 나올까, 우리 아들도 설마 못 나오지는 않겠지 하는 갓가지의 상상을 하며 형무소로 형무소로 향해 가는 사람들은 바람 쌀쌀한 작일 오전 8시경부터 의주통으로부터 서대문형무소로 향하는 큰 거리에 널리기 시작하여 오전 9시경에는 서대문형무소 근방에 모여서 굳게 닫혀 있는 철문을 바라보며 형무소원들에게 이리 몰리고 저리 몰려가며 이제나 이제나 하고 언 발을 동동 구르며 선 사람들의 수효가 500여 명에 달하여 오후에 이르기까지도 기다리고 있었더라.

◇ **경관대의 경계**
7일에는 아침부터 서대문형무소에서는 시내 각 신문통신·잡지 기자들까지 소(所) 내에 들이지 아니하고 수용죄수들의 면회는 일체 거절을 한 후 근처에 모여든 군중들은 모두 형무소 구내로부터 멀리 떠나 나가 있도록 일경을 크게 경계하였으며 관할 서대문서로부터는 다수한 경관을 파견하여 그 근방을 엄중 경계하는 모양이었다더라.

경성형무소 은사령이 발표된다는 소문이 전해지자 경성형무소에 친척지기를 둔 사람들은 오전 8시경부터 전차로, 도보로 모여들기 시작하여 굳게 닫힌 옥문 앞에 이르러서 문간에 파수 보는 간수들에게 다같은 희망을 가지고 온 사람들끼리도 서로서로 어찌나 될 것을 물어가면서 조바심을 하고 간수 출입과 물건 운반으로라도 옥문이 가끔 열릴 때마다 희망이 가득한 눈으로 바라보며 한 걸음씩 옥문 가까이 다가서고 있는 모양은 보는 사람들의 마음까지도 안타깝기 짝이 없었더라.

◇ 출옥은 5시 후, 밤중까지 나올 듯하다고

은사령에 의지하여 조선에서 얼마나 출옥하게 되며 감형될 사람이 몇 명이나 되는가 함에 대하여는 7일 오전에야 관보 호외로 발표가 되었으며 총독부 법무국에 그 전보가 들어오기는 오후 1시였으므로 출옥인원과 시간 등에 대한 각 형무소의 준비도 상당히 늦어진 모양이므로 분명히 추측할 수 없으나 대개 수속이 번잡치 안은 자부터 먼저 출옥시키는 관계로 경성은 오후 5시 후부터 시작하여 밤중까지 미치리라고 법무국에서도 추측하는 모양이라더라.

◇ 나카하시 소장의 말

7일 오전 8시 30분경에 경성형무소 나카하시(中橋) 소장은 "아직도 은사에 한한 법무국 통지가 아니 왔으니까 자세한 것은 아직 알 수 없습니다만 신문지로 전하는 소문이든지 내게 온 내시로 보아서는 우리 형무소에서는 특사를 받을 사람이 없겠다고 생각합니다. 다음에 감형을 받을 사람들은 많이 있을런지 알 수 없으나 범위와 정도가 어떻다는 것을 말할 수 없습니다. 우리 형무소는 본래 10년 이상의 체형을 받은 사람이라야 수용을 하는 터인데 정치범으로 10년 이상 체형의 판결을 받는 사람들은 대개 폭발물 취체 규칙 위반과 그렇지 않으면 여러 가지 병합죄이니까 이번 은사에는 당장 나가게 될 사람이 없으리라고 생각하는데 꼭 한 사람은 나가게 될지도 모르겠습니다"라고 말하더라.

◇ 출영 친족, 경성형무소

경성형무소 문전에서 언 발을 굴러가며 안타깝게 순간에 올 기쁨을 기다리는 사람들 중에서 중형을 받고 있는 세상이 알 만한 사람들의 가족들을 살펴 보건대 멀리서는 중국 북간도 용정으로부터 온 적화선전사건으로 5년 징역을 받고 청진형무소에서 파옥을 하려다가 4년 징역의 가형을 받아 전부 9개년의 복역을 하고 있던 전일(全一, 35)의 오촌숙 전재일(全在一, 53)

씨, 평양으로부터 평양 제3부 폭탄인으로 10년씩의 체형을 받은 백기환(白基煥, 45)의 아들 백은선(白恩善, 16) 군, 동범으로 역시 10년 징역을 하고 있던 정찬도(鄭贊道, 43)의 외숙 이정하(李鼎夏) 씨, 군산으로부터 역시 백기환의 공범 고창희(高昌熙, 35)의 친척 고인현(高仁鉉) 씨를 비롯하여 황해도 은률군수를 살해하고 징역 13년을 받고 복역 중인 김남섭(金南涉)의 형 김곤섭(金坤涉) 씨, 대동단사건의 전협(全協, 52)의 부인으로 시내 필운동 84번지 오태영(吳泰永) 방의 변화(卞和, 53) 부인 등 이었다더라.

◇ 전협 부인, 하소연·한숨이 절반

대동단사건의 전협 부인 변화(53) 여사는 포곤포곤한 솜바지·저고리·두루마기를 보자기에 싸서 검은 중절모자와 함께 한편 손에 들고 경성형무소 철문 밖에서 매섭게 불어오는 서리바람에 눈물 젖은 뺨을 얼려 가면서 군중 틈에 섞여 섰는 바, 그는 눈물 머금은 목소리로 "그는 나와 부부의 사이라도 전생·차생에 무슨 좋지 못하던 인연이 있든지 남만 못하지 않은 금실도 있었건만 한집안에서 같이 지내 본 일은 삼십을 지내서는 퍽 드물었습니다. 그런 일을 하러 다니니 나를 돌아볼 여가가 있겠습니까? 무오년 겨울에 한집에서 같이 며칠 지내 본 것을 최후로 그는 잡혀가고 나는 가산을 전부 폐하고 사방으로 이와 같이 정처 없이 떠다니게 되어 가끔 가끔 간수들의 입회하에 잠깐씩 만나서 얼굴만은 보았으나 자리를 같이 해 본 일이 없습니다. 미결수로 2년 동안이나 있다가 징역 8개년의 언도를 받고 같은 공범은 전번 은사에 나왔으나 우리 영감은 은사 재범으로 은사도 받지 못하고 온전한 8년 동안 복역을 하고 계시답니다. 만기는 내년 5월 21일인데 내 욕심은 그래도 이번 은사에야 나오겠지 하는 생각으로 이와 같이 옷을 지어 가지고 나왔습니다. 이렇게 기다리다가 나오시면 좋겠습니다만 못 나오신다면 나는 어찌합니까. 내년 8월까지 만기가 16~17삭밖에 아니 남아서 남은 16~17삭이라고 쉽게 말하나 만기가 가까워 올수록 더욱이 기다리기는 안타까워 16~17삭이 아니라 16~17년이나 남은 것 같습니다"라고 말하더라.

(사진: 보따리 든 전협 부인과 기다리는 친척들 = 어제 아침 경성형무소에서=)

◇ 일본서 복역하는 조선인 중대범

살인범 이판능(李判能)도 감형될 듯

김지섭(金祉燮), 김익상(金益相), 양근환(梁槿煥)

　도쿄 전보를 보건대 금번 대사령에 의지하여 방금 대심원에서 상고 중인 대본교 주보(大本敎主輔) 데구치 오니사부로(出口王仁三郞)를 비롯하여 교토대학 학생사건 이시다 에이이치로(石田英一郎) 등 불경죄는 사면될 터이라 하며, 그 외 중죄범인 90명도 감형되고 후쿠다(福田) 대장을 저격한 와다 규타로(和田久太郞)도 무기가 20년으로 되고 박열(朴烈) 괴사진을 판 이시구로(石黑), 히라이와(平岩) 등은 앞으로 3~4개월이면 나오게 되리라 한다. 이와 같이 감형이 된다면 하라 다카시(原敬) 씨를 죽인 나카오카 곤이치(中岡良一)와 민원식(閔元植)을 죽인 양근환(梁槿煥), 니주바시(二重橋) 폭탄사건의 김지섭(金祉燮), 다나카(田中) 대장 저격범 김익상(金益相), 살인범 이판능(李判能) 들도 감형되리라는바, 박열은 대역죄이기 때문에 감형도 안 될 모양이더라.

◇ 제령 7호도 필경 제외

일본이 내란죄는 이번 대사(大赦)에 들었으나

성질이 비슷한 조선의 제령은 들지 않아

법무국 미즈노(水野) 법무국장 담

법무국 미즈노(水野) 법무과장은 "이번 대사령, 감형령, 복원령(復權令), 징계 또는 징벌 면제령, 출납관리 등 변상책임 면제에 대한 칙령이 오늘(7일) 아침 관보 호외로 발표된 것을 총독부 동경출장소에서 전보로 하여 왔는데 그 전보가 오후 1시에 도착되어 왔습니다. 그런데 조선은 조선에 시행되는 법률이 특수하므로 칙령으로 발표된 은사 죄목과 성질이 같은 자라고 인정하는 자를 적용하게 되므로 어느 법규가 어느 것과 똑같이 해당한다고 일일이 지정하여 말할 수는 없으나 제령 제7호는 내란죄와 마찬가지이므로 은사령에 들 수가 없습니다."라고 말하더라.

◇ 각지 철창 소식

평양

어제 7일 아침부터 평양형무소에는 대사로 감형이 된다는 소식을 들은 사람들은 자기의 친척지기들이 나오는 것을 기다리노라고 수백 명이 진을 치고 있다는데 동 형무소에서는 내용으로는 만반 준비를 하는 터이나 출옥자 씨명 같은 것과 또는 시간에 대하여는 절대로 비밀에 부친다더라.(평양지국 전보)

공주

충남 공주형무소에는 7일 오후 2시에 이르기까지 은사령의 통지가 없어서 동소에 수용된 500여 명 죄수들의 친척지기들은 추위를 무릅쓰고 형무소 문전에서서 분초를 다투어 가며 옥문이 열리기를 기다리는 측은한 정경은 참아 보기 어려웠다더라.(공주 전보)

◇ 송학선도 감형, 무기징역으로

지난 4일 경성고등법원에서 상고 기각이 된 금호문(金虎門) 사건의 송학선(宋學先, 31)에 대하여는 이번 감형에 들지 못하리라는 말도 있었으나 "1926년(昭和 원년) 12월 25일 전형의 언도를 받은 자라" 하였으므로 송학선은 작년 12월 중에 경성복심법원에서 사형의 언도를 받고 상고는 했었으나 이번 상고의 판결은 송학선에 대한 언도가 아니었고 복심 판결에 대하여 상고의 이유가 없다고 기각한 것이므로 넉넉히 이번 감형에 들게 된 모양인데, 그동안 송학선의 사건을 맡아 하여 주던 마쓰모토(松本) 변호사도 법리상 해석으로 보아 송학선도 감형에 들 것이라고 확언을 하는데 이렇게 되면 송학선은 무기징역으로 경감되게 되었더라.

◇ 정식으로 발표된 은사 범위 여차

어제 7일 다음과 같이 대사령과 감형령과 복권령이 모두 칙령으로써 공포되었는데 그 요지는 다음과 같더라.

대사령(大赦令) 요지

대사령은 1926년(昭和 원년) 12월 25일 이전으로 다음과 같은 죄를 범한 자는 이를 사면하는 것인데,

1. 형법 제74조와 제76조에 대한 불경죄와
2. 형법 제77조와 제79조에 대한 내란죄와
3. 형법 제90조와 제94조에 대한 국교에 관한 죄와 이하 4호로부터 13호까지는 육해군 군형법에 관한 죄가 있고
14. 치안경찰법 위반(풍속에 관한 것은 제함)의 죄와
15. 신문지법 위반(풍속에 관한 것은 제함)의 죄와
16. 출판법 위반(풍속에 관한 것은 제함)의 죄와
17. 중의원의원 선거법 위반죄와 동법의 벌칙을 준용한 법령 위반에 대한 죄와
18. 전호의 죄와 성질을 같이하는 구령(舊令)의 죄와
19. 노동쟁의조정법(勞動爭議調停法) 제22조의 죄(노동쟁의가 일어났을 때 고용주 또는 노동자를 유혹 선동한 죄)와
20. 1899년(明治 32) 법률 제36호 치안경찰법 제30조의 죄(노동쟁의 등에 관하여 집단적으로 폭행 또는 유혹 선동한 죄)

이상 제20호로 다시 동 제21호에는 조선, 대만, 관동주 또는 남양군도에서 시행되는 법령의 죄로서 전기 각 호의 죄와 성질을 같이하는 자도 대사를 입는다 하였는데 조선에 있어서 전기 각 호와 성질이 같은 자는 1919년(大正 8년) 제령 제7호 위반이 내란죄와 흡사하고 보안법은 치안경찰법 위반과 흡사하며 그 외는 대개 조선과 일본에서 같이 적용되는 것이다. 그리고 동 제2조에 "전호의 죄에 해당한 행위로서 동시에 다른 죄명에 저촉되는 때와 또는 다

른 죄명에 저촉되는 행위의 수단 혹은 결과가 있는 때는 사면하는 데 들지 못한다." 하였고 그 부칙으로 본령은 공포일로부터 이를 시행한다더라.

감형령 요지

감형령은 1926년(昭和 원년) 12월 25일 이전으로 형의 언도를 받은 자로서 그 형의 집행 전이나 집행유예 중이나 집행정지 중이나 또는 가출옥 중의 자는 본령에 의하여 형을 감하되, 집행을 받지 않은 자는 차한(此限)에 부재한다 하였는데 그 요지는,

△ 사형은 무기로 하고

▲ 무기징역 또는 무기금고는 20년의 유기징역 또는 20년의 유기금고로 하고

▲ 1926년(昭和 원년) 12월 25일 전에 있어서 70세 이상의 자와 또 죄를 범한 때가 16세 미만의 자에 대하여는 15년 징역 또는 금고로 한다 하였고

△ 유기징역 또는 유기금고에 대하여는 형의 집행을 시작하지 않은 자에 대하여는 형기의 4분의 1을 감하고

▲ 형의 집행을 시작한 자에 대하여는 형기의 2분의 1을 감하되 형의 집행이 형기에서 2분의 1에 이르지 못한 자는 4분의 1을 감한다 하였으며

△ 1926년(昭和 원년) 12월 25일에 있어서 70세 이상의 자와 죄를 범한 때가 16세 미만의 자에 대하여는 전 2항의 예에 의하지 않고 형기의 3분의 1을 감한다 하였고

△ 전2항의 계산을 함에 당하여 연월일 또는 날짜의 단수가 날 때에는 1년은 이것을 12개월, 한 달은 이것을 30일로 하고 날짜의 단수는 삭제한다 하였으며

△ 구법(舊法)의 형은 여기에 상당한 형법의 형의 예에 의하여 이를 감형하되 구법의 형을 감형한 때는 그 형명은 여기에 상당한 형법의 형명으로 변경한다 하였더라.

△ 불감형(不減刑)

그리고 감형하지 않은 죄는 황실에 대한 대역죄와 방화죄와 그 미수죄, 통화위조의 죄와 그 미수죄, 13세 이상의 남녀 또는 13세 미만의 남녀에 대하여 폭행 협박 외설의 행위와 또 폭행 협박으로 간음한 것, 항거 불능한 사람에게 간음 혹은 외설을 하여 사람을 죽이거나 또 부상(미수죄도 포함)케 한 자, 자기 또는 배우자(아내)의 직계존속을 살해한 자와 그 미수죄, 자기 또는 배우자의 직계존속에 대한 상해치사의 죄, 자기 또는 노유(老幼) 불구자 또는 병자로서 보호할 책임이 있는 자를 유기하거나 또는 보호하지 아니하여 사람이 죽거나 다치게 한

죄, 자기 또는 배우자의 직계존속을 불법으로 체포 혹은 감금하여 사람을 죽이거나 다치게 한 죄, 강도죄와 그 미수죄, 강도살인·강도상인·강도강간·강간치사죄와 그 미수죄, 전기 각 호와 죄의 성질을 같이하는 구법의 죄라 하였고 조선, 대만, 관동주, 남양군도에서 시행되는 법령의 죄로서 전기 각 호의 죄와 성질을 같이하는 죄도 감형된다 하였는데 병합죄에 대하여 병합하여 한 개의 형의 언도를 받은 경우에 그 병합죄 중 전기 감형에 들지 못하는 죄가 있는 때는 감형하지 않고, 1926년(昭和 원년) 12월 25일 전에 15년 이내에 은사를 받고 그 후 7년 이내에 또 금고 이상의 형을 받은 자에 대하여도 감형하지 않으나 특별한 사정이 있는 때는 감형을 할 수 있다 하였더라.

〈자료 221〉
《동아일보》 1927.03.15, 5면 5단
2월 말 현재 재감수 1만 3,600인으로 점점 증가
— 대체로 보아 증가하는 경향

2월 말일 현재 전 조선 26개처의 형무소 및 지소에 재감인 총수는 1만 3,668인으로 이를 인종별로 보면 조선인 1만 2,874인, 일본인 619인, 외국인 174인으로 도합 1만 3,617인인데,[61] 작년 동기보다 226인이 감소하였으나 1912년(大正 元) 동기에 비교하면 4,145인의 격증이었는데 대체로 보아 점점 증가하는 형세라더라.

〈자료 222〉
《부산일보》 1927.06.04, 2면 9단
옥중에서 괴로워하는 사람
부산형무소의 복역자 남녀 합해 528명
형사피고인은 42명

부산형무소의 목하 수형자 수는 내선인(內鮮人) 합 남 506명, 여 22명이 있고, 이외 형사피

---

61 원문에는 1만 3,617명으로 되어 있으나 실제 합은 1만 3,667명임.

고인은 42명으로 그중 여 4명, 남 38명이고, 검사의 수허(手許)가 있는 피의자는 남 17명, 여 2명이 있다. 피고인이 42명이라고 하는 것은 부산으로서는 소수로서 이것은 본년에 들어 사건이라 할 만한 사건도 없고 대체로 사소한 사건뿐이었기 때문에 적다고 볼 수 있다.

> **〈자료 223〉**
> 《매일신보》 1927.10.06, 2면 9단
> 전선(全鮮) 형무소에 1만 3,000여 명
> ― 현재 수용인원

총독부 법무국 행형과의 조사에 의한즉 금년 8월 말 현재로 전 조선 26개소의 형무소 및 지소와 소년형무소에 수용되어 있는 인원은 남자 1만 3,030인, 여자 491인으로 그중에는 어머니의 잘못으로 죄 없이 그 속에 들어 있는 젖먹이 어린아이가 남자 6명, 여자 4명, 합 10명이라더라.

> **〈자료 224〉**
> 《부산일보》 1927. 10.12, 7면 3단
> 마산형무소 재감자 수 237명

【마산】 본월 7일 현재 마산형무소의 재감자는 총계 237명으로, 내역은 다음과 같다.
△ 피의자 조선인 남 2명
△ 피고인 내지인 남 2명, 동 조선인 남 40명 및 여 3명
△ 수형자 내지인 남 8명 및 여 없음, 조선인 남 138명 및 여 30명, 지나인(支那人) 남 3명 및 여 없음
△ 휴대유아 조선인 여 2명

⟨자료 225⟩
《동아일보》 1928.01.01, 2면 7단
2,700 동포 철창 신음 또 1년, 철창 밑에도 새로운 햇빛
경성·서대문 양 감옥

철창에 갇힌 몸이 되어 기꺼운 새해를 눈물로 맞이하는 형무소 수인(囚人)은 얼마나 되는가. 서대문형무소(西大門刑務所)에 현재 갇혀 있는 '수인'은 전부 1,600여 명이라 하며, 마포(麻浦)에 있는 경성형무소(京城刑務所)에는 1,078인의 수인이 있다 한다. 작일은 1월 1일이라 하여 평시에 시키던 일을 전부 쉬게 하였을 뿐 아니라 '콩밥'에 소금 같은 것으로 조석밥을 먹이던 것을 이날은 특별히 '떡'을 한 재씩 주고 고기도 조금씩 주었다 하며 간수들도 다소간 그들에게 후하게 한다더라.

⟨자료 226⟩
《동아일보》 1928.01.29, 4면 4단
군산 재감자 현재 480명

【군산】 군산형무소에는 재감자의 현재 수가 수형자 403인, 미결 83인, 노역장 유치 2인, 합계 488인이라는데 죄명별 수형자는 다음과 같다더라.

살인 1명, 강도 39명, 절도 213명, 사기공갈(詐欺恐喝) 24명, 횡령 5명, 상해 9명, 소요 7명, 통화 및 인장 위조(僞造) 5명, 장물(贓物)에 관한 죄 12명, 아편에 관한 죄 10명, '모루히네(모르핀)'에 관한 죄 6명, 기타 1명.

⟨자료 227⟩
《부산일보》 1928.05.18, 4면 9단
부산형무소의 재감자 630인
5월 17일 현재 조사

부산형무소의 재감자는 피고인 77명, 기결수 555명, 노역장 유치자 5명, 합계 630명으로,

내지인은 94명, 선인(鮮人) 532명, 지나인(支那人) 4명 가운데 여(女)는 피고인 2명을 포함한 것이고, 그 가운데 작업에 취역한 자 539명 등의 내역은 구루메가스리(久留米絣)[62] 직공 203명, 그물뜨기 136명, 연와 제조 86명의 순으로 기타는 양재봉(洋裁縫), 지물화(指物靴) 제조 등이다. (17일 현재)

<자료 228>
《매일신보》 1928.06.10, 2면 1단
정원 200명에 500명을 수용
소장회의에서 망라하였던
양 형무소의 소년수(少年囚)

현재 개성(開城), 김천(金泉) 양 소년형무소는 그 최대 수용 능력이 각 200명이나 양 소가 모두 우(右) 최대 능력의 2배 이상의 수도(囚徒)를 수용하여 개성은 503명, 김천은 484명으로 되어 각 감방이 모두 꽉 찬 상태이므로 수도의 취급도 전혀 규정을 적용할 수가 없고 따라서 그 처치에 대하여는 이번 형무소장회의에서 상당히 문제가 되었었으나 동일한 형무소에 다시 감방을 증설할 여부에 대하여는 상당히 의론이 있으므로 결국 분산주의(分散主義)에 의하여 형무소의 증설을 하는 외에 다른 방법이 없게 되었더라.

<자료 229>
《동아일보》 1928.09.28, 3면 2단
신의주감옥 죄수 현재 수

신의주형무소에 수용되어 있는 죄수는 지난 23일 현재 948명으로 작년 동기에 비하면 256명이 증가하였다는데 범죄별로 보면 다음과 같다더라.

---

[62] 구루메가스리(久留米絣) : 일본 규슈(九州) 구루메(久留米) 지방에서 나는 튼튼한 무명(갈색 바탕에 흰 점박이 무늬가 있음).

치안유지법 위반	28명
관세(關稅) 위반	24명
강도	256명
절도	172명
상해죄	35명
사기	34명
횡령	28명
도박	28명

〈자료 230〉
《동아일보》 1928.10.23, 2면 3단
연부년(年復年) 증가하는 철창 신음의 수인 수
― 작년보다도 1,000여 인 늘어
   4년 전보다 3,000인 증가

　형무소 재감인원은 달마다 늘고 해마다 많아지는 중이다. 법무국 통계에 의하면 9월 말일 현재 재감인원이 미결수 1,753인을 합하여 1만 4,949인인데, 8월 말일의 통계 1만 4,714인보다 235인이 증가하고 7월 말일의 1만 4,598인보다는 351인이 증가하였으며 작년 동기인 9월 말일 현재보다는 1,202인이 증가하였으며 행정정리를 하던 1924년(大正 13) 말보다는 3,000인이 증가하였다는데, 이와 같이 해마다 격증하는 것은 각종 범죄의 증가가 자연의 추세이라 하나, 근년 조선 사회의 사조가 사상 방면으로 기울어 가는 까닭으로 그와 같이 증가하는 것이라더라.

〈자료 231〉
《동아일보》 1928.12.31, 2면 4단
매년 1만여 명 입감, 사형 집행 40여
― 세상을 등진 세상의 과거 현상
   통계로 본 형무소 상황

해마다 범죄가 불어 나가 조선안의 각 형무소에 들고나는 피고 수인들도 연년(年年)히 늘어가는 현상인데, 1910년(明治 43) 이래 재작년까지 전후 17년 동안의 들고난 수효를 보면 조선 각 형무소에서 전년에 넘어온 수인들을 비롯하여 각지로부터 입감한 죄수와 기타를 합하여 17년 동안에 도합 21만 8,807명이었고, 그중에서 만기 가출옥, 은사(恩赦) 또는 사망, 기타 여러 가지 형식으로 출감된 사람이 201만 2,508명이었다는데 그중 감옥에서 여러 가지 원인으로 죽은 이가 4,451명으로 전후 17년 동안에 각 형무소에서 사형을 집행한 자도 660명이었다. 이를 매년 평균으로 보면 입감한 사람이 매년 1만 2,875명, 출감한 사람이 1만 2,500명, 옥중에서 사망한 자가 매년 평균 262명, 매년 평균 사형 집행자가 41명으로, 1921년(大正 10)의 1만 8,847명이 최다수요, 옥중에서 사망한 자가 많기는 1910년(明治 43)의 601명이 최다수였으며, 사형 집행자가 많기는 1911년(明治 44) 94명이 최다수였다더라.

〈자료 232〉
《동아일보》 1929.01.05, 5면 3단
전주 재감자(在監者) 작년 말일 현재

【전주】전북 전주형무소의 기결수 및 미결수를 작년 12월 말일 현재로 조사한바 594명이라는데 죄명별로 구분하면 다음과 같더라.

절도	202명	모해	33명
사기	41명	외간(猥姦)	15명
강도	115명	살인	9명
위조	5명	미결구치	
상해	14명	치안유지	2명
횡령	6명	제령(制令) 위반	9명
방기(放汽)	10명	폭력행위	6명
		기타	26명

〈자료 233〉
《동아일보》 1929.07.14, 2면 6단
6월 말 조선 재감자 1만 4,600여 인
해마다 증가되는 현상

부채를 부치며 얼음을 마시고 서늘한 납량지로 피서를 다니면서도 덥다고 비명을 하는 이 더위에 한줄기의 광선조차 맘대로 들어가지 못하는 형무소 감방 안에서 비지땀을 흘리고 있는 재감인원은 얼마나 되나. 총독부 행형과의 조사에 의지하면 6월 말 현재가 조선인 남자 1만 3,496인, 여자 473인, 합계 1만 3,969인이고, 일본인 남자 489인, 여자 12인, 합계 501인이고, 외국인 남자 141인, 여자 8인, 합계 149인으로 그 총수가 1만 4,619인인데 이것을 누년 비교하여 보면,

연도	재감인원	증감
1916년(大正 5)	10,510	
1921년(大正10)	16,695	증 6,185
1928년(昭和 3)	13,751	감 2,944
1929년(昭和 4)	14,257	증 506
1929년(昭和 4) 6월	14,619	증 362

이와 같이 1921년(大正 10)은 기미년운동 여파로 재감인원이 상규를 벗어나게 격증하였으나 이는 이(異) 현상으로 이것만 제하고 보면 1916년(大正 5) 이래 해마다 증가하기만 하여 1916년(大正 5) 말과 1929년(昭和 4) 6월을 비교하면 실로 4,209인의 격증이다.[63]

〈자료 234〉
《동아일보》 1929.07.21, 4면 3단
광주형무소 재감 694명
― 7월 1일 현재 재감자 수

---

63 원문은 4,209명이나 실제 합은 4,109명임.

【광주】삼복의 성명은 화씨 95도(섭씨 35도)의 고열로 내려 쪼이는데 높은 담 안의 자유를 속박당하고 광주형무소에 수용되어 있는 사람의 수를 7월 15일 현재로 조사하건대, 694명의 다수라는데, 이제 그 형벌과 남녀별로 시하면 다음과 같다더라.

징역형	남 531명	여 37명
금고형	남 9명	여 3명
구류형	남 2명	여 -
피고인	남 74명	여 2명
피의자	남 9명	여 1명
징역장 유치	남 21명	여 4명
휴대아(携帶兒)	남 -	여 1명
계	남 646명	여 48명

〈자료 235〉
《동아일보》 1929.12.16, 2면 5단
각지 감옥 대만원, 독감(獨監) 부족으로 공황
— 한 사람 평균 1평 5홉을 요한다면
　실로 5,030여 평이나 부족된다
　기미년(己未年) 이래 신기록

불경기가 심각함에 따라 형무소로 들어가는 죄수들이 요새 날을 따라 늘어가서 지난 10월 말 현재 전 조선 각지 형무소의 재감인 총수는 1만 6,000여 인에 달하여 지난 1919년(大正 8) 만세사건 즉 10년 이래의 처음인데 각 형무소에서는 수용인원이 넘쳐서 일본의 1평 1인 3분(分), 대만의 1인 4분에 비하여 군산형무소 같은 데는 1평 6인 1분이라는 그야말로 송곳 한 개 세울 만한 여지도 없게 되었다. 또는 작업상으로 보아도 한 사람 1평 5홉을 요한다면 전 조선에 5,030여 평이나 부족하고 또는 사상범의 독방이 부족하여 사상전염(思想傳染)이 매우 늘어간다더라.

〈자료 236〉
《동아일보》 1929.12.17, 1면 1단
조선의 옥정(獄政)

1. 현금 조선의 옥정의 개황을 보건대 14개 형무소, 10개 동 지소, 2개 소년형무소, 합 24개 소[64]에 수용된 죄수는 1만 6,000여 인에 달하였다. 이것을 예정 수용수 1만 1,000인에 비하면 벌써 5,000여 인을 초과한 상태에 있다. 만일 예정수와 같은 인원을 수용하려면 이제로부터 감옥의 대확장이 없을 수 없을 것이다. 물론 이러한 것을 일시의 현상으로 본다면 모르거니와 금일과 같이 법망이 주밀(綢密)하고 또한 인민의 생활이 불안정되어 금후 범죄인의 격감을 누군가 보장하여 말할 것인가. 좌우간 금일의 옥정에 최선을 기함에는 수용소를 대확장 하느냐 범죄인을 감소케 하느냐의 두 가지 문제가 남았을 뿐이다. 그렇지 않고 현대 행형과는 배치되는 징계주의의 남용인 혐(嫌)을 면치 못할 것이다.

2. 일부의 인(人)은 재래 조선의 옥정을 들어 금일의 옥정의 합리성과 규모의 굉대(宏大)함과 법률의 정제(整齊)함과 대우의 개선을 말하리라. 그러나 이것은 일반 문화의 진보와 인권사상의 발달에 수반된 것이오, 결코 이 모든 것을 초월하여 독립적으로 개선되고 정제되고 합리적이 된 것이 아니다. 다시 말하면 혜택을 운위(云謂)함은 너무나 피상적 관찰이다. 구미제국(歐美諸國)의 감옥제도와 죄수의 생활이 어떠한 것을 우리가 목도(目睹)하는 바가 아닌가. 인권이 가장 존중되는 사회와 무시받는 사회의 차이가 즉 감옥제도의 차이로 보는 것이 타당한 것이니, 형정(刑政)과 옥정은 즉 인권의 존중과 더불어 무시의 반영이다. 봉건시대, 고문과 악형이 감행되던 그 시대에야 감옥제도와 수인 대우 같은 것이 문제될 리가 없었다. 죄로써 인을 벌하며 벌은 징계를 목적으로 그때에야 옥은 인의 자유를 속박함이 가혹할수록 그 권위가 있었을 것이오, 벌은 인의 고초의 도(度)를 격승하게 할수록 통쾌함을 느꼈을 것이다. 그러나 이것은 과거 지배군의 무자비한 독단의 참학이오, 현대생활의 인권과 인도로 보아서는 이미 청산된 불법, 비도(非道)인 것은 더 말할 것도 없다.

3. 그러나 금일과 같이 1평의 평균수용이 6인이 되는 감옥이 있는 이상, 아무리 개선을 말

---

64 소년형무소를 제외한 숫자임.

할지라도 조선의 금일 옥정은 문화적이라 할 수는 없다. 감옥제도를 실시하는 20여 년 전에 5,300에 불과하는 재감인원이 금일에 1만 6,000을 돌파(突破)하기까지에는 여러 가지로 사회적 원인이 반드시 있을 것이니, 이것은 위정자(爲政者)의 마땅히 생각할 바이어니와 여기에 따라 일어날 인권, 인도문제도 반드시 고려치 않으면 안 될 것이다. 제도상으로 보아 금일 조선 감옥도 일본이나 기타 제국의 그것과 유사한지는 알 수 없으나 모든 것이 제도 그것만으로도 될 수는 없는 것이다. 첫째 그 효과의 발휘는 그 제도의 운용 여하에 있을 것이 아닌가. 제도상으로 보아서는 생활기능을 수여하는 수업기관이 있고, 병자를 치료하는 보건기관이 있고, 수인의 출옥 후를 위한 면수보호기관(免囚保護機關)이 있다 할지라도 이러한 모든 기관이 충분한 기능을 발휘치 못한다면 있어서 무슨 소용인가. 결국은 형식보다도 실지가 문제이오, 말보다도 실행이 문제이다. 요컨대 옥정을 맡은 사람이 문제다. 이러한 제도를 인도상에 입각하여 성심성의로써 운용하라. 당국은 여기에 대하여 마땅히 생각할 바가 없을까.

〈자료 237〉
《매일신보》 1929. 12. 20, 3면 3단
함흥형무소 최근의 상황

【함흥】함흥형무소 재감자는 12월 15일 현재 다음과 같은데 그들은 모두 건강하다 하며 그중 기결수는 변동이 없이 형무소에서 신년을 마칠 터라더라.

◇수형자 ▲내지인 남 14명, 동 여 1명 ▲조선인 남 384명, 동 여 19명 ▲외국인 남 21명, 동 여 1명 ▲계 남 419명, 여 21명

◇미결수 ▲내지인 남 3명 ▲조선인 남 101명, 동 여 3명 ▲외국인 남 1명, 동 여 1명 ▲계 남 105명, 여 4명 ▲노역장 유치 조선인 20명 ▲합계 569명

그리고 그들의 주요한 죄명은 절도 남자 141명을 필두로 하여 강도 남자 92명, 상해 남자 43명 및 여자 3명, 사기공갈 남자 33명, 살인 남자 25명 및 여자 11명이라더라.

> ⟨자료 238⟩
> 《동아일보》 1929.12.29, 2면 5단
> 말없는 철문 타령(1)
> 내 문(門) 밉다면서도 출입자 1만 2,000명
> ─ 그렇게 대담하던 사람들도 내 문에만
>   들어서면 가슴이 서늘해지는 모양야

한 많은 철창(鐵窓)의 세색(歲色)도 저물어 간다. 지나온 1년 동안의 '시름'이 찾아오는 새해를 맞이하여 더욱 무겁고 새로워지려 하매, 담 높은 철창에 있는 형제들의 소식이 더욱 궁금하여진다. 궁금한 형제의 소식을 알기 위하여 현저동(峴底洞)으로 서대문형무소를 찾기는 28일 아침이었다.

문소리만 들어도 감정은 달라진다

형무소 앞에 이르니 붉은 벽돌담이 높은데 두터운 철갑문은 굳게 달렸다. 무학재(無學峴)를 넘어오는 설한풍이 그 높은 담을 넘어 들어간다. 문 지키는 무장한 간수에게 명함을 내고 굳게 닫힌 문을 두드렸다. 담 한 겹을 두고 이 문 밖이 그래도 자유 있는 사바(娑婆)의 세계요, 이 문 안이 그나마 자유 없는 생지옥의 감옥이어니 하매 덜컹 열리는 그 문소리에 감정은 달라진다. 문 안으로 들어서는 발걸음이 더욱 무거워지는 것이다.

1년이라 열두 달, 출입자 1만 2,000명

이 문을 들고나는 피고 수인의 수효가 일 년 하고도 열두 달에 1만 2,000~3,000명에 달한다 하니 금년에 들고난 사람은 그 수가 얼마나 되는가! 아직 연말이 2~3일 앞으로 남아 있으니 그 확실한 수효는 모르거니와 금년은 작년 중에 입감한 5,627명, 출감한 자 5,466명에 비하여 출입감자를 통틀어 약 7,000명 내외의 증가를 보리라 한다. 그중에 유달리 증가된 것은 치안유지법(治安維持法) 등의 사상범(思想犯)이 그 대부분이라는 것이다.

말없는 철문이되 우정(遇情)은 이러하다

그 많은 사람들이 가지는 희로애락도 형형색색의 가지가지니 하루에도 30여 명의 다감(多感) 다한(多恨)한 사람들을 삼키어 버리고 토하여 버리는 열렸다 닫히는 문은 사정이 없는 것이다. 그러나 뜻 없지는 않으리라. 이렇게 통정이 있다 하고 말하는 것이다. 나를 처음으로 대하는 이는 누구나 할 것 없이 쇠를 덜컥 따고 잠긴 나(문)를 열 때에는 그 얼굴빛이 달라지는 것입니다. 혹 죄가 없이 억울하게 들어오는 이는 속으로 "내가 무슨 죄가 있간데?" 이렇게 부르짖을 것입니다. 그리고 죄 있는 사람들은 "내 죄가 장차 어떻게나 될는고?" 이렇게 궁금한 궁리를 새삼스럽게 하게 되는 것입니다. 그러나 경찰서와 같은 데서 '된고비'를 겪고 오는 사람은 "이제야 살았다! 이제는 재판이나 기다릴밖에!" 이렇게 징역을 각오한 듯이 시원한 빛을 가지는 이도 없는 것은 아닙니다.

예심에 위협되는 형사피고의 가슴

그러나 그들이 검사국에 불리어 나갈 때에는 행여나 검사의 불기소나 기소유예(起訴猶豫)를 내렸으면 하고 바랍니다. 그렇지 아니하면 기소가 되더라도 공판이 속히 열리기를 바라는 것입니다. 그러고 또 "만일 불행하여 검사가 사건을 예심으로 넘기면 어찌하나?" 하는 불안과 초조한 그것입니다. 예심이야말로 검사의 손에 기소, 불기소 여부도 결정되지 아니한 단지 형사피고들의 가슴을 두드리는 큰 위협이 되는 까닭입니다. 그야 그렇지 않겠습니까? 예심에만 한번 걸리면 이태 3년을 그만 속절없이 썩어나는 판이니까요. 어쨌든 형사피고의 울렁거리는 가슴은 이 문을 들고날 때마다 그 고통이 더욱 심하여지는 것입니다. (계속)

〈자료 239〉
《동아일보》 1929.12.30, 2면 3단
말없는 철문 타령(2)
우울(憂鬱)과 초조(焦燥) 중에 침묵하는 미결수인
― 사바세계와 지옥의 중간에 지키고 있는 법망의 열쇠
　나에게도 눈물은 있답니다

그러기 때문에 검사국의 구류 기한이 거의 차서 "바른대로 말해! 그렇지 아니하면 예심으로 넘길 터이야. 예심! 알지." 이러한 검사의 최종 심문이나 받고 돌아오는 사람은 내 문을 다시금 들어서는 그 발걸음이 아무 힘이 없는 것입니다. 게다가 기소(起訴)! 예심 회부! 이러한 통지나 받게 되면 그들의 내왕은 얼마 동안 그치게 됩니다. 예심에 있는 사람은 예심정에 불려 나가고 들어올 때마다 "예심이 언제나 끝날꼬! 이, 지리한, 지긋지긋한 예심!" 이렇게 부르짖는 것입니다.

사형 판결엔 토색(土色), 이수흥(李壽興)만은 태연

설사 사건이 공판으로 넘어가서 재판을 받게 된다고 할지라도 형(刑)의 판결이 결정될 때까지는 "오늘 재판이 어찌나 될 것인가? 입회검사의 구형(求刑)은 얼마나 되며, 재판장의 판결은 몇 해나 될 것인가?" 이러한 복잡한 생각이 머리에서 항상 떠나지를 않는 것입니다. 그러다가 검사의 구형이 엄청나다든지 또는 재판장의 판결이 턱없이 중한 때에는 또한 말할 수 없는 실망의 빛을 띠고 다시금 내 문에 들어서는 것입니다. 게다가 1심, 2심에 사형(死刑)이나 받고 돌아오는 피고의 얼굴빛을 볼 양이면 대개는 흙빛이 되어 오는 것입니다. 그러나 1심 사형 판결에 공소도 하지 않고 내 문에 들어온 채 나가지 못하고 금년 이른 봄에 사형 집행을 당한 이수흥과 같은 이는 사형 판결을 받고 돌아오면서도 너무도 태연하였습니다. 그랬기 때문에 그때 나는 무죄판결이나 받았는가도 의심하였습니다.

이 몸이 뇌호부동(牢乎不動), 지정(至情)에 우는 가족

어쨌든 형의 판결이 결정되어 형사피고의 이름이 기결수인으로 바뀌는 때는 그때야말로 출옥할 때까지는 좀체로 그의 얼굴을 대할 수 없습니다. 있다면 그들을 찾아 면회 오는 그들의 친척들이나 있다고 할까요. 친척들의 말이 나왔으니 말입니다마는 나는 워낙 많은 사람들을 겪은 까닭인지 찾아오는 그들의 얼굴만 보아도 그 마음을 짐작하고 또는 찾아오는 그 이유와 필요를 알아차리는 것입니다. 그 얼굴에 반가우면서도 초조히 무엇을 기다리는 빛을 가지는 사람은 어쨌든 출옥할 사람을 기다리는 사람이요, 어디인지 모르게 무거운 수심을 띠고 하염없이 문을 두드리는 사람은 부모형제가 중형의 판결을 바로 받고 난 이튿날 찾아오는 가족들입니다.

사바(娑婆)와 지옥(地獄) 간에 눈물바지 내 신세

그러나 그래도 일루의 희망을 가지고 옆구리에 보퉁이를 끼고 찾아오는 사람들은 아직 비가 될지 바람이 될지 모르는 미결 중에 있는 피고들을 면회하는 사람들이 아니면 피고의 의복 등속을 차입하러 오는 피고의 친척들입니다. 그들의 대개는 눈물로 왔다가 눈물로 돌아가는 것입니다. 들어올 때의 눈물은 옥중에 있는 친척을 그리워하는 눈물, 나갈 때의 눈물은 철창에서 꿈결같이 본 석별의 눈물일 것입니다. 어쨌든 내 신세는 사바와 지옥의 한가운데서 있는 눈물의 기둥입니다. 눈물의 바다입니다. 형의 판결을 받고 기결이 되어 고달픈 영어의 한숨이 "언제나 이날이 다할꼬!" 하던 기결수들도 내 문 밖을 벗어날 때에는 너무도 시원하고 반가움에 눈물이 어리는 것입니다. 너무도 즐겁고 기쁜 마음에 우는 것입니다.

감옥문, 나에게도 눈물은 있답니다

그러면 나도 웁니다. 나인들 눈물이 없겠습니까? 얼마 전에 절도로 들어왔다가 징역을 하고 나간 지 며칠이 못 되어 또다시 죄를 범하고 들어오는 강절도와 같은 놈은 동정할 여지가 없고 도리어 미운 것이나, 그렇지 아니하고 억울하게 들어왔다가 나가는 원죄(冤罪)의 인사들이라든지 또는 의를 위하여 자기의 한 몸을 바쳤다가 법망에 붙잡히게 된 그들에게 대해서는 동정이 없는 것은 아닙니다. 그러나 법이 법이니 낸들 어떻게 하겠습니까. 법이 하라는 대로 법망의 열쇠 노릇밖에야 별 도리가 없습니다.

〈자료 240〉
《동아일보》 1929.12.31, 2면 3단
말없는 철문 타령(3)
금년도 저물었다, 출입한 사상범인
— 금년 1년 동안에 내 품에 들고난 사람들
　다시금 천일을 못 보고 이슬로 쓰러진 이

그동안에 들고난- 사람들의 소식을 말하라니 너무 오래된 일은 기억에도 없거니와 그 많은 사람들의 일을 어떻게 다 말하겠습니까? 더구나 때가 연말 바쁜 때이니 우선 금년 일이나 대강대강 말하리다. 그것도 당신(기자를 가리키는 말)이 알고자 하는 특히 사상범(思想犯)에 대한 것만을 말할 터입니다.

"…아직 기사년(己巳年)이 채 다 가지 아니했으니 이 해를 금년이라고 합시다. 금년 신정(1월 4일)에는 멀리 간도(間島) 방면서 잡혀 왔던 간도공산당 사건의 최원택(崔元澤), 안기성(安基成) 등 23명의 형이 결정되어 비로소 이 나라(감옥)의 붉은 의복으로 갈아입게 되었습니다. 그리고 이 사건의 공범 네 명이 집행유예(執行猶豫)로 3년 만에 출옥이 된 것입니다. 이어서 필화사건의 안재홍(安在鴻) 씨 등 다수한 사람이 출옥하였습니다.

…2월 달에 들어서는 초하룻날부터 조선공산당 사건의 관계자 신철(辛鐵), 동방무정부주의 사건의 관계자 이정규(李丁奎), 제3차 조선공산당 사건의 관계자 이성태(李星泰) 등의 공판이 많았습니만 신통한 수는 없었습니다. 있다면 의열단(義烈團) 사건의 관계자 황옥(黃鈺) 씨가

가출옥된 그것입니다. 그 밖에는 간도공산당 사건의 관계자로 복역하던 김소연(金素然)이 중병으로 보석이 되고 햇수로 4년 동안이나 끌어오던 이수홍(李壽興), 류택수(柳澤秀) 등의 사형 집행이 있었습니다. 그들은 영영 이 문을 다시 벗어나지 못할 불귀의 혼이 되고만 것입니다.

…3월에는 권태석(權泰錫)과 기타 제3차 공산당 관계자들의 공판이 있었고 시외 삼송리(三松里) 권총사건의 김무열(金武烈)에 대한 사형 판결이 있었습니다만은 별다른 큰일은 없었습니다. 그러나 5월 달에 들어서 밖에서 물정이 소연하던 공명단(共鳴團) 사건의 수범 최양옥(崔養玉) 이하 이선구(李善九), 김정련(金正連) 등이 들어왔습니다. 그들은 보기에도 씩씩하던데요. 그는 최고 징역 10년의 판결 언도를 받고 복역 중입니다. 그리고 이달에는 경찰부의 무정부주의 사건, 강원도 김화(金化) 조선 ○○정부 사건 등의 관계자 60~70명이 몰려 들어왔습니다. 그 대신 이 문을 나간 사람이라고는 이수홍 사건의 공범자로 동지 이수홍과 자기의 형 류택수가 사형 집행당한 줄 알고 섭해만 하던 류남수(柳湳秀)가 만기 출옥이 된 것입니다.

……6월도 그럭저럭 7월 그믐께쯤 되더니 생각지도 않던 상해(上海)서 잡혀 온 여운형(呂運亨)이 들어왔습니다. 그 후에 그는 몇 번 검사국 출입을 하더니 또 예심이더라고요. 그래서 요즘은 별로 이 문을 드나들지 않습니다. 그러나 그의 사건만은 남아 명년 1~2월 중으로는 예심이 종결될 것이랍니다. 그러나 예심 말이 나왔으니 말이지, 지난 10월 28일에야 햇수로 3년 만에 겨우 예심이 종결된 제3차 조선공산당(일명 ML당) 사건의 김준연(金俊淵) 이하 26명에 대한 사건 공판은 언제쯤이나 될는지요? 그는 나로서도 갑갑합니다. 들리는 말은 명년 1~2월 중에는 어쨌든 공판이 열린다 하는데요!?

……하도 재판소 일은 지루하고 오래이니까 참- 딱하여요. 요새 예심 종결이 된 소위 친부, 본부를 독살하였다는 이수탁(李洙倬), 박소식(朴小植)의 사건은 글쎄 3년이 걸렸구려. 그의 공범으로 들어왔던 김영자(金英子)는 3년 동안 애꿎은 철창생활을 하다가 금번 면소(免訴)가 되어 나갔으니 글쎄 그것이 말이 되오. 원죄(冤罪)도 분수가 있지 않습니까.

……그런데 참- 요즘 웬일입니까? 수일 전에 날마다 변호사로 출입하던 허헌(許憲) 등 각 단체 중요 인물들이 들어오니, 그중에 권동진(權東鎭), 한용운(韓龍雲) 등은 기미년 운동 때에 숙면이 있으나 그 밖에 조병옥(趙炳玉), 홍명희(洪命熹), 주요한(朱耀翰) 등 이하 6~7인은 한번도 본 적이 없는데요?! 그이들도 모두 광주(光州) 학생사건의 관련입니까? 오히려 내가 물어서는 미안한 일입니다. 2~3일 전에는 그들이 검사국에 연일 불려 가더니 요즘은 재판소에서도 다

쉬니까- 사건은 명년 1월 6일까지 그 안으로 기소, 불기소를 결정한다는 말이 틀림없는 것 같아요. 어쨌든 그이들이 예심에나 안 가게 되면 좋겠습니다."

이렇게 말끝을 맺는 감옥의 철갑문은 덜컹 열렸다가 다시 닫힌다.

"…이 안 현재 미결수, 기결수를 합하여 재감자는 약 1,889명인데, 그중에 사상범으로 기결, 미결을 합하여 500명 가량이나 됩니다. 그들의 건강 상태는 대개 기결수는 비교적 건강하나 미결 중의 400명 가량은 더구나 예심 중에 있는 피고들은 대부분이 허약한 중에 병감에 가 있는 이가 10여 명이랍니다. 난들 그를 소상히 발표할 자유는 없습니다. 길고 자세한 말은 다시 이 다음으로 미루기로 합시다" 하고 열렸던 문은 기자의 등을 툭 치고 다시 "쿵" 하고 닫혔다.

〈자료 241〉
《매일신보》 1930.04.16, 7면 8단
수인(囚人)의 대부분이 30 이내의 장년
현재 재수(在囚)는 총 1,404명
대구형무소 근황

【대구】대구형무소 현재 수용인원은 하루 내에도 수회의 이동을 보게 되는바, 10일 오전 9시 반 현재로 1,404명인데, 그중에 수형자 남 1,095명, 여 58명이고, 미결피고 남 98명, 여 6명이며, 노역유치인 남 36명, 여 5명이고, 1세 미만의 영아(嬰兒) 3명이며, 1일의 작업시간은 작금 주간이 길기 때문에 오전 6시 기상, 동 7시부터 취업하여 오후 6시 반 파업이라고 한다. 연령별로 볼 때 20세부터 30세 전후의 장년(壯年)이 최다하며 여자가 역시 그리하여 춘래불사춘(春來不似春)인 옥중에서도 봄을 맞이하는 그들은 운명적인 번뇌(煩惱)에 그래도 단념치 못하고 봄을 그리워하는 듯이 옥외 노역을 희망하는 자가 근일 자못 증수하였다 한다.

<자료 242>
《매일신보》 1930.05.30, 2면 1단
8,000명 있을 형무소에
1만 6,000명 수용
― 꼭 갑절이 늘어서 크게 협착
  증설이 목첩(目睫)의 급무

총독부 법무국에서는 조선의 형무소를 확장하기 위하여 10개년 계획안을 가지고 이를 점차 실행하여 나가는 중에 있다. 현재의 형무소 상황을 보면 전 조선에 모두 26개소로 재감인원은 1만 6,000명에 달하여 정원에서 그 배를 초과하여 있는 형편인데, 형무소 정원 1평당 3인으로 되어 있어 재감인원을 26개소 형무소의 총 평수 약 2,700평에 합산하여 보면 8,000인이 정원이나, 전기한 바와 같이 현재 1만 6,000명이나 있으므로 1평당 6명에 달하여 정원보다 배를 초과하여 있는 것이다. 이에 대하여 법무국 행형과에서는 이것이 일시적 현상인지 혹은 영구적 현상이 될런지 아직 알 수 없으나, 하여간 여러 해 동안 계속되어 오는 엄연한 사실이므로 형무소를 현재보다 배 이상 증설하지 아니하면 안 되겠다고 우선 1930년도(昭和 5) 예산 중에서 약 15만 원의 예정으로 대전(大田), 부산(釜山) 양 처의 형무소를 확장하는 중이오, 또 1931년도(昭和 6) 예산에 있어서는 상당한 거액의 예산을 청구하여 점차 확장을 실현하기로 되어 있다. 그 한편으로 또 형무소 직원들의 부담도 과중한 형편이므로 간수장 3인을 증원하기로 하고, 관제 개정을 입안하여 법제국에 회부하여 동(同) 전(電)으로 기보한 바와 같이 이미 각의에서 결정을 보게 된 것이다.

<자료 243>
《매일신보》 1930.07.31, 3면 6단
개성형무소와 장기수의 상황

【개성】개성소년형무소는 창립 당시는 수용인원이 불과 300명밖에 없었는데 지난 7월 25일 현재의 수용인원을 보면 789명으로 창립 초기의 인원에 비교하면 약 1배 반 강(强)의 증가를 보게 되었는데, 직원수는 고마루(小丸) 소장 이하 급사(給仕), 소사(小使)에 이르기까지 67명

으로 수용인원의 수에 비하여 보통의 고심이 아니라는데, 그러나 수인은 금일의 현재와 같은 불경기에 있어도 1일 1인 앞에 11전 강의 식비로 상당한 대우를 받고 있는 한편 노동자 및 하급 빈민들이 속반(粟飯) 같은 것도 먹을 수가 없는 현상에 비하면 대우의 과초(過超)라고도 볼 수가 있는 바이다. 소년형무소에 수용하는 연령은 15세 이상으로 20세까지인데 작금의 혹서(酷暑)에도 열심히 작업에 종사를 하고 있었는바, 장기의 수도(囚徒)는 20세가 지나면 타소로 이감이 되는 바이므로 힘써 일정한 직업을 구한 자가 타소로 이전하는 동시에 직업이 변경되어 취업하는 고로 본인에 취하여서는 이감은 실로 대타격(大打擊)이라고 볼 수가 있는데 가성적(可成的) 일차(一且) 소년형무소에 입감이 된 수인은 연령이 과년된다 할지라도 그대로 동일 형무소에서 사역을 하게 하여 출옥 후 일정한 직업을 수득(修得)할 수가 있도록 함을 희망하고 있는 모양인데, 수인 죄과별은 아래와 같다.

▲조선인 775명은 방화 10명, 왕래 방해 6명, 거주 침입 1명, 문서 위조 1명, 유가증권 위조 11명, 살인 2명, 외설(猥褻)간음 1명, 사기공갈 5명, 상해 2명, 절도 714명, 강도 1명, 횡령 5명, 장물(贓物) 6명, 은행권 위조 1명, 삼림령 위반 1명, 전화법 위반 1명

▲내지인 9명은 횡령 1명, 절도 7명, 사기 1명

▲지나인(支那人) 5명은 살인 1명, 강도 1명, 절도 3명인데, 목하 9명의 병자가 있다.

> ⟨자료 244⟩
> 《부산일보》 1930.09.18, 7면 7단
> 함흥형무소 재류자(在留者) 수 늘어남, 현재 854명

【함흥】함흥형무소에 있어 13일 현재 재감자 수는 854명인데 예년 550명 전후를 수용하던 동 소에 근년에 와서 증가를 보였다. 이러한 현상은 전선(全鮮)을 통해 있는 것으로 원인은 경기에서부터 오는 부산물이라고 볼 수 있다. 그리고 그 내역은 기결수 내지인 20명, 선인 524명, 지나인 22명이고, 노역유치(勞役留置) 선인 70명, 지나인 1명으로, 징역 10년 이상 15년 미만 자 8명, 5년 이상 10년 미만 90명, 3년 이상 5년 미만 16명, 1년 이상 2년 미만 176명, 1년 미만은 163명이라고 되어 있다.

〈자료 245〉
《동아일보》 1930.10.04, 7면 3단
대전형무소 재감자 800

【대전】대전형무소에 현재 입감자 수가 878인으로 그중 수형자가 조선인 826인, 일본인 19인과 용의자 10인, 피고 5인, 노역유치 8인이라 하며, 그들의 범죄별을 보면 절도 396명, 강도 273명, 사기 58명, 살인 42명, 상해 19명, 방화 7명, 기타 35명이오, 그 형기별과 연령별을 보면 아래와 같다 한다.

▲형기별

△무기 27 △15년 이상 47 △15년 미만 119 △10년 미만 170 △5년 미만 138 △3년 미만 231 △1년 미만 111 △6개월 미만 4 △3개월 미만 3

▲연령별

△35세 미만 117 △30세 미만 167 △40세 미만 414 △50세 미만 182 △60세 미만 59 △60세 이상 1

〈자료 246〉
《매일신보》 1930.11.20, 7면 7단
전선(全鮮) 형무소 재소인원 총 1만 7,424인
전월보다 406명의 증가

총독부 조사에 의한 9월 말 현재의 전 조선 내 26개 형무소 재소인원은 다음과 같다.

△수형자

내지인 남   440인

동 여   7인

조선인 남   13,621인

동 여   430인

외국인 남   164인

동 여   14인

합   14,676인

△형사피고인
내지인 남   73인
동 여   2인
조선인 남   2,104인
동 여   85인
외국인 남   9인
동 여   1인
계   2,774인[65]

△노역장 유치자
내지인 남   4인
동 여   -
조선인 남   443인
동 여   31인
외국인 남   6인
동 여   -
계   474인[66]

전기와 같이 총계 인원이 1만 7,424명[67]에 달하며 이를 전월에 비하면 406명의 증가라 한다.

---

65 원문에는 2,774명이나 실제 합계는 2,274명임.
66 원문에는 474명이나 실제 합계는 484명임.
67 원문에는 1만 7,424명이나 실제 합계는 1만 7,434명임.

〈자료 247〉
《매일신보》 1930.12.04, 2면 6단
신의주형무소에 난방장치
금후 부쩍 추운 지방에 있는 각 형무소에도 시설

해마다 지독한 추위로 인하여 경성 이북의 형무소에서는 일반 재감자들 중에 폐결핵 환자들이 겨울의 추위를 겪고 봄철을 당하면 ■■ 죽어버리는 일이 빈번하게 있으므로 총독부 법무국 행형과에서는 그 같은 현상을 완화하기 위하여 우선 신의주형무소에 약 7,000원을 들여 금년부터 난방장치(暖房裝置)를 하였는데 경성 이북 청진(淸津), 평양(平壤) 등지에도 점차 이것을 실현하려는 예정이라 한다.

〈자료 248〉
《매일신보》 1930.12.12, 3면 9단
청진형무소 연말 죄수 현재

【나남】 함북 청진형무소 죄수 현재는 전월 말에 비하여 40여 명이 감소되어 407명인데 그 내역은 다음과 같다.

죄명	내지인	조선인	지나인
금고수	-	2	1
징역수	15	310	9
노역장 유치	-	27	-
구류	-	8	-
피고인	1	24	-
피의자	2	8	-

〈자료 249〉
《매일신보》 1930.12.21, 3면 13단
함흥형무소 죄수 수

【함흥】함흥형무소의 신년을 맞을 죄수의 수를 들면 그 총수가 871명으로 그 내역을 보면,

▲내지인

수형자   남 27   여 2   합계 29

피고인   남 7

▲조선인

수형자   남 788   여 27   합계 813

피고인   남 221   여 2   합계 813

노역장   남 32   휴대아 1

▲지나인

수형자   남 25   여 2   합계 27

피고인   남 1

〈자료 250〉
《동아일보》 1931.02.13, 7면 7단
대전형무소 재감자 800여
— 구력 설을 또 철창에 넘겨
여운형(呂運亨), 강달영(姜達永)은 건강

【대전】대전형무소 재감인의 2월 3일 현재를 보면 839인으로 구력설을 또 철창에서 넘기게 되었다.

그중에 일본 사람이 24인이고 그 나머지 815인은 조선 사람인바, 죄명으로 나누어 보면 사상범이 11명, 절도가 294명, 사기가 49명, 살인 30명인데 그중에 초범이 319명이라 한다.

치안유지법 위반 및 제령 위반으로 형을 받고 서대문형무소에서 이감하여 방금 대전형무소에서 복역 중인 여운형(呂運亨)과 제1차 공산당사건으로 역시 대전으로 이감 온 강달영(姜達永), 권태석(權泰錫), 정재윤(鄭在潤), 조한용(趙漢用) 등은 모두 건강한 몸으로 매일 망(網) 뜨는 것으로 그날그날의 시간을 보내며 있다.

> 〈자료 251〉
> 《동아일보》 1931.03.08, 2면 7단
> 철창 신음 1만 6,000여 인
> 금년엔 1,000명을 보석
> 수용정원의 3, 4배씩 수용하야
> ― 부득이 보석자를 많이 낼 방침
> 　춘난(春煖) 앞두고 협착(狹窄)한 감옥

　2월 말 조선 내 각 형무소 재소인원은 조선인 1만 6,013인, 일본인 507인, 외국인 199인, 도합 1만 6,719인이다. 이것을 구분하면 수형자가 1만 4,027인, 형사피고인이 1,918인, 노역장 유치인이 594인이다. 이것을 전월과 비교하면 총수에 5인의 증가이나 수형자는 108명의 감소인데 이 이유는 근래 형무소가 협착하여 정원의 3, 4배나 되므로 더운 때가 닥쳐오고 하여 할 수 없이 보석을 장려하는 까닭이다.

　1930년도(昭和 5)에는 약 400명을 보석하였으나 1931년도(昭和 6)에는 1,000여 명을 보석할 작정으로 방금 그 순서를 작정하는 중이라 한다.

　수형자의 죄명은 제일 많은 것이 절도로 그 다음이 강도, 사기공갈, 상해, 살인, 치안유지법 위반 등의 순서인데, 숫자로 표시하면 다음과 같다.

종별	남	여
절도	13,892	423
강도	2,522	5
사기공갈	1,156	6
상해	542	24
살인	392	202
횡령	336	1
치유법(治維法)	292	2
문서 위조	221	1
방화	1,900	77
보안법	44	

소요	15	
간통	112	15

(이하 생략)

〈자료 252〉
《동아일보》 1931.07.22, 2면 1단
1만 6,900 죄수, 철창 고열 또 1년
— 작년보다 400명이 격증
  감옥 착일(窄溢)로 대곤란

　더위가 날로 심하여 오는 염서에 철창 속에서 비지땀을 흘리며 신음하는 불행한 사람이 얼마나 될꼬. 최근 법무국 행형과 조사 6월 말일 현재 형무소 재소인원은 휴형자와 형사피고인과 노역장 유치자를 합하여 16개소의 형무소와 10개소의 형무지소에 1만 6,946인이다. 이것을 작년 6월과 비교하면 467인의 증가인데, 이 이유는 평양(平壤) 중국인 사건으로 말미암은 400명의 형사피고인이 격증한 까닭과 일반으로 사상범 기타가 증가한 까닭이다. 과거 수년간의 형무소 재감인의 증감을 보면 1918년(大正 7)까지는 연말 통계가 1만 1,609인이 최다수였는데, 1919년(大正 8) 기미년(己未年) 사건으로 일시 격증하여 1만 5,161인이라는 기록을 보였었으나 그 후부터 상태를 회복하여 1921년(大正 10)에 1만 2,825인이라는 숫자를 보이고, 그 후부터는 사상관계범이 점증하여 매년 수백 명씩 늘어가던 것이 1930년(昭和 5) 말에는 1만 7,215인까지에 달하였다.

　이와 같이 재감인원은 해마다 늘되 수용력은 일정한 한도가 있으므로 부득이 최대한도로 수용하고 남는 수효는 할 수 있는 대로 가출옥(假出獄)의 방침을 밟기로 되어 1,000명에 가까운 사람을 가출옥시켰다고 하며 이후에도 가출옥을 많이 시킬 작정이라고 한다.

　6월 말일 현재 형무소 재소인원을 구분하면 다음과 같다.

◇ 수형자

	남	여	계
조선인	13,108	382	13,490
일본인	397	7	404
외국인	176	10	186
계	13,681	399	14,080

◇ 형사피고인

	남	여	계
조선인	2,144	74	2,218
일본인	79	3	82
외국인	2	1	12
계	2,234	78	2,312

◇ 노역장 유치자

	남	여	계
조선인	473	76	549
일본인	2	-	2
외국인	7	-	7
계	482	76	558

◇ 사상 관계만 400명 초과, 미결수의 6할을 차지

적체(積滯)한 예심사무

서대문형무소에 있는 미결수는 지금 725명이 있는데 그중 여자가 26인이다.

그 미결수 중 대부분은 간도공산당으로서 예심에 부쳐 있는 것이 13건이며, 공판에 부친 것이 한 건으로서 그 인원은 실로 294인이며, 그 외의 사상사건으로 예심에 있는 것이 구연흠 사건 등 다섯 건으로서 그 인원 49인과 김철수 등 공판에 회부되어 있는 인원 38인이다.

그리고 또 검사의 손에 있는 것이 30여 명이나 되어 사상사건의 미결이 전후 400인을 초과하여 전 미결수의 거의 6할이나 된다.

그 외의 300여 명은 전부 잡범인바 금 21일부터 8월 말일까지는 관청 집무시간이 정오까지이므로 그들의 미결도 자연 어느 정도까지 지연될 것이다.

> ⟨자료 253⟩
> 《동아일보》 1931.07.22, 2면 6단
> 평양형무소 대혼잡 연출
> ― 공장까지 감방으로 사용
>   수감자 격증으로 곤란

【평양】평양형무소는 이번 폭동사건의 피의자 500여 명의 수감으로 감방이 부족하여 일대 문제이라 한다.

공장 2동을 감방으로 임시 수용하는 터이나 여전히 감방이 부족하여 종래 독방으로 쓰던 곳까지 전부 5명씩 넣어 두는 상태이며 감방마다 정원 이상을 초과하기 때문에 더운 여름이라 수감자들의 곤란이 막심한 터라 한다.

면회 오는 사람도 매일 300여 명을 돌파하여 폭동 후의 평양형무소는 기미사건 이후 초유의 혼잡을 이루는 중이라 한다.

> ⟨자료 254⟩
> 《동아일보》 1931.10.02, 3면 6단
> 대전 재감자 현재 800여

【대전】대전형무소의 현재 재감자 수를 보면 869명으로 그중에 수형자가 844명, 피의자가 2명, 피고가 11명, 노역유치가 12명이며 그 대부분이 장기수(長期囚)라 하는데 그중 사상범이 27명이라 한다.

> 〈자료 255〉
> 《동아일보》 1931.12.19, 2면 1단
> 전 조선 재감자 총수 1만 7,500여 명
> ― 기미년(己未年) 당시의 기록을 돌파
>   10년 이래 최고 기록

　영하 몇 도(度)라고 하는 추위에 불기운과는 인연이 그친 형무소 철창 안에 수금되어 있는 사람들이 얼마나 될꼬. 최근 통계에 의하면 16개 형무소와 10개소의 형무지소에 수용된 수효가 수형인 1만 4,498인, 형사피고인 2,267인, 노역장 유치인 772인, 도합 1만 7,037인인데, 이것을 민족별로 하면 조선인 16,843인, 일본인 497인, 외국인 197인이며 총수 중에 여자는 조선인 500인, 일본인 14인, 외국인 11인, 도합 525인이다. 이 밖에 어머니 때문에 들어가 있는 휴대아가 조선인 25명이다.

　현재 재감자 총수를 과거 수년과 비교하면 특수 사정이 있는 기미년(1919) 5월 말에 1만 8,050인이라는 최고 기록을 거의 돌파할 형세로 평상시로 보면 현재 형무소의 수용력을 훨씬 넘은 최고 기록이다.

> 〈자료 256〉
> 《동아일보》 1932.01.07, 3면 1단
> 부산형무소 수형자 통계
> ― 12월 말 현재

　부산형무소의 12월 31일 현재를 보면 수형자 총수 632명이라 한다. 이것을 구별하면 다음과 같다.

　조선인　남 567명　여 4명
　일본인　남 54명　여 1명
　중국인　남 6명
　　합계　　　　632명

〈자료 257〉
《부산일보》 1932.03.18, 3면 12단
개성소년형무소 상황

개성소년형무소 2월 중 입소한 38인으로 만기 석방자 29인, 만 20세가 되어 김천형무소로 이감된 자 2명으로 2월 말일 현재 입소 입원은 740인으로, 이를 각 도별로 보면,
경상북도 96인, 전라북도 80인, 경상남도 83인, 전라남도 73인, 경기도 69인, 충청남도 56인, 평안남도 54인, 황해도 44인, 평안북도 39인, 함경남도 38인, 강원도 25인, 충청북도 27인, 함경북도 13인, 불상(不詳) 19인, 내지인 10인, 지나인 6인이다.

위의 통계에 의해 남선(南鮮)지방 소년범죄자가 과반을 점하고 지난해 경기도가 주위(主位)를 점했는데 근래에 그런 것이다.

〈자료 258〉
《동아일보》 1932.06.22, 4면 5단
청주형무소 재감자 350여 인
— 절도범은 200명을 돌파, 6범 이상이 40명

【청주】17일 현재로 청주형무소 재감인원을 보면 피의자 2인, 형사피고인 11인, 수형자 332인, 합계 356인으로 수형자 죄명은 별표와 같이 절도범 207인이 최고를 점령하고, 다음은 강도 35인, 사기 및 공갈 32인의 순서로, 수형자 형기별은 1년 미만 53인, 3년 미만 137인, 5년 미만 83인, 10년 미만 59인이라 하며, 수형자 범수는 초범 98인, 재범 56인, 3범 이상 137인, 6범 이상 41인에, 수형자 연령별은 18세 이상 2인, 20세 이상 254인, 40세 이상 74인, 60세 이상 2인이라 하는데, 계원(係員)의 말을 들으면 근년의 불경기에 대한 영향은 경성, 평양 같은 도회지방에 비하여 지방에는 범죄의 증가율이 감소되는 경향으로 범인들이 대도회지로 집중되는 모양이라 한다.

〈자료 259〉
《동아일보》 1932.06.25, 4면 4단
원산형무소 재감자 348인
— 6월 21일 현재 통계, 절도범은 근 200명

【원산】 햇빛을 못 보고 침울한 감방에서 그날그날의 잔명을 보하여 가는 원산형무소에는 재감인원이 몇 사람이 있나.

21일 현재로 절도 167인, 강도 34인, 그 외 사기 횡령, 상해, 절도방지법 위반의 순서로 348인이라 한다. 그중에 수형자가 299인, 피의자가 33인, 노역이 15인바, 형기별에 의하면 1년 이상 3년 이하가 120인, 6개월 이상이 81인, 5개년 이상이 45인이라는데, 계원의 말을 들으면 작금 양년의 심각한 불경기로 인하여 지방에서 발생하는 범죄 수는 감소되는 경향이오, 그 반대로 대도시의 범죄사건이 특히 증가하여 간다고 한다.

〈자료 260〉
《동아일보》 1932.12.08, 3면 1단
함흥 재감자 990명
— 전년보다 280 증가, 사상범으로 축년(逐年) 증가

【함흥】 함흥형무소 재감수(在監囚)는 지난 11월 말 현재로 994명인데 작년 11월 말 통계에 비하면 280명이나 증가하였으며 그 전수가 사상범이라고 한다. 금후도 방금 경찰 취조를 마치고 증축 감방만 준공되면 형무소로 보낼 사건이 홍남사건 99명, 함흥태로사건 60여 명, 기타 홍원, 북청 등지에 있는 사건이 300여 명이나 된다고 한다.

〈자료 261〉
《동아일보》 1932.12.23, 5면 8단
과동(過冬) 재류자(在留者) 737명 전주형무소에서

【전주】 금년도 앞으로 며칠 남지 않았는데 이제 전주형무소에서 신음하며 과세할 재감자

수를 조사하여 보건대, 도합 737명으로 그중 대개는 사상범이며 기타는 살인, 강도, 사기횡령 등이라 한다.

〈자료 262〉
《동아일보》 1933.02.27, 2면 2단
사상 관계의 재감자 2,200명 돌파, 공산주의자만 1,400여 명
— 26개 형무소 통계

사상 관계의 범죄사건이 격증하여 이 범인으로 형무소가 협착해진다 함은 누보된 바 있는데, 작년 말 이 사상 관계의 특수범죄자로 조선 내 각 형무소에 수용되어 있는 사람이 형사피고 조선인 1,535명, 일본인 9명이고 수형자가 조선인 730인, 일본인 1인으로 도합 2,275인에 달한다.

이것을 범죄 즉 주의별로 보면,

◇공산주의

형사피고인   조선인 1,362   일본인 7   합 1,369

수형자   조선인 361   일본인 1   합 362

◇무정부주의

형사피고인   조선인 10

수형자   조선인 347

◇민족주의

형사피고인   조선인 114

수형자 347

◇노동운동

형사피고인   조선인 85   일본인 2   합 78

수형자   조선인 3

◇농촌운동 형사피고인

조선인 54

수형자   조선인 9

이것을 그 전기인 9월 말 현재와 비교하면 형사피고인은 230명이 늘고 수형자는 23명이 감소했으되 둘을 합하면 207명의 증가이다.

재감형무소는 26처의 형무소와 형무지소의 전부에 나누어 있되 서대문형무소에 853명이 제일 많고 그 다음이 함흥의 447명, 평양·신의주 등지에는 100명 내지 200명씩 수금되어 있다.

〈자료 263〉
《매일신보》 1933.04.01, 2면 5단
수인 격증으로 간수를 증원
— 현재 전선 형무소 재감자가 1만 8,824명 다수

매년 범죄 발생의 증가에 따라 조선 내 각 형무소의 재감수인(在監囚人)도 점차 증가하는 현상으로 이에 따라 각 형무소에서 간수의 태부족을 느껴 왔던 바 금년 2월 말 현재의 각 형무소 재감인원 수는 작년보다 1,100여 명의 증가를 보게 되어 그 총수 남수(男囚) 1만 8,277명, 여수(女囚) 547명에 달하여 현재의 간수로서는 작업, 기타 감시에 불편이 막대하였다. 4월 1일 총독부령 제33호로 주임 및 판임 대우의 총독부 감옥직원 정원을 증원(增員)하게 되어 종래 직원 정원 1,839인을 1,915인으로 늘리기로 하고 발포와 동시에 시행하게 되었는데 이로써 조선 각 형무소 간수 1인당 배정 인수(人數)가 9.9인인 바 이를 내지 형무소의 7.4인에 비하면 그만큼 조선 각 형무소 간수의 담당 수인이 많은 셈이 된다는데 이제 지난 2월 말 각 형무소 재감수를 보면 다음과 같다.

▲경성   1,152
▲서대문 2,193   (외 여 122)
▲안주   553   (외 여 35)
▲대전   1,045
▲함흥   1,008 (외 여 22)
▲원산   421   (외 여3)
▲청진   532   (외 여 8)

▲평양　　1,403　（외 여 100）

▲신의주　931　（외 여 3）

▲해주　　608　（외 여 17）

▲대구　　1,578　（외 여 53）

▲부산　　791　（외 여 5）

▲광주　　710　（외 여자 67）

▲목포　　728　（외 여 17）

▲개성　　800

▲김천　　75

> **〈자료 264〉**
> 《동아일보》 1933.08.04, 2면 6단
> 형사 피고 갈수록 증가, 각 형무소 초만원
> ― 2배 이상을 수용한 곳도 있어
> 　민사는 감소되는 현상

전 조선 26개소 형무소에서 영어 생활을 계속하는 구금자는 6월 말 현재로 1만 6,579인(소년형무소 2개소 6,579명은 제함)의 형사피고인으로 2,301인에 달하여 각 형무소는 모두 정원을 초과한 2배 이상이나 수용했다는 복잡한 상태인데 형사 사건은 해마다 증가하는 반면에 민사 사건을 해마다 감소되는 기현상을 연출하고 있다. 총독부 법무국 조사에 의하면 1932년(昭和 7) 중에 취급한 민사 사건은 지방복심 3, 고등법원을 통하여 새로 받은 사건이 5만 2,400건이고 미해결로 전년에서 넘어온 것이 5,750건, 합계 5만 8,055건으로, 이것을 전년에 비하면 4,924건이 감소되고 1928년(昭和 3) 7만 3,000건에 비하면 1만 5,000건이나 감소되었다 한다.

　1928년(昭和 3)　73,711건

　1929년(昭和 4)　70,775건

　1930년(昭和 5)　66,370건

1931년(昭和 6) 63,078건

1932년(昭和 7) 58,194건

으로 해마다 증가될 재판 사건이 반대로 감소되는 것은 이상한 현상이라는데 총독부에서는 불경기 때문에 영향을 받아 그렇게 된 것이라고 한다.

〈자료 265〉
《동아일보》 1933.08.11, 2면 1단
고열 지나니 감상의 추풍, 철창 수인 1만 8,000여 명
— 연부년(年復年) 격증하는 그 수효
26개 형무소 최근 통계
협애(狹隘)로 또다시 증축 계획

조선 안 26개소 형무소에 수용되어 있는 수인은 6월 말일 현재에 기결수 1만 6,040명, 미결수 2,301명, 노역장 유치자 549명으로 그 통계가 1만 8,890명의 다수다.

이것을 남녀별로 본다 하면 기결수 남자가 1만 5,617명, 여자가 423명이요, 미결수 중에는 남자가 1,237명, 여자가 64명이요, 노역장 유치자 중에는 남자가 488명, 여자가 61명으로 그 통계에 있어 남자가 1만 8,341명, 여자가 548명이다.

이것을 전월 말 현재에 비하면 수형자 즉 기결수가 117명의 증가요, 형사피고인이 75명의 감소를 보이고 있다.

그 다음 형무소별로 본다 하면 서대문형무소의 2,340명이 최고요, 그 다음은 대구형무소의 1,517명이며, 최소로는 진남포의 117명이다.

그 다음 종족별로 본다 하면 조선 사람이 1만 8,168명이요, 일본 사람이 549명, 외국 사람이 173명이라 한다.

이와 같이 굉장한 수효의 수인을 수용하기에는 현재에 있는 26개 형무소만으로는 도저히 협애하여 그 시설이나 기타의 것이 비위생적임은 물론이요 연년히 늘어가는 조선의 수인들을 전부 수용하기 어렵다 하여 법무당국에서는 명년도에 형무소 증축 계획까지 하고 있다 한다.

〈자료 266〉
《조선중앙일보》 1933.08.29, 2면 1단
수인은 수년 증가, 각 형무소 초만원
— 형무소 증축 예산 요구했으나 예산 삭감, 당국 실망

　법망에 걸리어 이 세상 산지옥이라는 형무소의 침울한 철창 속으로 들어가는 불행한 사람들이 해마다 늘고 있어 28일 총독부 가사이(笠井) 법무국장의 말을 듣더라도 최근 각 형무소 수인의 수용인원이 매년 1,000명 내외의 다수가 늘어 연년히 형무소를 새로 한 곳씩 설치할 필요를 느낄 만큼 격증하는 형편인데, 현재 개성·김천의 양 소년형무소까지 합하여 26개소의 형무소는 과연 초만원의 죄수를 수용하여 행형당국자들도 그 정경을 보고 그 완화책으로 명년도 예산에 형무소 대증축을 요구하였으나 그 대부분이 삭감되어 행형과는 매우 실망하고 있다.

〈자료 267〉
《동아일보》 1933.08.30, 2면 3단
형무소 확장난으로 금후 가출옥 증가?
— 여간한 노역 등은 경찰이 즉결
　이 덕에 수난, 경찰유치장

　범죄의 증가에 따라서 형무소 수용인원은 연년히 피고인을 합하여 780 내지 1,000명을 돌파하고 있는바 이에 당국은 매년 1개소의 형무소를 증설키로 하였으나 법무국에서는 연년 형무소 확장안 제출을 요구하나 1934년도(昭和 9)에도 재원난에 의하여 삭제되었다 한다.
　이로 인하여 법무당국에서는 현재 정원의 2배를 수용하고도 또 증가되어 가는 수용자를 어떻게 할까 함에 대하여 대책을 강구 중인바 가출옥의 여행(勵行)과 경찰에서 언도한 벌금형의 노역 환산을 될 수 있으면 경찰서에서 할 것과 장기노역자도 될 수 있는 대로 경찰에서 행할 것 등 2, 3의 소극적 대책이 고안 중에 있을 뿐으로 이렇다 할 만한 완화의 방법도 없어 행형당국은 방금 곤란 중에 있다 하며 또 소년형무소 신설에 대하여도 예산 70만 원을 요구하였으나 삭제되었다 한다.

〈자료 268〉
《조선중앙일보》 1933.09.03, 2면 4단
형무소 감방에 매 평 4인 이상을 수용
인도상으로도 중대한 문제
— 시급한 대책이 필요

　경찰망이 완비됨에 따라 형무소의 수인이 해마다 늘어 간다 함은 누보한 바와 같거니와 지난 7월 말일 전 조선 26개소 형무소의 재감인원은 수형자, 형사피고인, 노역장 유치자 등 조선 사람 1만 8,311명, 일본 사람 539명, 외국인 321명을 합하여 실로 1만 9,044인의 다수에 달하고 이를 그 전 달에 비교하면 153명이 늘었다.

　이와 같이 수인은 달마다 해마다 늘고 있어 현재 각 형무소의 감방 평당 평균 수용인원은 과연 4인(정원 2인이면 적당함) 이상에 달하고 혹 형무소에 따라서는 5인 내지 6인씩의 초만원을 돌파하여 위생상 또는 인도적으로 묵과할 수 없는 중대한 문제가 되었다.

〈자료 269〉
《조선중앙일보》 1933.09.04, 2면 11단
수인 등 대전 이감

　해내(海內)와 해외(海外)를 통하여 사상범은 물론이거니와 보통 잡범까지도 집중하는 서대문형무소는 해마다 증축을 하였으나 의연히 감방이 협착하여 3일 오전 7시에도 기결수 30여 명을 대전형무소로 이감하였다는바 그중에 사상범은 한 사람뿐이요, 그 외는 전부가 잡수(雜囚)라 한다.

〈자료 270〉
《부산일보》 1933.10.21, 2면 5단
선내(鮮內)의 각 형무소 불황으로 좁아지다
범죄 격증으로 만원의 성황
— 재무난으로 어떻게 할 수 없어

【경성】최근 재계 불황의 반영으로 각 방면의 범죄자 격증을 거듭하여 전선 각 형무소 공히 수용의 여지가 없어져 당국에서는 나날이 속출하는 범인의 배치에 고민하고 있다. 우선 9월 말 현재 전선 26개소 형무소에 수용된 수인 수는 실로 19만 187명에 달하여 1평당 평균 4인의 비율로 수감되어 만원이라고 말하기도 어려운 참상을 보이고 있다. 내지에서는 1평에 1명, 대만에서는 1평당 1명 반의 비율이며, 또한 형무소 직원의 경우도 내지에서는 수인 7명에 간수 1명이고 대만에서도 같은 비율인데 오로지 조선만은 수인 10명에 간수 1명이어서 형무소 직원은 거의 불면불휴(不眠不休)와도 같은 상황이다. 따라서 작금에 당국에서는 우선 형무소 증설 및 형무직원 증원 문제를 긴급 사업으로 연구 고려 중이었는데, 안타깝게도 금년도는 수해와 기타 예산의 관계로 동 문제도 내년도까지 기다리지 않을 수 없는데 내년도에는 아마도 증설·증원이 될 것으로 예측된다.

〈자료 271〉
《조선중앙일보》 1933.11.02, 5면 7단
함흥형무소 기결 여수 14인 원산형무소로 이감

지난 31일 오후에 3시 열차(함흥발 경성행)가 원산역에 도착하자 하차하는 승객 중에 이 사회권 외에서 생활의 제한을 받는 붉은 옷 입은 여자 십수 명이 주위 사람들의 이목을 끌었다. 이제 그 상세를 알아보니 그들은 기결수(旣決囚)로써 함흥형무소 감방이 협착하여 원산형무소로 이감 중이라고 하며 그중에는 한때에 일대 센세이션을 일으킨 간도공산당 거두 김철산(金鐵山) 시체탈환 시위사건의 주동사 김영순(金英淳)도 있다 하며 그 외에는 전부 파렴치범이라 한다.

〈자료 272〉
《조선중앙일보》 1933.11.30, 2면 5단
각 형무소 재감자, 점차 증가하는 경향
― 감방은 협착(狹窄)하고 인원은 격증
현재 수감 1만 9,000명

별항과 같이 일본은 수감자 처우개선안을 명년 1월부터 실시하려고 하였으나 조선은 형무소 대증축이 급선무가 되어 있다.

그러면 침울한 철창 속 차디찬 마루방 위에서 이 겨울을 맞는 불행한 사람들은 얼마인가. 지난 10월 말일 총독부 법무국행형과의 조사에 의하면 전 조선 26개소 형무소의 재감자 총계는 실로 1만 9,036명의 다수에 달한다.

작년 동기에 비하면 1만여 명이 늘어 있는 것으로서 각 형무소 재감자는 해마다 늘어가고 있으며 제한된 감방은 좁아서 수용 인원의 몇 배를 넘쳐 발병자가 속출하는 등 실로 인도상 중대문제로 되어 있다.

〈자료 273〉
《조선중앙일보》 1933.12.29, 4면 11단
'서대문'이 만원으로 평양으로 죄수 이송
— 그중에 죄가 경한 자를 추려 26일에 50여 명을

【평양】자꾸 늘어만 가는 죄수로 경성 서대문형무소는 만원이 되었으므로 죄가 경한 자 50명을 추려서 평양형무소로 이송하기로 되어 26일 오후 2시 52분 도착 열차로 평양으로 향했는데, 그들 모두 새빨간 죄수복을 입은 채로 2명의 간수에게 호위되어 열차에서 내리는 광경은 분망한 역두에 괴이한 광경을 이루었다 한다.

〈자료 274〉
《동아일보》 1933.12.30, 2면 4단
철창 과세 재감자 전 조선 1만 8,000여
— 남자 1만 8,000, 여자 580명, 미결이 2,200여 명

금년도 거의 다 기울어진다. 새해도 며칠이 남지 아니하였으니 각 관청에서는 휴업들을 하고 과세 준비에 얼굴들이 불그레하여 왔다갔다하며 장사 거리에는 눈을 부벼 가며 한푼어치라도 더 팔아 볼 양으로 온갖 장식을 점두에 하여 놓고 손님을 끌어들이기에 정신이 없으니 농촌, 어촌, 산촌을 통하여 어느 누가 새해 맞이에 분망치 아니한 사람이 있겠느냐.

이러한 이때에 또 한해를 철창 속에 보내지 아니하면 아니 될 운명에 처해 있는 사람은 전 조선을 통하여 얼마나 되는가? 해를 보내려 함에 그들의 정경이 더욱 생각된다. 이제 각 경찰서에 구속된 사람들은 제외하고 우선 형무소에 수용되어 있는 최근의 통계만이라도 기록해 보기로 하자.

전 조선 형무소 26개소에 수용된 총인원은 1만 8,958명으로 그중에는 남자가 1만 8,375인이오, 여자가 583인이라 한다.

그들을 또다시 기결과 미결로 구분하여 보면 기결수가 1만 6,158인이오, 미결에서 신음하는 수효가 2,225인이오, 노역장에서 벌금을 내지 못하고 그 대신에 노력하는 인원이 575인이라 한다.

이들을 또다시 민족별로 볼 때는 조선 사람이 1만 7,632인이오, 일본인이 545인이오, 그 외에는 모두가 외국인들이라 한다.

〈자료 275〉
《매일신보》 1934.09.08, 7면 1단
초범보다 누범이 많고 지능범도 수년 증가
— 문화 향상과 우려할 이 현상
　작년도 형무소 통계

인간의 별천지, 별천지라 하여도 벽돌담 굳은 안에 별다른 생활을 하고 있는 전 조선 형무소에 작년도에 새로 수용된 죄수가 얼마나 되는가.

그 숫자를 들어보면 조선인이 1만 1,346명, 내지인이 390명, 외국인이 130명이다.

이것을 다시 죄명별로 보면 절도가 5,372명으로 최고위를 점령하고 있어 새로 형을 받은 총수의 45.5퍼센트를 차지하였고 그 다음은 사기공갈이 1,133명, 강도가 519명, 상해가 404명, 횡령이 377명, 도적질 물건을 알고 전당을 잡은 자가 111명, 살인이 205명, 문서 위조가 163명, 도박이 120명이다.

또다시 이것을 과거 두어 해 동안의 통계와 비교하면 사기, 공갈, 상해, 도난품을 알고 전당 잡은 것, 문서 위조 등은 매년 증가되는 경향이고 그 외의 것은 줄어가는 경향이다.

그리고 사상 관계의 것을 추려 보면 치안유지법 위반이 617명이고 그 다음 특별법의 범죄로는 약품취체령 위반, 아편취체법 위반이 제일 많다.

또다시 이들을 형기별로 보면 2년 이상 3년 이하가 4,459명, 6개월 이상 3개월 이하가 3,937명, 5년 이상 10년 이하가 632명이다.

이것을 또 범수별로 보면 초범보다 재범, 3범 등 전과자의 범죄수가 증가되고 있다. 또 이 범죄자들의 시기 정도를 보면 과거에는 무식한 자의 범죄자가 절대 다수이던 것이 최근에는 지식계급의 범죄자가 격증하여 수위로 되었는데, 이것은 문화의 발달에 따라 범죄도 이에 순응하는 것을 보이는 것이다. 그리고 최후로 이것을 각 도별로 나누어 보면 경기의 1,710명이 최고이고 그 다음은 전남이 1,394명, 전북이 1,179명으로 남조선과 중부가 많고 서북조선이 적은 편이다.

〈자료 276〉
《조선중앙일보》 1934.09.29, 2면 9단
형무소 수용 과잉으로 20명 죄수를 이감
— 서대문형무소서 해주감옥으로
　연선(沿線) 경계 엄중할 터

각종 범죄로 인하여 그 숫자는 날로 늘어 형무소에 수용되는 자가 헤아릴 수 없으리 만큼 다수에 달하는바 서대문형무소에서 최근 다수의 죄수가 수감되어 감방이 매우 협착해진 관계로 10월 1일 오전 8시 열차로 죄수 20명을 우선 해주형무소로 이감시키게 되었다는 바, 그로 인하여 당일 연선은 엄중 경계를 하리라 한다.

〈자료 277〉
《조선중앙일보》 1934.10.16, 2면 10단
서대문형무소 만원, 죄수 중 25명을 경성형무소로 이감

늘어 가는 범죄로 인하여 서대문형무소는 대만원이 되어 수용이 불능하여 15일 오전 11시경 동소에서 죄수 25명을 경성형무소로 이감시켰다.

〈자료 278〉
《동아일보》 1934.12.05, 7면 1단
감방에서 환세하게 될 수인, 17,000으로 정원 초과
— 26 형무소 매 평당 3인 이상 4할 8푼

조선의 범죄상은 해를 거듭할수록 그 건수가 증가하여 전 조선 26개소 형무소의 금년 7일 말 현재로 보아 감방 56만 2,300평에 수용인원이 1만 7,842명에 달하여 평당 3.17인에 해당한다고 한다.

이것을 일본 내지의 581만 3,000평에 5만 3,668명(평당 0.92명)에 비하면 천양의 차이다.

그뿐 아니라 누범자가 조선과 동률인 4할 8푼에나 해당하여 이것들을 사회 교화 방면으로 지도하고 있으므로 제반시설이 조선에 비하면 참으로 훌륭한 형편이다.

그리고 조선에서는 간수 한 사람에 죄수는 7인의 비율이므로 제반에 불편이 적지 않으므로 이것저것에 그 대책을 고려하고 있으나 예산 관계로 즉시 이것을 완화할 수는 없으나 어떠한 방법으로나 완화치 아니하면 아니 되겠다 하여 법무국에서 고구(考究)한 결과 수인은 늘고 감방은 국한된 것이므로 결국 위생상으로나 기타 시설로 보아 감옥의 증축을 하지 아니하면 아니 되겠다는데 귀결되리라 한다.

그리고 수인 작업률로 본다면 작년 중에 총 수입이 155만 3,000원에나 달하고 있으므로 성적이 양호한 편이라 한다.

〈자료 279〉
《매일신보》 1934.12.05, 2면 5단
형무소의 증축 절박
반갑지 않은 현상
법무당국은 완화책에 부심 중
— 죄수 작업은 호성적

물질문명이 고조에 달함에 따라 범죄도 이에 추종하고 있어 전 조선 26개소 형무소의 금년 7월 말 현재 상황으로 보면 감방 56만 2,300평에 대하여 수용인원 1만 7,842명으로 평당

3.17인 강(强)이어서 이것을 내지의 581만 3,000평에 5만 3,668인으로 이 비례 0.92인 강으로 보면 현저한 차이가 있으며 그뿐 아니라 누범자(累犯者)가 4할 8푼에 당하여 이것은 사회 교화 방면에도 지장이 있는 터이다.

또 간수 1인에 대하여 7인의 비례가 되고 있으므로 총독부 법무국에서는 이 완화책에 대하여 부심하고 있어 결국은 수인은 증가되고 감방은 협착하여 형무소를 증축하기로 되었다 한다. 그리고 재소자의 작업에 대한 성적을 보면 작년 중의 총 수입이 155만 3,000여 원에 달한 중에 그 4할이 순이익이라 한다.

〈자료 280〉
《부산일보》 1935.03.28, 3면 8단
수인 25명 경성에서 이사, 청주형무소에 이감

수형수의 이감-경성 서대문형무소 수형수 인석(仁錫, 충북도청 소사(小使)로 재직 중 ■첩 ■■ 상해 치사범) 이하 25명은 간수 수 명에게 호송되어 25일 오전 10시 50분 경성역 발 동일 오후 4시 청주 착 열차로 청주형무소에 이감되었는데 수형수의 대부분은 청주경찰서에서 검거, 송치된 자들로 1심, 2심에서 유죄가 확정된 이래 복역 중 이번에 돌려보낸 것인데, 죄명은 통화위조, 주거 침입, 강도의 형기 각 8년을 서두로 하여 상해치사, 강도 5년, 절도, 공무집행 방해, 강간미수 등등의 인물들이다.

〈자료 281〉
《조선중앙일보》 1935.05.08, 2면 1단
전 조선 각 형무소의 수용자 1만 8,000여
— 그중 사상범은 970여 명
 평당 4.8인의 밀도

법무국 행형과 조사에 의하여 보건대 지난 4월 말일까지의 전 조선 26개 형무소에 수형자 수가 전부 1만 8,027인으로서, 이것은 작년 동월에 비하면 422명의 증가요 다시 전월인 3월 말에 비하면 176명의 증가를 보이는 현상으로 보아 해마다 범죄 건수와 범죄인이 줄지 않고 늘기만 하는 것이 사실로 되어 있다.

 그리고 4월 말 현재의 전기와 같은 수형자는 1평 평균 4.8인으로 이것을 일본 내지의 평균 3인에 비하면 1.8인이 더 많은 폭이 된다. 다시 2월 말인 현재의 사상범인 수효를 보면 전부가 970인[68]으로서 초범이 860인, 재범이 100명, 3범이 8명, 4~5범이 각각 1명씩인데, 이들의 연령을 따져 보면 20세로부터 23세까지의 청년이 256인의 다수에 달하여 이 나이에 사상범죄를 많이 짓는 것으로서 범죄사건은 역시 치안유지법 위반의 공산주의운동에 민족주의운동을 가세한 것이 가장 많아 463인의 다수에 달하고 있다. 이들 사상범의 체형(體刑)은 1년 내지 3년의 것이 43%를 보여 으뜸이 되어 있으며 15년 이상으로 무기징역은 불과 5%에 불과한데 사상범인은 1932년(昭和 7)에 제일 많았으며 1933~1934년(昭和 8~9)부터 감소되는 경향이라고 한다.

〈자료 282〉
《조선중앙일보》 1935.07.02, 2면 7단
서대문감옥 수인 신감방으로 이감

 1931년(昭和 6) 10월에 기공한 서대문형무소 신감방이 지난 6월 9일로서 낙성되었는데 금번 신축된 신감방은 660평의 콩쿠리트(콘크리트) 2층 건물로서 독방이 242, 잡방이 41이라는 바, 전 조선에서 처음 생긴 대감옥이라 한다. 그런데 시설에 있어서는 재래보다 광선이 많이 주입되고 또 겨울에는 증기를 사용한다고 한다. 그리하여 1일 동 형무소 재감수는 신감방으로 이감하였다.

〈자료 283〉
《동아일보》 1935.07.19, 2면 7단
염열(炎熱)하의 수인 1만 8,000여
— 작년 동기보다 증가되어 조선인이 1만 7,000인

---

[68] 원문에는 970명이나 실제 합계는 1,070명임.

여름도 한 고비, 두 고비 초복을 지나 중복을 바라보는 작금의 더위는 척서도 자유롭지 못한 각 형무소 수인들의 건강이 더욱 염려된다고 한다.

지난 6월 말일 현재 전 조선 26개소 형무소에 재감자는 조선인이 1만 7,478인, 일본 내지인이 508인, 외국인(주로 중국인)이 183인으로 모두 1만 8,162인이라 한다.

이를 남녀별로 보면, 조선인 남 1만 169인, 조선인 여 577인, 일본 내지인 남 495인, 여 1인, 외국인 남 169인, 여 14인이다.

그중에는 기결수가 남자 1만 5,493인, 여자가 467인이고, 미결이 남자 1,679인, 여자 73인이오, 노역장의 유치자가 남자 396인, 여자가 54인이었다.

이를 또한 작년 동기 재감자 수에 비하면(작년은 은사 관계로 재감자가 감소되었음) 약간 증가된 듯하나 재작년 동기에 비하면 약 900인 감소라 한다.

이 이유는 작년부터 수형자가 감소되고 또한 복역 등 수인들 중 가출옥하는 사람들이 현저히 많아진 까닭이라 한다.

〈자료 284〉
《동아일보》 1935.09.14, 2면 1단
옥문을 통해 본 세대 매년 수형자 12,000
재범자 10분의 4
— 범행 피해액보다 방지경비가 배
　범죄 원인은 대개 생활난

법무국에서 최근 조사한 전 조선 안 형무소에 수용되 있는 수인은 1만 8,000여 인에 달하는데 매년 새로이 수형자로서 입소하는 자가 1만 2,000여 인이오, 그 외에 형사피고인으로 구류 처분이나 혹은 벌금형에 처하여 이것을 완납하지 못하고 노역장에 유치되는 수요가 2만 인에 달한다고 한다. 그리고 이들 수인 중에서 매년 2만 5,000여 인은 형기만료 또는 가출옥 집행유예, 면소, 불기소 처분으로 석방되고 있다 한다.

이와 같이 다수한 인원이 형무소 출입을 하고 있는 데 대하여 범죄현상을 조사한 바에 의하면 1개년간에 신수형자 1만 2,000인 중에 초범자는 61퍼센트에 불과하고 재범자가 39퍼센트를 점령하고 있다 한다. 이 누범의 비율을 따져 보면 해마다 증가하여 지금으로부터 5년 전에 비교할 때 실로 22퍼센트라는 놀라운 숫자의 격증을 보이게 되었다.

그뿐만 아니라 이들 재범자 중에는 석방된 지 2년도 못 되어 다시 범죄자로서 형무소로 들어가는 자가 77퍼센트를 점령하였다 한다. 또다시 이들이 범죄하는 원인을 조사해 보면 본성이 불량하여 그리되는 것은 거의 없을 정도요, 그 대부분이 주위의 환경과 사회생활이나 개인생활이 곤란한 데에서 나온 것이라 한다.

여기서 또 하나 부가할 것은 1년간에 강절도와 사기, 공갈 등으로 피해를 당하는 금액만이 800만 원의 다액이오, 이것을 방지하고자 재판소, 형무소 등에서 소비하는 경비가 1년간 1,500만 원이다.

그 까닭에 법무당국에서도 범죄자로서 석방된 사람을 어떠한 방법으로 또다시 범행치 아니하도록 사법보호사업을 일으켜 사회 복귀에 요하는 모든 지도 보조를 하고자 고구 중이라 한다.

〈자료 285〉
《동아일보》 1935.09.30, 2면 5단
입초의 서대문감, 함흥·공주로 수인 이송
― 구치감 증축 후도 수용력 초과
　전감(轉監) 중엔 사상범 10명

나가는 사람보다도 늘 들어오는 사람의 수효가 많아서 수용능력의 초과로 두통 중인 서대문형무소에서는 구치감을 증축한 뒤에도 자꾸 늘어가는 수인을 다 수용할 수 없어 마침 이번에 전 조선 형무소직원 무도대회(武道大會)의 기회를 이용하여 30일 오전 8시 반 차로 30명의 기결수를 함흥형무소로 전감시킨다는데 그중에는 함흥에서 공소왔던 사상범이 10명이나 있다.

그리고 공주형무소로도 15명이 같은 날 전감된다 한다.

〈자료 286〉
《조선중앙일보》 1935.11.04, 2면 4단
엄동을 앞둔 철창에 수용된 1만 8,000명
― 전년보다도 909명 증가
　그중엔 유아도 27명

날은 차차 추워 오기 시작하는데 추운 겨울을 지내게 될 형사피고인과 수형자는 자꾸 늘기만 하는 것이 최근 범죄 현상인 것을 생각할 때 더욱이 한심한 일이다. 그중에도 의지할 곳이 없어서 애처로이 어머니와 함께 철창생활을 해야 할 운명을 갖게 된 갓난아이도 남자 15명, 여자 12명의 천진난만한 갓난아이에게 무슨 죄가 있으리오마는 이것도 운명이라고 할는지 자기의 고초는 차치하고 눈에 넣어도 아픈 줄 모를 어린이의 얼어 떠는 것을 보게 되는 어머니의 간장은 얼마나 쓰릴 것인가. 그런데 지난 9월 말 현재 전 조선 26 형무소에 수용된 수형자는 남자 1만 5,915명에 여자 490명, 합계 1만 6,405명이라 하며, 형사피고인은 남자 1,696명, 여자 90명, 합계 1,786명이오, 노역장 유치자는 남자 495명, 여자 65명, 합계 560명으로 총 유치자는 1만 8,751명인데 전월에 비하면 362명의 증가를 보이고 있다. 이것을 전년 9월에 비하면 909명의 증가를 보이고 있으니 대체로 훨씬 증가된 형편이다.

〈자료 287〉
《동아일보》 1935.11.21, 2면 7단
소록도형무소에 나병수인 이송

전 조선 각지에서 소록도에 형무소지소가 금번에 설치된 이후 전 조선 각지 형무소에 수용되어 있던 문둥병 환자의 수인들은 법무국에서 조사를 하여 가지고 그들을 소록도형무소로 보내기로 되었다. 그리하여 이미 그 조사가 끝난 형무소에서는 법무국에 보고를 하는 동시에 속속히 소록도로 이송하는 가운데 있다 한다. 그리하여 보통형무소에는 이들 문둥병 환자의 그림자를 없앨 터이라고.

〈자료 288〉
《동아일보》 1935.12.08, 2면 4단
수인의 격증으로 전 조선 형무소 초만원
— 신설, 확장을 고려 중

사회의 발달 범죄의 증가에 따라 전 조선 27개소 형무소는 초만원을 이루고 있다.
지난 11월 1일 현재 27개소 형무소의 수용된 기결수, 미결수의 수요는 1만 8,583인으로서 이를 작년 11월 현재 1만 7,602인에 비하면 981인의 증가라 한다.

그리하여 금년 말까지는 그 이만에 달하여 적어도 전년보다는 1,000여 인의 격증을 보게 되리라는데, 수용력에 일정한 제한이 있는 전 조선의 각 형무소는 소정의 정원을 초과하여 그야말로 기거가 곤란한 형편에 있는 곳이 많다고 한다.

이는 위생 또는 교화상에 중대한 영향을 미칠 뿐만 아니라 기거가 자유롭지 못할 만치 감방이 좁은 것은 수인과 피고들의 건강에도 지대한 영향을 주어 인도상 문제이므로 당국자들도 형무소의 신설 또는 확장을 고려하는 중이라 한다.

그러나 수년 전부터 기공되어 작년에 준공된 서대문형무소의 확장 이래 소요 예산이 예정 계획대로 원활치 못하여 급속한 증설 또는 신설은 당분간 곤란하여, 해마다 1,000여 인 이상의 수용자가 증가되고 있는 수용자의 격증으로 인한 각 형무소의 협착을 완화함과 같은 일은 당분간 곤란하리라고 한다.

〈자료 289〉
《조선중앙일보》 1935.12.21, 1면 1단
사설: 소년수형자의 격증, 감옥 증축만이 능사인가

1. 조선의 소년소녀의 범죄수가 격증한다는 것은 지금에 처음 듣는 바가 아니지만 최근의 소년형무소의 사정을 듣건대 개성과 김천의 양 처 소년형무소의 총 수용량은 500명에 불과한데 현재의 실제 수용량은 실로 1,500명이라. 그러한 수용난을 완화하기 위하여 30만 원 대 예산의 3개년 계속 사업으로 인천에다가 소년형무소를 증설할 계획이라는바, 이 신설형무소의 수용력도 약 800명을 예상하는 것이라 그가 준공된 뒤에도 총 수용력은 1,300명에 불과하므로 현재의 실수용 인원의 수용난도 완화할 수 없으리라 한다. 더욱이 해마다 그 수가 격증 또 격증하는 터이니 감옥을 아무리 늘이고 또 늘이더라고 수용난은 없어지지 않을 형세라 느는 것이 범죄요, 넓어지는 것이 감옥이지만 범죄수가 높아지는 비율에 비하여 감옥은 그만한 비율로 늘지 못함에서 범죄인의 수용난은 실로 도시주택난 이상으로 격화한 터이다. 더욱이 소년범죄자의 격증과 수용난이 심함에서는 성인의 그것 이상으로 우리의 특이한 감상이 깊지 않을 수가 없다.

2. 소년·소녀는 발육기 수양기에 처한 인간들이라 그 범죄라는 것이 그 어떠한 성질의 것인가를 자(玆)에 분류·상론하지 못하는 바이지마는 그들이 교화기에 처하니 만치 그들에게 교화를 주는 가정과 학교 또는 그들에게 각양각색의 암시를 주는 일반 사회의 현상과 취향을 논하지 않을 수 없을 것이다. 그들은 조금이라도 순평(順平)한 가정과 사회이라면 금전과 이욕을 떠나서 그 생활상의 책임이 없는 만큼 물욕에 끌리지 않고 오직 자자(孜孜)히 수양의 길을 밟아서 나아갈 것이지만 금일의 사회는 일소부분의 부유생활자 외에는 거의 전부가 생활에 쪼들리는 자이라 농촌과 도시가 일양(一樣)인 중에서도 사회의 전 조직에 근거를 둔 영리욕의 팽배는 마침내 그들의 순진을 ■독(■毒)하나니, 이러한 영향은 빈한하여 거칠 것 없는 가정에서만 받는 것이 아니라 금전이 아니고는 교육을 받을 수 없는 학교에서나 자본이 아니고는 능히 존립할 수 없는 사회에서도 굳센 암시와 핍박을 받는 터이며, 더욱이 교양기에 있는 어린 몸과 마음으로서도 생활난의 신고를 느끼고 그 책임을 아니 질래야 아니 질 수 없음에서야 어떻게 그들의 순진을 순진 그대로 유지할 수 있으랴.

3. 제도에는 폐단이 많고 사회는 낡았다. 대중이 빈곤에 빠졌으니 노유(老幼)가 어찌 생활의 곤궁 속에서 수양하고 휴양할 틈을 얻을 수 있으랴. 노유의 동원도 사회를 위하여 건설에 도움이 된다면 그는 얼마나 다행한 일이랴마는 노자(勞資)의 완전한 분리, 노동과 생산 제 기관의 분리는 노동의 능력을 가지고도 그를 팔 수가 없고 또 팔 수 있더라도 생활난은 자심(滋甚)하여 기아를 면할 길이 없지 아니한가. 장년자의 처지가 이러하거늘 소년·소녀의 처지인들 어찌 심각한 불안을 면할 수 있으랴. 요컨대 조선의 사회생활·경제생활의 기본 조건에 대한 불안이 사라지기 전에는 소년소녀의 범죄는 여하한 노력과 방어시설로서도 그 증가를 저지시킬 수가 없을 것이니 문제는 사회 전체, 경제문제 전체에 관련된 휘일성적(揮一性的) 현상이오 결코 단순한 것이 아니다. 감옥을 늘리는 것도 수용난을 완화시키는 방법이 안 될 것은 아니지마는 그것이 한없이 늦는 추세인 이상 그 수용난의 절멸은 영구히 기대하기 어려움을 어찌할 수 없으니 어찌 감옥 증축만이 능사이랴.

〈자료 290〉
《동아일보》 1936.03.08, 2면 8단
전 조선 27개 형무소에 수용자 1만 8,000명
— 전년보다 725명 격증, 여자는 577명

금년 1월 말일 현재의 전 조선 27개소 형무소에 수용되고 있는 기결, 미결, 노역장 유치자의 총수는 1만 8,127인이라고 한다. 이것을 남녀별로 본다 하면 남자가 1만 7,550인이오 여자가 577인이며, 그중에 수형자가 1만 6,246인이오 미결수가 1,519인이라 한다.

이것을 전년 동기에 비교하면 수형자가 725인의 증가이오, 형사피고인 310인, 노역유치자 73명의 감소로서 결국 341인의 증가를 보이고 있으며, 전기한 숫자 외에 휴대아(携帶兒)가 남자 11인, 여자 12인으로 합계 23인이었다 한다.

〈자료 291〉
《매일신보》 1937.04.02, 4면 1단
널리 천하의 환희 춘색, 철창 통한 해방 소식
— 4월 중 자유 얻을 200여 명, 경기 3소의 만기자

부드러운 춘풍을 따라 대지에 가득 차게 되는 춘광은 오직 환희와 다상(多祥)스러운 것만을 축복하고 있는바 이번 4월에 차디찬 옥사로부터 해방의 몸이 되어 자유를 누리게 될 사람이 200여 명이나 된다고 하니 이들은 과연 얼마나 명랑하게 이 봄을 맞이할 것인가?

즉 경성, 서대문의 두 형무소와 개성에 있는 소년형무소로부터 이번 4월 한 달 동안 만기가 되어 출옥할 사람은 240여 명으로서 서대문형무소로부터 120여 명, 경성형무소로부터 50여 명, 개성으로부터 70여 명 등이라는바, 물론 이들은 법이 내리는 처단의 쇠를 차고 이 세 곳 형무소에서 자유를 잃은 죄수의 몸이 되었었던바, 이 중에는 인생의 신산함을 대신 말하는 듯 64세의 고령자도 섞여 있으며 17~18세의 어린 소년들도 있어 옥문으로부터 나온다 해도 무의무탁한 몸이 될 것 뿐이라 따뜻하게 반겨 주는 이가 없이 그대로 경성구호소에 가서 신세를 지게 된 사람도 많다 한다. 물론 이들은 절도, 사기, 강도, 방화, 치사 등등의 여러 가지 인간악의 행동을 한 사람들인 만큼 출옥하는 대로 자유의 몸이 되어 명랑한 몸을 맞아 여

러 가지 생활에 대한 활동을 개시할 것이다. 개중에는 그래도 회오(回惡)의 성이 없다는 듯 또 다시 악의 세계로 발을 들여놓을 자가 없지 않으므로 이들 출옥자를 맞이하게 되는 경기도 경찰부 형사과에서는 뿌랙리스트(블랙리스트)를 꾸며 가지고 전과자로서의 행동을 감시하도록 어디까지나 추궁의 예리한 눈을 쉼 없이 하리라고 하니, 모처럼 이들이 안겨질 명랑한 몸의 그늘에 다시 형사의 눈이 뒤따르게 된다고 하는 것은 불유쾌한 일이나 치안상 또는 경계상 부득이한 일이라 아니할 수 없다.

<자료 292>
《매일신보》 1938.01.12, 3면 1단
전선 27개 형무소에 수용자 1만 9,000여
― 총독부 행형과에서 조사한 것
　비(比) 전년 800여 명 증(增)

작년 11월 말일 현재의 전선 27개소 형무소의 수용인원을 본부 행형과에서 조사한 바에 의하면 수형자 총수는 1만 6,941인, 형사피고인 2,012인, 노역장 유치자 432명으로서 합계 1만 9,385명이다. 전월 말에 비하면 수형자는 75명이 감소하고 형사피고인은 27명이오, 또 노역장 유치자는 32명이 감소하여 합계 134명이 감소하였다. 그러나 이것을 전년 동기에 비하여 보면 수형자는 351명, 형사피고인은 479명, 노역장 유치자는 2명이 증가하여 결국 합계 832명이 증가한 셈이다.

<자료 293>
《부산일보》 1939.04.03, 2단 8단
전선 형무소 재소 수인 조사
1월 말 현재 약 2만 인

총독부 법무국 조사에 의하면 본년 1월 말 현재 각 형무소 재소인원은 총수 1만 9,033인으로 이는 전년 동기에 비교해 보면 277인이 감소된 것이다. 그 내역을 보면 1만 6,687인이 수형자, 2,101명이 형사피고인, 245인이 노역장 유치자로서, 내선인 별로 보면 내지인 511인, 조선인 1만 8,287인, 외국인 235인이다. 또한 남녀별로 보면 남 1만 8,450인, 여 583인으로, 죄명별로 필두는 여전히 절도로 6,877인, 강도 1,606인, 사기 및 공갈 1,363인, 상해 719인, 살인 714인의 순위이다.

Ⅱ 감옥 법령

1. 기본 법령 –『조선형무제요』제7편 감옥 제2장「감옥령」
2. 수용 규정 –『조선형무제요』제7편 감옥 제3장「수용」

해제

식민지 감옥 운영과 관련된 법령은 1942년 발간한 『조선형무제요(朝鮮刑務提要)』[69]에 정리되어 있는 내용을 중심으로 수록하였다. 『조선형무제요』는 총독부 법무국 행형과에서 형무(刑務)와 관련된 법령과 훈령, 통첩 등의 행정 명령을 편집, 수록해 놓은 자료로서, 조선치형협회(朝鮮治刑協會)에서 발행되었다. 현재 국내에서 확인해 볼 수 있는 판본으로는 1923년, 1927년, 1941년, 1942년, 1944년판이 있는데, 본 자료집에서 번역 소개한 자료는 1942년판이다. 1940년대에 출판된 자료의 경우, 일제강점이 시작된 이후로 식민지 말기에 이르는 법령과 훈령, 통첩은 물론 형무소장회의에서의 주요 발언까지 정리되어 있는 만큼, 전체적인 흐름을 포괄적으로 확인해 볼 수 있다. 1942년판 『조선형무제요』는 상권과 하권으로 나뉘어 편찬되었는데, 우선 그 수록 목차를 큰 제목을 중심으로 보면 다음과 같다.

제1편 근본법령
제2편 관규(官規)
제3편 위훈(位勳)·포상·징계·은급·구휼·공제조합
제4편 훈장·상장·구휼·은급·상벌
     (이상 상권)
제5편 회계
제6편 국유재산
제7편 감옥
제8편 예방구금소
     (이상 하권)

---

[69] 朝鮮總督府 法務局 行刑課 編, 『朝鮮刑務提要』, 朝鮮治刑協會, 1942.

수형자 관리에 대한 세부적 규정은 제7편에 집중되어 있으므로, 본 자료집에서는 제7편에서 감옥 관계 법령과 수형자 수용과 관계된 사항을 발췌하여 번역 게재하였다. 이 가운데 주요 내용을 소개하면 기본 법령으로 「조선감옥령」(1912년 3월 제령 제14호)과 「조선감옥령시행규칙」(1912년 3월 조선총독부령 제34호. 이하 「규칙」)이 있다. 이는 조선형사령 및 조선태형령과 같은 날 발포된 것으로, 식민지적 특례에 해당되는 「규칙」을 그 모법인 일본의 「감옥법」(1908년 3월 법률 제28호)과 대조할 수 있도록 함께 수록하였다.

1912년 3월에 발포된 「규칙」은 1938년 12월과 1941년 5월 그리고 1944년 9월에 개정되었다. 본 자료집에 수록된 「규칙」은 1938년과 1941년의 개정 내용이 반영된 것이므로, 1912년 3월에 발포된 당초의 조문을 확인할 수 있도록 각주에 별도로 정리하였다. 일본의 「감옥법」과 식민지와의 차이, 식민지배 초기와 말기의 차이를 꼼꼼히 살펴본다면, 조선의 행형제도를 보다 입체적으로 파악할 수 있을 것이다. 개정된 내용은 변화된 환경 조건에 따라 부득이 바뀐 부분도 있으나, 사상통제를 강화하거나 전시하에 수형자 처우가 보다 열악하게 바뀌는 부분도 눈에 들어온다.

또한 1937년 11월에 발포된 「조선행형누진처우규칙」(조선총독부령 제178호)은 수형자 개인에 대한 평가 척도를 세분화하여 각자의 '분발 노력' 정도에 따라 급을 나누고 처우를 달리하는 조치를 취하도록 한 법령이다. 이후로 수형자들은 그들의 체력은 물론 태도와 의식에 이르기까지 세부적으로 분류하는 관리자들에 의해 다양한 그룹으로 나뉘어 관리되었다는 점에서 전시체제하의 수형자 관리와 긴밀한 연관성을 가지고 있다.

한편 「조선소년령」(1942년 3월 제령 제6호)에도 주목해 볼 필요가 있는데, 이는 일본의 「소년법」에 준하는 법령이지만, 일본에서 「소년법」이 일찍이 1922년에 시행된 데 비하여 식민지 조선에서는 1942년에 가서야 발포되었다. 이는 조선총독부가 전쟁 동원을 위한 인력 자원 관리를 위해 「조선소년령」을 통하여 18세 미만의 소년들에 주목하였다는 점에서 눈여겨 볼 대목이다.

본 자료집에서는 『조선형무제요』 제7편 감옥편 중 제2장 「감옥령」과 제3장 「수용」의 주요 내용을 선별하여 1절과 2절로 나누어 수록하였다. 1절에서는 감옥에 관한 기본 법령 중 일본의 「감옥법」과 「조선감옥령」 및 「감옥령시행규칙」, 「조선행형누진처우규칙」 그리고 「조선소년령」[70]과 관련 통첩을 게재하였다. 2절에서는 수감자 수용에 관한 제령과 훈령 및 통첩을 번역 게재하였다.

『조선형무제요』의 내용을 보다 알기 쉽게 이해하기 위해서는 편찬 범례 중 일부를 소개할 필요가 있다. 다음과 같은 점에 유의하면서 살펴보면 좋을 것이다.

1. 본 제요는 1941년(昭和 16) 12월 31일 현재의 형무소 및 예방구금 관계 법령 예규를 편록한 것이다.
1. 1942년 1월 1일 이후로 공포(公布) 또는 통첩된 법령 예규는 추후로 발행하여 보정하기로 한다.
1. 일시적인 시행에 그친 법령 예규는 채록하지 않았다.
1. 법령 등의 전문(前文)은 이를 생략하여 제명(題名), 건명(件名), 일시와 번호만을 실었다. 그 중 총령(總令)은 조선총독부령, 총훈(總訓)은 동 훈령, 관통(官通)은 관통첩의 약어이다.
1. 제명 아래 초(抄)라고 기입된 것은 법령 예규의 내용 중 관계되는 부분을 초록한 것이다.

---

[70] 「조선소년령」은 『조선형무제요』(1942) 제7편 감옥 제1장 총칙(600~605쪽)에 수록된 것으로, 자료의 성격 분류상 제Ⅱ장 '1. 기본 법령'에 수록한다.

1. 기본 법령 - 『조선형무제요』 제7편 감옥 제2장 「감옥령」

〈자료 294〉
○ 「조선감옥령」 1912년(明治 45) 3월 제령 제14호

제1조 감옥에 관한 사항은 본령 기타 법령에 특별한 규정이 있는 경우를 제외하고 감옥법에 의거한다.

제2조 감옥법 중 주무대신의 직무는 조선총독이 이를 행한다.

제3조 구치감에는 태형의 집행을 행할 자를 유치할 수 있다.

제4조 새로 입감하는 자가 전염병에 걸린 자일 때에는 입감시키지 않을 수 있다.

제5조 재감자에게는 양식의 자변(自辨)[71]을 허락할 수 있다.

부칙

본령은 1912년 4월 4일부터 이를 시행한다.

○ 「감옥법」 1908년(明治 41) 3월 법령 제28호

제1장 총칙

제1조 감옥은 이를 다음의 4종으로 한다.

　　　 1. 징역감(懲役監) 징역에 처해진 자를 구금하는 곳으로 한다.

　　　 2. 금고감(禁錮監) 금고에 처해진 자를 구금하는 곳으로 한다.

　　　 3. 구류장(拘留場) 구금에 처해진 자를 구금하는 곳으로 한다.

　　　 4. 구치감(拘置監) 형사피고인 및 사형 언도를 받은 자를 구금하는 곳으로 한다.

　　　 구치감에는 징역, 금고 또는 구금에 처해진 자를 일시 구금할 수 있다.

　　　 경찰관서에 부속된 유치장은 이를 감옥으로 대용할 수 있다. 단 징역 또는 금고에

---

[71] 자변(自辨) : 스스로 비용을 부담함. 자부담.

처해진 자를 1월 이상 계속하여 구금할 수 없다.

제2조　2개월 이상 징역에 처해진 18세 미만의 자는 특별히 정해진 감옥 또는 감옥 내에 특별히 분계(分界)를 둔 장소에 이를 구금한다.

전항의 설정에 의한 자는 만 20세에 달할 때까지 또한 만 20세에 달한 후 3월 내에 형기가 종료되는 자는 그 잔형(殘刑) 기간에 계속해서 이를 구금할 수 있다.

심신발육 상황으로 인하여 필요하다고 인정된 자는 전 2항의 적용과 관련하여 연령에 구애받지 않을 수 있다.

제3조　감옥에 남감과 여감을 두어 이를 분리한다.

징역감, 금고감, 구류장 및 구치감의 동일 구역 내에 있는 자는 이를 분계한다.

제4조　주무대신은 적어도 2년에 1회 관리로 하여금 감옥을 순열하도록 한다.

판사 및 검사는 감옥을 순시할 수 있다.

제5조　감옥의 참관을 청하는 자가 있을 때에는 학술, 연구, 기타 적당한 이유가 있다고 인정되는 경우에 한하여 명령이 정하는 바에 따라 이를 허락할 수 있다.

제6조　이 법에 의하여 몰수하거나 국고에 귀속된 물건은 이를 감옥 자혜(慈惠)의 용도로 충당한다.

제7조　재감자로서 감옥의 처우에 대하여 불복할 경우에는 명령이 정하는 바에 따라 주무대신 또는 순열관리에게 정원(情願)[72]을 할 수 있다.

제8조　노역장은 이를 감옥에 부설한다.

전 5조의 규정은 노역장에 준용한다.

제9조　본법 중 별도의 규정이 있는 경우를 제외하고 그 외에 형사피고인에게 적용해야 할 규정은 사형 언도를 받은 자에게 이를 준용하고, 징역수에게 적용해야 할 규정은 노역장 유치 언도를 받은 자에게 이를 준용한다.

제10조　본법은 육해군에 속한 감옥에 적용하지 않는다.

---

[72] 정원(情願) : 감옥의 재감자가 처우에 관하여 불복할 때, 사정을 진술하고 구제를 요청하는 것을 말하는 감옥법의 용어.

제2장 수용

제11조 새로 입감한 자가 있을 때에는 영장 또는 판결서 및 집행지휘서, 기타 적법한 문서를 사열(査閱)[73]한 후에 입감시켜야 한다.

제12조 새로 입감하는 부녀가 자녀를 동반할 것을 요청할 때에는 필요하다고 인정될 경우에 한하여 만 1세가 되기까지 이를 허용할 수 있다.

　　　　감옥에서 분만한 자녀에 대해도 전항의 예에 의거한다.

제13조 새로 입감하는 자가 전염병예방법의 시행을 필요로 하는 전염병에 걸린 자일 때에는 이를 입감시키지 않을 수 있다.

제14조 새로 입감하는 자가 있을 때에는 그 신체 및 의류 검사를 해야 한다. 재감 중인 자에 관해서도 필요하다고 인정될 때는 동일하다.

제3장 구금

제15조 재감자는 심신의 상황에 의해 부적응으로 인정되는 경우를 제외하고는 독거구금에 부칠 수 있다.

제16조 잡거구금에 있어서는 재감자의 죄질, 성격, 범수(犯數), 연령 등을 참작하여 그 감방을 달리한다.

　　　　제1조 제2항 및 제3항의 경우에는 재감자의 종류에 따라 그 감방을 달리한다.

　　　　18세 미만의 자는 제2조 제2항의 경우를 제외하고는 18세 이상의 자와 그 감방을 달리한다.

　　　　단 심신발육의 상황으로 인해 필요 없다고 인정될 때에는 적용되지 않는다.

　　　　제3항의 규정은 공장에서의 취업의 경우에도 이를 준용한다.

제17조 형사피고인으로 피고사건과 서로 관련 있는 자는 그 감방을 달리하고 감방 밖에서도 그 소통을 차단한다.

제18조 징역감, 금고감, 구류장, 구치감 및 노역장의 동일 구획에 있는 경우에는 동성자별로 동일 병감(病監)이나 교회당(敎誨堂)을 사용할 수 있다.

---

[73] 사열(査閱) : 조사하거나 검열하기 위해 하나씩 쭉 살펴봄.

전항의 경우에는 재감자의 종류에 따라 감방 혹은 좌석 또는 진찰 혹은 교회의 시간을 달리한다.

병감에서는 제2조 및 제16조를 적용하지 않을 수 있다.

제4장 계호

제19조　재감자 도주, 폭행 혹은 자살의 우려가 있을 때에는 감외(監外)에 있을 때 계구(戒具)[74]를 사용할 수 있다.

계구의 종류는 명령으로 정한다.

제20조　법령에 따라 감옥관리가 휴대하는 검 또는 총은 다음의 각 호에 해당하는 경우에 한하여 재감자에 대하여 사용할 수 있다.

1. 사람의 신체에 대하여 위험한 폭행을 하거나 혹은 협박을 가할 때
2. 위험한 폭행의 용도로 사용될 물건을 소지하고 그것을 버리는 것에 응하지 않을 때
3. 도주의 목적으로 다중소요를 일으킬 때
4. 도주를 기도한 자가 폭행을 하고 체포를 피하려 하거나 제지에 따르지 않고 도주하려 할 때

제21호　천재지변시에 필요하다고 인정될 때에는 재감자를 응급의 용무에 종사하도록 할 수 있다.

전항의 용무에 종사한 자에게는 제28조의 규정을 준용한다.

제22호　천재지변시에 감옥 내 피난 수단이 없다고 인정될 때에는 재감자를 다른 곳으로 호송하고 만약 호송할 겨를이 없을 때는 일시 석방할 수 있다.

석방된 자는 감옥 또는 경찰관서에 출석해야 하며 석방 후 24시간 내에 출석하지 않을 때는 형법 제97조에 의거하여 처단한다.

제23호　재감자가 도주했을 때는 감옥관리는 도주 후 48시간 내에 이를 체포할 수 있다.

---

[74]　계구(戒具) : 피고인이나 구금자의 자살, 도주, 폭행 등을 방지하기 위해 수갑, 포승, 재갈 등 몸을 얽매는 기구.

전항의 규정은 형사소송법 제60조의 적용을 방해하지 않는다.

제5장 작업

제24호   작업은 위생, 경제 및 재감자의 형기, 건강, 기능, 직업, 장래의 생계 등을 참작하여 이를 과한다.

18세 미만의 자에게 과해야 할 작업에 대해서는 전항 이외에도 특히 교양에 관한 사항을 참작한다.

제25호   대축제일, 1월 1일, 2일 및 12월 31일에는 취업을 면제한다.

부모의 부음을 접한 자에게는 3일간 그 취업을 면제한다.

주무대신은 필요하다고 인정될 때에는 임시 취업을 면제할 수 있다.

취사, 청소, 간호, 기타 감옥의 경리에 관해 필요한 작업에 종사하는 자에 대해서는 취업을 면제하지 않을 수 있다.

제26조   형사피고인, 구류수 또는 금고수가 작업에 취업하고자 신청할 때에는 그 선택한 일에 취업하도록 허가할 수 있다.

제27조   작업 수입은 모두 국고로 귀속된다.

재감자로 작업을 한 자에게는 명령이 정한 바에 따라 작업상여금을 지불할 수 있다.

작업상여금은 행장(行狀),[75] 작업의 성적 등을 참작하여 그 액수를 정한다.

제28조   재감자가 취업 중 창상(創傷)을 입거나 질병에 걸려 이로 인해 사망하거나 업무를 영위하기가 어렵게 된 경우에는 정상을 참작하여 수당금을 지급할 수 있다.

전항의 수당금은 석방 시에 본인에게 이를 지급하며, 사망한 경우에는 사망자의 부·모·배우자 또는 자녀에게 이를 지급한다.

제6장 교회와 교육

제29조   수형자에게는 교회를 실시해야 하며 기타 재감자가 교회를 청할 때에는 이를 허용할 수 있다.

---

[75] 행장(行狀) : 품행이나 태도.

제30조　18세 미만의 수형자에게는 교육을 실시하여야 하며, 기타 수형자에게 특히 필요하다고 인정될 때에는 연령에 상관없이 교육을 실시할 수 있다.

제31조　재감자가 문서, 도서의 열람을 신청할 때에는 이를 허가한다.

문서, 도서의 열람에 관한 제한은 명령으로 이를 정한다.

제7장 급양(給養)

제32조　수형자에게는 일정의 의류·침구를 사용하도록 한다. 다만 구류수에게는 자기 옷의 착용을 허가하며 기타의 자에게는 속옷의 자변(自辨)을 허가할 수 있다.

제33조　형사피고인 및 노역장 유치 언도를 받은 자의 의류·침구는 자변하며, 자변이 어려운 자에게는 이를 대여한다.

자변 의류·침구에 대한 제한은 명령으로서 정한다.

제34조　재감자에게는 그 체질, 건강, 연령, 작업 등을 참작하여 필요한 양식과 음료를 제공한다.

제35조　형사피고인에게는 식량의 자변을 허가할 수 있다.

제8장 위생과 의료

제36조　재감자의 두발과 수염은 짧게 깎는다. 다만 형사피고인의 두발과 수염은 위생상 특별히 필요하다고 인정하는 경우를 제외하고는 그 의사에 반하여 짧게 깎을 수 없다.

제37조　재감자는 구금 감방의 청결을 유지하는 데 필요한 용무에 복종하여야 한다.

제38조　재감자에게는 건강을 유지하는 데 필요한 운동을 하도록 한다.

제39조　재감자에게는 종두, 기타 전염병 예방에 필요하다고 인정되는 의술을 행할 수 있다.

제40조　재감자가 질병에 걸린 때에는 의사로 하여금 치료하게 하고 필요할 때에는 이를 병감에 수용한다.

제41조　전염병자는 엄격히 격리하고 건강한 자 및 다른 병자에게 접근하게 할 수 없다. 다만 징역수로 하여금 간호하게 하는 것은 예외로 한다.

제42조　병자가 의사를 지정하여 자비를 들여 보조치료를 원할 때는 정상을 참작하여 이를

허가할 수 있다.

제43조 정신병, 전염병, 기타의 질병에 걸려 감옥에서 적당한 치료를 할 수 없다고 인정되는 병자는 정상을 참작하여 임시로 병원에 이송할 수 있다.

전항에 의거하여 이송한 자는 이를 재감자로 간주한다.

제44조 임부, 산부, 노약자 및 불구자는 병자에 준할 수 있다.

제9장 접견과 서신

제45조 재감자와 접견을 원하는 자가 있을 때는 이를 허가한다.

수형자에게는 그 친족이 아닌 자와 접견을 할 수 없으나 특별히 필요하다고 인정될 경우에는 예외로 한다.

제46조 재감자는 서신을 발하거나 이를 받을 수 있다.

제47조 수형자와 관계되는 서신 중에 부적절하다고 인정되는 것은 그 발신과 수신을 허가하지 않는다.

전항에 따라 발신과 수신을 허가하지 않은 서신은 2년 경과 후에 폐기할 수 있다.

제48조 재판소, 기타 공무소로부터 재감자 앞으로 보내어진 문서는 봉투를 열어 조사한 후 본인에게 교부한다.

제49조 재감자에게 교부한 서신 및 전조의 문서는 본인 열독 후 이를 영치한다.

제50조 접견의 입회, 서신의 검열, 기타 접견 및 서신에 관한 제한은 명령으로 이를 정한다.

제10장 영치

제51조 재감자가 가진 물건은 점검하여 이를 영치한다.

보존의 가치가 없거나 보존하기 부적당하다고 인정된 물건은 영치하지 않거나 이를 열어 볼 수 있다.

영치를 하지 않거나 열어 본 물건에 대해 재감자가 처분을 하지 않을 때에는 이를 폐기할 수 있다.

제52조 재감자가 영치물을 부모, 배우자 또는 자녀의 부조, 기타 정당한 용도로 충당할 것을 원할 때에는 정상을 참작하여 이를 허가할 수 있다.

제53조 재감자에게 차입을 신청하는 자가 있을 때에는 명령이 정하는 바에 따라 이를 허가할 수 있다.

재감자 앞으로 송치되어 온 문건으로 그 송부인의 성명이나 주소가 불명확할 때, 그 차입을 허가할 수 없다고 인정될 때 또는 재감자가 수령을 거부할 때에는 이를 몰수 또는 폐기할 수 있다.

제54조 재감자가 사적으로 소지하는 물건은 이를 몰수하거나 폐기할 수 있다.

제55조 영치물은 석방 시에 교부한다.

제56조 사망자의 유류물은 청구에 의하여 상속인 또는 친족에게 이를 교부한다.

제57조 사망자의 유류품은 사망한 날로부터 1년 내에 전조에 거론된 자의 청구가 없을 때에는 국고에 귀속한다.

도주자의 유류품으로 도주일로부터 1년 내에 거소가 분명하지 않은 때에도 동일하다.

제11장 상법

제58조 수형자가 개전의 정이 있을 때에는 그 상으로 상우(賞遇)[76]를 줄 수 있다.

그 특별 대우의 종류 및 방법은 명령에 의거하여 정한다.

제59조 재감자가 기율(紀律)에 위반한 때에는 징벌에 처한다.

제60조 징벌은 다음과 같다.

    1. 질책

    2. 상우의 3개월 이내 정지

    3. 상우의 폐지

    4. 3개월 이내의 문서·도화(圖畫) 열독 금지

    5. 10개월 이내의 청원작업 정지

    6. 자변에 의한 의류·침구 착용의 15일 이내 정지

---

[76] 상우(賞遇) : 잘못을 크게 뉘우치고 마음을 바로잡은 죄수에게 상으로 주는 특별 대우. 특별 대우는 주로 면회나 편지 발송의 횟수, 작업 상여금의 할당, 식사나 반찬 따위를 늘려 주는 경우 등이 있음.

7. 15일 이내의 식량 자변 정비

8. 5일 이내의 운동 정지

9. 작업 상여금 계산고의 일부 또는 전부 삭감

10. 7일 이내의 감식

11. 2개월 이내의 경병금(輕屛禁)[77]

12. 7일 이내의 중병금(重屛禁)

병금은 수벌자(受罰者)를 벌방 안에서 주야병거(晝夜屛居)시키고 정상을 참작하여 취업시키지 않을 수 있다. 중병금은 벌방을 어둡게 하고 침구를 금한다.

제1항 각 호의 징벌은 이를 병과(竝科)할 수 있다.

제61조   전조 제1항 제10호의 징벌은 형사피고인 및 18세 미만의 재감자에게는 가하지 않는다.

제62조   징벌에 처해진 자에게 질병, 기타 특별한 사유가 있을 때에는 그 징벌의 집행을 정지할 수 있다.

징벌자가 개전의 정이 현저할 때에는 그 징벌을 면제할 수 있다.

제12장 석방

제63조   재감자의 석방은 사면, 직권이 있는 자의 명령 또는 형기 종료에 의하여 관계 문서를 조사한 후 그 절차를 밟아야 한다.

제64조   사면을 받거나 가석방 또는 가출장(假出場)[78]을 허가받은 자는 그 재가장 또는 허가서가 감옥에 도달한 후 24시간 내에 이를 석방한다.

제65조   전조의 경우를 제외하고 명령에 의하여 석방을 해야 할 자는 명령서가 감옥에 도달한 후 10시간 내에 이를 석방한다.

제66조   가석방 또는 가출장을 허가받은 자를 석방할 때에는 증표를 교부한다.

---

[77] 병금(屛禁) : 형무소나 구치소에 규율을 위반한 수용자에게 가하는 징벌의 하나. 2개월 이내의 기간에 징벌방에 가두는 경병금(輕屛禁)과 7일 이내의 기간에 암실(暗室)에 가두고 침구를 주지 않는 중병금(重屛禁) 두 종류가 있음.

[78] 가출장(假出場) : 구치소나 노역장에 갇힌 자를 행정 처분으로 형기가 끝나기 전에 미리 내보내는 일.

제67조　가출장을 허가받은 자는 그 기간 다음의 규정을 존수해야 한다.
　　　　1. 정당한 직업이나 생업에 종사하고 선행(善行)을 유지할 것.
　　　　2. 경찰관서의 감독을 받을 것. 단 경찰관서는 감옥의 의견에 의거하여 별도로 그 감독을 위임할 수 있다.
　　　　3. 주거를 이전하거나 10일 이상 여행을 할 때에는 감독서에 허가를 청할 것.
　　　　주무대신은 가출장을 허가받은 자의 제국 밖으로의 여행을 허가할 수 있다.
제68조　만기가 된 자는 그 형기가 종료된 다음 날 오후 6시까지 석방한다.
제69조　석방된 자가 중병에 걸려 감옥에서 치료 중인 때에는 그 청구에 의하여 계속 재감시킬 수 있다.
제70조　석방되어야 할 자가 귀가 여비 또는 상당하는 의류를 갖고 있지 못할 때 또는 감옥행정의 편의에 따른 이감으로 귀가 여비의 증가가 필요할 때에는 의류 또는 여비를 급여할 수 있다.

제13장 사망

제71조　사형의 집행은 감옥 내의 형장에서 이를 행한다.
　　　　대축제일, 1월 1일과 2일 및 12월 31에는 사형을 집행하지 않는다.
제72조　사형을 집행할 때에는 교수한 후 죽은 시신의 상태를 점검하고 다시 5분의 시간을 경과하지 않으면 교승(絞繩)[79]을 풀 수 없다.
제73조　재감자가 사망한 경우 이를 매장한다.
　　　　사체는 필요한 경우 화장할 수 있다.
　　　　사체 또는 유골은 가매장 후 2년을 경과하여 이를 합장할 수 있다.
제74조　사망자의 친족, 친구로서 사체 또는 유골을 청하는 자가 있을 때에는 언제든지 이를 교부할 수 있다. 다만 합장 후에는 이제 적용되지 않는다.
제75조　수형자의 사체는 명령이 정하는 바에 따라 해부를 위해 병원, 학교 또는 기타 공무소로 송부할 수 있다.

79　교승(絞繩) : 교형을 집행할 때 사형수의 목에 거는 줄.

부칙

본 법은 형법 시행일로부터 시행한다.

감옥칙은 이를 폐지한다. 다만 징치인(懲治人)에 관한 규정은 당분간 그 효력을 갖는다.

○ 「조선감옥령시행규칙」[80]

---

[80] 본 자료집에 소개한 「조선감옥령시행규칙」은 1912년 3월에 발표된 내용에서 개정된 부분이 적지 않으므로, 다음과 같이 당초 규칙의 내용을 소개하여 본 자료집의 개정(1938년 12월과 1941년 5월)된 내용과 대조할 수 있도록 한다.

제1조 도망범죄인 인도 조례에 따라 구금하는 자는 이를 구치감에 구금한다. 외국선박승조원의 체포 유치에 관한 원조법에 따라 감옥에 구금한 자는 형사피고인에 준한다.

제16조 새롭게 입감하는 자가 형사소송법 제319조 제2항 각 호에 해당하는 자라고 인정될 때에는 이를 입감시킨 후 감옥의의 진단서를 첨부하여 곧바로 그 내용을 검사에게 통보해야 한다. 전항의 규정은 재감자에게 이를 준용한다.

제17조 새롭게 입감하는 자는 질병, 기타 어쩔 수 없는 경우를 제외하고 입욕(入浴)하도록 한다. 부녀의 입욕에는 부녀 감옥관리(官吏)가 입회하고 부녀의 신체 및 의류 검사 역시 부녀 감옥관리가 이를 행한다.

제22조 입감자의 신분장부(身分帳簿), 명적원부(名籍原簿), 재감인 인명부 및 방면역부(放免曆簿)는 수감 후 3일 이내에 이를 정리하고 필요 사항을 기재해야 한다.

제24조 형사피고인은 이를 독거구금에 부쳐야 한다.

제48조 계구(戒具)는 다음 5종으로 한다.
1. 착의(窄衣)
2. 발자물쇠[체(釱) : 두 발목을 형구 속으로 넣어 채우는 형구. 일명 차꼬. - 역자]
3. 수갑(수정手錠)
4. 족쇄(足鎖 : 한쪽 발목에 채우는 쇠사슬 - 역자)
5. 연쇄(連鎖)
6. 포승
발자물쇠를 사용할 때는 쇠구슬(철환鐵丸)을 엮은 쇠사슬(철색鐵索)을 발목에 관통하여 허리 쪽에 고정시키고 자물쇠로 잠근다. 연쇄를 사용할 때는 이를 허리에 고정시키고 2명을 한 조로 하여 자물쇠를 채운다.

제50조 착의는 위험한 폭행을 하는 징역수, 발자물쇠는 도주 또는 폭행의 우려가 있는 징역수, 수갑과 족쇄 및 포승은 폭행, 도주 혹은 자살의 우려가 있는 재감자, 연쇄는 감방 밖 작업에 대해 재감자로서 필요하다고 인정되는 자에 한해 사용할 수 있다. 착의는 6시간 이상, 발자물쇠는 6개월 이상, 족쇄는 1년 이상 계속하여 사용할 수 없다. 호송 중인 자에게는 착의, 발자물쇠 및 족쇄를 채울 수 없다.

제52조 전옥은 형기 1년 이상의 징역수로서 형기의 반을 경과한 자 중에 사전에 소방 용무에 종사할 수 있는 자를 지정할 수 있다.

제58조 재감자의 작업시간은 다음과 같다.
단 전옥은 지방의 상황, 감옥의 구조 또는 작업의 종류에 따라 조선총독의 인가를 받아 이를 신축적으로 운용할 수 있다.
청구에 따라 작업에 종사하는 자의 작업시간은 2시간 이내로 단축할 수 있다.
1월, 12월 → 7시간
2월, 11월 → 8시간

1912년(明治 45) 3월 조선총독부령 제34호

     3월, 9월, 10월 → 9시간
     4월, 5월, 8월 → 10시간
     6월, 7월 → 11시간
    교육. 교회 및 운동에 필요한 시간은 이를 작업시간에 통산할 수 있다.
제70조 다음에 해당하는 기간은 작업 상여금을 계산하지 않는다.
    1. 누범 징역수에 대해 입감 후 3개월간
    2. 감옥법 제60조 제6호에서 제8호 및 제10호에서 제12호의 징벌에 처해진 자에 대해서 그 집행 중
    3. 처음으로 작업에 임한 날로부터 현업 일수 30일
    4. 석방일 전 5일간
제86조 문서, 도화(圖畫)의 열독은 감옥의 기율에 해가 없는 한도 내에서 허가한다.
    신문지 및 시사 논설을 기재한 것은 그 열독을 허가하지 않는다. 단 교화상(敎化上) 특히 필요하다고 인정된 것은 예외로 한다.
제89조 재감자의 사용에 제공하는 의류·침구·식기 및 잡구(雜具)의 품목은 다음과 같다.
    -의류
    1. 홑겹옷(단의單衣)
    2. 겹옷(겹袷 : 안감이 있는 겹옷)
    3. 면입(綿入 : 솜옷)
    4. 속옷(친의襯衣)
    4. 허리띠(대帶)
    5. 남자속옷(곤褌 : 훈도시)
    6. 잠방이(고인股引), 부녀에게는 잠방이를 대신하여 앞치마(전수前垂)를 사용하도록 한다.
    -침구
    1. 이불 또는 모포
    2. 요
    3. 돗자리(완정莞筵)
    3. 베개
    4. 모기장
    -잡구
    1. 수건(모포毛布)
    2. 비옷
    3. 관물(冠物 : 머리에 쓰는 모자)
    4. 신발
    잠방이나 앞치마는 작업에 임하는 자에 한해 이를 교부한다.
    전옥이 필요하다고 인정할 때는 조선총독의 인가를 받아 잡구 품목을 증가할 수 있다.
제90조 재감자가 사용하도록 제공하는 의류, 침구 및 잡구의 수는 1명당 1개로 한다. 단 모기장은 여기에 속하지 않는다.
    작업에 임하는 자에게는 따로 작업의 1조를 교부한다.
    용지 수량은 전옥이 적절히 이를 정한다. 병자에게 제공하는 의류, 침구 및 잡구의 수는 필요에 따라 증감할 수 있다.
    어쩔 수 없는 사정이 있을 때는 전옥이 조선총독의 인가를 받아 제1항 및 제2항에서 정한 개수를 증감할 수 있다.
제91조 3. 18세 미만의 수형자 또는 이에 준하는 처우를 하는 수형자에게 착용시키는 의류.

개정

1938년(昭和 13) 12월 조선총독부령 제244호

1941년(昭和 16) 5월 조선총독부령 제141호

제1장 총칙

제1조 도망범죄인인도조례 또는 치안유지법 제3장에 의거 구금해야 할 자는 이를 구치감에 구금한다.

외국선박승조원의 체포 유치에 관한 원조법 또는 치안유지법 제2장에 의거 감옥에 구금한 자는 형사피고인에 준한다.

제2조 감옥의 참관은 남자에게는 남감(男監), 여자에게는 여감(女監)에 한해 이를 허가한다. 단 조선총독으로부터 특별한 허가를 받았을 때는 예외로 한다.

---

4. 처우상 필요하다고 인정되는 수형자에게 착용시킬 의류
5. 이불

제94조 재감자에게 급여하는 양식의 종류 및 분량은 다음과 같다.
1. 밥[쌀(하등下等의 백미) 4/10, 보리 6/10] 1인 1회 3홉(合) 이하
2. 채(菜) 1인 1회 5전(錢) 이하
지방의 상황 혹은 물가의 고저에 따라 또는 재감자의 건강 보전을 위해 필요할 때에는 전옥이 조선총독의 인가를 받아 양식의 종류를 변경할 수 있다.
작업의 종류에 따라 필요한 때에는 전옥은 조선총독의 인가를 받아 밥의 분량을 증가할 수 있게 한다.

제123조 접견의 횟수는 구류수(拘留囚)는 10일마다 1회, 금고수는 1개월에 1회. 징역수는 2개월에 1회로 한다.

제129조 수형자가 받는 서신의 수는 구류수는 10일에 각 1통, 금고수는 1개월마다 1통, 징역수는 2개월마다 1통을 넘을 수 없다.
전옥이 어쩔 수 없는 사정이 있다고 인정할 때는 전항의 제한에 따르지 않을 수 있다.

제135조 재감자에게 교부한 신서 및 기타 문서는 필요에 따라 10일 이내 본인의 손에 유치(留置)하게 할 수 있다.

제138조 제129조에서 정한 도수(度數)를 넘은 신서로서, 발신에 관한 것은 곧바로 이를 본인에게 돌려주고 그 수신에 관한 것은 임시로 신분장부에 첨부해 두며, 다음 기간에 차례대로 이를 본인에게 교부해야 한다.
감옥법 제47조 제1항에 따라 발수(發受)를 허가받지 못한 신서는 신문방부에 첨부해 두고 폐기할 것을 제외하고 석방 때 이를 본인에게 교부해야 한다.

제143조 수형자에게는 법령, 기타 전옥이 유익하다고 인정하는 문서, 필묵지, 인지(印紙), 우표, 우편엽서, 금전, 음식물 및 조선총독이 인가한 물품을 제외하고 차입을 할 수 없다. 단 자변을 허가한 물품은 이에 속하지 않는다.

제154조 5. 상표 1개를 가지는 자에게는 1주간에 1회, 상표 2개를 가지는 자에게는 1주간에 2회, 상표 3개를 가지는 자에게는 1주간에 3회 채(菜)를 더 주는 것. 단 그 대가는 1회 3전 이하로 한다.

제156조 재감자가 다음 각 호에 해당하는 행위가 있을 때에는 50전 이하의 상금을 줄 수 있다.

	미성년자에게는 감옥의 참관을 허가하지 않는다.
	외국인이 감옥을 참관하려면 조선총독의 허가를 받아야 한다.
제3조	감옥의 참관을 청하는 자가 있을 때에는 전옥(典獄)은 그 성명, 신분, 직업, 주소, 연령 및 참관 목적을 조사하고 허가를 받은 자에게는 참관자 심득(心得)[81]을 고지해야 한다.
제4조	조선총독에게 정원(情願)을 하려면 그 취지를 기재한 서면을 제출해야 한다.
	정원서(情願書)는 본인이 이를 봉함하고 감옥관리는 이를 열어 볼 수 없다.
	정원서를 제출한 경우 전옥은 속히 이를 조선총독에 올려보내야 한다.
제5조	순열관리(巡閱官吏)[82]에게는 서면 또는 구두로 정원을 할 수 있다.
	순열관리에게 정원을 할 것을 예고하는 자가 있을 때 전옥은 그 성명을 정원부(情願簿)에 기재해 두어야 한다.
	전조(前條) 제2항의 규정은 본 조의 정원서에 이를 적용한다.
제6조	순열관리가 정원을 들으려면 필요한 경우를 제외하고 감옥관리를 입회하게 할 수 없다.
제7조	순열관리가 정원을 심사하는 경우 스스로 재결(裁決)[83]을 하거나 조선총독의 재결을 청할 수 있다.
	순열관리 스스로 재결을 했을 때에는 정원부에 그 요지를 기재해야 한다.
제8조	정원에 대한 재결은 전옥이 속히 이를 본인에게 고지해야 한다.
제9조	전옥은 매주 1회 이상 면접일을 정해 감옥 처치 또는 일신의 사정에 대한 제기를 청하는 재감자를 면접해야 한다.
	전항의 제기를 예고하는 자가 있을 때에는 그 성명을 면회부에 기재하고 그 순서에 따라 면접하며, 본인에게 표명한 의견의 요지는 면회부에 기재해야 한다.
제10조	본령 중 별도의 규정이 있는 것을 제외하고 징역수에게 적용하는 규정은 노역장 유치 언도를 받은 자에게 이를 준용한다.

---

81 심득(心得) : 일반적으로 마음가짐, 소양, 지식, 주의사항 등을 뜻함. 위 문장에서는 주의사항으로 해석함.
82 순열관리(巡閱官吏) : 정기적으로 감옥을 순찰하는 관리.
83 재결(裁決) : 불복사항에 대해 그 시비를 판단하는 것.

제2장 수감

제11조   새롭게 입감하는 자를 영수(領收)했을 때는 입감자의 성명, 영수 연월일시 및 영수관리의 성명을 기재한 영수서(領收書)를 호송자에게 교부해야 한다.

제12조   새롭게 입감하는 부녀에게 자녀의 동반을 허가하지 않을 경우에, 적당한 인수인(引取人)이 없을 때는 그 자녀를 감옥 소재지의 경찰관서에 인도해야 한다. 동반을 허가한 자녀가 1세에 달하거나 또는 별도로 재감을 허가하면 안 되는 사정이 있을 경우에 적당한 인수인이 없을 때에도 동일하다.

제13조   새롭게 입감하는 자는 감옥의(監獄醫)가 그 건강을 검사해야 한다.

제14조   감옥에서 피병감(避病監), 기타 전염병자의 수용에 적당한 설비가 있을 때에는 전염병에 걸린 자라도 이를 입감해야 한다.

제15조   감옥령 제4조에 따라 입감시키지 않는 경우에는 곧바로 그 내용을 입감을 지휘한 관청 및 감옥소재지의 경찰관서에 통보하는 한편, 그 사정을 조선총독에게 보고해야 한다.

제16조   새롭게 입감하는 자가 형집행 정지를 해야 할 이유가 있다고 인정될 때에는 이를 입감시킨 후 감옥의의 진단서와 인수인에 관한 조사서류 등을 첨부하여 곧바로 그 내용을 검사에게 통보해야 한다.

제17조   새롭게 입감하는 자는 질병, 기타 어쩔 수 없는 경우를 제외하고 입욕(入浴)을 하도록 한다.

부녀의 입욕에는 부녀 감옥관리가 입회하고 부녀의 신체 및 의류 검사 역시 부녀 감옥관리가 이를 행한다.

전항의 규정은 재감 중인 부녀의 입욕 및 신체·의류의 검사에 이를 준용한다.

제18조   입감자에게는 번호를 붙이고 재감 중 그 번호표를 상의 옷깃 또는 흉부에 부착하게 해야 한다. 단 본인이 감옥 밖에 있는 동안은 번호표를 제거하게 할 수 있다.

제19조   전옥은 재감자가 준수해야 하는 사항 및 형기의 기산(起算) 그리고 종료일을 입감자에게 고지해야 한다.

전옥은 입감자의 신상에 관한 사정을 조사하고 그 결과를 신상표에 기재해야 한다.

전항의 조사 시 필요하다고 인정될 때는 재판소, 경찰관서, 기타 관청, 공서(公署) 또는 본인과 연고가 있는 자에게 조회를 해야 한다.

제20조　전옥이 필요하다고 인정하는 때에는 입감자를 촬영해야 한다. 재감자에게도 동일하다.

제21조　새롭게 입감한 자는 질병, 기타 어쩔 수 없는 경우를 제외하고 3일 이내에 독거구금에 부쳐야 한다. 전항의 수형자에게는 문서 도화(圖畫)의 열독을 허용하지 않고, 징역수에게는 작업을 부과하지 않을 수 있다.

제22조　입감자의 신분장부(身分帳簿),[84] 재감인 인명부 및 만기력부(滿期曆簿)는 수감 후 3일 이내에 이를 정리하고 필요한 사항을 기재해야 한다.

재감자 준수 사항은 책자로 하여 이를 감방 내에 구비해 두어야 한다.

제3장 구금

제23조　독거구금에 부쳐진 자는 다른 재감자와 교통을 차단하며, 소환·운동·입욕·접견·교회·진료 또는 어쩔 수 없는 경우를 제외하고 언제나 일정한 방 안에 독거하게 해야 한다.

제24조　형사피고인은 되도록 독거구금에 부쳐야 한다.

제25조　수형자는 본령에서 규정하는 경우를 제외하고 되도록 다음 순서에 따라 독거구금에 부쳐야 한다.

1. 형기 2개월 미만인 자
2. 25세 미만인 자
3. 초범자
4. 입감 후 2개월을 경과하지 않은 자

여죄 또는 형 기한 내의 범죄로 인해 심문 중에 있는 수형자는 되도록 독거구금에 부쳐야 한다.

---

[84] 신분장부(身分帳簿) : 죄수의 형사처분 내용을 기재하는 기록물. 감옥에 입감함과 동시에 작성한다. 앞뒷면 1장으로 구성되는데, 앞면에는 개인의 인적사항(성명, 성별, 본적, 출생지, 주소, 신분장부 작성 시기)를 적고 열 손가락의 지문을 찍으며, 뒷면에는 형사처분 내용(판결 연월일, 판결기관, 형명, 형기, 집행기관, 출옥일) 등을 기재함. 재소자의 지문을 첨부하므로 '신분장지문원지(身分帳指紋原紙)'라고도 부름.

독거감방이 남아 있을 때는 앞의 두 항에 해당하지 않는 수형자라도 독거구금에 부칠 수 있다.

제26조　재감자의 정신 또는 신체에 해가 있다고 인정하는 때에는 독거구금에 부칠 수 없다.

제27조　독거구금의 기간은 2년을 넘을 수 없다. 단 특별히 계속할 필요가 있는 경우에는 이후 6개월마다 그 기간을 갱신해도 무방하다.

18세 미만의 자는 특별히 필요하다고 인정한 경우를 제외하고 6개월 이상 계속하여 이를 독거구금에 부칠 수 없다.

제28조　전옥 및 감옥의는 적어도 30일마다 1회, 기타 감옥관리는 매일 수차 독거구금에 부쳐진 재감자를 순시해야 한다.

제29조　전옥(감옥의), 교회사 및 부녀 감옥관리를 제외하고 감옥관리는 단독으로 독거구금에 부쳐진 부녀를 순시할 수 없다.

야간독거감방에 구금된 부녀의 순시 또한 동일하다.

제30조　독거구금에 부쳐진 재감자를 순시한 감옥관리는 그 시찰 사항을 전옥에게 보고해야 한다.

제31조　독거구금의 기간 만료 후 필요하다고 인정되는 자는 야간독거감방에 구금해야 한다.

제25조 제3항의 규정은 야간독거감방에 이를 준용한다.

제32조　야간독거감방에 구금된 자가 작업에 들어가지 않는 때에는 주간이라도 계속 재방(在房)하도록 한다.

제33조　노역장 유치 언도를 받은 자와 수형자는 어쩔 수 없는 경우를 제외하고 이들을 동일한 감방 또는 공장에 잡거하게 할 수 없다.

제34조　병자 또는 불구자와 건강한 자는 어쩔 수 없는 경우를 제외하고 이들을 동일한 감방에 구금할 수 없다. 단 간호에 종사하는 자는 여기 적용되지 않는다.

제35조　잡거감방에는 3인 이상을 구금해야 한다. 단 요양 기타 어쩔 수 없는 경우는 여기 적용되지 않는다.

제36조　잡거감방, 공장, 교육장 및 교회당에서는 재감자의 자리를 정해 교담(交談)을 금지해야 한다.

제37조   감방에는 다다미를 펼 수 없다. 단 구치감, 여감 및 병감은 여기 적용되지 않는다.

제38조   잡거감방은 어쩔 수 없는 경우를 제외하고 공장으로 대용할 수 없다.

제39조   감방 앞에는 작은 문패를 걸고 그 상부에 재방자의 성명, 연령, 죄질, 형명, 형기, 유치기간 및 범수(犯數)를, 그 하부에는 번호 및 입감 연월일을 기재하며 상부는 이를 보이지 않게 가려 두어야 한다.

제40조   잡거감방에는 그 용적, 정원 및 현재 인원을 기재한 작은 문패를 걸어 두어야 한다.

제4장 계호

제41조   감옥에서는 출입 경계를 엄격히 하고 필요하다고 인정될 때에는 출입자의 휴대품을 검사해야 한다.

개감(開監) 전, 폐감(閉監) 후는 전옥의 허가 없이 감옥관리 이외의 자를 출입하게 할 수 없다.

제42조   감옥의 바깥 문, 각 출입구, 감방, 공장 및 현재 재감자를 구금하는 장소는 이를 폐쇄해 두어야 한다. 만약 필요에 따라 일시 개방할 때에는 그 주요 장소를 지켜야 한다. 열쇠는 일정한 감옥관리가 보관하고, 필요한 경우를 제외하고는 주고받을 수 없다.

제43조   감옥관리는 전옥의 명령이 있지 않는 한 다른 감옥관리의 입회 없이 감방의 문을 열거나 또는 재감자를 나오게 할 수 없다. 단 병감은 여기 적용되지 않는다.

제44조   감옥의 구내에서는 언제나 시찰의 편의를 꾀하고, 관망을 저해하며 기타 계호에 장해가 될 만한 물건을 둘 수 없다.

어쩔 수 없이 사다리, 기타 위로 올라갈 수 있는 물건을 구내에 둘 때에는 이것을 쇠사슬로 잠궈 놓아야 한다.

제45조   전옥은 감옥관리로 하여금 적어도 매일 1회 감방의 검사를 하게 해야 한다.

제46조   전옥은 감옥관리로 하여금 공장 또는 감옥 밖에서 감방으로 돌아오는 재감자의 신체 및 의료의 검사를 하게 해야 한다.

제47조   재감자로서 계호를 위해 격리할 필요가 있는 자는 독거구금에 부쳐야 한다.

제48조   계구(戒具)는 다음 5종으로 한다.

1. 진정의(鎭靜衣)[85]

2. 방성구(防聲具)[86]

3. 수갑(手錠)

4. 연쇄(連鎖)[87]

5. 포승

제49조 계구는 전옥의 명령 없이는 사용할 수 없다.

제50조 진정의는 폭행 또는 자살을 하는 재감자, 방성구는 제지에 응하지 않고 큰 소리를 내는 재감자, 수갑과 포승은 폭행·도주 혹은 자살의 우려가 있는 재감자 또는 호송 중인 재감자, 연쇄는 감방 외의 작업에 임하는 수형자로서 필요하다고 인정되는 자에 한해 이를 사용할 수 있다.

진정의는 12시간 이상, 방성구는 6시간 이상 이를 사용할 수 없다. 다만 특별히 계속할 필요가 있는 경우에는 이후 3시간마다 갱신해도 상관없다.

호송 중인 자에게는 진정의를 사용할 수 없다.

제51조 감옥관리가 재감자에 대해 검 또는 총을 사용했을 때 전옥은 곧바로 그 내용을 조선총독에게 보고해야 한다.

제52조 전옥은 징역수로서 형기의 1/3을 경과하고 도주의 우려가 없는 자 중에 미리 소방, 기타 용무에 종사할 수 있는 자를 지정하여 수시로 연습을 시킬 수 있다.

제53조 감옥법 제22조에 따라 재감자를 해방할 때는 출두 시간 및 장소를 고지해야 한다.

제54조 재감자를 다른 곳에 호송하는 경우에는 감옥의에게 보여 진단하게 하고, 건강에 해가 있다고 인정될 때에는 그 호송을 정지해야 한다. 호송을 정지했을 때에는 그 내용을 관계 관청에 통보해야 한다.

제55조 호송 중에는 남녀를 동행시킬 수 없다. 형사피고인으로서 피고사건에 서로 관련 있는 자 또한 동일하다.

형사피고인 및 18세 미만의 자는 호송 시 다른 재감자와 구분해야 한다.

---

85 진정의(鎭靜衣) : 몸을 움직이지 못하도록 신체를 덮어 묶는 도구.
86 방성구(防聲具) : 소리를 내지 못하도록 얼굴에 씌우는 도구.
87 연쇄(連鎖) : 감옥 밖 작업을 할 때 두 사람을 한 조로 묶는 쇠줄 도구.

제56조　재감자가 도주했을 때에는 전옥이 속히 감옥 소재지 및 그 부근 그리고 도주자가 나타날 가능성이 있는 지방의 경찰관서에 도주자의 인상서를 첨부하여 도주 사항을 통보해야 한다.

제57조　전조(前條)의 경우 전옥은 그 사실을 조선총독에게 보고해야 한다.

　　　　도주자를 체포했을 때 역시 동일하다.

　　　　도주자가 형사피고인일 때에는 전항의 도주 및 체포 사실을 검사에게 통보해야 한다.

제5장 작업

제58조　재감자의 작업시간은 다음과 같다.

　　　　단 전옥은 지방의 상황, 감옥의 구조 또는 작업의 종류에 따라 조선총독의 인가를 받아 이를 신축적으로 운용할 수 있다.

　　　　청구에 따라 작업에 종사하는 자의 작업시간은 2시간 이내로 단축할 수 있다.

　　　　　1월, 12월　　　→ 8시간
　　　　　2월, 11월　　　→ 9시간
　　　　　3월, 9월, 10월　→ 10시간
　　　　　4월, 5월, 8월　→ 11시간
　　　　　6월, 7월　　　→ 12시간

　　　　교육, 교회 및 운동에 필요한 시간은 이를 작업시간에 통산할 수 있다.

제59조　작업의 종류는 조선총독의 인가를 받아야 한다.

제60조　재감자에게 부과하는 작업은 그 종류 및 1일의 과정(科程)을 지정하여 이를 본인에게 고지해야 한다.

제61조　작업 과정은 보통 1명이 완성하기까지의 비용 및 제58조 제1항의 작업시간을 표준으로 등일(等一)하게 이를 정한다.

　　　　완성 비용을 표준으로 할 수 없는 작업에 대해서는 제58조 제1항의 작업시간을 작업 과정으로 한다.

　　　　18세 미만의 수형자, 노인, 병약자 및 불구자는 앞의 두 항에 따르지 않고 각 취업자에 대해 적당한 작업 과정을 정할 수 있다.

제62조 작업시간 전부를 통틀어 취업할 수 없는 작업은 이를 다른 작업과 병과할 수 있다.

제63조 1일의 작업 과정을 종료한 자라도 작업시간 내에는 계속해서 작업에 임하게 해야 한다.

제64조 청구에 의해 작업에 임하는 자는 정당한 사유가 없이 그 작업을 중지 혹은 이를 폐지하거나 작업의 종류를 변경할 수 없다.

제65조 전옥은 조선총독의 인가를 받아 재감자를 수부(受負)[88] 작업에 종사하게 할 수 있다.

제66조 형사피고인은 감옥 밖 작업에 종사하게 할 수 없다.

제67조 전옥은 감옥관리로 하여금 매일 1회 각 취업자의 작업 성적을 검사하게 해야 한다.

제68조 비용(仕上高)은 매월 말일에 그 달치를 적산(積算)하고 1일 평균고와 1일 과정을 대조하여 작업 과정의 완료 여부를 정해야 한다.

제61조 제2항의 작업에 대해서는 1개월마다 그 취업시간을 적산하고 전항의 예에 따라 작업 과정의 완료 여부를 정해야 한다.

제69조 전조에 따라 작업 과정의 완료 여부를 정했을 때는 작업상여금을 계산해야 한다.

제70조 다음에 해당하는 기간은 작업상여금을 계산하지 않는다.

1. 입감한 달 및 그 다음 달로부터 2달

2. 석방일 이전 5일

제71조 작업상여금 계산고는 각 취업자의 성적을 보통의 공전(工錢)[89]에 견적(見積)하여 행상, 범수(犯數) 및 작업 과정의 완료 여부를 참작하여 다음 비율로 정해야 한다.

1. 형사피고인, 구류수(拘留囚) 및 금고수는 견적액의 10분의 4에서 10분의 7

2. 징역수는 견적액의 10분의 1부터 10분의 4

제72조 감옥법 제25조 제4항에 따라 작업에 임한 자에게는 취업 당일에 한해 전조(前條)에 게시된 비율 외에 견적액의 10분의 3 이내를 증가할 수 있다.

제73조 재감자가 악의(惡意) 또는 중과실로 기구, 제품, 소품, 기타 물건에 손해를 끼쳤을 때

---

[88] 수부(受負) : 형무소에서 기구와 기술자를 준비하고, 민간업자는 오로지 주요 원료만을 제공하여 노력비, 부속 재료비 기타에 대해 지불을 하도록 하는 일종의 위탁제. 청부작업이 아닌 일종의 고용계약으로 임금만을 받는 노역을 일컬음.

[89] 공전(工錢) : 물건을 만든 데 대하여 하루를 단위로 계산하여 주는 품삯.

에는 그 배상에 상당하는 금액을 작업상여금 계산고 내에서 공제할 수 있다.

제74조　취업자에게는 매월 15일까지 전월분의 작업상여금 계산고를 고지해야 한다.

제75조　작업상여금은 취업자가 석방될 때 이를 급여한다.

제76조　10원 이상의 작업상여금 계산고를 갖는 수형자에게는 그의 부, 모, 처 혹은 자의 부조(扶助), 범죄 피해자에 대한 배상 또는 서적 구매를 할 필요가 있는 경우에는 형편에 따라 재감 중이라 하여도 작업상여금 계산고의 3분의 1을 넘지 않는 금액을 줄 수 있다.

수형자를 위해 특별히 필요하다고 인정되는 경우에는 전항의 규정에 따르지 않고 작업상여금을 줄 수 있다.

제77조　작업상여금 계산고를 갖는 형사피고인은 그의 부, 모, 처 또는 자의 부조, 기타 정당한 비용을 요하는 경우에는 형편에 따라 재감 중이라도 작업상여금을 줄 수 있다.

제78조　작업상여금 계산고를 가지는 재감자가 도주 후 6개월 내에 그 거소가 분명하지 않은 때에는 그 계산고를 말소해야 한다.

제79조　감옥법 제21조 및 제28조에 따라 수당금을 주어야 할 사정이 있다고 인정될 때 전옥은 조사서류를 첨부하여 그 내용을 조선총독에게 보고해야 한다.

제6장 교회와 교육

제80조　교회는 휴업일 또는 일요일에 해야 한다.

전옥은 필요하다고 인정될 때 휴업일 또는 일요일 이외의 날에도 교회를 하게 할 수 있다.

제81조　병감(病監) 또는 독거감방에 구금하는 수형자 및 형사피고인에게는 그 거소에서 교회를 해야 한다.

제82조　수형자가 부모의 부고를 접하여 취업을 면제받았을 때는 이를 독거구금에 부치고 매일 교회를 해야 한다.

전항의 경우에는 본인 희망에 따라 그 죽은 부모를 위해 독경을 하도록 할 수 있다.

제83조 은사(恩赦) 가출옥 혹은 가출장(假出場)을 주거나 상표(賞表)[90]를 부여할 때는 그 식장에 수형자의 전부 또는 일부를 모아 교회를 해야 한다.

제84조 수형자가 사망했을 때는 본인과 연고가 있는 수형자를 모아 관 앞에서 교회를 해야 한다.

제85조 감옥법 제30조에 따라 교육을 하는 수형자에게는 매일 4시간 이내 그 교육 정도에 따라 수신, 독서, 산술, 습자, 기타 필요한 학과를 교수해야 한다.

제86조 문서, 도화(圖畫)의 열독은 감옥의 기율에 해가 없는 한도 내에서 허가한다.
신문지 및 시사 논설을 기재한 것은 그 열독을 허가하지 않는다. 단 교화상 특히 필요하다고 인정된 것은 예외로 한다.

제87조 잡거구금에 처해진 재감자에게는 동시에 3개 이상의 문서, 도화를 열독하게 할 수 없다. 단 자서(字書)는 필요에 따라 그 책 수를 증가할 수 있다.

제88조 독거구금에 처해진 재감자에게는 형편에 따라 그 감방 내에서 자변(自辨)에 관계되는 필묵지(筆墨紙)의 사용을 허용할 수 있다.

제7장 급양(給養)

제89조 재감자의 사용에 제공하는 의류, 침구, 식기 및 잡구(雜具)의 품목은 다음과 같다.
- 의류
1. 상의(常衣)
2. 작업의
3. 속옷
4. 허리띠
5. 남자 속옷
6. (일본식) 버선
- 침구

---

90 상표(賞表) : 선행이나 공적 등을 칭찬하여 표시하는 것 또는 그러한 상장이나 표창.

1. 포단(蒲團)[91] 또는 모포

2. 요

3. 베개

5. 모기장

-식기

1. 밥상

2. 반(飯)□

3. 공기

4. 젓가락

5. 접시

-잡구

1. 모포(毛布)

2. 신발

3. 우산

4. 모자

전옥이 필요하다고 인정할 때는 조선총독의 인가를 받아 잡구 품목을 증가할 수 있다.

용지(用紙), 이를 닦는 용품, 비누 용품 등 일상필수품은 이를 급여한다.

제90조　재감자가 사용하도록 제공하는 의류, 침구 및 잡구의 수는 1명당 1개로 한다. 단 모기장은 여기 속하지 않는다.

전옥이 필요하다고 인정하는 경우 전항의 개수를 늘릴 수 있다.

전항의 규정에 의해 개수의 증감을 했을 때는 그 사유를 올려 조선총독에게 보고해야 한다.

병자에게 제공하는 의류, 침구 및 잡구의 수는 전옥이 적절히 이를 증감할 수 있다.

91　포단(蒲團) : 부들로 둥글게 틀어 만든 방석 또는 침구. 사람이 앉거나 누울 때 바닥에 깔거나, 잘 때 몸을 덮음. 피륙 같은 것으로 만들거나 솜을 넣기도 하며 솜이불, 겹이불, 홑이불 따위가 있음. 본 자료에서는 '침구'의 의미로 해석함.

식기 및 일상필수품의 수량은 전옥이 결정한다.

제90조의 2(1938. 12. 신설). 감방 또는 공장 내에 구비하는 품목은 다음과 같다

1. 책상

2. 침대

3. 돗자리

4. 먼지털이

5. 쓰레받기

6. 걸레

7. 휴지통

8. 음료수 용기

9. 잡용수(雜用水) 용기

10. 세면기

11. 이발 용구

12. 타구

13. 변기

14. 신발장

15. 부채

책상, 침대, 이발 용구 및 부채는 필요한 경우에만 이를 비치한다.

전옥이 필요하다고 인정한 경우는 조선총독의 인가를 받아 기구(器具)의 품목을 증가시킬 수 있다.

감방 및 공장에는 제1항 및 전항의 품목 및 그 수량을 기재한 작은 패를 걸어 놓아야 한다.

제91조 수형자에게 착용시킬 의류는 황토색으로 한다.

다음에 해당하는 의류, 침구는 옅은 남색으로 한다.

1. 형사피고인에게 대여하는 의류

2. 노역장 유치 언도를 받은 자에게 대여하는 의류

3. 18세 미만의 수형자 또는 그에 준하는 처우에 해당되는 수형자에게 입히는 의류

　　　　4. 처우상 필요하다고 인정되는 수형자에게 입히는 의류
　　　　5. 이불
　　　18세 미만의 수형자 또는 이에 준하는 처우에 해당되는 수형자에게 입힐 의류는 이를 흑색으로 할 수 있다.
　　　병자에게 입히는 의류 또는 용구는 이를 백색으로 할 수 있다.
제92조　자변하는 의류·침구는 계절에 맞추는 한편, 감옥의 기율 및 위생에 해가 없는 물건에 한정하여 인정한다.
　　　자변하는 의류·침구의 품목 및 개수는 전옥이 이를 정한다.
제93조　자변하는 의류·침구는 때때로 이를 교환, 보철(補綴) 또는 건조시켜야 한다. 감옥에서 자변한 의류·침구를 보철 또는 건조시켰을 때에는 그 비용을 본인의 부담으로 한다.
제94조　재감자에게 급여하는 양식의 종류 및 분량은 다음과 같다.
　　　　1. 밥(쌀 2/10, 콩 3/10, 조 5/10) 1인 1회 400그램 이하
　　　　2. 채(茶) 1인 1회 5전(錢) 이하
　　　지방의 상황 혹은 물가의 고저에 따라 또는 재감자의 건강 보전을 위해 필요할 때에는 전옥은 조선총독의 인가를 받아 양식의 종류를 변경할 수 있다.
　　　작업의 종류에 따라 필요한 때에는 전옥이 조선총독의 인가를 받아 밥의 분량을 증가할 수 있게 한다.
제95조　재감자에게 급여하는 음료는 끓인 물을 사용한다. 단 필요한 때에는 보리차 또는 차를 사용할 수 있다.
제95조의 2(1938. 12. 신설). 1월 1일, 기원절(紀元節), 천장절(天長節), 명치절(明治節), 기타 조선총독이 지정한 날에는 앞의 2조 규정과 상관없이 특별한 양식 또는 음료를 줄 수 있다.
제96조　재감자에게는 주류(酒類) 또는 연초를 사용하는 것을 허가하지 않는다.
제97조　병자의 양식 및 음료는 전옥이 적절히 이를 정할 수 있다.
제98조　자변 양식의 종류 및 분량은 전옥이 이를 정한다.
제99조　자변 양식의 판매 또는 취급을 하는 자에게 부정한 행위가 있다고 인정할 때는 전

옥은 그 자의 출입을 금지해야 한다.

전옥은 필요에 따라 자변 양식의 판매 또는 취급을 하는 자를 지명할 수 있다.

제100조 자변 양식은 감옥관리가 입회한 상태에서 감옥의가 그 검사를 해야 한다.

제101조 잡거구금에 처해진 자의 자변 양식은 되도록 일정한 장소에서 이를 사용하게 해야 한다.

제8장 위생 및 의료

제102조 감옥에서 청결을 주지(主旨)로 하여 의류, 침구 및 잡구는 기한을 정하고 증기, 기타 적당한 방법을 사용하여 이를 청정하게 해야 한다.

제103조 수형자의 두발은 적어도 1개월마다 1회, 수염은 적어도 10일마다 1회 이를 깎아야 한다.

단 특별한 사정이 있는 자는 이에 속하지 않는다.

부녀의 두발은 필요한 경우를 제외하고 이를 깎을 수 없다.

제104조 두발, 수염을 깎지 않는 경우에는 언제나 이를 정돈하도록 해야 한다. 부녀에게는 머리 기름의 사용을 허가할 수 있다.

제105조 재감자의 입욕 회수는 작업 종류 및 기타 사정을 참작하여 전옥이 정한다. 단 6월부터 9월까지는 5일마다 1회, 10월부터 5월까지는 7일마다 1회 이하로 줄일 수 없다.

제106조 재감자에게는 우천 시를 제외하고 매일 30분 이내 호외(戶外)에서 운동을 시켜야 한다.

단 작업의 종류에 따라 운동할 필요가 없다고 인정되는 자는 이에 속하지 않는다.

전항의 운동시간은 독거구금에 부쳐진 자에 한해 1시간 이내로 늘일 수 있다.

수형자에게는 호외 운동으로 체조를 시킬 수 있다.

제107조 독거구금에 부쳐진 재감자로서 18세 미만의 자는 적어도 30일마다 1회, 기타의 경우는 적어도 3개월마다 1회, 잡거구금에 부쳐진 수형자로서 형기 1년 이상의 자는 적어도 6개월마다 1회 감옥의에게 건강진단을 받게 해야 한다.

제108조 18세 미만의 자는 되도록 치료하는 시간 및 병감 내 거처를 기타의 자와 달리 한다.

제109조 독거구금에 부쳐진 자가 질병에 걸렸을 때는 병감으로 옮길 필요가 있는 경우를 제외하고 그 감방에서 치료하며, 병감으로 옮겼을 때는 되도록 병감 내 독거 감방에

구금해야 한다.

제110조 전염병이 유행할 조짐이 있을 때에는 그 예방을 엄격히 하며 유행지에서 출발하거나 또는 그 지방을 경과한 입감자는 1주일 이상 다른 자와 격리하고 그 휴대한 물건에는 소독을 해야 한다.

제111조 전염병 예방을 위해 필요한 경우에는 재감자에게 종두 또는 혈청주사를 시행할 수 있다.

제112조 전염병이 유행할 때에는 음식물의 차입 및 구매를 정지할 수 있다.

제113조 재감자가 전염병에 걸렸을 때는 곧바로 격리시키고 엄격히 소독을 하며, 그 상황을 조선총독에게 보고해야 한다. 전항의 경우에는 감옥 소재지의 경찰관서에 그 사실을 통보해야 한다.

제114조 감옥법 제43조에 따라 재감자를 병원으로 이송할 때 전옥은 감옥의의 진단서 및 이송할 병원과의 협의서를 첨부하여 조선총독의 인가를 받아야 한다.

제115조 재감자를 병원에 이송했을 때에는 전옥이 감옥관리로 하여금 매일 그 상황을 시찰하게 해야 한다.

제116조 병원에 이송한 자가 재원(在院)할 필요가 없게 되었을 때 전옥은 속히 이를 환송시키고 조선총독에게 그 내용을 보고해야 한다.

제117조 치료를 위해 특별히 필요하다고 인정될 때 전옥은 감옥의가 아닌 의사로 하여금 치료를 보조하게 할 수 있다. 분만 시 필요하다고 인정할 때 전옥은 산파를 붙일 수 있다.

제118조 재감자의 질병이 위독할 때에는 그 내용을 본인의 가족 또는 친족에게 통지하고, 형사피고인일 때에는 거듭 검사에게 통보해야 한다.

제119조 임부(妊婦)는 수태 후 150일 이상 된 자, 산부(産婦)는 분만 후 60일을 경과하지 않은 자에 한해 이를 병자에 준할 수 있다.

제9장 접견 및 서신

제120조 14세 미만의 자에게는 재감자와의 접견을 허가하지 않는다.

제121조 접견 시간은 30분 이내로 한다. 단 변호인과의 접견은 이에 속하지 않는다.

제122조 접견은 집무시간 내가 아니면 이를 허가하지 않는다.

제123조 접견의 회수는 구류수(拘留囚)는 10일마다 1회, 금고수는 15일에 1회, 징역수는 1개월마다 1회로 한다. 단 18세 미만의 수형자 또는 이에 준하는 처우를 하는 수형자의 접견 횟수는 전옥이 교화상 필요하다고 인정하는 정도를 표준으로 하여 적절히 이를 증가시킬 수 있다.

제124조 전옥이 어쩔 수 없는 사정이 있다고 인정할 때에는 앞의 4조의 제한에 따르지 않을 수 있다.

제125조 재감자에게 접견할 것을 청하는 자가 있을 때에는 그 성명, 신분, 직업, 주소, 연령, 재감자와의 관계 및 면담 요지를 묻고 허가를 받은 자에게는 접견자 주의사항을 고지해야 한다.

접견할 것을 청하는 자가 변호인일 때에는 그 성명, 직업 및 주소만을 묻고 재판소 또는 예심판사의 허가를 얻어 변호인이 된 자에게는 거듭 그 내용을 증명하게 해야 한다.

제126조 접견은 접견실에서 하도록 한다.

재감자가 질병 때문에 접견실로 올 수 없을 때에는 그 거소에서 접견을 하게 할 수 있다.

제127조 접견에는 감옥관리가 입회해야 한다.

제128조 외국어는 전옥의 허가가 없으면 접견 때 이를 사용할 수 없다.

제129조 수형자가 발송하는 서신의 수는 구류수는 10일마다 각 1통, 금고수는 15일마다 각 1통, 징역수는 1개월마다 각 1통으로 한다. 단 18세 미만의 수형자 또는 이제 준하는 처우를 하는 수형자가 발송하는 서신의 수는 전옥이 교화상 필요하다고 인정하는 정도를 표준으로 하여 적절히 이를 늘릴 수 있다.

전옥이 처우상(處遇上) 기타 필요하다고 인정할 때에는 전항의 제한에 따르지 않을 수 있다.

제129조의 2. 수형자가 받아야 할 서신으로 교화상 지장이 없는 것은 그때마다 이를 본인에게 교부해야 한다.

수형자에게 교부해야 할 서신이 다수에 달하여 감옥의 취급상 현저한 곤란을 가져

올 때에는 급히 전해야 할 서신을 먼저 교부한다.

제130조 재감자가 수신하는 서신은 전옥이 검열해야 한다.

발신은 봉함을 하지 않고 이를 전옥에게 제출하게 하고, 수신은 전옥이 이를 열어 보고 검인을 해야 한다.

제131조 외국문을 사용한 신서(信書)는 검열을 위해 재검자의 비용으로 이를 번역하게 할 수 있다.

재감자가 전항의 비용을 부담할 자력이 없거나 또는 그 부담을 거부할 때에는 서신을 하거나 받는 일을 허가하지 않을 수 있다.

제132조 수형자가 발송하는 신서는 급한 경우를 제외하고 일요일, 휴업일 또는 휴식시간 중이 아니면 이를 작성하게 할 수 없다.

제133조 재감자가 신서를 스스로 쓸 수 없을 때에는 본인의 요구에 따라 감옥관리가 이를 대서(代書)해야 한다.

제134조 재감자가 발송하는 신서의 우편세는 스스로 부담하도록 한다. 재판소, 기타 공무소에 대해 답신을 요하는 경우에 우편세를 스스로 부담할 수 없을 때는 감옥에서 이를 지불해야 한다. 서신용지 및 봉투는 감옥에서 이를 급여할 수 있다.

제135조 재감자에게 교부한 신서 및 기타 문서는 전옥이 교화상 필요하다고 인정한 기간에는 이를 본인이 소지하도록 할 수 있다.

제136조 신서의 검열, 발송 및 교부 수속은 되도록 신속히 해야 한다.

제137조 신서의 발송, 교부 및 폐기의 연월일은 이를 본인의 신분장부에 기재해야 한다.

제138조 감옥법 제47조 제1항에 의하여 수신·발신이 허가된 신서는 신분장부에 첨부하여 두고, 폐기해야 할 것을 제외한 나머지는 석방 시에 본인에게 교부해야 한다.

제139조 접견의 입회 및 신서의 검열 때 행형상 참고가 될 사항을 발견했을 때에는 그 요지를 본인의 신분장부에 기재해야 한다.

제10장 영치

제140조 영치물은 그 품목 및 수량을 영치금품기장에 기재하고, 영치품기장에는 전옥이 이를 검인해야 한다.

제141조 금전이 아닌 영치물은 본인의 청구에 의해 이를 매각하여 그 대금을 영치할 수 있다.
영치를 하지 않거나 또는 영치를 해제한 물건에 대해 본인이 적절한 처분을 하지 않은 때에는 청구가 없을 때라도 전항의 처분을 할 수 있다.

제142조 재감자에게는 신문지, 시사 논설을 기재한 문서 및 감옥의 기율을 해할 만한 물건의 차입을 할 수 없다.

제143조 수형자에게는 법령, 기타 전옥이 유익하다고 인정하는 문서, 필묵지, 인지(印紙), 우표, 우편엽서, 금전, 음식물 및 교화상 특별히 필요하다고 인가한 물품을 제외하고 차입을 할 수 없다.
단 자변을 허가한 물품은 이에 속하지 않는다.

제144조 형사피고인에게는 전조(前條)에 해당하는 물품 외에 의류, 침구, 수건 및 신발에 한해 차입을 할 수 있다.

제145조 의류, 침구의 차입에 대해서는 제92조, 음식물의 차입에 대해서는 제98조의 규정을 준용한다.

제146조 재감자에게 차입을 하고자 청하는 자가 있을 때에는 그 성명, 신분, 직업 및 주소를 조사해야 한다.

제147조 재감자 앞으로 송치해 온 물품 및 차입을 한 물품은 간수장이 입회한 상태에서 간수가 이를 검사해야 한다. 음식물의 검사에는 감옥의로 하여금 입회하게 해야 한다.

제148조 자변 또는 차입을 허가한 물품은 본인에게 교부하지 않은 때라도 휴대한 물건의 예에 따라 영치 수속을 해야 한다.

제149조 음식물에 대해서는 영치에 관한 규정을 준용하지 않는다.

제150조 압수 또는 폐기 처분을 했을 때에는 몰입폐기부(沒入廢棄簿)에 품목, 수량 그리고 처분한 이유 및 연월일을 기재하고 전옥이 이에 검인해야 한다.

제151조 사망자 유류물(遺留物)의 교부를 받아야 할 자가 먼 곳에 있을 때에는 그 청구에 따라 유류물을 매각하여 대금을 송부할 수 있다. 단 송비는 청구자의 부담으로 한다.

제11장 상별

제152조 상을 줄 만한 자에게는 상표(賞表)를 부여해야 한다.

상표는 더하여 3개를 넘을 수 없다.

제153조 상표는 곡척 길이 2촌, 폭 1촌의 백색 천을 사용하여 상의의 좌측 소매와 어깨 사이의 표면에 꿰매 붙여야 한다.

제154조 상우(賞遇)는 다음과 같다.
1. 제123조에서 정한 접견의 횟수 및 제129조에서 정한 신서 발송의 횟수를 1회씩 증가할 것
2. 속옷(襯衣)의 자변을 허용하는 것
3. 작업의 변경을 허용하는 것
4. 제71조에서 정한 작업상여금 계산고의 비율을 상표(賞表) 1개마다 10분의 1씩 증가하는 것
5. 특별한 식량 및 음료를 공급할 것

제155조 상우가 폐지된 자에게는 상표를 반탈(搬奪)하고, 상우가 정지된 자에게는 그 기간 동안 상표를 제거해야 한다.

제156조 재감자가 다음 각 호에 해당하는 행위가 있을 때에는 5원 이하의 상금을 줄 수 있다.
1. 재감자가 도주하려는 것을 밀고했을 때
2. 인명을 구호하거나 또는 재감자 중 도주하려는 자를 잡았을 때
3. 천재지변 또는 전염병이 유행할 때 감옥의 용무에 복종하여 공로가 있었을 때

제157조 감식(減食)은 본인에게 급여하는 양식의 1회 분량을 2분의 1에서 3분의 1로 감한다.

제158조 징벌사범에 대해 취조 중인 자는 되도록 그를 독거구금에 부치거나 또는 야간독거 감방에 구금해야 한다.

제159조 징벌 언도는 전옥이 해야 한다.

제160조 징벌은 언도 후 곧바로 이를 집행해야 한다.

호외운동의 정지, 감식 또는 병금(屛禁)에 처해진 자는 감옥의로 하여금 진단하게 하여 그 건강에 해가 없다고 인정되었을 때가 아니면 징벌을 집행할 수 없다.

제161조 감식 또는 병금의 집행 중에 있는 자는 감옥의로 하여금 때때로 그 건강을 진단하게 해야 한다.

제162조 감식 또는 병금에 처해진 자가 재판소의 호출로 인해 출두할 때는 당일에 한해 징

벌 집행을 정지해야 한다.

전항에 해당한 자를 이감을 위해 타소(他所)로 호송할 때에는 호송 전날, 그 당일 및 호송 중 징벌의 집행을 정지해야 한다. 정지 일수는 이를 처벌기간에 산입하지 않는다.

제163조 호외운동의 정지, 감식 또는 병금에 처해진 자는 징벌의 집행을 끝낸 후 속히 감옥의로 하여금 그 건강을 진단하게 해야 한다.

제164조 징벌에 처해진 자가 이감된 감옥의 전옥은 수감 후 3일 이내에 징벌의 집행을 개시해야 한다.

수감 후 집행 개시에 이르기까지의 일수는 이를 처벌기간에 산입하지 않는다.

제165조 재감자 호송 중에 기율 위반의 행위가 있었을 때는 본인을 수령한 감옥의 전옥이 이를 징벌에 처할 수 있다.

제166조 재감자의 상벌에 관한 사항은 신분장부 및 징벌부에 기재해야 한다.

제12장 석방

제167조 형기 종료로 인해 석방되어야 하는 수형자는 되도록 석방 전 3일 이내에 독거구금에 부치고 전옥이 직접 석방 후의 주의 사항에 대해 훈계해야 한다.

제168조 형기 종료로 인해 석방되어야 하는 수형자에 대해서는 석방 10일 전까지 석방 후의 보호에 관한 사항을 조사해야 한다.

제169조 전옥이 필요하다고 인정했을 때에는 석방되어야 하는 자의 성격 및 행장(行狀) 그리고 보호에 관한 의견을 본인 거주지의 경찰관서 또는 본인의 보호를 인수할 자에게 통보해야 한다.

제170조 석방되어야 하는 자의 영치물 및 작업상여금은 사전에 교부 준비를 해 두어야 한다.

제171조 석방 때 착용할 의류를 가지지 않은 자에게는 사전에 본인의 영치금 혹은 작업상여금, 또 기타 방법으로 이를 조달하고, 만약 조달할 수 없을 때에는 감옥에서 이를 급여해야 한다.

제172조 수형자를 석방했을 경우에 필요하다고 인정할 때 전옥은 감옥관리로 하여금 정거

장 또는 승선소(乘船所)까지 동행하게 하며 본인을 대신해 그 귀주지(歸住地)[92] 또는 귀주지에 가장 가까운 장소에 이르기까지의 승차권 또는 승선권을 구매하고 이를 본인에게 교부하도록 해야 한다.

제173조 수형자에 대해 가출옥을 허가할 사정이 있다고 인정하는 때에는 전옥이 판결서 및 집행지휘서의 등본 그리고 행장록 및 신상조사서류를 첨부하여 조선총독에게 보고해야 한다.

제174조 가출옥으로 인해 석방될 경우에는 일정한 양식에 따라 전옥이 석방을 알리고 본인에게 증표를 교부해야 한다.

제175조 가출옥으로 인해 석방된 자가 형법 제29조 제1호에서 제3호에 해당하는 것을 알았을 때에는 전옥이 속히 의견을 구해 그 내용을 조선총독에게 보고해야 한다.

제176조 제173조 및 제174조의 규정은 형법 제30조에 의한 가출옥의 경우에 이를 준용한다.

제13장 사망

제177조 재감자가 사망했을 때에는 전옥이 그 사체를 검시해야 한다.

병사(病死)의 경우에 감옥의는 그 병명, 병력, 사인 및 사망 연월일시를 사망장(死亡帳)에 기재하고 이에 서명해야 한다.

자살, 기타 변사의 경우에는 그 내용을 경찰관서에 통보하고 검시를 받아 검시자 및 입회자의 관씨명(官氏名), 그리고 검시의 결과를 사망장에 기재해야 한다.

제178조 사망자의 병명, 사인 및 사망 연월일시는 속히 이를 사망자의 가족 또는 친족에게 통보해야 한다. 사망자가 형사피고인일 때에는 거듭 검사에게 통보해야 한다.

제179조 수형자의 사체는 사망 후 24시간을 거쳐 교부를 청하는 자가 없는 경우에 한하여 해부를 위해 관공립 병원, 학교 또는 기타 공무소에 이를 송부할 수 있다. 사망 후 24시간을 거쳐 교부를 청하는 자가 없는 경우라도 그 후에 이르러 교부를 청하는 자가 있다고 사료될 때 또는 본인이 생전에 해부를 거부하는 의사를 표시했을 때에는 전항의 처분을 할 수 없다.

---

92 귀주지(歸住地) : 출옥 후 돌아가 머무를 거주지.

제180조 사체를 청구자에게 교부하거나 또는 해부를 위해 송부했을 때에는 그 내용을 사망장에 기재해야 한다.

제181조 사망 후 24시간을 거쳐 사체의 교부를 청하는 자가 없을 때에는 제179조의 경우를 제외하고 이를 감옥 묘지에 가장(假葬)해야 한다. 화장에 부친 경우에는 그 유골에 대해서도 역시 같다.

가장의 경우에는 사망자의 성명 및 사망 연월일을 기록한 목표(木標)를 세워야 한다.

제182조 사체 또는 유골을 합장했을 때는 합장자의 성명 및 사망 연월일을 합장부(合葬簿)에 기재하고 합장 장소에는 묘표(墓標)를 세워야 한다. 묘표에는 돌을 사용해야 한다.

부칙

본령은 1912년(明治 45) 4월 1일부터 이를 시행한다.

부칙

본령은 1939년(昭和 14) 1월 1일부터 이를 시행한다.

○ 감옥령 등 발포(發布)[93]에 관한 주의의 건

1912년(明治 45) 3월

통첩

사법부장관

감옥 전옥 앞

이번 조선총독부령 및 조선감옥령시행규칙을 발포하게 된 결과 종전의 취급이 변경되는 부분도 있습니다. 그 가운데 다음 사항에 대해서는 그 시행상 적부(適否) 여하에 의해 영향을 미치는 부분이 적지 않으므로 특히 주의하실 것을 이번 기회에 통첩합니다.

1. 재감자에 대하여 양식의 자변 및 차입을 허용하는 길을 열어 놓은 것은 특히 조선의 실상

---

93 발포(發布) : 법령, 정강 따위를 세상에 널리 펴서 알림.

에 비추어 처우의 적실을 기하려는 취지에서 나온 것으로, 재감자가 내지인이건 조선인이건 혹은 외국인이건 이를 가리지 않고 그 종류 및 분량과 차입인과의 관계 등에 대해서는 특히 진중하게 주의를 요한다.
2. 수형자의 감외취업에 관하여 하등의 제한적 규정이 없는 것은, 제한할 필요성이 없음을 인정한 것이 아니라, 출역자의 선택을 전옥의 재량에 위임하여 작업 시행상 시기와 형편에 맞는 조치를 취하도록 한다는 취지에서 나온 것이므로 그 실시에 대해서는 미리 상당한 표준(형명, 형기, 입감 후의 경과 기간, 출역자의 종류, 업종 등의 제한을 설정할 종류 등)을 정하여 항상 그것에 의거하여 시행함으로써 착오 없이 진행할 필요가 있다.

○ 조선감옥령시행규칙 중 개정에 관한 건

1938년(昭和 13) 12월

통첩

개정

1939년(昭和 14) 12월

법무국장

각 형무소장, 형무지소장 앞

본월 24일부로 조선총독부령 제244호를 기하여 이번(제목) 규칙 중 개정의 건을 발포하게 된 바, 그 실시에 관해서는 다음의 사항에 주의하여 처리상 유감이 없도록 해 주실 것을 통첩함.

기(記)

1. 제16조 중 인수인에 관한 조사서류는 대체로 다음 사항을 기재할 것.
   (1) 인수인의 주소, 직업, 생활상태 및 인수인과 본인의 관계
   (2) 본인 인수 후 보호의 방법
   (3) 만약 인수인이 없을 때는 그 사실 및 사유

2. 제48조의 계구의 제식(制式)에 대해서는 별도의 내훈(內訓)으로 규정된 바 있으나 진정의(鎭靜衣) 및 방성구(防聲具)는 차후 현품으로 배급될 가능성이 없음.

또한 계구의 사용에 대해서는 제50조의 규정에도 있으나 새로 규정되는 진정의 및 방성구를 사용할 때는 특히 다음 사항에 주의할 것.

  (1) 진정의

    가. "폭행 또는 자살의 위험 있음"이란 인격상으로 그 위험을 예상할 수 있다는 것만으로는 충분하지 않고, 폭행 사실 또는 자살 계획을 하거나 이에 착수한 흔적이 있어야 한다.

    나. 의사의 동의 없이 이를 사용하면 안 되고, 사용을 갱신 계속할 경우도 역시 마찬가지이다.

    다. 사용 중 재소자는 되도록 독거구금하여 의사가 때때로 그 상황을 시찰하도록 해야 한다.

  (2) 방성구

    가. 관리의 제지에 반하여 큰 소리를 지르고 소란을 일으켜 규율 및 정숙을 유지하기 어려운 경우에 한하여 이를 사용할 수 있다.

    나. 사용을 갱신 계속할 수 있는 규정을 만든 것은 주로 호송시의 필요성을 예상한 것으로, 그 밖의 경우는 특별히 어쩔 수 없는 사정이 있을 때를 제외하고는 사용을 갱신 계속해서는 안 된다.

    다. 사용 중 재소자는 가능하면 독거구금하여 의사가 때때로 그 상황을 시찰하도록 해야 한다.

  (3) 진정의 및 방성구를 사용한 경우는 그 상황을 계구시용감독부(戒具施用監督簿)에 기재해 두어야 한다.

3. 제52조의 규정에 의거 지정해야 할 자는 되도록 제3급 이상의 수형자 중에서 선택해야 한다.

4. 제58조에서 정한 작업시간은 지방의 상황, 기타 특별한 사정이 없는 한 다음의 재소자동작시한표에 의거해야 한다.

재소자동작시한표(在所者動作時限表)

6월, 7월	4월, 5월, 8월	3월, 9월, 10월	2월, 11월	1월, 12월	월별 / 동직별
5시 30분	6시 00분	6시 30분	7시 00분	7시 30분	기상
6시 30분	7시 00분	7시 30분	8시 00분	8시 30분	시업(始業)
동(同)	10시 00분~10시 15분	-	-	-	휴식(오전)
동	동	동	동	정오~12시 30분	주식(晝食)
동	3시 00분~3시 15분	-	-	-	휴식(오후)
6시 30분	6시 00분	5시 30분	5시 00분	4시 30분	종업(終業)
9시 00분	8시 30분	8시 30분	8시 00분	7시 30분	취침

5. 제77조 제1항 제1호의 적용에 대해서는 현 재소중의 자로 하여

  (1) 다음에 해당되는 자에 대해서는 본령 시행 후의 취업에 작업상여금의 계산을 해야 한다.

    가. 본령 개정 전의 규정(제70호 제1항의 기간 경과, 동 제3호의 일수 초과)에 의해 이미 작업상여금의 계산을 하기에 이른 자

    나. (가)에 해당되지 않지만 본령 시행 전 이미 입소한 다음 달부터 두 달을 초과한 자

  (2) (1)에 해당되지 않는 자에 대해서는 본령 시행 전 이미 경과한 기간은 이를 본 기간으로 통산해야 한다.

동조 제2항에 소위 행장불량이란 행장심사에 의거하여 행장불량으로 사정(査定)[94]된 자를 말한다(미심사인 자는 포함하지 않음). 작업성적 열등이란 그 성적이 수량과정(數量科程) 취업자 중 초급자에 대해서는 7할 미만, 누범자에 대해서는 10할 미만, 시간과정 취업자에 대해서는 등외(等外)에 해당되는 자를 말함.

6. 제86조 제2항 단서 규정에 의거 신문지 또는 시사 논설을 기재한 것의 열독을 허가하지 않을 경우에는 당분간 그 기사 및 그 열독 대상 재소자의 범위 등을 구체적으로 당국에 미리 의논(내의內議)할 것.

---

94 사정(査定) : 조사하거나 심사하여 결정함.

7. 제89조에서 규정하는 물품의 제식에 대해서는 1937년(昭和 12) 9월 6일부의 의명통첩(依命通牒) 「재소자 의류, 침구, 잡구 및 식기 제식에 관한 건」에 의거한다. 동조 제3항의 규정에 따라 급여하는 비누의 취급에 대해서는 다음 기재사항에 의거한다.

    (1) 비누를 급여하는 것은 입욕, 이발, 기타 위생상 필요하다고 인정되는 경우에 한정한다.

    (2) 비누는 욕장 또는 공장 등 필요한 개소에 비치하여 이를 사용하도록 한다.

    (3) 비누의 급여량은 특별한 사정이 있는 경우를 제외하고 1인 1월 30그램을 넘을 수 없다.

8. 제91조 제4호에 소위 처우상 필요하다고 인정되는 수형자란 행장선량한 자 및 다음 기재된 사항에 해당되어 특히 필요하다고 인정된 자에 한정한다.

    (1) 접견시의 수형자

    (2) 출정(出廷) 또는 호송시의 수형자

    (3) 구외작업에 종사하는 수형자(단 그 장소가 시내 또는 이에 준하는 장소일 때에 한정)

    기타 수형자에 대해서 특히 필요하다고 인정될 때에는 그 사정을 말하고 당국의 인가를 받아 전항의 수형자에 준하는 취급을 할 수 있다.

9. 제94조의 규정에 의거한 양식의 급여(주식물의 비율)에 관해서는 당분간 1937년 12월 14일부 의명통첩 「재소자양식급여규정」에 따를 것.

10. 제95조의 2의 규정에 의거 특별한 양식 및 음료의 대가는 당일의 1인당 실급액 45전을 넘을 수 없다. 단 그 가운데 부식물대에 대해서는 1939년 12월 27일 통첩 「재소자의 부식물대 등에 관한 건」에 준거한다.

11. 제143조 중 「교화상 특히 필요하다고 인정된 물건」으로 차입을 허용한 경우에는 그 품목, 수량을 보고해야 한다.

12. 제154조 제5호에 의한 특별한 양식 및 음료는 당분간 1월 5회 이내 증채(增菜) 급여한다고 할 것(그 대가는 본년 5월 31일부 통첩대로 함).

○ 「조선행형누진처우규칙」

1937년(昭和 12) 11월

총령(總令) 제178호

제1장 총칙

제1조   본령은 수형자의 개전을 촉구하고 그 갱생을 얻기 위해 분발 노력 정도에 따라 누진적으로 처우를 완화하여 수형자로 하여금 점차 사회생활에 적응하도록 하는 것에 그 목적을 둔다.

제2조   본령은 다음 각 호의 1에 해당하는 자를 제외한 징역 수형자에게 이를 적용한다.
1. 집행해야 할 형기가 1년 미만인 자 자
2. 만 65세 이상으로 입업(立業)에 견디지 못할 자
3. 임산부
4. 불구나 고칠 수 없는 질병, 기타 심신장애로 인해 공동동작을 할 수 없고 작업에 적합하지 못한 자
5. 과격한 사상을 가진 자로서 그 사상을 포기하려 하지 않는 자

제3조   본령의 적용을 받는 자의 처우에 관해서는 본령에 규정하는 것 외에는 조선감옥령 시행규칙에 따른다.

제2장 수형자의 분류

제4조   새로 입감하는 자가 있을 때에는 그 개성, 심신의 상황, 경우, 경력, 교육 정도 기타 신상에 관한 조사를 행하기 위해 가능한 한 이를 독거구금에 처해야 함.
전항의 규정에 의한 조사 기간은 2개월을 넘어서는 안 된다.

제5조   수형자의 개성 및 심신 상황에 대해서는 의학, 심리학, 교육학, 사회학 등 그 판단을 위해 필요한 지식을 기초로 하여 이를 조사해야 한다.

제6조   신상조사 중 수형자의 취급은 다음 각 호에 따라야 한다.
1. 가능한 개성의 발현을 저지하지 않도록 주의할 것
2. 수공(手工)작업을 부여하여 적성, 능력 등 부과할 작업을 정하는데 필요한 사항을 관찰할 것
3. 작업의 부과 및 전업(轉業)에 관한 희망은 이를 허락할 것

제7조   형무소장은 신상조사상 필요할 때에는 소송기록을 빌려 보거나 부청(府廳), 읍면사무소, 재판소, 검사국, 경찰관서, 학교, 보호단체, 친족, 고용관계자 등에 조회하여

필요한 사항의 보고를 요청할 수 있다.

제8조　신상조사에 대해서는 신상조사표를 갖추고 이들 필요사항을 기입해야 한다.

제9조　신상조사를 종료했을 때 형무소장은 본인에 대한 본령의 적용 여부를 결정해야 한다. 형무소장은 본령의 적용을 받는 자에 대하여 본령의 취지를 설명해야 한다.

제10조　본령을 적용해야 할 수형자는 이를 초범자 및 누범자로 분류하고 죄질, 연령, 형기, 기타 신상조사에 의해 인정된 결과에 근거하여 처우상 적절한 분류를 해야 한다. 제11조 제1항에 제시된 제2급 이상의 수형자에 대해서는 전항의 규정에 의해 분류를 해야 한다.

제3장 누진처우

제1절 계급 및 편입

제11조　처우는 다음 계급으로 나눠 이를 행한다.

　　　　제4급

　　　　제3급

　　　　제2급

　　　　제1급

전항의 계급을 표시하기 위해 각 수형자에게 휘장(徽章)[95]을 사용하게 한다.

제12조　수형자는 제4급부터 순차로 각 계급을 거쳐 이를 진급시킨다.

두터운 책임 관념과 공동생활에 적합한 모습이 보이는 자는 형무관회의의 논의를 거쳐 전항의 규정에 구애받지 않고 이를 상위 계급에 진급시킬 수 있다.

제13조　본령의 처우를 받는 수형자의 이송을 받았을 때는 이를 이전 형무소와 동일한 계급으로 편입을 해야 한다. 단 형무소장이 필요하다고 인정할 때에는 형무관회의의 논의를 거쳐 별도로 소속계급을 정할 수 있다.

제14조　형 집행정지의 취소로 인해 수용된 수형자 또는 제2조 제3호 내지 제5호의 사유로 정지된 자로서 본령에 따른 처우를 하게 된 자의 계급 편입에 대해서는 전조(前條)의

95　휘장(徽章) : 신분 직업 소속 등을 나타내기 위해 옷에 붙이는 표식.

규정을 준용한다.

가석방 취소로 인해 수용된 수형자는 새로 입감한 자로 간주한다.

제2절 누진

제15조 계급의 누진은 각 계급에 대해 정해진 일정의 책임점수 전부를 제17조의 규정에 따라 매월 행형성적에 의한 소득점수를 가지고 소각(消却)할 때 이를 행한다. 단 인격점의 합계점수가 그 계급에서의 책임점수의 2분의 1에 미치지 못할 때는 예외로 한다.

제16조 각 계급에서의 책임점수는 다음 구분에 따라 이를 정한다.

    1. 초범자 : 형기를 월로 환산한 것을 2점으로 곱하여 얻은 값으로 각 계급의 책임점수로 한다.

    2. 누범자 : 형기를 월로 환산한 것을 2.5점으로 곱하여 얻은 값으로 각 계급의 책임점수로 한다.

전항의 구정에 의해 책임점수를 정할 경우에는 무기형은 이를 12년 형기로 간주한다.

제1급에서 책임점수의 전부를 소각한 자에 대해서는 특별히 책임점수를 정하지 않는다.

제17조 매월 행형성적에 의한 소득점수는 다음 구분에 따라 이를 정한다.

    1. 인격점 최고 6점

    2. 작업점 최고 6점

인격점은 개전(改悛)의 상태, 품행(操行)의 양부(良否), 책임관념 및 의지의 강약을, 작업점은 작업의 근면 여부 및 그 성적을 표준으로 하여 이를 정해야 한다.

18세 미만의 수형자(이하 소년수형자라 칭함)에 대해서는 작업 및 학업의 면부(勉否) 및 그 성적을 표준으로 작업점수를 정해야 한다.

제18조 책임점수 소각의 방법은 책임점수에서 매월 소득점수를 점차 공제하여 소득점수에 잉여가 생기더라도 다음 계급에서의 책임점수에서 이를 공제하지 않는다.

제19조 진급의 결정은 늦어도 익월 말일까지로 이를 행하여야 한다. 단 진급이 결정된 때에

는 그 달 초에 진급한 것으로 간주한다.

전항의 규정에 의한 결정은 즉시 이를 본인에게 고지해야 한다.

제20조 진급한 자에 대해서는 그 소속계급에 있어서 처우 내용을 개시하고 각자 부담해야 할 책임에 대하여 이들 수행을 서약시켜야 한다.

제21조 형무소장은 책임점수를 전부 소각하지 않은 수형자에 대하여 정상(情狀)에 따라 형무관회의의 의제를 거쳐 일정 조건하에 임시로 진급시킬 수 있다. 수형자가 그 조건을 이행하지 않을 때는 원급으로 돌려보내고 그 조건을 이행했을 때는 진급을 확정해야 한다.

제22조 책임점수를 전부 소각한 수형자에 대하여 진급이 이르다고 판단할 때에는 형무관회의를 거쳐 약 6개월 이내로 체급(滯級)시킬 수 있다. 이 경우에는 소득점수의 계산을 하지 않는다.

제23조 수형자에 대해서는 일정 소득표를 교부하여 본인이 매월 소득점수를 기입하도록 한다.

제4장 구금 및 계호

제24조 제4급 및 제3급의 수형자들은 잡거구금에 붙인다. 단 특별히 필요한 자에 대해서는 이를 예외로 한다.

제25조 제2급 이상의 수형자는 주간에 잡거시키고 야간에는 되도록 독거구금에 부친다.

제26조 제1급 수형자는 특별한 장소에 수용시킬 수 있다. 전항의 장소 내에서는 그 거처하는 방[居房]을 잠그지 않을 수 있다.

제27조 제1급 수형자에 대해서는 특별한 사정이 없는 한 검신 및 거방 검사를 하지 않는다.

제28조 제1급 수형자는 형무소의 기준에 어긋나지 않는 범위 내에서 교담을 할 수 있다.

제29조 제1급 수형자에 대해서는 휴식시간 중 형무소 내 지정한 장소에서 자유로이 걸을 수 있다.

제30조 제1급 수형자는 형무소장에 대하여 그 계급에서의 질서유지에 관하여 전 책임을 진다.

수형자 중 전항의 규정에 의한 책임을 이행하지 않는 자가 있을 때에는 이들 전원 또는 일부에 대하여 일정한 기간 본령에서 정하는 처우의 전부 또는 일부를 정지시킬 수 있다.

제5장 작업

제31조   신상조사를 끝낸 수형자에 대해서는 수형기간 중 취업시켜야 할 작업을 부과한다.

제32조   제4급 및 제3급 수형자에 대해서는 전업(轉業)을 허락하지 않는다. 단 처우상 기타 특별히 필요하다고 인정될 때에는 예외로 한다.

제33조   수형자에 대해서는 매월 작업상여금 월액 계산고 중 다음 범위 내에서 이를 자기 용도로 사용하게 할 수 있다.

   1. 제4급 수형자에 대해서는 5분의 1 이내

   2. 제3급 수형자에 대해서는 4분의 1 이내

   3. 제2급 수형자에 대해서는 3분의 1 이내

   4. 제1급 수형자에 대해서는 2분의 1 이내

제34조   제2급 이상의 수형자에 대해서는 자기 작업용구를 사용하도록 할 수 있다.

   전항의 규정에 의한 작업용구를 구입하기 위해 필요한 경우 작업상여금 계산고를 사용하게 할 수 있다.

제35조   제2급 이상의 수형자로서 그 과해진 작업을 배워 익숙해진 자에 대해서는 필요에 따라 특별히 전업을 허락할 수 있다.

제36조   제1급 수형자의 취업에 대해서는 계호자를 붙이지 않을 수 있다.

제6장 교화

제37조   제4급 및 제1급 수형자에 대해서는 주로 개별 교회를 해야 한다.

제38조   라디오 및 축음기 청취는 제3급 이상의 수형자에 한하여 이를 허락하고, 그 횟수는 제3급에 대해서는 매월 2회로 계급이 올라갈 때마다 매월 1회를 추가하는 것으로 한다.

   교화상 특별히 필요하다고 인정될 때에는 전항의 규정에 의한 제한에 따르지 않을 수 있다.

제39조   제2급 이상의 수형자에 대해서는 매월 2회 이내로 집회를 하게 할 수 있다. 단 소년수형자에 대해서는 횟수를 제한하지 않을 수 있다.

집회에는 형무소장, 교회사, 교사, 기타 직원이 입회해야 한다.

제40조   제1급 수형자에 대해서는 도서실에서 문서도서의 열독을 허용한다.

도서실에는 적당한 신문지 및 잡지를 배치할 수 있다.

제41조   제2급 이상의 수형자에 대해서는 매월 2회 이내로 경기(競技), 유희 또는 운동회를 여는 것을 허락한다. 단 소년수형자에 대해서는 횟수 제한에 따르지 않는다.

제42조   제3급 이상의 소년수형자에 대해서는 자기 학용품을 사용하는 것을 허용한다.

전항의 규정에 의한 학용품을 구입하기 위해 필요한 경우에는 제34조 제2항의 규정을 준용한다.

제43조   제2급 이상 수형자의 독거방에서는 직계존속, 배우자 또는 직계비속의 사진 비치를 허용할 수 있다.

교화상 특별히 필요로 하는 경우에는 전항에서 규정한 자 이외의 자의 사진에 대하여 동일하게 한다.

제44조   제2급 이상의 수형자에 대해서는 정상에 의해 자기 사진을 촬영하여 그 가족에게 송부하는 것을 허용한다.

전항의 규정에 따른 사진 송부에 필요한 비용에 대해서는 제34조 제2항의 규정을 준용한다.

제7장 접견 및 서신

제45조   접견 및 신서 발송의 횟수는 제4급 수형자에 대해서는 매월 1회 1통, 제3급 수형자에 대해서는 매월 2회 2통, 제2급 수형자에 대해서는 매주 1회 1통으로 하고, 제1급 수형자는 수시 접견 또는 신서 발송을 허락한다.

제2급 이하의 수형자라고 해도 특별히 필요하다고 인정될 때에는 전항의 규정에 의한 제한을 따르지 않을 수 있다.

제46조   제1급의 수형자에 대해서는 접견 시 특별히 입회자를 붙이지 않을 수 있다.

제8장 급양

제47조 수형자의 급양은 계급 진급에 따라 상응시킨다. 단 그 양식, 음료 기타 건강을 유지하기 위해 필요로 하는 것은 계급에 따라 이를 구별하지 않는다.

제48조 제2급 이상의 수형자가 착용할 의류는 엷은 남색으로 한다.

제49조 제1급 수형자에 대해서는 그 거방에 화병 또는 서화의 비부를 허용할 수 있으며, 제2급 이하의 소년수형자에 대해서도 마찬가지이다.

제50조 자기 용도로 사용할 수 있는 물품의 품목 및 수량에 대해서는 각 계급의 구분에 따라 형무소장 및 조선총독의 인가를 받아 이를 정하는 것으로 한다.

제9장 누진심사

제51조 누진에 관한 형무관회의에서 논의할 사항을 심사하기 위해 형무소에 누진준비회를 설치한다.

누진준비회는 매월 1회 이상 정시(定時) 및 임시로 이를 개최하여 주로 수형자의 신상 관계 및 인격, 소득점수를 심사하고 수형자의 분류, 계급의 편입, 진급, 진급 정지 및 계급의 저하에 관한 의견을 정하도록 한다.

제52조 누진준비회는 간수장, 보건기사, 보건기수, 교회사, 교사, 작업기사, 작업기수 및 간수들로 이를 조직한다.

제53조 누진준비회의 결의는 다수결에 따른다.

전항의 결의는 신속하게 형무소장에게 이를 보고해야 한다.

제54조 본장에 규정하는 것 외에 누진준비회에 관하여 필요한 사항은 형무소장이 이를 정해야 한다.

제10장 진급 정지 및 계급 저하

제1절 진급 정지

제55조 수형자가 규율을 위반하는 경우에는 정상에 의해 형무관회의의 논의를 거쳐 3개월 이내에 진급을 정지할 수 있고 이 경우에는 소득점수의 계산을 하지 않는다.

제56조 형무소장이 진급 정지를 하고자 할 때 그 사정에 동정의 여지가 있을 때는 상당기

간을 정하여 진급 정지의 언도를 유예할 수 있다. 유예기간 중 다시 기율을 위반했을 경우에는 진급 정지 언도를 하고, 기율 위반 없이 그 기간을 경과할 경우에는 그 언도를 하지 않는다.

제57조 진급 정지의 처분을 받는 자로 특별히 뉘우치는 모습이 현저할 때에는 정상에 따라 그 처분 전부 또는 일부를 면제할 수 있다.

제2절 계급 저하

제58조 수형자 다음 각 호의 1에 해당할 때에는 정상에 따라 1계급 또는 수 계급을 저하시킬 수 있다.

　　1. 진급 정지에 처해진 자가 다시 기율을 어길 경우

　　2. 소속계급에 체류시킴으로써 특별히 그 계급의 질서를 흩뜨릴 우려가 있을 경우

제59조 제4급 수형자로서 기율을 무너뜨리고 누진처우에 적합하지 않다고 인정되는 경우에는 본령의 적용을 받지 않게 할 수 있다.

제60조 계급을 저하시킨 자로서 특별히 뉘우치는 모습이 현저한 경우는 소득점수의 계산에 따르지 않고 원래의 계급으로 복귀시킬 수 있다.

　　전항의 규정에 따라 원 계급으로 복귀시킨 자에 대해서는 복귀한 날로부터 새로 소득점수를 계산한다.

　　전 2항의 규정은 전조의 규정에 따라 본령의 적용을 받지 않는 자에 대하여 이를 준용한다.

제61조 본절의 처분을 하는 경우에는 형무관회의의 논의를 거쳐야 한다.

제11장 가석방

제62조 제1급 수형자로서 가석방에 적합한 자라 인정되는 경우에는 신속하게 그 수속을 행한다.

제63조 제2급 이하의 수형자라고 하여도 개전의 모습이 현저하여 사회생활에 적응할 수 있는 자로 인정될 경우에는 특별히 가석방 수속을 할 수 있다.

부칙

본령은 1938년(昭和 13) 1월 1일부로 이를 시용한다.

○ 조선행형누진처우규칙 제정의 건

1937년(昭和 12) 12월

통첩

법무대신

각 형무소장, 형무지소장 앞

　조선행형 누진처우 규칙은 11월 9일부 부령 제178호로 제정 공포되었으며 1938년 1월 1일부터 그 실시를 보게 된바, 본 제도 적용의 통일을 기하기 위해 별지와 같이 시행세칙을 정하였으므로, 아무쪼록 부하직원과 함께 협력연찬하여 본 제도의 목적 달성에 매진할 수 있도록 만전을 기하기 바람.

　다음과 같이 통첩한다.

　또한 본 제도 실시에 있어서 더욱이 다음 사항에 유의해야 한다.

1. 본 제도 실시로 인해 각지 행형 관계자들의 사무는 더더욱 매우 바쁘게 될 것이므로, 이때 행형사무의 합리적 쇄신을 연구 단행하여 번거로움을 버리고 실리를 따르도록 할 것.
2. 수형자 경리부(經理夫)의 이용을 가급적 확대하여 행형사무의 일부를 분담시키는 동시에 스스로 조심하고 지키는 정신의 함양에 힘쓸 것.
3. 4. 생략

이상

조선행형누진처우규칙 시행 세칙

제1장 총칙

제1조 수형자의 누진처우에 관한 취급은 조선행형누진처우규칙(이하 간단히 처우규칙이라 칭함)에 의거하지 않을 때는 본 세칙에 의한다.

제2조 처우규칙의 적용을 제외할 임산부란 형사소송법 제546조 제3호 및 제4호에 정하는 기간 내에 있는 자를 말한다.

제3조 새로 입소한 자를 질병으로 인해 병사(病舍)에 수용할 때에는 일정 부분 혹은 완전히 치료되기까지 신상조사를 하지 않는다.

전항에서 일정 부분 또는 전부 치료된 날로부터 기산하여 그 잔형기가 처우규칙 제2조 제1호에 해당하는 자에 대해서는 처우규칙 부적용자로 한다.

제4조 처우규칙 제4호의 사유에 따라 연이어 3주간 이상 휴양치료를 요하는 자는 처우규칙의 적용을 받지 않는 것으로 한다.

제5조 처우규칙 및 본 세칙에서 소년수형자란 18세 미만의 수형자 외 이에 준하는 처우를 받는 수형자를 말한다.

제6조 처우규칙의 적용을 받는 수형자에게 그 형 집행을 정지하여 노역장 유치를 할 경우에는 그 유치 중에는 동 규칙의 처우를 하지 않는다.

제2장 수형자의 분류

제7조 신상조사에 따른 수형자에 대해서는 제1호 서식 동정보고부(動靜報告簿)에 다음 사항을 기입한다.

1. 작업 부과에 필요한 사항
2. 개성 또는 심신 상황 조사에 영향을 미칠 동작

제8조 신상조사에 대해서는 제2호 서식 신상조사표를 작성해야 한다.

제9조 조사가 끝난 자의 동정보고부는 신상조사표와 함께 신분장부 신상표 다음에 이를 편철해야 한다.

제10조 처우규칙의 적용을 받아야 할 수형자는 대체로 다음과 같이 분류해야 한다.

제1류: 개선 가능하다고 인정되는 형기 2년 이하인 자

제2류: 개선 가능하다고 인정되는 형기 2년을 넘는 자

제3류: 개선 곤란하다고 인정되는 형기 2년 이하인 자

제4류: 개선 곤란하다고 인정되는 형기 2년을 넘는 자

전항에 따라 분류한 수형자를 범수, 죄질, 연령, 경력, 정신상태 등에 따라 분류하여, 거방의 배치, 공장, 교회당(教誨堂) 등에서의 좌석, 공동동작 때에서의 위치 지정 등에 대하여 참작해야 한다.

처우상 필요할 경우에는 전2항의 예에 구애받지 않을 수 있다.

제11조 누범가중의 원인인 전과를 가진 무기징역에 처해진 자 또는 누범가중결정의 유무에 관계없이 누범자라는 것이 확인된 자는 모두 누범의 예에 따라야 한다. 단 그 확인이 초범으로 취급 중에 관계된 것일 경우에는 그 확인 당일부터 다음 예에 따른다.

제12조 5년 이전에 형 집행이 끝나거나 집행이 면제된 자에 대해서는 형무관회의의 논의를 거쳐 누범의 예에 준하는 것으로 하고 가석방의 기간 중 거듭하여 죄를 범한 자에 대해서도 동일하게 취급한다.

제3장 누진처우

제1절 계급 및 편입

제13조 계급을 표시할 휘장은 직경 2.5센티미터 원형 백색 셀루로이드판에 각 계급을 주홍색으로 쓰고 이를 옷깃 번호 상부에 꿰매어야 한다.

제14조 처우규칙 제12조 제2항의 규정에 의한 특별진급은 다음의 경우에 한하여 이를 허락한다

1. 인격, 죄질 및 사회적 지위에 비추어 특히 상급 처우를 할 필요가 있을 경우

2. 행형성적우수자로서 타 수감자의 모범이 인정되거나 가석방의 조건을 완비했을 경우

3. 기타 특수한 사정이 있을 경우

전항의 규정에 따른 특별진급은 동시에 2계급을 진행시킬 수 있음.

제15조 수형자를 이송하고자 할 때에는 그 이송일이 20일 이전일 경우에는 수송형무소에

서, 20일 후가 될 경우에는 이송형무소에서 그 행형성적을 심사해야 한다. 단 특별한 사정이 있을 경우에는 그 제한을 두지 않는다.

전항 전단(前段)의 경우 이송형무소는 이송 전일까지 그 인격 및 작업에 관한 점수 계산의 재료를 수집하여 이를 수송형무소에 송부해야 한다.

제16조 심신장애로 처우규칙에서 제외된 자로 완쾌하여 다시 처우규칙의 적용을 받게 될 경우에는 원칙으로서 휴양 전 계급으로 돌아가 새로 점수를 계산한다.

제17조 누진처우에서 제외되지 않는 휴양 중인 자에 대한 계급별 처우는 그 성질에 따라 그동안 이를 정지한다.

제2절 누진

제18조 처우규칙 제18조에서 정한 책임점수의 산정에 대해서는 다음 예에 따라야 한다.

　1. 형기는 현실적으로 집행되어야 할 형기로 한다. 단 월의 단수는 폐기한다.

　2. 책임점수 산출의 결과 단수는 이를 폐기한다.

　2개 이상의 유기징역형을 집행해야 할 경우에는 병행하여 책임점수를 산출한다.

제19조 새로이 처우규칙의 적용을 받는 자는 그 적용일월의 20일 이전일 경우에는 그 달로부터 소득점수를 계산하고 그 외의 사람은 익월부터 이를 계산한다.

제20조 처우규칙 제17조 제1항의 규정에 따라 매월 집행성적에 따른 득점은 다음 표준에 따라 채점해야 한다.

작업점				인격점			고사항목
성적				면부	책임관념 및 의지 강약	품행의 양부	
시간과정		수량과정					
누범	초범	누범	초범				점수
1등 이상		20할 이상	15할 이상				4점
2등		15할 이상	13할 이상		강	선량	3점
3등		13할 이상	10할 이상	면	조금 강	양	2점
4등		10할 이상	7할 이상	보통	보통	보통	1점
등외		10할 미만	7할 미만	불면	약	불량	0점

소년수형자의 전항 득점은 다음 표준에 따른다.

작업점				학업면부	인격점		고사항목
성적					책임관념 및 의지 강약	품행의 양부 (良否)	
시간과정		수량과정					점수
누범	초범	누범	초범				
1등		15할 이상	13할 이상	갑	강	선량	3점
2등		13할 이상	10할 이상	을	조금 강	양	2점
3등		10할 이상	7할 이상	병	보통	보통	1점
등외		10할 미만	7할 미만	정	약	불량	0점

전항에서 학업의 면부 중에는 작업의 면부에 대해서도 병행하여 고사(考查)해야 한다.

제21조　품행의 인정은 주로 기율복종 및 용의(容儀)태도, 친족·친구와의 교섭, 교회교육의 감동 및 그 복응(服膺)[96]상황, 위생사상의 이해 및 그 실행상황 및 상벌 등에 따라 관찰하여 선량, 양, 보통, 불량의 4종으로 유별한다.

제22조　새로이 처우규칙의 적용을 받는데 신상조사 기간 중 징벌을 받지 않는 경우에는 그 품행을 보통으로 판정해야 한다.

기율을 위반한 자의 품행은 불량으로 해야 한다.

품행 불량인 자에 대하여 보통 판정을 내리기에는 적어도 3월 이상 비난 없는 행상을 지속할 것을 필요로 한다. 단 개전의 모습이 보이지 않을 때에는 기간 제한에 구속되지 않기로 한다.

제23조　품행 양 이상의 특정을 하기에는 일정 기간 비난 없는 행상을 지속함과 동시에 다른 수형자의 모범이 되는 것을 요한다.

제24조　책임관념 및 의지 강약의 인정은 별표 제3호 서식 채점표에 따라 강, 조금 강, 보통, 약의 4종으로 유별해야 한다.

96　복응(服膺) : 교훈 따위를 마음에 간직하여 잊지 않음.

제25조 작업면부의 인정은 주로 그 작업일수, 작업수습의욕 및 작업에 대한 노력의 정도를 조사하여 작업과정을 마치지 못한 자라 하여도 그 노력을 인정해야 할 자는 면의 채점을 하고, 작업과정 종료 이상인 자라 해도 작업 중 방심, 잡담, 악희(惡戱) 행위에 따라 작업에 열심이지 않는 자는 보통 이하로 인정해도 상관없다.

제26조 관의 사정에 따라 경험이 없는 작업을 하게 되어 그 작업성적이 불량이 된 자에 대해서는 정상에 따라 전업한 월 및 그 다음 월에 한하여 전업 전의 성적에 따라 득점을 받도록 한다.

작업에 의해 상처를 입거나 질병에 걸려 전월과 동등한 작업 성적점을 받게 할 때에는 정상에 의해 종전과 동등한 채점을 하도록 한다.

제27조 전업 또는 이송에 의해 숙달되지 못하여 전월과 같은 작업 성적점을 받을 수 없을 때에는 정상에 따라 그 월에 한하여 전월과 같은 채점을 하도록 한다.

제28조 직업훈련실습부로서 타소(他所)로부터 이송에 관련된 자의 작업 등급은 전 형무소에서의 등급에 따른다. 단 정상에 따라 이것이 변경될 수도 있다.

제29조 작업성적의 채점은 주간작업에 따른다. 단 야간작업의 성적이 열등한 경우에는 정상에 따라 1점을 줄일 수 있다.

제30조 제품의 완성이 불량인 자에 대해서는 작업성적에 따른 득점에서 2점 이내를 줄일 수 있다.

제31조 작업상여금은 다음 표준에 따라 이를 계산한다.

불계산(不計算)	1/10	1.2/10	1.5/10	2/10	2.5/10	3/10	3.5/10	4/10	계산 비율	
0	-	-	1	2	3	4	5	6	제1급	작업 득점
0	-	1	2	3	4	5	6	-	제2급	
0	1	2	3	4	5	6	-	-	제3급	
0	1	2	3	4	5	6	-	-	제4급	

제2급의 수형자로서 행형성적 10점 이상, 제3급의 수형자로서 9점 이상, 제4급의 수형자로서 8점 이상을 얻을 때에는 작업의 면부 및 그 성적을 참작하여 형무관회의

의 의를 거쳐 1급 상위의 작업상여금 계산 비율에 따라 계산하도록 한다.

제32조 매달의 득점은 제4호 서식 누진특점원부에 기입하여 다음 달 15일까지 수형자에게 고지하고 본인으로 하여금 제5호 서식 특점표에 기입하도록 한다.

제33조 누진의 결정은 다음달 15일까지 하고 동 16일부터 처우를 변경해야 한다. 단 임시진급, 계급의 저하, 복귀 및 편입한 경우는 즉시 상당하는 급의 처우를 한다.

제34조 진급한 자에게는 제6호 서식의 서약서에 의거하여 책임의 수행을 서약하도록 한다.

제35조 처우규칙 제21조의 규정에 의거한 가진급(假進級)은 다음의 경우에 한하여 책임점수의 1/3 이상을 소각한 수형자에게 이를 허용할 수 있다.

1. 전달의 행형성적 제4급의 수형자로 6점 이상, 제3급의 수형자로 8점 이상, 제2급의 수형자로 10점 이상이 될 때
2. 책임점수의 전부를 소각할 수 없는 원인이 특별히 양해할 만한 사유에 근거할 때

제36조 가진급을 허용받은 수형자에게는 다음의 조건을 제시하고 처우규칙 제20조의 규정에 준하여 책임의 수행 및 조건의 이행을 서약하도록 한다.

1. 기율에 어긋나지 않았을 것
2. 전달과 동등(同等) 이상의 행형성적을 지속할 것

제37조 가진급을 허용받은 수형자가 전조의 서약을 위반했을 때는 가진급을 취소하고 원급으로 돌려보내야 한다.

제38조 가진급을 취소당하지 않고 다음 기간을 경과했을 때는 진급을 확정한다. 단 그 소득점수가 원급에 있어서 미소각점수에 달했을 때는 기간에 상관없이 바로 진급을 확정한다.

1. 형기 3년 이하의 경우는 2월
2. 형기 10년 미만의 경우는 3월
3. 형기 10년 이상의 경우는 6월

제39조 가진급 기간 중의 소득점수는 진급을 확정한 경우에는 이를 그 급의 책임점수로 통산하고, 원급으로 돌려보냈을 경우에는 이를 원급의 책임점수로 통산한다.

제40조 가진급의 결정과 처우 변경에 대해서는 제33조의 규정에 준하지 않는다.

제41조 처우규칙 제22조의 규정에 의한 체급(滯級)은 다음 각 호의 1에 해당하는 자에 대하

여 이를 행한다.

1. 동일계급에서 2회 이상 진급을 정지당한 자

2. 관계 직원으로부터 훈계 또는 반칙으로 인한 질책벌을 받은 자

3. 기타 특별히 진급의 가치가 없다고 인정된 자

체급 중의 자가 특별히 뉘우치는 모습이 있을 때에는 정상을 참작하여 체급의 처분을 취소하거나 체급의 월수를 단축할 수 있다.

제42조 체급기간은 1회 1달 이상 3달 이내로 하고 통틀어 6달에 이르기까지는 수회까지 이를 반복할 수 있다.

제4장 구금 및 계호

제43조 제1급의 수형자에게는 당분간 다음의 경우에 한하여 동급자 간의 교담을 허용한다.

1. 집회

2. 유희, 경기, 운동회

제44조 처우규칙 제29조의 규정에 의한 자유로운 산보는 매주 2회 이내로 하고 장소는 형무소장이 이를 지정해야 한다.

교화상 필요하다고 인정될 경우 제1급의 수형자에 대해서는 형무소 구내 일정한 지역을 나누어 원예를 위해 사용하도록 할 수 있다.

제5장 작업

제45조 작업상여금을 본인의 용도로 사용하고자 청하는 자가 있을 때는 제7호 서식 작업상여금 사용출원표에 의거하여 관계 계(係)주임을 거쳐 형무소장에게 제출하도록 한다.

제46조 본인의 작업용구 기타 본인의 용도로 제공하는 물품은 특정의 용기를 대여하여 잠금장치를 한다.

제47조 처우규칙 제36조에 정해진 독보자(獨步者)는 가능한 한 초범자 가운데 이를 선정하여 당분간 다음의 작업에 종사하도록 경우로 한정한다.

1. 계호사무실의 청소부

2. 교무소의 청소부

3. 간병부

4. 공장잡역부, 단 한 1명으로 한정한다.

형무소장은 독보의 용무 범위, 시간 및 장소적 제한 등을 정해 두어야 한다.

제48조　독보자에게는 그 소속을 명료히 하기 위해 '독보'(각 소속 개소를 명시함)라고 붓글씨를 쓸 수 있는 폭 12센티미터의 흰 천을 왼쪽 가슴에 붙인다.

제6장 교화

제49조　처우규칙 제39조의 규정에 의거한 집회는 소년수형자 외에는 당분간 제1급의 수형자는 매월 1회, 제2급의 수형자는 매월 1회로 한다.

전항의 집회는 교회당 또는 교장에서 특별한 사정이 있는 경우 외에는 제1일요일(휴업일)의 오후에 개최해야 한다.

제50조　도서실에 비치하는 신문지는 당분간 교화적 신문지 및 보통 신문지를 발췌한 것으로 한다.

제51조　도서실은 교회당 혹은 교장(敎場) 또는 적당한 잡거방에 만들어 면업 또는 휴업의 날에 이를 이용하도록 한다.

제52조　처우규칙 제44조의 규정에 의거하여 자부담에 의한 자기의 사진 촬영은 다음의 예에 근거하여 취급해야 한다.

1. 부모, 처자 기타 근친자에 대하여 송부하는 경우

2. 전호 해당자와의 접견 기회가 없어서 필요하다고 인정된 경우

3. 사진은 수찰형(手札形)으로 하고 필요한 매수에 한정하여 1인에 3매를 넘지 않을 것

4. 촬영 시에는 되도록 백의(白衣)를 착용시키며 칭호(稱號) 번호를 붙이지 말 것

5. 거방 기타 감옥의 설비는 되도록 촬영하지 말 것

6. 형무소직원으로 하여금 촬영하도록 할 것

제7장 급양

제53조　제2급, 제1급의 수형자에게는 축제일 및 집회일마다 보리차 또는 차를 급여한다. 기

타 수형자라고 하더라도 특별히 필요한 경우에는 역시 동일하다.

제54조 제3급 이상의 수형자에 대해서는 계급에 따라 다음의 횟수로 증채(增菜) 급여를 한다.

　　　제3급 월3회 이내

　　　제2급 월5회 이내

　　　제1급 월7회 이내

제55조 각 계급의 수형자 입욕은 다음과 같은 횟수에 의거한다.

　　　제4급 매주 2회 이내

　　　제3급 동 2회 이내

　　　제2급 동 4회 이내

　　　제1급 동 4회 이내

제56조 처우규칙 제59조의 규정에 의해 자기 용도로 사용할 수 있는 물품은 별지 제8호 표에 제시한 것 이외에는 조선총독의 인가를 받아야 한다.

제8장 누진의 심사

제57조 누진준비회는 과장 또는 계 주임을 제외하고 조직한다.

　　　누진준비회에는 필요한 경우에는 작업 교수도 참가시킬 수 있다.

　　　누진준비회의 구성원은 형무소장이 이를 지명한다.

제58조 누진준비회는 매월 1회 이상 당월의 14일 전에 개최하여 수형자의 신상 관계 및 인격과 작업에 관한 소득점수를 심사하고 수형자의 분류, 계급의 편입, 가진급, 진급 정지, 계급의 저하, 기타 필요한 사항을 심사해야 한다.

제59조 누진준비회는 필요한 때 직접 수형자에 대해 고사(考査)를 해야 한다.

제60조 누진준비회는 심사를 위해 수형자를 독거구금에 부칠 필요가 있다고 인정될 때에는 형무소장에 신청해야 한다.

　　　전항의 규정에 의한 독거구금은 1월을 넘을 수 없다.

제61조 누진준비회에서의 심사 결과는 누진득점원부에 기입하고 회의의 과정은 별지의 제9호 서식예에 의거하여 누진준비회 의사록에 기록하여 계호 과장(계 주임)을 거쳐

형무소장에게 제출해야 한다.

제9장 진급의 정지 및 계급의 저하

제62조　수형자가 기율을 어겨 징벌 언도를 받았을 때에는 처우규칙 제58조 또는 동 제59조의 규정에 해당되는 것으로 인정되는 경우를 제외하고 다음의 예에 따라 진급을 정지한다.

  1. 상우(賞遇)의 정지, 문서도화 열독의 1월 금지, 작업상여금 계산고의 2원 이상의 삭감 또는 3일 이내의 감식의 경우는 1월간 정지

  2. 상우의 폐지, 5일 이내의 감식 또는 경병금에 대해서는 2월간 정지

  3. 6일 이상의 감식 또는 중병금에 대해서는 3월간 정지

  전항의 징벌을 병과한 경우는 정지기간이 장기(長期)에 걸치게 된다.

제63조　진급 정지의 언도를 유예하는 기간은 3월 이내로 한다.

제64조　수형자가 다음의 각 호에 해당될 때에는 정상에 의거하여 그 계급을 저하시킬 수 있다.

  1. 진급 정지에 처해진 자로 정지 언도가 있던 때로부터 그 기간 내에 다시 기율을 어겨 제62조의 징벌에 처해진 경우

  2. 3급 이상의 수형자가 각 월의 소득점수에 있어 전급(前級)의 소득점수 평균점으로부터 정당한 사유 없이 현저하게 감소한 경우

  3. 1개년 내에 2회 이상 제62조의 징벌에 처해진 경우

  4. 인격적 관찰에 의한 행형성적이 현저히 불량인 경우

제65조　제4급 수형자로서 기율을 어지럽혀 제62조의 징벌에 처해져 처우규칙의 적용 제외 계고를 받고도 반성의 기미가 없는 자에 대해서는 처우규칙의 적용을 하지 않는다.

제66조　진급의 정지, 진급 정지 언도의 유예, 계급의 저하, 계급의 복귀 및 처우규칙 제59조의 규정에 의한 처우규칙 적용 제외에 관한 누진준비회의 결의는 신분장부 시찰표에 그 원인 및 사유를 적고 계호과장(계 주임)을 거쳐 신속하게 형무소장에게 보고해야 한다.

제67조　제2급에 편입 후 1월을 경과하고 행형성적이 특별히 우량할 때는 형무관회의의 논

의에 부쳐 이를 상우하도록 한다. 단 특별한 사유가 있는 자에 대해서는 그 제한에 구애받지 않을 수 있다.

부칙

제1조   처우규칙 시행 시 현재의 수용자 중 동 규칙의 적용을 받을 자는 그 작업성적을 참작하여 형무관회의의 논의를 거쳐 다음의 예에 의거하여 각 상당급에 편입하는 것으로 한다.

   1. 상우 중의 상표 2개 이상을 가진 자는 1급자로 하고, 상표 1개를 가진 자는 2급자로 한다.
   2. 행상이 양(良), 개전의 모습이 있는 자 이상의 사정(査定)에 관계된 자는 3급자로 한다.
   3. 전2호 이외의 자는 4급자로 한다.

제2조   처우상 특별한 사정이 있는 자에 대해서는 형무관회의의 논의를 거쳐 전조(前條)의 예와 상관없이 상당급에 편입시킬 수 있다.

제1호 서식

	귀주지(歸住地)	발안력 유무 약간 없음	인내력 유무 약간 있음		연월일	시기	조사	사방(舍房)	구금	죄명	
소화 년 월 일	석방 후 의 직업	특기	근면성			소화 년 월 일			제사방			동정보고부
			유무 약간 있음	작업 부과에 관한 의견					제사방	범수		
						상당일	입소 후 1월		제사방	범도(犯度)		
담당간수 담당부장 작업기수 의 여부 날인	지속적 관찰	능률			기사(記事)	소화 년 월 일			제사방	형기 형명		
		완료 이상 완료 이하 완료							제사방	징역 년 월		
	인정하는 직업	적당하다고	교졸(巧拙)97			상당일	입소 후 2월		제사방	생년월일 이름 번호		
		부적(不適)	교졸(巧拙)		관계주임 (印) 기입자 (印)	소화 년 월 일			제사방		제 번 년월일생	

---

97 교졸(巧拙) : '익숙함과 서투름'을 의미함.

취급 예

1. 수형자에 접촉하는 자는 개성 또는 심신의 상황 조사에 영향을 미치는 사항을 인정한 경우에는 이를 기입하여 바로[관구장(管區長)을 거쳐] 소속 과장(주임)에게 보고해야 한다.
2. 작업 부과에 관한 의견은 입소 후 1월 상당일의 상태를 기재해야 한다.
3. 입소 후 1월을 경과하고 또한 계속하여 관찰할 필요가 있다고 인정된 자는 다시 관찰에 부쳐 입소 후 2월 당일 상태를 붉은 글씨로 표기해야 한다.

제2호 서식 신상조사표 갑

비고	유전		의무													죄명 범입
			좋음	약간 좋음	보통	약간 불량	불량	보고월일	조사방법	총평			정신 상태		신체 상태	
											정신	신체	의지	감정	예지	감각	체격	
	건강 상태	신장						소화년월일	독거 잡거	보통 약간 이상 이상	갑을 병정		연상	지각	시력	영양	신장	징역 연 월 일 통산 일
		체중																
		가슴둘레																
		영양											사색	이해	변색력	사지	체중	
		사지																
		시력																
		청력											판단	주의				
		치아																수용 년 월 일 만기 년 월 일
		기타																
	정신 상태	예지																
		감정											기타	기억	청력	치아	가슴둘레	
		의지																
	운동 능력	작업속도																
		운동속도																
		기교도																
		정확도																
		내구력																
		악력																
노동 능력	지능 및 지각 능력	공간변별						개략적 평가		참고 사항								
		시촉각판별																
		청각																
		색맹						좋음 약간 좋음 보통 약간 불량 불량		발육 및 생육 상황 기타			기왕의 증상		유전			
		광도판별																
		계수력																
		기억력																
		주의력																
		판단력																
		연상력																제 번 연령 세
		추리력																
		지두98동작																
		반응속도																
		지능학습력						날인		개성								
		구성력																
		일반지능																
	정의검사99	내향성								기타	특장	정서	성격	학력	작업능력	기질	지능	
		외향성																
		신경질																

---

98 지두((指頭) : 손가락 끝부분을 뜻하며, 손끝의 민감도와 민첩도 등을 지칭하는 것으로 추정됨.
99 정의검사(情意檢査) : 개인의 감정이나 의지의 경향을 측정하려는 구조 심리 검사.

[제2표] 제2호 서식 신상조사표 을[100]

교무											죄명 범 입
보호		개성		범죄 상황		신앙	사상	환경		경력	
석방 후의 생계 예상	귀주지 보호자	취미 기호	지능	사회 감정	범죄의 원인 동기	신조	기왕	교우	가정	범죄력	보호 처분	생육	징역 년 월 통산 일
			매우 영리 영리 보통 둔함		특질						교정원 사원 교회 보호단체 병원 감화원 보호관찰 기타	양육자 및 기타 직업 생활 유복 보통 빈곤 정의 두터움 보통 박함 예의 관대 보통 근엄 방임	수용 소화 년 월 일
		개평	감정						직업 및 생활 정도 감정 종교 및 가족의 봉교 (奉敎) 관념	상습적 범죄 수단 석방에서 본 범죄까지 기간 년 월			만기 소화 년 월 일
피해자 및 그 가족의 감정	보호자의 능력 및 감정	빼어남 보통 부족함 병적	냉성 보통 조금 격함 격정	정황	공범	범죄 후의 상황	동기	현황	범죄시 생활 태도				
		개선 소질	의지								병역	교육	직업 이력
		있음 조금 있음 빈약	강함 조금 강함 보통 약함						부랑의 원인			학력 현재 정도 퇴학 이유	제 번 연령 세

---

[100] 표의 내용이 많아 분리함.

조사방법	서무		계호			작업		
	친족		서신 접견	책임 관념		작업력		
독거 병합 잡거	가족의 성격, 자산, 생활상태	동거친족의 성명, 연령, 가족관계(續柄),직업, 주거		희생심	정의관념	석방 후의 직업	능률	인내력
날인				강함 약간 강함 보통 없음	강함 약간 강함 보통 없음		마침 이상 마침 마치지 못함	있음 조금 있음 없음
				극기심 및 인내의 정도	협동심	본인이 희망하는 작업	숙련도101	권면심
	기타 주된 친족관계		피해자에 대한 감정	강함 약간 강함 보통 없음	강함 약간 강함 보통 없음		숙련 서툼 부적합	
				발분노력의 의지	반성의 염려	적당하다고 생각되는 작업	지금까지 최장 취업 업무	발안력
				강함 약간 강함 보통 없음	강함 약간 강함 보통 없음			있음 조금 있음 없음

(주의) 본 표〈갑〉 중 노동능력의 조사에 대해서는 잠시 동안 그 일부를 생략할 수 있다.

---

101 원문에는 '교졸(巧拙)'로 표현되어 있는데, '숙련도'의 의미로 해석함.

별표 제3호 서식

채점표(책임관념 및 의지 강약의 조사 표준)

조사항목 채점표준	책임관념 및 의지 강약					
	정의관념	희생심	협동심	극기심·인내심의 정도	반성의 염려	발분노력의 의지
강함	1. 옳고 그름의 판단 중 옳음을 고를 수 있다. 2. 기꺼이 정의 앞에 복종한다. 3. 그릇된 생각을 버리고 올바른 도리를 행하는(破邪顯正) 용기가 있다. 4. 뉘우치는 마음으로 수형을 생각한다. 5. 배상(賠償)의 의도가 강하다	1. 책임을 자각한다. 2. 기꺼이 어려운 일에 따른다. 3. 책임 이행에 전력을 다한다(자기 관용의 의도가 없음). 4. 책임 전가를 하지 않는다.	1. 사교 융화성이 풍부하다. 2. 응대에 대해 다른 사람에게 호감을 준다. 3. 전체와 일부의 관계를 이해한다. 4. 섞여서 동화하지 않고 스스로 독자성을 확보한다.	1. 다른 사람을 포용하는 관대함이 있다. 2. 대아(大我)102를 따르며 안달하지 않는다. 3. 감정을 통제하여 겸양을 유지한다. 4. 유혹을 극복한다.	1. 은혜에 감사하고 봉사하는 마음이 두텁다. 2. 평소 반성에 노력한다. 3. 향상의 의지가 강하다. 4. 태도가 은근하여 성의가 있다.	1. 일의 성공 여부를 미리 예단하지 않는다. 2. 자극에 대하여 탄력성이 강하다. 3. 노력이 건실하여 영속적이다. 4. 목적 달성을 위해 사색하고 공부한다.
조금 강함	1. 옳고 그름의 판단 중 옳음을 고를 수 있다. 2. 다소의 변명을 구한다. 3. 홀로 신중히 다른 것을 할 용기가 없다. 4. 속죄하는 것으로 수형을 생각한다. 5. 배상의 의도가 보통이다.	1. 책임을 이해한다. 2. 자진하여 어려움에 부딪힐 용기가 없다. 3. 일반 사회 통념상에 자기 관용의 한계를 구한다. 4. 전항의 범위에 있어서 책임을 전가한다.	1. 다소 붕당적인 치우침을 인정한다. 2. 타인에 대한 감정이 보통이다. 3. 전체와 일부의 관계를 이해하는 정도가 부족하다. 4. 섞여서 동화하려는 경향이 있다.	1. 관대함을 이해하지만 소아(小我)를 버리지 못한다. 2. 감정을 통제하지만 겸양이 부족하다. 3. 보통 수준의 유혹을 극복한다.	1. 감사의 마음이 상대적이다. 2. 속으로 반성하는 마음이 있어도 계속 이어지지 않고 오래가지 않는다. 3. 향상의 의지가 있지만 실행력이 따르지 않는다. 4. 태도는 보통이다.	1. 사전에 예단을 하며 조금 노력하려는 의지가 결여되어 있다. 2. 탄력적이지만 끊어졌다 이었다 한다. 3. 기분에 따라 노력하여 집착력이 없다. 4. 사색 공부가 충분하지 않다.

---

102 대아(大我): 개인의 본질을 구분하여 사용하는 말로, 사회·국가·세계를 위한 공적 존재를 일컫는 말. 이와 대비되는 개념인 소아(小我)는 개인적 존재 혹은 사회보다는 자신을 위하는 존재의 의미로 사용됨.

보통	1. 옳고 그름의 판단 중 옳음을 고를 수 있다. 2. 자발적으로 인내하고 따르려는 의지가 적다. 3. 스스로 삼가려는 부분이 없다. 4. 응보적으로 수형을 생각한다. 5. 배상의 의도가 박약하다.	1. 스스로를 지배하고 규범을 지킬 정도로 책임을 이해하지 못한다. 2. 대등한 보수가 없이는 자기 노력을 다하지 않는다. 3. 자신의 편의와 즐거움을 먼저 생각하며 책무 이행을 뒤로 하여 책임전가를 개의치 않는다.	1. 나서서 교제를 구하지 않으며 붕당적으로 서로 허락하지 않아 친교자가 없다. 2. 상대에 대한 호감을 갖지 않는다. 3. 전부 대 일부의 이해에 이기적이다. 4. 부화뇌동한다.	1. 인내하지만 피압박감을 다분히 느낀다. 2. 감정 표현을 노골적으로 함으로써 스스로 만족한다. 3. 유혹을 극복할 수 없다.	1. 자기를 알지만 약점의 교정에 노력하지 않는다. 2. 정상적인 상태이지만 반성하는 것 같지 않다. 3. 향상의 의지가 부족하다. 4. 태도의 절제가 부족하다.	1. 미처 해보지도 않고 그 결과를 말하여 행동이 타산적이다. 2. 탄력이 약하다. 3. 아직 노력의 진가를 체득하지 못한다. 4. 사려 연구의 열의가 없다.
약함	1. 옳고 그름을 판단하려는 의지가 없다. 2. 외부적 힘을 가하지 않으면 옳고 그름의 구별을 가볍게 여긴다. 3. 정의를 대상으로 하는 일은 없다. 4. 수형을 불운한 일로 생각하고 경시한다. 5. 배상의 의도가 없다.	1. 책임을 자각하지 않는다. 2. 개인 이익과 아집에 집착한다. 3. 무관심 4. 기회가 되면 책임을 전가한다.	1. 괴팍하고 독자적이어서 융화할 수 없다. 2. 상대에게 악감정을 갖게 한다. 3. 반발 본능이 강해 모반의 경향이 있다. 4. 아첨하여 편을 가른다.	1. 소아에 굴복하여 사유를 잃어버린다. 2. 파괴성이 강하고 감정이 불안하다. 3. 타락 경향이 현저하여 방탕하게 더욱 자제함이 없다.	1. 자아도취하는 마음이 강하여 자기를 알지 못한다. 2. 자신의 불량한 버릇을 시인하여 감히 고치고자 하는 의지가 없다. 3. 자기에게 충실하여 오로지 무관심한 태도로 교만하고 불손하다.	1. 무위 방황, 행동에 일정한 목적 관념이 없다. 2. 탄력성이 없다. 3. 노력하려는 의지가 없다. 4. 따라서 답습하는 일로서 다시 생각하지 않는다.

(제4호 서식)

연월일	연월일	연월일	연월일	연월일	연월일	연월일	연월일	편입연월일	급별	범수		소화 년 월 일	누진처우규칙 적용결정 년 월 일
급	급	급	급	급	급	급	급	급		범			
								편입사유		연월			
										책임점수		죄명	
										품행	인격	형명 형기	
										의지책임			
										근면성적	작업	징역 년 월 일	
										계	매월득점		누진득점원부
										누계		번호 성명	
										월일			
										부의사항			
										결정		제 번	
										형무관회의 날인			
										누진준비회 날인			

기재 예

토의에 부치는 사항에는 가진급(假進級), 체급(滯給),[103] 편입, 계급 저하, 진급 정지, 득점 심사 등 누진준비회에 부친 사항을 기재하며, 본 원부는 신분장부에 있어 동정보고부(動靜報告簿)의 다음에 편철하는 것으로 한다.

---

103 체급(滯給) : 지급을 기한보다 늦춤.

제5호 서식

제4급 책임점 점		제3급 책임점 점		제2급 책임점 점		제1급 책임점 점			
편입 년 월 일		편입 년 월 일		편입 년 월 일		편입 년 월 일			
형기 년 월 일 범(제 번) 시작 시기 종료 시기 소화 년 월 일									
득점표									
연월 \ 항목		인격점		작업점		득점		비고	
		품행	의지책임	근면 정도	성적	당월	누계		
전표 이월									
년 월									
년 월									
년 월									
년 월									
년 월									
년 월									
년 월									
년 월									
년 월									
년 월									
년 월									
다음 표 이월									

인격 사정, 작업 등급의 변경이 있을 때에는 그 월, 일은 비고란에 기재해야 한다.

별지 제6호 양식

```
  서약서

금번 누진처우규칙 제   급에 편입하는 것에 당해 다음의 사항을 서약하여 반드시 그 책임을 다할 것이다.
1. 과거를 반성하여 갱생의 의지를 더욱 견고히 하여 국민의 본분을 자각할 것
2. 계급에 속하는 모든 책임을 다하여 결코 신용을 배신하지 않을 것


          소화       년       월       일


                                        번호       씨       명(날인)
```

주의

본서는 신분장부 득점원부 다음에 편철해야 한다.

별표 제7호 서식

				급별	작업상여금 사용 출연표
				전월 계산고	
				계산고 누계	
				금회의 사용액	
				출원요지	번호 성명
				허 / 부 | 소장	
				관계주임 인	제 호
				구장 인	
				담당간수 인	

(제8호 표)[104]

품목	1급	2급	3급	4급	비고
		자기용도 사용물품 취급 표준표			
그림엽서	발신에 사용하도록 잡거방에서 보관한다. 단 12매 이내로 한다.	발신할 때마다 사용한다.	2급과 같다.		1급에 있어 위인화, 풍경, 정물, 구도, 기계류, 기타 교화상 유익하다고 인정되는 것. 2급 이상에 있는 경우 지정된 것에 한한다.
필기구	만년필, 붓, 연필, 글라스펜[105] 또는 펜(펜촉도 함께) 중 2종을 허용한다.	1급과 같다.	옆의 필기구 중 1종만을 허용한다.		
지류	잡기장, 일기장, 카드, 통신용지, 봉투, 흡취지(吸取紙), 기타 백지. 잡기장 또는 일기장에는 하루의 감상, 교회의 요지, 서적의 발췌, 기타 수양상 참고할 만한 사항을 잡거방에서 기재한다.	잡기장, 일기장, 통신용지, 봉투, 백지. 단 잡기장 및 일기장은 독거구금자 또는 야간 독거구금자에 한하여 사용하게 한다.	통신용지, 봉투		통신용지는 편지지 또는 두루마리 중 1첩, 봉투는 백색 또는 무지단색 10매 이내. 잡기장 및 일기장(당용일기, 회중일기를 포함)은 지정된 것 각 1책.
수서초지(水書草紙)[106]	1첩. 자습용으로 잡거방에서 사용하게 한다.	1급과 같다. 단 독거구금자 또는 야간독거구금자에 한해 사용하게 한다.			
잉크 묵침	각 1개. 잡거방에서 사용하게 한다.	독거구금자 또는 야간독거구금자에 한해 잡거방에서 사용하게 한다. 그 밖의 자는 승인서의 경우에 한해 사용하게 한다.	2급과 같다.		
벼루 먹물	위와 같다.	위와 같다.			
필세(筆洗)[107]	위와 같다.	위와 같다.			

104 품목이 많아 편의상 표의 방향을 바꾸어 기재함.
105 글라스펜 : 유리 촉이 달린 필기 도구.
106 수서초지(水書草紙) : 붓에 물을 묻혀 쓰는 연습지.
107 필세(筆洗) : 먹이나 물감이 묻은 붓을 빠는 그릇.

품목	1급	2급	3급	4급	비고
주판	1개. 잡거방에서 사용하게 한다.	1급과 같다.			
지석판(紙石盤),[108] 지우개(拭物), 석필(石筆)	2개 이내로 하며, 공장 및 잡거방에서 사용하게 한다.	1급과 같다.	1개. 공장에서 휴게시에 한해 사용하게 한다.		석필은 1회 구입에 5본 이내, 지우개는 석판과 같은 수.
제도용구	직업 관계를 고려하여 필요하다고 인정되는 것에 한해 사용하게 하고 더불어 보존방법은 매번 지시한다.	1급과 같다.			작업상 특히 필요한 경우를 제외하고는 독거방 또는 야간독거방에 한해 사용하게 한다.
우표, 엽서, 수입인지	필요액.	같음.	같음.	같음.	
안경, 귀마개, 의치, 의안					필요하다고 인정되는 것에 한한다.
마스크	필요하다고 인정되는 것에 한해 허용하되 항시 사용하게 한다.	1급과 같다.			
가루치약[치마분(齒磨粉)], 치마양자(齒磨揚子)	각 2개 이내. 잡거방 및 공장에서 사용하게 한다.	1급과 같다.			라이온 또는 클럽 치마분, 1급자에게는 연치마(煉齒磨)[109]를 허용할 수 있다.
수건 또는 타올	2근 이내. 잡거방 및 공장에서 사용하게 한다.	1급과 같다.			색, 모양 등의 규칙을 해치지 않는 것.
손수건	위와 같다.	1급과 같다.			백색, 목면.
비누 및 비누 용기	각 2개. 잡거방 및 공장에서 사용하게 한다.	1급과 같다.			화왕비누. 용기 셀룰로이드 제품.
젓가락(젓가락집 포함) 및 숟가락	위와 같다.	1급과 같다.			숟가락은 목재로 한다.
속옷, 속바지	각 2매. 잡거방 및 공장에서 사용하게 한다.	1급과 같다.			옅은 차색, 면메리야스, 백색, 주름천[축(縮)].
버선	2족. 잡거방 및 공장에서 사용하게 한다.	1급과 같다.			감색 목면 또는 흑색, 옅은 푸른색 면메리야스 제품.

---

108 지석판(紙石盤) : 마분지 따위의 판지에 돌가루 등을 반죽하여 발라 만든 석판. 주로 붓글씨 등을 연습할 때 쓰임.
109 연치마(煉齒磨) : 이를 닦는 데 쓰는 치마분에 벌꿀, 비누 가루, 기름, 글리세린 등을 넣고 개어서 만든 약. 치약.

품목					
남성용 속옷 [원우(猿又), 곤(褌)]110	사루마타[猿又] 또는 훈도시[褌] 중 1종. 잡거방에서 사용하게 한다.	1급과 같다.			옅은 차색, 면메리야스 제품 또는 백색 목면월 중 훈도시.
고무신	용무상 필요하다고 인정되는 것을 사용하게 한다.	1급과 같다.			흑색, 긴 고무신 또는 짧은 고무신 중 1족.
양말	1족. 신발에 구멍이 난 경우에 사용하게 한다.	1급과 같다.			흑색, 짙은 차색, 면메리야스.
작업화 [지하족대(地下足袋))]111	1족. 용도상 필요하다고 인정되는 경우 사용하게 한다.	1급과 같다.			
짚신	2개. 잡거방 및 공장에서 사용하게 한다.	1급과 같다.			백색 실로 엮은 삼베 짚신.
부채, 둥근부채	각 1개. 잡거방에서 사용하게 한다. 특별한 용무에 복무하는 경우에는 잡거방 이외에서 부채를 사용할 수 있다.	1급과 같다.	부채, 둥근부채 중 1종 1개. 잡거방에서 사용하게 한다.		접는부채[백선(白扇)] 또는 규율에 저해되는 글과 그림을 그리지 않은 것.
모포, 부포(敷布)	모포는 2매. 부포는 2매.	모포는 1매. 부포는 2매.			
염주	1개.	1급과 같다.	1급과 같다.	1급과 같다.	
화초와 화병, 분재와 화분, 화초 종자와 화분	잡거방, 기타 지정된 장소에서 비치하게 한다.				모든 종류를 통틀어 6개 이내로 한다. 3개 이내는 잡거방에 비치를 허하고 나머지는 지정된 장소에 두도록 한다. 종묘 1회 구입에 2종 2대, 구근류는 2종 10개 이내로 한다.
액자	1개. 잡거방에 비치하게 한다.				가로 45cm, 세로 30cm 이내.
서화	위와 같다.				
거울	잡거방에서 사용하게 한다.	1급과 같다.			벽거울 또는 탁상거울, 세로 30cm 이내.

---

110 원우(猿又) : 사루마타(さるまた). 허리부터 사타구니 부분을 감싸는 바지 모양의 남성용 속옷.
  곤(褌) : 훈도시(ふんどし). 일본의 성인 남성이 입는 전통 속옷.
111 지하족대(地下足袋) : 노동자용 작업화. 일본 버선 모양에 고무창을 댄 것.

경지(慶紙)	잡거방 및 공장에서 사용하게 한다.				1개월 교부량 200매 이내로 한다.
두발용 기름류(여)	잡거방 및 공장에서 사용하게 한다.	1급과 같다.			1번 구입에 1병. 동백기름.
머리 감는 가루 [발세분(髮洗粉)]	머리 감을 때 사용하게 한다.	1급과 같다.	특별히 필요하다고 인정되는 경우에 한하여 허용한다.	3급과 같다.	1번 구입에 2자루.
빗(여)	3개.	3개.			
핀(여)	5개 이내.	1급과 같다.			
월경대(여)	1개.	1개.			
일본식 속치마 [요권(腰卷)](여)	2매. 잡거방 및 공장에서 사용하게 한다.	1급과 같다.			백색 목면제품. 옅은 분홍색 면플라넬 제품.
바셀린(여) (피부가 거칠어지는 것 방지하는 용도)	잡거방 및 공장에서 사용하게 한다.	1급과 같다.	특별히 필요하다고 인정되는 경우에 한하여 허용한다.	3급과 같다.	1번 구입에 1관.
속옷-드로즈(여)	2개. 잡거방 및 공장에서 사용하게 한다.	1급과 같다.			백색 또는 옅은 분홍색 면메리야스 제품.

(제9호 서식)

누진준비회의사록(累進準備會議事錄)

소장	회의 장리자(掌理者)	
개회	소화 년 월 일 오전/오후 시 분 부터 　　　　　　　　　 오전/오후 시 분 까지　시간	
출석자		
심사 또는 결의	1. 계급 편입	
	2. 부적용 또는 불요자	
	3. 각급 득점	제4급 (인원 초·누 명/ 총 점/ 평균 초범·누범 점) 제3급 (인원 초·누 명/ 총 점/ 평균 초범·누범 점)
		제2급 (인원 초·누 명/ 총 점/ 평균 초범·누범 점) 제1급 (인원 초·누 명/ 총 점/ 평균 초범·누범 점)
	4. 가진급	제3급 초범·누범 명　제2급 초범·누범 명 제1급 초범·누범 명　 계 초범·누범 명
	5. 특별진급	제3급 초범·누범 명　제2급 초범·누범 명 제1급 초범·누범 명 (동시에 2계급 진급하는 자는 붉은 글씨로 다시 표시함)
	6. 체급(滯級)	제4급 초범·누범 명　제3급 초범·누범 명 제2급 초범·누범 명 (전월부터 계속 체급하는 자는 붉은 글씨로 다시 표시함)
	7. 진급 정지	전항의 예에 준한다.
	8. 정지 유예	앞과 같다.
	9. 계급 저하	제4급 초범·누범 명　제3급 초범·누범 명 제2급 초범·누범 명 (동시에 2계급 저하하는 자는 붉은 글씨로 다시 표시함)
	10. 기타	(1) 가진급 취소, 정지 유예, 취소 정지, 면제, 복급(復級), 처우규칙 배제(제외) 등의 처분에 대하여도 전항의 예에 준하여 이를 기록한다.
		(2) 심사사항 중 특이 사례에 있어서도 그 상세내용을 붙여 기재한다.

○ 행형누진처우제에 관한 건

1938년(昭和 3) 1월

통첩

법무국장

각 형무소장, 각 형무지소장 앞(소록도 제외)

앞서 개최하였던 제목에 관한 합의회에서 주의 요항 및 각 소에서 제출한 합의사항 중 결정된 주요한 내용 등은 별지를 통해 붙임으로 알립니다.

누진처우규칙 운용에 관한 주의사항

1. 세칙 제8조에 정한 신상조사표 기재방법에 대해서는 별지에 기재된 예를 따를 것.
2. 신분조사의 결과 건강 상태가 불량, 정신 상태가 이상하다고 판정된 경우 원칙에 따라 누진처우 부적용자로 할 것.
3. 규칙 제16조 제1항 제2호의 규정에 의한 누범자란 형법누범례에 의거하는 것 이외에 세칙 제11조 및 제12조에 해당하는 자를 말한다.
4. 작업성적점 중 시간과정에 의한 것은 다음의 사항에 유의할 것.
   1) 그 작업 등급 사정에 있어서 범수의 구별을 하지 않음으로써 누범자가 승급하는 경우에는 초범자와의 관계를 고려하여 적당히 가감할 것
   2) 관의 사정으로 인하여 전업(轉業)을 위해 강등하는 경우에는 가능한 본인에게 불이익이 되지 않도록 적당하게 임시 승급 등을 행할 것

   또한 관의 사정이란 작업 배역(配役)의 적재적소주의 혹은 작업의 폐지 또는 확장·축소로 인한 사정을 말하는 것으로, 본인이 익혀 숙달될 가능성이 없는 경우와 건강상의 필요에 따른 전업 경우를 의미하는 것은 아니다(후자의 경우에는 세칙 제27조 일반전업에 의해 처리하는 것으로 함).

   3) 행장이 불량하다는 결정이 있을 때에는 그날로 작업등급을 낮추고 작업득점도 이에 따라 감소시켜야 한다.[1935년(昭和 10) 12월 통첩 참조]
5. 규칙 제21조 규정에 의한 가진급의 경우, 그 가진급 중 작업상여금 계산은 그 진급에 해당하는 계산율에 의거한다. 따라서 이후에 가진급을 취소당한 경우라도 가진급 기간 중의 계산율은 현재 급에 해당하는 비율에 따라 변경되지 않는다. 그러나 가진급 중 득점한 것을 확정된 급수의 책임점수에 가산하는 것은 세칙 제38조의 단서 규정에 의한다. 미소각점수에 도달한 경우의 득점 역시 동일하다.
6. 세칙 제38조 단서에 규정한 '소득점수가 원 등급에서 미소각점수에 달했을 때'에도 역시

규칙 제15조 단서 규정에 의해 제한을 받는 것으로 한다.

7. 규칙 제22조 후단에서 규정한 '체급처분기간 중에는 취득 점수의 계산을 하지 않음'은 책임점수 삭제(消却) 상의 누적계산을 하는 것을 뜻하는 것으로 작업상여금의 계산은 그 소득점수를 기초로 하는 것이며 이 경우 소득점수는 득점 원부 및 득점표에는 붉은 글자로 기입해야 한다. 규칙 제55조의 규정에 의한 진급 정지의 경우에도 역시 같다. 이러한 체급 기간은 1회 1개월 이상 3개월 이내로서 적용 월수를 정해야 한다.

8. 제1급 수형자를 수용해야하는 거방-우량방-의 취급은 대개 다음의 예에 의한다(다만 예산의 증액을 요하는 것은 당분간 유보함).

   1) 대문의 안쪽에 미닫이 집을 설치하여 기상 시부터 취침 시까지는 되도록 문을 자물쇠로 잠가 둔다. 다만 미닫이 집에는 그 적당한 곳에 투명 유리 1매를 붙여 시찰에 편리하도록 할 것

   2) 제1급 수형자는 거방에 있을 때 평상복과 작업복을 갈아입게 할 것

   3) 검신 및 거방 검사는 되도록 임시로 이를 행할 것

   4) 거방 내 정돈, 기타에 대해서는 되도록 본인의 자치에 위임할 것

9. 규칙 제30조에 의거해 공동 책임에 관한 예는 다음과 같다.

   내지 모 형무소에서는 제1급 수형자가 언쟁을 한 일로 계호과정으로부터 계고(戒告)를 받은 사례에 대하여 그 다음에 제1급 수형자의 신문 열람을 1개월간 정지시킨 일이 있었다. 즉 공동책임은 제1급 수형자 상호 간에는 물론이며 제1급 수형자와 다른 급의 수형자 간의 기율 위반 경우에 있어서도 적용되는 것이다. 기율 위반의 정도 또는 정황에 따라 그 처우가 정지되지 않는 경우에도 때때로 자발적 원려(遠慮)[112]의 형식에 의해 실질상 처우를 일부 정지하는 경우도 있다. 또한 공동책임에 대해 제1급 수형자의 일부가 부담하는 경우에는 그 거방, 관할구역(管區) 또는 방익(房翼)을 함께 쓰는 자에 대해 적용하는 것으로 한다.

10. 규칙 제33조의 규정에 의한 자기용도품을 구입하는 경우에는 반드시 그 달의 작업상여금 계산액의 한도를 넘을 수 없다. 따라서 그 달에 이를 구입하려는 자라 하더라도 익월

---

112 원려(遠慮) : 일본 에도시대 무사나 승려에게 과했던 형벌의 하나로, 자택에서 대기하는 가벼운 근신형을 의미함.

에 이월합산하여 구입하는 것은 허용하지 않는다. 다만 규칙 제34조, 제42조 및 제44조의 경우에는 이미 계산한 작업상여금액 중에서 변제해야 한다.

11. 규칙 제36조의 규정에 의하여 독보자(獨步者)[113]에 대한 계호의 책임 범위는 무릇 다음과 같다.

   1) 독보 용무의 명령을 받은 자
   2) 독보 용무를 접수한 자
   3) 독보 구역 내의 감시(견장見張) 근무자
   4) 앞의 세 항목의 교대 근무자
   5) 계호 중앙부 소속 부장
   6) 독보 소속의 관구 부장(위 5)와 동일한 일을 해야 함)

12. 규칙 제39조의 규정에 의하여 제2급 이상의 자가 집회하는 것에 대해 입회 관리는 되도록 그 좌석을 같게 하여 명랑하고 화목한 기분을 자아내도록 유의할 것(높은 곳에서 위압적 태도로 임하는 것은 불가함).

   오히려 이 집회에서 다과 종류를 급여하는 것도 필요에 따라 불가하지 않아야 한다.

13. 규칙 제40조 제2항 및 세칙 제50조의 규정에 의해 발췌해야 하는 신문지의 내용은 무릇 다음의 예에 의할 것.

   1) 간단한 재정 경제 관계 기사
   2) 평이한 세계정세 기사(전쟁, 사변 관계도 포함함)
   3) 간단한 사회 현상 기사
   4) 운동경기 기사
   5) 기타 교화상 필요하다고 인정되는 것

   또한 이러한 신문 발췌는 적당한 마분지판 등에 붙여 각 우량방에 회람하는 것도 가능해야 한다.

14. 규칙 제41조의 규정에 의하여 경기, 오락 또는 운동회를 시행하는 방법은 무릇 다음의 예에 의한다.

---

[113] 독보자(獨步者) : 경계하여 지키는 사람이 없이 혼자 거동할 수 있는 자.

1) 시행의 장소   소내 (각 구) 운동장

2) 종목   갑: 경기, 유희

정렬경쟁(整列競爭), 줄다리기, 데드볼(デットボール), 고리던지기, 농구, 배구(バレーボール[114]), 탁구, 씨름

을: 운동회

단거리경기, 계주, 스푼레이스,[115] 짐 싣고 달리기, 1인 1각, 2인 3각, 농구, 배구, 깃발 뺏기 경기

3) 일시   갑. 경기, 유희

제1급 수형자는 매월 1회, 제2급 수형자는 격월 1회

적당한 날짜를 선정해 휴게시간을 이용하여 30분 이내로 한다.

을. 운동회

제1급 수형자는 매년 봄가을 2회, 제2급 수형자는 매년 봄가을 중 1회

적당한 날짜를 선정해 3시간 이내에 시행한다.

4) 참가인원   제2급 이상의 수형자 중 다음에 게재된 자는 경기, 오락 및 운동회에 참가하지 않도록 한다.

가. 기관지, 폐, 늑막 등 호흡기에 장애가 있는 자

나. 심장, 혈관 등의 순환기에 장애가 있는 자

다. 신장, 간장 등의 신진대사기에 장애가 있는 자

라. 탈장이 있는 자

마. 빈혈이 있는 자

바. 기타 만성질환을 가지고 있어 보건의에게 운동이 부적당하다고 인정받은 자

사. 40세 이상의 자. 다만 특별히 희망하는 자는 이에 제한하지 않는다.

5) 시행방법   경기, 유희 및 운동회는 건강을 증진하고 정신적으로 일종의 자유라는 쾌감을 주는 것으로 모두 공동적 규율생활을 순치하여 협동심, 인내·노력의 정신

---

[114] 바레-보-루(バアレーボール) : 배구. '발리볼(volleyball)'의 일본어식 표현.
[115] 스푼레이스 : 국자 모양의 것에 공 따위를 올리고 달리는 경주.

을 기를 수 있도록 지도한다.

경기, 유희는 각 공장 또는 각 구역마다 시행할 수 있으며, 운동회는 1개소(그 주위에 화분·수목 등이 있어 되도록 정서적 교화에 적당한 운동장을 선택함)에 집합하도록 하여 운동회장에는 만국기 등으로 상당한 장식을 하여 상쾌 명랑한 기분을 느끼도록 한다. 간부 직원 중 특기를 가진 자를 지명하여 지도하는 것 외에 직원(관구장, 교회사, 담당간수, 작업기술원 등)을 수시로 참가하게 할 수 있다.

15. 규칙 제43조의 규정에 의거해 처(妻)의 사진을 거방에 부착하는 경우에는 되도록 순박하고 검소한 모습의 것을 선정할 것.

16. 규칙 제45조 중 우편수신의 횟수에 대해 규정한 것은 수신은 원칙적으로 이를 제한하지 않기 때문에 말미암아 본건에 관련된 감옥령시행규칙 제29조의 규정은 머지않아 내지와 동일하게 개정할 것으로 예상된다.

17. 규칙 제46조의 규정에 의하여 접견을 할 때 입회자를 붙이지 않는 경우에는 접견실의 유리창을 투명한 것으로 하여 외부에서 그 동작을 볼 수 있는 정도로 설치할 것. 이러한 접견의 경우에는 사전에 접견의 내용을 본인에게 청취하여 두고 사후에 다시 그 사항을 청취하여 문서로 남겨둘 것.

18. 세칙 제57조 제2항의 규정에 의해 누진준비회에 참가해야 하는 작업기수는 결의권을 가지지 않는다.

또한 누진준비회의 의장은 형무소장이 적당히 임명하여(이를 위해 간수장일 것) 그 구성원에 대하여는 가능하면 정족수의 제도를 설치해 둘 것.

19. 준비회는 심사 중 그 구성원의 의견이 가부 동수가 될 때에는 소극적 성적 사정에 의거(규칙 제53조)하거나 수형자의 인격점이 전월과 같다고 인정될 때에는 그 절차를 생략할 수 있도록 한다.

신분조사표 기재 예

1. 의무과에 속한 기재 사항을 위주로 하여 수용자 건강진단규정(머지않아 훈령이 시행될 예정)에 의한 것 외에는 다음의 예에 의한다.

개성란 중

1) 지능은 다음의 항목에 대하여 검사하여 이를 보통, 조금 이상 및 이상으로 나눈다.

　지각, 이해[領會], 주의, 기억, 연상, 사색, 판단

　가. 지능이 보통인 자는 앞의 각 항목에 결함이 없고 보통인의 지능을 가진 자를 말한다.

　나. 지능 조금 이상인 자 이하는 백치[白癡], 치우(癡愚), 노둔(魯鈍)의 정도에 따라 가벼운 자를 조금이상자로, 중한 자를 이상자로 한다.

2) 기질은 외부 자극에 대한 감정 반응의 강약, 지속에 대하여 검진하여 다음과 같이 분류한다.

　가. 단기(短氣) – 반응이 강하고 빠른 것

　나. 평소(平素) – 반응이 약하고 느린 것

　다. 양기(陽氣) – 반응이 약하고 빠른 것

　라. 음기(陰氣) – 반응이 강하고 느린 것

3) 작업능력은 그 인내력, 근면심, 창의력, 능률 등 잘하고 못하는 정도에 따라 검사하여 양호, 조금 양호, 보통, 조금 불량, 불량으로 분류한다.

4) 학력은 그 실제적 검사에 기반하여 그 정도를 정한다. 다만 중등 정도 이하는 그 학년을 나누어 이수과정을 구별한다.

5) 성격 검사는 감정 및 의지의 표현인 행동에 대해 진단하여 그 특징을 발견해서 이를 성격 보통자와 성격 이상자로 분류한다.

　가. 성격 보통자는 다음과 같이 분류한다.

　　쾌활성, 침울성, 열정성, 활동성, 선정성, 인입성(引込性),[116] 무관심성, 치밀성, 무정성(無情性), 사교성, 수동성[뇌동성(雷動性)], 비사교성, 독실성, 경조성(輕躁性),[117] 원망성, 번민성(煩悶性), 의지강고성, 의지박약성, 침묵성, 소박성, 예민성, 순종성, 시의성(猜疑性),[118] 집요성, 분노성, 허위성

　나. 성격 이상자는 다음과 같이 분류한다.

---

[116] 인입성(引込性) : 소극적인 성격.
[117] 경조성(輕躁性) : 성미가 급하고 행동이 경솔한 성격.
[118] 시의성(猜疑性) : (남을) 시기하고 의심하는 성격.

신경질, 히스테리성, 전간성(癲癇性),[119] 체질성침울증, 체질성흥분증, 병적의지박약증, 호소증(好訴症),[120] 기행증, 방일증(放逸症),[121] 병적허언증, 병적사기증, 충동성정신병, 색욕이상증, 반사회증(괴덕증 또는 생래성범죄자, 강박관념증)

6) 정서는 그 감정에 기반한 신체적 반응 표현에 의해 검사한다. 다음의 분류에 따라 그 표현으로 특히 현저히 나타나는 것을 게재한다.

가. 영업적 정서 – 희열, 비애, 격감(激感), 환희, 황홀, 강정(强情),[122] 경이(驚異)

나. 생식적 정서 – 사랑, 성욕, 질투, 내기(內氣),[123] 다정함

다. 방어적 정서 – 공포, 혐기(嫌忌),[124] 억병(臆病),[125] 수치, 외구(畏懼)[126]

라. 공격적 정서 – 분노, 증오, 선망, 자랑, 광희(狂喜)[127]

마. 사회적 정서 – 사랑, 친절, 연민, 감사, 상찬, 복수, 시의(猜疑), 경모(輕侮)[128]

바. 시간적 관계를 가진 정서 – 후회, 만족, 경악, 희망, 걱정[憂懼]

7) 특장은 그 기술, 기타 장점에 대해 구체적으로 기재한다.

8) 앞의 각 호 이외의 사항에 대해서는 그 개성을 발견하는 데 필요한 사항은 기타란에 기재한다.

2. 교무과(계)에 속한 기재 사항은 주로 가석방 보고서[具申書] 양식 중 기재예(머지않아 개정 시행할 예정)에 의하는 것 이외에는 다음 예에 의거하여 되도록 구체적으로 기재한다.

1) 환경란 중

가. 가정의 감정은 그 일상 가정생활에 있어 감정상의 융합, 수난 상황을 기재함

나. 교우는 일반 교우 상황 및 사상 또는 소행상 특별히 주의를 요하는 자와의 교제 유

---

[119] 전간성(癲癇性) : 간질성.
[120] 호소증(好訴症) : 항상 자신의 권리가 침해되었다고 생각하여 재판에 호소해 싸우려고 하는 망상증.
[121] 방일증(放逸症) : 제멋대로 난봉을 부리고 함부로 노는 증상.
[122] 강정(强情) : 고집이 세어 완고한 성질.
[123] 내기(內氣) : 마음이 약하고 남 앞에서 시원시원하게 하지 않는 성격. 내성적인 사람.
[124] 혐기(嫌忌) : 싫어서 꺼림.
[125] 억병(臆病) : 겁이 많음.
[126] 외구(畏懼) : 무서워하고 두려워함.
[127] 광희(狂喜) : 미칠 듯이 기뻐함.
[128] 경모(輕侮) : 남을 하잘것없이 보아 모욕하거나 업신여김.

무를 기재함
2) 사상란에는 주로 사상적 범죄자에 대해 이를 기록한다.
3) 범상란(犯狀欄) 중 정상(情狀)은 범죄를 가엾게 살펴야 하는 것 또는 대규모이거나 참혹하여 교묘하게 영향 미치는 것에 대해 기재한다.

이상

행형누진제 사무 합의 사항

요항	제출 형무소	결정
제1 총칙		
1. 처우규칙 부적용자의 처우 여하 　가. 종래와 같은 양식의 처우를 해야 하는지 　나. 소장의 자유에 위임해야 하는지 　다. 별도로 처우방법의 제정을 바람	대전 대구 전주	형기 관계된 것을 제외하고 나머지에 대하여는 적당한 처우 규칙을 세울 예정이다.
2. 제1호에 대해 　가. 본 규칙의 적용을 받는 집행정지 후 재입소자의 잔여 형기에 대하여 이를 적용해야 하는지	대전	잔여형기 1년 미만의 자는 이를 적용하지 않는다. 대용(代用)감옥에서 집행한 일수는 '집행해야 하는 형기' 중에 가산해야 하는 것으로 한다.
나. 세칙 제3조 제2항의 잔여형기가 완전히 1년이 되지 않는 경우 제외해야 하는지(구류 일수 통산의 경우에도 동일함)	대전 대구	제외한다.
다. 재소수형자의 편입에 대해서도 본 규정에 의거해야 하는지	대전 평양 대구	그러하다.
라. 내년 6월 이후 형기가 종료되는 자 이상의 자에 한하여 본 규정에 의거하지 않아 본 규칙의 적용자와는 어떠한가	청진	1938년(昭和 13) 2월 말까지 만기 석방하는 자에 대하여는 본 규칙을 적용하지 않는다. 다만 처우상 형편이 좋지 않을 경우에는 세칙 부칙 제2조에 의거하여 적당히 승급하게 하여 처우를 완화한다.
3. 제5호에 대하여 　사실상 전향자와 다름없는 기율을 준수하는 전향 불표명 사상범에 대하여도 본령을 적용하는 데 지장이 없는지	함흥	그 사상을 버린 완전한 전향자에 한한다.
• 세칙 제4조의 규정에 의한 처우규칙 부적용이라는 것은 점수를 계산하지 않으며 계급에 해당하는 처우도 중지하는 것이 옳은지	대구	의견과 같다. 3주간 이상의 인정은 필요하지만 반드시 사후에 지장이 없도록 해야 한다.
• 세칙 제6조의 규정에 의해 노역장 유치 중인 자의 처우도 그 징역 수형자의 처우에 준해 처우하는 것을 옳다고 판단한다.	대구	현재는 세칙 제6조에 의거할 것. 장래에 고려해 보겠다.

제2 수형자의 분류

질의	지역	답변
• 규칙 제5조의 규정에 의거하여 필요한 지식의 기본 참고서적을 배부하여 그 통일을 기하는 것은 어떠한가	전주	참고하겠다. 필요한 경우가 있으면 한번 신청해 주시기를 바란다.
• 세칙 제8조의 규정에 의거한 신상조사표 중 건강상태란 신상 부분에 있는 양호, 조금 양호, 보통, 조금 불량의 기준이 일정하기를 바란다.	대전	머지않아 실시할 예정인 '재소자건강진사규정'에 정해 두겠다.
• 세칙 제10조의 규정에 의거한 분류 설비에 대하여는 완화를 바란다.	대구	살펴보겠다.
• 세칙 제11조 단서에 대하여 상당한 계급에 진급한 후 중도에 누범자인 것을 발견한 경우에는 같은 형기에 의하여 책임 점수를 산출하여 기득한 점수를 공제하여 새롭게 계급을 정해야 하는지. 장차 소급하여 감점 또는 급의 저하를 인정해야 하는지	대구	책임 점수의 산출에 대하여는 누진가중결정의 유무에 구애받지 않는다. 그 확인된 날로부터 누범의 예에 의거하되 가중결정이 있는 때에는 그달로부터 가중형에 의한 책임점수를 정하고 또한 계급에 대하여는 그 어떠한 경우에 있어서도 기득점 계급을 정해야 한다. 장차 소급하여 감점 또는 등급의 저하를 인정해야 한다.

제3 누진처우

질의	지역	답변
• 규칙 제12조 2항의 규정에 의해 특별진급은 편입 최초 또는 편입 후 1개월 미만으로서 제3급 이상에 편입 또는 진급시키는 것이 지장이 없는지	함흥	처음부터 3급 이상에 편입하는 것도 지장이 없다. 그 편입 후에도 역시 같다. 1개월 미만으로 3급 이상에 진급하는 것도 불가하지 않다.
• 세칙 제15조 1항의 단서에 규정된 범례는 어떠한지	대구	그 심사가 불가능한 경우에는 수송형무소에서 이를 행하는 것으로 하고, 기득점수는 통산하는 의미이다.
• 세칙 제16조의 규정 중 '새로 점수를 계산한다'라는 것은 기득점수를 통산(通算)하는 것인지	대구	(그 경우 곤란한 사정이 있는 자에 대하여는 별도로 완화구제 방법에 의하는 것이 좋을 것이다.)
• 세칙 제18조 제2항 해당자로서 무기 또는 유기를 아우르는 것은 20년으로 책임점수를 산출해야 하는지. 통산 20년 이상의 것에 대하여도 마찬가지임	대전 대구	의견과 같다.
• 규칙 제17조 제2항에 규정된 개전의 상황에 대하여 세칙 제20조에 그 채점방법이 없는 것 같아 그 연락을 어떻게 해야 하는지	대구	책임, 의지 채점표준 중 이를 포함할 필요가 있다.
• 세칙 제26조 제2항의 규정에 의하여 '종전과 동등한 채점을 할 수 있다'라는 기간은 다음달에 한하는지 아니면 완치에 이를 때까지 계속하여 채점을 해야 하는지	함흥	익월에 한하는 것은 아니다. 단 취업을 전제로 하는 것은 물론이다.
• 세칙 제31조에 대하여 1) 계산 표준은 현행 계산율에 견주어 저하하여 수형자에게 불리하다. 이에 대한 완화방법을 기대함	경성	1)에 대해서는 조사해야 한다. 2)에 대하여는 지장이 없다. 제31조 제2항에 대하여는 4급의 자에게 제2급의 표준에 따르게 될 것은 물론이다.
2) 표창을 받은 자(有賞表者)에 대하여는 본 세칙과 개별 독립적으로 해석하여도 증가에 지장이 없는지	금산포	
• 세칙 제33조에 대하여 1) 처우를 다시 고치는 것이 16일부터라는 것은 작업 상여금 계산율 변경은 달의 시작일로부터 해야 하는지	공주	1) 당연히 월의 시작일부터 소급하여야 한다.

2) 가. 본 규정의 경우 작업상여금의 계산은 전반은 구등급, 후반은 신등급으로 2종으로 계산해야 하는지 나. 새로 편입한 경우에는 편입일을 기준으로 하여 일반 제외자의 계산율과 본령에 의한 비율과 2종으로 계산해야 하는지	금산포	2) 전호와 동일하다.
• 세칙 제36조의 규정에 의한 가진급의 경우에도 서약서를 요구할 필요가 없는지	대구	요구해야 할 것이다. 용지는 진급과 동일한 것을 사용하여 지장이 없게 한다.
• 세칙 제41조 제1항 제2호는 동 조항 제1호 및 세칙 제62조의 조건에 비하여 균형을 잃은 것은 아닌지	대전	살펴보겠다.
제4 구금 및 계호		
• 제2급 이상인 자의 집회, 경기, 오락, 운동회의 합동 개최를 허락하는 것은 그때 제2급인 자들이 대화를 해도 지장이 없는지	금산포	대화를 나누는 것은 허락하지 않는다.
제5 작업		
• 규칙 제33조의 작업상여금은 전전월분을 기초로 하여 취급해야 하는지	평양	전월분에 의거할 것.
• 규칙 제33조의 자기 용도는 동 제34조의 자기용구를 사용하는 경우에는 각각 독립하여 작업상여금의 사용을 허락해야 하는지, 후자의 금액이 많은 경우 전 조항의 사용을 스스로 제한해야 하는 것인지	대구	그달의 전액으로 구입하는 것이 불가능한 경우에는 스스로 불능이 될 것이다. 각각 독립하여 허가해도 지장이 없다. 그 금액에 대하여는 감옥령시행규칙 제76조의 규정에 의해 제한을 받지 않는다.
제6 교화		
• 규칙 제40조의 규정에 의해 도서실에 배치한 잡지와 도서 열람 시간을 통일해 주기 바람	청진	따로 게시하여 주의요항을 통지함. 그 시간에 대하여는 2시간 전후가 적당하다.
• 규칙 제39조 및 동 제41조의 규정에 의해 집회 및 경기, 오락, 운동회는 각 급 합동으로 개최해도 지장이 없는지	금산포	지장 없다.
• 세칙 제52조 제6호의 규정에 의한 경우 촬영에 의한 수입금 정리 방법은 어떠한지	함흥	실비로 징수해야 한다.
제7 접견 및 서신		
없음		
제8 급양		
• 표창을 받은 자에 대하여 세칙 제54조 및 동 제55조의 규정에 의해 우대하는 것 외에 감옥령시행규칙에 의해 모든 우대를 해야 하는 것인지	대전 청진 금산포	별도의 우대는 하지 않는다.
제9 누진 심사		
• 누진준비회에 제안한 행형성적 채점 방법에 대해 통일하기 바람	전주	참고하겠다.
• 지소에서는 누진준비회를 설치하게 하는 것도 괜찮은지	대구	되도록 본소의 예에 준해야 한다.
제10 진급 정지 및 계급 저하		

• 규정 제55조의 규정에 의거 진급을 정지하는 경우 그 기간 중에 계급별 우대도 정지해도 지장이 없는지	함흥	정지해야 하는 것은 아니다.
• 진급 정지의 언도를 유예한 경우 그 기간 내에 책임점수 전부를 지워 없애 상급에 진급시키도록 할 때 그 예상기간에 남아 있을 때에는 그 잔여기간은 당연 지워야 하는지. 혹은 진급 후 그 잔여기간 내에 다시 기율을 위반한 때에는 현재 급에 있어 진급 정지를 언도해야 하는지	함흥	앞의 의견을 통해 당연 소멸된다. 뒤의 의견과 같다.
• 세칙 제62조 제1항 각 호 이외의 징벌에 처한 때에 그 회수의 여하는 진급 정지의 조건이 되지 않고 이러한 경우에는 세칙 제41조 제1항 제3호 또는 제64조 제4호를 적용하는 것인지 또는 2원 미만의 상여금 감소 등은 단독으로 과(科)하지 않는 방침이 있는지	대전	세칙 제41조 제1항 제3호에 의거할 것. 2원 미만의 감소는 지장 없다.
• 세칙 제62조 각 호 및 동 제63조의 기간 계산은 처분하는 날짜에 속한 달을 최초의 한 달로 계산하여도 지장이 없는지	함흥	일반 '기간계산법'에 의거할 것.
• 규칙 제58조 규정에 있는 계급 저하를 할 때 원 등급에서 이미 득점한 점수는 당연 삭제해야 하는 것인지 혹 가령 계급 저하 이후라도 기득점수는 저하한 등급에 있어 통산해야 하는 것인지	함흥	삭제한다.
• 세칙 제64조 제3항에 규정한 1년 기간의 계산은 징벌에 처해진 날을 기산점으로 해야 하는지	함흥	의견과 같다.
• 세칙 제66조의 게재된 누진준비회의를 통해 결의해야 하는 사안이 발생한 경우에는 그때마다 본회의를 개최해 결의해야 하는지	평양	그때마다 개최해야 한다.
제11 기타 사실		
• 세칙 제67조의 상우(賞遇)라는 것은 감옥령시행규칙의 상우로 이해한다. 그렇다고 하면 누진처우규칙 적용자에게는 종래의 행장 심사는 필요없다고 해석하여도 지장이 없는지	대구	지장 없다. 득점원적란 외 상부에 행장 심사의 결과를 기록하여 상우 결정의 경우는 그 취지를 앞의 같은 양식에 기재할 것.
• 누진심사와 종래의 행장심사는 병립(倂立)해야 하는 것인지, 그렇다고 하면 행장은 누진심사에 의한 행형 성적을 고려하여 사정해야 하는지	금산포	병립하지 않는다.
• 현재 수형자에 대한 부칙 제1조 제1호의 편입을 할 때 수상 이래 경과기간의 길고 짧음에 따라 책임점수를 가감하여 처우의 공평을 지킬 필요가 없는지	경성	그럴 필요가 없다.

기타 사항에 관하여 질의응답한 것은 다음과 같다.
• 처우규칙 적용, 부적용의 결정에 대하여는 시찰을 기해야 하는지
→ 신분조사의 결과에 기반하여 신상조사표 및 신상표란 외에 '적용' 또는 '부적용'의 문자를 고무인으로 기재할 것

• 접견 시간은 감옥령 시행규칙 제121조의 규정에 의한 제한을 받아야 하는지
→ 그러하다.

• 2급 이상의 수형자에게 엷은 남색의 의류를 착용하게 하는 것은 노역장 유치자와 혼동하는 우려가 없는지
→ 그러하다.

• 소년수형자의 의류는 종래와 같은 모양으로 해도 지장이 없는지
→ 그러하다.

• 세칙 제20조의 규정에 의한 행형성적 득점표준 중 시간과정 취업자에 대한 작업등급에 대하여는 그 달의 취업일수를 고려하여 감옥령시행규칙 제68조 제2항의 규정에 의한 과정 종료 여부를 정하여 그것을 종료한 자에 한해 세칙 제20조 소정의 등급에 의한 작업 성적의 채점을 해야 하는 것인지
→ 그렇다. 과정을 마치지 않은 자에 대해서는 그달의 일반 취업 시간과 실취업 시간의 비율을 따져 그 작업등급 소정의 점수에 곱하여 계산하여(끝수는 사사오입함) 그달의 작업성적 득점으로 한다.

• 수형자 교육규정에 의해 교육을 받은 보통수형자에 대해서는 그 학업의 성적을 작업 근면도 점수[勉否點]를 채점할 때 고려하는 것은 어떠한가
→ 그럴 필요가 없다.

- 세칙 제31조의 규정에 의한 작업상여금을 계산할 때 감옥령시행규칙 제72조의 규정을 적용하게 되는지
→ 그러하다.

- 득점 원부는 계호과(계)에서 보관하는 것이 어떠한지
→ 신분장에 편철해 둔다(계호과에서 필요한 것은 그 사본을 작성, 보관하는 것이 좋을 것임).

- 영화에 대하여는 그 도수에 따라 제한하는 것이 있는지
→ 적당하게 관람하게 해도 지장이 없다.

- 자기가 사용하는 물품 중 '마스크'는 제2급자 이상으로 한다. 각급 자에 대해 허가하는 것이 어떠한지
→ 제3급 이하의 수형자에 대하여는 이를 허가하지 않는다. 다만 위생상 필요가 있어 전 등급의 수형자에 대하여 관에서 지급해야 하는 것은 이를 지급해야 한다.

- 세칙 제52조 제2호의 규정은 같은 조항 제1호 해당자에 대해 이를 제한하는 것인지
→ 그러하다.

- 라디오는 종래 교화상 필요한 것은 일반 수형자에 대하여 청취하게 하는 것인지. 이는 규칙 제38조의 규정에 의한 제한사항 이외에 있는지
→ 그러하다.

- 누진처우를 적용하지 않는 자에 대하여는 종래의 작업독려 규정에 의한 증□급여하여도 지장이 없는지
→ 누진처우를 적용하지 않는 자(제외자를 포함함)는 누진처우규칙의 규정에 의한 제4급자에 준해 처우해야 한다.

○ 수형자 행형성적 조사에 관한 건

1938년(昭和 13) 7월 통첩
법무국장

각 형무소장, 형무지소장 앞

제목의 건에 관하여 대구형무소장으로부터 갑(甲)호로 조회한 것에 대하여 을(乙)호를 통해 회답하였으니 양지하시기 바랍니다.

갑호

대형발(大形發) 제1069호

1938년(昭和 13) 7월 16일
대구형무소장
법무국장 전

수형자 행형성적 조사에 관한 건
제목의 건은 누진처우규칙 적용자를 질책하는 징벌에 처하는 경우의 품행 사정에 관하여 다음의 세 가지 설이 있는데, 절충설(折衷說)을 옳다고 인정하는 것도 각 형무소 간 취급이 제각기여서 주류가 되는 것은 무엇인지 그중에 어떻게 처리해야 하는지 지시해 주시기를 청훈합니다.

기(記)

갑설 : 만약 형무소의 규율에 위반하여 징벌에 처해진 이상 죄의 종류의 여하를 묻지 않는다. 세칙 제22조 제2항에 의거해 당연하게 품행이 불량하다고 사정해야 한다.

을설 : 종래의 행장심사에 있어 가장 가벼운 질책벌에 처한 자는 행장이 불량한지 사정을 면

하는 예가 있다. 따라서 취급을 고치지 않고 일방 갑설을 채택해야 한다고 하면 누진처우규칙 적용자와 부적용자와의 균형을 잃게 된다. 세칙 제32조 제3항의 단서 기타 규정의 취지도 있어 질책벌에 관해 제한하여 행형성적의 채점에 영향을 미치는 것은 상당하다.

절충설 : 질책은 가장 가벼운 징벌이라고 할지라도 효과는 경시할 수 없는 것이다. 결국은 사범(事犯)의 성질, 신분, 경력, 평소의 성적, 기타 개별적 실정에 따라 대응하여 성적을 낮춰 품행불량으로 사정하거나 혹은 낮추거나 낮추지 않음으로써 기타 사정을 하는 것을 방해하지 않는다.

을호

수형자 행형성적 조사에 관한 건
법무국장
대구형무소장 전
7월 16일 부 대형 제1069호로서 문의한 내용과 관련으로 제목의 건은 갑설이 가함.

○ 누진처우규칙의 운용에 관한 건
1940년(昭和 15) 2월 통첩
법무국장
각 형무소장, 형무지소장 수신
누진처우규칙의 운용에 관한 건
제목의 건을 별지 갑호로 조회한 데 대하여 을호를 통해 회답하였으니 숙지하기 바랍니다.
(별지)

갑호

김형(金刑) 제192호

1940년(昭和 15) 2월 14일

김천소년형무소장

법무국장 수신

누진처우규칙 운영에 관한 건

1940년(昭和 15) 칙령 제45호로 감형의 결과 누진처우규칙 운용상 다음과 같은 여러 점에 의혹되는 점이 있어 어떻게 처분할지 답변 주시기를 바랍니다.

1. 형기의 변경에 의해 누진처우규칙 제2조 제1호로 해당자가 된 경우 이미 누진처우를 적용하고 있어 그 처우를 답습하여 조사 중인 것에 있어서는 적용하지 않는 자에 편입해야 하는 것인지
2. 책임점수는 변경 형기에 의거하여 갱생(更生)하여 1940년(昭和 15) 2월부터 이에 의거해야 하는 것인지

이상

을호

1940년(昭和 15) 2월 22일

법무국장

김천소년형무소장 수신

누진처우규칙 운용에 관한 건

본월 14일 김형 제192호로 조회와 관련하여 제목의 건은 '1.', '2.' 모두 귀 견해와 같이 처리하면 지장이 없다.

○ 조선소년령

   1942년(昭和 17) 3월

   훈령 제6호

제1장 통칙

제1조　본령에서 소년이란 20세가 되지 않은 자를 말한다.

제2조　소년의 형사처분에 관한 사항은 본령에서 정한 것 외에는 일반의 예에 의거한다.

제3조　본령 중 보호처분에 관한 규정은 치안유지법의 죄를 범한 자 및 육군형법 제8조, 제9조 및 군형법 제8조, 제9조에 해당된 자에게는 이를 적용하지 않는다.

제2장 보호처분

제4조　형벌법령에 해당되는 행위를 하거나 형벌법령에 해당되는 행위를 할 우려가 있는 소년에 대해서는 다음과 같은 처분을 할 수 있다.

　　　1. 조건을 붙여 보호자에게 인도하는 것

　　　2. 사원, 교회, 보호단체 또는 적당한 자에게 위탁하는 것

　　　3. 조선총독부 소년보호사의 관찰에 부치는 것

　　　4. 조선총독부 감화원에 송치하는 것

　　　5. 조선총독부 교정원에 송치하는 것

　　　6. 병원에 송치 또는 위탁하는 것

　　　전항 각 호의 처분은 적절히 병행하여 행할 수 있다.

제5조　전조(前條) 제1항 제2호 내지 제6호의 처분은 20세에 달할 때까지 그 집행을 계속하거나 또는 그 집행의 계속 중 언제든 취소 혹은 변경할 수 있다.

제6조　소년으로서 형의 집행 유예 언도를 받거나 가출옥을 허가받은 자는 유예 또는 가출옥 기간 내 소년보호사의 관찰에 부친다.

　　　전항의 경우 필요할 때에는 제4조 제1항 제1호, 제2호, 제4호 내지 제6호의 처분에 처할 수 있다.

　　　전항의 규정에 의해 제4조 제1항 제4호 또는 제5호의 처분을 했을 때에는 그 집행의 계속 중 소년보호사의 관찰을 정지한다.

제3장 형사처분

제7조　죄를 범하는 때가 16세가 되지 않은 자에게는 사형 및 무기형을 부과할 수 없다. 사

형 및 무기형으로 처단해야 할 때에는 10년 이상 15년 이하로 징역 또는 금고를 부과한다.

전항의 규정은 조선형사령에서 따를 것을 정한 형법 제73조, 제75조(조선형사령 제3조에서 준용하는 경우를 포함) 또는 제200조의 죄를 범한 자에게는 이를 적용하지 않는다.

제8조 소년에 대하여 장기 3년 이상의 유기징역 또는 금고로 처단해야 할 때에는 그 형의 범위 내에서 단기와 장기를 정하여 언도한다. 단 단기 5년을 넘는 형으로 처단해야 할 때에는 단기를 5년으로 단축한다.

전항의 규정에 의거 언도할 때 단기는 5년을, 장기는 10년을 넘을 수 없다.

앞의 두 항의 규정은 형의 집행유예를 언도해야 할 경우에는 이를 적용하지 않는다.

제9조 징역 또는 금고의 언도를 받은 소년에 대해서는 특별히 마련한 감옥 또는 감옥 내에 특별히 분계(分界)를 정한 장소에서 그 형을 집행한다. 본인이 20세에 달한 후에도 25세가 되기까지는 전항의 규정에 따라 집행을 계속할 수 있다.

제10조 소년으로서 징역 또는 금고 언도를 받은 자에게는 다음 기간을 경과한 후 가출옥을 허가할 수 있다.

1. 무기형에 부쳐진 지 7년
2. 제7조 제1항의 규정에 의해 언도된 형에 대해서는 3년
3. 제8조 제1항 및 제2항의 규정에 의해 언도된 형에 대해서는 그 형의 단기의 3분의 1

제11조 소년으로서 무기형 언도를 받은 자로서 가출옥을 허가받은 후 그 처분을 취소되는 일 없이 10년을 경과했을 때에는 형의 집행이 끝난 것으로 한다.

소년으로서 제7조 제1항 또는 제8조 제1항 및 제2항의 규정에 의해 형의 언도를 받은 자가 가출옥을 허가받은 후 그 처분이 취소되지 않고 가출옥 전에 형 집행을 한 것과 동일한 기간이 경과되었을 때 역시 전항과 같다.

제12조 소년의 가출옥에 관한 규정은 조선총독이 정한다.

제13조 소년에 대해서는 노역장 유치 언도를 할 수 없다.

제4장 소년심판수속

제14조 고등법원의 특별 권한에 속한 죄를 범한 자는 조선총독부 소년심판소의 심판에 부칠 수 없다.

제15조 다음에 기재된 자는 재판소 또는 검사로부터 송치를 받은 경우를 제외하고 소년심판소의 심판에 부칠 수 없다.

  1. 사형 무기 또는 단기 3년 이상의 징역 혹은 금고에 해당되는 죄를 범한 자
  2. 16세 이상으로서 죄를 범한 자

제16조 형사수속에 의하여 심리 중인 자는 소년심판소의 심판에 부칠 수 없다.

  14세가 되지 않은 자는 도지사로부터 송치를 받은 경우를 제외하고는 소년심판소의 심판에 부치지 않는다.

제17조 소년심판소에서 보호처분에 처해야 할 소년이 있음을 인지한 자는 이를 소년심판소 또는 그 직원에게 통고해야 한다.

제18조 통고를 할 때에는 그 사유를 게시하여 가능하면 본인 혹은 그 보호자의 이름, 주소, 연령, 직업, 성향 등을 신고하는 한편 참고가 될 만한 자료를 제출해야 한다.

  통고는 서면 또는 구두로 할 수 있다. 구두 통고가 있었던 경우에는 소년심판소의 직원이 그 신고를 녹취해야 한다.

제19조 소년심판소 심판에 부쳐야 하는 소년이 있을 때에는 사건의 관계 및 본인의 행실, 경우, 경력, 심신의 상황, 교육 정도 등을 조사해야 한다.

  심신의 상황에 대해서는 되도록 의사에게 진찰을 받게 한다.

제20조 소년심판소는 소년보호사에게 명하여 필요한 조사를 하도록 해야 한다.

제21조 소년심판소는 사실의 취조를 보호자에게 명하거나 이를 보호단체에 촉탁할 수 있다.

제22조 소년심판소는 참고인에게 출두를 명하고 조사를 위해 필요한 사실의 공술 또는 감정을 하게 할 수 있다.

  전항의 경우 필요한 경우에는 공술 또는 감정의 요령을 녹취해야 한다.

제23조 참고인은 조선총독이 정한 바에 따라 비용을 청구할 수 있다.

제24조 소년심판소는 필요에 따라 언제라도 소년보호사에게 본인을 동행하게 할 수 있다.

제25조 소년심판소 및 소년보호사는 그 직무를 행할 때 공무소 또는 공무원에게 촉탁을 하

고 그 외 필요한 보조를 요청할 수 있다.

제26조　소년심판소는 사정에 따라 본인에게 대하여 임시로 다음의 처분을 할 수 있다.

1. 보호자에게 맡기는 것
2. 사원, 교회, 보호단체 또는 적당한 자에게 위임하는 것
3. 병원에 위탁하는 것
4. 소년보호사의 관찰에 부치는 것

어쩔 수 없는 경우에는 본인을 임시로 감화원 또는 교정원에 취탁할 수 있다.

제27조　전조의 처분은 언제든 이를 취소 또는 변경할 수 있다.

제28조　제24조, 제26조 또는 전조의 규정에 따른 처분을 할 경우에는 신속히 그 뜻을 보호사에 통지할 것.

제29조　소년심판소 조사 결과에 따라 심판을 개시해야 할 때에는 심판 기일을 정해야 한다.

제30조　심판을 개시할 수 없을 때에는 제26조의 처분은 취소해야 한다.

제26조의 규정은 전항의 경우 이를 준용한다.

제31조　소년심판소 심판을 개시할 때 필요한 경우에는 본인의 부첨인(附添人)을 둘 수 있다.

본인, 보호자 또는 보호단체는 소년심판소의 허가를 받아 부첨인을 선임할 수 있다.

부첨인은 보호사업에 종사하는 자 또는 소년심판소의 허가를 받은 자로 충당할 수 있다.

제32조　심판기일에는 조선총독부 소년심판관 및 조선총독부 소년심판소 서기가 출석해야 한다.

소년보호사는 심판기일에 출석할 수 있다.

심판기일에는 본인, 보호자 및 부첨인을 호출해야 한다. 단 실익이 없다고 인정될 때에는 보호자가 이를 호출하지 않을 수 있다.

제33조　소년보호사, 보호자 및 부첨인은 심판석에서 의견을 진술할 수 있다.

전항의 경우에는 본인을 퇴석시켜야 한다. 단 상당한 사유가 있을 때에는 본인을 재석시킬 수 있다.

제34조　심판은 이를 공행(公行)하지 않는다. 단 소년심판소는 본인의 친족, 보호사업에 종사하는 자, 기타 상당하다고 인정되는 자에게 재석(在席)을 허가할 수 있다.

제35조　소년심판소가 심리를 끝냈을 때는 제36조에서 제40조의 규정에 따라 종결처분을 해야 한다.

제36조　형사소추의 필요가 있다고 인정했을 때에는 사건을 관할재판소의 검사에게 송치해야 한다.

　　　　재판소 또는 검사로부터 송치를 받은 사건에 대해 새로운 사실 발견으로 형사소추의 필요가 있다고 인정되었을 때에는 관할재판소 검사의 의견을 듣고 전항의 수속을 해야 한다.

　　　　앞의 두 항의 규정에 의해 처분을 했을 때에는 그 내용을 본인과 보호자에게 통지해야 한다.

　　　　검사는 제1항 또는 제2항의 규정에 따라 송치를 받은 사건에 대해 시행한 처분을 소년심판소에 통지해야 한다.

제37조　조건을 붙여 보호자에게 인도해야 한다고 인정될 때에는 보호자에게 본인의 보호감독에 대해 필요한 조건을 제시하고 본인을 인도해야 한다.

제38조　사원, 교회, 보호단체 또는 적당한 자에게 위탁해야 한다고 인정되었을 때에는 위탁을 받을 자에 대해 본인의 처우에 부쳐 참고가 될 사항을 제시하고 보호감독의 임무를 위촉해야 한다.

제39조　소년보호사의 관찰에 부쳐야 한다고 인정되었을 때에는 소년보호사에게 본인의 보호감독에 대해 필요한 사항을 제시하고 관찰에 부쳐야 한다.

제40조　감화원, 교정원 또는 병원에 송치 또는 위탁되어야 한다고 인정했을 때에는 그 장(長)에게 본인의 처우에 대해 참고로 해야 할 사항을 제시하고 본인을 인도해야 한다.

제41조　소년심판소의 심판에 대해서는 시말서를 만들고 심판을 거친 사건 및 종결처분을 명확히 하며 기타 필요하다고 인정된 사항을 기재해야 한다.

제42조　소년심판소가 제37조, 제39조 및 제40조의 규정에 의한 처분을 했을 때에는 보호자, 위탁자 또는 감화원, 교정원 혹은 병원의 장에게 성적보고를 요구할 수 있다.

제43조　소년심판소가 제37조 및 제38조의 규정에 따른 처분을 했을 때에는 소년보호사로 하여금 그 성적을 관찰하고 적당한 제시를 하게 할 수 있다.

제44조　소년심판소가 제37조에서 제40조의 규정에 의한 처분을 한 후 심판을 거친 사건이 제14조 또는 제15조 제1호에 기재한 것임을 발견했을 때에는 재판소 또는 검사로부터 송치를 받은 경우라도 관할재판소 검사의 의견을 듣고 처분을 취소하며 사건을 검사에게 송치해야 한다.

　　　　금고 이상의 형에 해당하는 죄를 범한 자에 대해 제4조 제1항 제4호 또는 제5호의 처분을 계속하는 데 적합하지 않은 사정이 있다고 인정되었을 때 역시 전항과 같다.

제45조　소년심판소가 본인을 사원, 교회, 보호단체 혹은 적당한 자에게 위탁하거나 또는 병원에 송치 혹은 위탁했을 때에는 위탁 또는 송치를 받은 자에 대해 이로 인해 생긴 비용의 전부 또는 일부를 급부(給付)할 수 있다.

제46조　제23조 및 전조(前條)의 비용 그리고 교정원에서 생긴 비용은 소년심판소의 명령에 의해 본인 또는 본인을 부양할 의무가 있는 자로부터 전부 또는 일부를 징수할 수 있다.

　　　　조선형사령에서 따를 것을 정한 비송(非訟) 사건수속법 제208조의 규정은 전항 비용의 징수에 이를 준용한다.

제5장 형사수속

제47조　검사는 소년에 대한 형사사건에 제4조의 처분을 하는 것이 상당하다고 사료했을 때 사건을 소년심판소에 송치해야 한다.

제48조　제4조의 처분을 받은 소년에 대해서는 심판을 거친 사건 또는 이보다 가벼운 형에 해당하는 사건으로서 처분 전에 범한 것에 대해 형사소추를 할 수 없다. 단 제44조의 규정에 따라 처분을 취소한 경우는 이에 속하지 않는다.

제49조　소년에 대한 형사사건에 대해서는 제19조의 조사를 해야 한다.

　　　　소년의 신상에 관한 사항의 조사는 소년보호사에게 촉탁하여 이를 하게 할 수 있다.

제50조　재판소는 공판기일 전 전조(前條)의 조사를 하거나 또는 수명판사(受命判事)로 하여금 이를 하게 할 수 있다.

제51조　재판소 또는 예심판사는 직권 또는 검사의 제기에 따라 제26조의 규정에 의한 처분을 할 수 있다.

2. 수용 규정 - 『조선형무제요』 제7편 감옥 제3장 「수용」

○ 감옥 및 감옥분감의 명칭, 위치

1910년(明治 43) 10월

부령 제11호

개정

1912년(大正 원년) 9월 제11호

1919년(大正 8) 5월 제86호

1920년(大正 9) 10월 제158호

1921년(大正 10) 3월 제41호

1923년(大正 12) 3월 제62호

1923년(大正 12) 5월 제72호

1924년(大正 13) 4월 제14호

1924년(大正 13) 12월 제78호

1934년(昭和 9) 7월 제75호

1935년(昭和 10) 7월 제92호

1935년(昭和 10) 10월 제120호

1936년(昭和 11) 7월 제52호

1936년(昭和 11) 10월 제106호

1937년(昭和 14) 3월 제26호

조선총독부 감옥 및 감옥분감을 설치하여 그 명칭, 위치를 별표를 통해 정한다.

감옥 및 감옥분감은 1910년(明治 43) 10월 1일부터 그 사무를 취급한다.

부칙

본령은 1939년(昭和 14) 4월 1일부터 이를 시행한다.

(별표)

조선총독부 감옥 및 감옥분감의 명칭, 위치표

명칭	위치
경성형무소	경기도 경성부
서대문형무소	경기도 경성부
서대문형무소 춘천지소	강원도 춘천군 춘천읍
대전형무소	충청남도 대전부
대전형무소 청주지소	충청북도 청주군 청주읍
공주형무소	충청남도 공주군 공주읍
함흥형무소	함경남도 함흥부
함흥형무소 원산지소	함경남도 원산부
청진형무소	함경북도 청진부
평양형무소	평안남도 평양부
평양형무소 진남포지소	평안남도 진남포부
평양형무소 금산포지소	황해도 은율군 북부면
신의주형무소	평안북도 신의주부
해주형무소	황해도 해주부
해주형무소 서흥지소	황해도 서흥군 서흥면
대구형무소	경상북도 대구부
대구형무소 안동지소	경상북도 안동군 안동읍
부산형무소	경상남도 부산부
부산형무소 마산지소	경상남도 마산부
부산형무소 진주지소	경상남도 진주군 진주읍
광주형무소	전라남도 광주부
광주형무소 소록도지소	전라남도 고흥군 금산포
목포형무소	전라남도 목포부
전주형무소	전라북도 전주부
전주형무소 군산지소	전라북도 군산부
인천소년형무소	경기도 인천부
개성소년형무소	경기도 개성부
김천소년형무소	경상북도 김천군 김천읍

○ 형무소 수용 구분에 관한 건

1937년(昭和 12) 3월

관통 제6호

법무국장

고등법원 검사장, 각 복심법원 검사장, 각 지방법원 검사정, 각 형무소장 수신

개정

1937년(昭和 12) 11월 제40호

1938년(昭和 13) 6월 제31호

1938년(昭和 13) 10월 제46호-1

1939년(昭和 14) 4월 제5호

1940년(昭和 15) 2월 제5호

1941년(昭和 16) 4월 제15호

1917년(大正 6) 3월 관통첩 제67호로 감옥 수용 구분의 건 명령에 의거해 통첩한바 금번 별지를 통해 개정하여 4월 1일부터 시행하는 것으로 결정하였기에 명령에 따라 통첩합니다.

덧붙여 1922년(大正 11) 9월 관통첩 제86호 및 1935년(昭和 19) 9월 11일부 「특수수형자의 집금(集禁)에 관한 건」은 자연 소멸하는 것에 대해 양지하기 바랍니다.

형무소 수용 구분

수용하는 형무소	수용하는 수형자의 종별	판결청명		
		복심법원	지방법원	지방법원지청
경성형무소	무기 또는 유기의 남성 수형자			
서대문형무소	무기 또는 유기의 남성 혹은 여성 수형자	경성	경성	철원, 인천, 개성, 여주
서대문형무소 춘천지소	형기 10년 미만의 남성 수형자 형기 1년 미만의 여성 수형자			춘천, 원주

대전형무소	무기 또는 유기의 남성 수형자 형기 10년 미만의 여성 수형자		대전	강경, 수원
대전형무소 청주지소	형기 10년 미만의 남성 수형자 형기 1년 미만의 여성 수형자			청주, 충주
공주형무소	형기 10년 미만의 남성 수형자 형기 1년 미만의 여성 수형자 및 심신미약자			공주, 홍성, 서산
함흥형무소	형기 10년 미만의 남성 및 여성 수형자		함흥	북청, 혜산
함흥형무소 원산지소	형기 10년 미만의 남성 수형자 형기 1년 미만의 여성 수형자			원산, 강릉
청진형무소	같음		청진	성진, 회령, 웅기
평양형무소	형기 10년 미만의 남성 수형자 무기 또는 유기의 여성 수형자	평양	평양	안주, 덕주
평양형무소 진남포지소	형기 10년 미만의 남성 수형자 형기 1년 미만의 여성 수형자			진남포
평양형무소 금산포지소	형기 10년 미만의 남성 수형자			송화
신의주형무소	형기 10년 미만의 남성 수형자 형기 1년 미만의 여성 수형자		신의주	정주, 영월, 강계, 초산
해주형무소	같음		해주	사리원
해주형무소 서흥지소	같음			서흥
대구형무소	형기 10년 미만의 남성 수형자 무기 또는 유기의 여성 수형자	대구	대구	경주, 김천, 상주
대구형무소 안동지소	형기 10년 미만의 남성 수형자 형기 1년 미만의 여성 수형자			안동, 영덕
부산형무소	같음		부산	밀양
부산형무소 마산지소	형기 10년 미만의 남성 수형자 형기 1년 미만의 여성 수형자 및 무기 또는 유기의 불구·노병자			마산, 통영
부산형무소 진주지소	형기 10년 미만의 남성 수형자 형기 1년 미만의 여성 수형자			진주, 거창
광주형무소	형기 10년 미만의 남성 및 여성 수형자		광주	순천
광주형무소 소록도지소	나병이 있는 남성 또는 여성 수형자			
목포형무소	형기 10년 미만의 남성 수형자 형기 1년 미만의 여성 수형자			목포, 장흥, 제주
전주형무소	같음		전주	남원
전주형무소 군산지소	같음			군산, 정읍
인천소년형무소	연령 18세 미만 형기 1년 이상의 남성 수형자			
개성소년형무소	같음			
김천소년형무소	연령 18세 이상 20세 미만 형기 1년 이상의 남성 수형자			

1. 고등법원의 판결에 의한 것은 현재 그 소재한 형무소에 수용한다.
2. 범죄즉결례시행수속 제4조에 의하여 형무소에 송치해야 하는 수형자는 그 즉결 관서에서 가장 가까운 형무소에 수용한다. 단 인천, 개성 및 김천의 각 소년형무소에는 수용하지 않는다.
3. 경성형무소에 수용해야 하는 여성 수형자는 서대문형무소에, 금산포지소에 수용해야 하는 여자 수형자는 해주형무소에 수용한다.
4. 형사피고인 피의자는 인천·개성·경성을, 노역장 유치자는 인천·개성·김천 및 경성을 제외하고 각 형무소에 수용한다.
5. 수형자의 집금범위에 대하여는 별기한 부표에 의거해야 한다.

(부표)
수형자 집금 범위

집금해야 하는 수형자의 종류			집금형무소	이송형무소
장기수형자	무기 또는 형기 10년 이상의 남자 수형자		초범 / 경성형무소	전 조선 각 형무소 및 지소
			사상범 / 서대문형무소	
			누범 / 대전형무소	
소년수형자	연령 18세 미만 무기 또는 형기 1년 이상의 자	초범으로서 입소 당시 소학교 또는 보통학교 3년 수업 정도의 학력을 가진 자	인천소년형무소	전 조선 각 형무소 및 지소
		기타	개성소년형무소	
	연령 18세 이상 20세 미만 무기 또는 형기 1년 이상의 자		김천소년형무소	같음
여자수형자	연령 18세 이상 무기 또는 형기 1년 이상의 자		서대문형무소	춘천지소 다만 무기 또는 형기 10년 이상의 자에 대하여는 경성복심법원 관내 각 형무소 및 지소
			평양형무소	평양복심법원 관내 각 형무소 및 지소
			대구형무소	부산형무소, 안동, 마산, 진주 각 지소 다만 무기 또는 형기 10년 이상의 자에 대하여는 대구복심법원 관내 각 형무소 및 지소
	연령 18세 이상 형기 10년 미만 1년 이상의 자		대전형무소	공주형무소, 청주지소
			함흥형무소	청진형무소, 원산지소
			광주형무소	목포, 전주형무소 및 군산지소

	나병환자	소록도지소	전 조선 각 형무소 및 지소
특수수형자	불구노쇠자	군산지소	같음
	심신미약자	공주형무소	같음

각 형무소장 및 지소장은 본 구분에 따라 집금해야 하는 수형자에 대하여는 그때마다 이감의 수속을 해야 하며 다만 특수수형자는 이에 제한되지 아니한다.

인천 및 개성소년형무소 및 서대문형무소에 있어서는 수형자(서대문은 여자소년수형자) 만 18세(18세 이상으로서 특별한 사정으로 인하여 소년 처우를 하는 자에 대하여는 만 20세)에 달하였을 때에는 남자는 김천소년형무소에, 여자는 일반수용 구분에 따라 그 집금형무소에 이감해야 한다. 다만 3개월 내에 형기를 종료해야 하는 자에 대하여는 이에 제한되지 아니한다.

김천소년형무소는 수형자가 만 20세(20세 이상으로서 특별한 사정으로 인하여 청년 처우를 하는 자에 대하여는 만 23세)에 달하였을 때에는 일반수용 구분에 따라 각 수용해야 하는 형무소에 이감해야 한다. 다만 6개월 이내에 형기를 종료해야 하는 자에 대하여는 이에 제한되지 아니한다.

본 구분에 의하여 집금해야 하는 수형자에 대한 형의 집행 지휘는 현재 재소 중의 자에 대하여는 그 형무소장에, 또한 새로 입소해야 하는 수형자(단 특수수형자는 제외함)에 대해서는 검사가 본 집금 구분에 따라 집금형무소장에 대하여 이를 해야 한다.

○ 상소수(上訴囚) 환송에 관한 건
1937년(昭和 12) 5월 관통첩 제17호
법무국장 (발신)
각 형무소장 수신

개정 1938년(昭和 13) 10월 제47호

제목의 건에 관하여 1935년(昭和 10) 10월 관통첩 제33호 명령에 의거해 통첩한바, 금번 별표와 같이 개정하여 1937년(昭和 12) 5월 10일부터 시행할 것을 결정하게 되었음을 양지하기 바랍니다. 명령에 따라 이에 통첩합니다.

덧붙여 1924년(大正 13) 1월 31일에 통첩한 상소수 환송에 관한 건은 자연 소멸하는 것으로 양지하기 바랍니다.

상소수 환송 구분

재감형무소	원적		환송해야 하는 수형자	환송형무(지)소	비고
	지방법원	지청			
서대문		춘천, 철원, 원주	형기 10년 미만의 남자 형기 1년 미만의 여자	춘천	
	대전	강경, 수원	형기 10년 미만의 남자 및 여자	대전	공주형무소 및 청주지소에 환송을 요하는 형기 1년 이상 10년 미만의 여자 수형자는 대전형무소에 환송할 것
		공주, 홍성, 서산	형기 10년 미만의 남자 형기 1년 미만의 여자	공주	
		청주, 충주	같음	청주	
	함흥	북청, 혜산	형기 10년 미만의 남자 및 여자	함흥	원산지소 및 청진형무소에 환송을 요하는 형기 1년 이상 10년 미만의 여자 수형자는 함흥형무소에 환송할 것
		원산, 강릉	형기 10년 미만의 남자 형기 1년 미만의 여자	원산	
	청진	성진, 회령, 웅기		청진	
평양		진남포	형기 10년 미만의 남자	진남포	
		송화	같음	금산포	
	신의주	정주, 영변, 강계, 초산	형기 10년 미만의 남자 형기 1년 미만의 여자	신의주	
	해주	사리원	같음	해주	
		서흥	같음	서흥	
대구		상주, 안동	같음	안동	
	부산	마산, 밀양, 통영	같음	부산	
		진주, 거창	같음	진주	
	광주	순천	형기 10년 미만의 남자 및 여자	광주	목포, 전주형무소 및 군산지소에 환송을 요하는 형기 1년 이상 10년 미만의 여자 수형자는 광주형무소에 환송할 것
		목포, 장흥, 제주	형기 10년 미만의 남자 형기 1년 미만의 여자	목포	
	전주	남원	같음	전주	
		군산, 정읍	같음	군산	

환송을 요하는 자의 처우상 형무소 또는 지정된 형무소에 이감하는 것이 적당하지 않다고 인정될 때에는 그 취지의 보고를 하여 환송하지 않을 수 있다.

환송은 다음에 기록된 인원 이상에 도달한 후 시행하는 것으로 한다. 환송은 발송형무소 1회에 대하여, 수송형무소 2회의 비율로 담당할 것.

형무소의 구금 상태 기타 관계에 비추어 환송의 중지를 명령하거나 혹은 다른 형무소에 이감을 명령할 수 있는 것이다.

기(記)

재감형무소	환송형무(지)소	환송인원	비고
서대문	춘천	6	
	공주	10	
	청주	10	
	대전	10	
	함흥	15	
	원산	10	
	청진	15	
평양	진남포	6	1937년(昭和 12) 3월 25일 통첩 수형자 집금에 관한 건 제2항에 의거 이감해야 하는 인원을 포함
	금산포	6	
	신의주	15	
	해주	15	
	서흥	8	
대구	안동	8	
	부산	15	
	진주	10	
	광주	15	
	목포	15	
	전주	15	
	군산	10	

○ 특수수형자의 집금 구분에 관한 건

1922년(大正 11) 12월

관통첩 제109호

검사국장, 형무소장, 형무지소장 앞

제목의 건에 관하여는 본년 9월 관통첩 제86호에 의하며 통첩한바 그 취급에 관하여는 다음의 내용을 주의하여 주시기 바라며 이에 통첩합니다.

기

1. 형의 집행을 지휘하는 때에 그 실제 연령에 의혹이 있을 때에는 오직 판결 또는 민적에 기재되어 있는 연령에 의거할 것이며 심신의 발육 상황 등을 자세히 조사하여 그 연령이 18세 미만에 상당하다고 인정된 자는 소년감에 송치해야 한다. 또 18세 이상 20세 미만에 상당한다고 인정되는 자는 그 형벌을 헤아려 소년수로서 교육, 기타 처우를 하기에 적당하지 않은 이외에는 역시 소년감에 송치한다. 이에 관통첩 제86호 취급예 제3항 말단의 취지를 어기지 말 것.
2. 일단 소년감에 수용된 수형자의 연령에 대하여는 감옥법 제2조 제2항의 제한에 도달할 때까지 계속 구금하며 이를 초과하는 경우에는 개성분감 이외의 감옥 중 적당한 분류의 성년감에 옮겨야 한다. 개성분감에 있어서는 정황을 갖추어 본관의 지휘를 구할 것.
3. 감옥 소재지 외 검사의 지휘 또는 즉결관서 장의 촉탁에 의하여 송치한 소년수 중 심신 발육, 형기, 기타 관계에 의해 소년 처우를 하기에 적당하다고 인정되는 경우에는 일단 이를 수감한다. 개성분감에는 상세한 문서를 통해 구상 상태를 갖추어 본관의 지휘를 구하고 기타 소년감에 있어서는 일정한 판정을 하여 적당한 처우를 할 것.

(참고)

1922년(大正 11) 9월 관통첩 제86호 특수수형자 집금에 관한 건(1937년(昭和 12) 3월 관통첩 제6호에 의거 소멸)

(초록)

　새로 입감해야 하는 수형자가 본 통첩에서 정한 특수수형자일 때에는 검사가 일반 감옥 수용 구분에 의거하지 않고 직접 집금감옥에 입감을 지휘해야 한다. 범죄즉결례 시행수속 제4조에 의해 감옥에 송치해야 하는 수형자가 본 통첩에 의해 규정되는 때에는 범죄즉결관서의 장이 전항에 준하여 수형자를 송치해야 한다.

　감옥의 장은 본 통첩에 의해 이감해야 하는 18세 미만의 남자 수형자가 귀주지(歸住地)의 관계에 의해 다른 동종의 집금감옥에 이감하는 것이 적당하다고 인정될 때에는 그 판정을 하여 당 감옥에 이감해야 한다.

　또한 수형자가 감옥법 제2조 말항에 해당한다고 인정될 때에는 그 판정을 하여 성년 처우를 하는 것에 있어 이를 이감하지 않는다. 소년감 처우가 필요하다고 하는 자에 대해서는 이감을 할 수 있다.

○ 집금 구분에 관한 건

1930년(昭和 5) 11월 통첩

법무국장 (발신)

　형무소장, 각 형무지소장, 검사국장 앞

　1922년(大正 11) 9월 관통첩 제86호에 의해 여자 수형자의 해석에 대해서는 별지 을(乙)호를 통해 광주형무소장이 제출에 대한 갑(甲)호를 통해 통첩하니 유념하기를 바람.

별지

(을호)

광주 제2132호

1930년(昭和 5) 1월 8일

광주형무소장

법무국장 전

집금 구분에 관한 건 청훈(請訓)

1914년(大正 13) 관통첩 제99호 말미 제6호에 소위 '여수형자(女受刑者)'라고 하는 것은 광의(廣義)로 해석하면 노역장 유치자를 포함하는 것으로 사료되지만(예를 들어 노역장 일수 100일은 형기 3개월 이하로 해석하여 본 집금 구분에 따라 송치하는 것이 어떠한지) 의심되는 것이 있어 어떻게 처분할지 지시해 주시기를 청훈함.

(갑호)
1930년(昭和 5) 11월 20일
법무국장

광주형무소장 귀하

집금 구분에 관한 건

본월 8일 제출한 것과 관련하여 1922년(大正 11) 관통첩 제86호에 있어 여수형자 중에는 노역장 유치자를 포함하지 않는 건으로 알아 주시기 바랍니다.

○ 수형자의 집금에 관한 건

1937년(昭和 12) 3월
통첩
법무국장

각 형무소장, 형무지소장 앞

1937년(昭和 12) 3월 24일부 관통첩 제6호로 형무소 수용 구분이 개정되었으므로 이에 수형자의 집금에 대해 다음과 같이 통지합니다.

기
1. 수형자 집금 범위에 의거해 이감을 요하는 자의 호송은 경찰 체전(遞傳)[129]하는 것을 원칙으로 한다. 소년형무소에서도 될 수 있는 한 그때마다 시행해야 한다. 다만 동시에 10인 이상의 이감, 기타 특별한 사정에 의해 형무관리가 호송할 필요가 있는 경우에는 그 취지로 보고할 것.
2. 집금한 수형자(소년 및 나환 수형자를 제외함)의 잔여 형기가 6개월 미만이 되어 보호상, 기타 필요한 자에 대하여는 원 형무소 또는 귀주지의 형무소에 이감해야 한다.
3. 특수수형자는 그때마다 이감을 요하는 자의 죄명, 형명, 형기, 형기종료일, 성명, 연령 및 집금을 필요로 하는 사유를 상세하게 보고한다. 단 불구자 및 노쇠자는 당분간 형기 3년 이상(현재 재감하는 자는 잔여 형기 2년 이상)으로서 다른 수형자와 공동 동작이 불가능한 자만을 집금할 예정이다.

○ 심신미약자 집금에 관한 건
1938년(昭和 13) 7월
통첩
법무국장

각 형무소장, 형무지소장 앞
본년 6월 관통첩(官通牒) 제31호에 따라 심신미약자를 공주형무소에 집금하는 것과 해당자로 인정되는 자에 대해서는 별지 양식에 의거하여 보고하기 바람.

---

[129] 체전(遞傳) : 차례로 여러 곳을 거쳐서 보냄. 체송(遞送)과 같은 뜻.

별지

기타 참고 사항	심신미약을 인정할 수 있는 사항	행형의 경과		건강 (신체 및 정신) 상태		형기 종료일	형기 기산일	형명 형기	죄명 범수	판결 연월일	판결 청 명	
		작업 관계	품행 관계	수용 후	수용 시							소화 년 월 일 　　　　　형무소장 법무국장님 심신미약자 집금에 관한 건 좌기 수형자는 1938년(昭和 13) 6월 관통첩 제31호에 의거, 공주형무소에 집금할 필요가 있는 자로 붙임과 같이 보고합니다. 기(記)
						소화 년 월 일	소화 년 월 일	징역 년 월 일	소화 년 월 일 범	법원 지청		
									생년월일 성명	본적		
									당년 년 월 일 생			

주의

1. 건강 상태는 신체 및 정신에 대해 그 총평을 기재할 뿐만 아니라 가능한 구체적 사실을 기재할 것.

2. 행형의 경과, 품행관계란에는 관리에 대한 태도, 같은 수형자 간의 관계, 반칙행위 징벌의 종류와 대수, 기타 교회(敎誨)에 대한 상황 등을 기재할 것.

   작업관계란에는 부과작업의 종류, 근면 여부 및 성적 등을 기재할 것과 더하여 누진처우(累進處遇) 적용자에 대해서는 그 분류 및 계급과 함께 최근 득점(인격점, 작업점 각별로)을 기재할 것.

3. 심신미약임을 인정해야 하는 사항란에는 아래의 사항을 기재할 것.

   (1) 재소 중 망각의 발현 등 정신 이상이 의심되는 언어, 행동

(2) 시찰표, 징벌표 등에 보이는 글 중 심신미약을 의심하기에 충분한 글의 초록

(3) 판결등본에 범죄사실 중 상식을 벗어난 정신미약을 엿볼 수 있는 내용의 초록 및 적용 법조 중 형법 제39조 제2항 또는 같은 법 제40조 제1항 후단의 적용 유무

(4) 기타 미결수용 중 정신감정에 부쳐진 자에 대해서는 그 상황 또는 근친자 중에 정신병자의 유무 등

더하여 나병환자 수형자 및 불구자, 노쇠자로서 수감을 필요로 하는 자에 대해서도 이후부터 본 양식에 준하여 보고할 것.

○ 심신미약자 취급에 관한 건

1938년(昭和 13) 7월
통첩
법무국장

공주형무소장 앞
귀 소에 수감한 심신미약자에 대해서는 대체로 아래 기(記)에 의거해 취급하기 바람.

기(記)

1. 수용(收容)

1) 심신미약자를 수용하는 경우는 특별히 정밀한 건강진단을 하는 것을 제외하고, 정신의 의학·심리학적 검사와 함께 기타 필요하다고 인정되는 조사를 시행하여 질병 초래의 원인을 극력선명(極力鮮明)하게 하고, 이후 2개월마다 그 변화를 기록해 둘 것

2) 수용 후 처우와 함께 치료 후 계속된 심신미약자로서 취급이 필요함을 확인하기에 이를 때에는 행형의 경과 및 증상의 변화와 함께 원(原) 형무소는 환송의 필요 여부 등에 관한 사항을 자세히 적어 당국에 보고할 것

3) 정신의 의학·심리학적 검사 항목 및 방법에 대해서는 미리 규정해 둘 것

2. 구금(拘禁)

1) 일반수형자와 구별하고 항상 그 증상에 따라 분류할 것

2) 가능한 야간독거를 원칙으로 하며 잡거구금의 경우 1평당 3인 이내로 할 것

3) 직접 계호에 종사하는 간수로 하여금 항상 각 수형자의 정신 상태에 주의하여 이상이 인정되는 경우는 바로 보건기사(또는 보건기수)에게 보고할 것

4) 징벌의 집행 및 계구(戒具)의 사용에 대해서는 특별히 급하게 필요한 경우를 제외하고 반드시 보건기사(또는 보건기수)의 의견을 듣고 실시할 것

3. 작업(作業)

1) 작업을 수행할 수 있는 자에 대해서는 보건기사(또는 보건기수)의 의견을 듣고 그 종류 및 과정을 정할 것

2) 작업의 종류는 농업, 원예 등 눈앞에서 완성을 보여주는 것을 선택할 것

3) 실내작업을 수행하는 경우에는 그 작업장의 창을 가급적 넓게 개방하여 환기를 적당히 할 것

4. 위생(衛生)

1) 식량은 보건기사(또는 보건기수)의 의견을 듣고 각 본인에게 적당한 음식 등을 제공할 것

2) 잡거(雜居)구금자에 대한 포단(蒲團)은 되도록 각 사람별로 대여할 것

3) 입욕은 가급적 그 횟수를 증가하고, 흥분성의 소질을 가진 자에게 대해서는 지속욕(持續浴)[130]을 행할 것

4) 취침중에는 숙면할 수 있도록 주의할 것

5) 운동시간은 필요에 따라 알맞게 늘려 적당하다고 인정되는 방법에 따라 실시할 것

6) 질병에 대해서는 그 원인 요법 및 대응 요법을 적극적으로 행할 것

---

130 지속욕(持續浴) : 환자를 30분 이상, 때로는 10시간 이상 34~37℃의 미온탕 욕조에 들어가 있게 하는 정신과 영역의 특수 치료 요법. 정신분열병, 조울병, 진행성 마비 등에서 흥분을 진정시키고 수면을 촉진시키는 목적으로 사용됨.

5. 교화(敎化)
 1) 교회(敎誨)[131]는 이것을 행하는 장소의 공기를 신선하게 하여 항상 흥미를 야기하는 사항을 선택하여 단시간에 행할 것
 2) 교육은 수형자의 예지(叡智)[132] 결손(缺損), 성격 결손 등 심신 결손의 상태에 적응할 수 있는 방법에 따라 행하고 학급은 개성이 상이한 자로 가급적 15명 단위로 조직할 것
 3) 거소(居所)에는 필요에 따라 회화(繪畫) 및 화분을 둘 수 있게 할 것

6. 석방(釋放)
 보호를 위해 석방 전에 귀주지(歸住地)의 형무소로 이감할 필요가 있는 자에 대해서는 적당한 시기에 그 요지를 당국에 보고할 것.

○ 조선에 있는 육군군법회의 처단 수도(囚徒)로서 보통감옥에 교부해야 하는 자에 관한 건
1933년(昭和 8) 7월
관통첩 제30호
법무국장

각 형무소장, 형무지소장 앞
 조선에 있는 육군군법회의 처단 수도로서 보통감옥에 교부해야 할 경우, 교부감옥 구분을 조선군사령관과 아래 기록대로 협정하므로 명령에 의해 통첩함.
 근래 1919년(大正 8) 4월 관통첩 제56호는 자연 소멸함을 인지하기 바람.

기(記)
1. 용산(龍山)육군군법회의 처단 죄인 중 형기 10년 이상의 남자 수형자는 경성형무소, 기타는 서대문형무소.

---

[131] 교회(敎誨) : 감옥에서 재소자를 가르쳐 잘못을 뉘우치게 하는 행위.
[132] 예지(叡智) : 뛰어난 지혜, 지혜롭고 밝은 마음과 생각, 인식하는 능력.

2. 나남(羅南)육군군법회의 처단 죄인 중 형기 10년 이상의 남자 수형자는 경성형무소, 기타는 청진형무소.

3. 특수한 사정에 의해 다른 형무소에서 집행하는 데 편의 또는 적당하다고 인정되는 경우에는 그때마다 협정할 것.

○ 북지나(北支那)[133] 소재 육군군법회의 처단 죄수로서 보통감옥에서 형을 집행해야 하는 자의 이송에 관한 건

1938년(昭和 13) 6월

통첩

법무장관

각 형무소장 앞

제목의 건에 관해서 금번 육군당국과 별지(갑호 조회 및 을호 회답)대로 협정할 수 있도록 하기 바람.

별지(갑호) 육보(陸普) 제3448호

북중국 소재의 육군군법회의 처단 죄수로서 보통감옥에서 형을 집행해야 하는 자의 이송에 관한 건

1938년(昭和 13) 6월 9일

육군차관 도조 히데키(東條英機)

조선총독부 정무총감 님

북중국 소재의 육군군법회의 처단 죄수로서 보통감옥에서 형을 집행해야 하는 자는 종래 관계관청과 협의 후, 관동형무소 또는 보통형무소로 이송해 올 때 그자의 거주지가 조선에 있는지 등의 사정에 따라 조선에서 형을 집행할 적당 또는 편의를 고려해야 할 자의 경우, 형기 10년 이상의 남자 수형자는 경성형무소, 기타는 서대문형무소에 송부하는 데 있어서 아래

---

[133] 북지나(北支那) : 북중국. 양쯔강을 경계로 그 이북 지역.

와 같이 조회(照會)함.

(을호)
　　　　1938(昭和 13) 6월 21일
　　　　　　　　　　　　　　　조선총독부 정무총감 오노 로쿠이치로(大野綠一郎)
　　육군차관 도조 히데키 님
　　　　북중국 소재의 육군군법회의 처단 죄수로서 보통감옥에 형을 집행해야 하는 자의 이송에 관한 건
1938년(昭和 13) 6월 9일자 육보 제3448호를 통해 조회와 관계된 제목의 건과 다름없음.
위와 같이 회답함.

○ 육군감옥령 제13조에 의거 미결의 부녀자 또는 외국인을 보통감옥에 구금(拘禁) 촉탁(囑託)해야 할 경우 수탁감옥에 관한 건

1938(昭和 13) 8월
통첩
법무국장

　　각 형무소장, 형무지소장 앞
　　제목의 건에 관해 조선군참모장과 별지대로 협정하는 데 있어서 아래와 같이 통첩함.

　　별지(행 제8호)
　　　　1938년(昭和 13) 8월 24일
　　　　　　　　　　　　　　조선총독부법무국장

　　조선군참모장 님
　　육군감옥령 제13조에 따라 미결의 부녀자 또는 외국인을 보통감옥에 구금 촉탁을 하는 경우에 있어서 수탁감옥에 관한 건

조선에 있는 육군군법회의 처단 죄수로서 보통감옥에 교부해야 하는 경우 교부감옥 구분에 대해서는 1938년(昭和 8) 7월 협정에 따르지만, 육군감옥령 제13조에 따라 미결의 부녀자 또는 외국인의 구금을 보통감옥에 촉탁해야 경우 수탁감옥 구분에 대해서는 협의가 없어, 이에 지금부터 아래 기록대로 정하여 명령에 의해 조회함.

기(記)

1. 조선위수형무소(朝鮮衛戍刑務所, 용산)[134]에 입감시켜야 할 때는 서대문형무소.
2. 육군감옥 대용 영창(營倉, 나남)[135]에 입감시켜야 할 때는 청진형무소.
3. 특수 사정에 따라 다른 형무소로 입감시킬 때 편의가 필요할 경우에는 그때마다 협정할 것.

조법발(朝法發) 제35호
    1938년(昭和 3) 8월 26일
                조선군참모장 기타노 겐조(北野憲造)

조선총독부법무국장 미야모토 하지메(宮本元) 님

육군감옥령 제13조에 따라 미결의 부녀자 또는 외국인을 보통감옥에 구금 촉탁을 해야 할 경우에 있어서 수탁감옥에 관한 건 회답

8월 24일자 행 제8호를 통해 조회된 제목의 건과 다름없음을 명령에 의해 회답함.

○ 특수범죄자에 관한 건

1931년(昭和 6) 11월

통첩

법무국장

---

134 위수형무소(衛戍刑務所) : 군대의 위수지역에 있는 형무소.
135 영창(營倉) : 군대에서 규율 또는 법을 어긴 군인을 가두기 위해 부대 안에 설치한 건물. 주로 병사의 징계를 목적으로 구금하는 장소.

각 형무소장, 각형무지소장 앞

금번 별도 통첩을 통해 특수범죄자에 관한 보고는 폐지되었지만, 중요한 범죄자에 대해서는 그 입출소 및 현재의 상황 등 조사에 필요한 것을 지금 이후 아래에 의거해 취급할 것.

추서 생략

기

1.

1) 죄질, 범행 등에 있어 사회의 이목을 야기한 범죄. 단 공범자가 다수인 경우는 그 사건의 주모자 간부 또는 중요한 지위에 있는 자에 한정할 것.

2) 범인의 신분, 지위 등 사회의 이목을 야기한 범죄자 및 처우상 특히 주의를 요하는 범죄자.

위에 해당하는 범죄자를 수용함에 있어서는 범죄의 개요, 형명·형기, 신분, 성명, 연령 및 공범자 수 등을 신속히 보고하고, 이감 및 석방 때는 그 요지를 보고할 것.

2. 수용 구분에 따라 제1항의 범죄자 및 기타 특수범죄자를 다른 곳으로 이감해야 할 경우, 이감이 적당하다고 판단될 때는 미리 그 요지를 신청할 것.

3. 호송 및 처우상 특별한 주의를 요하는 범죄자를 이감할 경우에 있어서는 이감자의 성행(性行),[136] 기타 처우상 참고할 사항을 이감 전 형무소장에게 미리 보고하고 또한 호송관리에게 적당한 주의를 기울여 착오가 없도록 기할 것.

○ 감옥에 있어서 입감부(入監簿) 기타 구비 건

감옥에는 입감부, 출감부, 공범부, 교회부, 교육부, 건강진단부 및 진료부를 구비해야 함.

조선감옥령 시행규칙 및 전항의 규정에 따라 장부는 별도로 정한 것을 제외하고 별책의 양식에 의함.

신분장부(身分帳簿)는 명적원부(名籍原簿)[137]로 대용함.

---

[136] 성행(性行) : 사람됨과 그 행실. 성품과 행실.
[137] 명적원부(名籍原簿) : 신분장부보다 수형 내역을 자세히 기재한 기록물로 1면으로 구성되어 있다. 수감자 개인의 인적사항과 최종 판결 내용, 입소시기, 1·2·3심 처분 내용 등이 기재되어 있다.

2. 나남(羅南)육군군법회의 처단 죄인 중 형기 10년 이상의 남자 수형자는 경성형무소, 기타는 청진형무소.

3. 특수한 사정에 의해 다른 형무소에서 집행하는 데 편의 또는 적당하다고 인정되는 경우에는 그때마다 협정할 것.

〇 북지나(北支那)[133] 소재 육군군법회의 처단 죄수로서 보통감옥에서 형을 집행해야 하는 자의 이송에 관한 건

1938년(昭和 13) 6월

통첩

법무장관

각 형무소장 앞

제목의 건에 관해서 금번 육군당국과 별지(갑호 조회 및 을호 회답)대로 협정할 수 있도록 하기 바람.

별지(갑호) 육보(陸普) 제3448호

북중국 소재의 육군군법회의 처단 죄수로서 보통감옥에서 형을 집행해야 하는 자의 이송에 관한 건

1938년(昭和 13) 6월 9일

육군차관 도조 히데키(東條英機)

조선총독부 정무총감 님

북중국 소재의 육군군법회의 처단 죄수로서 보통감옥에서 형을 집행해야 하는 자는 종래 관계관청과 협의 후, 관동형무소 또는 보통형무소로 이송해 올 때 그자의 거주지가 조선에 있는지 등의 사정에 따라 조선에서 형을 집행할 적당 또는 편의를 고려해야 할 자의 경우, 형기 10년 이상의 남자 수형자는 경성형무소, 기타는 서대문형무소에 송부하는 데 있어서 아래

---

[133] 북지나(北支那) : 북중국. 양쯔강을 경계로 그 이북 지역.

와 같이 조회(照會)함.

(을호)
　　　1938(昭和 13) 6월 21일
　　　　　　　　　　　　　　　조선총독부 정무총감 오노 로쿠이치로(大野綠一郞)
　　육군차관 도조 히데키 님
　　　　북중국 소재의 육군군법회의 처단 죄수로서 보통감옥에 형을 집행해야 하는 자의 이송에 관한 건
1938년(昭和 13) 6월 9일자 육보 제3448호를 통해 조회와 관계된 제목의 건과 다름없음. 위와 같이 회답함.

○ 육군감옥령 제13조에 의거 미결의 부녀자 또는 외국인을 보통감옥에 구금(拘禁) 촉탁(囑託)해야 할 경우 수탁감옥에 관한 건

1938(昭和 13) 8월
통첩
법무국장

　　각 형무소장, 형무지소장 앞
　　제목의 건에 관해 조선군참모장과 별지대로 협정하는 데 있어서 아래와 같이 통첩함.

　　별지(행 제8호)
　　　1938년(昭和 13) 8월 24일
　　　　　　　　　　　　　조선총독부법무국장

　　조선군참모장 님
　　　육군감옥령 제13조에 따라 미결의 부녀자 또는 외국인을 보통감옥에 구금 촉탁을 하는 경우에 있어서 수탁감옥에 관한 건

조선에 있는 육군군법회의 처단 죄수로서 보통감옥에 교부해야 하는 경우 교부감옥 구분에 대해서는 1938년(昭和 8) 7월 협정에 따르지만, 육군감옥령 제13조에 따라 미결의 부녀자 또는 외국인의 구금을 보통감옥에 촉탁해야 경우 수탁감옥 구분에 대해서는 협의가 없어, 이에 지금부터 아래 기록대로 정하여 명령에 의해 조회함.

기(記)

1. 조선위수형무소(朝鮮衛戍刑務所, 용산)[134]에 입감시켜야 할 때는 서대문형무소.
2. 육군감옥 대용 영창(營倉, 나남)[135]에 입감시켜야 할 때는 청진형무소.
3. 특수 사정에 따라 다른 형무소로 입감시킬 때 편의가 필요할 경우에는 그때마다 협정할 것.

조법발(朝法發) 제35호

    1938년(昭和 3) 8월 26일

               조선군참모장 기타노 겐조(北野憲造)

조선총독부법무국장 미야모토 하지메(宮本元) 님

육군감옥령 제13조에 따라 미결의 부녀자 또는 외국인을 보통감옥에 구금 촉탁을 해야 할 경우에 있어서 수탁감옥에 관한 건 회답

8월 24일자 행 제8호를 통해 조회된 제목의 건과 다름없음을 명령에 의해 회답함.

○ 특수범죄자에 관한 건

1931년(昭和 6) 11월

통첩

법무국장

---

[134] 위수형무소(衛戍刑務所): 군대의 위수지역에 있는 형무소.
[135] 영창(營倉): 군대에서 규율 또는 법을 어긴 군인을 가두기 위해 부대 안에 설치한 건물. 주로 병사의 징계를 목적으로 구금하는 장소.

각 형무소장, 각형무지소장 앞

금번 별도 통첩을 통해 특수범죄자에 관한 보고는 폐지되었지만, 중요한 범죄자에 대해서는 그 입출소 및 현재의 상황 등 조사에 필요한 것을 지금 이후 아래에 의거해 취급할 것.

추서 생략

기

1.
1) 죄질, 범행 등에 있어 사회의 이목을 야기한 범죄. 단 공범자가 다수인 경우는 그 사건의 주모자 간부 또는 중요한 지위에 있는 자에 한정할 것.
2) 범인의 신분, 지위 등 사회의 이목을 야기한 범죄자 및 처우상 특히 주의를 요하는 범죄자.

위에 해당하는 범죄자를 수용함에 있어서는 범죄의 개요, 형명·형기, 신분, 성명, 연령 및 공범자 수 등을 신속히 보고하고, 이감 및 석방 때는 그 요지를 보고할 것.

2. 수용 구분에 따라 제1항의 범죄자 및 기타 특수범죄자를 다른 곳으로 이감해야 할 경우, 이감이 적당하다고 판단될 때는 미리 그 요지를 신청할 것.

3. 호송 및 처우상 특별한 주의를 요하는 범죄자를 이감할 경우에 있어서는 이감자의 성행(性行),[136] 기타 처우상 참고할 사항을 이감 전 형무소장에게 미리 보고하고 또한 호송관리에게 적당한 주의를 기울여 착오가 없도록 기할 것.

○ 감옥에 있어서 입감부(入監簿) 기타 구비 건

감옥에는 입감부, 출감부, 공범부, 교회부, 교육부, 건강진단부 및 진료부를 구비해야 함.

조선감옥령 시행규칙 및 전항의 규정에 따라 장부는 별도로 정한 것을 제외하고 별책의 양식에 의함.

신분장부(身分帳簿)는 명적원부(名籍原簿)[137]로 대용함.

---

[136] 성행(性行) : 사람됨과 그 행실. 성품과 행실.
[137] 명적원부(名籍原簿) : 신분장부보다 수형 내역을 자세히 기재한 기록물로 1면으로 구성되어 있다. 수감자 개인의 인적사항과 최종 판결 내용, 입소시기, 1·2·3심 처분 내용 등이 기재되어 있다.

(별표)

조선총독부 감옥 및 감옥분감의 명칭, 위치표

명칭	위치
경성형무소	경기도 경성부
서대문형무소	경기도 경성부
서대문형무소 춘천지소	강원도 춘천군 춘천읍
대전형무소	충청남도 대전부
대전형무소 청주지소	충청북도 청주군 청주읍
공주형무소	충청남도 공주군 공주읍
함흥형무소	함경남도 함흥부
함흥형무소 원산지소	함경남도 원산부
청진형무소	함경북도 청진부
평양형무소	평안남도 평양부
평양형무소 진남포지소	평안남도 진남포부
평양형무소 금산포지소	황해도 은율군 북부면
신의주형무소	평안북도 신의주부
해주형무소	황해도 해주부
해주형무소 서흥지소	황해도 서흥군 서흥면
대구형무소	경상북도 대구부
대구형무소 안동지소	경상북도 안동군 안동읍
부산형무소	경상남도 부산부
부산형무소 마산지소	경상남도 마산부
부산형무소 진주지소	경상남도 진주군 진주읍
광주형무소	전라남도 광주부
광주형무소 소록도지소	전라남도 고흥군 금산포
목포형무소	전라남도 목포부
전주형무소	전라북도 전주부
전주형무소 군산지소	전라북도 군산부
인천소년형무소	경기도 인천부
개성소년형무소	경기도 개성부
김천소년형무소	경상북도 김천군 김천읍

2. 수용 규정 - 『조선형무제요』 제7편 감옥 제3장 「수용」

○ 감옥 및 감옥분감의 명칭, 위치

1910년(明治 43) 10월

부령 제11호

개정

1912년(大正 원년) 9월 제11호

1919년(大正 8) 5월 제86호

1920년(大正 9) 10월 제158호

1921년(大正 10) 3월 제41호

1923년(大正 12) 3월 제62호

1923년(大正 12) 5월 제72호

1924년(大正 13) 4월 제14호

1924년(大正 13) 12월 제78호

1934년(昭和 9) 7월 제75호

1935년(昭和 10) 7월 제92호

1935년(昭和 10) 10월 제120호

1936년(昭和 11) 7월 제52호

1936년(昭和 11) 10월 제106호

1937년(昭和 14) 3월 제26호

조선총독부 감옥 및 감옥분감을 설치하여 그 명칭, 위치를 별표를 통해 정한다.

감옥 및 감옥분감은 1910년(明治 43) 10월 1일부터 그 사무를 취급한다.

부칙

본령은 1939년(昭和 14) 4월 1일부터 이를 시행한다.

검사 또는 사법경찰관은 조선형사령에 따라 구류 또는 유치를 할 사유가 있는 경우에 전항의 처분을 할 수 있다.

제27조 및 제28조의 규정은 앞의 두 항의 경우에 이를 준용한다.

제52조 구류장(拘留狀) 및 유치장(留置狀)은 어쩔 수 없는 경우가 아니면 소년에 대해 이를 발할 수 없다.

구치감 및 유치장에서는 특별한 사유가 있는 경우를 제외하고 소년을 독거하도록 한다.

제53조 소년 피고인은 다른 피고인과 분리하고 그 접촉을 피해야 한다.

제54조 소년에 대한 피고사건은 다른 피고사건과 서로 관련되는 경우라도 심리에 방해되지 않는 한 그 수속을 분리해야 한다.

제55조 재판소의 사정에 따라 공판 중 일시 소년 피고인을 퇴정하게 할 수 있다.

제56조 제1심 재판소 또는 항소재판소 심리 결과에 따라 피고인에 대해 제4조의 처분을 하는 것이 상당하다고 인정되었을 때는 소년심판소에 송치한다는 결정을 해야 한다.

검사는 전항의 결정에 대해 즉시항고를 할 수 있다.

제57조 제51조 제1항 또는 제2항의 처분은 사건을 소년심판소에 송치하는 경우를 제외하고 사건을 종국(終局)시키는 재판 확정에 따라 그 효력을 잃는다.

검사가 공소를 제기하지 않을 때에는 사건을 소년심판소에 송치하는 경우를 제외하고 제51조 제2항의 처분을 취소해야 한다.

제28조의 규정은 전항의 경우에 이를 준용한다.

사건을 소년재판소에 송치하는 경우에 제51조 제1항 또는 제2항의 처분은 전조 제1항의 결정이 확정되었을 때 또는 제47조의 규정에 의한 검사의 처분이 있었을 때에 소년심판소는 이를 한 것으로 간주한다.

제58조 제31조, 제32조 제2항 및 제3항, 제33조의 규정은 공판의 수속에, 제45조 및 제48조의 규정은 수사, 예심 또는 공판의 수속에 이를 준용한다.

제6장 벌칙

제59조 소년심판소의 사건 또는 소년에 대한 형사사건에 관한 사항은 이를 신문지, 기타 출판물에 게재할 수 없다. 전항의 규정에 위반되었을 때는 신문지는 편집인 및 발행

인, 기타 출판물은 저작자 및 발행자를 1년 이하의 금고 또는 1,000원 이하의 벌금에 처한다.

부칙

본령은 1942년(昭和 17) 3월 25일부터 시행한다.

부칙

본령은 1915년(大正 4) 4월 1일부터 이를 시행함.

조선총독부 훈령 제6호 별책

목차	
신분장부	양식 제1호
갑지(甲紙)	동(同) 제1호의 1
명적표(名籍表)	동 2
신상표(身上票)	동 3
작업표(作業表)	동 4
시찰표(視察表)	동 5
상예표(賞譽表)	동 6
징벌표(懲罰表)	동 7
행장표(行狀表)	동 8
접견표(接見表)	동 9
서신표(書信表)	동 10
재감인인명부(在監人人名簿)	양식 제2호
만기력부(滿期曆簿)	동 제3호
징벌부(懲罰簿)	동 제4호
사망장(死亡帳)	동 제5호
합장부(合葬簿)	동 제6호
정원부(情願簿)	동 제7호
면회부(面會簿)	동 제8호
몰입폐기부(沒入廢棄簿)	동 제9호
입감부(入監簿)	동 제10호
출감부(出監簿)	동 제11호
공범부(共犯簿)	동 제12호
교회부(教誨簿)	동 제13호
교육부(教育簿)	동 제14호
건강진단부(健康診斷簿)	동 제15호
진료부(診療簿)	동 제16호 갑
진료부(診療簿)	동 동 을

신분장부 취급예

1. 본 장부는 1인마다 별책으로 함.

1. 갑지 및 명부표는 경질지(硬質紙), 제 표(表)는 미농지(美濃紙) 또는 같은 판의 양지(洋紙)를 사용함.

1, 갑지는 본 장부의 종결 때 이것을 떼어 내서 다시 사용함.

1. 본 장부에는 양식에서 정하는 것 외에 구금, 행장, 신분, 질병 및 통신 등에 관한 문서도 편철함.

1. 현재 사용되는 신분장부는 칭호번호 순에 따라 일정 장소에 구비할 것.

1. 본 장부는 석방 또는 사망에 따라 그것을 종결함.
1. 재감자를 다른 감옥(조선 외 감옥은 제외)으로 이송할 경우에는 명부표의 부본(副本)을 작성하여 보존하고 그 신분장부는 이송지에 송부함.
1. 재감자 중 같은 성명을 가진 자가 있을 때는 각 성명 상부에 적절한 부호를 부기하고, 항상 관계 장부에도 동일한 부호를 붙여 동명이인임을 명확히 함.
1. 본부는 아래의 순서에 따라 편철함.

   (1) 명적표   (7) 징벌표
   (2) 형집행지휘서 및 판결서   (8) 행장표
   (3) 신상표   (9) 접견표
   (4) 작업표   (10) 서신표
   (5) 시찰표   (11) 기타 서류
   (6) 상예표

1. 감방작업, 기타 처우방법의 지정 및 변환, 시찰의 판정 등은 직원회의에서 본 장부에 의거하여 각 관계 과(課)·소(所)에 주지시킴. 다만 회의시간 외에는 편의상의 방법에 따름.
1. 본 장부를 종결할 때는 명부표 상부에 '종결' 도장을 날인하고 전옥(典獄)에게 검인받음.
1. 분감(分監)에서 사용하는 신분장부는 본 양식에 준해서 만들고, 이하의 부책 또한 이에 따름.

양식 제1호-1

양식 제1호-2

				종결									공범부호	

대정 년 월 일 촬영	비고	미결구류기관	상소				상소권포기	제1심대석판결	고장신고	궐석재판고지	예심종결	해당검사 또는 판사	영장발부	피고사건	구치감입감	전옥	명적표 서무계 주임	칭호제 호
			상고			공소												
			판결	취하	신고	판결	취하	신고										
			대정년월일	대정년월일	대정년월일	대정년월일	대정년월일	대정년월일	대정년월일	대정년월일	대정년월일	대정년월일	대정년월일	대정년월일	대정년월일			
		교관 부서 대정년월일 발송 및 사유	범수 입감횟수 범범 태형대수	형기3분의1 해당일	형기종료	형기기산	판결확정	확정판결	재찬소명	형기산입구류일수	형기형기	판명죄명	수인감 또는 노역장입감		계			
특징	체격 신장				대정년월일	대정년월일	대정년월일	대정년월일					대정년월일				○ ○ 감 옥	
	척 촌 분		출감시	변명작명	연령	성명	신분직업	출생지	주소	본적	국적							
지문번호	좌 우	대정년 오오전후월시일																

취급예

1. 형기 3분의 1 해당일은, 무기형자에 대해서는 형기 10년에 상당하는 날을 기재함.

1. 국적은 내지인(內地人), 조선인 등 구별을 기재하고, 국적이 판명되는 자 또는 여러 개의 국

적을 가진 자에 대해서는 그 요지를 기재함.
1. 주소를 알 수 없는 자에 대해서는 입감 전 거처를 기재함.
1. 자분(自分)[138]은 화족(華族),[139] 사족(士族) 및 귀족(貴族) 별 위계(位階), 훈공(勳功), 학위(學位)를 기재함.
1. 부녀자는 그 성명을 붉은 글씨로 씀.
1. 동반유아는 어머니의 성명 좌측에 그 이름 및 연월일을 붉은 글씨로 씀.
1. 범죄 횟수는 누범처형의 횟수에 따르되, 단 징역에 처해진 자가 그 집행이 끝나는 날 또는 집행을 면제받은 날로부터 5년을 경과하여 다시 죄를 범하여 초범의 예에 따라 처단된 경우에 대해서는 범수란의 상부에 그 범죄 횟수를 붉은 글씨로 씀.
1. 특별히 필요에 따라 촬영했을 때에는 촬영란에 그 사진을 첨부함.
1. 특징은 현저한 기형, 반흔(瘢痕),[140] 문신, 기타의 종류, 형상 및 부위를 기재함.

---

[138] 자분(自分) : 신분.
[139] 화족(華族) : 작위를 가진 사람과 그 가족. 일본 메이지(明治)시대 초에 생겨 1940년대에 폐지됨.
[140] 반흔(瘢痕) : 흉터.

양식 제1호-3

10	9	8	7	6	5	4	3	2	1	신상표 대정 년 월 조사
기타 참고 사항	전과	출옥 후 귀주지	본인의 가족과 친족 친구 및 이웃과의 교제 상태	호주와의 관계 및 본인 가정의 상황 중요한 친족	재산의 유무 및 생활 상태	종교 및 소속 사원 교육의 정도 병역 관계	음주량 주벽 유무	성행 (性行)	출생별 및 경력	
										성명

기재예(記載例)

1. 본 표는 감옥의 인정(認定)에 따라 기재하고, 의심되는 사항에 대해서는 경찰관서, 기타 관공서에 조회하여 조사함.

제1란

출생별은 적출자(嫡出子), 서자(庶子), 사생자(私生子)의 구별을 기록하고, 첩자(妾子) 또는 수양자(收養子)일 때에는 그 요지를 부기함. 경력은 출생 후 입감 때까지 일신일가(一身一家)[141]의 변환, 부침, 사회에서 지위, 신용 및 주위의 처지 등을 상세히 기재함.

제2란

성질, 행장 외에 항상 품고 있는 사상 및 그 경향 등도 기재함.

제3란

주벽(酒癖)[142]의 종류별, 주벽상 고쳐질 가능성 유무 등을 기재함.

제4란

종교는 종파별 및 신앙의 정도를 기재하고, 교육은 고등교육을 받은 자, 중학업 졸업 정도(고등보통학교 졸업 정도)의 교육을 받은 자, 간단한 문서를 읽을 수 있는 자, 무교육의 자로 구별하고, 항상 수습(修習)[143]한 학교, 숙사(塾舍) 등을 기재함. 전문학술, 기예(技藝)와 관련된 과목을 수학한 자는 그것을 부기함. 병역은 그 병역별, 병종 등 계급, 훈공 등을 기재함. 병역을 벗어난 자가 있을 때는 그 사유를 기재함.

제5란

재산은 그것을 금전으로 견적하여 그 금액을 게재함. 금전으로 견적할 수 있는 부동산에 대해서는 면적, 지가(地價)와 함께 거기에서 나오는 수입액 등을 기재함. 부채가 있는 자가 있을 때에는 그 액수를 기재함.

동일 가족 중에 재산 또는 부채를 가진 자가 있을 때에는 그 액수를 부기함. 생활의 상태는 상중하(上中下) 및 생활곤란자로 구별하고, 부형(父兄) 등의 재산에 의거하여 생활정도를 따져 기재함.

제6란

친족은 부모(양부모, 계부모, 수양부모, 적모 등을 포함), 배우자 및 자손의 성명, 주소, 직업, 연령, 존망(存亡), 소행(素行), 생활 상태와 함께 현존하는 형제자매, 조부모 및 백숙부모의 성

---

[141] 일신일가(一身一家) : '한 몸과 한 집안'이라는 뜻으로 개인의 사사로운 일을 일컬음.
[142] 주벽(酒癖) : 술을 마시면 나타나는 버릇.
[143] 수습(修習) : 학업이나 실무 따위를 배워 익힘 또는 그런 일. 견습, 학문, 수련.

명, 직업, 소행, 생활 상태로 부기함. 단 백숙부모에 대해서는 특히 필요 없는 자에 한해서 그 기재를 생략할 수 있음.

계부모(繼父母)에 딸린 자가 있을 경우에는 그때 연령 및 사유를 기재함. 본인의 가정에 대해서는 그 양부(良否), 원수(員數) 등을 기재함

제7란

본인 또는 본인의 가족에 대한 친족, 고구(故舊)[144] 및 가까운 이웃의 감정(感情)도 기재함

제8란

전과는 죄명, 형명·형기, 판결연월일, 처단, 재판소명 및 집행감옥명을 기재함. 은사(恩赦) 또는 가출옥, 가출장(假出場) 혹은 집행유예와 관계된 자일 경우는 그 요지를 부기함.

1. 본 표는 기재사항에 변동이 생길 때마다 정정함.
1. 재입감자일 경우에는 전회의 신상표를 정정하여 그것을 이용할 수 있음.

---

[144] 고구(故舊) : 사귄 지 오래된 친구.

양식 제1호-4

	대정년월일	대정년월일	대정년월일	대정년월일	대정년월일	대정년월일	대정년월일	대정년월일	대정년월일	대정년월일	연월일	작업표
											작업명	
											과정	성명
											공장명	
											감방명	
											비고	

취급예

1. 과정이 없는 업무(無科程業)를 수행한 자에 대해서는 과정란에 공전(工錢) 등급을 기재함
1. 기본 수업(修業)을 수행했을 때, 전업 또는 휴업했을 때에는 그 사유를 비고란에 기재함.

양식 제1호-5

		시찰표	
	연월일		대정 년 월 일
	보고 및 의견	성명	
	판정		

취급예

1. 간수장, 감옥의(監獄醫), 교회사에게 재감자의 처우, 기타와 관련해서 보고할 사항 또는 의견이 있을 때에는 보고 및 의견란에 기재함.
1. 전항의 보고 또는 의견에 대한 전옥의 판정은 판정란에 기재함. 전옥이 재감자의 처우, 기타와 관련해서 각 직원에게 지시할 때에도 역시 같음.

양식 제1호-6

상예표	연월일	
	사유	
	상표 상금	성명
	집행	

양식 제1호-7

징벌표	대정년월일	연월일	
		범행 및 의견	
		판정	
		징벌 집행 전후 진단 상황, 의견 및 체중	성명
		징벌 집행 개시, 정지 및 종료시	

취급예

1. 감옥법 제60조 제1항 제1호 내지 제4호 및 제9호의 징벌에 대해서는 진단(診斷) 상황 및 체중의 기재를 요하지 않음.

양식 제1호-8

사정 (査定)	상벌 (賞罰)	행장에 관해 특히 주의해야 할 사항	위생에 관한 사항	작업에 관한 사항	교회 및 교육에 관한 사항	친족 및 친구에 관한 사항	옥칙(獄則) 및 기율에 관한 사항	행장 / 심사기간	행장표
대정 년 월 일								대정 년 월 일 부터 ( ) 대정 년 월 일 부터	성명
대정 년 월 일								대정 년 월 일 부터 ( ) 대정 년 월 일 부터	

취급예

1. 행장에 관한 사항은 간수장이 6개월마다 형기 3분의 1에 해당하는 날, 이감 또는 석방시 직원이 제출한 행장보고서를 참작하여 구체적으로 기재하고 직원회의의 심사에 부칠 것.
1. 사정(査定)란에는 행장의 양부(良否) 및 개전(改悛)의 유무 등에 관한 결정의 요령을 기재함.
1. 날인은 참석자 전원이 함.

양식 제1호-9

							허 (許)	접 견 부	
							부 (否)		
대정 년 월 일	대정 년 월 일	대정 년 월 일	대정 년 월 일	대정 년 월 일	대정 년 월 일	대정 년 월 일	접견시		
							접견원의 요지		재감자 종별, 칭호 번호 및 성명
							담화의 요령		
							접견자 주소 직업 성명 연령 및 재감자와의 관계		
							비고		
							입회관 날인		

취급예

1. 횟수가 제한되는 자에 대해서는 그 요지를 비고란에 기재함.

1. 본 표는 편의상 별책으로 할 수 있음. 다만 종결 후에 자분장부(自分帳簿)[145]에 합철함.

---

[145] 신분장부(身分帳簿).

양식 제1호-10

							허부	서신표	
대정 년 월 일	대정 년 월 일	대정 년 월 일	대정 년 월 일	대정 년 월 일	대정 년 월 일	대정 년 월 일	접수시		
							발신 또는 수신		
							번호		
							적요		
							발신, 수신자 성명 및 본인과의 관계		재소자 종별, 호칭 번호 및 성명
대정 년 월 일	대정 년 월 일	대정 년 월 일	대정 년 월 일	대정 년 월 일	대정 년 월 일	대정 년 월 일	발송 또는 교부시		
대정 년 월 일	대정 년 월 일	대정 년 월 일	대정 년 월 일	대정 년 월 일	대정 년 월 일	대정 년 월 일	폐기시		
							비고		
							취급자 날인		

취급예

1. 번호는 서신의 발송과 수령 순서에 따라 붙임. 봉투에도 동일 번호를 기재함.

1. 통수에 제한이 있는 자 또는 기한의 도래를 기다려 교부해야 하는 자에 대해서는 비고란에 그 요지를 기재함.

1. 봉입물(奉入物)[146]이 있을 때는 비고란에 그 명칭, 수량을 기재하여 취급자에게 인계해서 증명 도장을 받을 것.

1. 본 표는 편의상 별책으로 할 수 있음. 다만 종결 후에 신분장부(身分帳簿)에 합철함.

---

[146] 봉입(奉入) : 물건을 속에 넣고 봉함.

양식 제2호

제호	제호	제호	제호	제호	제호	제호	제호	제호	제호	제호	제호	칭호번호
												죄명
												형명형기
수구인치감감 대대정정 년년 월월 일일	수구인치감감 대대정정 년년 월월 일일	수구인치감감 대대정정 년년 월월 일일	수구인치감감 대대정정 년년 월월 일일	수구인치감감 대대정정 년년 월월 일일	수구인치감감 대대정정 년년 월월 일일	수구인치감감 대대정정 년년 월월 일일	수구인치감감 대대정정 년년 월월 일일	수구인치감감 대대정정 년년 월월 일일	수구인치감감 대대정정 년년 월월 일일	수구인치감감 대대정정 년년 월월 일일	수구인치감감 대대정정 년년 월월 일일	입감시
												성명
대정 년 월 일	대정 년 월 일	대정 년 월 일	대정 년 월 일	대정 년 월 일	대정 년 월 일	대정 년 월 일	대정 년 월 일	대정 년 월 일	대정 년 월 일	대정 년 월 일	대정 년 월 일	비고

취급예

1. 본 장부는 '이(ㅣ), 로(ㅁ)'는 별도로 하고, 입감순서로 기재함.

1. 재감자가 부녀자일 경우 또는 동반유아가 있을 때는 신분장부 명적표의 취급예에 의거함.

1. 출감 또는 사망했을 경우는 그 연월일을 비고란에 기재함.

양식 제3호

											만기 대정 년 월 일
											전옥
											제1과장
											주임
											형명형기
대정년월일	대정년월일	대정년월일	대정년월일	대정년월일	대정년월일	대정년월일	대정년월일	대정년월일	대정년월일	대정년월일	형기기산일
제 호	제 호	제 호	제 호	제 호	제 호	제 호	제 호	제 호	제 호	제 호	칭호번호
											성명
											비고

취급예

1. 본 장부는 형기 종료에 따라 기재함.
1. 본 장부는 1년마다 별책으로 함.
1. 만기일의 변경에 따라 옮겨 적을 때, 석방 또는 이감을 할 때, 혹은 사망했을 때 그 요지를 비고란에 기재함.

양식 제4호

											전옥	
											종류	징벌
											기간	
대정 년 월 일 시 분부터 까지	대정 년 월 일 시 분부터 까지	대정 년 월 일 시 분부터 까지	대정 년 월 일 시 분부터 까지	대정 년 월 일 시 분부터 까지	대정 년 월 일 시 분부터 까지	대정 년 월 일 시 분부터 까지	대정 년 월 일 시 분부터 까지	대정 년 월 일 시 분부터 까지	대정 년 월 일 시 분부터 까지	대정 년 월 일 시 분부터 까지	징벌집행시	
											양식	
											집행전	체중
											집행후	
											증감	
											범행개요	
											칭호번호	
											성명	
											연결	
											비고	

취급예

1. 징벌 종류 및 기간은 언도받은 것을 기재함.

1. 감옥법 제60조 제1항 제1호 내지 제4호 및 제9호 징벌에 있어서는 양식 및 체중의 기재를 요하지 않음.

1. 징벌의 집행을 정지 또는 면제했을 때에는 비고란에 기재함.

양식 제5호

비고	검시결과적요	변사자 사체 검시시 및 검시자, 입회자의 관직, 성명	전옥 사체 검시시	사체, 유골의 교부, 임시매장, 해부, 기타의 처분시기 및 전말(顛末). 사체, 유골 수령자의 주소, 성명, 연고 및 날인	병명 병력 및 사인	발병시 사망시	제 호	
		대정년월일 검시자 직 성명　입회자 직 성명	대정년월일 시 분		감옥의 성명 인	대정년월일 시 분	칭 호 제 호	
							본적 성명 연령	

취급예

1. 성명의 상부에 형사피고인, 수형자 및 노역장 유치자로 구별을 기재함.

양식 제6호

대월정 일 년	대월정 일 년	대월정 일 년	대월정 일 년	대월정 일 년	대월정 일 년	대월정 일 년	대월정 일 년	합장시
대월정 일 년	대월정 일 년	대월정 일 년	대월정 일 년	대월정 일 년	대월정 일 년	대월정 일 년	대월정 일 년	사망시
대월정 일 년	대월정 일 년	대월정 일 년	대월정 일 년	대월정 일 년	대월정 일 년	대월정 일 년	대월정 일 년	임시매장시
								죄명
								형명형기
								본적
								성명
								사체, 유골의 구별
								비고

취급예

1. 유골 용기에 번호를 붙일 때는, 합장하여 화장한 자가 있을 경우 그 요지를 비고란에 기재함.

양식 제7호

대정 년 월 일	대정 년 월 일	대정 년 월 일	정원시 (情願時)
			요 지 재 결
대정 년 월 일	대정 년 월 일	대정 년 월 일	고지시
제 호	제 호	제 호	칭 호 번 호 성 명

양식 제8호

대정 년 월 일	대정 년 월 일	대정 년 월 일	정원시 (情願時) 요 지
			본인에게 개시한 의견
제 호	제 호	제 호	고지시 칭호번호 성 명

양식 제9호

대정년월일	대정년월일	대정년월일	대정년월일	대정년월일	대정년월일	대정년월일	대정년월일	대정년월일	대정년월일	대정년월일	연월일
											전옥
											품목
											수량
											처분이유
											재감자성명
											비고
											취급자날인

취급예

1. 처분할 것이 통화(通貨)일 때에는 그 종류를 품목란에 기재함.

양식 제10호

대정 년 월 일 시 분	대정 년 월 일 시 분	
		입 감 시
		전 옥
		제 1 과
		제 2 과
		제 3 과
		의 무 소
		교 무 소
		주 임
		적 요
제 호	제 호	칭 호 번 호
년 월 일 생	년 월 일 생	본 적 성 명 연 령

취급예

1. 입감자가 있을 때에는 본 장부에 기재하고 바로 각 과(課)·소(所)에 회람함.
1. 본 장부는 형사피고인과 수형자(노역장 유치자를 포함) 2구좌로 별도로 함.
1. 적요란에는 형사피고인에 대해서는 피고사건, 관할재판소 명, 공범부호, 수형자에 대해서는 죄명, 형명·형기, 범죄 횟수 및 입감사유를 기재함.
1. 입감자가 부녀자일 경우 또는 동반유아가 있을 경우에는 신분장부 명적표의 취급예에 의거함.

양식 제11호

대정 년 월 일	대정 년 월 일	대정 년 월 일	대정 년 월 일	출 감 시
				전 옥
				제 1 과
				제 2 과
				제 3 과
				의 무 소
				교 무 소
				주 임
				적 요
제 호	제 호	제 호	제 호	칭 호 번 호
년	년	년	년	성 명

취급예

1. 출감자 있을 경우에는 본 장부에 기재하고 각 과·소에 회람함.

1. 본 장부는 형사피고인과 수형자(노역장 유치자를 포함) 2개 구좌를 구별함.

1. 출감자 중 부녀자가 있을 경우 또는 동반유아가 있을 경우에는 신분장부 명적표의 취급예에 의거함.

양식 제12호

공범부호									
대정 월 년 일	대정 월 년 일	대정 월 년 일	대정 월 년 일	대정 월 년 일	대정 월 년 일	대정 월 년 일	대정 월 년 일	대정 월 년 일	입감시
									피고사건명
월 일	월 일	월 일	월 일	월 일	월 일	월 일	월 일	월 일	지정시 또는 감방명
월 일	월 일	월 일	월 일	월 일	월 일	월 일	월 일	월 일	
월 일	월 일	월 일	월 일	월 일	월 일	월 일	월 일	월 일	
월 일	월 일	월 일	월 일	월 일	월 일	월 일	월 일	월 일	
									칭호번호
									성명
									비고

취급예

1. 공범부호는 '이(イ), 로(ロ), 하(ハ)'를 사용하고 동일사건의 범인에 대해서는 동일부호를 붙임.

1. 본 장부는 한 부호마다 용지를 달리함.

1. 공범인 중 석방, 이감 또는 판결 확정 등으로 인하여 출감한 자가 있을 경우에는 비고란에 기재함.

양식 제13호

교회의 경과 및 기타 기사(記事)	출감시				소행 및 입감 전 경력				범죄 사항							범죄 이유	형명 형기	죄명 범수	
	소지금	개전유무	기능	학력	신앙													범	전옥
	작업상여금 영치금															형기 3분의 1 해당일	만기	입감	
	귀주지		생활 방법													대정 년 월 일	대정 년 월 일	대정 년 월 일	
교회부					일가의 생활 상태	가족 양부	이웃의 감상, 풍평(풍평)	가족의 감상(感狀)	건강	음주	기호	특기	재산	교육	종교	직업	성질	생육 관계	교무계 주임
	출옥 보호에 관한 사항		인수인 성명 또는 관계																
					친 족				본적, 주소, 신분, 호주 또는 호주와의 관계, 성명, 연령							칭호 제	교회사 호		
					년 월 일 생														

취급예

1. 신분장부에 의해 밝혀진 사항은 이에 의해, 기타는 교회사가 조사한 것을 기재함.
1. 출감, 기타 사유로 인해 종결한 자는 별도로 편철함.

1. 범죄 사유는 대체로 아래의 구별에 따라 기재함. 단 여러 개의 범죄 사유가 있을 경우 이를 병기함.

    강도(强慾), 사치(奢侈), 허영(虛榮), 사행(射倖), 유탕(遊蕩), 습성(習性), 유혹(誘惑), 나타(懶惰),[147] 치정(痴情), 황음(荒淫),[148] 탐주(耽酒), 주벽(酒癖), 취광(醉狂),[149] 분노(忿怒), 단려(短慮),[150] 원한(怨恨), 질투(嫉妬), 임협(任俠),[151] 오락(娛樂),[152] 빈곤(貧困), 부채(負債), 실직(失職), 영업 실패, 형벌 불신용, 악희미신(惡戱迷信),[153] 출래심(出來心),[154] 불시의 재난, 생육의 불량, 가정의 불량, 가정 불화, 정치상 관계

1. 성질(性質)은 대개 아래의 구별에 따라 기재함. 단 여러 개를 겸하는 경우에는 이를 병기함.

    음험(陰險), 강퍅(剛愎),[155] 방만(倣慢),[156] 잔인(殘忍), 조폭(粗暴),[157] 단려(短慮), 완명(頑冥),[158] 집요(執拗), 망간(妄奸),[159] 교활(狡猾), 방종(放縱),[160] 소방(疏放),[161] 나약(懦弱), 노둔(魯鈍),[162] 우직(愚直), 편협(偏狹), 음울(陰鬱), 경로(輕路),[163] 부박(浮薄),[164] 영리(怜悧),[165] 온화(溫和), 겸손(謙遜), 침착(沈着), 질박(質朴), 쾌활(快活), 담박(淡泊),[166] 성실(誠實), 세심(細心)

1. 교회의 감화 여부, 개인교회 시행의 경과 및 처우상 참고할 만한 사항은 기사란(記事欄)에 기재함.

---

[147] 나타(懶惰) : 행동, 성격 따위가 느리고 게으름. 나태.
[148] 황음(荒淫) : 함부로 음탕한 짓을 함.
[149] 취광(醉狂) : 술에 잔뜩 취해 바른 정신을 차리지 못하고 마구 덤빔 또는 그러한 사람.
[150] 단려(短慮) : 소견이 짧음 또는 짧은 생각.
[151] 임협(任俠) : 약자를 돕고 강자를 물리치는 정의감이 있음. 의협.
[152] 오락(娛樂) : '환락'의 의미로 쓰임.
[153] 악희미신(惡戱迷信) : 악희는 '못된 장난을 함 또는 그 장난'이라는 뜻으로, '못된 미신'이라는 의미로 해석됨.
[154] 출래심(出來心) : 우발적 충동. 마음의 동요.
[155] 강퍅(剛愎) : 성격이 까다롭고 고집이 셈.
[156] 방만(倣慢) : 거만하게 남을 깔보는 듯한 태도 또는 그런 일.
[157] 조폭(粗暴) : 행동이 몹시 거칠고 사나운 모양. 난폭.
[158] 완명(頑冥) : 고집이 세고 사리에 어두움. 완고.
[159] 망간(妄奸) : 간사함.
[160] 방종(放縱) : 제멋대로 행동하여 거리낌이 없음.
[161] 소방(疏放) : 데면데면하고 방자함.
[162] 노둔(魯鈍) : 우둔. 미련함.
[163] 경로(輕路) : '가볍게 걷는 길'이라는 뜻으로, '가벼움'이라는 의미로 쓰인 것으로 보임.
[164] 부박(浮薄) : 마음이 들뜨고 경박함.
[165] 영리(怜悧) : 눈치가 빠르고 똑똑함. 슬기롭고 민첩함.
[166] 담박(淡泊) : 집착이나 욕심이 없음.

양식 제14호

제 학년			제 학년			제 학년			제 학년			학년 과목	비고	퇴학시학력	퇴학사유	졸업	건강	체격	취학시학력	취학	취업 전 경력		
																						범행시형편	퇴학사유	학력
개평	제학기	제학기	제학기	제학기	제학기	제학기	제학기	제학기	제학기	제학기	제학기	제학기			대정년월일	대정년월일				대정년월일			

취학중의 상황(狀況)

전옥 / 죄명범수 / 형명형기 / 입감 / 만기

대정 년 월 일 / 대정 년 월 일 — 교무주임 범

성명 연령

교사 또는 교회사

년 월 일 생

호

품행 167
개평 168
출석
출석 및 결석일수
결석
질병
사고
학업성적평정

취급예

1. 신분장부에 의해 밝혀진 사항은 이에 의해, 기타는 교사(敎師, 또는 교회사)가 조사한 것을 기재함.
1. 출감, 기타 사유로 인해 종결한 자는 별도로 편철함.
1. 취학 중 언어, 동작, 훈계 사항, 학업의 근면 여부, 학과·학년 변경, 기타 교육 및 처우상 참고할 만한 사항은 취학 중 상황란에 기재함.
1. 학업성적의 평정은 갑(甲), 을(乙), 병(丙), 정(丁)으로 나눔.

양식 제15호[1938년(昭和 13) 1월 훈령 제1호에 따라 소멸]

---

167 품행[操行] : 태도와 행실.
168 개평(槪評) : 개략적인 평가. 대체적인 평가.

양식 제16호 - 갑

								대정월일년	연월일병명	형명형기
										만기대정년월일 / 만기대정년월일
								처분 및 경과 개요		칭호제호
										성명 연령
								전귀(轉歸)사유		년월일생
								비고		

취급예

1. 본 장부는 경증환자의 진료에 관한 사항을 기재함.

1. 한꺼번에 복용하는 약 또는 바르는 약을 주는 등, 임시 투약의 경우에는 별도로 장부를 만들어 정리하고, 본 장부를 사용하는 것이 가능함.
1. 병감(病監)에 넣을 때 또는 그것과 동등한 취급이 필요할 때에는 전귀(轉歸)[169] 사유란에 그 요지를 기재하고 본 장부는 을호 진료부에 합철함.
1. 휴역(休役) 또는 식량의 변경, 기타 특별한 처우를 시행해야 할 경우에는 비고란에 그 요지를 기재함.

---

[169] 전귀(轉歸) : 앓고 있는 병이 어떤 결과에 이르는 일 또는 그 결과.

양식 제16호 - 을

								전옥 연월일	현 증 (現 症)	기왕증 (旣往症)			병 명	형명 형기	
대 월정 일년	대 월정 일년	대 월정 일년	대 월정 일년	대 월정 일년	대 월정 일년	대 월정 일년	대 월정 일년								
											대정년월일	대정년월일	대정년월일	발병시	만기	수인감입감	구치감입감
															대정년월일	대정년월일	대정년월일
											대정년월일	대정년월일	대정년월일	병감 수용시			
														병감	칭호제호	
											대정년월일	대정년월일	대정년월일	전귀시 및 사유	성명 연령	
														발병부터 결과 후 일수	년 월 일 생	

취급예

1. 본 장부는 병감에 수용하거나 그와 동등하게 취급할 환자의 진료에 관한 사항을 기재함.
1. 두 종류 이상의 질병에 걸린 자에 대해서는 그 주 증상명을 기재하고, 다른 병명은 좌측에 붉은 글씨로 씀.
1. 원 증상으로부터 심한 합병증에 걸렸을 때에는 일단 경과를 쓰고 합병증명을 기재함.
1. '병감 수용시'란에는 병감에 수용 또는 그와 동등하게 취급할 연월일을 기재함.
1. '기왕증(既往症)'[170]란에는 기왕증명, 발병 및 치유 연월, 유전과 건강 상태 등을 기재함.
1. '현증(現症)'[171]란에는 원인, 징후(徵候) 및 병 상태를 기재함.

〇 조선형사령 개정에 동반한 재감자 취급 등에 관한 건

1923년(大正 12) 12월

관통 제139호

법무국장

각 형무소장, 고등법원장, 동 검사장, 각 복심법원장, 동 검사장, 각 지방법원장, 동 검사정, 각 도지사 앞

조선형사령 개정에 동반한 재감자의 처우, 기타 사항에 대해 조선감옥령, 기타 관계 법규의 증보, 개폐가 필요하여 이를 1924년(大正 13) 1월 1일 이후 당분간 아래대로 취급하기를 통첩함.

기

1. 피의자는 구치감에 구금하고 그 처우를 피고인에 준함. 단 입감부 및 출감부에는 별도로 구좌를 마련할 것.

---

170 기왕증(既往症) : 환자가 지금까지 경험한 질병. 과거 병력.
171 현증(現症) : 겉으로 드러나는 병의 증세. 환자의 현재 상태.

2. 개정형사소송법 제107조 및 제108조에 따라 감옥에 유치하는 피고인 및 피의자에 대해서는 일반 규정을 준용하지만 편의상 아래의 방법에 따라 취급할 수 있음.

   (1) 제107조의 경우, 형무소의 장은 호송관리로부터 유치(留置)를 요하는 사유을 청취하고 영장(令狀) 및 기타 문서를 검열하여 수감하고, 수령증을 대신하여 영장 또는 압송지휘서에 수령 연월일시를 기재한 영수인(領收印)을 날인하여 교부할 것. 피유치자를 인도할 경우에는 영장 또는 이송서를 제시하고 여기에 교부 연월일시를 기재한 교부인(交付印)을 날인하여 신병을 인도하고, 유치부에 호송관리의 영수 도장을 받을 것.

   (2) 제108조의 경우, 형무소의 장은 수감을 완료했을 때 영장의 난(欄) 바깥에 수령 연월일시를 기재하고 영수인을 날인하여 호송관리에게 교부할 것. 피유치자를 인도할 경우에는 유치부에 호송관리의 수령인을 받고 신병을 인도할 것.

   (3) 피유치자의 출입에 대해서는 신분장부의 작성, 입출감부의 등재를 생략하고 별지양식의 유치부에 따라 처리할 것.

   (4) 피유치자의 접견, 서신의 발송과 수령은 급히 필요할 경우를 제외하고 형무소에서 시행할 것.

   (5) 휴대물은 적절한 방법에 따라 보관·영치의 수속을 생략해도 문제 없음.

3. 조선감옥령 시행규칙 제16조의 통보는 개정형사소송법 제543조, 제544조 및 제546조에 해당하는 자로 인정되는 경우에 시행할 것.

4. 조선감옥령 시행규칙 제109조의 규정에 준하는 병자의 범위는 개정형사소송법 제546조 제3호 및 제4호의 규정 범위로 확장하여 적당히 판정할 것.

5. 개정형사소송법 제391조 제3항의 통지는 신고서의 난 바깥에 수리 연월일시를 기재할 것. 또 형무소의 장 날인으로 이것을 대신 함.

6. 상소(上訴) 취하에 따라 재판이 확정되어 그 형을 집행할 경우에는 개정형사소송법 제332조의 규정에 따라 감옥에서 상소취하 신고서를 수리한 날을 형기 기산일(起算日)[172]로 함. 상고(上告)에 있어서는 그 취하신고서가 재판소에 수리되기 전까지 상고심에서 판결한 일이 없음을 유지하므로 형의 실행착수에 대해 상당부분 고려할 것.

---

172 기산일(起算日) : 기일을 정해 날수를 따질 때 날수를 세는 첫 날.

(양식)

제				호						
감 방				년 월 일 오전 오후 시 분						입
			계(係)			소장		검인		
유치사유	유치요구자	호송관리	호송관서	영 장						
				성 명	발부관서	인치	집행	발수	종별	
									년 월 일	감
휴 대 물			위험통지처			피유치자 주소, 성명, 연령				
년 월 일 오전 오후 시 분										출
	휴대물 인도			신병 인도			검	인		
								소장		감
								계		
										비 고

○ 신분장부 명적표 중 성명기재 방법의 건

1918년(大正 7) 11월

통첩

사법부장관

  감옥전옥 앞

  제목의 건에 관해서 부산감옥 전옥으로부터 별지 갑호 사본대로 청훈(請訓)[173]이 있어 을호 사본대로 회답하니 참고 및 통첩함.

  (갑호 사 甲號 寫)

  부감발 1761호

  1918년(大正 7) 11월 7일

  부산감옥 전옥

  사법부장관 앞

  신분장부 성명 기재방법의 건 청훈

  신분장부 명적표 중 성명란 기재 방법에 대해 아래의 두 가지 설이 있음. 당 감옥은 종래 갑설을 채용하고 있어 왔는데 함께 의논하여 그 결과에 대해 아무쪼록 지시를 내려 주시길 청훈함.

  기

  갑설 성명은 종시판결서 및 형집행지휘서와 일치함을 요하므로 신원조사 결과, 가짜 이름인 것을 발견한 경우에는 편의상 그 본래 성을 성명의 옆에 'ㅇㅇ것'으로 기재해 두는 것을 상당부분 인정함.

---

[173] 청훈(請訓) : 훈령(訓令)을 청함.

을설 성명은 항상 그 본래 성을 기재할 것을 요하므로 신원조사 결과, 가짜 이름인 것을 발견한 경우에는 그 성명을 정정(訂正)하고, 판결 성명은 편의상 그 옆에 'ㅇㅇ것'으로 기재해 두는 것을 상당부분 인정함.

(을호 사 乙號 寫)
감 제1483호
1918년(大正 7) 11월 18일
사법부장관

부산감옥 전옥 앞
신분장부 명적표 중 성명 기재방법의 건
1918년(大正 7) 11월 7일자 부감 제1761호를 통해 제목의 건으로 청훈한 것에 대한 처분은 을설의 취급을 인정하니 인지해 주시기를 당부드리며 회답함.

○ 재감자의 신분장부 중 인상표(人相表)에 관한 건
1916년(大正 5) 6월
통첩
사법부장관

각 감옥 전옥 앞
금회 회동에 있어 전옥이 제출한 협의사항 결의에 대한 본 관(官)의 의견은 별지와 같으니 인지해 주시기를 바라며 통첩함.
별지(초秒)
사법부 제출 재감자의 신분장부에는 인상표를 제작해서 첨부해 둘 필요가 있음.
결의에 대한 사법부장관 의견
인가(認可)

○ 무적자 취적(就籍)에 관한 건

1917년(大正 6) 7월

통첩

사법부장관

　감옥 전옥 앞

　재감자 중 무적자가 왕왕 있는데, 본적이 있음에도 어떤 연유로 그것을 숨기는 자도 있으니, 이에 대해 조사한 결과 본적이 없는 것으로 판명될 때에는 본인이 취적지(就籍地)의 부윤(府尹) 또는 면장(面長) 앞으로 성명, 생년월일, 취적할 지역, 본관, 전 호주(戶主)의 성명, 호주가 된 원인 및 연월일, 부모의 성명, 출생별 취적한 사유를 갖추어 취적신고를 해야 함. 만약 본인이 가족인 경우에는 해당 호주에 대해서 취적신고를 할 수 있도록 조회해야 함을 통첩함.

　추신

　본문의 취지를 귀 관내 각 분감장에 통고하도록 말씀드림.

○ 신분장부의 정리에 관한 건

1915년(大正 4)

전옥청주의(典獄請注意)[174]

신분장부는 아래 각 호에 의거하여 정리함

1. 명적표(名籍表)

　(1) 미결구류 시기는 처음 입감한 날로부터 기산(起算)하여 판결 확정 또는 본 석방의 각 전일까지 일수 중에서 보석 또는 책부(責付)[175]로 인해 재감된 일수를 가감한 것을 게시할 것.

　(2) 2개 이상의 형을 가진 자에 대해서는 각 관계란은 형 집행 순서에 따라 병기하며, 이 경

---

[174] 전옥청주의(典獄請注意) : 전옥에게 청하는 주의사항
[175] 책부(責付) : 형사피고인을 친족이나 기타 사람에게 맡기고 구속 집행을 정지하는 옛 형사소송법상의 제도.

우 한 가지 형(刑)마다 순번을 붙여 관계 각 난(欄)과의 대조에 편의를 도모할 것.

(3) 형기 3분의 1에 해당하는 날은 형 집행 순서에 따라 한 가지 형마다 산출하여 기재할 것.

2. 작업표

작업명 난에는 아래의 예에 따라 업명(業名) 및 종목을 기재할 것.

기직공(機織工)(목면직木綿織 또는 견주직絹紬織) 또는 혁공(革工)(화공靴工 또는 혁세공革細工) 등의 종류

3. 행장표(行狀表)

2개 이상의 형을 가진 자에 대한 매 6월의 행장심사는 형 집행 순서에 따라 각 형을 통해서 심사 시기를 정할 것.

4. 접견표(接見表)

(1) 접견자의 주소, 직업, 연령 및 재감자와의 관계는 2회째 이후의 접견에 있어서는 그것이 변경하지 않는 한 기재를 생략할 수 있음.

(2) 담당 판검사가 접견을 금지 또는 해제할 때에는 비고란에 기재해 둘 것.

5. 서신표

발신자, 수신자와 재감자와의 관계 기재 및 담당 판검사가 서신의 수수(授受)를 금지 또는 해제할 경우에는 접견표의 예에 따를 것.

○ 태형(笞刑)의 전과(前科)를 명적표에 기재하는 건

1915년(大正 4) 7월

통첩

사법부장관

전옥이 제출한 협의사항 결의에 대한 사법부장관 의견

제출감장(提出監狀)

공주감장(公州監狀)

결의

태형의 전과가 있는 자에 대해서는 처우 및 통계상 필요하므로 명적표 취급예 제7항 단서에 준해서 명적 '범수(犯數)'란의 상부에 주서(朱書)할 것.

결의에 대한 사법부장관 의견

적당하다고 인정됨.

○ 민적(民籍)의 신위(身位)[176]에 관한 건

1917년(大正 6) 5월

관통 제107호

정무총감

각 도장관 앞

황해도장관으로부터 사법부장관 앞으로 조회 온 제목의 건은 아래대로 인지해 주시기를 통첩함.

기

문(問): 민적의 신위란에 기재한 호주를 중심으로 한 관계의 명칭과 왕왕 일치시킬 필요가 있는 것에 대해서 회답해 주시기를.

답(答): 아래의 예에 의거하여 기재해야 함.

단 종전의 취급에 관계된 자로 본 기재예와 다른 자는 호주 변경 등의 사유로 인해 새로 민적을 편제할 때 이것을 고칠 것.

---

176 신위(身位) : 신분과 지위.

1. 직계존속에 대한 경우

모	실모(實母)
적모(嫡母)	호주가 서자일 경우
양모(養母)	
계모(繼母)	부의 후처
부의 첩(妾)	
조모	조부의 처
조부의 첩	
증조모	증조부의 처
증조부의 첩	
고조모	고조부의 처
고조모의 첩	
고조부의 모	
고조부의 조모	

2. 직계비속에 대한 경우

장남(여), 이남(貳男)(여) 등	
서자 남(여)	
사생자 남(여)	
양자	
손	
증손	손의 자
현손	증손의 자
내손(來孫)	현손의 자
제손(弟孫)	내손의 자

3. 방계친족에 대한 경우

형(兄)
제(弟)
자(姉)
매(妹)

질(姪)	형(兄), 제(弟)의 자
생(甥)	자(姊), 매(妹)의 자
질의 자	
생의 자	
질의 손	
생의 손	
질의 증손	
생의 증손	
백부(伯父)	부, 모의 형
백모(伯母)	부, 모의 자
숙부(叔父)	부, 모의 제
숙모(叔母)	부, 모의 매
종형(從兄)	백·숙부모의 자로서 자기보다 연장자인 남(男)
종제(從弟)	동상(同上) 자기보다 연소자인 남
종자(從姊)	동상 자기보다 연장자인 여(女)
종매(從妹)	동상 자기보다 연소자인 여
종형(제)	의 자
종자(매)	의 자
종형(제)	의 손
종자(매)	의 손
백조부(모)	조부의 형(자)
숙조부(모)	조부의 제(매)
종백부(모)	백조부모의 자
종숙부(모)	숙조부모의 자
재종형(再從兄)(제)	종백·숙부모의 남 자
재종자(매)	종백·숙부모의 여 자
증조백부(모)	증조부의 형(자)
증조숙부(모)	증조모의 제(매)
종조백부(모)	증조백부모의 자
종조숙부(모)	증조숙부모의 자
고조부의 형, 제, 자매	

4. 배우자에 대한 경우

처, 단 가족의 처는 그 관계를 기재하는 예로 장남 모(某)의 처, 손(孫) 모의 처로 기재함.
(주의) 친자를 제외하고는 적(嫡), 서(庶), 사생(私生) 및 양자 관계에 따라 친족관계를 구별할 것. 또 신위(身位)란의 기재예에는 남녀의 구별이 없는 것은 구별하되, 예로서 손(孫), 질(姪), 생(甥), 종형(제)의 자(子)와 같이 할 것.

○ 명적표 경정(更正)[177]에 관한 건

1927년(昭和 2) 2월
통첩
법무국장

각 형무소장, 각 형무지소장 앞

금회 감형(減刑)에 관한 칙령 공포에 대해서는 명적표의 정리가 필요한데, 앞서 감형시켜서 기타 정정할 것이 있으면 재삼 정정하여 한눈에 보기에 명료하게 처리할 것. 지금부터 감형에 따라 형기, 기타에 대해 정정하는 경우에는 일반적으로 명적표를 바르게 고쳐 종래의 명적표 위에 편철할 수 있도록 통첩함.

추신

명적표 경정에 대해서는 아래 사항 외에는 기재를 생략해도 차이 없음을 헤아려 주기를 말씀드림.

1. 판결죄명
2. 형명·형기
3. 형기산입의 구류 일수
4. 형기기산
5. 형기종료

---

[177] 경정(更正) : 바르게 고침.

6. 형기 3분의 1 당도 일

7. 범수(犯數)

8. 국적

9. 성명

10. 연령

11. 감형의 사유는 비고란에 기재 또는 날인한 것

12. 기타 필요하다고 인정되는 사항

○ 범죄즉결사무 취급에 관한 건(참고)

1935년(昭和 10) 9월

통첩

경무국장

강원도지사 앞

범죄즉결사무 취급에 관한 건

8월 20일 강보(江保) 제2580호를 통해 조회했던 제목의 건은 종래대로 취급해도 지장 없음을 인지해 주시기를 바라면서 회답함.

추신

본건은 법무국에서 합의 완료된 것으로 덧붙임.

강보 제2580호

1935년(昭和 10) 8월 20일

강원도경찰부장

경무국장 님

범죄즉결사무 취급에 관한 건

제목의 건에 관해 아래와 같이 의심스러운 점이 있어 급히 어떤 지시를 내려 주시기를 청훈함.

기

본 도내에서 범죄즉결령에 기반해 즉결관서가 즉결하는 경우에 즉결언도서 적용 법조란에는 해당 법규조문 및 형법 제18조 제1항(벌금), 제2항(과료) 및 제4항을 적용하는 것만 기재하고, 특별히 즉결례의 적용조문은 기입하지 않고 취급해 왔음. 최근 관할 강릉경찰서에서 입치영업취체규칙(入齒營業取締規則)[178] 위반자를 출석시켜 벌금 50원에 처했는데 벌금을 가납(假納)[179]하지 않아 즉결령 제9조에 의거하여 확정 후 인계, 노역유치 집행을 함흥형무소 원산지소에 촉탁하였음(이 경우 적용법조란의 기재는 입치영업취체규칙 제12조 제1항 및 동 제1항 제1호 형법 제18조 제1항, 제4항으로 기재함). 원산지소에서는 즉결언도 등본의 확실을 기하기 위해 범죄즉결례 제9조 및 제11조를 인용하고, 더불어 출석언도의 경우는 동례 제2조 제1항, 결석의 경우는 동례 제2조 제2항 및 언도주문을 정식재판 청구기간의 근거로 삼음. 동례 제5조도 인용해야 한다는 견해에 따라 적용 법조란에 기재할 뜻의 말씀이 있는데, 본 도에는 특별히 범죄즉결례의 적용조문 기재가 필요 없는 것이라고 사료되나 위 견해와 같은 말씀도 있고 또 장래 본 취지를 통일할 필요가 있으므로 법무국에 상의하니 어떤 지시를 내려주시기를 바랍니다.

○ 형사판결서 및 그 등초본에 판결선고의 연월일 기입의 건

1938년(昭和 13) 8월

통첩

법무국장

각 형무소장, 형무지소장 앞

제목에 관해서 별지 사본대로 통첩하니 인지하시기 바랍니다.

---

[178] 입치영업취체규칙(入齒營業取締規則) : '입치(入齒)'는 '이를 해 넣음'이라는 뜻으로, 치아를 해 넣는 치과영업에 대한 단속 규칙을 뜻함.
[179] 가납(假納) : 어떤 조건이 이루어질 때까지 돈이나 물건 따위를 임시로 냄.

사(寫)

1938년(昭和 13) 8월 26일

법무국장

고등법원장, 동 검사장, 복심법원장, 동 검사장, 지방법원장, 동 검사정, 지방법원지청 상석판사 또는 1인의 판사, 동 상석검사 또는 1인의 검사 또는 검사 사무취급 앞

형사판결서 및 그 등초본에 판결선고의 연월일 기입 방식의 건

　형사소송법은 판결서에 그 선고 연월일을 기재해야 한다는 것을 명하지 않았기 때문에 실제 취급상 불편이 적지 않으므로, 이제 재판소 서기에게 형사판결서 원본을 교부받을 때에는 그 상부란 밖에 아래의 양식에 의거하여 선고 연월일을 기입하고 여기에 서명 날인함. 또 형사판결서의 등본 또는 초본을 작성할 때에도 작성자는 같은 방식으로 위의 사항을 기입하도록 취급해 주기를 바람.

조선총독부재판소서기　성명인	판결선고
	소화　년　월　일

○ 신분 또는 족칭란(族稱欄)[180]이 마련된 문서 및 장부용지의 양식에 관한 건

1938년(昭和 13) 8월

통첩

법무국장

형무관연습소장, 각 형무소장, 각 형무지소장 앞

형무관연습소 및 형무소에서 사용하는 문서 및 재감자 신분장부 등의 양식 중에 족칭란이 마련된 것 또는 족칭을 표시해야 하는 신분란이 마련된 것에 대해서는 이제부터 해당란에 족칭을 기재할 것. 또 새로운 용지 제조 때에는 족칭 문자 또는 설정란은 양식에 따라 이것을 삭제하고, 위의 어떤 경우에도 화족(華族) 또는 조선귀족의 족칭에 한하여 그 성명을 직함으로 기재할 것을 재차 위와 같이 명하는 통첩을 내림.

○ 사형 집행 또는 구금 중 사망으로 인한 민적(民籍)의 취급에 관한 건

1917년(大正 6) 2월

관통 제29호

정무총감

(경무총장)도장관, 감옥의 장 앞

형 집행을 받은 자 또는 구금 중 사망한 자가 있을 때에는 감옥 또는 경찰관서의 장은 사망자의 생명, 본적, 거주지, 직업, 사망 연월일시 및 장소를, 사망자가 가족일 경우에는 호주의 성명 및 호주와의 관계를 모두 지체 없이 본적지 부윤(府尹), 면장에게 통지할 것. 만약 본적 외에 거주하는 자일 경우에는 동시에 거주지 부윤, 면장에게도 그것을 통지해야 함. 본적지 부윤, 면장은 신고의무자에게 지체 없이 사망신고서를 보내 요지를 재촉하고, 통지서는

---

180 족칭(族稱) : 양반, 평민, 천민 따위의 신분이나 계급을 따져 이르던 말.

왕복서류에 편철함. 만약 신고의무자가 없을 때에는 위의 통지에 기반하여 제적(除籍) 수속을 하고, 해당 통지서는 신고서와 마찬가지로 조치해야 함. 또 거주지 부윤의 면장은 위의 민적 취급예에 준거하여 등록부 및 통지서를 정리해야 함. 이 점을 통첩함.

추신

일본인으로서 사형이 집행되었을 때 혹은 구금 중 사망한 자를 인계받을 사람이 없을 때에는 감옥 또는 경찰관서의 장은 전과 마찬가지 사항을 모두 진단서 또는 검안서에 첨부하여(사형 집행의 경우는 이것을 첨부하지 않아도 됨) 지체 없이 사망자의 본적지 시정(市町)의 촌장(村長)에게 통지해야 함을 말씀드림.

○ 형사자(刑死者)의 분묘, 제사, 초상 등의 단속에 관한 건

1920년(大正 9) 10월

총령(總令) 제160호

제1조 본령에 있어서 형사자라는 것은 사형을 집행당한 자, 사형이 언도되었으나 집행 전 사망한 자 및 무기징역 또는 금고형에 처해져 집행 중 사망한 자를 말함.

제2조 형사자의 분묘 또는 묘표를 세우고자 하는 자는 위치, 구조 및 설비를 모두 도지사에게 허가받고, 변경이 있을 때 역시 동일함.

제3조 형사자를 위한 공공연한 장례 혹은 제사를 할 수 있음.

제4조 형사자의 사진, 기타 초상 혹은 필적류를 공공연히 진열 혹은 반포하여 형사자를 칭송하는 행위를 하거나, 형사자를 추도하기 위한 집회를 할 수 있다. 형사자의 형상(形像) 또는 기념비를 세울 수 있음.

제5조 도지사는 제2조의 규정을 위반해 건설한 분묘 혹은 묘표 또는 제4조 제2항의 규정을 위반해 건설한 형상 혹은 기념비에 대해 철거 또는 개조를 명할 수 있음.

제6조 제2조 내지 제4조의 규정을 위반한 자는 1년 이상의 징역, 금고 혹은 구류, 또는 200원 이하의 벌금 혹은 과료(科料)에 처함.

제7조 도지사는 안녕질서를 유지하는 데 필요하다고 판단될 때, 유기징역 혹은 금고형에 처해져 집행 중 사망한 자, 금고 이하의 형에 해당하는 범죄에 대한 수사·기소 혹은 구

류 중 사망한 자, 또는 범죄 당시 사망한 자에 대해서 제2조의 허가를 받을 수 있으나, 제3조 및 제4조에 규정된 행위는 금지함. 또 제5조의 처분을 하거나 또는 금고 이상의 형에 해당하는 범죄에 대한 수사·기소자 혹은 구류 중인 자에 대해 제4조 제1항에 규정하는 행위를 금지할 수 있음. 제6조의 규정은 전항의 명령을 위반한 자에게 이것을 준용함.

부칙

본령은 발포일(發布日)로부터 시행함.

○ 일만(日滿)사법사무공조법에 의해 구인장 또는 체포장을 집행받은 피의자·피고인 또는 수형자의 호송 및 인도·인수 사무 취급에 관한 건(참고)

1939년(昭和 14) 8월

관통 제17호

정무총감

각 재판소 검사국의 장, 각 도지사 앞

일만사법사무공조법에 의해 구인장 또는 체포장의 집행을 받은 피의자·피고인 또는 수형자의 호송 및 인도·인수에 관한 사무는 아래의 요강에 의거하여 취급하도록 통첩함.

취급요강

제1. 조선과 만주국 간의 공조

1. 만주국에서 촉탁한 경우

    (1) 만주국의 촉탁에 따라 구인장 또는 체포장을 집행할 때 검사는 사법경찰관리에게 별지 제1양식에 의거해 신병호송 및 인도지휘서를 발행함과 함께 영장집행과 신병을 호송에 붙여 연월일을 촉탁청에 통지할 것.

    (2) 전항의 지휘를 받은 사법경찰관리는 1938년(昭和 13) 9월 조선총독부 훈령 제55호 제1항에서 정한 바의 경찰서에 신병을 호송하고, 영장과 함께 만주국 사법경찰관리에

게 인도할 것.
    (3) 사법경찰관리가 전항의 인도를 행할 때에는 지휘서 이면의 보고서에 소정의 기재를 하고 수령관리의 서명·날인을 받은 후 그것을 지휘검사국에 제출할 것.
  2. 조선에서 촉탁한 경우
  신의주경찰서 또는 남양경찰서의 사법경찰관리, 만주국 사법경찰관리가 조선총독부 재판소 또는 검사국의 촉탁에 따라 구인장 또는 체포장을 집행해야 하는 자에 대한 인계를 청구받았을 때에는 속히 1938년(昭和 13) 9월 조선총독부 훈령 제55호 제1항에서 정한 바의 만주국경찰서에서 영장 및 신병을 인수하여 촉탁청으로 호송할 것.

  제2. 내지(內地)와 만주국 간의 공조사건에 대해 조선에서 해야 할 공조
  1. 만주국에서 내지에 촉탁한 경우
    (1) 만주국의 촉탁에 따라 내지에서 구인장 또는 체포장을 집행해야 하는 피의자 또는 피고인을 조선을 경유해서 만주국으로 호송할 경우, 조선에서 해야 할 공조사무는 부산지방법원 검사국에서 한다.
    (2) 부산지방법원 검사국, 내지검사국에서 전항의 피의자 또는 피고인을 만주국으로 호송 및 인도를 촉탁받아 그 신병을 송치받았을 때, 검사는 사법경찰관리에게 별지 제1양식에 의거하여 신병호송 및 인도지휘서를 발행할 것.
    (3) 전항의 지휘를 받은 사법경찰관리는 속히 제1항의 1호 중 (2), (3)에 준하여 각각 처리할 것.
    (4) 전항에 따라 사법경찰관리로부터 보고를 받은 부산지방법원 검사국은 신병호송 및 인도에 관한 사항을 촉탁청에 회답할 것.
  2. 내지에서 만주국으로 촉탁한 경우
    (1) 내지사법기관의 촉탁에 따라 만주국에서 구인장 또는 체포장을 집행해야 하는 피의자 또는 피고인을 조선을 경유해서 내지로 호송하는 경우, 조선에서 해야 할 공조사무는 신의주지방법원 검사국 또는 청진지방법원 검사국에서 한다.
    (2) 신의주지방법원 검사국 또는 청진지방법원 검사국, 내지검사국에서 전항의 피의자 또는 피고인의 인수 및 호송 방법을 촉탁받았을 때, 검사는 신의주경찰서 또는 남양

경찰서 사법경찰관리에게 별지 제2양식에 의거하여 신병인수 및 호송지휘서를 발행할 것.

(3) 전항의 지휘를 받은 사법경찰관리는 제1항 2호에 준해서 처리할 것과 함께 보고서를 지휘검사국에 제출할 것.

(4) 전항에 따라 보고를 받은 검사국은 신병인수 및 호송에 관한 사항을 촉탁청에 회답할 것.

제3. 국경 접경지역의 특례

1938년(昭和 13) 9월 조선총독부 훈령 제55호 제2항의 경우에 있어서는 제1, 제2 각항에 준해서 처리할 것. 다만 만주국에서 인수한 신병, 내지사법기관의 촉탁에 의해 구인장 또는 체포장을 집행해야 하는 자일 경우 사법경찰관리는 그 요지를 관할검사국에 보고한다. 관할검사국은 위 보고를 받았을 때 내지사법기관으로부터 신의주지방법원 검사국 또는 청진지방법원 검사국에 신병인수 및 호송촉탁의 전속(轉屬)[181]을 받은 후 제2항의 2호 중 (2) 내지 (4)에 준하여 처리할 것.

제4. 수형자의 호송 및 인도와 인수는 전 각 항에 준해서 처리할 것.

---

[181] 전속(轉屬) : 원적(原籍)을 다른 데로 옮김. 또는 소속을 바꿈.

제1양식

	죄 명	지검제호
일만(日滿)사법사무공조법에 따라 (구인 체포)한 오른쪽의 자를 호송하는 영장(슈狀)과 함께 만주국 사법경찰관리에게 인도하고 그 요지를 해당 직원에게 보고함. 　소화　년　월　일 지방법원 (지청) 검사 (분) 국 조선총독부검사 　경찰서장 사법경찰관 조선총독부 도(道) 경시(警視) (부)　　　님	신병호송및인도지휘서 피의자 피고인 성 명	

	집행불능사유기타	영장과 함께 신병인도		피의자 피고인 성 명	사건번호	제호
		장 소	연월일			
오른쪽 신병호송 및 인도에 관한 사항 보고 　소화　년　월　일 　　　　　　　　경찰서장 사법경찰관 조선총독부 도 경시 (부) 　지방법원 (지청) 검사 (분) 국 조선총독부검사　　님			소화 년 월 일		소화 년 (형공) 제 호	
		인도관리 관직서명 날 인		수령관리 관직서명 날 인		

○ 주의. 사건번호는 지휘검사국에서 기입할 것.

제2양식

일만사법사무공조법에 따라 두서의 촉탁에 의해 만주국에서 (구인 체포)된 오른쪽의 자를 동국(同國) 경찰서에서 영장과 함께 인수하고 속히 촉탁청에 호송 수속한 후 그 요지를 해당 직원에게 보고함. 　　　소화　년　월　일 지방법원 (지청) 검사 (분) 국 조선총독부검사 　경찰서장 사법경찰관 조선총독부 도 경시 (부)　　　님	촉탁선	촉탁청	죄명	신병인수 및 호송지휘서	지검 제 호
	검사국	검사국			
	피의자 피고인 주소, 직업, 성명, 연령				

오른쪽 신병인도 및 호송에 관한 사항 보고 　　　　　　　　소화　년　월　일 　　　　　　　　　경찰서장 　　　사법경찰관 조선총독부 도 경시 (부) 지방법원 (지청) 검사 (분) 국 조선총독부검사　　　님	호송 년월일	영장과 함께 신병인도		사건번호	제 호
		장소	년월일		
	소화 년 월 일		소화 년 월 일	소화 년 월 일	
	집행불능 사유			피의자 피고인 성명	

○ 주의. 사건번호는 지휘검사국에서 기입할 것.

감옥 현황과 운영 실무

1. 강제병합 전후의 감옥과 제도 - 『조선의 행형제도』
2. 감옥 운영 실무 - 『서대문형무소예규류찬』서무부 편

해제

1. 강제병합 전후의 감옥과 제도 - 『조선의 행형제도』

일제강점기 조선에 설치된 여러 감옥의 현황과 제도, 기구 등을 이해하기 위한 기본자료로 『조선의 행형제도(朝鮮の行刑制度)』를 꼽을 수 있다. 『조선의 행형제도』[182]는 조선총독부 법무국 행형과에서 편찬하여, 1938년 치형협회(治刑協會)에서 발행, 경성형무소에서 인쇄한 총 141쪽 분량의 책자이다.

조선총독부의 입장에서 강제병합 이후부터 1938년 시점까지의 행형제도를 돌아보고, 그 연혁을 정리한 것이다. 따라서 본 자료는 식민자(植民者)의 시각에서 식민지 감옥을 그간 어떻게 이른바 '개혁'해 나갔는지 그 과정을 잘 보여주는 자료라고 할 수 있다.

이 책의 내용은 다음과 같이 총 4장으로 나뉘어 있다.

제1장 병합 전의 감옥
  제1절 구한국시대의 감옥
  제2절 통감부시대의 감옥
제2장 병합 후의 감옥
  제1절 감옥의 개량 및 확장
  제2절 이원(吏員)
  제3절 작업
  제4절 위생·의료
  제5절 교회·교육

---

[182] 조선총독부법무국행형과편, 『조선의 행형제도(朝鮮の行刑制度)』, 재단법인 치형협회, 1938.

제3장 소년행형
제4장 석방자보호사업

　제1장과 제2장은 강제병합을 기준으로 나누어져 있다. 제1장은 제1절 구한국시대의 감옥, 제2절 통감부시대의 감옥으로, 강제병합 이전 대한제국과 통감부 시기의 감옥을 비교적 짧은 분량으로 살펴보고 있다. 제2장은 제1절 감옥의 개량 및 확장, 제2절 이원(관리), 제3절 작업, 제4절 위생·의료, 제5절 교회·교육으로 구분하여, 강제병합 이후 총독부 당국의 입장에서 이른바 '발전'된 감옥의 면모를 소개하는 데 많은 지면을 할애하여 설명하고 있다.

　제3장과 제4장은 절의 구분 없이 구성되었다. 제3장은 소년행형에, 제4장은 석방자보호사업에 대하여 다루고 있는데, 이 두 영역은 1930년대 후반 행형당국이 관심을 보였던 영역이라고 할 수 있다. 그 이전에는 재정 사정을 앞세워 소년이나 석방자를 보호의 대상으로 인식하지 않았던 반면, 수형자 관리와 동원이 중요해진 1938년 이후 전시체제하에서는 관심의 영역 안으로 들어왔다는 것을 보여준다.

　이 자료집을 통해 파악할 수 있는 주요 사안은 총독부 행형당국이 행형제도에 대한 변화를 정리하는 관점이다. 즉 일제강점기 행형제도는 3가지 단계를 거치며 '심화'되었다고 보는데, '계호행형시대 → 작업행형시대 → 교육행형시대'의 순으로 시간의 경과에 따라 그 제도적 기능이 보다 '발전'되었다는 것이다. 야만적인 조선의 형정(刑政)이 식민지 통치하에 획기적으로 탈바꿈되어 날로 '개선'되었음을 강조하고 있다.

　'계호행형시대'는 식민지 초기 '무단통치'하에 구금과 규율 유지에 중점을 둔 시기이고, '작업행형시대'는 1910년대라는 과도기를 거쳐 감옥제도가 나름대로 정착되면서 1920년대 중반 이후 감옥 내 작업동원을 통한 수형자의 관리에 집중한 시기이다. '교육행형시대'는 이후 수감자의 '교화'에 초점을 맞춘 시기이다. 그 결과 이 책이 편찬된 1938년의 시점에서 보았을 때, "설비 및 경영의 요령과 그 성적을 내지의 형정과 비교해도 우열의 차이가 전혀 없는 정도에 이르렀다"라고 조선총독부 스스로가 평가를 내리고 있다.

'발전', '교육', '교화' 등의 어구는 혹독한 처벌을 통한 본보기 효과로 식민지 대중에게 공포감을 주는 한편, 비타협적 민족주의 및 사회주의 운동세력을 사회로부터 철저히 격리시키고 전향을 유도하는 사상통제의 성과를 과시하는 것으로 이해할 필요가 있다. 특히 마지막 '교육행형'의 내용은 황민화 교육을 통한 전시동원 및 차별적 처우와도 직결되므로 꼼꼼하게 살펴보고 그 성격을 판단할 필요가 있다. 행형제도에 있어 개선이 거듭되었다는 '진화론'적 관점은 식민지 행형당국의 자평에 불과한 것이므로 액면 그대로 이해되면 안 될 것이다.

다만 이상과 같이 식민지 통치당국 중심의 관점에 유의하면서도, 이 자료는 시기별 행형정책의 방향을 소개하고 좀처럼 찾아보기 어려운 사진과 도표를 풍부하게 싣고 있다는 점에서, 일제강점기 행형제도와 감옥에 대한 이해를 높일 수 있는 사료로서의 가치가 매우 높다고 하겠다.

2. 감옥 운영 실무 - 『서대문형무소예규류찬』 서무부 편

감옥 안의 생활은 재소자의 행동 하나하나까지 세밀히 규정하고 있어서, 대강의 법령만으로는 알기 어려운 지점들이 있다. 이에 일제강점기 대표적인 식민지 감옥이었던 서대문형무소에서 직원들이 감옥 운영과 수감자 관리의 주요 사항과 지침, 양식 등을 모아놓은『서대문형무소예규류찬(西大門刑務所例規類纂)』에 주목하였다.

『서대문형무소예규류찬』[183]은 서대문형무소 감옥 운영과 수감자 관리에 필요한 제반 규칙

---

[183] 서대문형무소직원교우회, 『서대문형무소예규류찬(西大門刑務所例規類纂)』, 행정학회인쇄소, 1939.

및 규정, 지침, 문서 및 장부 양식 등 예규(例規)를 모아놓은 책이다. 서대문형무소직원교우회(交友會)에서 편찬하고, 당시 소장으로 재임하였던 미야자키 하야토(宮崎速任)가 발행자로 되어 있으며, 행정학회인쇄소에서 인쇄하였다.

서대문형무소 직원들이 중심이 되어 제작하였으나 당시 감옥에 일반적으로 통용되는 지침, 수칙, 각종 장부 및 양식 등을 수록하여 감옥 운영 실무를 살펴볼 수 있는 자료이다. 1936년, 1939년에 각각 간행되어 2개의 판본이 있다. 내용 구성상 큰 변동이 있어서가 아니라 1937년을 기점으로 감옥의 조직구성이 계(係)조직에서 과(課)조직으로 개편되었기 때문에 이에 맞추어 재간행된 것으로 보인다. 미야자키가 쓴 서문도 기존 1936년판에 실린 것이 1939년 판에도 그대로 인용되었다.

1936년 간행본은 업무별로 서무계, 계리계, 영치계, 용도계, 작업계, 계호계, 의무계, 교무계 총 8개 계, 230쪽으로 구성되었다. 1939년 간행본은 과별로 서무과(서무, 계리, 영치, 용도), 작업과, 계호과 및 구치장, 의무과, 교무과 총 6개 과, 192쪽으로 구성되었다. 수록 항목은 각 연도별로 114개로 동일하나 가감이 각 7개씩 있어 미세한 차이를 보인다. 금번 자료집에 수록한 간행본은 조직의 완성을 보여주는 1939년판을 사용하였다.

예규 항목은 각 과별 주요 업무 단위로 구성되어 있다. 따라서 법령으로 파악하기 어려운 감옥 실무와 운영에 대해 세부적으로 파악할 수 있다. 각 과별 수록 항목은 서무과 78개(서무 51, 계리 15, 영치 3, 용도 9), 작업과 6개, 계호과와 구치장 16개, 의무과 3개, 교무과 11개이다. 이를 통해 파악할 수 있는 과별 주요 업무와 정원은 다음과 같다.

과별 (수록 항목 개수)		주요 업무 (1939년)	정원[184]		
			한국인	일본인	합계
서무과 (78개)	서무 (51개)	인사 : 직원 근태 관리, 휴가처리, 출근부 관리, 징계, 과별 정원 관리, 사무분장, 직원 훈련, 간수 근무수칙 문서 : 문서 수신 및 발송, 관리 　　　　재감자 각종 서류 작성 및 관리 수감자 입출소 : 사진 촬영, 각종 문서 양식 관리	1명	7명	8명
	용도 (9개)	영선공사, 재소자 물품 지급 및 관리, 재소자 급량 관리, 각종 물품 관리			
	계리 (15개)	직원 급여, 재소자 영치금 관리, 작업상여금 집계, 직원 여비	-	5명	5명
	영치 (3개)	차입 물건 관리, 영치품 관리	-	6명	6명
작업과(6개)		관용부 관리, 작업기수·기관수·화부 관리, 재소자 작업 공정 관리	1명	10명	11명
계호과 (16개)		재소자 행장 심사 및 보고, 사상범자 행장 시찰, 재소자 동작 관리, 입출입 경계, 비상 경비, 주의 인물 관리	72명	75명	147명
		여성 수감자 관리	5명	6명	11명
구치장		위와 동일	25명	49명	74명
의무과 (3개)		보건 및 위생 관리 업무, 재소자 치료, 재소자 이송, 병자 관리, 기온 관측	1명	1명	2명
교무과 (11개)		재소자 교회, 교육 업무, 교회 자료 관리, 재소자 취재 청취, 재소자 감상록 관리, 재소자 허용 독서, 가석방자 근황 조사, 석방자 보호, 수형자 가족 생활 상황 조사, 재소자 기상 후 및 취침 전 예배	4명	-	4명
기타		연습소 본부	1명	4명	5명
합 계			110명	163명	273명

이 가운데 이번 자료집에 수록한 것은 서무과 중 서무 업무 51개 항목이다. 감옥 운영에 있

---

[184] 1939년 서대문형무소 실 근무인원은 조선인 160명, 일본인 192명, 총 352명으로 『서대문형무소예규류찬』에서 제시한 정원과 차이가 있다(조선총독부, 『조선총독부통계연보(1939)』, 1941, 435쪽).

어 기초가 되는 제반 업무로서 직원 인사 관리, 직원 근태 관리, 직원 업무 관리, 예산 회계, 수감자 입출소 및 지문 채취, 수감자 사진 촬영, 수감자 명적 작성 등 수감자 관리, 문서 생산 및 수발신 등 업무, 직원 근무수칙, 물품 구매 및 관리, 영치 물품 관리, 차입 물품 관리 등을 다루고 있다.

주요 내용 몇 가지를 살펴보면, 우선 각종 문서와 장부의 양식이 규정되어 있어 감옥 실무를 들여다 볼 수 있다. 110여 개의 양식이 수록되었는데 수감자 관리 양식, 직원 근태 관리 양식, 법정 제출 신청서 양식, 물품 차입 관련 양식 등 업무별로 구성되었다. 예시로 수감자 관련은 묘지부, 출소자 서류, 가석방자 서류, 사망장, 인상 및 특징표, 사체교부증, 수형자정리표, 석방자조사표, 재소인원감독 일표, 사진촬영자 서류 등이 있고, 직원 근태 관련은 결근신고서, 출장신고서, 여행신고서, 휴가신청서, 근태보고서, 명함 양식 등이 있으며, 법정 관련은 상고, 공소신청서, 상고, 공소취하서, 상소권포기신청서 등이 있고, 물품 관련은 재소자서신접수부, 재소자 물품 접수부, 물품 차입원, 자변약식처리부, 양식차입서 등이 있다.

다음으로 간수들의 업무를 파악할 수 있다. 일종의 업무분장을 포함한 것으로 일제강점기 감옥 내 간수의 각 업무별 세부사항과 근무수칙을 규정하고 있다. 자료를 통해 파악할 수 있는 간수의 업무는 일반 직무, 문위(門衛) 근무,[185] 감시초소 근무, 순경(巡警) 근무,[186] 사방(舍房) 근무,[187] 병사(病舍) 근무, 공장 근무, 취사장 근무, 위생 근무, 교회(敎誨)·교육 근무, 검사(檢査) 근무, 재판소 출정 근무, 압송 근무, 작업 근무, 계호과 잡무 근무, 서무 업무, 재소작 동작 관리 업무 등 17가지로 구분되었다.

이러한 감옥 근무수칙은 매우 세세한 사안까지 규정하고 있다. 예시로 사방을 검사할 때

---

[185] 문위(門衛) 근무 : 수위 근무.
[186] 순경(巡警) 근무 : 순회 경계 근무.
[187] 사방(舍房) 근무 : 옥사 내 근무.

특별히 주의해서 검사할 사항을 지정하는데, 심지어 의류나 침구류의 꿰맨 줄을 뜯어 그 안쪽까지 검사할 것을 규정해 놓았을 정도이다. 또 수감자를 동반한 법정출정이나 압송할 때 인솔 간수가 서는 위치, 수감자에게 호송줄을 결박하는 신체 부위의 위치, 이동 시 칼 등 날카로운 물건을 진열한 점포 앞을 지날 때 주의사항 등 여러 가지 상황 발생을 대비한 행동지침도 규정해 놓았다. 재소자에 있어서는 앉는 방법, 앉을 때 손을 두는 위치, 엉덩이의 위치 등은 물론 용변 보는 시간까지 규정하여 일거수일투족을 제약하였다. 특히 재소자의 활동시간을 '동작시한(動作時限)'으로 규정한 부분은 일제강점기 감옥 내 수감자에게는 자유로운 '시간'이 아닌 활동을 제한당하는 '시한'만이 정해져 있었음을 알 수 있다.

  금번 자료집에 수록한 규정 및 지침, 열거된 문서 종류와 양식 등에 관한 51개 항목은 일제강점기 감옥 운영 실무를 파악하는 데 유용한 자료로 활용될 수 있다. 그간 감옥 관련 자료는 일반 자료와 사뭇 다른 문구와 생소한 전문용어 등으로 접근하기 어려운 한계가 있었다. 이에 본 자료집을 통해 문서의 종류, 제목, 용어, 문구 등을 파악할 수 있다는 점에서 향후 일제의 식민지 감옥 운영 양상을 추적할 수 있는 1차 사료로서 의의를 가진다.

  한편 향후 발간될 자료집 2권과 3권의 각 주제에 맞추어 나머지 항목들을 선별하여 수록하고자 한다.

〈자료 295〉

조선 각 배치도

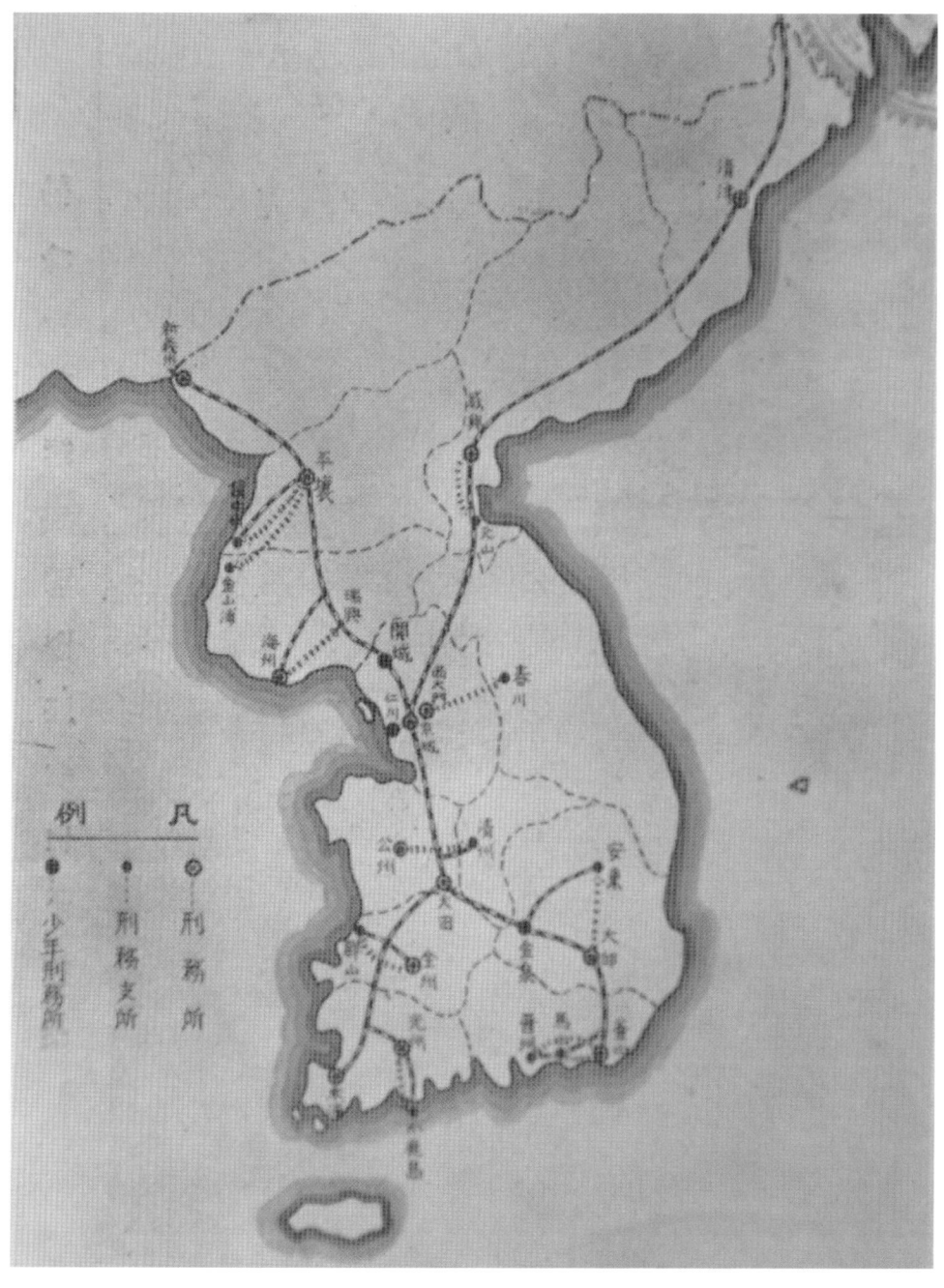

1937년도 전조선형무소장 회의

함흥형무소(함경남도 함흥부)

1908년 4월 신설.

같은 해 11월 경성(鏡城) 및 원산에 분감, 다음 해 10월 청진에 분감을 설치하여 그 소관으로 함. 경성분감은 그 후 청진분감의 출장소가 되었다가 1913년 6월에 폐지. 1919년 청진분감은 본감으로 승격. 1921년 3월 강릉분감 설치하였으나 1924년 12월에 폐지. 현재의 설비는 1914년에 착공되어 1918년에 준공된 것이나, 그 후 수용인원이 크게 증가하여, 1932년 3월 감방 36평을 증축하고, 1933년 8월 85평의 임시감옥을 급조하는 한편 구치감 기타 확장 공사에 착수하여 1935년 3월에 이르면 확장된 부지는 2,450평에 감방 3동, 병감 의무실 기타 신축공사로 완전히 일신(一新)된 면모를 보였다.

함흥형무소 원산지소(함경남도 원산부)

1894년 원산경찰서 부속 구금소가 설치되어 그 후 명석동(銘石洞)으로 이전되었으나, 1908년 11월 함흥감옥 원산분감이 되어 1914년 현재지로 신축 이전되었다.

청진형무소(함경북도 청진부)

1909년 11월 종래의 이사청 감옥을 없애고 함흥감옥 청진분감을 설치, 1910년 7월 현재지로 신축 이전, 1920년 10월에 본감으로 승격되었다.

평양형무소(평안남도 평양부)

1909년 9월 신축 낙성. 그 후 점차 증개축 및 확장하는 한편, 기존 평양관찰사(이후 경무청) 부속 감옥 건물을 1935년까지 평양형무소 대흥부(大興部)라 하여 1918년부터 오로지 여수형자 집금장으로 사용하였다. 또한 진남포 및 금산포에 분감을 두어 왔다.

평양형무소 진남포지소(평안남도 진남포부)

1910년 신설. 당분간은 한국 경찰의 건물을 빌려 집무를 보다가 1912년 11월 현재의 설비를 준공하였다.

평양형무소 금산포지부(황해도 은율군 북부면)

철광채굴업자 도미타 기사쿠(富田儀作)의 청원에 의거하여 1918년 8월 평양감옥 금산포출장소로 철강채굴업자 신설. 1921년 10월에 분감이 되어 오늘에 이르렀다. 첫 토지와 건물은 청원인이 무상 제공한 것이며, 1929년 5월에 기부에 의해 관유(官有)재산으로 편입되었다.

신의주형무소(평안북도 신의주부)

1904~1905년 전쟁(러일전쟁-역자) 중 신의주헌병분대를 신설, 유치장이 부설되었다. 평양감옥 의주분감은 1909년 2월에 설치되었는데, 위 헌병대 유치장의 설비를 사용하다가 같은 해 10월에 신의주에 새롭게 평양감옥 신의주분감을 설치하고 기존의 의주분감은 출장소가 되어 1913년에 폐지되었다. 신의주분감은 1920년 11월에 본감으로 승격되었고, 1923년 5월 현재지에 신축 준공하였다.

해주형무소(황해도 해주군 해주읍)

1908년 2월 해주감옥을 설치. 해주경찰서장에게 인계를 받아, 1915년 현재지에 신축을 착수하여 1919년 10월에 준공하였다.

해주형무소 서흥지소(황해도 서흥군 서흥면)

1921년 3월 해주감옥의 분감을 서흥에 신설하였다. 1922년 5월에 신축 낙성하였으나 곧이어 1924년 2월 행정정리로 인해 규모가 작아졌다.

대구형무소(경상북도 대구부)

현재 설비는 1910년 2월 신축되어 1921년에 확장된 것이다. 같은 해 안동 및 김천에 신설 분감을 두었다. 김천은 1924년 4월 소년형무소로 승격되었다.

대구형무소 안동지소(경상북도 안동군 안동읍)

1920년 11월 착공되어 1923년 7월에 준공되었다.

부산형무소(경상남도 부산부)

1905년 통감부 및 이사청 관제 발포로 영사관 감옥은 이사청 감옥이 되어 1907년에 처음으로 전임 간수장과 간수가 임명되어 진주감옥 부산분감의 사무를 개시하였다. 1909년 통감부 감옥관제가 시행되자 새롭게 부산감옥을 설치 독립하였고, 진주감옥을 분감으로 하였다. 또한 기존의 부산분감은 사카노시타(坂の下)출장소로 개칭하고, 1910년 마산분감을 개설하였으며 1920년 10월에는 위 출장소를 폐지하였다. 현재 부산형무소는 1920년에 착공하여 1922년 12월에 낙성된 것이다.

부산형무소 마산지소(경상남도 마산부)

1910년 6월 통감부의 감옥으로서 설치, 부산감옥 마산분감으로 불렀다. 현재의 설비는 1913년 2월에 낙성, 1920년 3월에 확장 증축된 것이다. 1922년 4월부터 부산 및 진주 양 감옥의 여수형자를 집금하게 되었고 1937년 4월부터는 전 조선의 불구노쇠수형자를 집금하는 형무소로 지정되었다.

부산형무소 진주지소 (경상남도 진주군 진주읍)

1907년 11월 진주재판소 설치로 종래 관찰사 관하 군수가 관장하던 군아(郡衙)감옥을 경찰서장에게 이감. 다음 해 5월 전옥 이하가 임명되어 구래의 설비를 이용하여 진주감옥을 개청하였다. 같은 해 11월 부산에 분감을 두었으나, 1909년 7월 부산을 본감으로 하고 진주를 분감으로 개정하였다. 1914년 5월에 현재지에 착공하고 1915년 2월에 이전하였다.

광주형무소 (전라남도 광주부)

1907년 한국감옥관제 시행에 따라 다음 해 4월 광주감옥을 개설하고 같은 해 12월 전주분감을 신설하였다. 1909년 통감부 감옥관제 시행으로 새로 목포분감을, 다음 해 7월에는 군산분감을 개설하였다. 같은 해 총독부 감옥관제가 시행되었으나, 1920년 10월 전주 및 목포분감은 본감으로 승격되고 군산분감은 전주감옥 소관이 되었으며 1935년 4월에는 소록도지소가 설치되었다.

광주형무소 소록도지소(전라남도 고흥군 금산면)

1935년 4월 나환(癩患) 수형자의 집금형무소로 특설, 광주형무소 소관이 되었다. 건설비는 조선나예방협회의 부담으로 같은 해 9월 15일에 개청하였다.

목포형무소(전라남도 목포부)

1897년 10월 개항과 동시에 신설된 영사관 한편에 구치감을 만들었는데 1905년 1월 목포이사청감옥 설치와 함께 감옥으로 개조되었다. 통감부 감옥관제 시행에 따라 광주감옥 목포분감이 되었고, 총독부 감옥시대를 맞이하여 1914년 6월에 신축공사를 시작하여 현재지로 이전하였다. 1920년 10월 목포감옥으로 승격되었다. 1921년 행정정리에 의해 동 분감은 폐지되었다.

전주형무소(전라북도 전주부)

1908년 12월 광주감옥 전부분감을 설치, 다음해 11월 전주경찰서 안에 있던 자리를 현재지로 신축 이전하였다. 1920년 본감으로 승격하여 군산분감을 소관하고 오늘날에 이르렀다.

전주형무소 군산지소(전라북도 군산부)

1910년 7월 광주감옥의 분감으로 개설, 다음 해 7월 현재지로 신축 이전하였다. 1913년 부지를 확장하여 공장 감방을 증설하고 그 후 점차 증개축을 거듭하였다. 1920년 이래 전주감옥의 분감이 되었다.

인천소년형무소(경기도 인천부)

소년수형자가 격증하는 경향에 의거, 개성 밖에 새로 18세 미만 소년수형자집금형무소를 설치하기로 되어 그 부지를 인천부외 문학면으로 선정하였다. 1935년 4월에 착공하여 1936년 7월에 개청하고 공사를 이어가던 중 1937년 8월 현재 소년수형자 약 300명 외에도 공사를 위해 성년기능수형자 180명을 수용하여 공사는 약 80% 진전되었다. 또한 당소 개청과 아울러 소년수형자 집금구분(集禁區分)을 변경하여 당소는 보통학교 제3학년 수료 정도 이상의 학력을 가진 초범자를 수용하고, 그렇지 않은 자는 개성에 수용하게 되었다.

개성소년형무소(경기도 개성시)

1912년 경성감옥 개성분감으로 신설. 1913년 5월 본감으로 승격되어 개성소년형무소로 개칭. 조선에서 형기 1년 이상 연령 18세 미만의 남자 수형자를 집금하고 최근까지도 항상적으로 수용인원이 초과되어 수차례 증개축하고 구내의 부지를 확장하였다. 최근에 인천소년형무소 개청에 의거 일부 수형자가 이감되었으나, 그 이후로도 점증하여 수용인원의 거의 2배에 가까운 상황이다.

김천소년형무소(경상북도 김천군 김천읍)

1920년 3월 대구감옥 김천분감 설치 다음 해 7월 개청 이후 얼마 되지 않아 특수수형자집금제도가 실시되어 당소는 대구, 부산 및 마산 각 감옥의 형기 6월 이상 수형자 및 안동분감의 형기 1년 이상 수형자 중 남자 18세 미만인 자를 집금하는 감옥으로 지정되었다. 또한 1924년 1월부터 조선의 형기 8월 이상인 20세 미만의 청년 및 준청년 수형자집금형무소로 지정, 같은 해 4월 김천소년형무소로 개칭되었다.

조선의 행형제도 – 조선총독부법무국행형과 편

제1장 병합 전의 감옥

제1절 구한국시대의 감옥

　조선에 처음으로 독립된 감옥이 설치된 것은 고려조의 전옥서였다. 전옥서를 형조 소관으로 지정하고 경사(京師)에 두었고 그것이 이조 말기까지 중앙감옥으로 지속되었다. 지방의 감옥은 시옥(市獄)이라 하여 소관 지방관별로 도옥(道獄)·부옥(府獄) 또는 군옥(郡獄) 등으로 구별되었다. 지방의 감옥은 독립된 통제 제도를 갖지 않고, 재판권을 가진 행정관에 의해 구구한 설비를 가지고 미결구금용으로 사용되었던 것이다.

　한국 개국 503년(1894) 도정 혁신 시에 전옥서는 감옥서로 개칭되고 소관을 내부(內部)로 바꾸었으므로 옥무는 경찰과 함께 경무청이 맡게 되어 독립된 옥제(獄制)는 일시 폐절된 바 있다. 한국 개국 517년(융희 원년, 明治 40, 1907)에 일한 제2차 협약이 이루어지자 같은 해 12월 칙령 제52호로 처음으로 감옥관제를 시행, 전선 각 감옥을 통일하여 신설 법부대신의 소관으로 하여 지방을 3관할구로 나누고 경성과 평양 및 대구의 각 항소원 검사장에게 제2차의 감독권을 부여하였다. 그 다음 해 4월에 법부령 제2호로 감옥의 위치와 명칭을 결정하고 경성·공주·함흥(이상 경기항소원 관내), 평양·해주(이상 평양항소원 관내), 대구·진주·광주(이상 대구항소원 관내)의 8감옥을 설치하고, 다시 그 이듬해에는 인천·춘천(이상 경성감옥 소관), 청주(이상 공주감옥 소관), 원산·경성(이상 함흥감옥 소관), 의주(이상 평양감옥 소관), 전주·목포(이상 광주감옥 소관), 부산(이상 진주감옥 소관)의 9분감이 신설되었다.

　신감옥관제 시행을 맞아 전옥 간수장 이하 다수 일본인 관리를 초빙하여 신임 각 전옥 및 분감장은 각각 각지의 경찰서장 또는 영사관에서 사무를 인계받아 아마도 구래의 설비를 이용하여 사무를 보았을 것이나 많은 불편불리(不便不利)가 있어 재감자의 자살, 도주, 기타 중대사고가 빈발하는 문제가 있었기에 급거 감옥의 개축 혹은 신축 계획을 진행시켰다.

　옥정(獄政)을 아직 경찰관헌이 맡았던 시대에도 일본의 구감옥칙(1872년 실행)을 모방한 감옥규칙과 같은 것이 제정되어 있었으나 대부분 공문(空文)에 그쳤던 것 같다. 감방은 허술하고 좁은 데다가 기결·미결을 혼합 수용하였고 심한 예로 남녀의 분리조차 이루어지지 않아 수인을 다루는 방법이 지극히 난잡하였고 일부 관리의 사적인 생각에 의해 좌우되었다. 방내(房內)에 노름이 행해지는가 하면 특별한 자에게는 사적인 외박도 묵인하는 일이 있었으며 급양(給養)이 일반적으로 불량하고 또 불충분하여 대부분 배고픔을 견디기에 충분하지 못했으므로 다수 재감자는 영양불량 상태였고 위생의료는 이루어지지 않아 옥사자가 적지 않았으니 그 참상은 말로 표현하기 어려운 것이었다. 중앙감옥인 종로감옥조차도 설비가 불완전했다는 것은 주지의 사실이었으니, 지방 소감옥의 실태는 누구라도 추측할 수 있을 정도이다. 이와 같은 한국시대의 옥정을 인수한 신관제감옥은 옥사의 개량 및 사무의 쇄신에 노력을 기울여 불과 몇 년 만에 오늘날과 같이 정비된 조선행형의 기초를 다질 수 있었다.

구(舊) 공주감옥 옥외(獄外)감옥

구 공주감옥은 읍면정(邑錦町) 밖 감옥 및 현재의 공주고등여학교 자리에 있었고 외감옥(外監獄)에는 수형자 및 병자를, 내감옥(內監獄)에는 주로 미결수(일부 수형자도 구금)를 수용했으나 감옥이 좁아 항상 죄수들이 실외로 넘쳐나는 상황이었다 한다. 1914년에 신 공주감옥이 개설되기까지 응급 수선을 하면서 사용되었다.

구 공주감옥의 유적(중앙의 원형부분)

전옥서의 문표(門標)

고려 초 처음으로 나라의 수인을 관장하기 위해 전옥서를 만들어 이조 말기에 이어졌으나, 1894년 좌우 포도청을 합쳐 경무청을 만들고 나서 바로 내지식의 감옥서로 변경되었다. 사진은 당시 좌포도청의 바깥문에 걸려 있던 것으로, 이후 여러 차례의 변천을 거쳐 서대문감옥 종로구치감으로 불리게 된 사정을 안고 있다.

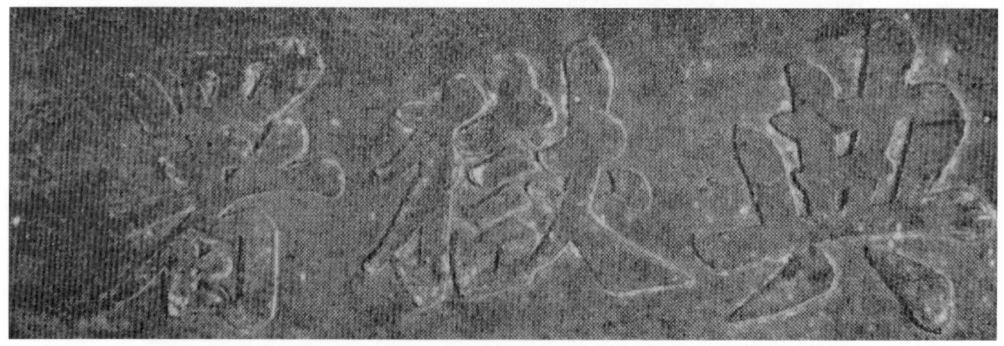

원(元) 종로구치감 정문

종로구치감은 경성에서 가장 오래된 한국시대의 옥사로서 1908년(明治 41) 경성감옥의 신축으로 폐지되었으나, 재감자 증가로 인해 다시 종로출장소가 되어 단기수형자의 구금에 사용되었다. 이후 수형자를 다시 서대문출장소로 옮겨 종로구치감이 되었다가 1921년 4월 30일에 폐지되었다. 사진은 창설 당시 찍은 것으로, 1912년 개축을 위해 없어졌으나, 그 문표(전옥서)는 현재 서대문형무소에서 보관하고 있다.

구한국 경주감옥 유적

태형집행

태형은 구미 각국에서도 시행되어 왔으나, 그 선구는 중국에서 현저하게 나타났다고 한다. 조선에서도 예전부터 적용되어 병합 후에도 태형령에 의해 이어져 왔으나 1920년에 폐지되었다. 그림의 집행 방법은 둔부를 치고 있지만, 등을 때렸던 시대도 있었다고 한다. 태형 외에 장형이 있었고, 그 차이는 장대 끝의 크기에 있었으며, 10에서 50까지의 5등을 태라고 하고, 60에서 100까지의 5등을 장이라고 부르는 차이가 있을 뿐이었다.

태형집행대

한국시대의 태형대는 단순 널판지형으로 만들어졌으나, 병합 이후까지 사용된 것은 십자형으로 만들어 양팔을 벌려 엎드리고 가죽 밴드로 팔다리를 결박하는 것이었다. 태의 표준은 『형법대전』에서는 길이 3척 5촌(106.05cm)에 대두경(大頭徑) 2푼 7리(0.818cm), 소두경(小頭徑)은 1푼 7리(0.515cm)로 묶은 가시나무를 사용하여 만들었다. 1910년 3월 제령 제13호로 정한 태형령은 길이 1척 8촌(54.54cm), 두께 2푼 5리(0.757cm), 너비는 머리(答頭) 7푼(2.12cm), 손잡이 8푼 5리(2.57cm)의 대나무 소재로 바뀌었다.[188]

---

[188] 1척(尺) : 30.3cm
　　 1촌(寸) : 3.03cm
　　 1푼(分) : 0.303cm

이조시대의 형구

이조(李朝)[189]시대의 형구란 형벌용 기구, 고문용 기구 및 계구(戒具)를 총칭하는 것이다.

---

189 이조(李朝) : 조선(朝鮮). '이씨(李氏) 조선(朝鮮)'의 줄임말로 일본이 조선을 낮추어 부르던 말.

전옥서의 신단(神壇)

기존의 전옥서가 종로구치감이 된 이후에도 방 하나에는 신단이 있어 화상(畫像)을 기리고 기리는 도구 및 도서류를 비치하고 있었다. 1910년 개축 시에 철거된 도서도 흩어져 없어졌는데, 사진에서 보는 것은 현재 잔존·보존된 서대문형무소의 연혁사에 의하면, 사단(社壇)은 이조 태조의 뜻을 치옥(治獄)에 활용하고자 종로 옥사의 후원에 신단을 두고 고구려의 동명왕(東明王) 및 왕비를 제신으로 기리기 시작하였다고 한다.

제2절 통감부시대의 감옥

1908년 7월 사법 및 감옥사무를 일본에 위임할 것을 결의하고 같은 해 10월 칙령 제85호 및 동 89호 법부관제 및 감옥관제를 폐지, 새로 통감부사법청관제 및 감옥관제를 공포(1909년 10월 칙령242호 및 동 제243호)하여 11월 1일부터 시행하였다. 이렇게 한국감옥은 통감부 감옥이 되었는데, 그 다음해 일한병합이 되었으므로, 통감부시대는 극히 단시간에 불과하여 감옥의 연혁사상 많은 기록이 남아 있지 않다. 그러나 감옥의 개량·증설은 계속되어 내지의 사례를 가져와 사무쇄신의 첫발을 뗀 것은 특필할 만한 일이다. 통감부감옥관제 실시와 동시에 영등포(경성감옥 소관), 청진(함흥감옥 소관), 진남포·신의주(평양감옥 소관), 마산(부산감옥 소관), 군산(광주감옥 소관)의 6분감을 신설하고 또 진주를 분감으로 부산감옥을 신설하여 그 소관을 정하였다.

창설 당시의 감옥 전경 및 일부 시설

구 서대문(원 경성)감옥

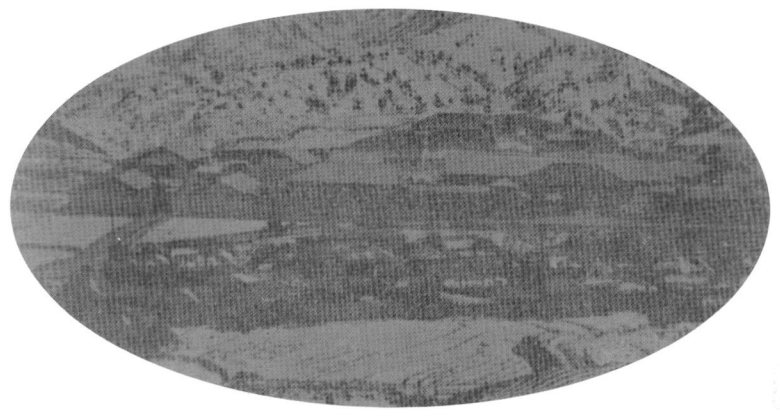

구 해주감옥

구 대구감옥

구 광주감옥

구 의주분감

구 경성(鏡城)분감

구 강릉분감

구 인천분감

구 춘천분감

구 영등포분감

구 군산분감

구 제주분감

구 함흥감옥

구 평양감옥 대흥부출장소

구 경성 태평동(太平洞)출장소 감방

1908년경 경성감옥(현 서대문형무소)의 설비가 불충분하여 급증한 재감자의 수용이 곤란해지자 태평동에 있던 기존 조선헌병대 영사(營司)를 빌려 서대문출장소라 칭하고 재감자를 수용한, 벽돌로 만든 2층 건물. 태평동 길가에 외벽도 없이 창문으로 통행인을 볼 수 있었으며 이후 태평동출장소라 개칭하고, 1924년 봄에 폐지되었다.

제2장 병합 후의 감옥

제1절 감옥의 개량 및 확장

1910년 8월 29일, 조약 제4호로 한일합병, 동년 9월 발령 제366호 조선총독부 감옥관제를 공포하여 10월 1일부터 시행되었다. 다음으로 1912년 3월 제령 제14호 조선감옥령 및 총독부령 제34호 조선감옥령 시행규칙을 공포하였는데, 조선감옥령은 12항의 특칙에 따라 내지의 감옥법에 따르기로 정하고 동 시행규칙도 거의 내지의 감옥법시행규칙에 준하고 있으며, 그 후 개정을 하지 않았으니 현행 행형제도는 실로 그때 성립된 것이다.

1912년 10월 공비 30만을 투입한 경성감옥이 준공, 종래의 경성감옥을 서대문감옥으로 개칭하여 여기 경성에는 2대 감옥이 병치되어 있다. 서대문감옥은 보통감옥의 사무를 보고 경성감옥은 무기 및 10년 이상의 유기·장기 수형자를 집금하기로 정해져 감옥의 개선확충에 신전기가 된 것이다. 그러나 수용인원이 점차 증가 추세를 보이고 각지의 감옥이 과다 수용률로 곤란한 상황에 이르러 법률의 요구에 따라 재감자의 죄질, 연령, 성격, 범죄 수에 따라 분류처우하는 식으로 가까스로 지난한 상태를 이어왔다. 게다가 1919년 3월 조선 각지에서 독립선언의 소동(소위 만세사건)[190]이 발발하여 수용인원의 일시 증가로 사무상 매우 곤란해졌기 때문에 궁여지책으로 공장·교회당 등을 임시 가공하여 감방으로 대용하고, 혹은 가감방을 급히 설치하여 잠시 견디게 되었다. 당시 조선감옥은 이른바 비상상태를 경과하고 있었으므로 구금상의 불편과 계호상 위험, 담당 관리들의 고생은 이루 말할 수 없는 것이었다. 소동은 수개월 지나서야 진정되었지만 범인의 검거는 지속적으로 행하졌기 때문에 동년 연말의 총 수용인원은 1만 5,161명, 전년도 말 인원과 비교하여 무려 3,552명이 증가하였으며 감옥의 확장 증설은 실로 절박한 상황에 이르렀다.

　1919년의 소동 사건은 조선 통치상 중대한 영향을 미쳤는데, 행형제도에서도 일대 진전을 가져와 감옥의 증설 확장 외에 특수수형자 처우문제를 해결하게 되었다. 즉 이미 공사에 착수한 해주·함흥 양 감옥의 개축을 서두름과 동시에 남쪽지방의 장기수형자 집금의 목적으로 대전감옥을 신설하고 순차적으로 각 감옥의 증개축 계획을 진행함과 함께 영등포·청진·신의주(전 의주분감), 전주·목포 등 다섯 감옥을 본감으로 승격하고, 더욱이 강릉(함흥감옥 소관), 개성(서대문감옥 소관), 서흥(해주감옥 소관), 김천·안동(대구감옥 소관), 제주(목포감옥 소관)의 여섯 분감을 신설, 그리고 1923년에 개성분감을, 이듬해에 김천분감을 본감으로 승격시켰으며, 청소년 수형자를 집금하는 2개 소년형무소를 개설하였다. 그 후 특수작업 목적을 위해 1918년 금산포분감(평양감옥 소관)을 신설하였다. 1923년 행정정리의 결과 인천분감을, 그 다음 해에는 영등포·강릉·제주의 1개 본감, 2개 분감을 폐지하였고, 각 감옥의 개량공사도 대부분 중지되기에 이르렀으나, 한편으로는 작업·교회·위생·급양 등 행형 주요 사무가 현저히 쇄신되었다. 1932년 이래 서대문형무소 미결수가 격증하여 그 인접지에 경성구치감을 신축하여 1939년 6월 준공하였고, 소년수형자의 격증 대책 및 처우개선을 위해 인천소년형무소를 설치하여 1936년 7월 개청하였으며, 또한 1935년에는 나환수형자 집금소로서 소록도지소(광주감옥 소관)를 신설하였다.

---

[190] 3·1운동을 뜻함.

1923년 5월에 감옥의 명칭을 형무소로 개칭, 기존의 전옥을 형무소장이라는 직명(職名)으로 신설하였다. 개정은 내지를 모방하여 이루어졌는데, 그 취지는 감옥이라는 문자는 구시대의 뇌옥(牢獄)을 연상시켜 어조가 생경하므로 재감자는 물론 일반 사회에서도 익숙해지기 어려워, 이를 개칭하여 내용과 외관 모두 면목을 일신한 근대행형제도에 대한 이해를 높이는 데 있다. 단 감옥법 개정이 있었던 것은 아니기 때문에 감옥은 법률상 실질적으로 현재 상존하고 있다.

감방중앙(평양)

요컨대 통감부 및 총독부 초기의 조선감옥은 이전 시기의 불안전하고 통제가 없던 옥제를 이어 받아 열심히 그 개량 및 확장에 임하여 왔으며, 병합 직후의 국민사상 동요기간 중에는 오로지 적절한 구금과 규율의 유지에 주안점을 둔 이른바 계호행형시대로서 변해 갔다. 그 후 시세(時勢)의 변화에 따라 당시의 행형사조에 대처하여 다이쇼(大正) 말기부터 작업행형시대에 진입하여 최근의 교육행형시대로의 변화 경과를 뚜렷하게 보여준다. 오늘날에는 설비 및 경영의 요령과 그 성적을 내지의 형정과 비교해도 우열의 차이가 전혀 없는 정도에 이르렀다.

구치감(서대문)

2층 건물 감방(서대문)

우량수 감방(대전)

독거자 운동장(대구)

구외(構外) 감시대(대전)

감방(경성)

독거방(전주)

사무실(서대문)

부표① 총독부 감옥 각 연말 현재수 표

연도	본소	지소	계	적요
1910	8	14	22	본감-경성·공주·함흥·평양·해주·대구·부산·광주(부산감옥은 처음 진주감옥의 분감으로서 설치되었음) 분감-인천·춘천·청주·원산·의주·신의주·목포·전주·진주·영등포·청진·진남포·마산·군산
1911	8	14	22	
1912	9	14	23	경성감옥을 신설(구 경성감옥을 서대문감옥으로 개칭)
1913	9	13	22	의주분감을 폐지(경성鏡城출장소 폐지)
1914	9	13	22	
1915	9	13	22	
1916	9	13	22	
1917	9	13	22	
1918	9	13	22	(금산포출장소 신설)
1919	10	13	23	대전감옥을 신설
1920	15	8	23	영등포·청진·신의주·목포·전주 각 분감을 본감으로 승격
1921	15	14	29	강릉·서흥·안동·제주·김천·금산포 각 분감을 신설
1922	15	15	30	개성분감을 신설
1923	16	13	29	개성분감을 승격하여 개성소년형무소로 개칭, 인천분감을 폐지
1924	16	10	26	김천지소를 승격하여 김천소년형무소로 개칭, 영등포형무소·강릉지소·제주지소를 폐지
1925	16	10	26	
1926	16	10	26	
1927	16	10	26	
1928	16	10	26	
1929	16	10	26	
1930	16	10	26	
1931	16	10	26	
1932	16	10	26	
1933	16	10	26	
1934	16	10	26	
1935	16	11	27	소록도지소를 신설(대흥군출장소를 폐지함)
1936	17	11	28	인천소년형무소를 신설
1937	17	11	28	

부표② 연말 현재 재감인원 및 1일 평균 재감인원 표

연도	연말 현재 재감인원	1일 평균 재감인원	비고
1911	9,599	?	
1912	9,581	?	
1913	9,914	?	
1914	9,474	?	
1915	9,800	?	
1916	10,869	10,719	
1917	12,265	11,813	
1918	11,609	12,249	
1919	15,161	15,725	소요사건으로 증가
1920	14,428	14,255	은사(恩赦)로 인해 감소
1921	16,695	15,916	태형 폐지로 증가
1922	15,091	15,962	태형 폐지로 증가
1923	13,709	14,315	수형자의 점진적 감소와 가석방 증가
1924	12,825	12,665	
1925	13,106	13,083	
1926	13,963	13,678	
1927	13,751	13,454	은사로 인해 감소
1928	14,257	14,267	
1929	15,886	14,743	재계 불황, 수형자 점진적 증가
1930	17,215	16,677	사상범 증가
1931	17,359	16,988	조선인과 중국인 충돌사건으로 증가
1932	18,864	18,113	도범(盜犯)방지령 시행 및 간도사건으로 증가
1933	19,090	18,957	장기수형자 및 장기구류로 증가
1934	17,939	17,879	은사로 인해 감소
1935	18,414	18,244	
1936	18,540	18,490	

부표③ 1937년 7월 말 재감인원 표[191]

	수형자	피의자 및 형사피고인	노역장 유치자	합계
경성	남 1,151 여 -	- -	- -	1,151 -
서대문	1,881 174	354 18	33 1	2,268 193
(춘천)	286 1	6 3	11 -	303 4
공주	624 55	25 3	9 4	658 62
(청주)	343 1	7 -	8 2	358 3
대전	1,044 -	20 -	7 -	1,071 -
함흥	880 36	128 10	34 -	1,042 46
(원산)	343 3	40 -	13 1	396 4
청진	226 2	570 25	19 -	815 27
평양	967 106	152 9	9 -	1,128 115
(진남포)	123 -	27 -	- -	150 -
(금산포)	130 -	- -	6 -	136 -
신의주	969 7	49 3	97 6	1,115 16
해주	527 4	28 3	10 -	565 7
(서흥)	122 -	9 -	3 -	134 -
대구	1,154 69	105 4	10 2	1,269 75

---

191 남녀별로 수치가 표기되어 있다. 각 형무소별 위 칸의 수치가 남자, 아래 칸이 여자이다.

(안동)	195 2	7 -	9 -	211 2
부산	771 1	151 5	30 -	952 6
(마산)	276 1	12 -	3 -	291 1
(진주)	286 1	14 -	7 5	307 6
광주	665 36	36 1	18 2	719 39
(소록도)	46 2	- -	1 -	47 2
목포	498 4	27 1	24 16	549 21
전주	584 4	34 5	13 1	631 10
(군산)	496 3	39 3	6 1	541 7
인천	508 -	- -	1 -	509 -
개성	712 -	- -	1 -	713 -
김천	696 -	4 -	4 -	704 -
계	16,503 512	1,844 94	386 41	18,733 647
합계	17,015	1,938	427	19,380

※ 비고 : 본 표의 인원 외에도 휴대유아(딸린 아이)로 남 10명, 여 9명, 합계 19명이 있음.

제2절 이원(吏員)

1908년 법부관제 시행에 의거, 전옥 이하 간부 직원에 일본인이 초빙되어 다음 해 통감부 감옥으로 바뀐지 얼마 안 되어 총독부 감옥으로 다시 변경되었으니 매우 바쁜 가운데 옥제의 쇄신에 온 힘을 기울여 왔다. 특히 설비의 확장 개선에 노력해 온 점은 위에서 이미 언급한 바 있다. 그렇지만 감옥은 관리의 자질 향상에 의해 설비나 제도도 적절히 쓰일 수 있으므로, 이 점에 착목한 당국은 다수 일본인 관리를 초빙하여 중요한 지위에서 일하게 하는 동시에 각 감옥에서 새로 채용하는 관리에 대해서는 교관을 지명, 적절히 교습하고 채용 후도 보충 교육을 실시하여 특히 감옥의 규율 진작을 목적으로 관리의 복무정신 강화에 진력하였다.

1918년 9월 총독부 훈령 제23호로 간수교습소를 서대문감옥에 부설, 주로 내지인 간수의 교습 및 현재 간수 중에서 선발된 자에 대한 특별훈련을 실시하였다. 조선인 간수의 교습은 여전히 예전에 하던 대로 하였다. 교습소는 경성부 서소문정의 구한국세관의 설비를 이용하였고, 소장은 서대문감옥 전옥이 겸임하여 주사(主事) 및 전임교관과 아울러 촉탁교관을 배치하고 감옥법령·형사법규, 기타 학과·조련·무도 등을 교수하였다. 교습기간은 4개월, 특별훈련기간은 1개월 또는 2개월의 예가 있다. 교습은 1929년 12월 이후 조선인 간수에게도 이루어졌다.

교습소는 1923년 5월 형무관연습소로 개칭하였으나 그 당시부터 행형사조에 일대 전환이 일어나 계호 중심 또는 작업 중심 시대에서 교육행형시대로 변화해 갔다. 관리의 소질 향상과 대우 개선 요망에 대한 목소리도 높아지면서 연습소의 조직 개선과 내용 충실 면에서 실적이 착착 쌓여 갔다. 마침내 1937년 7월 조선총독부 형무관연습소 관제(칙령 제328호)가 시행되어 채용규칙과 교습규정 등을 개정하여 총독 직할의 기구를 정비하게 되었다. 교습소 규정에 의하면, 본과 제1부는 종래의 특별훈련에 해당되어 현재 간수 중 일정 자격을 가진 자 가운데 선발되는 자에게 보습교육을 하는데 그 기간은 1개년이었고, 본과 제2부는 초임 간수에 대한 교습으로 그 기간은 4개월이었다. 별도로 특과를 두어 지문, 통계, 회계 등 실무강습을 실시하였다.

교습소 개설 이래 1937년 3월까지 그 과정을 수료한 인원은 교습생(74기) 5,438명, 청강생 9명, 특별훈련(17회) 588명에 달한다. 또한 법무국에서는 매년 10명 내외의 간수 또는 간수장, 기타를 선발하여 도쿄의 형무관연습소에 파견하여 왔다.

사격(서대문)

조선총독부 형무관연습소

형무관연습소 교실 일부

연습생 조련

연무장(서대문)

부표① 간수 퇴직인원 조사(1937년 7월 말 현재)

연도	1918	1919	1920	1921	1922	1923	1924	1925	1926	1927	1928	1929	1930	1931	1932	1933	1934	1935	1936	1937	계
채용인원	71	366	348	254	181	142	100	51	99	150	112	241	158	286	203	316	219	232	304	219	4,052
퇴직연도																					
1918																					-
1919	9	41																			50
1920	12	62	50																		124
1921	5	32	60	24																	121
1922	6	27	47	43	20																143
1923	7	14	20	20	25	10															96
1924	4	29	28	15	15	22	9														122
1925	5	9	9	10	7	12	9	9													70
1926	5	29	18	10	6	7	9	6	12												102
1927	2	28	27	12	4	4	7	3	9	11											107
1928	4	8	19	33	9	7	8	4	10	12	8										122
1929	-	16	12	16	24	4	3	3	5	12	8	12									115
1930	3	10	6	7	13	19	3	-	2	5	9	24	9								110
1931	-	10	6	11	2	16	10	1	5	13	4	11	7	11							107

연도																					계
1932	2	8	5	4	9	5	5	8	7	8	8	10	12	11	5						107
1933	1	11	11	9	9	9	14	3	12	22	7	11	12	14	15	4					164
1934	-	5	-	3	5	1	2	-	1	5	4	6	12	18	9	10	3				84
1935	2	5	7	4	3	6	2	1	6	4	2	12	8	26	14	28	21	4			155
1936	2	1	4	3	6	3	6	2	5	17	8	15	12	29	20	25	16	22	5		201
1937	-	3	3	3	-	2	3	2	-	4	10	18	4	16	9	22	10	12	18	4	143
계	69	348	332	227	157	127	90	42	74	113	68	119	76	125	72	89	50	38	23	4	2,243
현직	2	18	16	27	24	15	10	9	25	37	44	122	82	161	131	227	169	194	281	215	1,809

부표② 간수 지원인원 조사(1937년 7월 말 현재)

연도 \ 구분	지원인원		채용인원	
	내지인(일본인)	조선인	내지인(일본인)	조선인
1918	146	-	71	-
1919	1,108	-	366	-
1920	751	-	348	-
1921	1,138	-	254	-
1922	1,289	-	181	-
1923	1,006	-	142	-
1924	1,265	-	100	-
1925	595	-	51	-
1926	735	-	99	-
1927	1,173	-	150	-
1928	1,057	-	112	-
1929	1,577	64	117	64
1930	1,216	1,080	116	42
1931	2,695	2,758	138	148
1932	1,118	1,834	110	93
1933	1,136	1,448	176	140
1934	745	1,506	120	99
1935	1,088	2,759	125	107
1936	1,558	1,883	128	176
1937	1,014	1,185	101	181
합계	22,410	14,517	3,065	987

부표③ 간수채용시 학력정도 조사(1937년 7월 말 현재)

구분 연도	소학교 졸업 또는 동급	중등학교 중도 퇴학	을종 실업학교 졸업	중등학교 졸업	전문학교 및 동 특과 졸업	대학교 졸업	계
1918	62	9	-	-	-	-	71
1919	316	38	9	3	-	-	366
1920	290	42	7	9	-	-	348
1921	211	31	8	4	-	-	254
1922	157	16	4	4	-	-	181
1923	122	15	3	2	-	-	142
1924	80	15	1	3	1	-	100
1925	38	6	1	6	-	-	51
1926	78	9	3	8	1	-	99
1927	102	21	8	17	1	-	150
1928	84	8	4	16	-	-	112
1929	178	27	9	27	-	-	241
1930	96	25	8	28	-	1	158
1931	167	41	18	52	3	5	286
1932	106	33	12	44	5	3	203
1933	226	28	11	50	1	-	316
1934	145	30	2	38	3	1	219
1935	141	18	8	60	2	3	232
1936	214	23	9	52	4	2	304
1937	161	10	8	33	5	2	219
합계	2,974	445	233	456	27	17	4,052

(비고) 청강생 학력 조사

학력 연도	전문학교 졸업	대학교 졸업	계
1928	2	-	2
1930	1	-	1
1933	-	3	3
1934	-	1	1
1935	-	1	1
1936	-	1	1
계	3	6	9

제3절 작업

"수형자의 건강을 유지하고 근검역행의 좋은 습관과 직업기능을 배워 익힘으로써 석방 후의 생활실력을 부여한다"라는 것이 형무작업의 요지이며 형법 제12조에 이른바 정역(定役)의 의미도 역시 이것이다.

돌이켜보면 형무소 작업 경영은 한편으로는 지방산업 사정과 밀접한 관계가 있고, 또 한편으로는 지방감옥의 설비와 경비 관계 및 취업자의 작업능률 문제도 있어 여러 가지 곤란한 점이 따른다. 따라서 그 경영이 극히 소극적이며 지체되어 진전에 어려움이 있는 것도 당연한 일이다. 즉 통감부감옥시대부터 다이쇼(大正) 초기까지는 징역 수형자의 취업 비율은 32%에서 72%에 그쳤고, 그 업종도 짚공예인 고공(藁工: 새끼꼬기, 가마니짜기, 짚신만들기 등)·망공(網工: 망짜기), 인부 등 수부(受負)작업(청부작업이 아닌 일종의 고용계약으로 임금만을 받는 노역)을 주된 것으로 하고 관사(官司)작업으로는 감옥 경리의 용무에 종사하는 관용부(官傭夫: 취사부, 정미부, 영선부, 청소부 등) 이외에는 목공, 기계공(機織工), 경운(耕耘)[192]과 같이 극히 단순한 일에 불과하여 그 수입도 식비의 절반에도 미치지 못하는 것이 대부분이었다. 1918, 1919년경부터 감옥의 설비도 어느 정도 정돈되어 점차 기능공의 양성과 작업의 기획통제에 적극 나서게 되었고, 때마침 일반 재계의 호황기와 겹쳐 형무작업을 이용하는 자도 증가를 보기에 이르렀다. 또한 구루메 가스리(久留米絣) 짜기 기타 수부작업을 전선 각 감옥에 실시하게 되어 경영상 편리하게 되었으며, 관사작업 중 목공, 연와공, 석세공 등이 점차 활황을 보여 형무소 작업도 면목을 일신하고 1923년경에는 경영의 기초가 확고해지면서 취업비 예산 및 수입액이 현저히 증가하였다. 수형자의 취업률은 97.8%에 이르러 병상, 휴업, 기타 정당한 사유가 있는 자를 제외하고 하는 일 없이 놀고 먹는 자는 흔적도 없이 사라졌다.

이와 같이 취업자의 능률증진, 기구·기계의 충실, 공장의 증축 또는 확장, 기타 작업경영의 합리화와 통제에 주력하여 초지공(抄紙工: 종이뜨기), 기계공, 인쇄공, 제재공(製材工) 등의 기계 작업을 개시함과 동시에 작업 기수(技手) 및 기사(技士)의 직제를 신설하여 1932, 1933년경부터는 관사작업의 대진전을 보게 되어 수입고는 형무비의 40%강(强), 수용비만으로 한정해 보

---

[192] 경운(耕耘): 논밭을 갈고 김을 맴. 농사를 뜻함.

면, 76% 이상의 성과를 달성하게 되었다.

　형무소의 작업에 관용주의를 시행해야 한다는 목소리가 높아져, 같은 국가기관인 관공서의 수요에 대응하는 것은 한편으로는 민간업자와의 마찰을 피하고 또 한편으로는 조업의 항구성과 수익을 확보하는 것이므로, 조선에서도 항상 그 점에 착목하여 1933년 이후 작업의 통제를 강화하는 한편, 대규모 수요자인 군부의 이해를 구하고 각 관공서와 학교에 원조를 구하여 상당한 성과를 올렸다. 1936년의 형무소작업 관용품 제작조사에 의하면, 제작고는 115만 6,300원으로 총수입의 45%에 달하였다. 또한 기술의 진보와 제품의 향상을 위하여 1934년 수형자직업훈련개칙(槪則)을 실시하고 지정 형무소에 목공·방구공(防具工)[193]·벽돌쌓기(연와적煉瓦積) 등 중요 종목의 훈련소를 개시하고 각지의 형무소에서 적격자를 모아 기술공을 양성하였다. 이뿐만 아니라 작업사무를 쇄신하고 그 연락통제를 위해 같은 해 형무소작업장정(章程)을 제정하였다.

　법무국에서는 작업 선전과 기술의 향상을 위해 제작품 품평회를 개최하여 그 제1회는 1928년 어대전(御大典)[194] 기념으로서 경성부 공회당에서 열렸으며, 1931년에 제2회를, 1935년에 제3회를 총독부 상공장려관에서 열었다. 다음으로는 1936년 9월 제4회를 서대문형무소에서 개최하여 큰 성공을 거두었다.

구 청주분감 작업 모습

---

[193] 방구(防具) : 방호구. 얼굴이나 몸통에 대는 방어용의 도구. 검도, 펜싱 등에서 쓰임.
[194] 어대전(御大典) : 일본 천황 즉위.

축산(인천)

품평회(제3회)

명주짜기(병직絣織)(안동)

메리야스공(莫大小工)(김천)

기직공(機織工)(서대문)

기직공(대전)

가마니짜기공(藁工)(진남포)

채광(採鑛)(금산포)

축산(공주)

종이제작(초지공抄紙工)(경성)

종이뜨기(대구)

벽돌공(煉瓦工)(경성)

벽돌공(광주)

양재봉공(洋裁縫工)(서대문)

일본식 바느질공(화재봉공和裁縫工)(춘천)

경작(경운耕耘)(춘천)

경작(서흥)

경작(진주)

목공(함흥)

목공(원산)

목공(청진)

목공(신의주)

목공(군산)

목공(김천)

가죽가공(혁공革工)(대구)

인쇄공(광주)

유리공(초자공硝子工)(해주)

그물제작(망공網工)(부산)

제품 진열(마산)

제품 진열(광주)

제품 진열(함흥)

부표① 작업 수입액 조사

연도	작업 수입액(엔)	작업수입 1일 1인당(전)	1일 1인 평균공전(전)	수용비(엔)
1912	75,963	3.7	4.2	-
1919	522,655	17.1	9.4	1,408,662
1924	1,134,408	40.3	19.1	1,948,403
1930	1,553,339	44.9	14.1	2,110,989
1935	2,455,090	62.2	14.3	3,219,484

부표② 1935년도 작업성적표

구분	작업수익액(엔)	취업연인원(인)	작업수입 1일 1인 평균(전)	1일 1인 평균공전(전)
관사작업	1,972,058.86	2,019,375.4	97.7	10.9
위탁업	197,961.01	507,375.2	39.0	11.8
수부업	285,070.82	1,416,822.5	20.1	20.1
합계 또는 평균	2,455,090.69	3,942,573.1	62.3	14.3

부표③ 1935년도 관용제품작 조사

(1) 주문자별 제작액

구분	현 형무소	타 형무소	군아(軍衙)	기타 관공서	학교	조합협회 등	계
금액(엔)	330,199	198,660	292,839	301,535	38,213	154,873	1,316,321

(2) 주요 업종과 제작액 조사

구분	목공	재봉공	초지공	기직공	연와공	인쇄공	단야공 (鍛冶工)[195]	방구공	혁공
금액(엔)	416,630	219,020	97,176	95,176	79,660	77,565	67,997	42,140	30,087

제4절 위생·의료

구금은 사람의 심신을 해치는 것이므로 감옥에는 이른바 구금성 질환이 많다. 이것이 감옥 설비, 재감자의 급양 및 의료위생의 문제가 중시되는 까닭이다.

구 한국시대 감옥의 위생시설의 불비에 대해서는 그 내용을 이미 서술한 바 있는데, 소문에 의하면 재감자의 대부분이 병자가 되는 참상을 드러내며 법부시대의 융희 2년(1908) 중 옥사자는 수용인원의 14%를 점하고 있다. 이것이 합병 초년에는 9%가 되었고 이듬해인 1911년에는 2.5%로 감소, 최근에는 1%도 넘지 않으니 이는 당연히 옥내 위생에 주의하여 급양을 개선하고 꼼꼼하게 의료처리를 기한 결과이다.

1908년에 감옥의(監獄醫)와 약제사의 정원을 배치하고 1910년에는 더 많은 정원을 충실히 이행하여, 당시 감옥의 중에는 각자의 전공에 맞춰 감옥위생에 관한 특수연구에 임하거나 설비 및 급양 개선에 기여하는 자가 많았지만 주요한 예제(例題)로는 공기의 함유소(含有素)와 감옥건축, 조선인의 생리적 특성, 이른바 구금병의 해결법, 약초재배법과 같은 것이 있었다. 그러나 당시 조선의 민도를 고려하고 또한 재정상의 이유도 있어 모처럼의 연구 상신(上申)도 쉽게 실행에 옮기기 어려워 여기서 일단 치료 및 청결방법의 개선을 도모하는 한편 감옥규율

---

[195] 단야공(鍛冶工) : 금속을 단련하는 일 또는 그런 일을 하는 사람. 쇠붙이를 불에 달구고 두드려서 연장이나 무기 따위를 만듦.

의 진흥과 제 동작의 훈련을 철저히 함으로써 재감자의 보건위생사상의 계발에 힘썼다.

1923년 이후 법무국 행형과에서 감옥위생에 관한 과학적 조사를 실시하여 의화학(醫化學)계의 권위자를 초빙, 경성·서대문 양 형무소의 의무주임으로 촉탁하여 재감자의 양식·채소 및 약초 재배, 영양지수 조사, 의료기구·기계 및 약품의 비치·통제에 관한 연구를 진행시켜 서서히 연구 결과를 실현함으로써 감옥위생의 개선과 재감자 처우법의 향상에 큰 자료가 되었다. 특히 식품영양에 관한 연구는 식단 준비를 명확히 하여 각 형무소 간 통제가 이루어짐으로써 재감자의 건강은 현저히 과학적으로 보증되게 되었다.

1925년에는 감옥의를 보건기사(주임대우) 및 보건기수(판임대우)로 개칭하였고, 그 밖에도 그 외에 정원과소(過少)의 형무소 및 치과치료가 필요하다고 인정되는 재감자를 위해서는 치과 의무촉탁을 배치시키고 또한 주요 형무소에는 약제사를 배치시켜 각각 대우를 향상하게 되었다. 보건기사, 보건기수 및 약제사에게는 매년 상례적으로 해당 학회에 출석시켜 신지식을 습득할 기회를 부여하였다.

지금의 감옥위생은 단순한 사무적 질병치료에 그치지 않고 재감자의 건강을 유지·증진하는 것을 목적으로 하여 적극적 시설을 배치할 필요성에 따라 극히 다방면에 걸쳐 사무 확대가 실시되었다. 의료 외에 주요 항목으로 양식, 의류·침구 기타 급양의 적정화, 심리고사(적당검사) 보건체조, 운동회, 구내 녹지화, 작업위생과 재해방지, 위생강연 실시 등이 이루어졌다. 1935년에는 나환수형자 집금 때문에 소록도형무소(광주형무소 소관)를 전라남도 고흥군 소록도에 특설하였고, 1937년 4월 이후 마산형무소(부산형무소 소관)에 불구노쇠수형자가 집단 구금되었다.

치료(서대문)

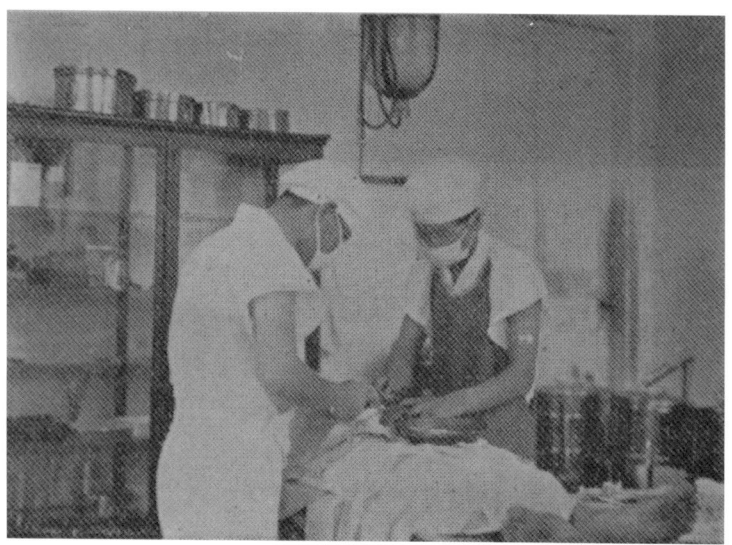

진찰(서대문)

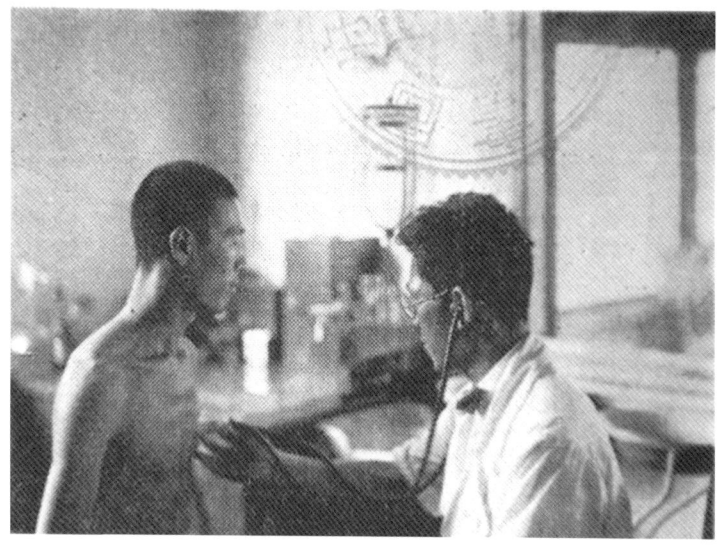

진찰실(평양)

환자 일광욕(경성)

운동회(개성)

구내 녹화(서대문)

구내 녹화(진주)

보건체조(목포)

보건체조(경성)

보건체조(공주)

보건체조(개성)

보건체조(인천)

취사장(서대문)

취사장(대전)

공장에서 점심식사(畫食)(서대문)

부표① 의무직원 배치표(1937년 10월 현재)

	보건기사	보건기수	약제사	의무촉탁
경성	1	1	1	2
서대문	1	3	1	2
(춘천)	-	1	-	1
공주	-	1	-	1
(청주)	-	1	-	-
대전	1	1	1	2
함흥	1	-	1	1
(원산)	-	1	-	-
청진	-	1	-	2
평양	1	1	1	2
(진남포)	-	-	-	3
(금산포)	-	-	-	1
신의주	1	1	1	1
해주	-	1	-	1
(서흥)	-	-	-	1
대구	1	1	1	3
(안동)	-	1	-	-
부산	1	-	1	1
(마산)	-	1	-	1
(진주)	-	1	-	-
광주	1	-	1	1
(소록도)	-	-	-	2
목포	-	1	-	2
전주	1	-	1	1
(군산)	-	1	-	-
인천	1	-	1	1
개성	1	-	1	2
김천	-	1	-	2
계	12	20	12	36

부표② 요양비 예산 결산표

연도	의료기구기계비(엔)	약값(엔)	자양품(滋養品)값(엔)	기타(엔)	계(엔)
1917	748.720	9,660.680	1,083.750	-	11,493.150
1918	1,345.200	12,147.030	1,065.760	-	14,557.990
1919	1,688.430	18,193.140	1,726.400	-	21,607.970
1920	5,444.000	19,979.870	1,551.780	-	26,975.650
1921	5,328.580	19,579.060	1,344.720	-	26,252.360
1922	2,183.230	16,636.820	1,837.980	-	20,658.030
1923	6,419.420	14,851.440	1,787.290	-	23,058.150
1924	5,434.400	15,264.270	1,226.780	25,896.470	47,821.920
1925	1,995.725	12,482.155	871.610	-	15,349.490
1926	4,715.790	14,939.430	992.660	-	20,647.880
1927	8,004.020	16,446.890	1,618.840	-	26,069.750
1928	6,320.990	13,313.380	2,870.600	-	22,504.970
1929	4,293.550	12,574.160	3,126.040	-	19,993.750
1930	3,059.290	11,717.350	986.140	786.430	16,549.210
1931	3,476.780	11,125.320	1,070.580	1,734.410	17,407.090
1932	3,198.210	12,828.960	1,171.050	2,888.780	20,087.000
1933	2,757.400	12,339.840	827.860	1,857.740	17,782.840
1934	2,882.480	13,254.090	795.920	4,782.300	21,714.790
1935	3,161.050	15,154.600	785.450	2,563.900	21,665.000
1936	3,158.850	15,367.560	901.680	3,436.910	23,865.000
합계	75,616.115	287,856.045	27,642.890	43,946.940	435,061.990

부표③ 병자 조사(1935년)

병류	나병자 수	연인원	전귀(轉歸)			연말 현재
			치료	사망	미치료 출소	
전염성병 및 전신병	1,295 × 366	93,101	1,131	77	200	253
신경계병	644 × 110	34,573	616	17	61	60
혈행기병	234 × 32	9,673	222	8	15	21
호흡기병	1,244 × 176	55,114	1,195	23	92	110
소화기병	2,119 × 118	50,165	1,921	33	85	98
비뇨생식기병	210 × 34	9,441	194	7	24	19
임신 및 산욕	5 × 2	96	6	-	-	-
피부 및 운동기병	1,947 × 202	50,240	1,962	5	81	101
노쇠	3 × 1	164	3	-	-	-
외상	742 × 128	17,362	782	4	36	48
기타	1,092 × 22	13,431	1,031	10	11	62
계	9,435 ×1,191	333,360	9,063	185	606	772

비고1 : ×표시는 전년부터의 환자 및 입감시 환자수를 별도로 게시한 것임.
비고2 : 1935년 재감자 연인원은 6,666,724명으로, 이에 대한 병자 연인원의 백분율은 5%, 또한 1일 평균 재감인원 18,266명에 대한 사망인원의 백분율은 1%임.

부표④ 양식 급여표(1936년 12월 14일 실시)

등급	주식량	칼로리	혼합비율
특등	400그램	1,132.80	하백미(下白米, 1/10), 좁쌀(5/10), 대두(大豆, 4/10)
1등	380그램	1,076.16	〃
2등	350그램	991.20	〃
3등	330그램	934.56	〃

4등	300그램	849.60	〃
5등	270그램	764.64	〃
6등	240그램	679.68	〃
7등	220그램	623.04	〃
8등	200그램	566.40	〃
중간식	220그램 이하	734.80	하백미
죽 또는 국	180그램 이하	601.20	〃

부표⑤ 일반 식단표 예(서대문형무소, 1936년 9월 상순)

날짜	조식			주식(晝食)			석식			합계 대가	성분			총칼로리
	명칭	품목	수량	명칭	품목	수량	명칭	품목	수량		단백질	지방	함수탄소	
1일	된장국	된장 미역 간유(肝油)196	35 12 2	어채(魚菜)197	염(鹽) さんや	60	간장국	간장 다시마 멸치	40 10 1	12.70 리(釐)	27.6	7.5	13.5	236.3
2일	〃	된장 다시마 간유	35 10 2	조림	간장 톳 콩기름 고추	30 10 1 1	〃	간장 미역 쇠기름	40 13 2	11.85	140.0	6.1	19.7	194.8
3일	〃	된장 야채 간유	35 130 2	어채	간고등어	60	〃	간장 다시마 대두 멸치	40 10 10 1	16.23	28.4	8.8	12.2	248.5
4일	〃	된장 미역 간유	35 12 2	무침	간장 톳 콩기름 고추	30 10 1 1	〃	간장 미역 쇠기름	40 13 2	12.21	15.6	7.1	21.4	217.9
5일	〃	된장 다시마 간유	35 12 2	직용(直用)	부추 새우젓 소금 고추	150 10 10 1	우동국	간장 야채 우동 소고기	50 120 30 24	24.63	23.9	5.9	37.0	304.5
6일	〃	된장 야채 간유	35 130 2	직용	가지 새우젓 소금 고추	150 15 10 1	〃	간장 대두 다시마 멸치	40 10 10 1	12.03	18.5	5.5	21.8	216.7

196 간유(肝油) : 명태, 대구, 상어 따위 물고기의 간에서 뽑아낸 기름.
197 어채(魚菜) : 생선과 야채 등을 넣어 만든 국의 일종.

7일	〃	된장 미역 간유	35 12 2	어채	북어	40	〃	간장 미역 쇠기름	44 13 2	14.43	42.0	9.6	14.7	321.8
8일	〃	된장 야채 간유	35 130 2	조림	간장 톳 콩기름 고추	30 10 1 1	두부국	간장 다시마 멸치 두부	40 10 1 40	15.62	17.1	6.0	14.7	186.5
9일	〃	된장 다시마 간유	35 10 2	어채	간고등어	60	〃	간장 미역 고추	40 13 1	15.44	24.1	7.0	14.2	222.0
10일	〃	된장 미역 간유	35 12 2	무침	미역 된장 멸치	20 30 2	〃	간장 다시마 멸치	40 10 1	9.75	17.4	5.0	23.7	215.2

비고1: 수량 단위는 그램 또는 데시리터.
비고2: 성분(단위 그램) 및 칼로리(단위 C)는 소수점 한 자리로 반올림 처리함.

부표⑥ 1936년(昭和 11) 식량 통계표

(제1표)

	일반식(인)	환자식(인)	비고
급식 연인원	상식(常食) 6,590,171인	병식(病食) 126,067인	
자변식[198] 연인원	82,919인		
계(인)	6,799,157인		1인 3식으로 함

(제2표)

	총 대가(엔)	1일 1인 평균 대가(전)
주식물 대가	818,301,692	12.436
부식물 대가	88,893,317	1.252
계(엔)	907,195,009	13.688

---

198 자변식(自辨食) : 스스로 사 먹는 음식. 사식.

〈제3표〉

주식물 총 급여량(그램)	주식물 1일 1인 평균 급여량(그램)	주식물 1일 1인 평균 성분량(그램)			
		단백질	지방	탄수화물	칼로리
5,995,883,509	908.000	171.675	85.129	491.745	3,514.025

〈제4표〉

	단백질(그램)	지방(그램)	탄수화물(그램)	칼로리
1일 1인 평균 부식물 성분량	18.173	5.435	27.875	234.797

〈제5표〉

	단백질(그램)	지방(그램)	탄수화물(그램)
1일 1인 평균 전(全) 양식 성분량	153.617 (90~95)	73.182 (15~16)	417.965 (500~600)
칼로리(C)	3,012,549 (2,778,400)		
칼로리 대비 단백질 백분율(%)	19.937 (27,300)		

비고: 괄호 안은 환자식.

제5절 교회(教誨)·교육

병합 후 조선감옥행정의 기초는 점차 확립되기에 이르렀으며 최근에는 개선주의와 목적주의 사상이 많이 보급되어 수형자의 인격을 인정하고, 이에 대한 개과천선의 방법을 강화함으로써 석방 후의 갱생생활을 잘 유지하도록 해야 한다는 견해하에 교회·교육의 문제는 실로 형무의 무게중심에 해당하는 것으로 간주되고 있다. 한 발짝 더 나아가 생각해 보면, 교화는 교회(教誨) 담당만의 사무가 아니라, 형무의 전 기관이 교화와 관계된다고도 할 수 있다.

교회는 수형자의 덕성을 함양하는 것을 목적으로 하고 개인교회, 특별교회, 총집(總集)교회의 3 종류로 나뉜다. 주로 종교가인 교회사가 관장하는 부분으로, 그 기조를 신앙에 두고 있지만 총집교회의 재료는 주로 도덕적 감화를 고르고, 개인교회 및 특별집합교회에서도 넓게 인륜오상(人倫五常)¹⁹⁹의 길을 타이르고 있다. 교육은 교회와 달리 주로 수형자의 지능을 계발하는 것인데 그 의의에 있어 교육은 감옥법 제30조에 규정되어 있다. 교육의 담당관은 교사인데, 제30조에 의거하여 교육 시행이 필요한 것은 18세 미만의 수형자이므로, 소년형무소와 서대문형무소에만 교사가 배치되어 있을 뿐이다(교사가 교회사를 겸하였으나, 소년부녀를 구금하고 있으므로 1935년 이후 전임의 여교사가 배치되었음). 보통형무소에서는 소장의 재량으로 일부 수형자를 선발하여 교회사로서 교육을 담당하게 하고 있으나 전 조선의 형무소 중 23개소에 불과한 실정이다. 이렇게 총독부에서 교육보급, 교학쇄신 방침과 병행하여 수형자에게도 보통학을 가르쳐 국어보급에 힘써야 한다는 목소리도 점차 높아져 가고, 1935년 이후 보통형무소 중 교육을 개시하는 경우도 잇따라 생기고 있으므로, 드디어 법무국에서 조선행형교육규정(1937년 5월 총독부훈령 제35호)을 제정·공포하여 교육에 관한 사무 통제를 시행한 바 있다.

신교육규정은 소년교육 외에 연령 30세 미만 학력이 낮은 자에 대한 간이교육을 실시할 것을 규정하고 교과목·교수시간 등에 관한 규준을 정하였다. 그 실시는 형무소장의 재량에 맡겨져 있었으나 위에 말한 정세에 의거하여 각 형무소는 잇따라 새로운 학급을 편성하고 있으며, 몇 년 지나지 않아 큰 성과를 보게 될 것이다. 그러나 경비의 부족과 설비의 불비, 교직원의 소수 기타 사유에 의해 실시상 적지 않는 지장이 있는 것이 사실인 만큼, 이상 실현의 앞길은 아직 요원하다는 것을 느낄 수 있다.

1935년(昭和 5)의 조사에 따르면 소년형무소를 제외한 전 조선 형무소 수형자 중 문맹자가 약 1/3, 언문만을 읽을 수 있는 자가 약 1/3을 점하고 있다. 작업·교회 기타로 정신적 감화에 힘쓰는 동시에 교육의 보급에 의해 국어에 익숙해지지 않는다면, 국민성을 함양하고 국민도덕을 이해하여 실천하도록 하는 데 극히 불철저해질 것이므로, 신교육규정의 실시로 형무교화에 일대 약진이 이루어지도록 간절히 바라게 되었다. 특히 1924년 이후 발행되어 온 재감자 열독용 《도(道)》(매월 1일과 15일 2회 발행. 매호 총 부수가 4,500부 내외로 그중 3,200부가 재감자열독용임)의 이용에 있어 교육의 보급은 극히 유용, 불가결한 것이 아닐 수 없다.

법무국에서는 『도』의 내용 충실 및 부수 증가에 힘쓰는 동시에, 열독서적을 보충하고 기

---

199 인륜오상(人倫五常) : '인(仁)·의(義)·예(禮)·지(智)·신(信)'의 다섯 가지 도리.

타 적당한 인쇄물의 이용을 장려하는 방침을 택하고 있으나, 여기 더하여 라디오 설치 및 레코드·활동사진 이용을 적극적 태도로 임하고 수형자의 정조(情操)교육 및 행사교육에 힘써서 교화상 극히 양호한 결과를 거두었다. 각종 주간제도·운동회·관앵회(觀櫻會)[200]·꽃놀이(花祭り)[201]·추제(雛祭り)[202]·바늘공양(針供養)[203]·시계기념일(時の記念日)[204]·국가기념일 등의 행사가 행해진다. 또한 수형자의 일상생활을 긴장시켜 스스로 개선을 촉진하기 위해서는 계급적 누진 처우제도를 실시하는 것이 이상적으로 간주되었다. 내지에서는 1934년 이후 실시되었으나, 조선에서는 설비 등 기타 사정에 의해 쉽게 계획안이 마련되지 못하고 소년수형자에 대해서만 1923년 이후 원칙으로서 계급제도를 시행하여 왔다. 그러나 본 제도의 장점을 취하고 내지의 실적을 고려하여 조선의 특수사정에 의거한 계획안을 마련, 1938년 1월 1일부터 실시하게 된바, 행형 교화상 획기적인 진전을 얻을 것으로 기대하고 있다.

---

200 관앵회(觀櫻會) : 벚꽃을 보는 모임.
201 꽃놀이(花祭り) : 부처님 오신 날 행사를 뜻함.
202 추제(雛祭り) : 히나마쓰리(ひなまつり), 3월 3일의 여자아이의 명절에 지내는 행사.
203 바늘공양(針供養) : 2월(지방에 따라서는 12월) 8일에 바느질을 쉬고, 부러진 바늘을 모아 두부나 곤약에 꽂아 제사를 지내는 행사.
204 시계기념일(時の記念日) : 매년 6월 10일 일본에서 처음으로 시계장치가 사용된 날을 기념하는 날.

도(道)

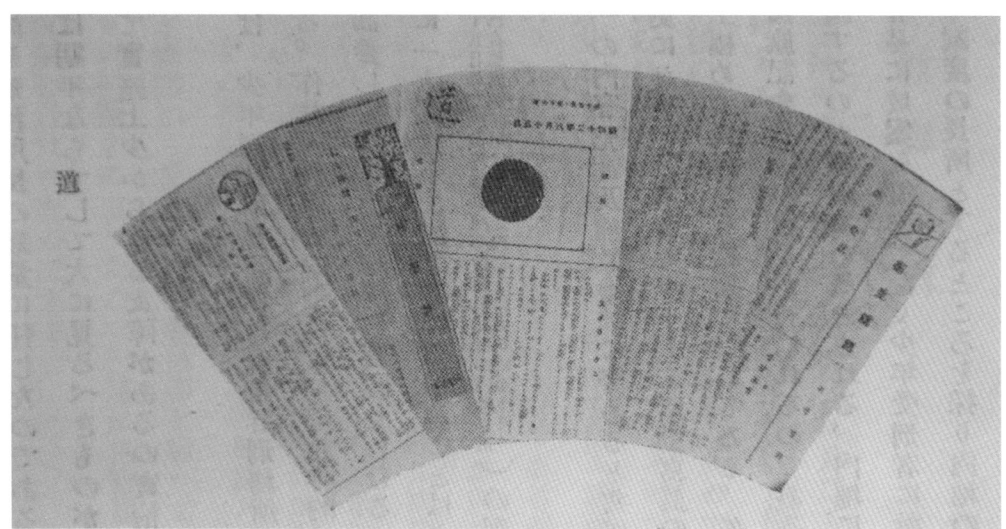

방송훈화(대구)

교회사의 임용은 관례로 진종(眞宗) 두 본원사(本願寺)의 포교사 중에서 지원자를 선발하여 형무교회의 강습을 마친 후 일정 기간 촉탁 명의로 실무를 보게 하는데, 그 밖에도 초등학교 장의 경력을 가진 자를 교회사로 선임한 예도 있다. 교회사는 매년 법무국 혹은 조선 양파(兩派) 개교(開敎) 감독부의 소집으로 경성에서 회동하고 사무의 연구 회합을 갖게 되어 있다.

개인교회(경성)

특별집합교회(해주)

특별집합교회(대구)

요배소(遙拜所)(대전)

국기게양탑(개성)

국기게양탑(김천)

교회당(敎誨堂)(교육)(경성)

교회당(서흥)

교회당(서대문)

총집교회(總集敎誨)(청주)

총집교회(평양)

총집교회(진남포)

총집교회(광주)

교육(인천)

교육(서대문)

교육(신의주)

교육(부산)

교육(광주)

교육(전주)

꽃놀이(花祭リ)(경성)

시계기념일(時の記念日)(서대문)

바늘공양(針供養)(서대문)

추제(雛祭リ)(평양)

조서봉독식(詔書奉讀式)(평양)

부표① 가출옥 및 가출장 허가 인원표

연도	인원(명)	비고
1910~1917	1,200	
1918	677	
1919	1,203	가출장 다수 합산
1920	696	
1921	444	
1922	1,228	가출장 다수 합산
1923	614	
1924	711	
1925	651	
1926	505	
1927	509	
1928	413	
1929	360	
1930	758	가출장 다수 합산
1931	907	
1932	893	
1933	858	
1934	1,032	
1935	1,079	
1936	1,029	

부표② 교무직원 배치표(1937년 10월 현재)

형무소명	주임(奏任)대우교회사	판임대우교회사	교사	교무촉탁
경성	1	-	-	3
서대문	1	2	2	3
(춘천)	-	1	-	-
공주	1	-	-	1
(청주)	-	1	-	-
대전	1	-	-	2

함흥	1	-	-	2
(원산)	-	1	-	-
청진	-	-	-	1
평양	1	-	-	1
(진남포)	-	-	-	1
(금산포)	-	-	-	1
신의주	1	-	-	2
해주	1	-	-	1
(서흥)	-	-	-	1
대구	1	-	1	2
(안동)	-	1	-	-
부산	1	-	-	2
(마산)	-	1	-	-
(진주)	-	1	-	-
광주	-	1	-	2
(소록도)	-	-	-	1
목포	-	1	-	2
전주	-	1	-	1
(군산)	-	1	-	1
인천	1	1	3	-
개성	1	-	3	-
김천	-	1	3	1
계	12	16	12	31

부표③ 교회시행 인원표(1937년 10월 중)

1일 평균 재감인원	19,602명
총집교회연인원	49,251명
특별집합 교회 연인원	32,483명
개인교회 연인원	3,378명
계	95,112명
재감자 1인에 대한 교회 횟수	4.9회

제3장 소년행형

　소년범죄는 언제나 세계 형사학계의 중대 문제였다. 우리나라에서도 1872년의 감옥칙(監獄則)에 소년행형에 관한 특칙을 넣어 교육개선주의의 색조를 강하게 띠고 있었으나, 시설은 경비 관계 때문에 늦어져 진전이 없었다. 그 후 실시된 현행 감옥법도 여전히 소년형무소 특설의 원칙을 정하여 만약 보통감옥 내에 수용할 때에는 소년과 다른 수형자 간에 분리해야 한다는 내용을 규정하고 그 처우에는 작업·교육·징벌 등에 주요한 특칙을 두고 있다. 요컨대 소년형무소를 특설하여 각 지방에 배치하고 전문적으로 소년행형에 완벽을 기한다는 것이다. 한편에서는 소년법이 실시되어(조선에서는 1937년까지는 시행을 보지 못했음) 형법 및 형사소송법에 대한 특별법으로서 소년범죄에 관한 획기적 법제가 이루어졌으나, 소년법이라는 감옥법의 특별법규도 결국 심신발육기에 있는 소년범인의 보호 및 교화를 중시하여 제2국민의 장래에 대한 국가의 특별한 관심을 보이는 것이다. 더욱이 소년범죄의 숫자는 해를 거듭하면서 증가 경향에 있는 만큼 소년문제의 행형에서의 지위는 점점 중요성이 커져 왔다.

　조선에서는 1923년에 경성감옥 개성분감을 승격시켜 개성소년형무소를 신설하고 그 다음으로 경상남북도 소년수형자를 집금할 수 있는 대구감옥 김천분감을 김천소년형무소로 승격·설치하였다. 전자의 경우에는 18세 미만의 남자 소년 및 그에 준하는 자를, 후자에는 20세 미만의 청년과 그에 준하는 자(최근에는 형기 1년 이상의 경우로 제한)를 전 조선에서 집금하고 연령 18세 미만 여자 소년 중 형기 8월 이상에 해당되는 자는 서대문형무소에 집금하도록 결정하였다. 그 후 개성소년형무소의 수용인원이 점증하여 열심히 설비의 확장 개선에 힘써 왔는데, 정원의 2배 정도를 수용하는 상황으로 처우상 불편한 사정이 적지 않았던바, 소년형무소 증설의 필요성을 통감하여 오던 중 1934년 예산에서 드디어 경비를 인정받고 인천에 신영 공사를 착수, 1936년 7월에 개청하게 되었다. 이곳에는 연령 18세 미만 형기 1년 이상 초범자로 학력 보통학교 제3학년 수업 정도 이상의 대상자를 집금하게 되었다.

자치기숙사(自治寮)(개성)

도서실(개성)

학예회(개성)

전경 부감도(개성)

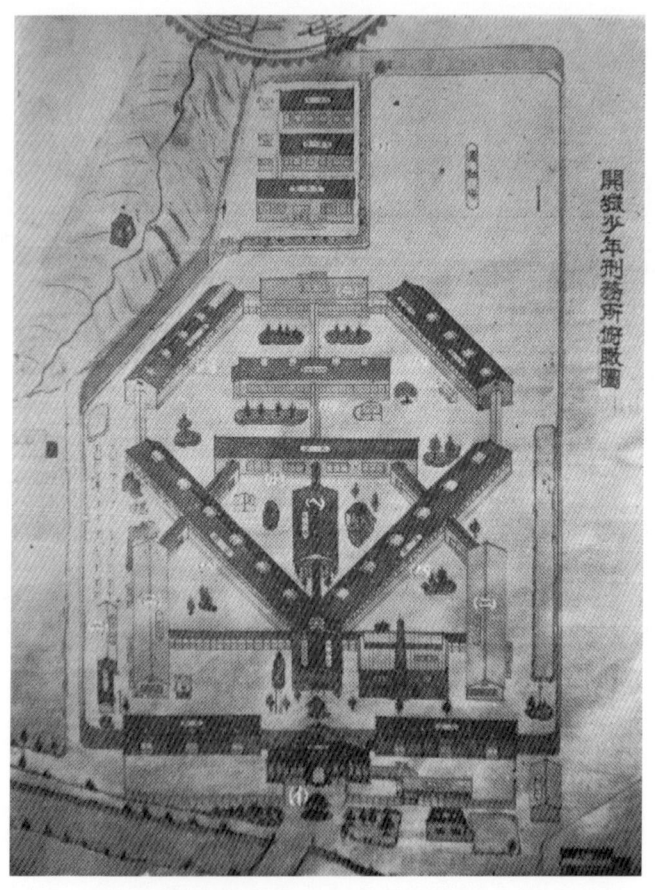

교육(김천)

교육(개성)

부표① 18세 미만 수형자 인원 누계 비교표

연도	신수형인원(명)	연말 현재인원(명)	연도	신수형인원(명)	연말 현재인원(명)
1917	826	421	1927	442	441
1918	859	371	1928	540	573
1919	979	440	1929	678	638
1920	486	362	1930	804	832
1921	446	371	1931	575	743
1922	398	375	1932	732	770
1923	241	291	1933	661	783
1924	299	342	1934	718	687
1925	331	379	1935	756	904
1926	405	422	1936	757	1,006

부표② 소년 신수형자 입감시 교육정도 조사(개성소년형무소, 1935년 중)

교육정도	인원(명)
무필(문맹)	346
보통학교 제1학년 이하	107
동 제1학년 정도	69
동 제2학년 정도	67
동 제3학년 정도	50
동 제4학년 정도	32
동 제5학년 정도	23
동 제6학년 정도	20
동 제6학년 정도 이상	1
계	715

부표③ 소년 신수형자 범행시 경우별 조사(개성소년형무소, 1935년 중)

경우별		인원(명)
가정집	재학 중	10
	취직 중	87
	도식(무직) 중	191
친족집	재학 중	1
	취직 중	3
	도식(무직) 중	13
봉공(奉公) 중		64
자활 중		8
부랑 중		338
다른 집에 기식(寄食) 중		-
계		715

부표④ 소년 신수형자 범유(犯由)별 조사(개성소년형무소, 1935년 중)

범유	인원(명)
매식(買食)	185
분노(忿怒)	4
유탕(遊蕩)	14
상습	65
게으름	77
이욕(利慾)	42
색욕	4
원한	4
빈곤	236
유혹	29
허영	12
우발심	12
오락	15
악희(惡戲)	8
병고	1
기타	7
계	715

부표⑤ 소년수형자 석방시 행태 사정별 조사(개성소년형무소, 최근 5년간)

연도	개전의 모습이 눈에 띔		개전의 모습이 있음		개전의 모습이 없음		계
	초범	전과범	초범	전과범	초범	전과범	
1931년	73 × 45	4	147 × 21	13	200	17	454 × 66
1932년	42 × 22	1	175 × 38	15	204	20	457 × 60
1933년	37 × 29	-	168 × 46	6	197	26	434 × 75
1934년	33 × 27	-	195 × 62	8	416	48	700 × 89
1935년	35 × 25	-	123 × 36	6	148	29	341 × 61

부표⑥ 소년수형자 과목 교육과정 및 교습시간 수(개성소년형무소, 1937년 6월 개정 실시)

(1) 간이보통과

학급별 교과목	제1학급	교수시간	제2학급	교습시간	제3학급	교습시간	제4학급	교습시간
수신	도덕요지 덕목 및 그 실천	2	도덕요지 덕목 및 그 실천	2	도덕요지 덕목 및 그 실천	2	도덕요지 덕목 및 그 실천	2
국어 (일어)	가타카나, 히라가나, 약간의 한자 읽기·쓰기	4	가타카나, 히라가나, 약간의 한자 읽기 쓰기	6	보통문 읽기·쓰기·철자, 보통 말하기, 회화	6	보통문 읽기·쓰기·철자, 보통 말하기, 회화	6
조선어	산문 철자법 읽기·쓰기	2	-		-		-	
산술	정수 가감승제 계산법 체득 하여 신변의 사항을 처리할 능력을 키움	4	정수 가감 승제 계산법 체득하여 신변의 사항을 처리하는 능력을 키움	4	소수 가감승제, 분수 가감승제, 도량형	4	제등수(諸等數), 구적산(求積算), 주산, 비율계산, 기장법(記帳法)	4
계		12		12		12		12

(2) 보통과

학급별 교과목	제5학급	교습 시간	제6학급	교습 시간
수신	도덕의 요지	2	도덕의 요지	2
국어(일어)	일상에서 마땅히 알아야 할 문자 및 쉬운 보통문의 읽기, 쓰기, 철자, 말하기	4	일상 마땅히 알아야 할 문자 및 쉬운 보통문의 읽기, 쓰기, 철자, 말하기	4
산술	정수 계산, 소수 계산, 분수 계산 (주산)	2	비례, 비율계산, 주산	2
직업	농업에 관한 사항의 대요	2	농업에 관한 사항의 대요	2
계		10		10

(3) 보습과

학급별 교과목	제7학급	교습 시간	제8학급	교습 시간
국어(일어)	일상 마땅히 알아야 하는 문자 및 보통문의 읽기, 쓰기, 철자	1	일상 마땅히 알아야 하는 문자 및 보통문의 읽기, 쓰기, 철자	1
산술	정수·소수·분수의 계산, 수의 대수적 계산	1	비례, 보합산, 수의 대수적 계산, 기하도형, 주산	1
지리	외국 지리의 대요	1	전기(前期)의 계속	1
국사(일본사)	국사의 대요	1	전기의 계속	1
직업	농업의 대요	2	농업의 대요	2
계		6		6

(4) 보습과 특별학급

학급별 교과목	제1조	교습시간	제2조	교습시간
국어(일어)	일상 마땅히 알아야 하는 문자 및 보통문의 읽기, 쓰기, 철자	1	일상 마땅히 알아야 하는 문자 및 보통문의 읽기, 쓰기, 철자	1
산술	정수·소수·분수 계산, 수의 대수적 계산	1	수의 대수적 계산, 기하도형, 주산, 비례, 보합	1
직업	농업, 공업, 상업, 수산에 관한 대의	2	농업, 공업, 상업, 수산에 관한 대의	2
계		4		4

제4장 석방자보호사업

조선의 석방자보호사업은 오랫동안 부진한 상태로 흘러왔는데 일반 사회의 충분한 이해를 얻지 못하고 사업성적 또한 돋보이는 것이 없었다. 법무국은 이를 철저히 돌아보고 평가한바, 1934년 4월 이후로 경성·평양 및 대구의 3개소에 각 복심법원 관내 보호회를 수합하여 보호사업연구회를 설치하고 각지 보호회를 지휘하여 사업의 발전 및 연락통제가 한층 개선되었다. 여기서 더 나아가 각 보호회를 군 단위로 하는 지방지부 설치운동에 나서서 한걸음 한걸음 보호망의 보급 완성에 힘쓰는 동시에 중앙에 일대 통제기관을 설립할 계획을 가진다. 또한 1936년 말 실시된 사상범보호관찰제도에 따라 각지 보호회는 그 보호단체로 지정되어 사상부를 특설하고 새로이 이 방면에서 활발한 활동을 개시하였다. 아마도 가까운 장래에 법무국에 보호과를 설치하려는 계획이 현실화될 때에는 한층 사업 확대 강화를 초래하고 그 업적이 일대 약진할 것으로 기대된다.

보호는 형무소에서 석방될 이른바 사면수(赦免囚)만을 대상으로 하는 것이 아니라, 모든 형집행정지·불기소·기소유예·무죄면소·형종료 등 형사처분을 받음으로써 생활상 불안을 안고 있는 자에 대하여 구조·직업소개(授産)·수용 등 필요한 보호를 더해 거듭 범죄에 빠지지 않게 함과 동시에 이와 같은 보호의 필요에 따라 일반 사회의 이해를 증진시키는 것이 본 사업 본래의 활동범위가 되어야 한다. 근래 넓은 범위로 사법보호사업이라고 간주되는 이유가 그것이다. 앞에서 말한 바와 같이 사상범만을 분할하여 어느 정도의 강제처분을 인정하고 보호관찰을 부가하는 법제가 실시되어 처음부터 특별한 수요를 인정받은 데 의거한 것이지만, 이러한 신제도의 실시에 자극받아 본 사업도 또한 당연히 제도화됨으로써 직원 관계, 자금 관계, 기타 사업 그 자체의 권위를 높여 업적의 비약을 도모해야 한다는 요망의 목소리가 점차 식자(識者) 간에 높아지는 것은 아마도 당연한 추세일 것이다.

석방자보호사업의 주안점은 석방자의 사회생활 복귀를 방해하는 불합리적인 사회적 장해의 완화를 도모하는 것이다. 그 목적을 달성하기 위해서는 본인이 정신적으로 자중하고 경계함과 동시에 물질적으로 생계를 이어갈 수 있도록 적절한 지도를 해야 한다. 그래서 석방자 개개인의 사정을 상세하게 살펴보고 보호 여부를 판단하여 유효적절한 보호 수단방법 및 그 한도를 결정할 필요가 있다. 그를 위해서는 말할 것도 없이 형무소와의 연락을 빈번히 해야 한다. 보호에는 일시적인 것과 계속적인 것 2가지가 있다. 의류·여비의 급여 또는 대여와 같은 것은 전자에 속하고 수용(직접보호) 또는 위탁(간접보호)으로 생계지도를 하는 것은 후자에 속한다. 그러나 보호를 부가하는 한도에 관해서 적절하고 타당함을 판단하는 것은 용이한 것이 아니다. 예를 들어 역력히 보호가 필요한 자임에도 보호에 응하지 않는 자 또는 보호를 원해도 그 효과를 기대할 수 없는 자 등에 대한 처치에 있어서 종래에는 매우 철저하지 못하였다. 또한 사업의 재정적 기초가 대단히 박약하여 경영상으로 많은 고심이 존재한다. 더불어 일반 사회의 본 사업에 대한 이해와 석방자에 대한 동정은 여전히 구태의연하여, 특히 전과자에 대한 사회의 평판은 전통적으로 매우 가혹했기 때문에 근대행형의 본질을 주지시키고 본 사업의 취지를 선전하여 이를 완화하도록 하지 않으면 안 된다. 적어도 본 사업에 대한 이해를 얻는 일은 업적에 대한 좋은 인식과 지대한 관계가 있으므로 최근 여러 기회를 빌려 선전을 하고 있다. 그 가운데 특히 매년 9월 13일의 성덕(聖德)기념일을 사법보호의 날로 정하여 전국적으로 일대 운동을 일으키고자 한다.

조선에 석방자보호사업이 생긴 것은 1909년으로 사법권을 일본에 위임한 이후의 일이다. 즉 동년 4월 인천분감의 교무촉탁 오시마(大島元瑞)에 의해 인천구호원이 설치된 것이 조선에서 면수보호회(免囚保護會)의 시작이다. 조선 말기 감옥법령에도 방면선후(放免善後) 처리에 관한 규정은 있었지만 사실상 본 사업과 같은 경영으로는 연결되지 않았다고 본다. 생각건대 구시대의 행형사상은 위협·응보의 방침만 찾아,『형법대전』반포의 조서(詔書)에도 '서민이 두려워 피하는 부분을 알리는 등등'이라 하여 엄벌주의로서 임하였으므로, 가출옥 및 기타 수형자를 개선·교화하는 취지를 볼 수 있는 제도도 없이, 결국 본 사업과 같은 성과를 볼 수는 없었다.

인천구호원에 이어 각지에 속속 보호회가 창설되었지만 1910년 8월 한일병합으로 사면이 이루어져 일시에 1,363명의 석방자가 나오자 보호회를 설치할 필요성을 통감하고 공주관업원(公州慣業院)·충북유린회(忠北有隣會)·경성구호회(京城救護會)·춘천동포회(春川同抱會)·대구상성회(大邱常成會)·부산보성회(釜山輔成會)·군산성지회(群山誠之會)와 같은 조직을 세운 보호사업 단체가 생겼던 것이다. 그러나 초창기에는 거의 형무직원의 독자경영으로 이루어지고 일부 재판소 및 경찰서 직원의 재정적 원조를 받았으나 사무는 모두 형무직원의 사적 봉사로 이루어져서 항상 소규모에 자력박약하였다. 1913년 이후로 총독부는 면수보호사업 보조금 하부(下附: 관청에서 내려줌) 수속을 제정 실시했으며, 기타 궁내성의 하사금을 받아 각도 지방비의 보조를 얻기도 하였다. 또한 내지 보성회(輔成會)의 통제에 가맹하여 조성금의 교부를 받게 되어 기초가 점차 확립되어 최근에는 전 조선 26개 단체(인천구호회를 포함)가 있으며, 그중에는 재단법인 조직하에 활동하고 있는 곳이 19개 단체에 달한다.

구 인천구호원(救護院)

사법보호의 날 1936년(경성)

사법보호의 날 1936년(청진)

사법보호의 날 1936년(목포)

사법보호의 날 1937년(개성)

사법보호의 날 1937년(전주)

사법보호의 날 1937년(광주)

◇ 각지 보호회 사진(인천 제외)

경성구호회(京城救護會)

춘천동포회(春川同抱會)

공주관업원(公州慣業院)

충북유린회(忠北有隣會)(청주)

대전자강회(大田自彊會)

함흥박인회(咸興博仁會)

원산양보회(元山陽報會)

청진제성회(淸津濟成會)

평양유항회(平壤有恒會)

진남포장선원(鎭南浦獎善院)

금산포선린회(金山浦善隣會)

신의주자제회(新義州自制會)

해주제미회(海州濟美會)

서흥보전회(瑞興保全會)

대구상성회(大邱常成會)

안동신유박애회(安東辛酉博愛會)

부산보성회(釜山輔成會)

마산갱생회(馬山更生會)

진주부액관(晉州扶掖館)

광주유린회(光州有隣會)

목포성미회(木浦成美會)

전주유종회(全州有終會)

군산성지회(群山誠之會)

개성대성회(開城大成會)

김천상선회(金泉尙善會)

부산보성회(釜山輔成會) 적기학원(赤崎學園)(불량소년수용소)

⟨참고⟩ 1935년도(昭和 10) 사법보호사업 성적 개황

1. 석방인원과 보호인원

1935년 4월 1일부터 1936년 3월 31일까지의 전 조선 형무소에서 석방된 인원은 2만 1,550인으로 전년보다 2,033인이 줄어 다음 표와 같다.

종별	1934년(명)	1935년(명)	감소인원 비교(명)
수형자	18,553	16,650	1,903
형사피고인	4,985	4,855	130
계	23,538	21,505	2,033

그리고 사법보호단체(26개소)에서 1935년도 중에 보호를 받은 자는 1만 3,942인에 달하므로 석방자 100인에 대하여 약 65인에 해당한다. 최근 5개년간 석방자와 보호인원의 비율은 다음 표와 같다.

연도별 \ 종류별	석방인원(명)	보호인원(명)	백분비
1931년	26,306	12,122	46강
1932년	26,911	11,726	44약
1933년	25,370	12,720	50강
1934년	23,538	13,527	58약
1935년	21,505	13,942	65강

다음으로 보호의 종류별로 전년도와 비교해 보면 다음 표와 같다.

종별	1934년도 보호인원	1935년도 보호인원	증감	비고
직접보호	698	671	△27	직접보호란 보호단체의 수용장에 수용하여 보호하는 것을 말함.

간접보호	619	926	307	간접보호란 수용장에는 수용하지 않아도 신분관계 등을 보호감독하는 것을 말함.
일시적보호	12,210	12,345	135	일시적보호란 의류·여비 등의 알선, 취업소개와 같이 일시적으로 보호하는 것을 의미함.
계	13,527	13,942	415	

위의 표에 의하면 근년 석방인원은 감소되고 있지만 보호인원은 오히려 증가되었는데, 이는 각 보호단체에서 보호의 확충에 힘쓴 결과로서 이로 인해 사무의 번거로움과 경비가 증대될 수밖에 없는 상황이다(다음 항에서 경리관계 참조).

2. 경리(經理) 상황

(イ) 수입 최근 5개년의 수입 상황은 다음과 같다.

연도별 과목	1935년(엔)	1934년(엔)	1933년(엔)	1932년(엔)	1931년(엔)
전년도 이월액	34,274,495	30,979,165	55,391,455	49,948,245	63,751,545
본년도 수입액	145,647,880	164,393,910	111,563,340	97,873,425	83,316,150
보조금	18,212,000	20,691,000	14,055,000	14,685,000	15,233,000
회비 및 기부금	19,821,090	13,201,230	9,195,420	7,072,580	6,755,870
사업수입	60,111,210	78,731,150	56,877,690	46,375,750	50,935,155
예금이자	4,199,830	4,227,570	5,475,020	4,669,510	3,862,055
잡수입	43,303,750	47,542,960	25,960,210	25,070,585	6,530,070

비고
1. 보조금에는 하사금 포함.
2. 사업수입에는 피수용보호자의 노동에 따른 작업 경영상의 수입과 자산조성을 위해 형무작업 이용에 따른 수입 등을 계상하지만, 그 이윤은 어느 것이나 모두 소액임(지출 부분 작업비 참조).
3. 잡수입 중에는 임대수입, 별도적립금의 일시적 유용을 위한 수입을 포함하지 않음.

(ロ) 지출

최근 5개년간의 지출 상황은 다음과 같다.

연도별 과목	1935년(엔)	1934년(엔)	1933년(엔)	1932년(엔)	1931년(엔)
사무비	17,238,910	16,241,610	14,296,450	14,858,305	14,301,195
보호비	22,075,060	21,084,190	15,948,840	13,996,640	13,122,115
작업비	55,271,600	89,042,490	53,368,860	40,970,780	38,279,880
영선(건물보수)비	21,002,700	18,094,560	11,490,380	8,636,070	14,005,130
잡비	6,741,540	4,150,230	2,898,520	2,651,290	1,866,640
계	122,329,810	148,613,080	98,003,060	81,113,085	81,574,960

위 두 표에서 보는 바와 같이 올해에는 그 수입과 지출 모두 전년에 비하여 약간의 감소를 보이나, 위는 주로 작업관계의 수지액 감소에 따른 것으로, 지출 부분에서 사업비, 보호비와 같은 것은 항상 누년 증가를 보이고 있다. 이는 보호인원의 증가에 따른 자연적 추세라고 할 수 있으나, 그 사무비가 기껏해야 1,000여 원의 증가를 보였다는 점에서는 각 단체에서 사무 번잡의 정도를 헤아려 볼 때 고려해야 할 사항이라 생각된다.

3. 자산 상태

1935년도 자산총액   372,069,810엔
1934년도 자산총액   349,532,430엔

(보호회별 자산표 첨부 별지 참조)

자산의 증가율은 전년도에 비해 6푼 4리강을 보이고, 누년 증가하여 그 기초가 점차 향상되어 가고 있음을 인정한다. 그리고 각 단체 평균자산고는 1만 4,310엔 정도인데, 예금 및 보유보관금의 평균액수가 4,132엔을 넘지 않는다는 것은 아직 그 내용이 충실하다고 보기 어렵다.

요컨대 본년도의 보호사업은 보호인원이 증가하여 그 성적에 따라 양호한 경향을 보이지만, 여전히 그 자산상태는 빈약하여 수입의 방도 역시 뜻대로 되지 않는 것이 적지 않으므로 보호의 만전을 기할 수 없는 실정이라는 점은 유감이 아닐 수 없다. 한편 누범자의 상황을 보아도 1935년 신수형자 중 재범 이상이 36.6%에 달하여 1931년에 비교해 보면 실로 그 13.7%의 격증을 보여주고 있으며, 또한 이를 형무소 재소 수형자의 연말 현재 인원에 비해 보아도 1935년 말은 수형자 총수의 47.8%는 재범 이상자로서 매년 증가하고 있다. 이는 전과자의 사회 복귀가 극히 곤란한 사정에 있음을 보여주는 증거이다.

부표① 사법보호사업 성적표 1. 신 보호인원

구별 보호회명	직접보호	간접보호	일시적보호	계	석방자	
					수형자	피고인
경성구호회	98	51 × 35	977 × 226	1,126 × 261	1,767	813
개성대성회	20	3 × 1	743	766 × 1	318	-
춘천동포회	21	14	162 × 39	197 × 39	353	73
공주관업원	18	5 × 5	481 × 123	504 × 128	407	88
충북유린회	16	4	221 × 161	241 × 161	344	94
대전자강회	22	3 × 2	663 × 202	688 × 204	600	66
함흥박인회	21	11 × 5	408 × 214	440 × 219	931	205
원산양보회	18	6	162 × 149	186 × 149	428	140
청진제성회	8	6	160 × 225	174 × 225	630	167
평양유항회	61	44 × 7	1,375 × 776	1,480 × 783	1,005	626
진남포장선원	5	3	46 × 35	54 × 35	87	41
금산포선린회	3	2	85 × 63	90 × 63	95	-
신의주자제회	23	15 × 1	462 × 286	500 × 287	1,928	363

해주제미회	16	15 × 3	237 × 181	268 × 184	598	131
서흥보전회	3	2	137 × 100	142 × 100	235	86
대구상성회	55	340 × 7	1,975 × 877	2,370 × 884	1,165	370
김천상선회	15	1	407 × 428	423 × 428	385	54
안동신유박애회	15	5	284 × 108	304 × 108	421	94
부산보성회	70	19 × 5	237 × 208	326 × 213	661	409
마산갱생회	4	3	202 × 87	209 × 87	466	113
진주부액관	9	14 × 2	321 × 301	344 × 303	588	192
광주유린회	39	37	734 × 297	810 × 297	1,061	233
목포성미회	65	252 × 2	930 × 982	1,247 × 984	988	109
제주성미회		28	252	280	-	-
전주유종회	35	36 × 15	415 × 179	486 × 194	703	285
군산성지회	11	7	269 × 144	287 × 144	486	103
계	671	926 × 90	12,345 × 6,391	13,942 × 6,481	16,650	4,855

비고
1. 본 표 중 간접보호란의 ×표시는 직접보호에서 간접보호로 옮겨간 자를 다시 게재한 것임.
2. 일시적보호란의 ×표시는 동일인에 대한 2종 이상의 일시적보호를 했을 때 그중 주요한 것 한 가지를 빼고 별도로 게재한 것임.

부표② 사법보호사업 성적표 2. 직접보호인원

구별 보호회명	기존인원	새로온인원	보호를 마친 인원									연도말인원	1년도내연인원	보호회 수용 기간					
			자활	타인인수	친족인도	퇴장	도주	범죄	사망	기타	계			1개월이내	2개월이내	3개월이내	6개월이내	1년이상	2년이상
경성구호회	29	98	24	14	16	-	4	-	1	35	94	33	10,145	38	17	18	27	16	11
개성대성회	7	20	-	-	11	5	-	-	-	1	17	10	3,384	7	8	4	2	1	5
춘천동포회	-	21	16	-	1	-	-	-	-	-	17	4	642	13	4	1	2	1	-
공주관업원	6	18	2	2	9	-	-	-	-	5	18	6	1,383	11	5	2	4	2	24
충북유린회	4	16	1	5	6	2	-	-	-	-	14	6	1,770	7	4	-	7	-	2
대전자강회	25	22	5	-	10	1	3	-	1	2	22	25	8,866	11	-	1	7	6	22
함흥박인회	10	21	4	-	14	-	-	-	1	5	24	7	2,761	11	4	3	8	2	3
원산양보회	-	18	5	8	-	2	-	-	-	-	15	3	775	14	-	3	1	-	-
청진제성회	3	8	3	1	4	-	-	-	-	-	8	3	736	6	-	1	3	-	1
평양유항회	15	61	16	14	21	3	-	-	-	7	61	15	3,571	28	18	11	13	4	2
진남포장선원	2	5	3	-	1	1	-	-	-	-	5	2	709	4	1	-	-	1	1
금산포선린회	1	3	-	2	-	-	-	-	-	-	2	2	411	3	-	-	-	-	1
신의주자제회	4	23	4	4	13	-	2	-	-	1	24	3	1,508	17	2	-	7	1	-
해주제미회	4	16	-	2	8	3	-	-	-	3	16	4	839	9	6	3	2	-	-
서흥보전회	-	3	-	-	3	-	-	-	-	-	3	-	17	3	-	-	-	-	-
대구상성회	4	55	8	1	29	-	-	-	-	7	45	14	3,557	27	10	8	12	1	1
김천상선회	4	15	10	1	1	-	2	1	-	-	15	4	1,218	1	11	4	2	1	-

안동 신유 박애회	4	15	1	-	12	-	-	1	-	-	14	5	1,077	14	2	-	-	-	3
부산 보성회	14	70	2	2	1	48	-	-	1	5	59	25	4,395	52	3	6	10	7	6
마산 갱생회	-	4	-	-	2	2	-	-	-	-	4	-	25	4	-	-	-	-	-
진주 부액회	1	9	2	-	4	-	-	-	-	2	8	2	533	7	1	-	1	1	-
광주 유린회	10	39	11	7	16	-	-	-	-	-	34	15	2,978	10	13	9	11	5	1
목포 성미회	8	65	13	23	26	-	-	-	1	2	65	8	3,881	24	18	18	6	5	2
제주 성미회	-	-	-	-	-	-	-	-	-	-	-	-	-	-	-	-	-	-	-
전주 유종회	6	35	6	-	12	-	-	-	-	15	33	8	2,974	11	3	14	5	4	4
군산 성지회	5	11	5	-	5	-	-	-	-	-	10	6	2,045	4	-	3	3	4	2
계	166	671	141	86	225	67	11	2	5	90	627	210	60,200	336	130	109	133	62	91

부표③ 사법보호사업 성적표 3. 간접보호인원

구별보호 회명	기존인원	새로온인원	보호를 마친 인원									연도말인원	1년도 내 연인원
			자활	타인인수	친족인도	퇴장	도주	범죄	사망	기타	계		
경성구호회	37	51 ×35	33 -	13 -	16 -	- -	- -	- -	- -	1 -	63	25	11,112
개성대성회	3	3 ×1	1 -	1 -	2 -	- -	1 -	- -	- -	1	5	1	926
춘천동포회	-	14 -	5 -	5 -	- -	- -	- -	- -	- -	- -	5	9	1,758
공주관업원	9	5 ×5	2 -	2 -	1 -	- -	- -	- -	- -	- -	3	11	4,216
충북유린회	10	4 -	- -	- -	- -	4 -	- -	- -	- -	- -	4	10	3,679
대전자강회	13	3 -	3 -	3 -	- -	- -	- -	- -	- -	- -	3	13	4,368

명칭													
함흥박인회	2	11 / ×5	2 / -	2 / -	4 / -	- / -	- / -	- / -	- / -	- / -	6	7	2,170
원산양보회	5	6 / -	3 / -	3 / -	1 / -	- / -	- / -	- / -	- / -	- / -	10	1	1,493
청진제성회	5	6 / -	- / -	- / -	1 / -	- / -	- / -	- / -	- / -	4 / -	5	6	2,705
평양유항회	25	44 / ×7	8 / -	10 / -	9 / -	- / -	- / -	- / -	- / -	5 / -	32	37	12,204
진남포장선원	2	3 / -	- / -	1 / -	1 / -	- / -	- / -	- / -	- / -	- / -	2	3	969
금산포선린회	1	2 / -	2 / -	1 / -	- / -	- / -	- / -	- / -	- / -	- / -	3	-	426
신의주자제회	9	14 / ×1	12 / -	1 / -	- / -	- / -	- / -	- / -	- / -	- / -	13	10	5,875
해주제미회	10	12 / ×3	4 / -	- / -	5 / -	- / -	- / -	- / -	- / -	- / -	9	13	6,284
서흥보전회	3	2 / -	3 / -	- / -	- / -	- / -	- / -	- / -	- / -	- / -	3	2	1,088
대구상성회	34	340 / ×7	134 / -	10 / -	24 / -	- / -	2 / -	18 / -	3 / -	18 / -	209	165	58,497
김천상선회	1	1 / -	- / -	- / -	- / -	- / -	- / -	- / -	- / -	- / -	- / -	2	565
안동신유박애회	2	5 / -	1 / -	- / -	- / -	- / -	- / -	1 / -	- / -	- / -	2	5	937
부산보성회	16	19 / ×5	12 / -	- / -	2 / -	- / -	- / -	- / -	- / -	- / -	15	20	7,345
마산갱생회	-	3 / -	- / -	1 / -	1 / -	- / -	- / -	- / -	- / -	- / -	2	1	135
진주부액회	20	14 / ×2	12 / -	- / -	3 / -	- / -	- / -	- / -	- / -	- / -	15	19	7,667
광주유린회	6	37 / -	9 / -	6 / -	10 / -	- / -	- / -	- / -	- / -	- / -	25	18	5,069
목포성미회	49	252 / ×2	101 / -	68 / -	65 / -	- / -	- / -	10 / -	- / -	1 / -	245	56	32,815
제주성미회	4	28 / -	8 / -	9 / -	11 / -	- / -	- / -	- / -	- / -	- / -	28	4	3,165
전주유종회	10	36 / ×15	13 / -	- / -	8 / -	- / -	- / -	- / -	- / -	2 / -	23	23	7,171
군산성지회	5	7 / -	6 / -	- / -	1 / -	- / -	- / -	- / -	- / -	- / -	7	5	1,600

계	281	922 × 88	374 -	126 -	165 -	4 -	3 -	28 -	4 -	33 -	737	466	184,241
1934년도	269	618 × 123	245 -	106 -	169 -	- -	2 -	24 -	2 -	54 -	602	285	118,859

비고 : 본 표 중의 × 표시는 직접 보호에서 옮겨간 자를 다시 게재한 것임.

부표④ 자산표(1936년 3월 31일 현재)

자산별 보호 회명	자산액	지소	가옥	집기	가축	유상증권 또는 임대	예금	작업용기구 또는 작업제품	보유 보관금
경성구호회	40,882,580	8,183,000	6,326,850	579,880	-	9,032,320	14,542,680	2,215,410	1,440
개성대성회	8,105,970	1,021,660	1,980,000	241,000	150,000	2,110,000	2,552,080	-	51,230
춘천동포회	7,156,250	300,000	1,357,820	181,320	-	-	5,208,150	62,190	46,770
공주관업원	22,325,010	7,549,900	2,749,370	267,730	-	6,969,890	4,500,100	280,380	7,640
충북유린회	17,906,570	6,704,065	1,605,400	766,440	135,000	3,876,600	1,127,340	1,648,590	43,135
대전자강회	14,345,090	2,707,490	5,773,900	389,080	-	-	4,093,250	1,234,360	147,010
함흥박인회	21,395,968	-	2,631,996	348,670	-	9,834,002	8,558,100	2,000	21,000
원산양보회	10,246,870	-	2,007,230	47,900	-	3,380,710	4,595,910	167,370	47,750
청진제성회	6,385,800	-	643,000	138,890	-	3,184,000	2,409,030	-	10,880
평양유긍회	24,226,100	10,273,200	3,449,480	685,460	-	2,993,110	7,661,960	8,040	154,850
진남포장선원	22,093,020 △11,500,000	6,930,000	3,703,110	209,030	220,000	9,609,390	1,322,170	82,000	17,320
금산보선린회	1,781,345	-	-	78,800	-	-	1,702,000	-	545
신의주자제회	17,536,930	2,346,000	1,324,000	224,000	-	2,438,190	10,970,990	-	233,750
해주제미회	15,981,900	3,531,900	2,116,460	322,720	-	6,320,000	3,460,540	129,000	101,280
서흥보전회	3,641,530	27,800	657,000	70,400	-	1,322,000	1,332,060	10,580	31,690
대구상성회	22,330,990	4,091,970	1,648,500	270,350	-	7,325,100	8,516,160	388,990	89,920
김천상선회	9,694,730	1,163,100	2,050,000	142,800	-	1,859,000	3,844,470	578,770	56,590
안동신유 박애회	4,631,630	822,000	400,000	181,850	-	-	3,065,250	157,960	4,570
부산포성회	8,711,880	2,634,720	4,093,210	782,750	20,000	-	1,153,260	-	27,940
마산갱생회	10,195,377	407,150	183,970	329,400	-	-	9,190,110	59,032	25,715
진주부액회	5,549,130	397,000	1,200,000	458,760	-	-	3,364,980	107,940	20,450
광주유린회	21,137,200	3,869,400	1,617,100	176,810	-	8,500,000	6,196,510	720,770	56,610
목포성미회	18,684,270	7,169,940	1,789,680	289,630	-	5,442,000	2,852,240	1,083,690	57,090

제주성미회	2,700,620	-	-	-	-	-	2,700,620	-	-
전주유종회	15,050,080	5,015,170	2,416,200	725,470	-	3,019,670	2,798,000	1,062,820	12,750
군산성지회	19,372,970	2,640,000	2,912,770	447,650	-	9,213,080	4,034,720	102,280	22,470
계	372,069,820	77,975,465	33,637,046	8,356,790	525,000	98,429,062	121,753,680	10,102,172	1,290,595
1934년도 계	349,522,430	73,160,145	58,199,851	9,548,812	464,000	89,418,112	107,186,550	8,872,165	2,682,995

조선의 행형제도 부록

조선행형 연표

1907년	한일협약 성립(7월) 법부관제 공포(12월)
1908년	감옥 위치명칭 제정(4월) 경성·공주·함흥·평양·해주·대구·진주·광주 각 감옥 설치 구 한국 종로감옥을 종로출장소(경성)로 바꾸고 원산(함흥)·경성(함흥)·청주(공주) 각 분감 설치(11월)
1909년	인천(경성)·춘천(경성)·의주(평양)·부산(진주)·전주(광주) 각 분감 설치 사법 및 감옥사무 일본 위임(7월) 통감부 감옥관제 공포(10월, 칙령243) 서대문출장소(경성) 신설(8월) 의주분감을 신의주분감 출장소로 하고, 새로이 영등포(경성)·청진(함흥)·신의주(평양)·마산(부산)·목포(광주) 각 분감 설치(11월) 부산감옥을 신설하고 진주감옥을 부산감옥의 분감으로 개편하고, 구 부산감옥을 사카노시타(坂の下)출장소로 함(11월) 평양감옥을 이전 신축하여 구 평양감옥을 대흥부출장소로 함(11월) 경성(鏡城)분감을 청진분감의 출장소로 함(11월)
1910년	종로출장소를 종로구치감(경성)으로 개편(3월) 군산(광주)·진남포(평양) 양 분감 설치(7월) 한일합병·대사령(大赦令) 발포(8월) 조선총독부 감옥관제 시행(9월, 칙령66) 감옥 및 감옥분감 명칭 위치 제정(10월, 총독부령11)
1911년	조선총독부 간수채용규칙 제정(5월, 총독부령58) 조선총독부 간수정근(精勤)증서수여규칙 제정(6월, 총독부훈령51)
1912년	조선감옥령 공포(3월, 칙령14) 조선감옥령 시행 규칙 제정(3월, 총독부령34) 은사령 발포(메이지천황 대장의(大葬儀))(9월) 서대문출장소를 태평동출장소(경성)로 개칭(9월) 경성감옥 신설(영등포분감을 소관으로 함, 구 경성감옥을 서대문옥으로 개칭)(10월)
1913년	면수보호사업 장려금교부수속 제정(5월, 총독부 내훈5) 경성(鏡城, 청진)·의주(신의주 분옥)출장소 폐지(6월)
1914년	은사령 발포(소헌 황태후 붕어(崩御))(5월) 작업기수 및 간수 근무규칙 제정(5월, 총독부 내훈10) 감옥의·교회사·교사·약제사·작업기수·간수 및 여감취제직무규정 제정(5월, 총독부 내훈11)
1915년	은사령 발포(다이쇼천황 즉위 대례(大禮))(11월)

1916년	조선총독부 감옥 사무분장 및 처무 규칙 제정(10월, 총독부 내훈17)
1918년	금산포출장소(진남포분감) 신설(8월) 간수교습소 신설(9월)
1919년	대전감옥 신설(5월) 금산포출장소를 평양감옥출장소로 개편(6월)
1920년	태형 폐지(3월) 은사령 발포(이 왕세자폐하 성혼)(4월) 영등포·청진·신의주·목포·전주 각 분감을 본감으로 승격(10월) 군산분감(광주)을 전주감옥분감으로 개편(10월) 사카노시타(坂の下)출장소 폐지(10월)
1921년	조선총독부감옥직원복제 제정(3월, 칙령40) 강릉(함흥)·서흥(해주)·안동(대구)·김천(대구)·제주(목포)·개성(경성) 각 분감 신설(3월) 금산포출장소를 분감(평양)으로 승격(3월) 종로구치감(서대문) 폐지(4월)
1923년	소년수형자 처우 규정 준칙 제정(2월, 법무국장 통첩) 인천분감(경성)·태평동출장소(서대문) 폐지(3월) 감옥 명칭을 형무소 및 지소로 하여 형무소장 및 지소장을 배치(5월) 감옥의를 보건기사 및 보건기수로 개칭(5월) 개성분감(경성)을 개성소년형무소로 승격(5월) 《조선치형휘보》 창간(8월)
1924년	《도(道)》(재감자 열람용) 창간(1월) 은사령 발포(황태자폐하 성혼)(1월) 조선치형협회 창립(4월) 김천지소(대구)를 김천소년형무소로 승격(4월) 영등포형무소 및 강릉(함흥)·제주(목포) 양 지소 폐지(12월)
1925년	간수교습소를 형무관훈련소로 개칭(4월)
1927년	은사령 발포(다이쇼천황 대장의(大葬儀))(2월)
1928년	은사령 발포(현 천황 즉위 대례)(11월) 제1회 형무소 제작품 품평회 개최(11월)
1929년	여감취체(女監取締)를 간수(여)로 개편(12월)
1930년	제2회 형무소 제작품 품평회 개최(11월) 조선총독부 감옥 직원복 제개정(11월, 칙령376)
1932년	《조선치형휘보》를 《치형》으로 개칭(8월) 조선형무 상여규정 제정(9월, 총독부령86) 제1회 형무소 직원 무도(武道)대회 개최(10월, 이후 매년 개최)
1933년	형무작업 장정 제정(10월, 법무국장 통첩)

1934년	은사령 발포(황태자전하 탄신)(2월) 조선치형협회를 재단법인으로 하고 치형협회로 개칭(2월) 경성·평양·대구 각 복심법원 관내 사법보호사업연구회 설립(4월) 수형자직업훈련개칙 제정(5월, 법무국장통첩) 서대문형무소 구치감 낙성(5월)
1935년	작업기사 신설(4월) 대흥부출장소(평양) 폐지(4월) 형무관예식(禮式) 형무관조전(操典) 및 간수점검규칙 제정(5월, 총독부 훈령17) 제3회 형무소 제작품 품평회 개최(6월) 소록도지소(광주) 신설(7월, 나환수형자 집금) 지문취급규정 제정(12월, 총독부 훈령71)
1936년	조선총독부 감옥사무분장(分掌) 및 처무규정 제정(3월, 과장제도 실시) 인천소년형무소 신설(7월) 제4회 형무소 제작품 품평회 개최(9월) 재소자양식급여규정 제정(12월, 법무국장 통첩)
1937년	불구노쇠수형자를 마산형무소지소로 집금 실시(3월) 조선행형교육규정 제정(5월, 총독부 훈령35) 조선총독부 형무관연습소관제 공포(7월, 칙령328) 조선총독부 형무관연습소규정 제정(7월, 총독부 훈령47) 제1회 형무소 직원 사격대회 개최(10월)

조선감옥 수용 구분 일람표(1938년 1월 현행)

	일반수용 구분			특수집금 구분
	판결청(判決廳) 명칭			
	복심법원	지방법원	지청	
경성형무소	-	-	-	경성·평양복심법원 관내 형무소 및 지소에 수용할 무기 및 형기 10년 이상 남수형자
서대문형무소	경성	경성	철원·인천·개성	전 조선 18세 이상, 형기 1년 이상 여수형자 단 형기 10년 이상은 경성복심법원 관내 각 형무소 및 지소에 수용할 자 전 조선 18세 미만 무기 또는 1년 이상 여수형자
동 춘천지소	-	-	춘천·원주	-
공주형무소	-	공주	홍성·서산	청주지소에 수용할 연령 18세 이상 형기 10년 미만 1년 이상의 여수형자 대전형무소에 수용할 여수형자

동 청주지소	-	-	청주·충주	-
대전형무소	-	-	대전·강경·수원	대구복심법원 관내 각 형무소 및 지소에 수용할 무기 또는 형기 10년 이상의 남수형자
함흥형무소	-	함흥	북청	청진형무소 및 원산지소에 수용할 연령 18세 이상 형기 10년 미만 1년 이상 여수형자
동 원산지소	-	-	원산·강릉	-
청진형무소	-	청진	성진·회령·웅기	-
평양형무소	평양	평양	안주·덕주	평양복심법원 관내 각 형무소 및 지소에 수용할 연령 18세 이상 형기 1년 이상의 여수형자
동 진남포지소	-	-	진남포	-
동 금산포지소	-	-	송화	-
신의주형무소	-	신의주	안주·영변·강경·초산	-
해주형무소	-	해주	사리원	금산포지소에 수용할 여수형자
동 서흥지소	-	-	서흥	-
대구형무소	대구	대구	경주·김천·상주	대구복심법원 관내 형무소 및 지소에 수용할 연령 18세 이상 형기 10년 이상의 여수형자 부산형무소·안동·마산·진주 각 지소에 수용할 연령 18세 이상 형기 1년 이상의 여수형자
동 안동지소	-	-	안동·영덕	-
부산형무소	-	부산	밀양	-
동 마산지소	-	-	마산·통영	-
동 진주지소	-	-	진주·거창	-
광주형무소	-	광주	순천	목포전주형무소 및 지소에 수용할 연령 18세 이상 형기 10년 미만 1년 이상 여수형자
동 소록도지소	-	-	-	전 조선 나환수형자
목포형무소	-	-	목포·장흥·제주	-
전주형무소	-	전주	남원	-
동 군산지소	-	-	군산·정읍	-
인천소년형무소	-	-	-	전 조선 18세 미만 형기 1년 이상 초범 남수형자 중 학력 보통학교 제3학년 수료 정도 이상인 자
개성소년형무소	-	-	-	동상의 학력보통학교 제3학년 수료 정도에 못 미치는 자 및 누범자
김천소년형무소	-	-	-	전 조선 18세 이상 20세 미만 형기 1년 이상의 남수형자

주의 : 고등법원판결과 관계되는 자는 현재 재감중인 형무소에 수용한다.
　　　즉결관서의 판결과 관계되는 자는 가장 가까운 형무소에 수용한다(소년형무소를 제외).
　　　형사피고인 및 피의자는 소년형무소 및 경성형무소에 수용하지 않는다. 단 김천에는 피고인(피의자)을 수용한다.

⟨자료 296⟩

서문

형무예규는 형무 관리의 집무상 나침반으로, 이를 알고 연구하여 실수를 없애면 과오가 없도록 할 수 있다.

예로부터 본소의 예규는 매번 생겨서 여러 해 누적되고, 그 소재와 검색조차 많은 불편과 어려움을 느껴, 무릇 사무 개선과 능률 증진을 도모하기 위해서는 반드시 먼저 예규의 개선, 폐지와 통일을 도모하지 않으면 안 되어 이 책을 편찬하기에 이른 바이다.

우리 각 직원 여러분은 형무법령과 예규를 근간으로 연구에 힘쓰고, 그 직에 임해서는 어떤 난해한 것도 명쾌하고 석연하여 의혹이 풀리는 데 이르게 될 것이다.

작년 여름 정리에 착수해서 이제 반년이 지나 겨우 완성되어 가지만, 너무 정리에 급한 나머지 연구에 힘이 빠져 도저히 조잡함을 면할 수 없으니, 추후에 그 빠진 것을 보충하여 반드시 완벽을 기하고자 한다.

1935년 12월 미야자키 하야토(宮崎速任)

목차

서무과 부분(庶務課之部)

서무 부분(庶務之部)

1. 묘적부 양식 설정의 건
2. 재소자 위독 또는 사망통지 불능의 경우 전말을 시찰표에 기재하는 건
3. 조선인 재감자 생년월일 기재 방법의 건
4. 판임대우(判任待遇) 직원 징계규정에 의한 요구서 및 보고서 설정의 건
5. 형집행정지 출소자 서류부(書留簿) 설정의 건
6. 가석방자 서류부 설정의 건
7. 정근증서(精勤證書) 부여 원부(原簿) 설정의 건
8. 간수 훈련 규정
9. 사형 집행 전말에 관한 건
10. 직원과 재소자 간의 면식(面識) 신고의 건
11. 사망자 양식의 건
12. 여수형자의 지문 날인에 관한 건
13. 재소자의 인상 및 특징표 설정의 건
14. 타 형무소 이송 형사피고인의 지문 징취(徵取) 방법의 건
15. 재소자의 사체 교부에 관한 건
16. 직원이 민사·형사 소송에 관해 소환을 받거나 또는 소송을 제기할 때 계출(屆出) 승인을 받는 건
17. 출근부 양식의 건
18. 직원 근태 보고 건
19. 간수 근무 수칙
20. 재소인원 감독일표(監督日表) 양식 설정의 건
21. 휴가에 관한 건
22. 습득물, 매장물(埋藏物) 등 서류부 설정의 건

23. 변호인 선임서류부 설정의 건

24. 형무소에 있어 범죄에 관해 사법경찰관리의 직무를 행할 경우의 주의사항

25. 작업기수(作業技手), 작업교수(作業教手), 기관수 및 화부(火夫) 휴가 규정

26. 재소자 관계 제 신청 접수건수표의 건

27. 수형자 정리소표(整理小票) 양식 및 그 취급예의 건

28. 수형자의 간이생명보험 계약에 관한 취급 절차

29. 입소자 신병 영수증 양식 설정의 건

30. 피의자, 피고인 및 상소(上訴) 수인(囚人) 등 정리소표 양식 및 취급에 관한 건

31. 피고인 상고 신립서(申立書) 등 인쇄의 건

32. 출감지휘서 수부부(受付簿) 양식 및 취급예의 건

33. 집행지휘서 접수부 양식 및 취급예의 건

34. 종결신분장 보존부 양식 및 취급예 설정에 관한 건

35. 재소자 상우장(賞遇狀) 양식 설정의 건

36. 사상범(思想犯) 수형자 소표 취급 절차의 건

37. 동명이인자(同名異人者) 서류부 설치 건

38. 구류기간 감독부 양식의 건

39. 시찰 조사 사항 감독부

40. 서대문형무소 사무전행(事務專行) 규정

41. 형무지소 사무분장 및 사무처리 규정

42. 출근부 정리 방법의 건

43. 형무소 참관 규정

44. 재소자 사진 촬영 및 취급 절차

45. 문서 취급 규정

46. 서대문형무소 고원(雇員) 및 용인(庸人) 규정

47. 숙직 근무 규정

48. 자부담 양식(糧食) 규정

49. 직원 제신청·제신고서 서식 및 처리방법에 관한 건

50. 수형자의 성명 정정 및 전과 발견 통보의 건

51. 간수 각 과별 정원 건

■ 서무과 부분(庶務課之部)

서무 부분(庶務之部)

1. 묘적부(墓籍簿) 양식 설정의 건

달시(達示)[205] 제26호

1910년(明治 43) 8월 5일

묘적부에는 묘지의 도면(백분의 일)을 첨부해야 한다.

단 현재 가장(假葬)[206]한 것도 함께 등재해야 한다.

		사망 연월일
		병사(病死) 형사(刑死) 구별
		성명
		비고

---

205 달시(達示) : 시달.
206 가장(假葬) : 임시로 묻음.

2. 재소자 위독 또는 사망통지 불능의 경우 전말(顚末)을 시찰표(視察表)에 기재하는 건
전명(典命)
1911년(明治 44) 2월 10일

 재소자가 위독하거나 사망통지서가 수신인 불명 등으로 반송되었을 때에는 그 전말을 시찰표(視察表)[207]에 게재하고 보고해야 한다.

3. 조선인 재감자 생년월일 기재 방법의 건
달시 제1호
1907년(明治 40) 3월 24일
개정
달시 제1호
1907년(明治 40) 4월 10일

 형무소의 장부 및 서류에 기재하는 조선인 재소자의 생년월일은 특별히 정해진 것을 제외하고는 아래의 예에 따라 기재해야 한다.
1. 구한국 건양 원년(建陽 元年)[208] 이전 출생에 대한 부기는 '구 한국 개국 몇 년 몇 월 몇 일'이라고 쓴다.
2. 구한국 건양 원년 이후 출생에 대한 부기는 그 당시의 연호를 붙여 '구 한국 건양(또는 광무(光武), 융희(隆熙)) 몇 년 몇 월 몇 일'로 쓴다.

---

207 시찰표(視察表) : 재소자의 동정을 살펴 적는 표.
208 건양 원년(建陽 元年) : 1896년.

4. 판임대우(判任待遇) 직원 징계규정에 의한 요구서 및 보고서 설정의 건

훈시(訓示) 제9호

1911년(明治 44) 5월 2일

　감옥 판임(判任)[209]대우 직원 징계 규정 제8조 제1항에 의한 요구 및 동 제2항에 의한 보고는 별지 양식의 서면으로 한다.

위원장 귀하	징계심사요구서		위원장	결의	보고	소장 귀하
소장	징계사건	피징계자 관 성명 간수	위원 서기	소화 년 월 일 결의		위원장

　전항의 서면은 해당 직원의 신분장(身分帳)에 모으는 것으로 한다.

---

[209] 판임(判任) : 일본 관직제도 가운데 가장 아래 직급의 관직명.

5. 형집행정지 출소자 서류부(書留簿) 설정의 건

달시 제60호

1911년(明治 44) 7월 11일

형집행정지 출소자 서류부(書留簿)[210]

		출소 월일
		출소 사유
		집행 정지 일수
		인수인의 주소 성명 및 본인과의 관계
		죄명
		형명 형기
		범죄 횟수
		성명
		종결

---

[210] 서류부(書留簿) : 서류 장부.

6. 가석방자 서류부 설정의 건

달시 제62호

1911년(明治 44) 7월 25일

　　가석방 중의 행장(行狀)은 관할 경찰관서의 조사통보서 등에 기초해 그 요령을 서류부에 적기하여 두어야 한다.

가석방자 서류부 양식

년년 월월 일일 까부 지터	년년 월월 일일 까부 지터	조사 기간	가석방 중의 행장 등	범죄 횟수	형명 형기	죄명
		행장의 양부		가석방 기간	가석방 연월일	관할 경찰 관서명
		직업 종별 및 근면 여부		소소 화화 년년 월월 일일 까부 지터	소화 년 월 일	
		생활 상황				
		친족과의 관계				
		기타		생년 월일	씨 명	귀주지
		비고				

7. 정근증서(精勤證書) 부여 원부(原簿) 설정의 건

달시 제63호

1911년(明治 44)

정근증서 부여 원부

		증서 부여 연월일
		증서 번호
		비고
		직명
		성명

8. 간수 훈련 규정

달시 제73호

1911년(明治 44)

개정

달시 제1호

1939년(昭和 14) 4월 10일

제1조 외근(外勤) 간수는 비번일에 교대 후 2시간 이내 실무 연습을 하도록 하고, 단 필요에 의해 일근(日勤) 또는 내근(內勤) 간수도 이를 하도록 한다.

제2조 훈련은 간수로서 형무의 대체(大體)[211]에 통효(通曉)[212]하도록 하고, 특히 계호검속 사무에 임해 실제 응용을 연습하는 것에 주안을 둔다.

제3조 훈련은 본소(本所)에서는 계호과장, 지소(支所)에서는 지소장, 구치장(拘置場)에서는 주임간수장이 이를 담당하며 필요에 따라서는 다른 과장, 간수장, 간수부장 또는 간수가 이를 보조하도록 한다.

제4조 훈련과목 범례는 아래와 같다.

    1. 제법규

    2. 자세, 예식, 조련(操練)

    3. 검도, 유도

    4. 포승술(捕繩術), 계구(戒具)사용법

    5. 소방, 수색 및 수검(搜檢),[213] 방사(房査),[214] 기타 연습

    6. 어학

제5조 훈련담당자는 일지를 두어 훈련과목 및 출석인원, 기타 필요사상을 기재해야 한다.

---

[211] 대체(大體) : 사물의 전체에서 요령만 딴 줄거리.
[212] 통효(通曉) : 환하게 깨달아서 앎.
[213] 수검(搜檢) : 금지된 물품 등을 수색하여 검사함.
[214] 방사(房査) : 방 검사.

9. 사형 집행 전말에 관한 건

달시 제82호

1911년(明治 44) 11월 28일

　　사형을 집행할 때에는 입회 간수장이 그 집행 전말(모두 아래의 요항을 구비한 것을 요함)을 신분장(身分帳) 시찰표(視察表)에 기입해야 한다.

　　　　집행 일시 착수 종료
　　　　집행 입회관 성명
　　　　직접 집행한 간수 성명
　　　　피집행자의 상태
　　　　유언 또는 의뢰
　　　　폭행 등의 유무

10. 직원과 재소자 간의 면식(面識) 신고의 건

달시 제10호

1912년(明治 45) 2월

　　형무소 직원으로서 그 친족 또는 친구가 입소했을 때에는 즉시 그 사실을 신고해야 한다.
　　현 재소자 가운데 전항에 해당하는 자가 있거나, 만약 아직 신고하지 않은 자가 있다면 이 기회에 신고를 요한다.

11. 사망장 양식의 건

달시 제14호

1912년(明治 45) 2월 21일

비고	검시 결과 적요	변사자 사체 검시시 및 검시자, 입회자 관직, 성명	소장 사체 검시시	사 망 장	사체, 유골의 교부, 가매장, 해부, 기타 처분 시기 및 전말사체, 유골 수령자 주소, 성명, 연고 및 날인	병명 병력 및 사인	사 발 망 병 시 시	제 호
		소화 년 월 일 시 분 입검회시자자	소화 년 월 일 시 분	서 대 문 형 무 소			소화 년 월 일 시 분 / 소화 년 월 일 시 분	칭호제번 / 연령 본적 성명 / 년월일생

12. 여수형자의 지문 날인에 관한 건

전명 제33호

1912년(明治 45) 3월 1일

지금으로부터 여수형자의 지문 날인은 간수(여)에게 취체(取締)[215]하도록 해야 한다.

---

[215] 취체(取締) : 주의하여 단단히 다잡거나 다스림. 단속. 통제.

13. 재소자의 인상 및 특징표 설정의 건

달시 제37호

1912년(明治 45) 6월 24일

개정

달시 제30호

1915년(大正 4) 12월 28일

인상 및 특징표

인상	특징
이마 (튀어나온 이마)	점
광대 (돌출)	모반
후두골 (돌출)	문신
눈(대)(소)(쌍꺼풀)(올라간 눈)(처진 눈)	백반
눈썹 (짙다)(옅다)(굵다)(가늘다)	주근깨
콧대 (높다)(낮다)	대머리
콧볼 (넓다)(좁다)	천연두 자국
입 (크다)(작다)	침 자국
입술 (두텁다)(얇다)	화상 자국
귓불 (크다)(작다)	동상 흉터
하악골 (두텁고 큼)(얇고 작음)	여드름 자국
안면 (원형)(길다)	상처 자국
두발 (검다)(하얗다)(숱이 적다)(숱이 많다)	혹
수염 (숱이 적다)(숱이 많다)	사마귀
얼굴빛 (황갈색)(창백)	귀머거리
	벙어리
	절름발이
	언청이
	손가락 (붙음)(기타 기형)
	음낭부음
	포경
	곱추
	사지절단 및 맞붙음(손발이 없는 것 또는 펴고 접는 데 부자유)
	이 빠진 수
	사시
	삼눈

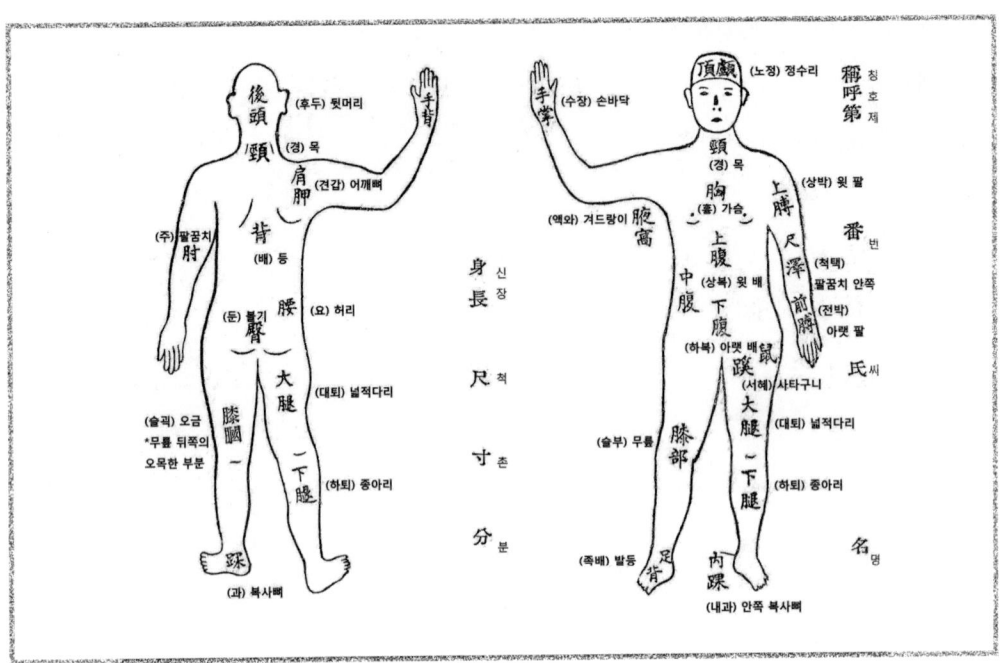

14. 타 형무소 이송 형사피고인의 지문 징취(徵取)[216] 방법의 건

훈시 제32호

1913년(大正 2) 11월 10일

재소자를 다른 곳으로 이송할 때 도중에 도주 등의 사고가 발생할 경우, 형사피고인에 대해서는 종래 대조를 요하는 자 외에는 지문 채취가 없었기 때문에 지문 이용상 어려운 점이 없지 않다. 이후에는 형사피고인을 다른 곳에 이송하거나 기타 지문 채취가 필요하다고 인정되는 경우에는 이를 채취하여 지문 이용상 어려움이 없도록 기해야 한다.

15. 재소자의 사체 교부에 관한 건

달시 제3호

1914년(大正 3) 2월 18일

---

[216] 징취(徵取) : 채취.

재소자의 사체 및 유골을 청구자에게 교부할 경우 그 교부를 받는 자가 1912년(明治 45) 조선총독부령 제123호 묘지화장장, 매장 및 화장취체규칙(取締規則)에 의거해 매장, 화장, 개장 인가 신청에 관해 필요할 경우에는 별지 문례(文例)[217]의 사체, 유골 교부증을 부여해야 한다.

(문례 제1)
사체(유골) 교부증(死體(遺骨)交付證)
 1. 사망자의 본적
 1. 사망자의 주소
 1. 사망자의 성명
    생년월일 남녀의 구별
 1. 사망 연월일시
 1. 사인(병사의 경우에는 병명)
 1. 사체청구자의 주소
    성명, 연령 및 사망자와의 관계
    위(당소 묘지에 가매장 중인 것) 청구로 인해 교부함.
                    년 월 일
                    서대문형무소

(문례 제2)
사체 교부증(死體交付證)
 1. 사망자의 본적
 1. 사망자의 주소
 1. 사망자의 성명
    생년월일 및 남녀의 구별
 1. 사망 연월일시
 1. 사인(死因)(병사의 경우에는 병명)
    위 해부(解剖)에 따라(관공립의 병원, 학교 또는 기타 공무소) 교부함.
                    년 월 일
                    서대문형무소

---

[217] 문례(文例) : 문장을 짓는 법이나 쓰는 법을 보이는 보기.

16. 직원이 민사·형사 소송에 관해 소환을 받거나 또는 소송을 제기할 때 계출(届出)[218] 승인을 받는 건

훈시 제13호

1915년(大正 4) 7월 12일

계출 승인

　직원으로서 민사·형사의 소송을 제기하거나 혹은 응소하려고 하는 경우 또는 소송사건의 당사자, 증인, 기타 관계인으로서 재판소, 검사국, 경찰관소에서 소환을 받아 출두하려고 하는 경우는 미리 감독관에게 신청하여 승인을 받아야 하고, 만약 급하여 여유가 없을 때에는 사후 즉시 그 전말을 보고해야 한다.

17. 출근부 양식의 건

달시 제14호

1917년(大正 6) 12월 6일

　매월 3일까지 전월분의 출장, 특근, 임시근무, 결근, 휴가 일수 등을 조사하여 이면 해당 난(欄)에 각 그 일수를 기재해야 한다.
　사고결근에 관해서는 가사정리(家事整理)로 인한 귀성(歸省), 수험 등 그 종별 일수를 해당 칸에 명기해야 한다.

---

[218] 계출(届出) : 규정에 의해 어떤 사실을 상사나 또는 해당 기관에 문서로 내는 것. 진술·보고. 본 자료에서는 신고의 의미로 쓰임.

계	12월	1월	월별		12월	1월	소화 년
			출장				1일
			특근				2일
			임시 근무				3일
			제삿날	휴			4일
			여름휴가				5일
			개근휴가				6일
			공병(公病)				7일
			공상(公傷)	가			8일
			질병				9일
			전지요양				10일
			성묘	결			11일
			귀성 간호	근			12일
			사 고				13일
			기인(忌引)				14일
			원려(遠慮)				15일
			교통차단				16일
			연습소집				17일
			간열점호[219]				18일
			지각				19일
			조퇴				20일
							21일
							22일
							23일
							24일
							25일
							26일
							27일
							28일
							29일
							30일
							31일

---

[219] 간열점호(簡閱點呼) : 정확한 인원을 파악하기 위해 한 명씩 이름을 부르는 일.

18. 직원 근태 보고 건

달시 제9호

1919년(大正 8) 12월 25일

대정   년   월   직원 근태보고
서대문형무소 ○○지소

				출근
				특근
				출장
				휴가
				근무연습 및 간열점호
				교통 차단
				제삿날
				기인 (忌引)
				병기 (病氣)
				사고
				지각 조퇴
				관직명
				성명

취급예(取扱例)

1. 본 표는 다음 월 5일까지 제출할 것.

1. 전지요양(轉地療養)[220] 일수는 병기(病氣: 질병)란에, 성묘, 간호 또는 가사정리로 인한 귀성 일수 및 개인 여행 혹은 수험, 기타의 사고는 사고란에 기재할 것.
1. 원려인(遠慮引)[221]은 기인(忌引)[222]란에, 공무상 부상 및 공무상 질병은 휴가란에 주서(朱書)[223]할 것.
1. 지각은 검은 글씨로, 조퇴는 붉은 글씨로 쓸 것.

19. 간수 근무 수칙(看守勤務心得)[224]

달시 제40호

1920년(大正 9) 3월 30일

개정

달시 제1호

1939년(昭和 14) 4월 10일

제1장 일반적 직무상 지침

제1조   간수는 관리복무기율, 조선총독부 복무사항을 준수하고 근면, 충실하게 책무를 다하며 그 언행과 행동 모두 재소자(在所者)의 모범이 될 것.

제2조   간수는 항상 긴장된 기분과 밝은 정신을 가지고 직무에 임하며, 명령을 받았을 때 제출한 선서문을 확실하게 지켜 직무의 내외를 불문하고 행장을 단정히 하고 절의를 중시하며 그 가족의 행적에 대해서도 또한 충분히 감독책임에 임할 것.

제3조   간수는 동료간에 서로 조화롭게 친목하며 행동에 성실함이 결여되었다고 인정되는 일이 있으면 서로 경고할 것.

---

[220] 전지요양(轉地療養) : 기후나 환경이 좋은 곳으로 옮겨 쉬면서 병을 치료함.
[221] 원려인(遠慮引) : '원려(遠慮)'는 일본 에도시대 무사나 승려에게 과한 형벌의 하나로, 자택에서 대기하는 가벼운 근신형을 의미함. 이로 추정컨대 상을 당해 집에 머물러 있는 기간 또는 그 휴가를 의미하는 것으로 보임.
[222] 기인(忌引) : 친인척의 상(喪)을 치르기 위해 내는 휴가.
[223] 주서(朱書) : 붉은 글씨로 씀.
[224] 심득(心得) : 일반적으로 마음가짐, 소양, 지식, 주의사항 등을 뜻하며, 여기서는 행동이나 절차에 관해 지켜야 할 사항을 정한 규칙, 즉 '수칙'의 의미로 해석함.

제4조 　간수는 자기가 취급하는 사무와 다른 사람이 취급하는 사무를 불문하고 엄중하게 비밀을 지키며 결코 이것을 다른 사람에게 누설하는 것을 허용하지 않는다. 재소자의 신상조사 또는 서신취급, 접견 입회 등에 의해 알게 된 일에 관해서도 또한 같다.

제5조 　간수는 항상 형무에 관한 법령 및 무술, 포승 사용법을 수련하고 또 형무를 그 전반에 걸쳐서 연구를 하고 사무상 의견이 있을 때에는 상관에게 진술할 것.

제6조 　상관의 명령 및 훈수(訓授)[225] 사항은 항상 수첩에 기록하고 그 려행(勵行)[226]에 노력할 것. 자신이 듣지 못한 본 조의 훈수 등은 신속하게 상관 또는 동료로부터 이것을 청취해서 기록할 것.

제7조 　간수는 항상 자신의 행동을 조심하고 품위 수양에 노력하며 국어(國語)[227] 및 조선어를 갈고 닦을 것.

제8조 　집무 중에는 직무상 필요한 사건 외에 이야기를 나누지 말 것. 그 직무에 관해 이야기를 나눌 때에는 요령을 간단명료하게 말로 표현하고 자세와 어투 모두 엄격히 할 것. 재소자를 대할 때 역시 동일하다.

제9조 　제복을 착용했을 때에는 복장 및 자세를 단정히 하고 공중(公衆)에 대해서는 응대상의 용어를 신중하게 하고 또한 친절하고 자상하게 할 것.

제10조 　재소자 중 친족, 지인이 있을 경우 신속하게 신고하고 근무지 이외의 형무소에 근친이 구금되었을 때도 역시 동일하다.

제11조 　직무상 친족, 지인과 관계 있는 사무 집행을 명령받은 일이 있으면, 일단 그 관계를 소속 상관에게 말하고 지휘를 받을 것. 그 직무로 취급하는 일은 공무를 지키고 결코 사심을 두지 말 것.

제12조 　복무 내외를 불문하고 동료와 빈번하게 술 마시는 모임 혹은 제복을 착용하고 주막, 노점 등에 출입하는 것을 경계하며 또 만취한 모습을 드러내며 오가는 등의 일이 없을 것.
　재소자가 보고들을 수 있는 장소에서 흡연, 취식 또는 잡담을 하지 말 것.

---

[225] 훈수(訓授) : 상관이 아랫사람에게 집무상 주의를 주는 행위.
[226] 려행(勵行) : 힘써 행함.
[227] 국어(國語) : 일본어를 일컬음.

제13조 자신은 물론 그 가족이 영리를 목적으로 하는 업을 하고자 할 때에는 영업의 종류, 방법에 대해 상세하고 구체적인 신청서를 제출하며 미리 허가를 받을 것.

제14조 새로 명받은 간수는 소속 지소장이나 과장·주임 등 상관으로부터 자기 복무에 관한 방법, 순서 등을 상세하게 명을 받고 의혹이 있는 점은 정중하게 질문하여 만일의 과오가 없게 기할 것.

제15조 새로 명받은 간수는 3일 이내에 같이 사는 가족의 관계를 상세하게 기재하고 현 주소를 신고할 것. 이후 이전할 경우는 바로 그날 이것을 신고할 것.

제16조 본소 지소간에 전근을 명령 받은 자는 명령일자로부터 5일 내에 부임할 것. 만약 기간 내에 부임하기 어려울 때에는 사유를 갖추어 허가받을 것.

제17조 간수의 주소는 소정의 구역 내로 제한한다. 그 구역 이외에 거주를 필요로 하는 사정이 있는 자는 서류를 갖추어 허가받을 것.

제18조 관리신분장(官吏身分帳)에 기재를 요하는 결혼, 이혼 및 호적·민적 등의 이동은 5일 이내에 제출할 것.

제19조 간수의 근무는 배치장소에 의거해 각기 그 복무시간이 동일하지 않으며, 간수근무 규정에서 정한 것과 차이가 있다면 가족 또는 동거하는 호주에게도 자기의 근무시간을 알려 출근시간에 지각하지 않도록 삼가 주의할 것.

제20조 간수의 근무는 통상 외근 및 내근 두 종류로 구별하며 아래의 예에 의거한다.

1. 외근

(1) 일근 : 재소자의 계호, 내외 경비작업의 독려 등에 종사하며 근무시간은 재소자 기상시간 전부터 일을 마치고 방으로 돌아오는 시간 이후까지로 한다.

(2) 격일근무 : 재소자의 계호, 내외 경비, 기타 전호의 사무에도 복무하며 근무시간은 갑을(甲乙) 양 부로 나누어 교대하며 각 20시간 내지 26시간으로 한다.

2. 내근

서무 계산 등에 종사하며 근무시간은 일반관리 집무시간에 따른다. 단 계호 잡무, 작업 및 취사에 종사하는 것은 이에 해당하지 않는다.

제21조 간수는 출근시간 10분 전에 출근해서 스스로 출근부에 날인하고 점검 및 훈수를 받아 배치에 임할 것.

제22조　퇴근할 때에는 점검을 받을 것. 어떠한 경우에도 상관의 허가 없이 함부로 외출하거나 혹은 위치를 벗어나거나 함부로 퇴근할 수 없다.

제23조　간수는 근무 중 복무를 종료했을 때에는 이것을 주무상관에게 신고하고, 근무표 해당 란[일기(日記)]과 근무표가 동일할 때에도 날인할 것. 내근자는 상시 업무 이외의 특별사무에 종사했을 때, 그 종료 때마다 이것을 주무상관에게 보고할 것. 상관 순시 때에는 담당 재소인원 및 당일의 사고 유무를 보고할 것.

제24조　근무할 수 없을 때와 사적인 용무로 다른 곳에 갈 때에는 가는 곳을 가족에게 밝혀 두어 불시의 소환에 지장이 없도록 할 것.

제25조　제복을 착용했을 때에는 모자를 단정하게 쓰고 단추를 바로 채우며 거울을 보고 자세와 복장을 바로잡을 것. 호주머니에 잡다한 물건을 넣어서 불룩하게 하거나 혹은 시계 줄, 끈, 담배쌈지, 수건, 연필 등을 외부에 노출하지 않도록 할 것. 방한 외투를 착용했을 때에는 칼집을 외부에 찰 것.

제26조　안경 사용, 제복용 신발 이외의 신발 착용, 머리·얼굴·손가락에 붕대나 고약 등을 붙이고 근무를 하려는 자는 의사의 진단서를 첨부해서 허가를 받을 것.

제27조　두발, 수염, 깃과 소매부리, 칼라, 커프스, 장갑은 항상 청결하게 하고 칼, 모자, 피복 부속품, 신발, 각반류는 항상 해당 손질을 하여 보존에 주의할 것.

제28조　퇴직, 전근, 전직에 의하거나 또는 교환하기 위해 반납하는 대여품 등은 해당 손질을 한 후 이것을 반납할 것.

제29조　비상사태에 대비하는 소방기와 기타 기구, 기계, 계구의 운용 방법은 항상 숙련하여 일을 당해 주저하지 않도록 삼가 주의할 것.

제30조　칼 및 총기는 함부로 이것을 사용하지 말 것은 물론 발검 및 총을 발사했을 때에는 신속히 그 사유를 보고할 것.

제31조　칼자루는 항상 왼손으로 잡고 왼손의 사용을 필요로 할 때에는 칼끝을 칼집에 꽂을 것. 총기는 그 종류와 경우에 따라 일반적인 휴대방식에 따르고 탈취당하는 것과 같은 일이 없도록 삼가 주의할 것.

제32조　재소자 처우에 있어서는 엄정·공평을 취지로 하고, 그들로 하여금 선량한 국민으로써 좋은 관습에 익숙해지게 하는 취지를 마음에 둘 것.

재소자 중 불손한 행위가 있거나 기타 불량, 불령(不逞)[228]한 거동이 있더라도 분노하여 사심을 품는 것과 같은 일이 없도록 한다.

제33조 재소자 행장의 좋고 나쁨을 엿보아 알 수 있는 것은 입출소 때, 지문 채취, 사진 촬영, 세면과 입욕, 교회(敎誨), 교육, 접견, 진찰, 의료, 상벌, 복역 전후, 식사, 이발, 물건을 주고받을 때 등 모두 그들의 감정과 의지에 어느 정도 감동을 일으키는 조짐으로 나타나므로, 이 경우에는 항상 신중하게 주의를 기울여 적절하고 확실하게 이것을 시찰하여 행장보고의 재료로 제공할 것.

제34조 재소자를 계호하는 데에는 번호, 성명, 연령, 형명, 형기, 죄질, 범죄 수, 기타 신분상의 사항을 자세히 알아두어 상관의 질문에 답하는 것에 주의할 것. 형사피고인의 계호를 맡아서는 재판의 계속 진행 및 공범관계도 자세히 알아둘 것.

제35조 자기의 계호에 속하는 재소인원 및 이동은 항상 상세히 알아두고 교대할 때 하나하나 행동을 지시하고 교대원에게 인계할 것.

제36조 재소자를 여하한 경우에라도 혼자 다니게 하거나 시선 밖에 두지 않도록 한다.

제37조 재소자 계호 중은 물론 망을 보는 근무 중에도 서적, 신문지류를 열람할 수 없음은 물론 동료, 기타 다른 사람과 함부로 이야기를 나누지 말 것. 직무상 뒷받침하는 이야기, 설명 등이 필요한 사건일 때에는 재소자를 시선 내에 두고 요령있게 말하고 5분 이내에 끝낼 것.

제38조 재소자 서로 간에 함부로 물품을 주고받거나 서로 이야기를 나누게 하는 일을 할 수 없다. 동작 또는 작업에 관해 특별히 대화를 주고받을 필요가 있을 경우 미리 허가를 부여해서 면전에서 이를 하게 할 것.

제39조 문짝, 창고, 광 등의 자물쇠가 불안전하다고 판단되거나 또는 길고 큰 물건, 기타 물건의 조치, 관리방법 등이 적절치 않다고 판단될 경우에는 신속히 보고할 것.

제40조 재소자 중 위령반행(違令反行)[229]하는 자가 있다고 인정될 때에는 함부로 사사로이 벌을 가하는 일 없이 증거를 들어 신속히 신고할 것. 폭행, 기타 비행의 제지에 따르

---

228 불령(不逞) : 불만이나 불평을 품고 구속에서 벗어나 제 마음대로 행동함.
229 위령반행(違令反行) : 명령과 법규를 위반함.

지 않는 자는 즉시 제압해서 인도할 것.

제41조 위령반행하려고 하는 자 또는 명령을 수긍하지 않는 자에게 훈계하고 경고할 때에는 노여운 기색을 띠고 능욕을 가하는 언사를 사용하는 일 없이 온화하게 이것을 타일러 가르칠 것.

제42조 문자를 쓰지 못하는 재소자를 위해 대필을 명령받았을 때에는 함부로 고상한 문언을 나열하는 일 없이 가능한 한 대화체의 간단명료한 문자로 기술하고, 일단 이것을 본인에게 읽어 들려주고 그 성명을 스스로 적게 할 것. 그 문자를 대독할 때에는 의미를 본인에게 양해시킬 것. 통역을 위해 번역문을 읽어 들려주는 경우에도 또한 동일하다.

제43조 재소자로 민형소송사건(民刑訴訟事件)에 관해서 또는 기타의 일에 관해서 소원(訴願)[230]을 하고자 하는 자가 있을 때에는 신속히 신고할 것.

제44조 관리, 기타 동료 등에 대한 호칭은 아래와 같다.

친임관(親任官), 칙임관(勅任官)	관명(官名) 각하(閣下)
주임관(奏任官), 상관(上官)	관직명(官職名) 귀하(殿)
동료 및 이하	성(姓) 관직(官職)
기타	신분 및 사회의 지위에 따라 해당하는 경칭(敬稱)[231]을 사용하는 것을 허용한다.

상관을 대할 때 상관의 하급관료에 속하는 사람을 호칭할 경우, 그 하급관료가 자기 상관이더라도 경칭을 붙이지 않고 단지 성(姓)과 관직을 부를 것.

제45조 재소자를 부를 때에는 '제 몇 번'이라고 부르고 이름을 사용하지 말 것.

제46조 형무관리에 대한 재소자의 용어는 '성' 다음에 '관명 님'이라고 칭하고 그의 청부인(請負人)[232]과 동 대리인 및 청부수업수(授業手)[233]를 대할 때에도 이에 준하게 할 것.

---

[230] 소원(訴願) : 위법 또는 부당한 행정처분으로 자기의 권리 또는 이익이 침해되었다고 믿는 사람이 그 처분 또는 재결을 한 행정관청의 상급관청에 처분, 재결의, 취소 또는 변경을 요구하는 일.
[231] 경칭(敬稱) : 존경하여 일컬음.
[232] 청부인(請負人) : 상대편이 어떤 일을 맡아 완성하면 그 일의 결과에 대해 약정한 보수를 지급하기로 한 사람. 도급인(都給人)과 같은 뜻.
[233] 수업수(授業手) : 작업을 지도하는 사람.

제47조 재소자 상호간 용어는 '제 몇 번' 다음에 '씨'라고 호칭하게 할 것.

제48조 자기가 계호하는 재소자 중 부상자, 발병자가 있을 때에는 응급경중을 헤아려 신속하게 신고하고 치료를 요청할 것.

사태가 급하여 즉시 의사진료를 요청하는 자가 있을 때에는 사후 신속하게 신고할 것.

제49조 자기가 관장하는 물품을 파손, 분실했을 때에는 그 이유를 소명하고 소속 물품, 회계, 관리 또는 물품취급 주임자에게 보고하고 교환 혹은 다시 줄 것을 요청하고 불용물품은 신속하게 반납할 것.

제50조 간수가 사용하는 도장은 원형, 타원형, 사각형 가운데 최대 직경 4푼(1.21cm), 최소 직경 2푼(0.606cm)인 것으로 하고 글자체는 한자의 해서(楷書), 행서(行書), 예서(隸書) 내에서 선명하게 할 것.

동료 간에 성(姓)이 같은 사람이 있을 때에는 성에 이름 한 글자를 첨가하거나 이름만을 새길 것.

제51조 간수는 직무상 항상 5매 이상의 명함을 휴대할 것.

명함 크기는 길이 3촌(9.09cm), 너비 1촌 8푼(5.45cm)으로 하고 경질(硬質)의 백지를 사용해서 아래의 형식에 따를 것.

명함 형식

(부장)   (간수)

조선총독부 간수부장 간수 ○○○ 재근 성명

조선총독부 간수 ○○○ 재근 성명

제52조　간수가 질병으로 근무할 수 없을 때에는 출근 시한 20분 전까지 질병 근신 신고서를 제출할 것. 질병 근신이 2일 이상일 때에는 다시 같은 신고서에 의사의 진단서를 첨부해서 전항의 시각까지 제출할 것.

전항의 진단서는 출근시한 후 10시간까지 그 제출을 유예할 수 있다.

출근 중에 병에 걸려 근무할 수 없을 때 집무시간 내에는 소속과장 또는 담당주임에게 신고하여 형무소 의사의 진단을 받고 그 내용을 제출할 것. 형무소 의사가 부재일 때에는 상사의 인정에 의거한다.

제53조　진단서의 효력은 최장기 21일간을 한계로 하고 경증 질환은 제1회는 3일간 이내, 제2회 이후 7일마다 진단서를 제출하고, 3주 이상에 이르는 것을 중한 질환으로 인정해 3주마다 신고서에 진단서를 첨부해서 제출할 것.

질환의 경과서 제출 방법을 명령받았을 때에는 주임의사와 상의해 신속하게 제출할 것.

제54조　질병에 걸려 주소 이외의 장소에서 치료하려는 자는 신속하게 신고할 것. 그 근무지역을 벗어나 요양하고자 하는 때에는 의사의 진단서를 첨부해 허가를 받을 것.

제55조　질병으로 결근 중에 구외(構外)[234] 운동 혹은 외출이 필요할 때에는 의사의 진단서를 첨부해 신고할 것.

제56조　질병결근자에 대해서는 형무소 의사, 간수장 등이 임검(臨檢)[235]하게 할 것. 이 경우 주치의(主治醫) 의견, 약재와 질환 상태, 요양방법 등을 함께 검사 관리에게 신고할 것. 또한 형무소 의사의 진찰에 응할 것.

제57조　부모 간호, 기타 사고로 결근하는 자는 제52조에 정하는 시간 내에 신고할 것. 간호를 위해 결근하는 자는 주임의사의 진단서를 첨부하고 그 후 2주일 이상에 이르는 자는 2주마다 해당 신고서 및 진단서를 제출할 것.

제58조　부모 간호, 성묘를 위해 근무하는 곳 이외의 지역으로 여행하고자 할 때에는 여행 사유, 여행지 및 왕복일수를 자세하게 기재한 신청서를 제출하여 허가를 받을 것.

234　구외(構外) : 어떤 시설을 관할하는 구역 밖.
235　임검(臨檢) : 현장에 가서 검사함.

부모를 간호하기 위해 여행하고자 할 때에는 주임의사의 진단서 또는 사실을 증명할 수 있는 서류를 전항의 신청서에 첨부할 것. 이 경우 전조의 신고서 및 진단서의 제출기간 2주를 20일까지 연장하는 것을 허가한다.

제59조　출장을 명령받았을 때에는 소정의 일정에 의해 여행을 완료하고, 출발일과 돌아오는 날을 모두 각각 신고할 것. 돌아왔을 때에는 신속하게 이 결과를 보고할 것.

제60조　공무, 개인 여행 중 질병에 걸리거나 혹은 뜻밖의 사고로 예정 기한일 내에 복귀할 수 없을 때에는 그 사실을 증명할 수 있는 의사의 진단서, 경찰관서장, 역장, 선장 또는 시정촌장(市町村長: 조선 내 여행에 있어서는 부, 읍, 면장)의 증명서를 첨부해서 복귀했을 때 신속히 신고할 것.

제61조　휴가 중에 여행을 하고자 할 때에는 그 행선지를 상세하게 기재해 신고할 것. 그 여행이 2일 이상 걸릴 때에는 미리 허가를 받을 것.

제62조　관사 거주를 명령 받았을 때에는 관사 거주자 규정에 의해 기한 내에 들어가고 또 지침서를 준수할 것.

제2장 문위(門衛) 근무 수칙

제63조　문위간수는 형무소 경비상 중요한 임무를 맡는 것이다. 따라서 일반 기율(紀律) 보전상 크고 작은 주의를 기울이며, 출입자 단속에 임해 그 휴대하는 물건에 대해 정밀하게 이를 검사할 것.

제64조　정문 및 통용문은 항상 폐쇄하며, 통용문은 관리 집무시간 및 그 전후 1시간은 잠그지 않고 재소자 동작시한표(動作時限表)에 정해진, 방으로 돌아오는 시간 1시간 후부터 다음날 기상시간 30분 전까지의 사이에 출입을 허가받은 자가 있을 경우에 그 시각 및 인명을 보고할 것.

제65조　직원 각각 출근시한 1시간을 지나 출근하는 자가 있을 때에는 그 시각, 인명을 보고할 것.

제66조　통행은 통용문으로 왕래시키고 지체 높은 관리 등의 출입에 있어서는, 상관의 명령이 있을 때 정문을 열 것. 길고 큰 물건 등의 출입에 있어 정문을 열 필요가 있을 때에는 미리 상관의 지휘를 받을 것.

제67조 정문을 열 때에는 통용문을 폐쇄하고, 통용문을 열 때에는 정문을 폐쇄하여 동시에 양 문을 열 수 없다.

제68조 호송용 마차, 자동차 등이 출입할 때에는 시간을 계산하여 적절히 개폐하고 부근 출입인에게 미리 그 위험을 피하게 할 것.

제69조 형무소 내외에 비상사태가 발생했을 때에는 한층 문의 개폐와 출입자 감독을 엄격히 하여 직원 외에 상관의 지휘 없이 함부로 출입을 허가하지 말 것. 단 감독관청 직원 및 사법관임을 알고 입장시켰을 때에는 이것을 기록하여 보고할 것. 비상사태에 제323조에 의해 간수 명함을 받았을 때에는 도착시간을 기록하고 이를 보고할 것.
비상사태 때에 작업청부인(作業請負人) 및 그 용인(庸人)으로서 출입허가증을 소지한 자 및 물품납입자로 인도하지 않은 납입물품이 있는 자는 출입하게 할 수 있다.

제70조 정문, 통용문 안팎에는 사람을 멈춰 세우거나 혹은 물건을 두지 말 것. 외래인이 탄 차와 말 또는 그 휴대 물건은 해당 보관 장소를 지시할 것.

제71조 일몰부터 일출에 이르는 야간은 당직간수장의 허가 없이 직원 이외의 사람을 출입시킬 수 없다.
동 시간 내 출입하고자 청하는 용건의 내용이 명료할 경우에는 우선 상관에게 보고하고 지휘를 받을 것. 직원의 출입에 있어 용건 내용이 명료하지 않을 때에는 이를 거절할 것.

제72조 외래자에 대해서는 신분고하, 겉모양에 상관없이 결코 교만한 행위를 하지 말 것. 특히 언어 응대에 주의를 기울여 정중하게 내방한 뜻을 살펴 용건을 받아들이거나 접수원의 소재를 가르쳐 주어 처리 방법을 친절하게 알려 줄 것.
술기운을 띠는 사람, 위험한 물품을 휴대한 사람, 기타 겉모양과 거동이 의심스러운 자가 와서 출입을 요구할 때에는 문밖에서 기다리게 하고 상관의 지휘를 받을 것.

제73조 상시 출입을 허가받은 상인, 청부인 및 그 대리인이라도 전조 제2항의 상태일 경우에는 일시 출입을 제지하고 상관의 지휘를 받을 것.

제74조 물품을 휴대하고 나가는 자가 있을 때에는 반드시 출문증(出門證)을 검열하여 출문을 허가하며, 출문증이 없는 자는 출문을 거부할 것.
들어올 때 휴대한 물품을 그대로 가지고 나갈 때 혹은 직원 직무상 물품을 휴대하였을 때에는 출문증이 필요치 않더라도, 의심이 가는 것은 휴대자의 입회하에 내용 검열을 요구할 것.

제75조　외래인으로 거동이 불온한 자, 소란스러운 자 등이 있을 경우에는 일단 공손하게 제지하고 그래도 받아들이지 않을 때에는 상관의 지휘를 받을 것.

제76조　어린아이 및 갓난아기는 가능한 출입시키지 않도록 하고 일단 같이 온 사람에게 주의를 시킬 것.

제77조　문위간수가 교대하고 비번일 때에는 우선 공중대기실(公衆待機室)을 순시하고 만약 공중대기실에 장시간 대기 중인 자가 있을 때에는 그 성명, 용건, 대기시간을 서무과장에게 보고할 것.

제78조　문 내외 현관 부근에 쓰레기 및 불결한 물품을 인지했을 때에는 청소담당 간수에게 통보하거나 사환에게 청소하게 할 것.

제79조　구내에서 이유 없이 고성을 지르거나 이유 없이 뛰거나 해서 정숙을 해치는 자가 있을 때에는 이를 제지할 것.

제80조　비상문을 열어 임시로 외래인의 출입 및 물품 출입을 허가하는 경우에 그 문위 임무에 임할 때에도 역시 본 장의 규정을 적용한다.

제3장 견장소(見張所)[236] 근무 수칙

제81조　견장소 근무란 일정 장소에서 직접 또는 간접으로 재소자 계호 및 시선이 닿는 구역의 경비를 행하는 임무를 맡는 것이다.

제82조　견장소 근무자는 일정 장소를 중심으로 하고 때로 명령이 있을 때 외에 6보 이상 자리에서 벗어날 수 없는 것으로 한다. 초소 밖에 나갔을 때에는 감시 구역을 모두 볼 수 없는 지점에 갈 수 없는 것으로 한다.

제83조　견장소 근무 중 직접계호에 속하는 재소자가 있을 때에는 제7장의 공장 담당 임무도 행할 것.

제84조　견장소 근무 중 간접계호에 속하는 재소자가 있을 때에는 그 재소자의 동정, 행장

---

[236] 견장소(見張所) : 감시(초)소.

등에 관해서 보고들은 사실을 각각 그 담당 간수에게 통보할 것.

제85조　해당 견장소의 경계 구역 내에 크고 작은 사고에 관해서는, 신속하게 계호 중앙부에 통보하는 임무가 있는 자가 기민하고 주도면밀하게 주의하여 이것을 보고할 것.

제86조　담당 계호자의 시선 밖에 있는 재소자를 알았을 때에는 즉시 정지를 명하고 담당 계호자에게 인도하고 그 내용을 상관에게 보고할 것.

전항의 재소자가 흉기를 가지고 폭행하는 태도가 있거나 도주를 기도하는 거동을 할 때에는 이를 제어하고 비상통지기(非常通知器) 또는 기타 방법으로 신속하게 이를 보고할 것.

제87조　구외(構外) 및 부근에서 화재가 나거나 기타 사태가 있는 것을 인지했을 때에는 신속하게 이를 보고할 것.

제88조　구내외의 비상사태에는 더욱 근무 장소를 엄중히 수비, 경계하고 상관의 지휘 없이 함부로 그 위치를 벗어날 수 없다.

제4장 순경(巡警)[237] 근무 수칙

제89조　순경을 나누어서 통상순경과 특별순경, 둘로 하고 주로 도주, 탈옥, 기타 내외 불시 사태를 경계하고 또한 다른 간수 및 직원이 급할 때 지원하는 것으로 한다.

제90조　통상순경은 일정 시간에 일정 순로 구역을 순라경계(巡邏警戒)[238]하고 각 방면에 계호자 견장소, 근무자와 중앙간수소와 연락을 유지하며 크고 작은 사고는 상관에게 보고할 것.

제91조　특별순경은 주야 각 3회 이상에 걸친 시각에 순로 및 구역을 정하지 않고 구내외를 순라경계하고 그때마다 시간, 순서, 사고 유무를 상세하게 기재해서 보고할 것.

재소자의 잡담을 몰래 들어 알았을 때에는 밀정보고부(密偵報告簿)에 추호의 꾸밈없이 사실을 바로 써서 보고할 것.

제92조　순경근무 간수는 각 장소의 근무 간수에게 갔을 때 사고 유무를 방문해서 물어보

---

[237] 순경(巡警) : 순회하여 경계함.
[238] 순라경계(巡邏警戒) : 순찰하여 돌아다니며 경계함.

고, 야간에 구내외를 오갈 때에는 서로 누구든 구두 소리와 칼 소리를 조심하여 재소자의 수면을 방해하지 않도록 주의할 것.

제93조　순경 중 각 문 자물쇠, 건물의 문단속, 담장, 통화·통보 기계, 전등 등의 파손, 기구·목재사다리의 관리 방법 등에 특별히 주의를 기울여 그 불완비 또는 위험을 인지한 즉시 스스로 해당 방비를 실시하고 또한 이를 보고할 것.

제94조　순경 중 도주, 불의의 저항, 화재, 급격한 풍수재해를 만났을 때에는 임기응변, 포획, 방압(防壓),[239] 구제 방법을 실시하고 동시에 가능한 그 위치에서 간부에게 급히 보고할 수 있는 수단을 취할 것.

제5장 사방(舍房) 근무 수칙

제95조　사방근무 간수는 담당구역 내에 속하는 정밀(靜謐), 질서, 청결을 유지하며 친절하고 정중하게 재소자를 처우(處遇)할 것.

제96조　항상 재소자의 동정과 행장을 엄밀하게 감찰하고 정숙, 침묵을 지키게 할 것.

제97조　담당부 내에 출입하는 재소자가 있을 때에는 특히 엄밀하게 주의하여 개인신상, 성격 등을 때때로 상세히 조사하여 이를 기억해 둘 것.

제98조　사방 자물쇠는 매번 반드시 점검하고, 평시에 상관의 지휘 및 입회 없이는 문을 열 수 없다.

제99조　사방 내외에 상치기구(常置器具)[240] 및 침구 등은 매일 1회 이상 상관의 입회하에 엄밀하게 수색, 검사할 것.

제100조　새로 담당부 내의 사방에 들어온 자가 있을 때에는 아래 사항을 주의해서 볼 것.
　　　　　관리에 대한 예의 표현 방법
　　　　　부모 및 묘소 있는 곳에 대해 예배를 행하는 방향
　　　　　좌석순
　　　　　취침 위치·방향

---

239 방압(防壓) : 하지 못하게 막고 억누름.
240 상치기구(常置器具) : 늘 비치해 두는 기구.

심호흡 시행 방식 및 그 시간

취침 및 기상시의 수칙

인원 점검시의 수칙

상치기구의 배열순서 및 그 취급 방법

사방 내의 청소 방법

볼일 보는 시간

앞의 각 호 내에 이미 여러 차에 걸쳐 설명해 보인 바에 따라 숙지한 사항에 관해서는 이를 생략할 수 있다.

제101조 매일 기상 후 및 환방 후는 방마다 간수장의 점검을 받을 것.

제102조 사방 및 자물쇠의 이상을 인지하거나 인원의 과부족이 있다고 사료되는 때에는 어떤 시간이라도 모두 담당 사방 또는 일부 사방의 인원 점검을 실시할 수 있다.

전항의 인원 점검을 실시했을 때에는 이상 유무에 상관없이 신속하게 이를 보고할 것.

제103조 사방 앞의 인명찰(人名札)[241]은 항상 정리해서 명료하게 하고 일시적으로 구금하는 자라 하더라도 그 사람의 명찰을 걸 것.

재판소 출정, 기타에 의해 사방에 없을 때에는 같은 함 안에서 구분할 것,

제104조 특별 시찰에 부친 자, 독거구금(獨居拘禁) 중인 자 혹은 다른 재소자와 별도 분리된 자 등이 있을 때에는 특히 시찰을 엄밀하게 하고 그 동정을 신속하게 보고할 것.

전항 외의 재소자와 별도 분리된 자에 대해서는 여하한 경우에도 이를 접촉하거나 들여다보는 기회를 부여하지 않도록 주의할 것.

제105조 형사피고인 혹은 여죄로 형사피고사건을 발생시킨 자 등과 공범관계에 있는 자는 각 사방 명찰에 공범 부호를 붙인다. 또한 엄격하게 이를 별도 분리해서 내외의 통첩(通牒), 증거인멸을 방지할 것

제106조 피고사건 기타 민형사 소송 서류 등의 취급은 특히 민첩하고 빠르게 처리해서 시기

---

[241] 인명찰(人名札) : 재소자의 이름과 생년 등을 적어 놓은 종이 또는 나무쪽. 주로 감방 문 옆의 벽에 함을 설치하고 그 함에 매달아 놓음.

를 놓치지 않도록 주의할 것.

제107조 모든 재방자(在房者)에게 일정 시기 심호흡을 하게 하고, 항상 청결과 방 내의 정돈을 유지하도록 주의를 주며, 또한 매일 아침 기상 후 한 명 내지 두 명을 지명해 방 내의 쓸고 닦는 청소기구 배열 등의 잡역을 담당하게 할 것.

종일 일을 나가지 않는 사방에서는 본 조의 쓸고 닦는 청소 등은 오후에도 또한 1회 이를 행할 것.

재방자의 배식, 복도 청소 등에 복무하는 잡역부(雜役夫)를 특별히 둘 때에는 부정한 중개(仲介)를 금할 것.

제108조 작업에 나가는 자는 확실하게 작업담당 간수에게 인도할 것. 기타 방 이동, 재판소 출정, 이송 등을 할 때 다른 계호자에게 인도를 해야 하는 경우에도 또한 동일하다.

제109조 주야 독거구금자에게는 매일 30분 이상씩 1회 혹은 2회, 10명 이내의 인원을 한정하여 옥외에서 운동하게 할 것.

독거구금자를 운동시킬 때에는 한 사람씩 운동하게 하고 다른 사람과 접촉하거나 들여다보는 기회를 주지 않도록 주의할 것.

본 조의 주야 사방에 구금인원이 다수여서 하루 중에 전부 운동을 시키는 일이 불가능할 우려가 있을 때에는 상관의 지휘를 받아 1회 인원을 10명 이상으로 할 수 있다.

제110조 독거구금자, 중요 사건에 관계된 형사피고인, 사방(舍房)[242]에서 집행하는 징벌자(懲罰者)가 구금 감방 부근에 다른 재소자의 왕래를 요할 때에는 그 행동, 모습 등으로 통첩의 기회를 주지 않도록 단속함은 물론 개인적으로 물품을 수수하는 일이 없도록 주의할 것.

제111조 독거구금자, 징벌자, 기타 특별히 상관으로부터 주의받은 재소자는 더욱 계호상 주의를 신중히 하고 행동이나 동작, 행장 등은 민첩하고 신속하게 이를 보고할 것.

제112조 사방 내의 청결을 유지하고 기온의 높고 낮음, 창(窓) 및 환기구의 개폐 등은 항상 신중하게 주의를 기울이고, 적당한 정도를 벗어나지 않도록 주의할 것.

침구류는 가능한 햇빛 및 바람을 쏘여 습기와 악취를 없앨 것.

---

242 사방(舍房) : 감방.

제113조 재소자의 취면시간(就眠時間)²⁴³에는 최대한 정숙하게 하고 칼 소리를 내거나 구둣발 소리를 내지 않도록 할 것

잠이 드는 시간 중 일부 사람에게 말할 필요가 있을 때에는 최소한의 목소리로 숙면을 방해하지 않도록 할 것.

제114조 사방 내 또는 사방구역 내에서 작업을 시키는 자가 있을 때에는 제7장의 규정을 적용한다.

제6장 병사(病舍) 근무 수칙

제115조 병사 근무 간수는 담당부 내의 계호에 관해서는 제5장의 규정을 적용하고, 의료·위생과 다른 사항이 있을 때에는 형무소 의사의 지시를 받을 것.

제116조 병자에 대해서는 항상 인자로움을 베풀어 병증에 경중을 헤아려서 적당한 처우를 하고 처우상 가혹하게 해서 치료를 방해하는 일이 없을 것.

제117조 간호인은 병자에 대해 편파, 후박(厚薄)²⁴⁴ 또는 혐염(嫌厭)²⁴⁵ 없이 신중하고 친절하게 간병하게 하고 중증환자 또는 사지의 움직임이 부자유한 자에 대해서는 기거를 돕고 오물의 배설도 도와 병자에게 다소라도 병고로 인한 피로를 줄여 주도록 주의시킬 것.

제118조 병자용 의류, 침구, 기타 기구 등은 건강한 자가 사용하는 것과는 엄격하게 이를 분리해서 항상 아주 청결하게 할 것.

만약 오염되고 훼손되거나 땀으로 젖은 것이 있으면 신속하게 세탁하고 말려서 수리하며, 사용하지 못하는 것은 교환을 요청할 것.

제119조 병자의 이발, 면도는 형무소 의사의 지시에 따라 제317조(18장) 규정에 관계없이 간호부에게 이를 자르게 할 것.

제120조 병자의 분뇨, 호흡, 체온, 수면시간, 음식의 분량, 투약시간 등은 형무소 의사 지시에 따라 이를 조사하러 회진할 때에 보고할 것.

---

243 취면시간(就眠時間) : 잠드는 시간, 잠자는 시간.
244 후박(厚薄) : 두텁게 구는 일과 박하게 구는 일.
245 혐염(嫌厭) : 미워서 꺼림.

분뇨, 구토물의 검사를 요하는 자는 해당 용기에 밀봉해 받아서 형무소 의사에게 제출할 것.

제121조 병자의 상태, 경중 등은 병자가 이를 알지 못하도록 주의할 것.

뇌신경계병, 호흡기병, 전염성병, 기타 회복가능성이 희박한 병자에 대해서는 병자에게 그 병명을 알리지 않도록 주의할 것.

제122조 병사 및 그 부근에는 구둣발 소리, 기타 울리는 소리를 경계하고 특히 정숙을 유지할 것.

제123조 질병 회복기에 이르러 운동이나 입욕, 일광욕 등을 요하는 자는 형무소 의사의 통지에 따라 계호계 간수장의 지휘를 받아 이를 실시할 것.

제124조 약탕, 일광욕, 운동을 시켜야 할 자가 있을 때에는 지정시간을 위반하지 않도록 주의하고 그 출입에 관해서는 계호상 해당하는 단속을 할 것.

제125조 병자가 중증에 빠져서 정신 이상을 초래하거나 전염성 병이 발생했다고 판단될 때에는 지체하지 말고 신속하게 보고할 것.

제126조 병고의 통증으로 인해, 혹은 신경작용에 의해 소란스럽게 하거나 몸부림치거나 해서 다른 병자에게 마음의 혐오감을 일으키게 하는 자가 있을 때에는 형무소 의사에게 통보하고 응급처치를 할 것.

제127조 신경계 병자, 전염성 병자, 유행성 병자의 계호 및 간호 방법은 각각 병자에 따라 그때 그때 상관의 지휘를 받을 것.

제128조 병자에 대해서 병상 면회를 허가받은 자가 있을 때에는 가능한 한 다른 병자가 이것을 보고 듣게 하지 않음은 물론, 면회자의 언동이 비애에 빠져 병자에게 의외의 고통을 더하게 하는 것을 주의할 것.

제129조 병자에게 주는 식료품, 자양물(滋養物)[246] 급여 방법은 형무소 의사의 지시에 의함은 물론이지만 병자가 희망할 경우 형무소 의사의 의견을 청취하여 시각 및 분량을 적당하게 할 것.

식료 및 자양물은 한 번에 다 먹지 못한 분량은 지저분하지 않게 보관하고, 잔량이

---

[246] 자양물(滋養物) : 몸의 영양을 도와 건강을 좋게 하는 음식의 성분.

있을 경우 현품을 첨부해서 보고할 것.

제130조 체온계, 소독용기류는 인원수대로 미리 교부받아 둘 것.

제131조 일단 병자에게 제공한 의류, 침구, 기물은 정해진 장소에 옮겨서 언뜻 보기에 다른 물품과 구분하기 쉽도록 표시하여 혼동하지 않도록 주의할 것.

제132조 출산부 및 임산부가 작업을 감당하지 못할 때에는 본 장의 규정을 준용한다.

제133조 사망자가 있을 때에는 간호인 외에 병자는 물론 다른 재소자에게도 이를 알리지 않도록 주의하고 시체 임검(臨檢)을 마치기 전에는 임종의 상태를 바꾸어 놓을 수 없다. 임검을 마쳤을 때에는 상관의 지휘를 받아 관에 수습하고 시체실로 옮길 것.

제134조 병사가 아닌 장소에 있어서의 병자 처우에 관해서도 또한 본 장의 규정을 적용한다.

제7장 공장 근무 수칙

제135조 공장 근무란 구내의 각 공장은 물론 영선(營繕), 경운(耕耘) 및 외부작업장 등 재소자의 작업을 위해 움직이는 자를 계호, 감독하는 근무를 칭한다.

제136조 공장 담당간수는 담당 구역 내에 속하는 공장의 정숙, 질서, 위생을 유지하고 재소자의 작업을 독려할 것.

제137조 공장은 재소자의 조업(操業) 전에 빈틈없이 순시하고, 계호상 장애가 없음을 확인한 후 조업을 시킬 것.

구내 공장에 일을 내보낼 때에는 재소자 입장 전에 본 조의 순시를 마칠 것.

제138조 공장 담당간수는 항상 전 공장 내를 둘러볼 수 있는 장소에서 재소자의 행장, 작업의 근면 여부, 과정의 경중을 사찰할 것.

제139조 공장 담당간수는 담임하는 작업의 순서, 방법, 제작 방식, 제작품의 공졸(工拙),[247] 정조(精粗)[248] 등을 식별할 수 있는 능력을 갖추도록 주의할 것

제140조 복역자는 엄격하게 잡담을 금할 것. 단 작업에 관해 특별하게 이야기를 나눌 필요가 있을 때에는 내용을 확인하고, 필요하면 계호자가 들을 수 있는 장소에서 담화

---

[247] 공졸(工拙) : 교졸(巧拙). 잘하고 못함. 익숙함과 서투름. '숙련도'라는 의미로 해석됨.
[248] 정조(精粗) : 정밀함과 거칢.

를 허락할 것.

제141조 공장부 내에 출입하는 수부인(受負人)의 수업수(授業手) 등의 행위로 기율을 어지럽힐 우려가 있다고 판단될 때에는 신속하게 이를 보고할 것.

제142조 기계, 기구, 소품, 제품 취급은 충분히 조심하고 그 출납, 보관도 항상 정돈해서 소재 및 장부 기록을 분명히 할 것.

제143조 복역자가 전용으로 쓰는 기계, 기구는 항상 해당 손질을 하게 해 작업 전, 작업 후 매일 점검할 것.

제144조 공장 내의 물품, 사용하지 않는 나뭇조각, 대팻밥 등의 종류는 넣어 두는 일정 장소를 정해 어질러지지 않도록 주의할 것. 공장 부근에 불용 물품을 쌓아 두거나 날짜를 넘겨서 이를 방치하지 않도록 주의할 것.

제145조 작업자 명부, 일과표, 작업기구, 소품의 수불(受拂), 기타 소정의 여러 대장, 표식(表式)을 장부에 기록하고 정리할 것.

제146조 삭제

제147조 청부업의 제작품을 완성해서 반출하고자 할 때에는 그 모양, 수량 등을 자세히 조사해 작업 담당자에게 통보하고 지시를 받아 반출 수속을 하게 할 것.

시험적으로 작업 중인 청부작업, 관공서·회사 또는 개인 위탁 제작품으로 수량이 과다한 것에 대해서도 일반 도급업 제작의 예에 의하는 것으로 한다.

제148조 매일 작업 담당자의 입회를 받아 각 과정 작업자의 과정을 검사하고, 과정의 종료 여부, 제품의 정밀도를 검사하여 이를 일과표에 기록할 것.

과정의 정함이 없는 제작품에 대해서는 대략 한 사람의 업무량에 해당하는 제작을 마쳤는지 검사하고, 또는 제작품의 기술자에 관해 전 호의 예에 따라 아래의 감별(鑑別)을 일과표에 기록할 것.

양호(良)   보통(普通)   불량(不良)

제149조 소품의 배분, 제작품 취합 등을 위해 특별히 동일 공장 내의 복역자를 사용하는 것을 잡역부(雜役夫)라고 칭한다.

잡역부에게는 이발 및 공장 내 청소, 배식을 부업으로 부과할 수 있다.

잡역부는 행장이 양호한 자 가운데 선정할 것. 잡역부가 다른 재소자에 대해 오만한 태도를 보이지 않도록 경계할 것.

제150조 비품, 제작품, 소품, 기구, 기타 일체의 물품을 분실, 훼손했을 때에는 신속하게 이유를 소명하고 서면으로 보고할 것.

제151조 불용하는 기구, 소품, 기타 일체 물품 및 망실, 훼손된 물품으로 재사용 또는 용도를 바꾸어 쓸 예정이 있는 것은 그것의 예정서를 제출할 것.

제152조 입소한 달 및 그 다음 달부터 두 달을 경과하거나 행장 불량, 작업성적이 열등한 자는 이를 일과표 비고란에 기재하고 작업 주임자의 날인을 받을 것.

숙달기간이 정해진 작업에 임하는 자가 그 기간의 최종일에 달했을 때에는 이를 작업 주임자에게 보고할 것.

제153조 숙달일을 경과해도 기능이 나아지지 않거나 도저히 작업할 능력이 없는 자라고 판단될 때에는 이를 작업 주임자에게 보고할 것.

제154조 공장 및 부근에는 현재 그 작업에 필요한 기구, 기계, 소품 외에 어떠한 물품도 두게 할 수 없다. 제작품은 제작 때마다 검사한 후 거두어서 교부를 종료할 때까지 해당하는 것을 작업 주임자에게 보관할 것.

제155조 복역자의 용변을 위한 화장실 출입은 지정된 시간 내에 따를 것. 시간 외에 화장실 출입은 병자 및 노약자로 제한한다.

제156조 작업을 바꾸거나 기타 사고에 의해 다른 작업장으로 이동하는 자가 있을 때에는 본인의 일과표를 그 담당간수에게 인계할 것.

인계받은 간수는 해당 일과표의 정부(整否)를 조사하고, 기입 미제(未濟), 계산(計算) 미완료, 오기(誤記) 또는 불명료한 점이 있는 것은 당일에 한해 정정을 요구할 것.

제157조 청부업 또는 위탁업, 위탁 영선·토공 등의 작업에 관해서는 계약서, 명령서의 조항을 이행할 책임을 지며 만일 위배하는 점이 있다고 판단될 때에는 신속하게 보고할 것.

제158조 취업자 중 상관에게 면회를 요청하거나 정원(情願)을 하고자 청하는 자가 있을 경우, 완급을 조절해 가능한 방해가 없는 시간에 이를 듣고 보고할 것.

제159조 취업자에게는 과정 이상의 작업을 하도록 독려를 가할 것. 만약 숙달기를 경과한 자로, 10일 이상 계속해 과정의 10분의 7 이상의 성적에 달하지 못하는 자가 있을

때에는 의견을 첨부해서 이를 보고할 것.

제160조 기구, 기계 중 그 사용자가 직접 가공하거나 수리할 필요가 있는 것은 일단 점검 후 경미한 것에 한해 이를 허락할 것.

본 조의 가공 및 수리에 있어 재료를 요하는 것은 제작 명령서를 발부받을 것.

제161조 제작 명령서가 없는 것은 제작할 수 없다.

제작 명령서를 받았을 때에는 제작 방법의 대체의 요지를 조사해 재료의 적부(適否), 과부족 등을 확인하여 신속하게 제작을 명할 것.

물품의 제작을 명할 때에는 제작해야 할 물품, 명령을 받아야 할 수형자의 기능, 체력이 적당한지 여부를 조사해서 적당하다고 생각되는 자에게 이를 명령할 것.

제162조 기구, 기계를 소홀하게 취급하거나 소품을 남용하지 않도록 엄격하게 감독하고, 명령에 복종하지 않는 자가 있을 때에는 이를 보고할 것.

제163조 토공, 영선, 경운, 토사 채취, 기타 외부 작업을 할 때, 특별히 상관으로부터 계호자의 위치를 지정받지 않았을 경우에는 미리 공장 지세를 고려해 조사하고 작업지구(作業地區)를 한 방면으로 모아 항상 모든 수형자를 시선 내에 두어 계호에 편리한 위치를 선정해 있을 곳을 정할 것.

2인 이상의 계호자가 있는 경우에는 동료간에 합의하고 윗자리의 간수가 이를 결정할 것.

제164조 전 조의 외역장에 있어서는 작업을 시작하기 전 거듭 인원 및 계구를 점검하고 점심 식사 시, 작업종료 후, 철수 시 등에도 동일하게 점검을 실시할 것.

제165조 구외 작업 중 아래의 경우에는 필요에 따라 작업시간 내라 하더라도 모든 수형자를 철수시켜 귀소할 수 있다.

1. 수인(囚人)의 심리가 불온(不穩)한 상태인 사실을 인식했을 때
2. 도주 및 탈옥자가 있을 때
3. 급 발병자 혹은 중상자가 있어 환송을 요하고 남은 계호 인력이 적어질 때
4. 강우나 천재지변에 의해 작업에 방해가 있을 때
5. 부근에 다중이 모여 수인의 심리가 동요될 우려가 있을 때
6. 계호자 중에 급 발병자 혹은 중상자가 있어 계호 인력이 적어질 상황에 이르렀을 때

7. 지정 작업을 종료했을 때

제166조 전 조의 사고가 있었을 때에는 신속히 부근의 전화나 기타 방편으로 이를 보고하고, 제2호의 사고가 있을 때에는 먼저 작업을 중지하고 모든 수형자를 일정한 장소에 집합해 경계를 엄밀하게 함은 물론, 동료가 각각 나누어 한편으로 추적 또는 진압에 임하고 한편으로 본소에 통보하여 지원을 청하거나 해당 계호자의 추적 또는 진압 여력이 부족할 때에는 가장 가까운 경찰관서, 헌병대에 원조를 요청할 것.

전 조 제3호 및 제6호 후단의 사고가 발생할 경우, 해당 수형자에게 명령하여 돌보게 하고 가장 가까운 의사에게 응급처치를 하게 할 수 있다.

제167조 구외 작업자의 복역시간, 기타 활동시간은 구내 작업자와 같고, 공장이 먼 곳에 있어 출업(出業) 및 귀소 시각이 지연되는 자는 미리 상관의 지시를 받을 것.

제168조 구외 작업자 중 적당한 시기에 1회 혹은 2회, 인원 및 계구를 점검하고, 출업 및 귀소할 때 그때마다 간수장의 입회하에 인원 및 계구 점검을 실시할 것. 형무소 구내에서 구외로 수차례 출입을 요하는 작업에 있어서는 출업 전, 정오, 파업(罷業) 후 3회 본 조의 점검을 받을 것.

제8장 취장(炊場)[249] 근무 수칙

제169조 취사장 담당간수는 취사부를 사역시켜 재소자에게 공급할 식사의 조리·제작을 담당하는 자로 작업에 관해서는 제7장 구내 작업에 관한 규정을 적용한다.

제170조 취사장 담당간수는 계호자로서 근무함은 물론, 식재료의 수주, 조리방법, 물품 보존과 출납 정리 등에 관해서는 용도(用度)[250]와 급양(給養)을 담당하는 상관의 지휘를 받을 것.

제171조 취사장 담당간수는 재소자 급양 가운데 식사가 일반 건강에 큰 관계가 있음을 헤아리고 위생에 깊이 주의하여 취사장 내는 물론 취사부의 두발·수염·피복·팔다리, 여러 기물을 청결하게 하며, 또한 식품 조리방법, 배합방법, 모기·파리를 없애는 방법

---

249 취장(炊場) : 취사장.
250 용도(用度) : 관청이나 회사에서 물품을 공급하는 일.

등을 연구하여 의견이 있을 때에는 지체 없이 상관에게 제의할 것.

제172조 식료 및 취사용 물품을 취사장에 지입(持込)[251]받는 데 입회할 때에는 납입수부계약(納入受負契約) 또는 이것을 대신하는 명령의 이행을 감시하고 살펴서 부패품, 불량품, 무게, 인원수 등을 검사하고 납부품 및 수주방법에 부적당하다고 판단되는 것이 있으면 지체 없이 보고할 것.

제173조 일상에 급여하는 식료품을 물품회계 관리 또는 물품취급 관리로부터 받거나 잔여품을 반납할 때에는 수주를 분명히 하고 항상 장부에 기록해 실수가 없도록 할 것.

제174조 식량 조리는 식단표에 의거해 만들고, 매 식사시간 20분 전까지 관계 계원에게 검사 받을 것.

매 식사의 식량 구분과 배부방법은 식량 청구 통지서를 대조해 과부족 없이 식사시간 10분 전까지 각 담당간수에게 인도를 마칠 것.

제175조 병자에게 주는 식량 및 용기 등은 건강한 사람에게 급여하는 것과 엄격히 격리하고 식기류는 매번 끓여 세척할 것.

전염병자에 속하는 본 조의 물품은 이를 그 수용방에 속하는 간호부(看護夫)에게 끓여 세척하게 하고 취사장 내에 반입을 불허한다.

제176조 기구 및 식재료는 항상 불결하지 않은 위치에 두는 곳을 정하여 배열 순서를 바르게 하고 취급방법이 거칠고 난폭하거나 낭비되지 않도록 엄격하게 주의할 것.

조리과정에서 생기는 쓰레기와 쓸모없는 종류들은 일정 용기에 담아 수량을 장부에 기입해 용도 주임자에게 보고할 것.

제177조 기구, 기계는 매일 해당 손질을 하고 세척하여 닦는 것에 소홀하지 않음은 물론, 적어도 10일마다 1회 이상 엄밀한 소독법을 시행하고 동시에 수량 점검을 실시할 것.

제178조 증기, 수도, 전기, 연료, 기타 식량 용품에 이르기까지 경비 절약상 세밀한 주의를 기울이고, 평일의 아주 작은 차이는 경비 세출상에 있어 지대한 관계가 있음을 헤아려 사소한 태만도 없도록 주의할 것.

제179조 조리에 화기를 사용하는 장소는 관리를 엄격하게 하여 사용이 끝나면 확실하게 소

---

[251] 지입(持込) : 가지고 들어옴. 지참.

화를 하고 발화용 성냥류는 항상 직접 보관해 화재를 경계할 것.

제180조 증기로 조리를 할 때에는 특별히 지정된 장소인 경우를 제외하고, 기관실 단속은 취사장 담당간수가 기관수, 화부(火夫)를 감독하는 것으로 한다.

제181조 욕장(浴場) 내에 특별히 간수를 배치하지 못할 때에는 욕장 단속에 대해 취사장 담당간수가 이를 관장할 것.

제182조 양돈(養豚), 양계(養鷄) 등 가축(우마를 제외)을 사육함에 있어 특별히 다른 사육자를 명하지 못할 때에는 취사장 담당간수가 이를 책임지고 맡아 처리할 것.

제9장 위생 근무 수칙

제183조 위생 담당간수는 소제부(掃除夫),[252] 변사부(便捨夫)[253]를 사역시켜 형무소 구내외 청결을 유지하며 하수, 화장실, 굴뚝, 난로 청소에 이르기까지 이를 담당할 것.

제184조 청소부, 변사부 작업에 관해서는 제7장의 규정을 적용한다.

제185조 위생 담당간수는 건조물(建造物)[254] 및 물품의 보존, 불용물품의 이용, 정리, 경비, 검속(檢束)상에 있어서도 실수 없이 주의를 기울이고 의견이 있을 때에는 지체 없이 제의할 것.

제186조 위생 보전(保全)이나 방역 등에 관해서는 형무소 의사의 지시를 받거나 협의할 것.

제187조 청소 구역은 대략 아래의 다섯 구역으로 나눈다.

    1. 사무소 구역

    2. 사방 구역

    3. 공장 구역

    4. 구외 구역[주로 정문 앞, 연무장, 구락부(俱樂部),[255] 제품 진열장 및 담장 밖 순경길을 말함]

    5. 부속용지 구역(석산 공장, 석산 간수휴게소, 창고 등)

---

252 소제부(掃除夫) : 청소부.
253 변사부(便捨夫) : 각 감방의 변기통을 치우는 사람. 일제강점기 감옥의 감방 안에 화장실이 없어 용변통을 놓아 두고 그곳에 대소변을 보게 하였는데, 이 용변통을 변사부로 하여금 하루에 한 차례씩 비우게 했음.
254 건조물(建造物) : 지어 세운 가옥, 창고, 건물 따위를 통틀어 이르는 말. 주로 사람이 살거나 주생활에 크게 이용하는 주거용을 이름.
255 구락부(俱樂部) : (직원) 클럽.

제188조 매일의 청소는 전 조 제1호에서 제4호에 이르는 사무소 구역에서 구외 구역에 걸쳐 차례로 사방 구역 및 공장 구역에 이르는 것으로 한다.

계호과(戒護課), 의무과(醫務課), 교무과(敎務課), 감정(監丁)[256]대기실, 공중대기실은 사무소 구역에 속하는 것으로 한다.

부속용지의 청소는 미리 해당 일시를 정해 이를 행한다.

사무실 안, 창고 안 등은 특별히 명령한 때 외에는 청소부를 출입시킬 수 없다.

제189조 화장실 및 변기 청소, 교환 등은 적절한 시각에 이를 실시할 것.

오물 운반은 가능한 한 악취를 풍기지 않도록 주의하고 용기 외부에 묻히는 따위의 일이 없도록 할 것.

제190조 청소부 및 변사부의 인원은 정원에 따라 매일의 과정을 마치게 할 것.

복역시간의 장단, 임시 사고에 의해 정원 증감을 요할 때에는 미리 이를 요청할 것.

제191조 공장 구역 청소는, 공장 전면 약 10칸 이내 청소는 공장 담당간수의 계호상 지장이 없는 한 소속 잡역부에게 청소시킬 것.

제192조 청소부 및 변사부는 정원에 의해 한 팀이 되어 작업에 임하는 것은 물론이고 행형 구역 바깥의 작업을 시키는 경우에 있어서는 작업 정도에 적합한 최저 인원 외에는 작업에 내보내지 말 것.

행형 구역 바깥에 작업을 내보낼 때에는 일반인과 접촉하는 기회를 주지 않도록 특별히 주의할 것.

제193조 청소부 및 변사부에 속하는 상용 기구는 아래의 종목으로 하고 위생 담당간수가 이를 관리할 것.

1. 대나무 빗자루

1. 짧은 빗자루

1. 걸레(보통 걸레, 깨끗하지 않은 걸레, 기름걸레 모두)

1. 쓰레받기

1. 물뿌리개 또는 물뿌리는 통

---

256 감정(監丁) : 사환.

1. 짊어지는 막대(보통 막대, 깨끗하지 않은 막대, 2인 막대 모두)

1. 괭이

1. 삽(샤브루シヤアブル)[257]

1. 전정가위

1. 낫

1. 쇠망치

1. 톱

1. 못 뽑는 기구

1. 제초기

1. 삼태기

1. 양동이

1. 거름통

1. 분무기

1. 바가지(보통용, 깨끗하지 않는 용)

1. 사다리(3단 이내)

전 항의 물품은 각 품목마다 상시 비치하여 정수 및 보존 기한을 정해 미리 교부받을 것.

본 조의 물품 외에 상시 비치가 필요한 것은 이를 보고하고 증가 배치를 요청할 수 있다.

제194조 대략 청소를 행하는 데는 기물의 뒤, 구석진 곳, 하수조, 배수관, 도랑, 건물 처마 끝, 홈통, 도리, 상인방의 윗부분, 마루 아래 등 눈에 띄지 않는 부분의 청소에 특히 주의할 것.

제195조 등기구(燈機構), 유리문, 기타 파손되기 쉬운 물건을 접촉해 청소할 때에는 충분히 조심해서 다루게 하여 실수가 없도록 그때마다 주의를 가할 것.

제196조 유류, 소독약류를 사용하게 하는 데에는 가능한 한 효과적으로 해서 낭비하지 않도

---

[257] 샤브루(シヤアブル) : '셔블(shovel : 삽)'의 일본어식 표기로 추정됨.

록 힘쓰는 것은 물론, 다른 것을 오염시키지 않도록 주의할 것.

제197조 통로 및 기타 장소에 못, 철사, 쇳조각, 나뭇조각, 토석, 나뭇잎, 마른가지, 대팻밥, 휴지 등이 어질러진 때에는 시간을 막론하고 이를 청소하여 항상 불결하거나 흐트러지지 않도록 주의할 것.

대나무, 기타 물품으로서 넣어 두기가 어려운 물건이 있을 때에는 주관자에게 주의를 주는 한편, 이를 상관에게 보고할 것.

제198조 쓰레기, 오물은 일정한 장소에 버리거나 반출하고, 소각은 가능한 한 쓰레기 소각통을 사용하고, 쓰레기 소각통이 마련되지 않을 때에는 부근에 건물이 없는 정해진 흙구덩이에서 소각할 것.

쓰레기 소각은 오전 7시부터 오후 4시까지로 하고, 강풍이나 풍향이 위험할 우려가 있을 때에는 시간 내라도 신속하게 소화할 것.

제199조 건물의 파손이 적어 특별히 기구, 재료를 요하지 않는 것은 부근 청소 때마다 수리하고, 재료를 요하거나 영선 인부의 기술을 요하는 것은 신속하게 보고할 것.

제200조 매장부(埋葬夫), 살수부(撒水夫), 수목 손질과 가지치기는 청소부가 부업으로 하고 필요할 때마다 위생 담당간수가 이를 취급한다.

묘지 정리, 청소에 관해서도 위생 담당간수가 취급하는 것으로 한다.

제10장 교회(教誨)·교육에 관한 근무 수칙

제201조 교회(教誨)하는 자리의 단속에 종사하는 간수는 자신이 교회사(教誨師)에게 성의를 가지고 경의를 표하며, 피교회자가 가르침을 받아들일 마음을 가지도록 하는 것에 힘쓸 것.

제202조 교회장(教誨場)에서는 정숙하게 질서를 지키게 함은 물론, 교회 중 법령 위반을 제지할 때 전반적인 청문(聽聞)을 방해하지 않도록 힘쓸 것.

제203조 교회 제목 및 취지는 항상 헤아려 재소자가 오래 기억하여 수양에 힘쓰게 할 것.

제204조 교회에 대해 충분한 효과를 거두기 위해서는 우선 신념을 강하게 하는 데 있고, 신념을 강하게 하기 위해서는 계호자 스스로 이를 믿고 불언중(不言中) 이를 유도해야 한다는 것을 알 것.

제205조 교장(敎場) 단속에 종사하는 간수는 교육 취지를 잘 헤아려 교사와 같이 학술 수양에 힘쓸 것.

단속에 종사하는 간수가 스스로 교사가 되어 재소자를 교육할 때에는 교육 방침에 철저하도록 친절하게 성의를 가지고 가르칠 것.

제206조 미성년자가 아닌 재소자에 대해서도 상당히 배우려는 마음을 내어 서적을 보거나 산수 연습을 하려는 데에는 편의를 제공할 것.

독서, 산수 연습을 허가하여 준 학용품을 수학용으로 제공하지 않아 폐해가 있다고 판단될 때에는 신속하게 보고할 것.

제207조 주는 것을 허가한 서적, 문방구는 조심해 취급하게 하고 오명, 훼손하지 않도록 주의 할 것.

제208조 간수는 일정 수학시간 외에 문자 읽는 법, 의의(意義), 산수 등의 질문에 답할 수 없다.

미성년자가 아닌 자가 문자나 의미 해석의 가르침을 청하는 자가 있을 경우에는 교사나 교회사가 이를 통보할 것.

제209조 교회·교육의 요(要)는 그 취지를 각 개인의 위치에 맞게 적응시킴은 물론 항상 성실함을 유지하게 하고, 또 이를 실천궁행(實踐躬行)시키는 것은 헛되이 도리와 정의, 고상(高尙)으로 치달아 적어도 부화(浮華)[258]의 마음을 유발하는 것 같은 일이 없도록 세밀한 주의를 기울일 것.

제210조 교회의 공감 여부, 교육 및 학습의 진척 여부 등은 항상 그 상황을 사찰해 행장 보고의 참고로 삼을 것.

제11장 검사(檢査)에 관한 수칙

제211조 검사(檢査)란 재소자에 대한 인원 점검, 신체검사, 의류, 기타 물건 검사부터 사방(舍房) 수검(搜檢), 차입품(差入品) 검사 등을 말한다.

경비용 벨, 전화, 표시기(標示器), 계호 도구, 소방기계 같은 것들도 본 장의 규정에 의

---

258 부화(浮華) : 겉만 화려하고 실속이 없음.

거해 엄밀하게 검사를 실시할 것.

제212조 전 조의 검사를 실시할 때에는 흉기, 기타 물건의 포장, 은닉, 통첩(通牒), 증거 인멸, 경비용기(警備用器)의 사용 불능, 건강 장애 같은 것이 없는지 여부 등을 검사해 미리 도주나 불의의 변(變)을 방지함에 주의할 것.

본 조의 검사는 형식에 흐르지 말고 본질을 꿰뚫어 주도면밀하게 검사하고, 일개 작은 물건이라도 소홀하게 하는 일 없이 엄격하게 검사할 것.

제213조 인원 점검은 특별히 정하는 경우 외에 매일 기상, 출업자 출업 후, 매 식사 전, 환방(還房) 전, 환방 후, 입욕 시, 기타 필요하다고 인정될 때에는 이를 시행할 것.

제214조 인원 점검은 담당간수가 먼저 미리 인원을 대기시켜 두고 기립(起立), 정렬(整列), 또는 줄지어 앉힌 채로 오른쪽에서 왼쪽으로 차례로 스스로 번호를 부르게 한다.

사방 밖에서는 번호 호칭에 따르고, 점검자는 그 위치에 따라 진행하며, 방안에 앉아 있을 때에는 전원 머리를 숙이게 하고 각자의 번호를 부르면서 차례로 머리를 들게 하며 처음 대기시킨 인원과 일치하면 점검을 마칠 것.

제215조 전신검사는 비밀리에 시행하는 것으로 한다. 따라서 이것을 시행하는 것은 가능한 다른 사람의 눈을 피해 실내에서 시행하고 추하게 되지 않도록 주의할 것.

남성의 전신검사는 간수가 실시하고, 여성의 전신검사는 여간수가 실시하는 것으로 한다.

제216조 전신검사는 특히 아래의 사항을 자세하게 검사한다.

1. 두발, 수염(필요할 때에는 나무빗을 사용할 것)
1. 귀 바깥쪽 부분의 주위 및 귀 속
1. 사지(四肢) 및 손가락 사이, 손톱 사이
1. 관절 각 부분 및 겨드랑이 아래
1. 입 안, 콧구멍, 항문, 음부
1. 붕대, 고약을 사용하게 된 경우에는 의사의 승인을 거쳐 그 내부

전신검사에는 대나무 조각, 칼날 등 일체의 기물 사용을 허용하지 않는다. 또한 피검사자에게 특별히 수치와 혐오의 감정을 일으키게 하는 행위를 하지 않도록 주의할 것.

제217조 의류 물건 검사에 있어서는 특히 아래의 사항을 정밀하게 검사할 것.

  1. 깃 번호표, 소매, 솔기, 끈, 속주머니, 접은 부분

  1. 의류가 솜옷일 때 또는 침구류는 모든 꿰맨 줄 내부 등(손으로 검사)

  1. 띠, 생리대, 수건, 모자, 갓, 장갑, 토시, 버선의 겉과 속 및 내부.

  1. 서적, 용지, 봉투의 철한 부분, 표지, 종이 뒤, 석반(슬레이트) 주름, 주판 내부 등

  검사상 필요에 의해 의류의 꿰맨 곳을 뜯거나, 기타 물품의 파괴, 절단을 요하는 것이 있을 때에는 사유를 갖추어 보고하고 지휘를 받을 것.

제218조 사방 검사에 있어서는 특히 아래의 사항을 정밀하게 검사할 것.

  1. 열쇠와 자물쇠, 경첩, 문, 창 각부, 선반, 격자 사이, 미닫이 문

  1. 기둥, 판자, 벽, 인방, 천정, 마룻바닥, 못 박은 자리, 이음매

  1. 등기구 주위, 수건걸이, 책 선반

  1. 화장실, 변기, 수도꼭지, 개수대

  1. 침구, 깔개, 기타 상설 기구

  1. 서적, 문방구 등

제219조 차입 음식물에 있어서는 특히 아래의 사항을 정밀하게 검사할 것.

  1. 밥, 부식물, 영양식 속, 용기, 포장물 아래 사이 안팎

  1. 영양식 가운데 액체에 주류를 혼입하는 일이 있는지 주의를 요함

  1. 음식물은 차입인에게 시식시킬 것

제220조 의류, 침구 차입품으로 검사의 필요에 따라 제217조의 마지막 항목에 의거해 이를 뜯은 경우에는 원형으로 수리하는 절차를 시행할 것.

제221조 전신검사는 출업자에 있어서는 환방 때, 재방자에 있어서는 매일 사방 검사 종료 후 및 사방 출입 때마다 이를 시행하고, 출업자의 의류 검사(사방옷을 말함)는 매일 오후 1시부터 4시 사이에 실시하고, 오후 작업을 쉬는 경우는 오전 9시부터 정오까지 실시할 것.

  사방의 검사는 전 항의 의류 검사와 같으며, 단 평일에도 오전 중에 이를 실시할 수 있다.

  차입품 검사는 차입 때마다 신청인 앞에서 이를 시행할 것.

제222조 출업자로 작업에 필요하거나 기타 사유로 사방 및 그 구역 내에 들어가게 할 때에는 그때마다 신체 검사, 입은 옷, 휴대물건 검사를 실시할 것.

본 조의 계호자가 사방 담당자와 동일인이 아닐 때에는 사방 담당자가 전항의 검사를 실시하고 계호자는 이에 입회할 것.

제223조 징벌자, 병자, 신규 입소 또는 석방기 때에 임시 입방 시키는 자 등에 있어서는 입방 전 신체, 의류 모두 검사를 할 것.

징벌 집행 중이거나 사고 취조 중에 있는 재방자 검사는 상관의 지휘를 받아 적당한 시기에 이를 실시할 것

병사(病舍)에 있어 사방 검사는 보통 사방과 동일하게 이를 실시하더라도 가능한 정숙하게 병자를 위해 고통을 느끼지 않도록 주의할 것.

제224조 사방 구금자로 재판소 출정, 운동, 입욕, 교회, 진찰, 심문소 호출, 면회 등을 위해 출방시킬 때에는 환방 때 신체·의복 모두 검사할 것.

제225조 일반 작업복의 검사는 재소자 환방 후 탈의실에서 재소자가 없을 때 행하는 것으로 한다.

공장에서 재소자용 기구함류, 기타 공장 내외 물건 보관 장소 등의 검사도 또한 본 조의 예에 의거한다.

제226조 본 장의 검사는 재소자에게 가능한 한 그 방법과 순서를 알리지 않게 주의할 것.

사방 구금자의 사방 및 침구 등의 검사는 가능한 한 방에 없는 시간에 실시하고, 만약 검사시에 방에 있을 때에는 잠시 방 밖으로 나가게 해서 등을 돌리게 하고 이를 실시하는 방법으로 한다.

제227조 문, 자물쇠, 제 건조물에 대해서 또는 기타 부분에 대해 검사를 명받고 특별히 방식의 지시·명령이 없을 때에는 본 장 각 조의 검사 예에 따라 엄밀하게 검사를 실시하고, 또한 검사 후의 단속에 소홀함이 없도록 주의할 것.

제12장 재판소 출정할 때의 수칙

제228조 재판소 출정 근무란 재판소 출정 중인 재소자 계호는 물론, 출정 준비, 돌아 온 후 인도, 그 왕복 여정 및 구치장 관리 등에 관한 모든 경우를 말한다.

제229조 본 장에 있어서 출발, 귀환, 왕복에 대해서는 제13장 압송(押送)[259]의 각 조항을 적용하고, 재판소 내 유치장에 관한 것은 제5장 사방 근무의 각 조항을 적용할 것.

제230조 재판소 출정 관리를 맡은 간수장 혹은 간수부장이 있을 때에는 계호, 기타 관리 등에 대해 그 지시를 받을 것.

전 호의 법정 관리 간수장 혹은 간수부장이 없을 때에는 상석 간수가 편의상 그 임무를 맡을 것.

제231조 재판소에 출정할 때에는 미리 유치장 안을 순시, 검사하여 이상이 없음을 확인하고 수용할 것.

재판소 유치장에 소관을 달리하는 형사피고인을 잡거(雜居)[260]시킬 필요가 있을 때에는 해당 계호자에게 공범관계, 기타 신분관계에 대해 물어보고 같은 방에 두어도 지장 없음을 확인하여 수용할 것.

제232조 재판소 유치장에 있어서는 남녀, 공범자, 범죄 횟수, 연령, 죄질 등 법정의 구별법을 이행하는 것으로 한다. 사방 숫자 또는 인원의 사정 도합(都合)에 따라 절대 구별할 수 없을 때에는 우선 공범, 범죄 횟수, 연령, 죄질에 대해 참작하고, 다수 공범자로 구별할 여유가 없을 때에는 해당 담당관과 협의를 할 것.

제233조 법정에서는 어쩔 수 없는 경우 외에 계구를 사용하지 않는 것으로 한다.

단 폭행이나 도주의 우려가 있다고 판단되는 자에 대해서는 해당되지 않는다.

법정에서 계구를 해제하는 것은 좌석이 정해진 후에 하고 심문, 판결이 끝난 후 다시 이를 사용할 것.

계구를 사용하지 않는 자에 대해서는 특히 관리상 주의하고 또한 정숙하게 할 것.

제234조 재판소 출정 발착 때에는 호송 대표자가 이를 전화로 보고할 것.

제235조 특히 사회적으로 주의를 끌거나 혹은 중요 사건에 관한 형사피고인의 출정 때에는 그 왕복 여정은 물론, 출정 중에도 방청인이나 일반인과 접촉하거나 대화 등의 기회를 주지 않도록 주의할 것.

---

[259] 압송(押送) : 죄인이나 피의자를 어떤 곳에서 다른 곳으로 호송하는 행위.
[260] 잡거(雜居) : 한곳에 섞어 놓음.

본 조의 경우에 다수인의 집합으로 관리상 불편하다고 판단될 때에는 미리 담당 검사나 파출 경찰관에게 사정을 통보하고 적당한 원조를 요청할 수 있다.

제236조 미구류(未拘留) 형사피고인과 동일 법정에 동시 출정하는 형사피고인이 있을 때에는 특별히 필요할 경우를 제외하고 좌석을 나누어 가능한 한 서로 접근시키지 않도록 주의할 것.

제237조 재판소 유치장 내외는 항상 청소하여 청결하게 하고 건물이 파손되었을 때에는 신속하게 보고할 것.

제238조 법정에서 계호자는 특히 자세를 바르게 하고 두 눈을 크게 뜨고 의복을 단정히 하여 법정 내 경호상 충분한 주의를 기울임은 물론, 형사피고인 중에 올바르지 않은 행동을 하는 자가 있어도 심문을 방해하지 않을 정도로 조용히 주의를 주는 외에는 함부로 격노한 소리를 내는 것 같은 일이 없도록 주의할 것.

제239조 재판소 출정 호송에 종사하는 자는 출정 보고부로 각 피고인의 심리 경과, 판결 상황, 행장, 기타 일체의 사유를 갖추어 보고할 것.

제13장 압송(押送)에 대한 지침

제240조 압송이란 이송(移送), 외역장(外役場) 출업(出業), 구외 작업 등 형무소 바깥에 계호 압송하는 모든 경우를 말한다.

재소자를 압송할 때에는 수인 및 피고인 호송 규칙의 규정을 정확하게 지킬 것.

제241조 압송할 때에는 그 경로와 기차, 기선(汽船), 마차, 자동차, 전차 등을 타는지 혹은 도보인지 등을 압송 출발 전에 상세하게 주임간수장에게 지시를 받을 것.

본 조의 경로, 배, 마차 등의 지시에 관해서는 의외의 장애, 기타 부득이한 사유가 있을 때 외에는 마음대로 변경할 수 없다.

만일 출발 후 본 항의 지시를 변경했을 때에는 사유를 갖추어 보고 할 것.

제242조 재소자를 압송하기 위해서는 미리 아래 각 항을 준비할 것.

1. 피압송자의 죄질, 형명, 형기, 성격, 행장의 대략적 요지 조사
1. 피압송자의 건강 및 복장
1. 계구, 삿갓, 신발, 우비 준비

1. 부속 휴대품 및 서류
1. 감옥령 시행 규칙 제54조 및 제55조의 규정에 관한 남녀 양성, 연령의 구별법, 공범자 격리법
1. 계구를 사용해야 하는 자와 하지 않는 자의 구별 및 있을 위치
1. 경로, 일시 및 시각에 관한 것
1. 외부 작업에 있어서는 기구, 기계, 소품, 수확물의 점검
1. 여비 및 음식물 준비

제243조 전 조의 준비를 마치고 출발하고자 할 때에는 피압송자를 정렬시켜 계구를 채우고, 우선 직접 계구를 점검한 다음 간수장의 점검을 받고 지체 없이 정숙하게 출발할 것. 도보일 때에는 걸음걸이를 늦추는 일 없이 빠르게 걷게 할 것.

제244조 피압송자에게 계구를 사용하는 경우 특별한 명령이 있을 때 외에는 아래와 같이 취급할 것.

1. 단독일 때에는 좌우에 수갑을 채우고 포승을 묶은 다음 위쪽을 뒤로 바싹 죄어 한쪽 끝을 왼손으로 잡을 것.
1. 2인 이상일 때에는 두 사람씩 좌우 한쪽에 수갑을 채우고, 연속해서 포승을 각 사람마다 사용하는 것도 전 항과 동일함. 홀로 남은 자가 있을 때에는 제1호와 같다. 형사피고인, 기타 재판소 출정 등의 때에는 제1호의 예에 따르고, 2인 이상인 경우에 있어서도 단독 수갑을 채울 것.
1. 구외 작업을 시키는 재소자에게 계구를 사용할 때에는 수갑과 포승을 사용하지 않고 연결된 쇠사슬의 줄은 앞 궁둥이뼈 상부에 바싹 죄어 뒤에서 자물쇠를 채운다.
1. 호송 전용마차, 자동차로서 적당한 관리가 되는 설비일 때에는 앞의 각 호의 예에 관계없이 단지 수갑만 적당히 채운다.

이 경우에는 각각 제1호의 예에 의거해 단독 수갑을 채울 것.

제245조 도보 압송은 2인까지는 한 줄로 하고, 3인 이상은 2인씩 여러 줄로 하는 것을 보통으로 한다. 도로가 좁거나 부득이 할 때에는 특별히 한 줄로 하거나 통행이 적은 넓은 도로를 갈 때에는 계호상 편의에 따라 4인 1열로 할 수 있다.

제246조 계호자는 재소자 좌측에 해당 간격을 두어 위치를 잡고, 계호자 중 서열이 제일 높

은 자는 맨 뒤쪽의 중앙이나 좌우에서 전체의 계호에 편리하도록 위치를 잡고 뒤따르는 것으로 한다.

계호자 및 피압송자가 다수일 때, 5분의 1에 해당하는 계호자는 재소자 우측 적당한 곳에 자리 잡을 것.

1인의 간수가 재소자 여러 명을 압송할 때에는 제일 뒤에 따라가며 좌우를 감시할 것.

제247조 정촌(町村) 시가지(市街地)나 마차 왕래가 빈번한 곳을 걸어갈 때에는 우측으로 행진하고, 그 외에는 중앙으로 행진하며, 도로가 좁은 곳에서 군대, 기타 다수의 통행이 있을 때에는 적당한 위치에 일시 정지시키고 이를 피할 것.

제248조 동시에 남녀 성인, 미성년자, 노인, 계구를 하지 않은 자, 공범자를 압송할 때에는 남자는 여자의, 성인은 미성년자·노인·계구를 하지 않은 자의, 노인은 미성년자·계구를 하지 않은 자의, 미성년자는 계구를 하지 않은 자의 앞에 세우고 공범자는 각 해당 거리에 간격을 두게 할 것.

특히 인력거 등에 타는 것을 허가한 재소자가 있을 때에는 열외의 적당한 위치에서 서행시킬 것.

제249조 압송 중에는 어떠한 경우라도 타인과 접근하거나 대화하는 것을 허가하지 않음.

제250조 옥외에서는 날씨를 불문하고 수형자에게 항상 삿갓을 쓰게 한다.

형사피고인을 압송할 때 또는 기타 재소자를 작업의 목적이 아닌 압송을 할 때에는 얼굴을 가리기에 충분하도록 깊이 삿갓을 쓰게 할 것.

제251조 예리한 물품을 판매하기 쉽도록 가게 앞 처마 아래 내놓은 근방을 지날 때에는 특히 주의하고 경계할 것.

제252조 선박, 기차, 마차, 전차, 자동차 등을 타고 내릴 때에는 미리 계호 위치를 정해 계호원 중 서열이 제일 높은 자는 승선·승차 때 가장 뒤에 하고 하선·하차 때에는 가장 먼저 하고, 2인 이상의 계호자가 있을 경우에는 그중 1인은 반드시 가장 먼저 하선·하차하고 승선·승차할 때에는 가장 나중에 탈 것. 본 조의 승강(昇降)은 미리 선장, 역장, 차장 등에게 협의하여 가능한 한 일반인의 승선·승차 전에 타게 하고 하선·하차 후에 내리게 할 것.

제253조 도중에 급발병자나 부상자가 있어 그대로 두기 어려운 사정이 있을 때 형무소 의사

의 진료를 요청하기 어려울 경우에는 가장 가까운 병원 또는 의사 진료를 받게 할 수 있다.

제254조 도주나 기타 사태를 당했을 때에는 전화, 전신, 기타 최선의 방법으로 이를 급히 알리고 적당한 때에 가장 가까운 경찰관서의 원조를 요청할 수 있다.

제255조 압송 도중 앞 2조의 사고가 있을 때 압송자는 가능한 한 신속하게 목적 예정지에 도달할 방법을 강구하거나 출발한 형무소로 돌아갈 수단을 취해 계호상 안전을 도모할 것.

제256조 압송 도중 재소자의 인도를 요구하는 자가 있어도 소장의 지휘가 없으면 결코 이를 교부할 수 없다.

제257조 압송 재소자를 목적 장소에 호송했을 때에는 인수자에 해당하는 관리인 것을 확인하고, 인원을 점검하고, 서류를 대조하여 서로 다르지 않음을 확인하고 인도할 것.

인도를 마친 때에는 해당 신병 및 금품의 영수증을 수령하고, 귀청할 때 관계 서류와 함께 이를 제공하고 복명할 것.

압송 도중 재소자의 행장 및 사고는 귀청할 때 신속하게 보고할 것.

제258조 타 관청에 출장해 재소자를 인수받아 귀소하는 경우에 있어서도 본 장의 취급에 의거한다.

제259조 타 관 또는 본소·지소 간의 압송에 관해서는 재소자를 인도했을 때 및 이를 인수받아 출발할 때 전보 또는 전화로 이를 통보할 것.

제14장 재소자 동작상에 관한 수칙

제260조 재소자의 기상, 작업 시작, 작업 종료, 환방, 취침 등의 동작은 별도로 정한 재소자동작시한표(在所者動作時限表)에 의거해 정확하게 이를 지시할 것.

본 조의 동작시한은 매일 그 시간마다 기적(汽笛)이나 종방울(鐘鈴)로 알리는 것으로 한다. 단 기적이나 종방울을 사용할 때에는 상관의 명령에 의한다.

제261조 재소자 동작은 아주 정숙·엄정한 규율로 가장 민첩·활발한 습관으로 길들이는 것을 요한다.

따라서 계호자의 명령도 항상 명료하게 이 취지에 적합하도록 주의할 것.

제262조 작업이나 취침과 같이 미리 준비를 요하는 것은 적당한 시간을 가늠해 20분 이내로 그 준비를 명령할 것.

제263조 재소자가 서 있을 때에는 몸을 똑바로 하여 발을 45도 각도로 벌리고, 양손은 드리워 손바닥을 펴고, 머리를 바로 해 정면을 향해 두 눈을 뜨게 할 것.

앉을 때에는 정좌(正坐)와 안좌(安坐) 두 가지로 나누고, 정좌는 무릎을 뒤로 굽혀 양 무릎을 앞으로 모으고 엉덩이를 양 뒤꿈치에 붙이고 허리 위는 똑바로 하고 양손을 각 무릎 위에 놓게 한다. 안좌는 무릎을 앞으로 마주 접어 꼬아 엉덩이를 바닥에 붙이고, 양손을 바깥쪽으로 손가락 끝을 마주 해 무릎 위에 두며, 허리 위는 정좌와 같이 바로 하게 할 것.

걸터앉을 때에는 양 다리를 바르게 모아 직각으로 꺾고, 엉덩이를 의자 위에 붙이고, 기타는 정좌의 모양을 갖출 것.

안와(安臥)는 마루 위에 눕는 것을 말한다. 취침 후 기상까지 이를 허락하고, 기타 병자 및 의사가 필요하다고 인정되는 자에게 이를 허락하는 것으로 한다.

제264조 재소자를 정렬시킬 때에는 종렬에 있어서는 약 1보 간격을 취하고, 횡렬에 있어서는 양팔이 가까이 닿을 정도로 한다. 기타 행진을 명령하는 경우 3명 이상일 때에는 2열로 하고 2명일 때에는 1열로 하며, 직립 자세를 갖추어 왼발부터 전진을 시작하고 멈출 때에는 일제히 멈출 것.

행진 중에 물품을 휴대하지 않은 자에게는 적당히 손을 앞뒤로 움직이게 하고, 신발은 바닥에 끌지 않도록 할 것.

제265조 사방 내에 있어서의 점검은 정좌한 채로 실시하고, 옥외나 그 외 공장에서의 점검은 세워서 실시하는 것으로 한다. 단 공장 내에서는 편의상 정좌한 채로 점검을 실시할 수 있다.

제266조 입욕, 세면은 욕조의 개수와 대소 또는 세면기 모양에 따라 적절히 조절을 함은 물론이거니와 대략 20명을 한 단위로 하여 정숙하게 이를 실시할 것.

제267조 용변[261]은 대변은 가능한 한 출방 전 또는 환방 후에 하고, 소변은 오전 9시·정오·

---

261 원문에는 '행측(行厠)'으로 기재되었음. '행측'은 변소 가는 것이라는 뜻으로, 즉 '용변'이라고 해석됨.

오후 3시의 3회를 보통으로 하며, 측청(厠圊)²⁶² 설비를 계산하여 혼잡하지 않도록 할 것.

구외 작업에 임하는 자 또는 다른 곳에 압송하는 자 등에 대해서는 출발 전에 일단 용변상 주의를 주어 도중 행진 중에 용변을 허락하지 않도록 하며 돌아올 때도 역시 동일하다.

제268조 사방 내에 있지 않는 재소자가 계호자에게 말하려고 할 때에는 먼저 그 위치에서 얼굴을 계호자가 있는 곳으로 향하고 오른손 손가락을 가지런히 펴서 어깨 위에 얹고 서 보기를 기다릴 것.

계호자가 봤을 때에는 발언을 허락하고 용건을 간단하게 말하게 할 것.

제269조 경례는 아래의 예에 의거한다.

-갑종(甲種) 경례

앉은 사람 및 서 있는 사람 모두 다른 동작을 멈추고 제263조에 따라 자세를 바로 잡고, 입을 다물고 수례자(受禮者)²⁶³를 주시하며, 몸을 45도 각도로 하여 머리를 앞으로 숙인다.

호령(號令)은 아래와 같다.

(1) 차렷(자세를 바로 함)

(2) 예(禮, 경례를 함)

(3) 바로((1)의 자세로 돌아가는 동작을 함)

-을종(乙種) 경례

앉은 사람 및 서 있는 사람 모두 다른 동작을 멈추고 제263조에 따라 자세를 바로 잡고, 입을 다물고 수례자를 주시한다.

호령은 다음과 같다

(1) 차렷(자세를 바로 해 수례자를 주시함)

(2) 바로 또는 시작((1)의 자세로 돌아가 작업자는 작업을 시작함)

---

262 측청(厠圊) : 변소.
263 수례자(受禮者) : 경례를 받는 사람.

갑종 경례는 미리 상관의 명령을 기다려 행하게 한다.

경례는 상석 계호자의 호령에 따라 일제히 행하게 한다.

구외에서는 특별히 명령이 있을 때 외에 재소자에게 경례를 시키지 않는다. 이 경우에 상석 계호자는 경례해야 할 사람을 보고 경의를 표한다.

본 조의 경우, 상관에게 사고 보고를 하고자 하는 자는 경례를 마친 후 이를 행한다.

제270조 병자, 불구자, 노약자 등으로 본 장의 규정을 시행하게 하기 어려운 자는 관용을 베풀 것.

제271조 재소자 용모는 항상 바르게 하여 멋대로 옷깃을 열어 가슴을 노출하거나, 팔을 걷거나, 넓적다리를 노출하거나, 이유 없이 큰소리를 내거나, 뛰는 등의 일이 없을 것을 요한다.

식사를 할 때에는 특히 용모 및 식기의 배열을 바르게 하여 충분히 음식을 씹도록 주의할 것.

제15장 서무 근무 수칙

제272조 서무 근무란 수부(受付),[264] 숙직(宿直), 명적(名籍),[265] 영치(領置),[266] 지문(指紋), 문서, 통계, 예산의 계리(計理),[267] 물품 구매·보관·공급·판매, 관유재산의 보관·수리 및 직원의 신분 진퇴(進退) 등의 사무를 다루는 근무를 말한다.

제273조 서무 사무에 복무하는 내근 간수는 정례(定例)에 있는 것 외에는 과장이나 담당주임의 명령을 자세히 받아 일상의 사무를 최대한 정확하고 최대한 민첩하게 처리할 것.

제274조 일상 사무는 그 당일에 한해 처리를 마치고, 만약 수일에 걸쳐 처리를 요하는 것이 있을 때에는 미리 과장이나 담당주임에게 신청해 승인을 받을 것.

제275조 접수, 기타 문서 취급에 복무하는 자는 사무 처리에 관한 규정, 문서 편찬·보존 규정을 세세히 살피고 명적·신분장 취급 및 재소자 출입에 관한 사무 취급에 관한 것

---

[264] 수부(受付) : 접수.
[265] 명적(名籍) : 수감자의 이름과 최종 판결 내용, 입소시기 등을 기록하는 일 또는 그 문건.
[266] 영치(領置) : 피의자, 피고인 및 재소자에게 딸린 물건을 보관하거나 처분하는 행위.
[267] 계리(計理) : 계산하여 정리하는 행위.

은 감옥령, 동령 시행규칙, 형사령 등 관계 법령을 자세히 볼 것.

예산의 수입·지출, 기타 계리 및 영치금품에 관한 사무에 복무하는 자는 회계사무장정 등 직접 사무 운용상 필요한 규정을 읽어 익힐 것.

제276조 접수에 있어서 일반인의 신청서 등을 접수할 때에는 친절하고 자상하게 응대하고, 사건의 성질을 고려해 민첩하고 신속하게 주관자에게 넘길 것.

문서와 물건을 접수할 때에는 이를 해당 체부록(遞付錄)[268]에 기재하고 인수와 인도를 명확히 할 것.

사무 처리상 기다리게 했을 때에는 그 내용을 주관자에게 알려 장시간 기다리게 하지 않도록 주의할 것.

제277조 대략 일반의 신청 등에 관한 사건은 주관 상관의 지시 없이는 이를 본인이나 타인에게 알리는 것을 금지한다.

제278조 재소자에 대한 금액 및 물품 증여나 차입 등에 관해서는 주관자 외에는 직접 금품을 주고받을 수 없다.

제279조 문서 및 서신은 공문, 재소자 문서, 청(廳) 직원의 사문서 3종으로 나누고 정해진 장부에 의해 접수를 명확히 하고 또한 최대한 민첩하고 빠르게 취급할 것. 전신 및 매우 급함을 요하는 문서는 보통문서보다도 우선 접수, 배포를 마칠 것.

제280조 일반 전화를 청취했을 때에는 각 전화마다 전화 서류부를 만들어 그 요건을 기재하고 주임자에게 전달할 것. 주임자를 대신해 이를 청취했을 때에는 그 요지를 동 장부에 기록하고 그 전말을 주임자에게 보고할 것.

제281조 새로 입소한 자 및 타소에서 이송된 자가 있을 때에는 해당 입소자에 대한 서류를 수령해 주임자에게 보고하고 수용 수속을 행할 것.

입소자에게 딸린 금전, 물품이 있을 때에는 즉시 주임자에게 통보하고 수령을 요청할 것.

일시에 다수를 수용할 때에는 본 조의 규정에 의거하지 않고 상관의 지휘를 받을 것.

제282조 명적상 신분 조사를 할 때에는 충분히 조사의 정확을 기하고 성명, 범죄 횟수 등 진

---

268 체부록(遞付錄) : 전달 내용을 기록한 것.

실을 말하게 하는 것에 힘쓸 것.

신체 특징은 입소시 이것을 정밀히 기록할 뿐만 아니라 입소 후에 새로 생긴 특징을 빠짐없이 기록할 것.

재소자의 신상 조사를 완료하지 못한 것이 있을 때에는 몇 번이라도 이를 정밀히 조사해 정확을 기할 것.

제283조 입소시 병자 및 미치료된 부상은 그 치료를 마치기 전에 형무소 의사에게 통지하여 진단을 받게 할 것.

제284조 입소시 정신 이상으로 판단되는 자 또는 임신부라는 것을 알았을 때에는 형무소 의사의 진료를 받게 함은 물론, 즉시 상관에게 통보하여 지휘를 받을 것.

제285조 형기 만료나 기타 사유로 석방되는 자가 있을 때에는 출소 후의 귀가처, 보호방법, 계절에 맞는 옷 및 필요 잡품, 여비의 유무 등을 미리 조사해서 부적당하다고 인정될 때에는 서무과장의 지휘를 받아 출소에 지장 없도록 주의할 것.

제286조 병자, 불구자, 노약자, 유년자 등이 출소하는 경우 해당 보호자를 요할 때에는 서무과장의 지휘를 받아 미리 친족에게 통보할 것.

제287조 재소자의 지문 및 사진 촬영에 종사하는 자는 입소 후 신속하게 이를 채취, 촬영하고 또한 그 인상(印象)은 최대한 명료히 하도록 힘쓸 것.

지문원지(指紋原紙), 사진원판(寫眞原版)은 일정 기간 보존하여 배열, 보관상 일정 방식에 의거하여 항상 정돈할 것.

제288조 통계, 제 보고, 예산, 현계서(現計書),[269] 계산서류를 취급하는 자는 자리에서 보기 쉬운 장소에 각 그 제출기간을 기록하여 기한에 늦지 않도록 주의할 것.

제289조 관유재산 사무를 취급하는 간수는 관유토지, 건물 및 사용 승인을 받은 임야의 감독 보조를 맡을 것.

제290조 형무소 경리사무는 매우 복잡하기 때문에 정리에 세밀한 주의를 기울이고 취급 순서를 잘하여 일사분란하도록 힘쓸 것.

제291조 경리 근무에 복무하는 간수는 회계법규의 습독(習讀)과 용도주임의 명령을 확실하

---

[269] 현계서(現計) : 어느 시점에서 금전이나 물품의 수지·재고를 계산하는 일 또는 그런 계산.

게 지킴은 물론, 복무에 관해서는 항상 경비 절약, 폐품 이용, 사무의 민첩한 활동 등에 깊게 주의할 것.

제292조 청사용, 옥사용 기구는 엄격히 그 구분을 분명하게 하고 사용 중 가능한 그 보존에 주의하며, 사용자에 있어서 사용상 적당하지 않은 자가 있다고 판단될 때에는 용도주임에게 이를 보고할 것.

본 조의 기구로서 파손된 것은 수리 후 재사용하고, 재사용이 불가능한 것은 다른 용도로 사용할 방법을 강구할 것.

제293조 청사용, 옥사용 소모품도 또한 엄격하게 구분을 두어 절약하고, 낭비하지 않도록 힘쓰며 만약 사용자 중에 절약 취지에 반하는 자가 있다고 판단될 때에는 이를 용도주임에게 보고할 것.

제294조 관급 피복류, 재소자 급양에 속하는 피복, 침구, 식료품은 보존상 엄밀한 주의를 요함은 물론, 사용기한 안에 공급할 방도를 강구해 급여시기를 놓치지 않도록 주의할 것.

재소자용 피복, 침구의 세탁, 수선, 교체 등에 대해서는 특히 주도면밀하게 주의할 것.

제295조 관유재산은 보관 및 보존상 주의하며, 건조물에 관해서는 주임간수장의 명령을 받아 여러 번 시찰하고, 파손 부분이 있음을 확인하거나 그 보고를 수령했을 때에는 신속하게 수리 수속을 행할 것.

영조물(營造物)[270]은 보존상 작은 파손일 때 수선하면 경비 절약상 제일 편리할 뿐만 아니라 또 형무소 규율 보전상 필요한 일에 속하기 때문에 파손 부분은 신속하게 수선을 할 것.

관사 사무 취급에 종사하는 자는 때때로 순시하여 거주자가 주의 보존상 적절하지 못한 자가 있음을 인지했을 때에는 이를 주임간수장에게 보고할 것.

제296조 경리사무를 취급하는 자는 재소자 작업의 실제 상황을 살펴 경리상 재소자 노동력을 이용한 경비의 절약에 주의할 것.

---

270 영조물(營造物) : 땅 위에 지은 구조물 중에서 지붕, 기둥, 벽이 있는 건물을 통틀어 이르는 말.

제297조 구입 물품을 받고 넘겨줄 때에는 미리 계약 조항을 숙독하고 혹은 납입에 표시한 필요조건을 살려서 검수상 최대한 엄격할 것.

계약 조항 및 필요조건에 적합하지 않는 것이 있다고 판단될 때에는 이를 받을 수 없다.

이 경우에는 즉시 상관에게 보고하여 지휘를 받을 것.

제298조 재고물품은 항상 정돈하고, 품목과 수량은 창고 내 보기 쉬운 곳에 재고 현황을 표시해 기록하며 때때로 물품 출납부와 대조할 것.

제299조 각 창고 안은 항상 물청소를 실시하고 주관자 외에는 일절 출입시키지 말 것.

창고 안 정리, 청소, 물품의 출납 등에는 수형자를 부리지 않고 형무소 용인(傭人)에게 이것을 담당시킬 것. 만약 다수의 노동력을 요하기 때문에 수인(囚人)의 노동력을 사용하고자 할 때에는 미리 소장의 허가를 받을 것.

제300조 물품을 일정한 저장 장소 이외의 장소에 두는 일이 있으면 이를 계호과장에게 통보하고 예정 기일 내에 제거할 것.

제301조 오물, 위험물, 악취를 풍기는 물품 등은 해당 표시를 붙이고, 특히 위험물에 대해서는 해당 위험을 방지하고 피하는 안전 수단을 취해 둘 것.

제302조 형무소 소관 부지 내에 있는 수목, 돌담 등의 보존·유지·손질에 관해서도 항상 주의를 기울이고, 그 이익과 손해에 관해서는 상관에게 보고할 것.

제303조 구매품, 기타 공사(工事) 물건의 대차(貸借)에 따라 세출(歲出)에 해당하는 서류 및 판매, 기타 공사 물건의 대차 등에 따라 세입(歲入)에 해당하는 서류를 취급할 때에는 계약에 기초한 것은 계약서에 따르고, 기타는 일정한 기일 내에 신속하게 처분을 완료하며, 세출세입 사무를 취급하는 주임자에게 이를 이관하는 절차를 시행할 것.

제304조 전 조의 서류를 교부받았을 때에는 엄격하게 조사한 다음 세입세출 모두 신속히 처분을 완료하되 늦어도 7일 이내에 완결하며, 증빙서류는 주관자의 지시에 따라 최대한 조심히 취급하여 분실이나 흩어지는 것 같은 일이 없도록 특히 주의할 것.

제16장 작업 근무 수칙

제305조 작업 근무란 작업과장 사무를 보조하며 주로 작업의 경리(經理), 작업의 정리 등의

사무를 취급하는 근무로서, 제7장의 공장 근무와 사무상 밀접한 관계를 가진 자에 의거해 서로 연락을 유지할 것.

제306조 작업 기구, 기계, 소품의 구입 및 제품의 판매에 관해서는 작업과장의 지시에 따라 취급할 것.

전 항의 사무 정리에 대해서는 전 장의 규정을 준용한다.

작업 소품, 작업 기구, 기계, 제작 생산품, 작업상의 수확물 등은 항상 엄밀히 정리할 것.

제307조 직무상 작업, 청부인 및 위탁자에 대해서는 친절하게 응대함은 물론이거니와 공사(公私) 구별을 어지럽혀 친분에 치우치는 등의 일이 없도록 주의할 것.

제308조 작업상에 관한 제 계약은 항상 자세히 살펴 각 조항을 힘써 행하도록 노력하고, 이행상 의견이 있을 때에는 이를 개진(開陳)[271]할 것.

제309조 제작 명령, 일과표, 작업 상여금(賞與金)[272] 계산 등은 일정 기일에 조사하고, 용역(傭役)의 임금 조사는 다음 달 5일까지, 작업 상여금 계산은 다음 달 10일까지 반드시 완료할 것.

제310조 조사를 종료한 작업상의 수입에 속하는 것은 신속하게 세입 사무를 취급하는 주임자에게 이관 수속을 행할 것.

제311조 수업수(授業手) 및 도급 수업수의 행위에 관해서는 상관의 지휘를 받아 이를 감시할 것.

제312조 작업 사무에 종사하는 자는 항상 기구, 소품의 출납에 면밀히 주의하고, 재소자를 함부로 창고 안에 들어가지 못하게 함은 물론 정리 미비, 낭비에 이르지 않도록 할 것.

제313조 항상 형무소 제작품의 수용(需用)[273] 및 형무 작업과 일반 제작품, 시장 상황 등을 사찰하고 대조해 의견이 있을 때에는 상관에게 개진할 것.

제17장 계호과 잡무 복무 수칙

제314조 잡무란 계호과에 속하여 입욕, 운동, 교회, 이발, 소독, 차입, 면회, 필사(筆寫), 서신

---

271 개진(開陳) : 내용이나 의견을 진술함.
272 상여금(賞與金) : 재소자가 공장에서 노역하는 댓가를 계산하여 주는 돈.
273 수용(需用) : 사물을 꼭 써야 할 곳에 씀 또는 그 일이나 물건. 필요한 물건을 구하여 씀.

및 소(所) 내 호출의 출입 등에 계호하거나 입회하는 근무를 이른다.

제315조 잡무에 복무하는 간수는 전 항의 각 그 근무의 경우에 임해 위생, 청결, 규율 등의 취지를 철저하게 할 것.

제316조 입욕 및 운동은 감옥령 시행 규칙 제105조, 제106조 규정에 의거해 작업 종류 등을 참작하고, 입욕은 매년 6월부터 9월까지는 5일마다 1회, 10월부터 5월까지는 7일마다 1회, 운동은 형사피고인, 독거구금자 및 경(輕)작업자에 한해 매일 30분 이상 1회 혹은 2회 실시할 것.

미성년자에게는 매일 30분 이상 운동이나 체조를 하게 할 것.

제317조 이발은 2주일에 1회, 수염은 1주일에 1회의 비율 정도로 하고, 이발부에게 이를 실시하게 할 것.

제318조 의류, 침구, 잡품 등의 소독을 실시하는 데에는 10분 동안 그 내부까지 소독 효과를 철저히 하도록 주의하며, 열기 소독에 있어서는 섭씨 100도의 열에 1시간 이상, 가스 소독에 있어서는 6시간 이상 할 것.

제319조 필사, 서신의 인지방법을 감독할 때에는 문자를 정확하게 하고 시간을 낭비하지 않도록 주의할 것.

제320조 면회를 위해 재소자를 접견실(接見室)[274]로 인출(引出)하거나, 면회에 입회할 때에는 규정시간 내에 면회 요령을 이야기하게 주의하고, 대화 중에 요건 이외의 담화에 이르거나 거동이 수상하다고 판단될 때에는 이를 중지하고 상관에게 보고할 것.

제321조 교회를 위해서 또는 심문소나 기타 장소로 재소자를 데리고 갈 때에는 항상 그 거동에 주의하고 제12장 중 재판소 법정에 준하는 취급을 할 것.

제18장 비상사태시 지침

제322조 항상 비상경비규정을 숙독하여 시급 사태에 대응하는 것에 유의할 것.

제333조 본소, 지소의 구외 공장 및 그 부근에 비상사태가 있음을 알았을 때에는 비상소집 유무에 관계없이 신속하게 도착해 방어 진압에 힘쓸 것.

---

[274] 접견실(接見室) : 면회실.

비상사태를 당해 출두했을 때에는 문위(門衛)에게 명함을 주고 신속하게 평소 부속 주관자에게 출두 취지를 알리고 상관의 지휘를 받을 것.

자신이 어떤 임무에 임하고자 할 때에는 미리 상관에게 이를 신고하고 승인받을 것.

제324조 비상사태 방어 진압에 있어서 간수는 상관의 지휘를 받아 그 중견(中堅)[275]이 되어 민첩하게 움직이며, 그리고 적극적으로 전원이 일치협력하고 임의의 조치를 시행할 것.

제325조 재소자는 평소 평정을 띠는 경우라도 때로는 탈옥 도주의 사태를 일으키고, 혹은 또 빈틈을 엿보아 저항을 시도하며, 다수의 수인을 선동하고, 혹은 망거소요(妄擧騷擾)[276]하는 자가 없지 않으므로 평상시에 엄밀히 주의하여 살피고 사전에 이를 방압(防壓)할 것.

중형(重刑)을 받았거나 받을 형사피고인은 특히 출입하는 사이 난폭한 행동을 감행하는 자가 많으므로 항상 엄밀하게 주의할 것.

제326조 탈옥, 도주, 저항 등의 비위는 계호자가 재소자에 대한 조치를 적절히 하지 못함에 기인해 이를 유발하는 일이 있으므로 수인 취급에 주의할 것.

본 조의 주의를 시행함에 있어서는 겁나(怯懦)[277]와 공포(恐怖)[278]의 행위를 경계할 것.

제327조 외역 수형자를 계호할 때에는 비상사태를 당하는 경우가 많다고 생각하고 항상 방심하지 말며, 사태 발생을 당할 경우 응급수단과 방어상 편의를 연구해 둘 것.

제328조 비상사태를 당해 다수의 협력과 응원을 요하거나 이를 급히 알리고자 할 때에는 먼저 통보기를 이용하고, 통보기가 없을 때에는 나팔을 사용하며, 먼 곳에서는 전화나 전신을 이용하고, 전화나 전신 편이 없을 때에는 특사(特使)를 이용할 것.

제329조 이미 발생한 비상사태는 가능한 소(所) 구역에 그치도록 힘쓰는 것은 물론, 동료의 위급과 곤란함을 돕고, 재소자의 생명에 대한 위험을 구제하며, 관유재산에 대한 손

---

[275] 중견(中堅) : 중심이 되어 활동하거나 중요한 구실을 하는 사람.
[276] 망거소요(妄擧騷擾) : '망거'는 망령된 짓을 뜻하며 '소요'는 여러 사람이 떠들썩하게 들고 일어남 또는 그런 술렁거림과 소란을 뜻하므로, 여러 사람이 모여 폭행이나 협박 또는 파괴 행위를 함으로써 공공질서를 문란하게 함 또는 그런 행위를 말함.
[277] 겁나(怯懦) : 겁이 많고 마음이 약함.
[278] 공포(恐怖) : 무서움과 두려움.

해를 최소화하는 데 최대한 깊게 주의할 것.

제330조 비상사태의 방어 때 재소자를 사역하는 경우에 있어서는 미리 특별히 지정된 자 외에는 상관의 명령 없이 멋대로 사용할 수 없다.

부칙

제331조 본 근무 수칙은 여간수 근무 수칙에도 적용한다.

제332조 본 근무 수칙은 1920년(大正 9) 4월 1일부터 시행한다.

제333조 종래에 정한 청내 예규로 본 수칙에 저촉되는 조항은 이를 폐지한다.

20. 재소인원 감독일표(監督日表) 양식 설정의 건

달시 제21호

1911년(大正 원) 12월 27일

개정

달시 제6호

1922년(大正 11) 4월

재소인원 감독일표　　　　소화　년　월　분　　서대문형무소

（ 수 형 자 출 입 표 ）

		1일								31일			합계			
		내지인	조선인	외국인						내지인	조선인	외국인	내지인	조선인	외국인	계
전일에서 이월된 인원	남															
	여															
입소	남															
	여															
출소	남															
	여															
차인현재인원	남															
	여															
누계인원	남															
	여															

타소에서 입소 {　　　관내에서 입소 {　　　타소에 출소 {　　　관내에 출소 { 춘천

（ 수 형 자 형 명 형 기 표 ）

					1일									31일			합계				색인
					내지인	조선인	외국인							내지인	조선인	외국인	내지인	조선인	외국인	계	
징역형	형법의형	유기징역	무기징역	남																	무
				여																	
			15년 이상	남																	15以
				여																	
			15년 미만	남																	15
				여																	
			10년 미만	남																	10
				여																	
			5년 미만	남																	5
				여																	
			3년 미만	남																	3
				여																	
			1년 미만	남																	1
				여																	
			6월 미만	남																	6
				여																	
			3월 미만	남																	3
				여																	
			계	남																	계
				여																	
	합계			남																	합계
				여																	

			남/여												
금고형	형법의형	무기금고	남												무
			여												
		유기금고	15년 이상	남											15以
				여											
			15년 미만	남											15
				여											
			10년 미만	남											10
				여											
			5년 미만	남											5
				여											
			3년 미만	남											3
				여											
			1년 미만	남											1
				여											
			6월 미만	남											6
				여											
			3월 미만	남											3
				여											
			계	남											계
				여											
합계			남												합계
			여												
구류형			남												구
			여												
총계			남												총계
			여												
			계												

(휴대유아 출입표)

		1일						31일			합계			
		내지인	조선인	외국인				내지인	조선인	외국인	내지인	조선인	외국인	계
전일에서 이월된 인원	남													
	여													
임소	남													
	여													
출소	남													
	여													
차인현재인원	남													
	여													
누계	남													
	여													

(형사피고인 출입표)

		1일						31일			합계			
		내지인	조선인	외국인				내지인	조선인	외국인	내지인	조선인	외국인	계
전일에서 이월된 인원	남													
	여													
입소	남													
	여													
출소	남													
	여													
차인현재인원	남													
	여													
누계인원	남													
	여													

타소에서 입소 {　　관내에서 입소 {　　타소에 출소 {　　관내에 출소 { 춘천

(수형자 출입표) **(정치범에 해당하는 수형자 및 형사피고인 출입표)** (피고인 출입표)

		1일		31일		계			1일		31일		계
전일에서 이월된 인원	남						전일에서 이월된 인원	남					
	여							여					
입소	남						입소	남					
	여							여					
출소	남						출소	남					
	여							여					
차인현재인원	남						차인현재인원	남					
	여							여					
누계	남						누계	남					
	여							여					

(노역자 출입표)

		1일						31일			합계			
		내지인	조선인	외국인				내지인	조선인	외국인	내지인	조선인	외국인	계
전일에서 이월된 인원	남													
	여													
입소	남													
	여													
출소	남													
	여													
현재 정산 인원	남													
	여													
누계	남													
	여													

(유치 기간표)															
			1일							31일			합계		
			내지인	조선인	외국인					내지인	조선인	외국인	내지인	조선인	외국인	계
노역장 유치 기간	180일 이상	남														
		여														
	180일 미만	남														
		여														
	90일 미만	남														
		여														
	30일 미만	남														
		여														
	계	남														
		여														

21. 휴가에 관한 건

훈시 제1호

1922년(大正 11) 7월 19일

    금년 7월 8일 부령(府令) 제103호로서 집무시간을 개정하고 또한 사무에 번한(繁閑)[279]을 헤아려 1년 통틀어 21일 이내의 휴가를 부여할 수 있다. 이는 한편으로 각 직원 휴양상 편리를 도모함과 동시에 다른 한편으로 집무상 능률을 증진시키고자 하는 취지이다.

기(記)

1. 전옥보(典獄補), 간수장, 통역생　　　　20일 이내
1. 보건기사(保健技師), 기수(技手),　　　　20일 이내
   작업기사(作業技師), 교회사(教誨師),
   교사, 약제사(藥劑師)
1. 내근 간수　　　　　　　　　　　　　　20일 이내
1. 촉탁의(囑託醫), 촉탁 교회사　　　　　　20일 이내

---

[279] 번한(繁閑) : 번거로이 바쁨과 한가함.

1. 용인(庸人) 　　　　　　　　　　10일 이내
1. 작업기수, 교수, 기관수, 화부(火夫)　　휴가 규정 1927년(昭和 2) 10월 달시 10호에 따름.

22. 습득물, 매장물(埋藏物) 등 서류부 설정의 건

달시 제7호

1923년(大正 12) 7월 25일

습득물, 매장물 서류부　　　(용지(用紙) 미농판(美濃版)[280]

		연월일
		소장
		서무 과장
		계호 과장
		계과장 주 임
		품목 수량 가격
		습득 발견 연월일 장소 및 사유
		습득 발견자 성명
		전말

---

[280] 미농판(美濃版) : 닥껍질로 만든 얇고 질긴 미농지(美濃紙)를 가로 약 39.4cm, 세로 약 27.3cm의 크기로 만든 책자 판형. 미농지는 먹지를 받치고 쓰거나 장지문 따위에 바르는 데 쓰던 종이로, 일본 기후현(岐阜縣) 미노(美濃) 지방의 특산물인 데서 생긴 이름임.

취급예

1. 본 장부는 을부(乙部) 기록으로 하고 서무과장 주관으로 한다.
2. 관내에 있어서 유실물, 매장물 등을 습득 또는 발견한 자는 소관 과장과 주임이 본 장부에 등재하고 계호과장 및 서무과장을 거쳐 신속하게 소장에게 제출할 것.
3. 소장에게 제출한 물건은 서무과장이 관리하고 처분할 때에는 그 취지를 전말(顚末)란에 기재하고 소장의 검인을 받을 것.

23. 변호인 선임서류부 설정의 건

달시 제5호

1924년(大正 13) 4월 7일

변호인선임사임취소서류부

서대문형무소

소장(지소장)		변호인	종별			비고
계호과장			성명			
			선임	년 월 일	년 월 일	
	예심		취소	년 월 일	년 월 일	
서무과장			사임	년 월 일	년 월 일	
	제1심 공판		선임	년 월 일	년 월 일	
칭호 번호 제			취소	년 월 일	년 월 일	
			사임	년 월 일	년 월 일	
	공소		선임	년 월 일	년 월 일	
변 성명			취소	년 월 일	년 월 일	
			사임	년 월 일	년 월 일	
	상고		선임	년 월 일	년 월 일	
			취소	년 월 일	년 월 일	
			사임	년 월 일	년 월 일	

취급예

1. 본 장부는 을부 기록으로 하고 서무과장 주관으로 한다.
1. 재소자에 대해 변호인 선임 명령의 송달 및 재판소로부터 변호 선임·취소·사임의 통지를 받았을 때 이것을 기재할 것.
1. 전 호의 명령 또는 통지서 등은 임시로 신분장부에 편철해 두고 본인에게 교부할 것은 석방할 때 이것을 교부한다.
1. 재소 중인 피고인으로부터 선임신고를 제출할 때에는 그 연월일을 비고란에 기입할 것.
1. 변호인 종별란에는 변호사 또는 기타 구별을 기재할 것.

24. 형무소에 있어 범죄에 관해 사법경찰관리의 직무를 행할 경우의 주의사항

사결정(伺決定)

1924년(大正 13) 8월

　1924년(大正 13) 5월 부령 제33호에 기초해 사법경찰관리의 직무를 수행하는 지명을 받은 자의 규칙을 다음처럼 정한다.

제1조 형무소에 있어서의 범죄에 대해 사법경찰관리의 직무를 행할 경우에는 소장(지소장)의 명령 없이는 취조를 할 수 없다.

제2조 전조에 의거해 범죄 취조를 하기 위해서는 그 계과장 또는 주임과 협의하고 가능한 한 입회를 구해야 한다. 단 소장(지소장)이 특별히 계과장 또는 주임에게 협의를 할 필요가 없다고 인정하는 경우는 이에 해당되지 않는다.

제3조 소장(지소장)으로부터 범죄 취조 명령을 받았을 때에는 신속히 사실 진상을 조사하여 소장(지소장)에게 보고할 것.

제4조 전조(前條) 외에는 사법경찰관리 직무 규정 및 1924년(大正 13) 5월 부령 제33호 동년 6월 관통첩(官通牒) 제50호에 의거한다.

제5조 소장(지소장)은 별지 양식의 장부를 갖추어 영구 보존한다.

사법경찰관리 직무를 행하는 자의 명부

		진행 번호
		지명 연월일
		재근 청명 및 관직명
		관(官) 또는 리(吏) 구별
		성 명
		비 고

25. 작업기수(作業技手), 작업교수(作業敎手), 기관수 및 화부(火夫)[281] 휴가 규정

달시 제10호

1927년(昭和 2) 10월 25일

제1조 현업원인 작업기수, 작업교수, 기관수 및 화부의 휴가는 본 규정에 의거하는 외에 조선총독부 간수 휴가규정을 준용한다.
　　　임시작업교수는 작업교수에 준한다.

---

[281] 화부(火夫) : 기관이나 난로 따위에 불을 때거나 조절하는 일을 맡은 사람.

제2조 작업기수 및 작업교수, 기관수 및 화부에게 아래의 구별에 따라 휴가를 줄 수 있다.

    1. 작업기수

        1) 만 6개월 개근한 자   7일 이내

        1) 만 1년 개근한 자   20일 이내

    2. 작업교수, 기관수 및 화부

        1) 만 6개월 개근한 자   5일 이내

        1) 만 1년 개근한 자   15일 이내

제3조 휴가는 사무상 지장이 없는 경우에 부여한다. 휴가 부여 후라도 사정에 따라 그 일수를 감축 또는 취소할 수도 있다

26. 재소자 관계 제 신청 접수건수표의 건

달시 제2호

1928년(昭和 3) 4월 20일

취급예

1. 본 표는 을부 기록으로 하고 서무과장 주관으로 한다.

1. 수형자 접견란에는 여죄 및 민사소송에 관해 변호인 접견이 있을 때 좌측에 붉은 글씨로 쓸 것.

1. 신청서 제출란에는 지장 증명, 재소 증명 등의 신청건도 기재한다.

계		원사계(願伺届)		서신 수령				서신 발신				문취(聞取)				기결자 접견		미결자 접견				차하(差下)				차입(差入)				구별
				미결		기결		미결		기결		미결		기결				변호인		보통인		물품		금전		물품		금전		
부	허	부	허	부	허	부	허	부	허	부	허	부	허	부	허	부	허	부	허	부	허	부	허	부	허	부	허	부	허	
																														1일
																														2일
																														3일
																														4일
																														5일
																														6일
																														7일
																														8일
																														9일
																														10일
																														11일
																														12일
																														13일
																														14일
																														15일
																														16일
																														17일
																														18일
																														19일
																														20일
																														21일
																														22일
																														23일
																														24일
																														25일
																														26일
																														27일
																														28일
																														29일
																														30일
																														31일
																														계
																														누계

소화 년 월 중 재소자 관계 제 신청 접수 건수표

27. 수형자 정리소표(整理小票) 양식 및 그 취급예의 건

달시 제6호

1928년(昭和 3) 7월 2일

취급예

1. 본 표는 을부 기록으로 하고 서무과장 주관으로 한다.
2. 본 표는 수형 후 3일 내에 정리하고 칭호 번호에 의거해 보관해 두고 출소했을 때에는 그 월일 순으로 뒤이어 번호를 붙여 보존한다.
3. 성명은 남자는 검은 글씨, 여자는 붉은 글씨로 쓴다. 단 어린아이의 성명은 옆에 붙여 쓴다.
4. 생년월일은 일본 기원 연호로 기재하고 나이는 매년 고친다.
5. 전과란 중 은사(恩赦), 가석방, 형집행정지, 집행유예의 기재는 형명·형기란에 은(恩), 가(假), 정(停), 유(猶)의 부호를 붙인다.
6. 생육(生育)은 적자(嫡子), 서자(庶子), 사생(私生)으로 구별하고 14세가 될 때까지의 양육자를 기재한다.
7. 배우는 미혼, 초혼, 재혼으로 구별하고 결혼 연령을 부기한다.
8. 교육은 무필(無筆), 언문해독 가능, 의무교육 졸업, 중학, 고등전문, 대학으로 구별하고 그 교명(校名)을 부기(附記)한다.
9. 종교는 불교, 기독교, 유교로 구별하여 그 종명을 게재하고 신앙의 깊고 얕음을 부기한다.
10. 심한 악습, 술, 모르핀, 기타 이식(異食)을 기재한다.
11. 기왕의 증세(症)는 잘 알려진 질환만 기재한다.
12. 죄질 구별은 관찰상의 중점에 따라 대략 다음 구별에 따른다.
    1) 상습범
    2) 우발기회범
    3) 격정돌발범
    4) 무고의범(無故意犯)
    5) 고의징박범(故意徵薄犯)

6) 물질욕망범

　　7) 본능욕망범

　　8) 정치적 사상범

　　9) 사회적 사상범

13. 기본적 범죄 이유의 구별은 관찰상 중점에 따라 대략 다음 표준에 의거한다.

　　1) 개성적 결함

　　　　(1) 선천적 체질불량

　　　　(2) 후천적 체질불량

　　　　(3) 선천적 성격불량

　　　　(4) 후천적 성격불량

　　2) 환경적 결함

　　　　(1) 유책적(有責的) 물질적 환경불량

　　　　(2) 타책적(他責的) 물질적 환경불량

　　　　(3) 유책적 정신적 환경불량

　　　　(4) 타책적 정신적 환경불량

칭호 제 번		수형자정리표		초 누	
국적	인	성명		지문 좌우	
직업		기원 년 월 일생		년수	
죄명		형명 형기 징역 년 월 일			
언도 년 월 일		법원지청			
확정 년 월 일		년 월 일 만기			
전과		언도 연월일	재판소	죄 명	형명형기	집행형무소
	1					
	2					
	3					
	4					
	5					
	6					
생육			심한 악습		
배우			과거병력		
교육			죄질구분		
종교			기본적 범죄 이유 구별		

(1928년(昭和 3) 달시 제3호)

석방추차(釋放追次)
제 호

석방자조사표

석	방
출소연월일 및 사유	년 월 일
석 방 시 의 행 장	
보 호	
작 업 상 여 금 액	
귀 가 지	
본 적 지	

석 방 후 의 범 죄	
수 용 형 무 소	
죄명 · 형명 · 형기	
범 죄 의 일 시	
범 죄 의 동 기	
지방민에게 차별적 감정을 가지고 강하게 처세하여 여정을 방해하거나 또는 경찰서에서 시찰하는 범죄에 대한 영향 유무	
비 고	

28. 수형자의 간이생명보험 계약에 관한 취급 절차(수속手續)

달시 제7호

1931년(昭和 6) 8월 13일

제1조 수형자에 대해 장래를 도모하는 정신과 사회생활상에 있어서 상호부조의 미덕을 함양하려는 목적으로 본 절차에 의거해 간이생명보험 가입을 허용한다.

제2조 재소 중 작업상여금 급여를 받아 이것으로 간이생명보험 계약을 할 수 있다. 수형자는 좌기(左記) 각 호에 해당하는 자에 한정한다.

　　　1. 가입 신청 시부터 기산해 남은 형량 3년 이상인 자

　　　2. 가입 신청 당시 작업상여금 계산액 10원 이상을 가진 자

　　　3. 가입 신청 시부터 거슬러 최근 6개월간 평균 1개월의 작업상여금 계산액이 2원 50

　　　　전 이상인 자

　　　　4. 체질이 왕성한 자

　　　　5. 계약 불입 기간 동안 불입을 계속할 수 있는 가능성이 있는 자

제3조　전조에 해당하지 않는 수형자로 처우상 특별히 필요하다고 인정하는 경우 또는 영치금 지출에 의하지 않고자 하는 수형자에 관해서는 그때마다 직원회의에서 가부를 결정한다.

제4조　보험 종류 및 불입기간 선정은 가입을 신청한 자의 뜻에 따른다. 단 부모처자 등 연고자가 있는 자는 가능한 종신보험에, 기타는 만기 20년 이상의 양로보험에 가입하게 하고, 불입 기간은 각 그 최단기를 선택해 계약하게 함이 적당하다.

제5조　수형자간이생명보험 가입신청서를 제출했을 때에는 교무과에서 별지양식의 간이생명보험가입표를 작성해 관계 각 계에 회부하고, 각 주관 사항의 조사기입을 마친 후 소장에게 제출해 가입 계약에 관한 가부 판정을 받을 것.

제6조　제3조 및 전조에 의거해 가입계약 허가가 있을 때에는 즉시 계리계에서 계약 절차를 취할 것.

제7조　보험료는 보험의 종류 및 불입기간의 구별에 구애받지 않고 불입액을 매월 1원씩으로 한다. 단 수형자의 이익을 위해 필요하다고 생각할 때에는 제2조 제2호에 저촉되지 않는 범위에서 전납(前納)을 허가할 수 있다.

제8조　보험에 가입한 수형자를 석방할 경우 석방교회(釋放敎誨)를 시행할 때 계약 이행상 주의해야 할 요항(要項)을 기재한 책자를 교부하고 아울러 특별히 주의해야 할 사항을 설명한다.

제9조　전조에 정한 책자는 미리 취급우편국과 교섭해 이를 송부시켜 교무과에 보관해 둘 것.

제10조　부득이한 사정에 의해 보험계약 중인 수형자를 다른 형무소로 이송시킬 때에는 특히 미리 그 취지를 이송되는 형무소에 통지할 것을 요한다.

제11조　보험계약 절차를 마쳤을 때에는 가입표에 소요사항 기재를 완결하고 해당 수형자의 신분장부에 편철할 것.

간이생명보험가입표

결과상황					계약 전의 조사									판정	형명형기	죄명
교무과	동	동	동	계리계	동	동	동	동	교무과	계호과	계리계	동	교무과	주관계명		
고지	비고	초회불입	취급우편국소	계약성립	보험료지불방법	불입기간	보험종류	자산상태	부모처자 등 연고자 유무	행장 및 건강상태	작업상여금 및 영치금	잔여형기	본적지	사	기간만료 년월일	칭호번호 제번
					보험만료 년월일					행장 건강상태	현재보유계산액 / 최근 6개월 계산액 / 영치금			항		(성명 날인)
년월일	년월일	년월일		년월일	년월일									주관자인		년월일생

주의

1. 본 표는 교무과에서 발의하며 그 주관사항의 조사를 마친 후 계호과, 계리계 순으로 회부하고 계리계는 소장에게 제출한다.
1. 계약 전 조사에 관해 계약허가 판정이 있을 때에는 계리계에서 계약 절차를 마치고 결과상황을 기재해 교무과에 회부한다. 교무과에서는 계약 상황을 해당 수형자에게 고지한 후 소장의 판정을 구해 신분장부에 편철한다.
1. 비고란에는 계약 불성립의 경우에 기타 장래 참고가 될 만한 사항을 상세히 기재한다.

29. 입소자 신병 영수증 양식 설정의 건

사결정

1932년(昭和 7) 8월 4일

(1932년(昭和 7), 1933년(昭和 8) 결재)

영수증(領收證)

위 신병 및 관계 서류를 영수합니다.

　　　소화　　년　　월　　일 오전/오후　　시　　분
서대문형무소장
조선총독부

---

30. 피의자, 피고인 및 상소(上訴) 수인(囚人) 등 정리소표 양식 및 취급에 관한 건

사결정

1932년(昭和 7) 8월 10일

취급예

1. 본 표는 을부 기록으로 하고 서무과장 주관으로 한다.
2. 본 표는 신규 구류장에 의거해 입소한 자 및 상소 또는 사건 이송에 의해 입소한 자에 관해 이를 작성하고 입소 후 3일 내에 정리한다.
3. 본 표는 피고 사건의 심급(審級)에 따라 입소 연월일 순으로 소표함에 넣어 둔다.
4. 성명은 남자는 검정 글씨로, 여자는 붉은 글씨로 쓰고, 기소 등에 의해 성명에 변동이 있을 때에는 이를 고친다.
5. 연령은 나이[282]를 기재한다.
6. 초심란(初審欄)

---

[282] 출생연도 기준.

1) 재판소명은 최초 사건을 계속한 재판소를 기재한다.

2) 수용은 신규 입소하거나 또는 이송받은 연월일을 기재한다.

3) 영장집행은 구류장에 지정된 형무소로 인수한 연월일을 기재한다.

4) 예심청구(求豫審) 및 공판청구는 재판소 기소통지부에 의거해 기소별로 그 연월일을 기재하고, 예심종결은 예심종결결정서에 기초해 그 결정 연월일을 기재하고, 또한 심리를 거쳐 공판에 회부된 자에 대해서는 동시에 공판청구란에 그 연월일을 기재한다.

5) 판결은 언도 연월일을 기재한다.

6) 종결은 미결의 종결 사유에 따라 준비된 서식에 지름 2푼(0.606cm) 크기의 원점을 부여하고, 기타의 사유로 종결하였을 때에는 여백에 그 사유를 기재, 정리한다.

7. 상소공소란(上訴公訴欄)

1) 신청은 신청인의 구별에 의거해 그 연월일을 각 해당란에 기재하고 부대 공소는 붉은 글씨로 옆에 쓴다.

2) 판결란의 기재는 초심의 예에 따른다.

3) 취하(取下)는 법정에서 취하한 경우 판결언도 보고서에 의거해 그 연월일을, 형무소장 또는 그 대리자를 통해 취하서를 제출했을 경우 그 수리 연월일을 기재한다.

4) 종결란은 초심의 예에 따른다.

8. 상소상고란

1) 신청은 공소의 예에 의거한다.

2) 공판기일은 공판기일 통지서에 의거해 제1회 공판기일을 기재하고 상고취의서 제출 기간을 감독한다.

3) 사실심 결정은 사실심리 결정이 있는 경우에 한해 그 결정 연월일을 기재한다.

4) 판결은 공소의 예에 의거한다.

5) 결과는 상고기각, 원판결 파기 등 재판 결과를 기재한다.

6) 취하는 공소의 예에 의거한다.

9. 송환란(送還欄)

1) 호송은 상소(上訴)환송 혹은 구금구분에 의거해 이송한 연월일을 기재한다.

2) 호송 형무소는 이송처 형무소를 기재한다.

10. 비고란에는 상고취의서 제출 연월일, 부대 공소에 대한 답변서 제출 연월일, 기타 참고사항을 기재한다.
11. 이상에 의거해 종결된 소표(小表)는 상소 구분에 따라 환송해야 하는 자를 제외하고 종결 연월일 순으로 각 심급 구별에 의해 취합해 보존하고, 환송해야 하는 자의 소표는 환송 종료 후 각 형무소별로 취합해 이를 보존한다.

비고	환송		상					소					초								칭호
	호송형무소	호송	상고					종결	공소					종결	형명형기	판결	구공판	예심종결	구예	영장집행	수용	재판소	제번
			취하	결과	판결	사실심결성	공판기일	신청		취하	형명형기	판결	사	신청									성명
								검사	피고					검사	피고								
										공소포기, 구류집행정지, 집행유예, 사망, 도주, 보석, 책부, 형집행정지, 수형						불기소, 구류불필요, 구류기간만료, 기소유예, 기소중지, 사건이송, 사망, 도주, 보석, 책부, 무죄, 면소, 벌금, 집행유예, 공소포기, 구류집행정지, 형집행정지, 판결확정								
	소화	소화	소화	소화	소화	소화	소화	소화	소화		소화	소화	소화	소화	소화		소화	소화	소화	소화	소화	소화	소화	
	년	년	년	년	년	년	년	년	년		년	년	년	년	년		년	년	년	년	년	년	년	연령
	월	월	월	월	월	월	월	월	월		월	월	월	월	월		월	월	월	월	월	월	월	
	일	일	일	일	일	일	일	일	일		일	일	일	일	일		일	일	일	일	일	일	일	

(1932년(昭和 7) 8월 10일 소장 결재)

31. 피고인 상고 신립서(申立書)[283] 등 인쇄의 건

사결정

1932년(昭和 7) 8월 16일

  종래 피고인 상고 신청서 등은 백지를 지급해 작성한 후 서명·날인시켜 수속했으나 재판 관계 피고인이 갑자기 증가해 매우 번잡해지고 있어 아래 서류를 별지처럼 인쇄물로 첨부해

---

[283] 신립서(申立書): 신청서.

교부하는 것이 적절하다.

기(記)

1. 상고 신청서
2. 상고 취하서
3. 공소 신청서
4. 상소 취하서
5. 상소권 포기 신청서
6. 판결 등본 교부 신청
7. 허가서
8. 소환원

(1932년(昭和 7) 8월 16일 소장 결정)

상고신립서(上告申立書)

　　소화　년　월　일
　　　　　　　　오(午)　시　분　수리
　　　　　　　　　서대문형무소장 대리
　　　　　　　서대문형무소
　　　　　　　　　피고인
위 피고 사건에 관해 소화　년　월　일 경성복심법원으로부터　　의
판결 언도를 받고 처분에 불복하므로 이에 상고를 신청합니다.
　　소화　년　월　일
　　　　　　　　　　우
　위 피고인의 지문임을 증명함.
　　　　　　　　　조선총독부간수
고등법원장
조선총독부판사　　　　　귀하

(1932년(昭和 7) 8월 16일 소장결정)

상고취하서(上告取下書)

　소화　년　월　일
　　　　　　　　　오(午)　시　분　수리
　　　　　　　　　서대문형무소장 대리
　　　　　　　서대문형무소
　　　　　　　　　피고인
위 피고 사건에 관해 소화　년　월　일 경성복심법원으로부터　　의
판결 언도를 받고 상고 중인바 위는 취하하고 죄를 인정하고자 이에 신청합니다.
　소화　년　월　일
　　　　　　　　　위
　　위 피고인의 지문임을 증명함.
　　　　　　　　조선총독부간수
고등법원장
조선총독부판사　　　　　귀하

(1932년(昭和 7) 8월 16일 소장결정)

공소신립서(控訴申立書)

　소화　년　월　일
　　　　　　　　　오(午)　시　분　수리
　　　　　　　　　서대문형무소장 대리
　　　　　　　서대문형무소
　　　　　　　　　피고인
위 피고 사건에 관해 소화　년　월　일 경성복심법원으로부터　　의
판결 언도를 받고 판결 전부에 대해 불복하므로 이에 공소를 신청합니다.
　소화　년　월　일
　　　　　　　　　위
　　위 피고인의 지문임을 증명함.
　　　　　　　　조선총독부간수
경성복심법원장
조선총독부판사　　　　　귀하

(1932년(昭和 7) 8월 16일 소장결정)

상소취하서(上訴取下書)

　　소화　년　월　일
　　　　　　　　오(午)　시　분　수리
　　　　　　서대문형무소장 대리
　　　　서대문형무소
　　　　　　피고인
위 피고 사건에 관해 소화　년　월　일　　　으로부터　　　의
판결 언도를 받고 상고 중인바 위는 취하고 죄를 인정하고자 이에 신청합니다.
　　소화　년　월　일
　　　　　　　　위
　위 피고인의 지문임을 증명함.
　　　　　　　　조선총독부간수
경성복심법원장
조선총독부판사　　　　귀하

(1932년(昭和 7) 8월 16일 소장결정)

		판　결			피고인	상소권포기신청서
	형명형기	죄명	재판소	언도연월일		
위 판결에 대해 상소권 포기를 신청함. 소화　년　월　일 위 본인 날인 조선총독부간수 경성　법원 귀중			경성　　　　법원	소화　년　월　일	서대문형무소재감	소화　년　월　일 오(午)　시　분　수리 서대문형무소장 대리

(1932년(昭和 7) 8월 16일 소장 결정)

판결등본하부신청(判決謄本下付申請)[284]

　　소화　　년　　월　　일
　　　　　　　　오(午)　　시　　분　　수리
　　　　　　　　서대문형무소장 대리
　　　　　　서대문형무소
　　　　　　　　피고인
위 피고 사건에 관해 소화　년　월　일　　　　으로부터 받은 판결등본이
소송상 필요하여 교부를 신청합니다.
　　소화　　년　　월　　일
　　　　　　　　　　위
　　위 피고인의 지문임을 증명함.
　　　　　　　조선총독부간수
　　법원 형사부　　귀중

어청서(御請書)[285]

　　소화　　년　　월　　일
　　　　　　　　오(午)　　시　　분　　수리
　　　　　　　　서대문형무소장 대리
　　　　　　서대문형무소
　　　　　　　　피고인
1. 판결 등본 1통
　　위 교부된 것을 틀림없이 영수합니다.
　　　　소화　　년　　월　　일
　　　　　　　　　　위
　　위 피고인의 지문임을 증명함.
　　　　　　　조선총독부간수
　　법원 형사부　　　　귀중

(1932년(昭和 7) 8월 16일 소장결정)

---

284 하부(下付) : 관청에서 내려 줌. 교부.
285 어청서(御請書) : 수령서.

> 소환원(召還願)[286]
> 　　소화　년　월　일
> 　　　　　　　　오(午)　시　분　수리
> 　　　　　　　　서대문형무소장 대리
> 　　　　　　서대문형무소
> 　　　　　　　피고
> 위 사건으로 현재 취조 중인 자에 있어 전회 신문(訊問)할 때 빠진 점에 대해서
> 특별히 논의하여 소환, 취조할 수 있도록 바라겠습니다.
> 　　소화　년　월　일
> 　　　　　　　　　위
> 　위 피고인의 지문임을 증명함.
> 　　　　　　　　조선총독부간수
> 　경성복심법원장
> 　조선총독부판사　　　　　귀하

32. 출감지휘서 수부부(受付簿)[287] 양식 및 취급예의 건

달시 제8호

1932년(昭和 7) 8월 24일

취급예

1. 본 장부는 갑부(甲部) 기록으로 하고 서무과장 주관으로 한다.
2. 1923년(大正 12) 12월 총훈(總訓)[288] 제54호 형 집행지휘에 관한 취급 규정 제10조, 제20조의 2에 의거해 서면으로 검사의 출감지휘가 있을 때에는 대체로 본 장부에 등록하고 접수순으로 진행번호를 교부한다. 단 번호는 역년(曆年)에 의거해 갱신한다.
3. 부녀자는 그 성명을 붉은 글씨로 표기한다.
4. 출소와 동시에 여죄에 대해 구류 또는 다른 형을 집행해야 할 때에는 그 사유를 비고란에 기재한다.

---

286 소환원(召還願) : 소환 신청서.
287 수부부(受付簿) : 접수부.
288 총훈(總訓) : 총독부 훈령.

	월일	월일	월일	월일	진행번호	출감지휘서접수부
					접수월일	
					서무과장	
					취급자	
					출소사유	
					계검사	
					재소자성명	서대문형무소
					비고	

33. 집행지휘서 접수부 양식 및 취급예의 건

달시 제9호

1932년(昭和 7) 8월 24일

취급예

1. 본 장부는 갑부(甲部) 기록으로 하고 서무과장 주관으로 한다.
2. 형 집행지휘서, 촉탁서, 재판서 또는 기결 언도서 등초본 및 규류갱신 결정 집행지휘서는 본 장부에 등록하고 접수순으로 진행번호를 붙인다. 단 번호는 연월에 따라 갱신한다.
3. 형 집행지휘서는 확정지휘서와 조건부지휘서로 구별하고 구류갱신 결정집행지휘서와 함께 구좌를 나눈다.
4. 부녀자는 그 성명을 붉은 글씨로 표기한다.

5. 비고란에는 칭호 번호 및 상소 또는 보정을 위해 반송, 조복(照覆)[289] 등을 이루는 사항을 기재한다.

			집행지휘서접수부
		진행 번호	
		서무 과장	형집행지휘서및촉탁서
		취급자	
월 일	월 일	월 접 일 수	
		형명 형기	
		서무 과장	판결초본즉결언도서
		취급자	
월 일	월 일	월 접 일 수	
		성 명	서대문형무소
		비 고	

---

[289] 조복(照覆) : 어떤 사람의 인적 사항 따위를 물어 온 데 대하여 답함 또는 그런 대답. 조회.

34. 종결신분장 보존부 양식 및 취급예 설정에 관한 건

사결정

1932년(昭和 7) 8월 23일

제1호 양식

종결신분장보존부 서대문형무소	제호	번호
	월일	출소월일
		죄명
	징역연월	형명형기
	제번	칭호번호
		성명
	우 좌	지문번호
	소화년월일	전말

Ⅲ. 감옥 현황과 운영 실무 631

제2호 양식

종결신분장보존부	월일	출소월일
		죄명
		재판결과
	제호	칭호번호
		성명
서대문형무소	소화년월일	전말

취급예

1. 본 장부는 갑부 기록으로 하고 서무과장 주관으로 한다.

2. 석방, 사망 등에 의해 종결한 신분장은 기결과 미결로 구별하고, 기결 신분장은 양식 제1호 보존부에, 미결 신분장은 양식 제2호 보존부에 석방 연월일 순에 의해 각각 등록하고 이어서 번호를 부기한다.

3. 보존신분장 가운데 다른 곳에 송부하거나 또는 재입소 신분장에 첨부한 자는 그 사유를 전말란에 기재한다.

4. 본 장부는 1년마다 각 1책(冊)으로 한다.

35. 재소자 상우장(賞遇狀) 양식 설정의 건

사결정

1933년(昭和 8) 1월 14일

취급예

상표(賞表) 1개를 부여하는 경우는 양식 제1호에, 2개인 경우는 양식 제2호에, 3개인 경우는 제2호 양식에 준해 처리한다.

양식 제1호

조선총독부전옥	서대문형무소장	소화 년 월 일	부여함	개전의 정상이 있음에 따라 상표 1개	제 번

양식 제2호

조선총독부전옥	서대문형무소장	소화 년 월 일	개전의 정이 현저하므로 상표 1개를 더 부여함	앞서 상표 개를 부여한 이래 행장이 더욱 선량하여	제 번

36. 사상범(思想犯) 수형자 소표 취급 절차의 건

달시 제6호

1934년(昭和 9) 5월 17일

제1조 사상범수형자소표(이하 소표라 함) 작성에 관해서는 1934년(昭和 9) 3월 6일 법무국장 통첩에 의한 것 외에는 본 절차를 적용한다.

제2조 소표 가운데 제5란, 제6란 및 제13란 내지 제18란, 제20란 내 제3호 및 제21란은 교무과, 제19란은 의무과, 제20란(제3호 제외)은 계호과, 기타는 서무과에서 기재할 것.

제3조 소표에는 일련번호를 붙여 연월로 갱신하고 소표 상부 번호란 다음에 (　)를 붙여 작성 연월일을 기재할 것.

제4조 소표는 1개월분을 모아 일반소표 처리 절차에 준하고 송부서와 함께 그 기일까지 제출하고 부본(副本)²⁹⁰ 1통은 각 월별로 정리해 서무과에 보관할 것.

수형자를 다른 곳으로 이송하는 경우에는 소표 사본 1장을 작성해 보관한다.

제5조 소표 제20란 내지 제23란은 각 그 해당 월일에 조사해 당월분을 다음 달 기일까지 보고할 것. 단 소표 기재예 제12항 단서의 경우는 신속히 보고하는 것으로 한다.

제6조 소표 제20란 및 제21란의 보고기간 감독을 위해 별지 양식 명찰(名札)을 월별로 조사하고 제1기의 조사를 마쳤을 때에는 제2기 이후에 순차로 갈아 바꾸어 정리할 것.

제7조 석방자 소표 및 전조(前條)의 명찰은 1개월분을 모아 1년분을 일괄해서 보관할 것.

		제		번			
조사연월일 및 사상전향의 상황	1기	년 유	월 보통	일 무	죄명	출소	입소
	2기	년 유	월 보통	일 무		소화년월일	소화년월일
	3기	년 유	월 보통	일 무			
	4기	년 유	월 보통	일 무			
	5기	년 유	월 보통	일 무	형명형기	초범	누범
	6기	년 유	월 보통	일 무		성 명	
	7기	년 유	월 보통	일 무	징역년일	년 월 일 생	
	8기	년 유	월 보통	일 무			
	9기	년 유	월 보통	일 무			
	10기	년 유	월 보통	일 무			

1934년(昭和 9) 달시 제6호 양식

---

290 부본(副本) : 원본과 똑같이 만들어 참고로 보관하는 서류.

37. 동명이인자(同名異人者) 서류부 설치 건

사결정

1934년(昭和 9) 7월 19일

　재소자에 대한 차입·반출 금품 및 서신 등을 처리할 경우, 오류가 발생하지 않도록 별지 양식의 장부를 마련해 아래의 취급예에 따라 처리하는 것이 적절하다.

취급예

1. 본 장부는 서무과장 주관으로 한다.
1. 본 장부는 명적계(名籍係)에서 해당자가 입소할 경우에 즉시 기재해 둔다.
1. 본 장부는 퇴근할 때 반드시 숙직원(宿直員)에게 인계한다.
1. 숙직원이 재소자에 대한 물품, 금전, 서신 등을 처리하지 않을 때에는 동명이인이 있는지 여부를 일단 본 장부에 의거해 조사한 후 처리한다.
1. 직원 가운데 동성동명자가 있을 경우에는 본 장부에 붉은 글씨로 쓴다. 단 이 경우는 호칭 번호란에 직명을 기재한다.

동명이인자 서류부

		입소 연월일
		본적지 또는 거주지
을	갑	부호
567	234	칭호 번호
이대순 (李大淳)	이대순 (李大淳)	성명
		비고

기재예

1. 본적지 불명인 자는 입소 전 거주지를 기재한다.
1. 비고란에 출소, 이송 등 기타 사항을 기재한다.
1. 동명자(同名者)가 입소했을 때에는 먼저 입소한 자를 갑(甲)으로, 나중에 입소한 자를 을(乙)로 하여 본 장부에 기재한다(가령 갑, 을, 병, 정이 입소해 갑이 석방된 경우 을, 병, 정으로 하고, 다시 입소한 자에게는 빠진 번호인 갑을 부여함).

38. 구류기간 감독부 양식의 건

1924년(大正 13) 4월 7일

달시 제5호

개정

달시 제15호

1934년(昭和 9) 11월 20일

					월 일 만료			
			소장					
			서무과장					
			계호과장					
소화 년 월 일	소화 년 월 일	소화 년 월 일	구류장 집행 연월일 / 형무소 인치 연월일	구류기간감독부	소화 년 월 일	소화 년 월 일	소화 년 월 일	소화 년 월 일
			영장지휘관청 또는 동 관직 성명					
			사건명					
			구류자 종별					
			구류기간					
			호칭번호	서대문형무소				
			성명					
			비고					

취급예

1. 본 장부는 갑부 기록으로 서무과장이 보관한다.

1. 구류장에 의거해 수감할 때에는 조선형사령 제15조 제2항 및 제16조에서 정한 기간 만료일에 기재한다.
1. 확정, 석방, 사망 등에 의해 구류장의 효력이 소멸했을 때 및 기소 또는 갱신 결정에 의해 이기(移記)할 때에는 그 취지를 비고란에 기재할 것.
1. 성명의 기재는 남자는 검은색으로, 여자는 붉은색으로 한다.

39. 시찰 조사 사항 감독부
달시 제2호
1935년(昭和 10) 4월 11일
개정
달시 제1호
1939년(昭和 14) 4월 10일

제1조 본 장부는 별지 양식에 의거해 소장이 감독하기 편하도록 하기 위해 마련한다.
제2조 각 과장·주임의 시찰 또는 조사해야 할 사항은 다음과 같다.
    1. 서무과장이 해야 할 사항
      1) 매월 1회 이상 서류가 정리되어 있는지 여부 및 그 보존 격납 상황을 조사하는 일
    2. 계리주임 겸 영치계 주임이 해야 할 사항
      1) 매월 1회 이상 작업과에서 통지해 오는 현금 수입에 관한 제 장부와 현금출납부를 대조하는 일
      2) 영치품 창고를 시찰해 그 보존 격납 상황을 조사하는 일
    3. 용도주임이 해야 할 사항
      1) 매월 2회 이상 취사장의 취사 상황을 시찰하는 일
      2) 3개월마다 1회 비품, 소모품(약품을 포함함), 제작품 및 곡류 창고를 검사하여 출납부와 현품을 대조하는 일
      3) 매년 2회 이상 재소자의 의류, 침구 등의 수량 및 옷감의 질을 검사하는 일
      4) 매년 2회 이상 관유토지(官有土地), 건물을 답사한 후 재산대장과 대조해 확인하

　　　　는 일

　　5) 매년 봄, 가을 2회 묘적대장과 묘표를 대조하고 기타 묘지의 유지관리 상황을 시찰하는 일

　　6) 매년 2회 이상 구내외 전선 및 전등의 고장 유무를 조사하는 일

4. 계호과장이 해야 할 사항

　　1) 매년 4회 비치된 무기 및 탄약의 현재 수량을 대조하는 일

　　2) 매년 4회 소방기구의 점검 및 소방연습을 실시하는 일

　　3) 매년 1회 이상 지시를 받아 실탄사격회를 실시하는 일

　　4) 매년 여름철 및 겨울철 2회, 각 회당 10일씩의 일정으로 지시를 받아 무도연습을 실시하는 일

　　5) 매년 1회 이상 지시를 받아 비상소집 연습을 실시하는 일

　　6) 매년 1회 이상 징벌 집행 중인 자, 주야 독거구금자 및 주의인물을 시찰하는 일

　　7) 매월 1회 재판소 유치장 및 재판출정 상황을 시찰하는 일

　　8) 매일 출역자(出役者) 10명 이상의 외부 노역장을 시찰하는 일

　　9) 당직간수장이 아닌 간수장이 10일마다 1회 야간에 교대로 구내외를 순시하는 일

　　10) 격월로 부장회의를 열고, 사무상 필요한 사항에 관해 지시 또는 토의하는 일.

　　이상 6)호 내지 9)호는 계호과장 외 계호계 간수장이 교대로 시행하는 것으로 한다.

5. 작업과장이 해야 할 사항

　　1) 매년 2회 이상 지시를 받아 작업담임자 회의를 개최하는 일

　　2) 매년 3회 이상 작업 재료, 소품 및 기구·기계를 조사하는 일

　　3) 매월 수량, 과정(科程)[291]의 적절함을 조사하는 일

　　4) 매월 작업 수입 상황을 조사하는 일

6. 교무과장이 해야 할 사항

　　1) 매년 1회 재직 중 사망 직원 및 재소 중 사망자의 위령제를 지내는 일

　　2) 매월 1회 이상 교대로 독거구금자, 징벌집행 중인 자, 병사에 수용 중인 자 및 주

---

[291] 과정(科程) : 부과하여 하게 하는 작업 등의 순서나 정도.

의인물을 시찰, 교회하는 일

　　3) 매년 1회 형무소 묘제를 지내는 일

　　4) 매년 2회 이상 관본(官本), 사본(私本)의 현품과 대장을 대조하는 일

7. 의무과장이 해야 할 사항

　　1) 일요일 및 축제일에는 보건기수와 교대로 출근하여 병사 수용자 및 기타 중증환자를 진찰할 것. 단 셋째주 일요일은 특별히 주의해야 하는 환자가 없을 경우에 한하여 제외한다.

　　2) 매월 2회 이상 교대로 사방(舍房)공장에 있는 변소, 기타 부분과 아울러 취사장 창고, 구내외 하수구 설비 등을 시찰하는 일

　　3) 매일 교대로 병사에 수용 중인 자, 주야 독거구금자 및 징벌집행 중인 자를 시찰하는 일

8. 용도주임 및 계호과장이 합의하여 해야 할 사항

　　1) 매월 1회 이상 사방 내부의 검사

9. 계리주임, 용도주임 및 작업과장이 합의하여 해야 할 사항

　　1) 매월 1회 이상 세입 징수부와 물품 출납부의 대조를 시행하는 일

제3조　지시를 받은 사항 및 시찰한 중요 사항은 그때마다 본 장부에 기재하고 소장에게 보고해야 한다.

제4조　소장 특명 사항은 본 장부에 붉은 글씨로 쓰는 것으로 한다.

제5조　본 장부는 각 과(課), 계(係)별로 작성해 각 과장·주임이 보관하는 것으로 한다.

부칙

본 달시는 1935년(昭和 10) 4월 1일부터 이를 시행한다.

		소장
		주임
		월일
		시찰 또는 조사 장소
		시찰 또는 조사 요령
		의견
		처치

40. 서대문형무소 사무전행(事務專行)[292] 규정

달시 제5호

1936년(昭和 11) 6월 1일

개정

달시 제1호

---

[292] 사무전행(事務專行) : 전행(專行)은 '혼자서 결단하여 행함'이라는 뜻으로, 사무전행은 '어떤 사무를 해당 결정권자에게 일임하여 처리하는 행위', 즉 '사무전결'의 의미로 쓰임.

1939년(昭和 14) 4월 10일

제1조 춘천지소장, 본소 각 과장 및 구치장 주임은 특별히 규정하는 것을 제외하고 본 규정에 의거해 사무를 전결로 처리할 것.

제2조 춘천지소장은 다음 사항을 전결로 처리할 것. 단 그때마다 보고를 요한다.

    1. 부하직원의 근무 지정

    2. 부하직원의 청원휴가 허가 여부

    3. 부하직원의 제복(除服)[293]과 출근 명령

    4. 부하직원의 관리복무기율에 의거한 원출(願出)[294] 허가 여부

    5. 고용인 및 정원 외 임시작업교수의 임명과 해임

    6. 부하직원의 조선 내 출장 명령. 단 작업 선전, 제품 판매의 경우에 한함

    7. 소재지 외 재판소의 소환에 의해 출두시킬 경우에 있어 수형자의 이송 처분

제3조 각 과장 및 구치장 주임은 다음 사항을 전결로 처리할 것.

    1. 부하직원의 근무 지정

    2. 부하직원의 비번 또는 휴가일 당일에 한한 여행 허가 여부

    3. 당일 종료되는 용무로 여행경비를 요하지 않는 경우에 있어 계직원의 출장 명령

    4. 사전 결재를 받은 예문에 의한 문서 발송

    5. 주무사무에 관한 물품출납증의 발행

    6. 주무사무에 관한 일지류의 정리

    7. 재소자의 개성 및 심신 상황 조사

제4조 서무과장은 다음 사항을 전결로 처리할 것.

    1. 정례(定例)[295]에 의거한 문서 및 통계제표의 발송. 단 상급관청에 상신하는 것은 제외로 함.

    2. 수형자의 신상에 관한 문서 처리

---

293 제복(除服) : 상(喪)의 기간이 지나 상복을 벗는다는 뜻으로, 상을 마친다는 의미로 쓰임.
294 원출(願出) : 출원(出願). 청원이나 원서를 냄. 본 자료에서는 청원을 제출한다는 의미로 쓰임.
295 정례(定例) : 일정하게 정해진 규칙이나 관례. 정해 놓은 사례.

3. 입소장 정리

4. 출소장 정리

5. 신분장부에 의거한 판정을 거친 수형자 이송에 관한 조치

6. 종결 신분장부 정리

7. 지문에 관한 보고서

8. 정례에 의거한 세입체납금 독촉

9. 세입금을 영수한 통지서의 정리

10. 해외 달러 화폐에 관한 보고

11. 이송 수형자에 관한 작업상여금 계산액 통보

12. 영치품 대장 정리

13. 재소자 앞으로 온 송치물 및 차입, 반출물에 관한 조치. 단 몰수 또는 폐기 절차를 요하는 경우는 제외함

14. 재소자에 대해 자부담을 허가한 물품의 조치

15. 영치품에 관한 재소자 출원(出願)의 조치

16. 시장 물자 및 물가 조사에 관한 조치

17. 견적서 징집(徵集)에 관한 조치

18. 구입 계약 이행의 독촉에 관한 조치

19. 이송 수형자에 관한 물품 조치

20. 당일 준공할 수 있을 정도의 작은 파손 수선 공사

제5조 계호과장은 다음 사항을 전결로 처리할 것. 단 구치장 주임의 전결 처리에 속하는 것은 제외함.

1. 부하직원의 잔업 근무, 비번 근무 및 휴가증에 의한 휴가 실시에 관한 조치와 아울러 휴가부의 정리

2. 수형자 준수 사항 고지

3. 새로운 수형자, 형기 만료자, 이송 수형자 및 형 집행정지 출소자에 대한 정례 사항 고지

4. 정례에 의거한 옥사방 지정

5. 정례에 의거한 수형자 서신 및 접견에 관한 조치

6. 신분장부에 옥사방 지정에 관한 기재 사항의 정리

제6조　작업과장은 다음 사항을 전결로 처리할 것.

1. 제품 주문 및 제작의 위탁에 관한 정리

2. 청부업에 속하는 제작 명령 및 그 제품의 교부에 관한 조치

3. 제품의 가격 견적에 관한 조치. 단 처음 제작하는 물품에 관한 경우는 제외함

4. 위탁 또는 주문에 관련한 제품 교부에 관한 조치

5. 청부업 제품 출하 증명에 관한 조치

6. 신분장부에 작업 지정에 관한 기재 사항 정리

7. 작업 관계 외부인 신원 조사에 관한 조치

8. 작업과(作業課) 현업직원의 휴가증에 의거한 휴가 실시에 관한 조치 및 휴가부 정리

9. 견적서 징집에 관한 조치

10. 매각한 제품 교부에 관한 조치

제7조　교무과장은 다음 사항을 전결로 처리할 것.

1. 재소자 열람용 문서, 도화(圖畵)[296]에 관한 조치. 단 외국어 및 사상문제에 관한 것 또는 사유에 속하는 문서·도화 열람을 허가할 수 없는 경우의 처분을 제외함

2. 재소자 열람용으로 판정된 문서·도화의 대여, 교부 및 이의 반납에 관한 조치

3. 석방자 보호 자료의 수집에 관한 조치. 단 재소자 자택 또는 친족, 기타 관계인 방문이 필요할 경우를 제외함

4. 판정을 거친 석방자 보호방법의 임기응변에 관한 조치. 단 다른 관공서에 관계를 미치는 경우를 제외함

5. 석방자에 대해 실시한 보호 사항 기록의 정리

6. 석방자로부터 온 서신에 대한 통신 교회

7. 교육상 교안에 대한 조치

제8조　의무과장은 다음 사항을 전결로 처리할 것.

---

[296] 도화(圖畵) : 그림과 도안.

1. 노역을 쉬거나 완치 후 출역에 관한 조치

　　　2. 치료상 필요한 경우의 양식(糧食)[297] 변경에 관한 조치

　　　3. 약탕(藥湯)[298] 사용에 관한 조치

　　　4. 진료용 물품 소비의 실적 조사에 관한 조치

제9조 구치장 주임은 구치장(여수형자를 제외함) 전반의 감독에 임하고 다음 사항을 전결로 처리할 것.

　　　1. 부하직원의 잔업 근무, 비번 근무 및 휴가증에 따른 휴가 실시에 관한 조치 및 휴가부 정리

　　　2. 미결자에 대한 서신, 접견 등의 처리

　　　3. 기타 미결자에 관한 일체 사무의 정리

　　　4. 미결자의 수용, 계호, 구금 등에 관한 조치

　　　5. 재소자 준수 사항의 고지

　　　6. 신분장 가운데 감방의 지정

　　　7. 출정부 정리

　　　8. 기타 구금상 필요한 조치

　　　9. 미결자 열람용 문서, 도화에 관한 조치. 단 외국어 및 사상 문제에 관한 것 또는 사유에 속하는 문서, 도화의 열람을 허가할 수 없는 경우의 처분을 제외함

　　　10. 불기소 기타에 의한 석방자 보호에 관한 조치

　　　11. 양식 및 차입 음식의 검사

　　　12. 교회 및 의사, 위생에 관해 필요한 조치

　　　13. 앞의 각 호 외에 필요하다고 인정하는 사항

제10조 제3조 제4호 내지 제7호 및 제4조 내지 제9조에 의거해 전결로 처리할 사항 가운데 전례가 없는 것은 관해서는 그때마다 보고를 요한다.

---

[297] 양식(糧食): 생존을 위해 필요한 사람의 먹거리를 뜻하는 말로, 감옥에서 먹거리에 관한 규정이나 지침에서는 '식량'이라는 표현 대신 '양식'이라는 용어를 사용함.

[298] 약탕(藥湯): '병을 치료하는 데 쓰려고 약재를 넣어 끓인 물을 담은 욕탕'의 의미로 해석함.

41. 형무지소 사무분장 및 사무처리 규정

달시 제2호

1936년(昭和 11) 4월 1일

개정

달시 제1호

1939년(昭和 14) 4월 10일

제1조 지소에 서무계, 계호계, 작업계, 교무계 및 의무계를 둔다.

제2조 서무계에서는 다음의 사무를 관장한다.

    1. 청인(廳印) 및 관인(官印) 등의 보관에 관한 사항

    2. 문서의 접수, 발송, 편찬 및 보존에 관한 사항

    3. 통계 및 보고에 관한 사항

    4. 수용 및 석방에 관한 사항

    5. 지문에 관한 사항

    6. 영치 및 차입에 관한 사항

    7. 금전 출납에 관한 사항

    8. 물품 출납에 관한 사항

    9. 건물 수선 및 관유재산에 관한 사항

    10. 물품 지급에 관한 사항

    11. 다른 계의 주관에 속하지 않는 사항

제3조 계호계에서는 다음의 사무를 관장한다.

    1. 간수의 훈련 및 점검에 관한 사항

    2. 규율에 관한 사항

    3. 구금 및 계호에 관한 사항

    4. 행장 및 상벌에 관한 사항

    5. 접견 및 서신에 관한 사항

제4조 작업계에서는 다음의 사무를 관장한다.

1. 작업의 기획 및 경영에 관한 사항

2. 직업 훈련에 관한 사항

3. 작업 상여금에 관한 사항

제5조 교무계에서는 다음의 사무를 관장한다.

1. 교회 및 교육에 관한 사항

2. 석방자 보호에 관한 사항

제6조 의무계에서는 다음의 사무를 관장한다

1. 위생에 관한 사항

2. 보건, 의료 및 조제에 관한 사항

제6조의 2 재소자의 개성 및 심신의 상황 조사에 관한 사항은 각 계에서 이를 분담한다.

제7조 각 계에 주임을 둔다.

주임은 지소장의 지휘를 받아 그 계에 속하는 사무를 맡아서 처리한다.

제8조 제2조 내지 제4조의 사무는 이것을 겸무시킬 수 있다.

단 서무계 중 용도 혹은 계리 사무는 다른 계 주임에게 분담시키고 동일인에게 맡겨서 처리할 수 있다. 서무, 계호, 작업 각 계 주임은 간수장이 이를 맡는다. 단 어쩔 수 없을 때에는 간수부장이 이를 맡을 수 있다.

교무계 주임은 교회사, 의무계 주임은 보건기수 또는 촉탁의가 이를 맡는다.

제9조 지소장은 매주 2회 이상 각 계 주임, 기타 필요하다고 인정하는 직원을 소집해 회의를 열 것.

의사(議事) 요령은 회의록에 기재할 것.

제10조 지소장은 회의에 있어 상급 관청의 훈령, 지령, 통첩, 기타 필요하다고 인정하는 사항을 고지하며 훈시하고 각 계의 사무에 관한 보고를 모을 것.

지소장은 다음의 사항을 회의에 자문(諮問)할 것.

1. 특사(特赦),[299] 감형(減刑), 가석방, 가출장(假出場) 및 형 집행정지에 관한 사항

2. 재소자의 행장 사정(査定)에 관한 사항

---

[299] 특사(特赦) : 특별 사면.

3. 감옥법 제2조 제2항 및 제3항 적용에 관한 사항

4. 독거방 구금 및 그 기간의 갱신에 관한 사항

5. 작업의 신설, 개폐 및 취업 시간에 관한 사항

6. 작업의 지정, 작업과정, 작업상여금 및 작업수당에 관한 사항

7. 의류, 침구 및 잡구의 증감 변경에 관한 사항

8. 몰수 또는 폐기에 관한 사항

9. 상우 및 중대한 징벌사범에 관한 사항

10. 교육시간 및 학과에 관한 사항

11. 양식의 종류, 분량 및 자변(自辨)에 관한 사항

12. 재소자의 병원 이송에 관한 사항

13. 귀가 여비 및 의류의 급여에 관한 사항

14. 석방자 보호에 관한 사항

15. 행형누진 처우규칙에 의거한 누진 심사, 기타 동 규칙 소정의 사항

16. 기타 지소장이 필요하다고 인정하는 사항

42. 출근부 정리 방법의 건

달시 제12호

1935년(昭和 10) 6월 20일

직원의 휴가 및 결근 등 출근부 정리 방법을 아래와 같이 정한다.

특근	조퇴	지각	근무	휴가												결근					구별
특(特)	조(早)	지(遲)	출(出)	휴(休)	특휴(特休)	원(遠)	기(忌)	공상	공병	사(賜)	비(非)	차(遮)	소집	검(檢)	제(祭)	간(看)	사(事)	묘(墓)	전(轉)	병(病)	날인별
일반 숙직 및 근무시간에 3시간 이상 근무했거나 또는 청일에 3시간 이상 근무했을 때	근무시간 중 병, 기타 사고로 퇴근했을 때	집무시간까지 출근하지 않았을 때	출장	일반 휴청일	간수(여)의 분만 전후 특별휴가	원려	복상	공무로 인한 상이를 입고 자택대기	공무로 인한 질병으로 자택대기	개근휴가 및 여름휴가	숙직 다음날 계호계 간수장 (임시비번을 명령받은 자 포함) 교통차단으로 인한 자택대기 및 간수비번	교통차단으로 인한 자택대기	근무연습 및 간열점호	징병검사	부모 제사일	부모 병간호를 위한 귀성	개인사정에 의한 여행 및 수험, 기타 사고	성묘를 위한 귀향	전지요양	질병으로 자택대기	사 항

비고

1. 지각, 조퇴, 특근은 해당 일의 우측에 날인할 것

43. 형무소 참관 규정

달시 제13호

1935년(昭和 10) 6월 20일

1. 형무소 참관을 신청하는 자가 있을 때에는 서무과에서 조선감옥령 시행규칙 제3조 각 사항을 조사하여 별기 양식의 형무소 참관자 명부에 기재하고 소장의 허가를 받을 것.
1. 참관을 허가받은 자에게 좌기 준수 사항을 고지하고 또 참관 명부를 계호과에 회부할 것.

기(記)

참관자 주의 사항

1. 참관자는 모두 형무관리의 지도를 따를 것
2. 참관 중에는 정숙하도록 노력하고 잡담, 질문 또는 비평 등을 하지 말 것
3. 참관 중 재소자와 말을 하거나 또는 물품을 주고받지 말 것
4. 참관 중에는 흡연하지 말 것
5. 허가받지 않은 지팡이와 우산류를 휴대하지 말 것
6. 참관자 형무관리의 지도에 따르지 않거나 또는 참관 중 주의사항에 위배되었을 때에는 참관을 중지당할 수 있다.

참관자 명부

			연월일
			소장
			서무과장
작업상황 시찰을 위하여	행형상황 시찰을 위하여	교육상 참고를 위하여	참관의 목적
○○공업학교장	○○경찰서장	○○학교장	주소 신분 직업
동	○○모세	○○모 외 ○○명 (별지 인명서)	성명 연령

44. 재소자 사진 촬영 및 취급 절차

제1조 사진에 관한 사무는 서무과에서 취급하는 것으로 한다.

제2조 재소자 사진은 좌기 각 호에 해당하는 자를 촬영한다.

　　　1. 기소된 자

　　　2. 확정입소자

　　　3. 기타 특별히 필요하다고 인정하는 자

제3조 촬영을 요하는 자는 좌기 제1호 양식의 사진 촬영자 서류장에 등재하고 소장 결재를 받을 것. 단 본 장부는 사진 색인에 겸용하고 영구 보존할 것.

제4조 재입소자 사진은 이전 재소 중에 촬영한 것과 얼굴 모습에 다른 점이 있는 경우 촬영하는 것으로 한다.

제5조 유년(幼年)수형자 및 장기수형자의 사진은 촬영 후 유년수형자는 3년, 장기수형자는 5년을 경과할 때마다, 또 재소 중 부상, 기타 특징에 다른 점이 생겼을 때에는 즉시 이것을 촬영할 것.

제6조 촬영한 사진은 특별히 필요한 것 외에 1인 1장으로 하고 신분장부 표지 겉면에 첨부할 것.

제7조 사진원판에는 ┌소화　년 월 일┐／└촬영　　　번호┘ 상기의 표시를 날인한 종이조각을 첨부하고 1개년마다 일정한 함에 넣어 두고 보존할 것.

제8조 촬영에 요하는 건판(乾板),[300] 약품 및 기타 물품은 좌기 제2호 양식의 사진재료 수불부에 출납을 명기할 것. 단 각 품목마다 구좌(口座)[301]를 마련해 정리할 것.

---

300 건판(乾板) : 사진에 쓰이는 감광판의 한 가지. 유리판에 감광성 물질의 유제(乳劑)약품을 도포, 건조해서 만든 감광 재료.
301 구좌(口座) : 장부의 계정 항목별로 기입·계산하는 자리. 계좌.

제1호 양식

사진촬영자서류부　(미농판화식(美濃版和式))

		소장
		서무과장
		담당자
		촬영년월일
		촬영번호
		기소 또는 입소 년월일
		죄명
		형명형기
		칭호번호
		성명
		비고

비고란에는 확정 또는 출소 연월일 등을 기재할 것

제2호 양식

사진재료수불부　(미농판화식(美濃版和式))

		월일
		서무과장
		취급자
		품목
		수(受)
		불(拂)
		잔(殘)
		비고

45. 문서 취급 규정

달시 제30호

1935년(昭和 10) 6월 30일

제1조 문서 취급은 별도 규정이 있는 것을 제외하고 본 규정에 의한다.

제2조 문서 및 물품은 서무과에서 접수하고 좌의 각 호에 의거해 취급할 것.

    1. 공문서 및 물품은 별지 제1호 양식(보통문서와 등기문서를 구별함)의 공문서 및 물품 수부장에 기재하고 서무과장에게 제출할 것. 단 구입 물품이 도착했을 경우는 즉시 그 사실을 용도 및 작업과에 통지하고 접수장부 기재를 생략할 수 있다.

    2. 재판소 및 검사국에서 재소자에게 송달한 민사 또는 형사에 관한 소송서류는 재소하는 사실을 조사한 후 별지 제2호 양식의 재소자 소송서류 수리부에 기재하고, 미결에 속하는 자는 구치장 주임을 거쳐 계호과에, 기결에 속하는 자는 서무과장을 거쳐 계호과장에게 회부할 것.

    3. 재소자 앞으로 온 서신 및 물품은 그 재소하는 사실을 조사한 후 미결과 기결로 구별하고, 별지 제3호 양식(보통문서와 서류문서를 구별함)의 재소자 서신 및 물품 수부장에 기재하고, 미결에 속하는 서신은 구치장 주임에게, 기결에 속하는 자는 계호과장에게, 물품은 영치물 취급 주임에게 교부할 것.

제3조 재소자에 대한 제 신청은 별지 제4호 내지 제9호 양식의 신청서를 제출하게 하고, 접견 또는 지문 신청은 서무과장을 거쳐 계호과장에게, 금전 차입(差入)[302]과 영치금 차하(差下)[303] 및 청구는 계리주임에게, 물품 차입 및 영치물 차하는 영치물 취급주임에게 송부할 것.

제4조 서무과장은 제2조에 의거해 수리한 공문서 가운데 친전인비(親展人祕) 또는 비(祕)[304]

---

302 차입(差入) : 수용자(收容者)에게 가족 등이 돈이나 음식, 의복 따위의 물건을 보내는 것. 또는 그 물건.

303 차하(差下) : '새로운 물건을 사용하다' 또는 '(어떤 물건을) 내려 주다'라는 뜻으로 차입 받은 돈이나 물품을 수용자에게 전달하여 쓰게 하는 것을 의미함.

304 친전인비(親展人祕) : '친전(親展)'은 편지를 받을 사람이 직접 펴 보라고 편지 겉봉에 적는 말. 주로 편지 겉봉 받는 이의 이름 옆에 씀. '인비(人祕)', '비(祕)'는 비밀문서의 취급 방법을 표시한 기호로, '人祕'는 주로 직원의 진퇴·상여·징계에 관한 내용일 경우 사용하고, 기타의 비밀기록은 '祕'를 사용함. 비밀문서는 아니지만

의 기호가 있는 것을 제외한 나머지를 개봉하고, 전보는 송달지 또는 별지에 다시 쓴 후 별지 제10호 양식 문서건명부(文書件名簿)에 등재하고, 문서 표면 여백에 별지 제11호 양식의 날짜인(印)을 날인하여 여기에 받은 연월일 및 번호를 기입한다. 또한 금권(金券)[305]이 첨부되어 있을 경우 문서 표면 여백에 그 종류, 금액, 번호를 부기해 소장에게 제출할 것. 단 직원의 제 신청서 등의 문서로 경미한 것은 문서건명부의 기재를 생략할 수 있다

제5조　소장의 사열(查閱)을 마친 문서는 서무과장으로부터 신속히 주관 과장·주임에게 배부할 것.

제6조　친전인비(親展人秘) 또는 비(秘)의 기호가 있는 봉서(封書)[306] 및 전보는 즉시 소장에게 제출해 그 지시를 받은 후 앞 제2조의 절차를 행할 것.

제7조　각 과·계에서 전화를 청취했을 때에는 경미한 사항을 제외하고 별지 제12호 양식의 전화서류부에 그 내용을 기재하고 소장의 사열을 받을 것. 또 기타 과·계에 관계되는 사항은 즉시 이를 주관 과장·주임에게 회부할 것.

제8조　각 과장·주임과 그 계원의 제 신청서, 시말서 등을 수령했을 때에는 그 여백에 이에 관한 의견을 붉은 글씨로 쓰고 날인한 후 서무과장에게 송부할 것. 단 급속을 요하는 경우는 직접 소장에게 제출할 수 있다.

제9조　각 과장·주임이 문서를 배부받아 회답을 요할 때에는 지체 없이 기안하여 소장에게 제출할 것. 만약 회답 사항이 복잡해서 급속히 처리하는 것이 어려울 때에는 미리 일자를 정해 소장의 승인을 받을 것.

제10조　기안은 별지 제13호 양식 용지를 사용해 관계번호, 건명, 발신자명, 수신자명 및 처분안을 차례로 기재해 소장의 결재를 받을 것.

시급을 요하는 경우에는 기안용지 상부란 바깥에 얇은 붉은 종이를 첨부할 것.

정기로 제출해야 하는 보고서 또는 통계표, 직원이 제출한 제 신청서 등에 대한 지령, 기타 예문이 있는 것 및 조회에 대한 회답으로 간단한 것은 기안용지를 사용하

문서담당자가 아닌 수신자가 직접 개봉할 것을 요구할 때에는 '親展'이라고 표시함.
[305] 금권(金券) : 돈 대신 통용하는 증권.
[306] 봉서(封書) : 봉투에 넣어 봉한 편지.

지 말고 문서 여백에 그 요지를 기재하여 결재받을 수 있다.

제11조　기안에는 전부 관계 번호를 기재하고, 또 난 바깥에 완결, 미완결의 기호를 붙일 것. 관계 문서가 있을 때에는 이를 일괄 첨부하여 사건의 전말을 알기 쉽게 할 것.

제12조　기안에 다른 과·계와 관계가 있는 사항이 있을 때에는 해당 과장·주임과 합의(合議) 할 것.

예규가 될 기안, 기타 중요하다고 인정되는 것은 서무과장과 합의할 것.

제13조　합의를 받은 과장·주임은 신속히 관계 사항을 조사하고, 이의가 없을 때에는 날인한 후 소장에게 제출할 것.

만약 의견이 다를 때에는 해당 과장·주임과 상의하고, 그래도 결정할 수 없을 때에는 각 의견을 소장에게 진술하여 그 결재를 받을 것.

제14조　기안은 잉크, 펜을 사용해 글자체를 명료하게 쓰고, 또 기밀, 친전(親展), 등기, 시급 또는 전신으로 부쳐야 하는 등 특별한 취급을 요하는 것, 혹은 단서(端書)[307]을 사용해야 하는 것은 난 바깥에 그 취지를 기재하고, 만약 기안용지를 사용하지 않을 때에는 보기 쉬운 곳에 붉은 글씨로 쓸 것.

제15조　새롭게 안(案)을 제출하는 것은 앞의 여러 조항의 규정에 준해 취급할 것.

예문이 있는 것, 또는 사안 경미로 기안을 보존할 필요가 없는 것, 혹은 재소자 신분 장부, 시찰표 등의 결정에 기초해 발송해야 할 문서는 각 과·계에서 별지 제14호 양식의 기안생략문서결재부에 그 요지를 기재하여 소장 결재를 받을 것.

제16조　각 과장·주임의 결재를 거친 기안으로서, 발송을 요하는 것은 신속히 서무과장에게 송부할 것. 기안생략 문서에 대해서도 역시 동일하다.

발송 문서에 첨부해야 할 제 표, 도면, 기타 특별히 기술을 요하는 서류는 각 과·계에서 정서(淨書)[308]하고 '이하 첨부'라는 부전(附箋)[309]을 붙여 관계서류 말미에 철해 둘 것. 단 금권일 때에는 기안 여백에 그 종류, 번호, 금액 등을 기재할 것.

발송 문서에 첨부해야 하는 소포 또는 제2종 우편물 등이 있을 때에는 기안란 밖에

307　단서(端書) : 편지 등에서 마지막에 덧붙여 쓴 문장. 추신.
308　정서(淨書) : 초(草) 잡았던 글씨를 깨끗하게 베껴 씀.
309　부전(附箋) : 어떤 서류나 문건에 간단한 의견을 써서 덧붙이는 쪽지.

'첨부물 있음'이라고 기재하고 그 포장을 한 후 기안과 함께 송부할 것.

제17조 　서무과장 기안을 수령했을 때에는 급히 시행해야 할 것부터 순차로 정서해 교합(校合)³¹⁰을 완료한 후 문서건명부에 기재하고, 발송문서에 별지 제15호 양식의 번호 도장을 날인하고 여기에 문서건명부의 번호를 기입해 제18조에 의거해 처리할 것.

재소자로부터의 상소 신청 또는 취하 및 이의신청과 아울러 상소권 포기 신청서 등 소송에 관한 문서를 처리했을 때에는 처리 연월일을 기재하고 증명도장을 날인한 후 전항에 준하여 취급한다. 또 소재지 재판소에 보내는 것은 별지 제16호 양식의 소송서류송달부에 의거해 재판소로 송부할 것.

제18조 　발송 문서는, 서무과장이 봉함(封緘)해 우편으로 부쳐야 하는 것은 이를 별지 제17호 양식의 우편 우표류 수불내역부에 기입하고, 전신은 전보요금 후납장에 의거해 신속하게 발송 절차를 할 것.

만약 수신자를 같이하는 문서가 여러 통 있을 때에는 특별히 취급해야 할 것을 제외하고 이를 모아 1통으로 할 것.

친전(親展) 전보는 봉투에 넣어 단단히 봉한 후 겉면에 발신자명, 수신자명의 글자 수 및 친전 전보임을 명기할 것.

우편 또는 전신으로 송부하지 않는 문서는 별지 제18호 양식의 문서체부부(文書遞付簿)³¹¹에 기재하고 신속히 수신자에게 송부할 것.

제19조 　한 사건에 관한 문서는 그 처분이 완결될 때까지 모두 동일 번호를 사용할 것.

제20조 　재소자의 발신을 서무과에서 수령했을 때에는 봉투 기재방법 및 점용 우편권의 적부, 기타를 조사한 후 신속하게 발송 절차를 할 것

제21조 　발송 절차를 마친 기안에는 그 시행 연월일 및 번호를 기재하고 이를 주관 과장·주임에게 돌려보낼 것.

기안 생략 문서의 발송 절차를 마쳤을 때에는 그 시행 연월일을 기안생략문서 결재부에 기재할 것.

310　교합(校合) : 원고와 대조하여 글자나 부호 따위의 잘못된 것을 바로잡아 고침. 교정.
311　문서체부부(文書遞付簿) : 문서의 전달내용을 기록한 장부.

제22조　문서 성질상 처리 또는 발송 시각을 분명히 할 것을 요하는 것은 서무과장이 문서건명부에 그 시각을 기재할 것.

제23조　본부(本府) 및 감독관청의 훈령, 통첩 및 관계 관서와의 협정 등으로 집무상 예규가 되는 문서는 서무과장이 각 과장·주임에게 회람한 후 신속하게 정리할 것.

제24조　소장이 내리는 명령으로 문서에 의한 것은 이를 내훈(內訓), 달시(達示), 훈시(訓示) 및 명령(命令) 4종으로 해서 다음 구별에 의거한다.

　　　　1. 내훈은 기밀사항에 관해 훈달(訓達)할 때
　　　　2. 달시는 장래에 집무상 규정이 되어야 할 사항을 정할 때
　　　　3. 훈시는 일반직원에 대해 복무상 주의를 촉구할 때
　　　　4. 명령은 특정직원에 대해 특수한 사무처리를 명할 때 및 사령(辭令)[312]사항 통지

내훈, 달시는 제19호 양식, 훈시는 별지 제20호 양식, 명령·사령 사항의 통지는 별지 제21호 양식에 의거한다.

제25조　각 과장·주임이 부하직원에게 특수한 사무처리를 명하거나 집무상에 관해 주의를 촉구하고자 할 때에는 별지 제22호 양식의 훈수부(訓授簿)[313]에 그 요령을 기재하고 소장의 승인을 받을 것.

제26조　문서건명부 번호는 연월에 따라 갱신할 것.

　　　　내훈, 달시, 훈시 및 명령에 대해서도 동일하다.

　　　　전년도 안건으로 신속하게 완결될 가능성이 없을 때에는 소장의 결재를 받은 후 신년도 문서건명부에 옮겨 적고 새로운 번호를 부여해 처리할 것.

제27조　서류는 항상 정중히 취급하여 흩어져 없어지거나 오염될 우려를 없앨 것.

　　　　비밀문서는 일정한 용기에 수납해 극비리에 취급을 하고 주고받음을 명확히 할 것.

제28조　미완결 문서는 직원 퇴근 때 각 과·계마다 이를 모아 일정한 용기에 넣어 다른 문서와 구별해 한눈에 명확하게 할 것.

제29조　완결문서의 보존, 종별 분류 및 명칭은 조선총독부 감옥서류 보존규정에 의거한다.

---

312 사령(辭令) : 임명, 해임 따위의 인사에 관한 명령.
313 훈수부(訓授簿) : 훈수 내용을 기록한 장부.

단 특별규정에 의거해 마련된 장부, 기타 문서는 보존기간이 정해져 있는 것은 그 규정에 의거한다.

제30조 각 과·계에 속하는 문서는 전조의 분류에 따라 구분하고, 완결일자 순서에 따라 편철하고 여기에 별지 제23호 양식의 문서목차를 붙여 연도 종료 후 신속히 편책할 것.

단 만드는 책자의 두께는 3촌(약 9.09cm) 이내로 한다.

제31조 책으로 만든 문서에는 별지 제24호 양식의 표지를 사용하고, 여기에 서책명, 보존기간을 기재하고 다음 해 2월 말까지 서무과장에게 인계할 것. 단 회계사무에 관한 문서는 해당 연도 경과 후 3개월 이내에 인계할 것. 몇 년 계속 편철한 완결문서는 최종 연도 경과 후 전항의 기간 내에 인계할 것.

제32조 완결장부는 전조 규정에 준해 별지 제25호 양식에 의거하여 인계할 것.

제33조 서무과장은 관보에 게재된 법령, 통첩 등으로 집무상 규칙이 되는 것이 있을 때에는 그 부분을 잘라 각 과 주임에게 회람한 후 예규문서로 정리할 것.

관보, 신문 또는 다른 통보 등에 의해 알게 된 사항으로 일반에게 통지할 필요가 있다고 생각될 때에는 소장에게 보고한 후 별지 제26호 양식의 잡건통지부에 그 요령을 기재하고 각 과 주임에게 회람할 것.

제34조 재소자 종결신분장부는 한 사람씩 편책하고 종결일 순서에 따라 수형자와 피고를 구별하여 별지 제27호 양식의 종결신분장보존부에 기재하고 일정한 서류함에 넣어 보존할 것.

제35조 서무과장이 완결한 문서 및 장부를 인계받았을 때에는 별지 제28호 양식의 서류보존부에 기재하고 이것을 문서창고에 격납, 보존할 것.

제36조 각 과장·주임이 완결한 문서 또는 장부를 빌려 보게 할 때에는 별지 제29호 양식의 서류차람표(借覽票)[314]에 그 연도 및 명칭 등을 기재하고 여기에 도장을 찍어 서무과장에게 청구할 것.

서무과장이 전항의 청구를 받았을 때에는 신속하게 해당 문서 또는 장부를 대여하

---

[314] 차람(借覽) : 빌려서 봄. 열람의 의미로 해석됨.

고, 그것을 반환받았을 때에는 서류차람표를 반납할 것.

제37조　완결문서 및 장부가 보존기간을 경과했을 때에는 서무과장은 서류보존부에 의거해 소장의 결재를 받아 폐기 절차를 할 것.

전항의 절차를 할 때에는 서류보존부에 폐기 연월일을 기재하고 현품을 물품회계 관리에게 인계할 것.

비밀 또는 단속상 절단을 필요로 하는 문서 및 장부는 소장의 결재를 받은 후 절단하고 서류보존부 비고란에 그 내용을 기재할 것.

소각 파기가 필요한 것 또한 동일하다.

제1호 양식

공문서 및 물품 접수장

(반지판화식(半紙判和式)[315])

		월일
		서무과장
		취급자
		수신자명
		발신자명
		문서 물품 등의 구별
		비고

제2호 양식

재소자 소송 서류 수리부

(반지판화식半紙判和式))

		접수 월일
		계호과
		서무과
		발송 관서명
		문서 표목 (標目)
	재소자 성명	번호
		회답 처분 월일
		처분 전말
		취급자

제3호 양식

재소자 서신 및 물품 접수부

(반지판화식(半紙判和式))

		월일
		계호 과장
		취급자
		수신 자명
		발신 자명
		문서 물품 등의 구별
		비고

---

[315] 반지판(半紙判) : 얇은 일본 종이의 일종인 반지(半紙)를 가로 약 33.2cm, 세로 약 24.2cm의 크기로 만든 책자 판형.

제4호 양식

	요 지	재소자	접견원	허 부
위 면접 허가를 바랍니다. 　소화 년 월 일 　주소 　직업 　본인과의 관계 　신 청 인 성명 　　　연령 　　　　서대문형무소장 귀하		성 명		소화 년 월 일 오전 오후 시

제5호 양식

	일 금	재소자 성명	차입원	허 부
위 금액 차입 허가를 바랍니다. 　소화 년 월 일 　신청인 주소 　재소자와의 관계 　직업　　성명 　연령　　세 　　　　서대문형무소장 귀하				주소 취급자 소화 년 월 일 접수

제6호 양식

					품명원수	재소자	물품차입원	허부
위 물품 차입 허가를 바랍니다. 　소화 년 월 일 　신청인 주소 　재소자와의 관계 　직업　　　성명 　연령　　　　세 　　　서대문형무소장 귀하								주소
					품명원수			취급자

제7호 양식

		적요	일금	재소자성명	청구서	주소
앞 금액 영치금을 지불 처리 바랍니다. 재소자 서대문형무소 세입세출 외 현금출납관리 귀하	위 금액 전달 처리를 청구합니다. 소화 년 월 일 청구자 주소 성명					취급자
						계호과
						소화 년 월 일 접수

제8호 양식

서대문 형무소 세입세출 외 현금출납관리 귀하	위 금액 지급을 승인함. 재소자	위 금액 전달을 바랍니다. 소화 년 월 일 주소 신청인 성명	일금	재소자성명	영치금차하원	허 부 주임 취급자 계호과 소화 년 월 일 접수

제9호 양식

서대문형무소장 귀하	위 지급을 승인함 재소자	위 지급 허가를 바랍니다. 소화 년 월 일 신청인 주소 재소자와의 관계 직업 성명 나이				품명 원수	재소자	영치물차하원	허 부 주임 취급자 계호과 소화 년 월 일 접수
						품명 원수	성명		
						품명 원수			

제10호 양식

번호	월일	차출인(差出人)316		완명(宛名)317	건명	부속	경유	처리	수령인(受領印)	비고
		성명	날짜번호							

비고 : 본 장부는 일반문서와 비밀문서로 분책(分冊)하는 것을 원칙으로 한다.

제11호 양식 - 1   제11호 양식 - 2

---

316 차출인(差出人) : 발송인.
317 완명(宛名) : 수신인명.

제12호 양식

전화 서류부(電話書留簿)　　　(반지판화식(半紙判和式))

				소장
				과장 주임
				취급자
				일월
				시간
				발화자 (發話者)[318]
				요지

---

[318] 발화자(發話者) : 통화한 사람.

제13호 양식

기안용지(起案用紙)　　　　　　　(반지판(半紙判))

			정사(淨寫) 또는 발송상 주의	
	건명	소장 과장 주임 기안자	소화년월일 기안 / 소화년월일 접수 / 관계번호	시행월일 번호 / 소화년월일 서형(西刑)제호 / 발송 / 기장(記帳)[319] / 검인(鈐印)[320] / 교합(校合) / 옮겨 씀
		결재 월 일		

---

[319] 기장(記帳) : 장부에 기입함.
[320] 검인(鈐印) : 관청에서 쓰는 도장을 찍음.

제14호 양식

기안생략 문서결재부

			소장
			과장 주임
			취급자
			발의 월일
			시행 월일
			번호
			수신인 명
			용건
			종류
			처리

비고

본 장부는 문서의 종류에 따라 구좌를 개설하거나 별책으로 할 수 있다.

종류란에는 추신, 봉서(封書) 또는 4종 우편 등의 구별을 기재할 것.

제15호 양식 - 1

서형비(西刑祕) 제   호

제15호 양식 - 2

서형비(西刑祕) 제   호

제16호 양식

소송서류 송달부(訴訟書類送達簿)　　(반지판화식)

			월일
			수령자 인
			문서 종류
			칭호 번호
			성명
			비고

제17호 양식

우편 우표 수불부　　　　　　　　　　　　　　　　　(양식장부(洋式帳簿))

월	년일	발송처	발신자	종류	수량	수(受)	불(拂)	잔(殘)	비고

제18호 양식

문서 체부부(文書遞付簿)　　　　　　　　　　　　　　(양식장부(洋式帳簿))

월	일	수신자명	발신자	적요	통수	수령자 인	송달자 인

비고 : 본 장부는 여러 권을 사용할 수 있다.

제19호 양식

내훈(內訓), 달시(達示)

내훈(달시) 제   호
○○(何何)건은 아래와 같이 알아 둘 것(○○규정은 아래와 같이 정함).
                    (○○규정 중 아래와 같이 개정한다.)
소화   년   월   일
                    소장

비고 : 새로 규정을 마련하는 것으로 그 명칭이 있는 것은 아래의 예에 의거할 것.

○○규정

제1조 ○○

규정 개정의 경우 그 명칭이 없는 것은 내훈, 달시의 연도 및 번호를 기재할 것.

내훈, 달시의 시행 연월일 및 폐지는 부칙으로 기재해야 할 것. 예는 '달시는 몇 년 몇 월 몇 일부터 이를 시행한다.' '몇 년 몇 일 몇 일 달시 제   호는 이를 폐지한다.'

제20호 양식

훈시부(訓示簿)   (반지판화식)

					월일
					훈시사항
					각계 주임 승인 (承印)

비고 : 훈시 사항은 각 과장·주임이 부하 직원에게 전달할 것.

제21호 양식

························ 5촌(寸)(15.15cm) ························

발령 관청	사령(辭令) 사항	사령 날짜	관직 성명	사령 통지서
		소화 년 월 일		

3촌(寸)(9.09㎝)

제22호 양식

훈수부(訓授簿)　　　　　　　(미농판화식)

				소장
				과장 주임
				월일
				훈수사항 요령
				계원 승인

비고 : 본 장부는 각 과장·주임이 여러 권으로 나누어 묶을 수 있다.

제23호 양식

문서목차　　　　　　(미농판)

			완결월일
			번호 / 종별
			건　명
			쪽수
			비고

비고 : 종별 번호란에 관계 관서 및 문서 번호를 기재할 것.

제24호 양식

문서표지　　　　　　(미농 또는 반지판)

	「영구」보존	
서대문형무소장	○○철책	소화 년 월부터 월까지 ○책의 1

비고 : 여러 책인 것은 'ㅇ책의 1 또는 2'로 기재하는 것으로 한다.
　　　동일 명칭의 기록으로 각 과·계에 있는 것은 과·계의 명을 기재할 것.

제25호 양식

						소속년도	소장
					장부명	년도	
						보존연한종별	서무과장
						종	
					책수	년 보존	주관과장 주임
					장부명	보존기간 만료 연월	소화 년 월 일 인계
						소화 년 월 일	
					책수		

제26호 양식

잡건통지부(雜件通知簿)　　　(반지판화식)

					월일
					통지사항
					각과계승인

제27호 양식 - 1

종결신분장 보존부　　（수형자）　（미농판화식）

			번호
			출소월일
			죄명
			형명 형기
			칭호 번호
			성명
		우 좌	지문 번호
			전말

제27호 양식 - 2

종결신분장 보존부　　（피고）　（미농판화식）

			출소월일
			죄명
			재판 결과
			칭호 번호
			성명
			전말

제28호 양식

서류 보존부(書類保存簿) (미농판화식)

		보존 종별	
		연도	
		서류 명칭	
		책수	
소화 년 월 일		보존 종기 (終期)	
		명령	폐기
		방법	
소화 년 월 일		년월일	폐기
		비고	

제29호 양식

서류 차람표(書類借覽表)

	서류명칭 　 년도	
위 열람함 소화년월일 ○○계인(印)	책	서류열람표

가로: 3촌(寸)(9.09cm), 세로: 4촌(寸)(12.12cm)

46. 서대문형무소 고원(雇員)[321] 및 용인(庸人)[322] 규정

달시 제31호

1935년(昭和 10) 7월 1일

개정

달시 제1호

1936년(昭和 11) 3월 2일

달시 제1호

1939년(昭和 14) 4월 10일

제1조   고원(雇員), 용인(庸人)의 거취, 복무, 급여 및 상벌은 별도 규정을 제외하고 본 규정에 의거한다.

---

[321] 고원(雇員) : 임시직원.
[322] 용인(庸人) : 고용인.

제2조 작업교수, 기관수는 고원(雇員)으로 한다.

제3조 본 규정에서 용인(傭人)으로 칭하는 것은 사환, 운전수, 화부, 교환수(交換手),[323] 급사(給仕)[324]로 한다.

제4조 고원 및 용인은 학술시험 및 체격검사에 합격한 자에서 채용한다. 단 고원은 중등학교 또는 동등 정도 이상의 학교를 졸업하고, 용인은 고등소학교 또는 보통학교 혹은 동등 정도 이상의 학교 졸업자로, 성적이 우수한 자는 학술시험 전부 또는 일부를 면제할 수 있다. 작업교수, 기관수, 운전수에게는 학술시험을 생략할 수 있다.

제5조 고원 및 용인 지원자는 신체건강, 신원(身元)[325]확실, 품행방정하며 경성부 내에 거주하고 아래 각 호 1에 해당되지 않음을 요한다.

    1. 연령이 12세 미만이거나 50세 이상인 자

    2. 금고 이상의 형에 처해진 자

    3. 금치산자 또는 준금치산자

    4. 파산 또는 가자분산(家資分散)[326] 선고를 받고 복권되지 않은 자

    5. 징계면직 후 만 2년이 경과하지 않은 자

제6조 학술시험은 아래 과목 중 4과목을 실시한다.

    1. 국어

    2. 작문

    3. 산수

    4. 지리 및 역사

    5. 필적(筆蹟)

제7조 체격검사는 아래의 각 호에 적합한 자를 합격으로 한다.

    1. 체질건강, 사지가 완전한 자

    2. 시력 및 청력이 완전한 자

---

[323] 교환수(交換手) : 전화 교환원.
[324] 급사(給仕) : 잔심부름을 하는 사람.
[325] 신원(身元) : 개인의 신분이나 평소 행실, 주소, 원적(原籍), 직업 따위를 이름.
[326] 가자분산(家資分散) : 채무자가 빚을 전부 갚을 능력이 없을 때, 법원에서 강제 집행처분으로 전 재산을 채권자에게 적절히 분배하는 일.

3. 언어가 명료하고 발성이 충분한 자

제8조 고원, 용인을 채용했을 때에는 신원 인수인(引受人)을 정하고 별지 양식의 신원인수증서를 받아 둘 것. 단, 일시적인 용인에 대해서는 해당되지 않는다. 전항의 신원 인수인은 경성부 내에 거주하며 독립된 생계를 영위하는 성년 남자로서 제5조 제2호 내지 제5호에 해당하지 않는 자를 요한다. 신원 인수인이 자격에 결함이 있거나 형무소 소재지 밖으로 거주를 이전하거나 사망했을 때에는 다시 그에 상당하는 인수인을 세울 것.

제9조 고원 및 용인은 아래의 경우 해직한다.

1. 신체허약, 노쇠, 기타 근무를 감당할 수 없게 되었을 때
2. 제5조 제2호 내지 제4호에 해당하게 되었을 때
3. 사무 사정상 필요할 때

제10조 고원, 용인의 복무상 주의할 필요 항목은 아래와 같다.

1. 출근했을 때에는 즉시 출근부에 날인할 것
2. 병이나 기타 사고로 출근하지 못할 때에는 정각 전에 그 사실을 신고할 것
3. 병으로 출근하지 못하는 일이 3일 이상 되는 경우는 의사의 진단서를 제출할 것
4. 직무에 충실근면하며 상부의 지휘명령을 엄수할 것
5. 허가 없이 근무지를 이탈하지 말 것
6. 자신이 관리하는 물건을 정돈하며 보관에 주의할 것
7. 항상 화원(火元)에 주의하며 화기취급에 조심할 것
8. 자신 또는 동거 가족이 상공업이나 기타 영업을 하고자 할 때에는 미리 허가를 받을 것
9. 신변 이동이 생기거나 거주를 변경했을 때에는 신속히 신고할 것
10. 관서에서 취급하거나 또는 들어서 알게 된 사항은 다른 사람에게 누설하지 말 것
11. 자기의 친족 지인으로 입소한 자가 있음을 알았을 때에는 신속히 신고할 것
12. 재소자에게 잘해 주거나 또는 재소자와 다른 사람 사이에 말을 전해 주거나 통신 등의 매개를 하지 말 것

13. 재소자의 친족 및 지인에 대해 금전과 물건의 수수, 대차를 하지 말고, 또 어떠한 명분으로도 이들로부터 향응을 받지 말 것

제11조　고원의 근무시간은 일반 관청의 집무시한에 따른다.

제12조　삭제

제13조　용인의 기복(忌服)[327] 기간은 아래와 같다.

    1. 복기(服忌)[328]

      1) 부모, 양부모 또는 배우자　　　　　　　　　　　　　　7일

      2) 증조부모, 조부모, 백숙(伯叔)부모, 형제자매 또는 적자(嫡子)　5일

      3) 앞의 각 호 이외의 친족　　　　　　　　　　　　　　3일

    2. 원려(遠慮)

     7세 미만 소아일 때 부모는 3일, 그 외 친족은 1일.

  전항 각 호의 기간 중 사무 사정에 의해 출근해야 할 필요가 있을 때에는 상(喪)을 마치고 출근할 것을 명한다.

제14조　작업교수, 기관수 및 화부의 근무는 별도로 정하는 바에 의거한다.

제15조　운전수는 자동차 조종에 세심한 주의를 기울여 위험을 미연에 방지함은 물론, 특히 아래에 명기한 점에 주의할 것.

    1. 운전 조종 중에는 술기운을 띠지 말 것

    2. 도로 통행 중 차마(車馬) 및 통행인에 주의하고 특히 통행인이 많은 곳, 도로 교차로, 길모퉁이에서 전후좌우에 주의할 것

    3. 운전 중 대화 및 흡연을 하지 말 것

    4. 자동차를 사용한 후 손질 보존에 주의할 것

    5. 자동차는 사용 후 격납고에 넣어 둘 것

    6. 구외에서 일시적으로 운전을 멈추고 대기하는 시간이 있을 때에는 그 장소를 이탈하지 말며 감시를 게을리하지 말 것

---

[327] 기복(忌服) : 근친의 상을 당해 상제(喪制)로서 일을 봄.
[328] 복기(服忌) : 근친의 상.

제16조　사환, 교환수, 급사 근무는 아래와 같다.

    1. 청사 내 각 사무실, 응접실, 숙직실 등의 청소 및 물건 정돈

    2. 청내 및 청외의 서류 및 물건 배달 및 잡무

    3. 난로, 화로 등 기타 청내 일반 화기의 취급 및 청소

    4. 제품류의 짐꾸리기, 운반, 배달, 그 외 작업용 잡무

    5. 그에 부속되는 각 과·계의 잡무

    6. 교환수는 교대로 전화교환 사무

제17조　사환 및 급사 근무를 감독시키기 위해 사환 가운데 단속 1명, 부단속 2명을 두고, 부단속 중 1명은 구치장에 배속한다. 단속은 옷소매에 검은 줄 2줄, 부단속은 1줄을 부착한다.

제18조 사환 및 급사 단속은 서무과장의 지휘를 받아 아래의 사무를 취급할 것.

    1. 사환 및 급사의 결근, 지각, 그 외 사고에 관한 사실조사 및 그 보고

    2. 매일 청 내외의 용무 지정, 근무 감시 및 독려

제19조　교환수의 감독은 서무과장이 감독하는 것으로 한다.

제20조　사환, 교환수, 급사의 근무시간은 다음과 같다.

    1. 교환수 및 급사는 일반직원 출근시간 전에 출근하고 일반직원 퇴근 후 용무를 마친 다음 퇴근하는 것으로 한다.

    2. 사환은 일근, 숙직 두 가지로 하여 일반직원 출근시간 1시간 전에 출근하며, 일근은 일반직원 퇴근 후 용무를 마친 후에 퇴근하고, 숙직 근무자는 오후 11시에 취침해 다음날 오전 5시에 기상하며 일반직원 퇴근시 퇴근하는 것으로 한다. 단 계호과 근무 사환에 한해 숙직 근무 다음날 비번을 부여한다.

3. 근무 및 배치상 필요할 때에는 잔업근무를 명하는 경우가 있다.

제21조　용인(운전수 제외)의 급료는 일급으로 하고, 초임은 내지인(內地人) 1원, 조선인 60전을 초과할 수 없다. 단 특별한 기능을 가진 자 및 한시적 용원은 이에 제한받지 않는다. 오랜 기간 근무하고 집무성적이 우수한 자 또는 특별한 기능을 가지고 있어 필요하다고 인정되는 자에 한해 월액으로 할 수 있다.

제22조　월급을 받는 용인이 병으로 근무하지 못하고 30일을 초과하거나, 개인 사정으로 근무하지 않는 것이 10일을 초과할 때에는 급료의 반액을 감한다. 단 휴가 혹은 상을 당한 때나 직무로 인한 부상 질병일 때, 전염병 예방을 위해 시행하는 교통통제 혹은 격리나 수재, 화재, 기타 비상재해로 인할 때에는 이에 해당하지 않는다. 고원은 조선총독부 및 소속관서 고원규정 제6조에 의거한다.

제23조　일급을 받는 용인은 아래 각 호 1에 해당할 때에는 근무하지 않더라도 급료를 지급한다. 단 고원에 관해서는 조선총독부 및 소속관서 고원규정 제7조에 의거한다.

　　1. 관서 휴가일(휴가 전후로 결근한 경우는 제외함)
　　2. 휴가일
　　3. 비번일
　　4. 부모 제삿날
　　5. 제13조에 의거한 상을 치르는 날
　　6. 직무로 인한 질병·부상으로 결근한 날
　　7. 전염병 예방을 위해 시행하는 통행통제 또는 격리를 위해 결근한 날
　　8. 수재, 화재, 기타 비상재해로 결근한 날. 단 3일 이내에 한한다.
　　9. 직무로 인한 사건으로 증인이나 참고인으로 재판소에 출두한 날
　　10. 조선 내에서 징병검사를 받거나 간열점호(簡閱點呼)에 참석하기 위해 소환에 응한 날

제24조　고원 및 용인의 승급은 매년 3월, 6월, 9월 및 12월에 실시하고 그 급여 증가율은 1회 3원 또는 10전 이내로 한다.

제25조　기능우수자 또는 질병으로 위독 등 특수한 사정이 있는 자에 대해서는 전조의 규정에 구애받지 않고 급여를 올릴 수 있다.

제26조　고원 및 용인이 수재, 화재나 기타 비상이변을 당했을 때 상황에 맞추어 처치해 이를 미연에 방지하고, 또한 공로가 있을 때에는 이를 표창할 수 있다. 전항에 해당하는 자에게는 공적장(功績狀) 및 1회 1원 이상 10원 이하의 금액을 수여한다.

제27조　용인이 만 1년간 휴가 없이 개근하고 지각이나 조퇴 없이 품행방정하게 직무에 충실근면하여 일반의 모범이 되는 자는 이를 표창할 수 있다. 표창장을 3회 받을 때마다 일급자에게는 일액 5전, 월급자에게는 월액 1원 50전을 더해 주고 15회에 이르면 중지한다.

제28조　급료 지급에 관해서는 조선총독부 및 소속관서 고원규정을 준용한다.

제29조　고원 및 용인이 아래 각 호 1에 해당할 때에는 이를 징계한다.

　　1. 직무에 태만한 자

　　2. 평소의 행실이 바르지 않은 자

　　3. 고원 및 용인의 책무를 위배한 자

제30조　고원 및 용인 징계처분은 아래와 같다.

　　1. 해고

　　2. 감봉(급료 월액의 5분의 1 이내로 함)

　　3. 견책(譴責)[329]

제31조　지소에서는 본 규정에 준거해 취급할 것.

제32조　지소에서 본 규정과 다른 사항을 정할 필요가 있을 때에는 미리 소장의 승인을 받을 것.

---

[329] 견책(譴責) : 공무를 행하는 사람 등의 잘못을 꾸짖고 앞으로 그런 일이 없도록 주의를 주는 가장 가벼운 징계 처분.

```
┌─────────────────────────────────────────────────────────────────┐
│  신원인수증서(身元引受證書)                                        │
│                                                                 │
│    본  적                                                       │
│    현주소                                                       │
│                                        성      명               │
│                                        생 년 월 일              │
│                                                                 │
│  위 사람이 금번 귀소(고원, 운전수, 사환, 화부, 교환수, 급사) 채용에 있어 재직 중 고의, 과실 등 기타 원인 여하 │
│  를 묻지 않고 직무상 발생하는 본인의 책무 및 질병, 기타 신상에 관한 일체의 사항을 제가 떠맡아, 지시 │
│  에 따라 처분을 받고 이에 신원인수증서를 제출합니다.                │
│                                                                 │
│              년   월   일                                       │
│                현주소                                           │
│                         인수인 성명  (인)                       │
│                         생 년 월 일                             │
│   서대문형무소장       귀하                                     │
└─────────────────────────────────────────────────────────────────┘
```

47. 숙직 근무 규정

달시 제32호

1935년(昭和 10) 7월 20일

개정

달시 제1호

1939년(昭和 14) 4월 10일

제1조 당직근무에 관해서는 특별한 규정이 있는 것 외에는 본 규정에 의거한다.

제2조 집무시간 외 또는 휴일의 제반 사무는 당직간수장의 지휘명령에 따라 사무간수 1명이 이를 취급한다. 단 계호과에 속하는 사무에 대해서는 여기에 해당되지 않는다.

제3조 숙직근무는 돌아가면서 하고 서무과장이 이를 지정해 미리 본인에게 통지하는 것으로 한다. 직원의 결근이나 출장 등의 사유로 인해 이미 정한 순번에 변동이 생겼을 때 또한 동일하다.

제4조 숙직근무는 집무일 및 휴일 두 종류로 나누어 서무과장이 이를 지정한다.

제5조 숙직근무 시간은 집무일에는 퇴근시각부터, 휴일에는 출근시각부터 각각 그 다음날 출근시각까지로 한다. 단 숙직 다음날이 휴일에 해당할 때에는 당일 숙직원에게 인

계한 후가 아니면 퇴근할 수 없다.

제6조 집무일에 숙직근무원 사무를 보조하게 할 필요가 있는 경우에는 사무간수 1명씩 순번을 정해 오후 8시까지 잔업근무원을 둔다.

제7조 아래의 경우에는 숙직 잔업근무 또는 숙직보조 잔업근무를 면제한다.
　　1. 새로 내근사무를 명령 받은 자는 그날부터 15일간
　　2. 병으로 결근한 자가 출근한 날. 단 질병 결근을 7일 이상 했을 때에는 출근일로부터 2일간
　　3. 출장을 명령 받은 자는 출장 전일 및 귀청일로부터 2일간
　　4. 집무일과 휴일이 연속되는 순번에 해당할 때에는 집무일 부분
　　5. 그 외 필요하다고 인정하는 경우

제8조 숙직 근무원 복무 요강은 대략 아래와 같다.
　　1. 숙직용 제 장부 및 물품을 정돈 보관하는 일
　　2. 청사의 화기단속에 관해 주의하는 일
　　3. 숙직일지를 기록하는 일
　　4. 입출소에 관한 사무를 집행하는 일
　　5. 문서 및 물품 접수장을 기록하는 일
　　6. 인비친전(人秘親展) 및 급한 친전문서를 즉시 소장에게 송달하는 일
　　7. 보통공문서를 당직간수장의 지휘를 받아 개봉 및 임의처리 하는 일
　　8. 재소자 또는 직원에 대해 시급을 요하는 문서를 당직간수장의 지휘를 받아 임의 조치하는 일
　　9. 재판소 또는 경찰관서로부터 입출소에 관한 문서를 접수했을 때 즉시 당직간수장에게 제출하는 일
　　10. 전화 또는 내방자를 응대하고 그 내용을 당직간수장에게 보고하는 일
　　11. 휴일 당직원에 대한 사무 인계를 상세하게 행하는 일
　　12. 근무의 개황 보고를 가장 빠른 출근시에 서무과장에게 하는 일

제9조 숙직 지정 후 제7조의 면제 사유가 발생했을 때에는 미지정 차순위자에게 당직근무를 지정한다.

제10조 숙직 중 질병이나 어쩔 수 없는 사유로 그 임무를 하기 어려울 경우에는 당직간수장의 허가를 받아 미지정 차순위자에게 통지하고, 그 사람에게 인계를 마친 후 퇴근할 수 있다.

제11조 숙직통지부에 승인 후 사적인 사유로 숙직이 불가능할 때에는 신속하게 그 내용을 서무과장에게 제출할 것.

서무과장이 교대할 필요가 있다고 인정한 때에는 새로 숙직자를 정해 그것을 본인에게 통지할 것

제12조 숙직원은 당직간수장의 허가 없이 외출할 수 없다.

제13조 숙직원은 모든 서류와 물건의 보관 책임을 진다.

각 과장·주임이나 간수장 등으로부터 특별히 영치를 명령받았을 때에는 서류와 물건에 대해서도 역시 동일하다.

제14조 보관하는 서류와 물건 중 봉함된 것 또는 자물쇠로 잠긴 것은 일절 개봉할 수 없다. 단 필요에 의해 소장 또는 과장·주임의 허가가 있을 때에는 여기에 해당하지 않는다.

제15조 당직간수장으로부터 입소 수속을 명령 받았을 때에는 신속하게 처리하고, 호송관리에게 영수증을 교부할 것.

제16조 당직간수장에게 출소 수속을 명령받았을 때에는 출소자 영치물 및 영치금은 일단 영치금품대장과 대조해 영수 날인을 받을 것.

제17조 아래 사항은 전화로 신속하게 소장에게 보고할 것.

　1. 수용, 석방에 관해 특별히 필요하다고 인정한 때

　2. 타 관청에서 공무상 내방자가 있을 때

　3. 공무 전화를 받아 특별히 필요하다고 인정한 때

　4. 기타 필요하다고 사료되는 사항

제18조 숙직실에 준비해 두어야 할 제 장부 및 용지류는 대체로 아래와 같다.

　1. 숙직일지

　2. 공문서 접수 장부

　3. 재소자 서신 접수 장부

　4. 배달 장부

5. 입소 장부(미결, 기결)

6. 출소 장부(미결, 기결)

7. 입소자 신병 영수서 용지

8. 영치금 접수부

9. 영치금 지불부

10. 재감인 명부

11. 전보 요금 후납입 장부

12. 등기, 소포등기 장부

13. 전화 청취 서류 장부

14. 청내 배달 장부

15. 공범 통지 장부

16. 공소 서류 송달 장부

17. 전보 약(略)부호

18. 영치품 대장 용지

19. 명적표(名籍表) 및 관계 제 용지

20. 휴대용 금고(1개)

21. 열쇠 상자(2개)

제19조 숙직원은 직원 퇴근 후 1회, 취침 전 1회 반드시 사무실 내외를 돌아보고 화기, 기타의 단속상에 특별히 유의할 것. 근무 중 폭풍우 등의 때에는 자주 순회하고, 형편에 따라 조치할 것. 단 휴일에는 주간에도 2회 이상 순회할 것.

제20조 숙직원은 당번 사환을 지휘하여 사무실 내 청소, 정돈 및 때때로 사무실 내외를 순회시키고 화기, 기타 청내 단속상 실수가 없도록 기할 것.

제21조 구치장 및 지소에 있어서 숙직근무는 본 규정을 준용한다.

48. 자부담 양식(糧食) 규정

달시 제46호

1935년(昭和 10) 8월 8일

제1조　미결 구금자에 대한 자부담 양식 구매 및 차입에 대해서는 별도의 규정이 있는 경우 외에 본 규정에 따른다.

제2조　자부담 양식의 종류 및 분량은 아래와 같다.
　　　　1. 밥 또는 식빵 및 부식물　　　1회 1식 양(量)
　　　　2. 우유 및 계란　　　　　　　　위와 동일
　　　　3. 기타 보건상 필요하다고 인정하는 것

제3조　전조 제3호에 의거한 경우는 의무과의 의견을 받는 것으로 한다.

제4조　자부담 양식 구매 및 차입은 형무소에서 지정하는 판매인이 판매하게 한다.

제5조　미결 구금자는 전조의 규정에 구애 없이 다른 판매인을 지정해 자부담 양식 구매 또는 차입을 신청할 수 있다.

제6조　자부담 양식을 판매하거나 취급하는 자가 부당한 대가를 요구하거나 위생상 허용되지 않는 음식물을 반입하고자 할 때, 또는 부정품을 은폐하거나 공모의 기회를 주는 것과 같은 행위가 있다고 인정될 때에는 출입을 금지시킬 것.

제7조　양식 구매를 신청했을 때, 관계 각 과·계는 별지 제1호 양식의 자변양식처리부(自辨糧食處理簿) 및 그 취급예에 의거하여 처리할 것.

제8조　구매할 음식물은 그 전날 오전 중에 판매인에게 별지 제2호 양식의 납입서를, 차입에 있어서는 별지 제3호 양식의 차입 신청서를 구치장에 제출하게 할 것. 구치장 주임은 전항의 차입 신청서를 접수했을 때 소장의 결재를 받을 것.

제9조　구치장에서는 전조의 납입서 및 차입 신청서에 의거하여 별지 제4호 양식의 자변양식인명부를 작성할 것.
　　　　입출소나 기타 사유로 자부담 양식 구매에 변동이 생겼을 때에는 신속하게 이를 정리할 것.

제10조　자부담 양식의 납입 또는 차입은 각 식사 시간 1시간 전까지 판매인이 내역표를 첨부한 후 지정된 장소에 제출하게 할 것.

제11조　전조에 의해 납입 또는 차입이 있을 경우에는 담당간수 입회하에 의사의 검사를 경유할 것.
　　　　담당간수는 전항의 수속을 거쳤을 때에는 섭취자의 사방(舍房) 명(名) 및 호칭번호를 용기에 첨부한 후 배급한다.

제12조 자부담 양식을 재소자에게 교부했을 때에는 제7조의 납입서 및 차입 신청서의 이면 월일란에 날인을 받을 것.

제13조 수형자에게는 질병, 기타 특별한 사유가 있는 경우에 한해 자부담 양식 구입 및 차입을 허가할 수 있다.

전항의 자부담 양식 구입 및 차입에 있어서는 본 규정을 준용한다.

제14조 전조 및 미결 구금 여수형자의 자부담 양식 구입 및 차입에 있어서, 본 규정 가운데 구치장 주임의 직무는 계호과장이 이를 행한다.

제1호 양식

자변양식처리부(自辨糧食處理簿)

				소장
				구치장 주 임
				계리계 주 임
				담당 간수
				접수 월일
				납부 시각
				종류
				횟수
				금액
				납부 시간
				호칭 번호
				재소자 성 명
				판매인 성 명

자부담 식량 처리장부 취급예

1. 양식 구입을 신청한 자가 있을 때 담당 간수는 납부기간 및 판매인 난을 제외한 각 해당 난에 기입한 후 구치장 주임을 거쳐 계리계 주임에게 회부하는 것으로 한다. 단 신청자가 판매인을 지정한 때에는 담당 간수는 판매인 난도 기입하는 것으로 한다.
2. 계리계 주임은 금액 및 납부기간, 판매인을 기입하고 소장의 결재를 받은 후 본 장부를 판매인에게 통지하고 도장을 받아 둘 것. 만약 신청한 종류 및 횟수로 산출한 금액이 영치금액을 초과할 때에는 계리계 주임이 영치금 내에서 횟수를 줄이고 그 내용을 구치장 주임을 거쳐 본인에게 고지하는 것으로 한다.
3. 판매인에게 대가의 지불을 완료했을 때, 계리계 주임은 가장 위쪽 난 바깥에 '몇 월, 몇 일 지불완료'라고 부기하는 것으로 한다.

제2호 양식

바깥쪽

기타	계란 개	우유 홉	가격 전	양식납입서
성재소명자	제호동방	재소자와의 관계	납입인 주소성명	월 일부터 월 일까지 일간

안쪽

		수령자 날인
일	일	
일	일	
일	일	
일	일	
일	일	

제3호 양식

바깥쪽

기타	계란 개	우유 홉	가격 전	양식차입서
성재소명자	제 호 동 방	재소자와의 관계	차입인 주소성명	월 일부터 월 일까지 일간

안쪽

		수령자 날인
일	일	
일	일	
일	일	
일	일	
일	일	

제 호 양식

자변양식인명부

1) 종별표 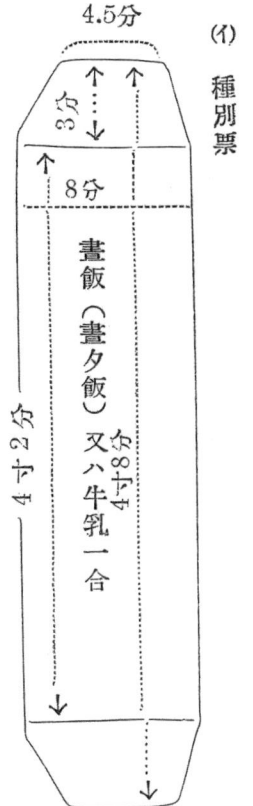 2) 성명표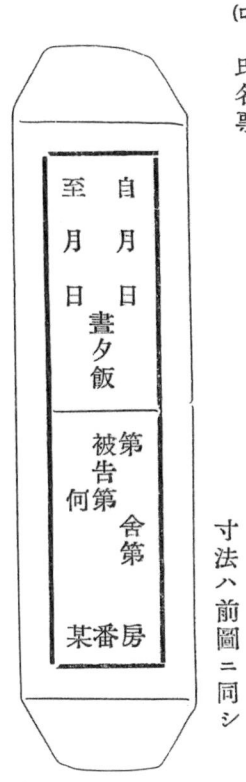

49. 직원 제신청·제신고서 서식 및 처리방법에 관한 건

달시 제47호

1935년(昭和 10) 8월 15일

처리방법

1. 서면으로 해야 하는 신청이나 신고는 반지(半紙) 규격의 백지(白紙)에 써서 그 소속 과장·주임에게 제출할 것. 단 별지 제1호 내지 제2호 서식에 의한 간수의 신청서나 신고서는 출근시한 20분 전까지 당직간수장에게 제출하고 당직간수장은 여기에 도장을 찍은 후 소관 과장·주임에게 회부할 것.

1. 각 과장·주임은 그 계원으로부터 신청서나 신고서류를 받았을 때, 신속하게 의견을 첨부해 서무과장에게 송부할 것. 단 전결 시행에 속하는 것은 해당하지 않는다.
1. 서무과장이 전항의 서류를 수리했을 때에는 과장에게 상신할 것.
1. 신청서 건에 대해 가부 판정이 있을 때, 서무과장은 적절한 방법으로 그 결과를 소속 과장·주임을 경유해 신청인에게 통지할 것.
1. 판정이나 승인을 거친 서류는 특별한 규정이 있는 것을 제외하고 서무과장이 처리할 것.
   전항의 서류 중 아래 상단의 것은 사무처리 필요상 일단 각 아래 난에 기재하고 과장·주임에게 회람할 것.

거주 신고	계리계 및 계호과
동거 신고	계리계
거주이전 신고	계호과
지정지 외 거주 신청	계리계 및 계호과
귀임(歸任) 신고	계리계
가족귀성 신고	계리계

제1호 서식

취급예

1. 질병, 기타 사유로 청원할 필요가 있을 경우 본 서식에 의거한다.
1. 기입을 요하지 않는 부분은 사선을 그을 것.
1. 휴가 종별은 보통휴가(1924년 부령 37호), 개근휴가, 위로휴가로 하고, 보통휴가 외에는 종류별 아래 괄호 안에 휴가증 번호를 기재할 것(이하 각 호 서식 동일).

```
사가원(賜暇願)330

  1. 사     유
  1. 휴가 신청 기간 (소화  년  월  일부터
                    소화  년  월  일까지)      일간
  1. 휴가 종별 및 잔여일수  휴가(제   호)        일

위 휴가를 신청합니다.

     소화  년  월  일
                    간  수
  서대문형무소장 귀하
```

제2호 서식

취급예

1. 간수근무수칙 제52조에 정하는 질병 결근 신고서

1. 본 조 제1항의 경우는 결근 기간을 1일로 기재하고, '진단서 첨부'를 삭제하고 제출할 것.

1. 휴가를 받아 질병을 요양하고자 할 때에는 제1호 서식에 의거할 것. 단 휴가를 허가받지 못한 경우는 다시 본 서식에 의거해 질병 및 결근 신고를 요함.

```
병기결근계(病氣缺勤屆)331

  1. 병       명
  1. 요 양 장 소
  1. 결 근 기 간 (소화  년  월  일부터
                  소화  년  월  일까지)      일간

  1. 휴가 종별 및 잔여일수  휴가(제   호)        일

위 진단서를 첨부하여 신고합니다.

     소화  년  월  일
                    간  수
  서대문형무소장 귀하
```

---

330 사가원(賜暇願) : 휴가 신청서.
331 병기결근계(病氣缺勤屆) : 질병 결근 신고서.

제3호 서식

취급예

1. 간수근무수칙 제57조의 결근 신고 서식.

1. 사유란은 구체적으로 기재할 것. 또한 간호를 위한 결근인 경우는 특히 병자 성명, 자기와의 관계, 연령, 요양 장소를 명시할 것.

```
사고결근계(事故缺勤届)

  1. 사    유
  1. 결 근 기 간 {소화 년 월 일부터
                 소화 년 월 일까지}      일간

위 내용을 신고합니다.

      소화 년 월 일
                   간 수
서대문형무소장 귀하
```

제4호 서식

취급예

1. 간수근무수칙 제54조에 의거한 신청 및 성묘, 가사정리 등의 용무에 의한 신청 서식.

1. 전지요양의 경우는 진단서, 간호의 경우는 진단서 또는 통지서를 첨부할 것.

1. 간호를 위한 여행 신청의 경우 사유란은 제3호 서식에 준해 기재할 것.

1. 여행을 위한 결근에 대해서는 결근 신고를 요하지 않는다.

1. 여행지가 본적지가 아닐 때에는 지명 상부에 '본적지 외'라고 기재하고, 본적지일 때에는 간단하게 그 지명만 기재할 것.

1. 휴가가 없는 자, 또는 상중(喪中) 휴가를 이용해 여행하고자 하는 자는 제4호 서식 결근 여행 신청서를 제출할 것.

```
사가(결근)여행원(賜假(缺勤)旅行願)

  1. 사     유
  1. 여 행 지
  1. 기     간 {소화 년 월 일부터
              소화 년 월 일까지}     일간
  1. 휴가 종별 및 잔여 일수    휴가(제 호)     일

위 별지 진단서(통지서)를 첨부하여 신청합니다.

    소화 년 월 일
              간 수
서대문형무소장 귀하
```

제5호 서식

취급예

1. 간수근무수칙 제15조에 의거한 신고 서식.

1. 목표는 구체적으로 기재하여 한눈에 명료하게 이동하고자 하는 곳을 선택할 것.

1. 간수근무수칙 제17조에서 지정지 외 거주신청에 의거해 허가를 받았을 때에는 거주 신고를 요하지 않는다.

1. 거주지는 도명(道名)의 기재를 요하지 않는다.

1. 동거자는 모두 자기와의 관계, 성명, 연령을 기재할 것. 단 단독자는 단독으로 기재하고 또 신상에 가장 가까운 가족이나 친족 거주지, 자기와의 관계, 성명, 연령을 기재할 것.

```
거주계(居住屆)

  1. 거 주 지
  1. 목     적
  1. 거 주 월 일 {소화 년 월 일부터
              소화 년 월 일까지}     일간
  1. 동 거 자

    소화 년 월 일
              간 수
서대문형무소장 귀하
```

제6호 서식

취급예

1. 간수근무수칙 제15조 후단에 의거한 신고 서식.

1. 목표는 제5호 서식에 준해 기재할 것.

1. 지명에는 도명 기재를 요하지 않는다.

전거계(轉居屆)[332]

1. 거 주 이 전 지
1. 목　　　　적
1. 전 거 주 지

위 사실을 신고합니다.

　　　소화　년　월　일
　　　　　　　　　간 수
서대문형무소장 귀하

제7호 서식

취급예

1. 제15조 전단에 의거한 신고 당시 단독인자가 후에 동거 관계가 생긴 경우의 신고 서식.

1. 동거자는 모두 자기와의 관계, 성명, 연령을 병기할 것.

1. 사유는 결혼, 가족을 불러들임 등으로 나누어 기재할 것.

1. 호적등본은 해당 소재 근무명령을 받은 후 결혼하여 동거하게 된 경우에 한해 첨부할 것.

---

[332] 전거계(轉居屆) : 거주지 이전 신고서.

```
동서계(同棲屆)³³³

 1. 동   거   인
 1. 동 거 년 월 일
 1. 사         유

위 호적등본을 첨부하여 신고합니다.

      소화 년 월 일
              간  수
 서대문형무소장 귀하
```

제8호 서식

취급예

1. 직계비속 출생에 따라 동거 가족에 변동이 생긴 경우의 신고 서식.

1. 출생자는 자기와의 관계, 성명을 기재할 것.

```
출생계(出生屆)

 1. 출   생   자
 1. 출 생 연 월 일
 1. 입 적 연 월 일

위 사실을 신고합니다.

      소화 년 월 일
              간  수
 서대문형무소장 귀하
```

제9호 서식

취급예

1. 사망자는 자기와의 관계, 성명, 연령을 기재한다.

1. 사망 신고에 따라 상중 휴가 또는 근신 신고서 제출을 요하지 않는다.

---

333 동서계(同棲屆) : 정식으로 혼인하지 않은 남녀가 한집이나 한방에서 같이 살고 있음을 신고하는 서식.

1. 가족, 기타 사망에 따라 사망 장소로 여행을 신청한 경우라도 본 신고서 제출을 요한다.

사망계(死亡届)

  1. 사 망 자
  1. 사 망 연 월 일
  1. 병명 또는 사망 원인
  1. 사 망 장 소
  1. 복상 또는 근신별 그 일수
  1. 호 적 이 동 별
위 사실을 신고합니다.

    소 화 년 월 일
          간 수
 서대문형무소장 귀하

제10호 서식

취급예

1. 부모별 난에는 성명을 부기할 것.

1. 제삿날 해당 연월일은 모두 양력으로 할 것.

친제계(親祭届)[334]

  1. 부 　 모 　 별
  1. 제사 해당 연월일

위 사실을 신고합니다.

    소 화 년 월 일
          간 수
 서대문형무소장 귀하

---

334 친제계(親祭届) : 제사 신고서.

제11호 서식

```
조퇴계(早退屆)

  1. 사      유
  1. 조 퇴 일 시

위 사실을 신고합니다.

      소화   년   월   일
                    간  수
  서대문형무소장 귀하
```

제12호 서식

취급예

1. 제 규칙의 복장에 따라 집무하기 어려운 경우의 신고 서식.

1. 다른 복장 종류로는 안경, 작업화, 짚신, 일본 옷 등 종류별로 기재할 것.

1. 사유는 구체적이고 상세하게 기재할 것.

1. 기간을 예정하기 어려운 경우는 일수 대신에 당분간이라고 기재할 것.

```
이장원(異裝願)[335]

  1. 다른 복장 종별
  1. 사      유
  1. 예 정 기 간 {소화  년  월  일부터
                  소화  년  월  일까지}        일간

위 사실을 신청합니다.

      소화   년   월   일
                    간  수
  서대문형무소장 귀하
```

---

[335] 이장원(異裝願) : (근무복 외) 다른 복장 착용 신청서.

제13호 서식

> **영업원(營業願)**
>
> 　1. 영 업 종 목
> 　1. 영 업 장 소
> 　1. 영업개시 연월일
> 　1. 주로 영업에 종사하는 자
> 　1. 사　　　유
> 　1. 월수입 예상액
>
> 위 사실을 신청합니다.
>
> 　　　　소 화　년　월　일
> 　　　　　　　　관(官) 성　명 (인)
> 서대문형무소장 귀하

제14호 서식

취급예

1. 출장을 명령받은 자, 간수근무수칙 제15조에 의거한 신고 서식.

1. 조선 내 호송 출장은 신고서를 요하지 않는다.

> **출발계(出發屆)(갑)**
>
> 　1. 출　장　지
> 　1. 출 발 기 일
> 　1. 사　　　유
>
> 위 사실을 신고합니다.
>
> 　　　　소 화　년　월　일
> 　　　　　　　　간　수
> 서대문형무소장 귀하

제15호 서식

취급예

1. 지소 또는 다른 형무소로 전근을 명령받아 출발하는 경우의 신고 서식.

출발계(出發屆)(을)

1. 임 명 사 항
1. 임 명 날 짜
1. 출 발 연 월 일

위 사실을 신고합니다.

　　　　소화　년　월　일
　　　　　　　　　간　수
　서대문형무소장 귀하

제16호 서식

취급예

1. 간수근무수칙 제59조에 의거한 신고 서식.

1. 호송 이외의 용무로 출장을 마친 자는 별지 출장 여행 일정을 작성하여 첨부할 것.

1. 호송 출장을 명령받은 기간 내에 임지로 돌아왔을 때에는 신고를 요하지 않는다.

귀임계(歸任屆)

1. 출　장　지
1. 사　　　유
1. 귀 착 연 월 일

위 사실을 신고합니다.

　　　　소화　년　월　일
　　　　　　　　　간　수
　서대문형무소장 귀하

제16호 서식(별지)

기재예

1. 내지(內地) 형무관연습소에 입소하기 위한 출장자는 가는 길은 부산항에서 떠나고 오는 길은 부산항으로 도착하는 사실을 비고란에 기재할 것.
1. 숙박지란에는 기차숙박, 선박숙박 또는 숙박지명을 기재할 것.
1. 기차, 기선(汽船)을 이용한 여행에 대해서는 경과선명과 기타 중요한 경과지(經過地)를 기재할 것.

간수

출장여행일정표(出張旅行日程表)

월일	월일	연월일
		출발지
		경과지 또는 경과선명
		숙박지
		비고

제17호 서식

취급예

1. 지소 또는 다른 형무소에서 전근 명령을 받아 임관한 경우의 신고 서식.

> **착임계**(着任屆)[336]
>
> 1. 임 명 사 항
> 1. 임 명 날 짜
> 1. 도 착 연 월 일
>
> 위 사실을 신고합니다.
>
>   소화 년 월 일
>   간 수
> 서대문형무소장 귀하

제18호 서식

취급예

1. 간수근무수칙 제61조의 신고 서식.

1. 휴가 종별은 일반, 개근, 위로로 기재할 것.

> **여행계**(旅行屆)
>
> 1. 휴 가 종 별
> 1. 여 행 기 일
> 1. 여 행 지
>
> 위 사실을 신고합니다.
>
>   소화 년 월 일
>   간 수
> 서대문형무소장 귀하

---

[336] 착임계(着任屆) : (임명에 의한) 도착 신고서.

제19호 서식

취급예

1. 공무로 인한 병을 완치하고 치료비를 받고자 할 경우의 서식.

1. 복무 종별(종류)은 '유도나 검도 훈련 중' 또는 '채석작업장 근무 중', '왼쪽다리 관절염좌' 등과 같이 구별해 기재할 것.

1. 본 신고서에 첨부할 관계서류는 아래와 같다.

   1) 현(現) 인증서(認證書)(부상 또는 발병을 인정하는 감독자가 작성한 것)

   2) 병가결근신고서(제2호 서식에 준해 작성한 것), 위에 첨부한 진단서, 치료비 실비 증빙서 및 전치진단서(진단서는 모두 보건기사나 기수가 작성한 것), 그 외 필요하다고 인정하는 서류

공상(공병)전치계(公傷(公病)全治屆)[337]

　1. 복무 종별 및 병명
　1. 부상 또는 발병 연월일
　1. 부상 또는 발병 장소
　1. 치 료 기 간 {소화　년　월　일부터
　　　　　　　　　소화　년　월　일까지}　　일간
　1. 결근 치료 일수 {소화　년　월　일부터
　　　　　　　　　소화　년　월　일까지}　　일간
　1. 치 료 실 비 액

위 관계 서류를 첨부하여 신고합니다.

　　　소화　년　월　일
　　　　　　　간　수
서대문형무소장 귀하

---

[337] 공상(공병)전치계(公傷(公病)全治屆) : 공무상 상해·질병 완치 신고서.

제20호 서식

취급예

1. 간수근무수칙 제17조 비상경비규정에 의거하는 신청 서식.

1. 목표, 동거자 기재는 제5호 서식 거주신고의 예에 의거한다.

1. 전화 통보인을 설정하는 경우는 전화번호를 병기할 것.

지정지 외 거주원(指定地外居住願)

1. 거　주　지
1. 목　　표
1. 거리 및 출근 소요시간
1. 거　주　월　일
1. 동　거　자

위 사실을 신청합니다.

　　　소화　년　월　일
　　　　　　관(官) 성　명 (인)
서대문형무소장 귀하

제21호 서식

취급예

1. 본 신고서는 숙박료 지급 관계상 가족 전부 귀성한 경우에 제출하도록 한다.

1. 귀성(귀선) 가족란에는 자기와의 관계, 성명을 기재할 것.

가족 귀성(귀선)계(家族 歸省(歸鮮)届)

1. 귀 성 사 유
1. 귀성(귀선) 연월일
1. 귀성(귀선) 가족

위 사실을 신고합니다.

　　　소화　년　월　일
　　　　　　간 수 성　명 (인)
서대문형무소장 귀하

제22호 서식

취급예

1. 휴가규정 제6조에 의한 공백일수 및 그 사유란은 괄호 안에 근신휴가 또는 상중(喪中) 휴가 등의 사유를 기재할 것.

개근계(皆勤届)

1. 개 근 기 간 {소화 년 월 일부터
　　　　　　　　소화 년 월 일까지}　　　　일간
1. 휴가규정 제6조에 의한 공백일수 및 그 사유
　　　　　　　(　　　　　　　)　　　일간

위 사실을 신고합니다.

　　　소화　　　년　　　월　　　일
　　　　　　　　　　　　　　간 수
　　서대문형무소장 귀하

제23호 서식

취급예

1. 본 신고서는 간수근무수칙 제18조에 의거해 호적상 신분에 변동이 생겼을 경우 신고하는 것으로 한다.
1. 사유는 양자(養子) 결연, 동(同) 절연, 결혼, 이혼, 분가, 호적 이전 등의 구별을 기재하고 성(姓)이 변경되었을 경우에는 옛 성과 바꾼 성을 기재할 것.

신분이동계(身分異動届)

1. 변 동 사 유
1. 변 동 연 월 일

위와 같이 호적등(초)본 첨부해 신고합니다.

　　　소화 년 월 일
　　　　　　　간 수 성　명(인)
　　서대문형무소장 귀하

제24호 서식

취급예

1. 간수근무수칙 제10조에 의거한 서식.

면식계(面識屆)

  1. 재소자의 호칭번호, 성명
  1. 친족 또는 지인 관계
  1. 면식 및 교제 관계
  1. 재소자 인지 일시

위 사실을 신고합니다.

     소화 　년 　월 　일
              간 수 　성 　명 (인)
 서대문형무소장 귀하

50. 수형자의 성명 정정 및 전과 발견 통보의 건

달시 제4호

1935년(昭和 10) 11월 14일

 수형자 성명 정정 및 지문취급규정 제11조 2에 의거한 전과(前科) 발견을 관계 재판소 검사에게 통보할 경우 문례 및 결재서류를 생략하는 장부 양식을 별지처럼 정한다.

장부 양식

				소장
				서무과장
				발송번호
				월일
				발송지
				통보사항
				칭호번호
				수형자 성명
				비고

1935년(昭和 10) 달시 제64호

				동인으로서 취급하기를 이에 통보합니다.	〓	위 사람은 호적등본에 의하면	소화 년 월 일 연도 년 월 일	징역 년	본적 성명 정정의 건		소화 년 월 일 　 　 　 서대문형무소	서형(西刑) 제 호

1935년(昭和 10) 당시 제64호

서형지(西刑指) 제 호
소화 년 월 일
서대문형무소
귀중
전과 발견에 관한 건 통보
소화 년 월 일 언도 위 사람의 결과 아래 전과를 발견하여 이에 통보합니다.

기(記)

성명	판결연월일	언도관청	죄명	형명형기	집행관청	출옥연월일	기타참고사항	비고
								따라서 본인에 대해서는 형법 누범의 규정에 의거해 가중형을 결정한 사유에 대해 통지합니다.

훈시 1939년(昭和14) 2월 24일

51. 간수 각 과별 정원 건

간수 각 과별 배치 정원당 배분 인원을 아래와 같이 정함.

구별	총인원 鮮內	서무 鮮內	용도 鮮內	계리 鮮內	작업 鮮內	계호 鮮內	구치장 鮮內	교무 鮮內	의무 鮮內	본연습부소 鮮內	여(女)구역 鮮內
정원	110 163	1 7	6	5	1 0	7 7 2 5	2 4 5 9	1 4	1 1	1 4	5 6
비고											

IV

통계로 본 식민지 감옥

1. 연도별 감옥 예산과 직원
2. 연도별 재감인원

해제

　통계는 집단적 현상 등을 일정한 기준과 체계에 따라 수치로 나타낸 것이다. 일제는 '을사늑약' 이후 한국에 대한 사회경제조사를 실시하고 그 결과물로『통감부통계연보』를 발간하였다. 통계연보에는 주요 사회경제적 지표를 수치화하여 수록하였다. 기상, 호구, 농업, 무역, 경찰, 감옥, 위생, 교육, 재정 등 주제별 주요 지표들이 1년 단위로 정리되어 있다.

　1909년『제3차 통감부통계연보』까지 매년 발간한 후 1910년 12월에는 '조선총독부통계연보(이하 통계연보)'로 제명을 바꾸었다. 이후『1942년 통계연보』(1944년 발간)까지 발간하였다.『통계연보』에는 기상, 호구, 농업, 무역, 경찰, 위생, 교육, 재정 등의 주제들이 여러 기준과 지표에 의해 정리되어 있는데, '감옥'도 하나의 장으로 구성되어 있다. 감옥 관련 통계는『통감부통계연보』부터 정리되어 왔지만, 이는 이사청(理事廳) 감옥을 대상으로 한 통계이기 때문에 한국인 관련 행형의 결과는 아니다. 일제강점기 행형과 감옥에 대해 본격적인 통계가 기록된 것은 1910년(1909년판)이다. 일제강점기 동안 발간된『통계연보』는 고정된 주제와 양식을 가지지 못하고 해마다 조금씩 구성상 차이를 보이는데, 감옥은 단 1번의 예외도 없이 독립된 장으로 편성되었다.

　다만 감옥 장 내의 조사항목 구성은 해마다 차이가 있다. 예를 들어『제4차 조선총독부통계연보』(1910)에는 아래의 조사 항목을 수록하였다.

1) 감옥 및 직원　2) 재감인원　3) 재감인원 원적지방별　4) 재감인 환자 및 사망자
5) 재감인 환자 및 사망자 병류별　6) 수인 죄명별　7) 수인 형명별　8) 수인 출입
9) 형사피고인 출입　10) 신수형자(新受刑者)의 범죄 수　11) 신수형자 죄명·형명 및 형기
12) 신수형자 입감시 연령　13) 재감 연인원　14) 재감인 작업 연인원 공전액 및 상여금
15) 석방시의 작업상여금·급여·인원　16) 대사(大赦)인원

총 16개 항목이다. 전반적으로 직원, 재감인원, 환자 및 사망자 발생, 신수형자, 작업, 사면 등의 내용을 폭넓게 담고 있지만, 가장 중요하게 다루어진 것은 재감인원의 현황 및 변동 추이이다. 재감인은 기결수인 수인과 미결수인 형사피고인으로 구분해 파악하였고, 해당 연도에 새롭게 입감한 신수형자에 대해서는 범죄수, 죄명, 형명, 형기, 연령 등을 세분화해서 파악하였다.

이러한 조사항목과 기재방식은 매년 조금씩 변화하여 『1942년 통계연보』에는 총 25종이 기재되었다.

1) 형무소 직원 2) 재소인원 3) 재소수형자 형명·형기별 4) 재소자 연인원
5) 수형자 출입 6) 형사피고인 출입 7) 노역장유치자 출입 8) 휴대아(携帶兒) 출입
9) 신수형자 형명·형기별 10) 신수형자 범수별 11) 신수형자 입소시의 연령별
12) 신수형자 범유별 13) 신수형자 출생 및 생육별 14) 신수형자 교육별
15) 작업 16) 작업 취업 연인원 17) 작업수지(收支) 18) 석방시 작업상여금 급여 인원
19) 재소 이병자(罹病者) 20) 이병자 경과 기간별 21) 재소 사망자 기간별
22) 재소자 징벌 인원 23) 재소자 상우 인원 24) 수형자 석방시 보호 인원
25) 석방자보호사업

일반적으로 『조선총독부통계연보』 내 다른 항목이 점차 축소되는 것과는 다른 양상이다. 새로 추가된 조사항목에는 감옥 운영상의 변화가 반영되어 있다. 예를 들어 '석방자 보호사업' 통계는 1936년 조선사상범보호관찰령(朝鮮思想犯保護觀察令) 시행의 결과이다. 재소자의 분류 기준은 수형자, 형사피고인 외에 노역장 유치자와 휴대아가 추가되었다. 또한 신수형자에 대한 조사 기준이 1909년 3종에서 1942년 6종으로 늘어난 것도 주목된다. 범유(犯由, 범죄를 일

으킨 사유), 출생 및 성장 과정상 특징, 교육수준 등을 추가로 조사·기록한 것은 점차 증가하는 '범죄'의 원인 파악과 그 통제에 주력했던 사법 당국의 복잡한 속내가 드러나는 지점이기도 하다.

이처럼 『통계연보』 '감옥'장은 일제강점기 행형제도가 복잡해지고 식민지 경영에 있어 감옥의 역할이 확대되면서 더 많은 내용을 수록하게 되었다. 일제의 행형 집행과 그 결과를 수치로 보여주는 자료라 할 수 있다.

본 자료집에서는 '감옥'장의 기재항목 중 감옥 직원, 연말 재감인원, 재감 연인원을 선별해 정리하였다. 행형 집행기구인 감옥의 역할과 규모가 확장되는 추이를 직접적으로 확인할 수 있는 지표이기 때문이다. 다만 매년 발표된 통계를 모두 수록하기에는 지면이 허락하지 않아 1911~1931년, 1933~1941년의 통계수치는 각각 『1932년 통계연보』와 『1942년 통계연보』에 기록된 누적수치를 활용하였다.

통계자료 정리는 두 부문으로 나누어 수록하였다. 첫째는 일제의 감옥 운영을 직접적으로 보여주는 지표인 감옥 예산과 감옥 직원의 추이이다. 수록한 자료는 『1909년 통계연보』, 『1910년 통계연보』의 「구통감부 사법 및 감옥비」와 「감옥 직원」, 『1932년 통계연보』, 『1942년 통계연보』의 「형무소 직원」 통계이다.

1909년 7월 '기유각서' 체결로 한국의 사법 및 감옥 사무는 일본에 '위탁' 운영되었기 때문에 『1909년 통계연보』와 『1910년 통계연보』에는 「구통감부 사법 및 감옥비」 항목이 별도로 표시되어 있다. 이 표는 재판소 운영과 감옥 운영 예산을 합산해 표기하고 있으므로 감옥 운영의 정확한 예산을 확인하기는 어렵다. 다만 '재감인비'가 1909년 7,598만 6,935원에서 1910년 1억 8,596만 3,000원으로 급증한 사실을 통해 감옥 예산 확장을 추측할 수 있다. 1911년 이후 해당 예산은 일반 세입·세출예산에 포함되었다.

「형무소 직원」 통계는 1932년에 1911~1931년의 누년 수치, 1942년에 1933~1941년의 누년 수치를 포함하고 있으므로 이를 수록하였다. 해당 연도에는 각 형무소 및 형무지소별 직원, 직무별 인원이 상세 기재되어 있다.

두 번째 부문은 재감인원(재소인원)이다. 감옥의 실질적 확장을 보여줄 수 있는 수치이다. 수록한 자료는 1909년, 1910년, 1932년, 1942년의 「연말 재감인원」과 1932년, 1942년의 「재소자 연인원」 통계이다.

연말 재감인원은 각 연도의 12월 말을 기준으로 수감된 인원을 말하는데, 이를 감옥별, 국적별(내지인, 조선인, 외국인), 재감구분별(수형자, 형사피고인, 노역장 유치자, 휴대아), 성별로 구분해 표기되어 있다. 그중 1932년과 1942년에는 각각 1910~1931년, 1933~1941년의 누적수치가 포함되어 있다.

「재소자 연인원」은 하루 단위 재소자를 1년간 누적 표시한 수치이다. 1932년에는 1913~1932년, 1942년에는 1933~1942년의 누적 수치가 재소구분별(수형자, 형사피고인, 노역장 유치자, 휴대아, 석방해야 할 자로서 중병으로 인한 재소), 성별로 구분되어 표시되어 있다. 이와 별도로 1932년 당해년도 연인원에 대해서는 형무소별, 국적별 인원이 표시되어 있으며, 1942년 연인원은 국적별 구분이 추가되어 있다.

『통계연보』 작성 기간 동안 감옥은 크게 확장되었다. 1908년 682명에 불과하던 감옥 직원 수는 1911년 1,081명으로, 1942년에는 3,005명으로 증가하였다.

재감인원도 연도 말을 기준으로 1909년 5,120명에서 1911년에는 9,599명, 1942년에는 2만 2,722명으로 늘어 동 기간 동안 4배 이상 증가하였음을 확인할 수 있다. 이러한 통계는 일제의 강점 직후 대대적인 감옥 확장 정책을 보여준다. 또 1925년 5월 치안유지법, 1936년 조선사상범보호관찰령 등 각종 통제 법률에 따른 증가 현상을 보여준다.

1. 연도별 감옥 예산과 직원

1) 예산

〈자료 297〉

제목: (1909년) 구통감부 사법 및 감옥비(원)

출전: 조선총독부, 『제4차 朝鮮總督府統計年報』

생산연도: 1910년

원문 쪽수: 915~916쪽

과목				예산액 1910년도	현계액(現計額) 1909년도		
					예비금 지출액	추가예산 지출액	합계
대장성 소관	세출 경상부	통감부 사법 및 감옥비	봉급	1,599,953.000	303,439.350	77,968.370	381,407.720
			청비(廳費)	190,933.800	51,312.915	23,460.155	74,773.070
			수선비	28,250.000	13,716.640	3,537.940	17,254.580
			여비	151,141.000	30,321.790	9,519.460	39,841.250
			잡급 및 잡비	777,892.000	183,537.450	59,565.440	243,102.890
			재판 및 등기 제비용	21,752.000	5,835.960	2,334.390	8,170.350
			재감인비	230,854.000	48,904.520	27,082.415	75,986.935
			판사검사시험비	940.000	-	-	-
			사법경찰비	275,000.000	62,500.000	45,833.000	108,333.000
			기밀비	20,000.000	4,250.000	3,065.000	7,315.000
			전신료	-	3,711.370	-	3,711.370
			계	3,294,715.800	707,529.995	252,366.170	959,896.165
		제불여 및 결원 보전금		27.800	-	-	-
		제지출금		7,000.000	-	-	-
				3,301,743.600	707,529.995	252,366.170	959,896.165
	세출 임시부	영선비		152,440.000	-	-	-
	총계			3,454,183.600	707,529.995	252,366.170	959,896.165

⟨자료 298⟩

제목: (1910년) 구통감부 사법 및 감옥비(원)

출전: 조선총독부,『朝鮮總督府統計年報』

생산연도: 1912년

원문 쪽수: 685~686쪽

과목			현계액	
			1910년도	1909년도
세출경상부	통감부 사법 및 감옥비	봉급	639,879.390	381,407.720
		청비	118,082.340	74,773.070
		수선비	21,747.450	17,254.580
		여비	54,453.870	39,841.250
		잡급 및 잡비	496,665.390	243,102.890
		재판 및 등기 제비용	15,127.670	8,170.350
		재감인비	185,963.000	75,986.935
		기밀비	10,450.000	7,315.000
		사법경찰비	68,750.000	108,333.000
		전신료	-	3,711.370
		계	1,611,119.110	959,596.165
	제불여 및 결원 보전금		27.800	-
	제지출금		2,044.300	-
	합계		1,613,191.210	959,896.165
세출임시부	영선비	신영비(新營費)	6,364.750	-
		수선비	1,530.120	-
	합계		7,894.870	-
세출총계			1,621,086.080	959,896.165

2) 직원

〈자료 299〉

제목: (1909년) 감옥 및 직원

출전: 조선총독부, 『제4차 朝鮮總督府統計年報』

생산연도: 1910년

원문 쪽수: 357쪽

감옥명	분감수	종족	직원											
			전옥	간수장	통역생	감옥의	교회사 및 교사	약제사	간수	여감 취체	고인 (雇)	압정 (押丁)	수업수	합계
경성	2	내지인	1	12		3	1	1	76	2		13	1	110
		조선인		1	1				75			8		85
영등포	-	내지인		4		1	1		25	1		6	3	41
		조선인												
공주	1	내지인	1	4					18			5		28
		조선인			1				18			3		22
함흥	2	내지인	1	5		3			28			7		44
		조선인		1	1				19			6		27
평양	1	내지인	1	7		2	2		33	2		12		59
		조선인		1	1				21			4		27
해주	-	내지인	1	2		1			12			3		19
		조선인		1	1				13			2		17
대구	-	내지인	1	3		1			21	2		7		35
		조선인		1	1				28			2		32
부산	1	내지인	1	4		2	1		30	1		7	1	47
		조선인		1	1				16			6		24
광주	2	내지인	1	5		2			20	1		10		39
		조선인		1	1				21			3		26
총계	9	내지인	8	46		15	5	1	263	9		70	5	422
		조선인		7	8				211			34		260
		계	8	53	8	15	5	1	474	9		104	5	682

〈자료 300〉

제목: (1910년) 감옥 및 직원

출전: 조선총독부, 『朝鮮總督府統計年報』

생산연도: 1912년

원문 쪽수: 572~573쪽

감옥명	분감수	종족	직원										
			전옥	간수장	통역생	감옥의	교회사 및 교사	약제사	간수	여감 취체	수업수	용인 (傭人)	합계
경성	3	내지인	1	12		5	5	1	123	3	6	22	178
		조선인		1	1				77			10	89
공주	1	내지인	1	4		*1			29	*1		5	39 *2
		조선인			1				23			3	27
함흥	2	내지인	1	5		2, *1	1		35	2	1	9	56 *1
		조선인		1	1				23			6	31
평양	2	내지인	1	6		1, *3	1, *1	*1	49	*2	1	10	69 *7
		조선인			1				31			6	38
해주	-	내지인	1	2		1			20	1		3	28
		조선인		1	1				16			2	20
대구	-	내지인	1	4		1, *1	*1	*1	43	*2	1	5	55 *5
		조선인		1	1				28			4	34
부산	2	내지인	1	5		2			36	1		6	52
		조선인		1	1				22			6	30
광주	3	내지인	1	7		1, *2			42	*2		7	58 *7
		조선인			1				37			5	43
총계	13	내지인	8	45		13, *8	8, *5	1, *2	377	7, *7	9	67	535 *22
		조선인		5	8				257			42	312
		계	8	50	8	13, *8	8, *5	1, *2	634	7, *7	9	109	847 *22

※ 본 표 중 *을 붙인 것은 촉탁을 표시함.

⟨자료 301⟩

제목: (1911~1932년) 형무소 직원
출전: 조선총독부, 『昭和7年 朝鮮總督府統計年報』
생산연도: 1934년
원문 쪽수: 582~583쪽

연도	전옥 내지인	전옥보 내지인	간수장 내지인	간수장 조선인	기수 내지인	기수 조선인	통역생 내지인	통역생 조선인	감옥의 내지인	감옥의 조선인	교회사 내지인	교사 내지인	의제사 내지인	작업기수 내지인	작업기수 조선인	간수 내지인	간수 조선인	여감취체 내지인	여감취체 조선인	수업수 내지인	수업수 조선인	용인 내지인	용인 조선인	합계 내지인	합계 조선인	계
1911	8		59	4			8		23		15	2	6			483	310	15		10		80	58	701	380	1,081
1912	9		65	8			9		27		20	5	9			582	381	26		12		95	75	850	473	1,323
1913	9		73	8		1	10		31		24	5	10			635	422	31		53	1	102	82	973	523	1,496
1914	9		72	9	1	2	9		30		23	4	10			651	436	32		36	2	111	92	979	548	1,527
1915	9		75	9		2	10		30		26	6	9			661	447	35		39	3	122	93	1,014	562	1,576
1916	9		75	10		2	9		31	1	27	4	9			652	444	35	1	39	3	122	97	1,005	565	1,570
1917	9		75	9		2	9		30	3	27	5	9			656	427	36	2	43	3	121	96	1,013	550	1,563
1918	9		77	10		2	9		33	2	28	5	9			693	497	41	3	44	3	100	116	1,041	640	1,681
1919	10		83	9		2	10		30	4	28	5	10			880	537	42	3	57	6	60	142	1,207	711	1,918
1920	6		116	9		2	10		31		36	6	11			1,069	662	47	3	57	3	74	186	1,455	879	2,334
1921	15		109	14		2	16		34	5	38	6	9			1,093	728	49	3	48		168	175	1,578	941	2,519
1922	15	7	107	14		2	18		32	8	46	6	12			1,068	760	49	12	74	4	89	216	1,508	1,032	2,540
									보건기사 내지인	보건기사 조선인				증수 내지인	증수 조선인										
1923	13	8	103	10	2	2	18		11 25	8	41	5	12			1,059	707	46	16	83	15	84	202	1,492	976	2,468
1924	13	8	91	12	2	2	14		10 18	7	32	7	11			942	656	39	15	74	8	67	155	1,318	868	2,186
1925	13	6	91	12	2	2	14		11 18	8	31	6	11	6		944	668	40	14	77	8	84	141	1,341	867	2,208
1926	13	6	91	13	2	2	13		12 19	7	35	6	11	7	1	933	673	43	12	73	7	76	165	1,329	892	2,221
1927	12	6	90	13	2	1	12		13 18	8	33	6	11	9	2	943	685	41	14	65	7	72	164	1,327	905	2,232
1928	13	6	92	8	1	2	17		13 18	9	35	6	11	15	2	966	692	40	16	63	13	67	170	1,346	927	2,273
1929	13	6	88	11	2	2	15		13 21	21	39	6	12	14	2	1,019	696	40	16	63	10	71	172	1,404	934	2,338

1930년(昭和 5) 말부터 양식을 다음과 같이 고침.

	전옥 내지인	전옥보 내지인	간수장 내지인	간수장 조선인	기수 내지인	통역생 조선인	보건기사 내지인	보건기수 내지인	보건기수 조선인	교회사 주임 내지인	교회사 편임 내지인	교사 내지인	약제사 내지인	작업기수 내지인	작업기수 조선인	간수 남 내지인	간수 남 조선인	간수 여 내지인	간수 여 조선인	고원 내지인	고원 조선인	용인 내지인	용인 조선인	합계 내지인	합계 조선인	계
1930	13	6	90	10	2	15	14	22	11	13	26	6	9	15	1	1,030	719	48	15	80	17	65	169	1,439	957	2,396
1931	12	4	86	9	2	14	13	24	11	10	29	6	10	15	1	1,017	793	48	14	86	17	60	165	1,422	1,024	2,446
1932	13	6	96	11	1	12	15	19	12	10	30	6	11	14	1	993	802	47	14	94	19	62	172	1,417	1,043	2,460

형무소 별(1932년 말)

	전옥 내	전옥보 내	간수장 내	간수장 조	기수 내	통역생 조	보건기사 내	보건기수 내	보건기수 조	교회사주임 내	교회사편임 내	교사 내	약제사 내	작업기수 내	작업기수 조	간수남 내	간수남 조	간수여 내	간수여 조	고원 내	고원 조	용인 내	용인 조	합계 내	합계 조	계
경성형무소	1		7				1	2	2	1	1	1	1	2		77	62			12	1	2	18	107	84	191
서대문형무소	1	1	10	1		2	1	1	1		1	1	1	3		118	90	5	2	13		1	19	159	114	273
춘천지소			2								1					22	18	1	1	1			5	28	25	53
공주형무소	1		4	1		1					2		1			32	29	3		3	1		8	47	40	87
청주지소		1	1								1					20	18	1		1	2		6	26	27	53
대전형무소	1		6	1			1	1		1	1	1	1	1		53	38			5		3	10	74	50	124
함흥형무소	1		5	1				1			1		1			41	35	2		4	3	2	8	59	49	108
원산지소			2			1					1					22	18	1		2	2		5	29	26	55
청진형무소	1		3	1			1				1		1			24	20	2		4		3	5	39	26	65
평양형무소	1		7			1	1			1	1	1	1	2	2	84	69	6	2	5	1	6	9	116	83	199
전남포지소			1								1					11	9					1	2	14	12	26
금산포지소			1								1					18	15	2					4	20	20	40
신의주형무소	1		5	1			1				1		1			48	37	2		4		2	9	66	49	115

해주형무소	1		4			1	1			2		1				38	31	3	1	3	1	3	6	56	41	97
서흥지소			1					1		1						11	9	1		1			3	16	12	28
대구형무소	1		6			1	1	1	1	1				2		79	63	4	2	4	1	9	6	110	73	183
안동지소			2					1		1						20	17		1	1		1	4	25	23	48
부산형무소	1		5	1		1	2	2		3			1			38	32	2		6		7	2	66	35	101
마산지소			1				1	1								16	14	1	2		1		4	20	22	42
전주지소			2			1		1		1	1					24	19	2		1		1	4	32	24	56
광주형무소	1		5	1		1	1		2	2				1		42	35	5	1	11		3	8	72	47	119
목포형무소	1		4	1		1	1	1								33	28	2		4	1	6	5	54	35	89
전주형무소	1		4	1		1	1		2							36	30	2		4	1	1	7	51	39	90
군산지소		1	2			1		1	1							26	22	1		3		3	4	38	28	66
개성소년형무소		1	3			1	1	2	1		3			1		31	22		1	1	1	4	5	48	9	77
김천소년형무소		1	3			1	1	1	1		2			2		29	22	1	1	1	1	4	6	45	30	75
총계	13	6	98	11	1	12	15	19	12	10	30	6	11	14	1	993	802	47	14	84	19	62	172	1,417	1,043	2,460

* 보건기수 중에는 내지인 촉탁 9명과 조선인 촉탁 9명을, 교회사 촉탁 중에는 판임 촉탁 19명을, 고원 중에는 내지인 촉탁 2명을 포함함.

〈자료 302〉

제목: (1933~1942년) 형무소 직원

출전: 조선총독부, 『昭和17年 朝鮮總督府統計年報』

생산연도: 1944년

읽은 쪽수: 328~329쪽

	총수			전옥	전옥보	간수장		간수		통역생		보건기사		보건기수		교회사 주임		교회사 촉탁		교사		약제사		작업기사		작업기수		간수 남		간수 여		교회		용인		
	총수	내지인	조선인	내지인	내지인	내지인	조선인	내지인	조선인	내지인	조선인	내지인	조선인	내지인	조선인	내지인	조선인	내지인	조선인	내지인	조선인	내지인	조선인	내지인	조선인	내지인	조선인	내지인	조선인	내지인	조선인	내지인	조선인	내지인	조선인
1911	1,081	701	380	8		59	4			8				23(감옥의)		15				2		6						483	15	310		10		80	58	1911
1933	2,574	1,502	1,072	13	6	96	8	2		16		11		25	13	32	8			6		10				16		1,063	47	830	16	95	19	72	169	1933
1934	2,646	1,545	1,101	13	6	95	8	2		15		10	1	31	12	31	9			6		10				19		1,107	46	864	15	93	18	67	167	1934
1935	2,749	1,593	1,156	13	7	97	14	2		13		11	1	30	12	35	9			6		11		2		31		1,110	49	865	14	121	31	59	205	1935
1936	2,783	1,595	1,188	14	7	102	10	2		15		10	2	29	10	38	11			8		11		2		30		1,111	47	894	17	123	35	50	204	1936
1937	2,918	1,556	1,362	14	6	113	6	2		17		10	2	34	15	44	12	1		12		12		3		28		1,032	44	1,010	20	142	57	48	233	1937
1938	3,042	1,578	1,464	14	6	117	6	2		17		13	3	31	16	50	12			23		13		3		36		1,049	42	1,061	29	128	53	39	278	1938
1939	2,953	1,462	1,491	14	6	118	5	2		17		12	4	24	16	43	15			13		11		3		34		987	45	1,068	27	117	57	18	276	1939
1940	2,918	1,487	1,431	14	6	115	5	1		17		12	3	22	17	35	15			15		11		3		38		1,048	43	1,017	28	100	87	9	256	1940
1941	2,950	1,405	1,545	14	6	120	5	2		18		11	3	21	23	38	15		1	16		9	1			43		986	43	1,097	26	75	100	5	271	1941
1942	3,005	1,467	1,538	14	6	121	4	2		18		12	4	8	21	35	17		2	15		10	2	3		46		1,056	42	1,054	26	69	97	12	312	1942

형무소별(1942년 말)

	총수			전옥	전옥보	간수장		간수		통역생		보건기사		보건기수		교회사 주임		교회사 촉탁		교사		약제사		작업기사		작업기수		간수 남		간수 여		교회		용인		
	총수	내지인	조선인	내지인	내지인	내지인	조선인	내지인	조선인	내지인	조선인	내지인	조선인	내지인	조선인	내지인	조선인	내지인	조선인	내지인	조선인	내지인	조선인	내지인	조선인	내지인	조선인	내지인	조선인	내지인	조선인	내지인	조선인	내지인	조선인
총수	3,005	1,467	1,538	14	6	121	4			18		12	4	8	21	35	17		2	15		10	2	3		46		1,056	42	1,054	26	69	97	12	312	속
1. 경성형무소	245	125	120	1		8	1			1		1		2		4	1					1				6		93		79		7	10	2	27	1
2. 서대문형무소	365	192	173	1		16				2		2				4	2			2		1	1			8		138	6	124	5	10	9	1	32	2
3. 춘천지소	69	25	44		1	1				1				1		1										1		20	1	28	1	3	3	11	3

4. 대전형무소	137	58	79	1		7			1		1		1				41		3	2		6		15	4
5. 청주지소	63	26	37			2		1					1				19		1		1	3		7	5
6. 공주형무소	68	29	39	1		4			1		1		1			2	18	1	1	1	2	1		8	6
7. 함흥형무소	200	110	90	1		9	1				2		2				87	2	2	1	3	6		17	7
8. 원산지소	66	32	34		1	2			1		1		1				26	1	1		2	1		8	8
9. 청진형무소	99	51	48		1	5			1		1		1				37	2	2		2	4		11	9
10. 평양형무소	189	96	93	1		7					2		2				72	2	3	1	6	6		18	10
11. 진남포지소	30	13	17			1											10	1			1			4	11
12. 금산포지소	43	17	26			1			1	1	1		1				15							5	12
13. 신의주형무소	133	69	64			7			3		1		1				46	2	2		2	3	2	14	13
14. 해주형무소	92	44	48	1		4					1		1				33	2	2	1	2	6		10	14
15. 서흥지소	36	14	22			1			1								12					1		5	15
16. 대구형무소	182	88	94	1		6	1		2		1	1					58	5	2	2	7	3	2	18	16
17. 안동지소	52	23	29			2						1					17	1	1	1		1	1	7	17
18. 부산형무소	178	102	76	1		8	1		1		1	1	1				77	2		3	6	3	1	16	18
19. 마산지소	50	23	27			2			1								18	1	1		1			7	19
20. 전주지소	59	28	31			2	1			1							21	1		1	2	2		6	20
21. 광주형무소	116	50	66			6		1	1	1	1		1			1	32	2	3	1	3	6	1	13	21
22. 소록도지소	15	6	9	1		1			1								2	1						2	22
23. 목포형무소	98	47	51	1		4			1		1		1			1	32	2	3		3	2	1	8	23
24. 전주형무소	90	39	51	1		4			1		1		1			1	25	1	2	1	2	3	1	9	24
25. 군산지소	63	33	30		1	2					1						24		2		2	2	1	6	25
26. 인천소년형무소	94	49	45			3		3		1			1		4	2	31		3		3	3	1	10	26
27. 개성소년형무소	88	38	50	1		3		3	1		2				3	3	26	2	2		2	9	1	8	27
28. 김천소년형무소	85	40	45		1	3			1	1	1				5	1	26	1	1	2		5	1	10	28

2. 연도별 재감인원

1) 연말 재감인원

〈자료 303〉

제목: (1909년 12월 말) 재감인원

출전: 조선총독부, 『제4차 朝鮮總督府統計年報』

생산연도: 1910년

원문 쪽수: 357~358쪽

감옥명			수인		형사피고인		합계		
			남	여	남	여	남	여	계
감옥	경성	내지인			26	1	26	1	27
		조선인	1,893	16	121	1	1,924	17	1,941
	영등포	내지인	136	4			136	4	140
		조선인							
	공주	내지인					1		1
		조선인	275	14	8		283	14	297
	함흥	내지인			1		1		1
		조선인	186	8	11	1	197	9	206
	평양	내지인	66	1	3		69	1	70
		조선인	394	12	41		435	12	447
	해주	내지인			1		1		1
		조선인	265	8	25	1	290	9	299
	대구	내지인	6		4		10		10
		조선인	532	15	78	2	610	17	627
	부산	내지인	77		14	1	91	1	92
		조선인	129	1	22		151	1	152
	광주	내지인	1				1		1
		조선인	269	4	241	1	610	5	615
	인천	내지인	10	1	10		20	1	21
		조선인	72		8		80		80
	춘천	내지인							
		조선인	42		8		50		50

분감	청주	내지인							
		조선인	78	1	14		92	1	93
	원산	내지인	16				16		16
		조선인	62	2	4	1	66	3	69
	청진	내지인	15		18	1	33	1	34
		조선인	38	1	30		68	1	69
	신의주	내지인	3		1		4		4
		조선인	49	7	33		82	7	89
	진주	내지인	1	1	2		3	1	4
		조선인	150	7	44	1	194	8	202
	전주	내지인	.						
		조선인	334	7	33	1	367	8	375
	목포	내지인	3				3		3
		조선인	8	1	16		24	1	25
총계		내지인	334	7	81	3	415	10	425
		조선인	4,786	104	737	9	5,523	113	5,636
		계	5,120	111	818	12	5,938	123	6,061

〈자료 304〉

제목: (1910년 12월 말) 재감인원

출전: 조선총독부, 『朝鮮總督府統計年報』

생산연도: 1912년

원문 쪽수: 573쪽

	감옥명		수인		형사피고인		합계		
			남	여	남	여	남	여	계
감옥	경성	내지인	1		55	1	56	1	57
		조선인	1,877	21	91	3	1,968	24	1,992
		외국인	4				4		4
	공주	내지인	5		1		6		6
		조선인	284	5	18		302	5	307
		외국인	4				4		4
	함흥	내지인	4		2		6		6
		조선인	183	15	27	3	210	18	228

	평양	내지인	25		4		29		29
		조선인	605	9	58	2	663	11	674
		외국인	6		9		15		15
	해주	내지인	2				2		2
		조선인	278	8	14		292	8	300
		외국인	6				2		2
	대구	내지인	57		4		61		61
		조선인	663	15	69	3	732	18	750
	부산	내지인	97	6	15	1	112	7	119
		조선인	190	3	5		195	3	198
	광주	내지인	3	1	2		5	1	6
		조선인	322	9	7		329	9	338
	계	내지인	194	7	83	2	277	9	286
		조선인	4,402	85	289	11	4,691	96	4,787
		외국인	16		9		25		25
분감	영등포	내지인	244	14			244	14	258
	인천	내지인	7		5		12		12
		조선인	85		6		91		91
		외국인	3				3		3
	춘천	내지인		1				1	1
		조선인	169	6	23	3	192	9	201
	청주	내지인	149		8	2	157	2	159
		조선인			2		2		2
	원산	내지인	10	1	9		19	1	20
		조선인	147	9	18	1	165	10	175
		외국인	1		9		10		10
	청진	내지인	20	2	5		25	2	27
		조선인	86	3	3		89	3	92
		외국인	3				3		3
	진남포	내지인	9		3		12		12
		조선인	31		7		38		38
		외국인	3				3		3
	신의주	내지인	7				7		7
		조선인	95	6	15	2	110	8	118
		외국인	6		5		11		11

	마산	조선인	2		17		19		19
	진주	내지인	5				5		5
		조선인	161	3	35	3	196	6	202
	목포	내지인	6	1	3		9	1	10
		조선인	84	4	15		99	4	103
	전주	내지인	3				3		3
		조선인	251	1	16	2	267	3	270
		외국인	1		28		1		1
	군산	내지인	7		179		10		10
		조선인	39	1	16	1	55	2	57
	계	내지인	318	19	28		346	19	365
		조선인	1,299	33	179	14	1,478	47	1,525
		외국인	17		16		33		33
총계		내지인	512	26	111	2	623	28	651
		조선인	5,701	118	468	25	6,169	143	6,312
		외국인	33		25		58		58
		계	6,246	144	604	27	6,850	171	7,021

〈자료 305〉

제목: (1911~1932년) 연말재소인원

출전: 조선총독부, 『昭和7年 朝鮮總督府統計年報』

생산연도: 1934년

원문 쪽수: 584~585쪽

	수형자		형사피고인		노역장 유치자		휴대아		합계		
	남	여	남	여	남	여	남	여	남	여	계
총 수											
1910	6,246	144	604	27					6,850	171	7,021
1911	8,471	417	649	42	2		8	10	9,130	469	9,599
1912	8,387	393	750	35	12	4	9	5	9,158	437	9,595
1913	8,680	447	742	24	20	1	5	13	9,447	485	9,932
1914	8,046	504	859	26	35	4	10	5	8,950	539	9,489
1915	8,322	530	862	54	30	2	7	3	9,221	589	9,810

1916		9,364	616	813	43	28	5	9	10	10,214	674	10,888
1917		10,617	703	846	50	45	4	12	11	11,520	768	12,288
1918		10,147	714	837	40	16	3	10	11	11,010	768	11,778
1919		12,796	592	1,701	53	19		4	11	14,520	656	15,176
1920		11,528	517	2,235	60	87	1	9	13	13,859	591	14,450
1921		14,318	590	1,582	73	131	1	10	11	16,041	675	16,716
1922		13,218	556	1,003	55	256	3	4	6	14,481	620	15,101
1923		12,084	514	828	35	241	7	5	12	13,158	568	13,726
1924		11,168	351	969	36	292	9	3	5	12,432	401	12,833
1925		11,281	353	987	47	425	13	7	6	12,700	419	13,119
1926		11,954	431	1,145	59	360	14	13	5	13,472	509	13,981
1927		11,599	365	1,332	57	385	13	5	6	13,321	441	13,762
1928		11,615	389	1,657	60	513	23	4	3	13,789	475	14,264
1929		12,840	440	1,999	50	522	35	5	6	15,366	531	15,897
1930		14,195	449	1,822	53	651	45	7	10	16,675	557	17,232
1931		14,193	402	1,976	66	666	56	11	7	16,846	531	17,377
1932		15,279	395	2,491	83	565	51	8	5	18,343	534	18,877
형 무 소 별(1932년 말)												
경성형무소	내지인	39								39		39
	조선인	1,124				5				1,129		1,129
	외국인	30								30		30
서대문형무소	내지인	68	7	38	3					106	10	116
	조선인	1,085	82	899	27	38				2,022	109	2,131
	외국인	17	1	8	1	6				31	2	33
춘천지소	내지인	4								4		4
	조선인	272	22	5	1	22				299	23	322
공주형무소	내지인	3		1						4		4
	조선인	494	32	42	3	6	1		1	542	37	579
	외국인	1								1		1
청주지소	내지인	7								7		7
	조선인	30		7		14	1			351	1	352
대전형무소	내지인	36								36		36
	조선인	1,022				17				1,039		1,039
	외국인	12								12		12

형무소	구분										
함흥형무소	내지인	8		9					17		17
	조선인	444	13	452	8	26			922	21	943
	외국인	18	1						18	1	19
원산지소	내지인	11		3					14		14
	조선인	334	1	66		6			406	1	407
	외국인	4	1						4	1	5
청진형무소	내지인	8	1	8					16	1	17
	조선인	259	1	161	3	30			450	4	454
	외국인	8		2	1				11		11
평양형무소	내지인	31	3	4					35	3	38
	조선인	1,178	84	133	10	51	1	2	1,364	95	1,459
	외국인	12	1						12	1	13
진남포지소	내지인	2							2		2
	조선인	123				1			124		124
	외국인	1							1		1
금산포지소	내지인	1							1		1
	조선인	152				5			157		157
신의주형무소	내지인	13		3		4			20		20
	조선인	738		81	4	30	1		849	5	854
	외국인	30		3		3			36		36
해주형무소	내지인	7							7		7
	조선인	537	14	33	4	35	3		605	21	626
	외국인	8		1		1			10		10
서흥지소	내지인			1					1		1
	조선인	100		13		7			120		120
	외국인	1							1		1
대구형무소	내지인	36	1	4					40		41
	조선인	1,320	35	112	7	49	9	2	1	1,483	1	1,535
	외국인	5							5	52	5
안동지소	내지인	1							1		1
	조선인	200	2	5	4	31	2		1	236		245
부산형무소	내지인	63		4					67	9	67
	조선인	617		61	3	9			687		690
	외국인	5							5	3	5

마산지소	내지인	9		2			1			11		12
	조선인	202	17	35	1	12	3		1	249	1	271
	외국인	2								2	22	2
진주지소	내지인	5		1						6		6
	조선인	268	4	45	2	29	3	1	1	343		353
광주형무소	내지인	4	2			1				5	10	7
	조선인	687	62	62		51	8	3		803	2	873
	외국인	1								1	70	1
목포형무소	내지인	6		2						8		8
	조선인	599		101		35	14			735		749
전주형무소	내지인	6		5						11	14	11
	조선인	622	7	62	1	15	1			699		708
	외국인	2	1							2	9	3
군산지소	내지인	10		1						11	1	11
	조선인	469		11	1	24	3			504		508
	외국인	3								3	4	3
개성 소년형무소	내지인	14								14		14
	조선인	796								796		796
김천 소년형무소	내지인	17								17		17
	조선인	733		5		1				739		739
	외국인	5								5		5
총계	내지인	409	14	86	3	5	1			500	18	518
	조선인	14,705	376	2,391	79	549	50	8	5	17,653	510	18,163
	외국인	165	5	14	1	11				190	6	196
	계	15,279	395	2,491	83	565	51	8	5	18,343	534	18,877

〈자료 306〉

제목: (1942년) 재소인원

출전: 조선총독부, 『昭和17年 朝鮮總督府統計年報』

생산연도: 1944년

원문 쪽수: 328~331쪽

		총수			수형자		형사피고인		노역장 유치자		휴대아	
		총수	남	여	남	여	남	여	남	여	남	여
1911		7,021	6,850	171	6,246	144	6,040	27				7
1933		19,101	18,551	550	15,987	425	1,929	70	631	48	4	15
1934		17,963	17,354	609	15,219	465	1,584	81	542	48	9	10
1935		18,440	17,834	606	15,933	490	1,422	64	463	42	16	12
1936		18,557	17,959	598	16,032	491	1,554	56	368	39	5	9
1937		19,358	18,745	613	16,576	482	1,829	86	331	36	9	9
1938		19,328	18,710	618	16,315	493	2,059	87	327	29	9	17
1939		19,398	18,788	610	16,442	184	2,099	91	238	18	9	6
1940		19,254	18,659	595	15,865	447	2,600	125	187	17	7	9
1941		20,206	19,633	573	17,097	422	2,169	115	362	27	5	12
1942		22,722	21,976	746	19,009	563	2,572	138	380	33	15	
형 무 소 별(1942년 말)												
총수	총수	22,722	21,976	746	19,009	563	2,572	138	380	33	15	12
	내지인	470	459	11	358	9	93	1	8	1		
	조선인	22,026	21,299	727	18,463	547	2,451	136	370	32	15	12
	외국인	226	218	8	188	7	28	1	2			
경성형무소	내지인	35	35		35							
	조선인	1,407	1,407		1,402				5			
	외국인	18	18		18							
서대문형무소	내지인	113	111	2	81	2	27		3		1	1
	조선인	3,400	3,226	174	2,533	152	655	21	37			
	외국인	41	40	1	36	1	4					
춘천지소	내지인	6	6		5		1					
	조선인	386	379	7	341	6	19	1	19			
대전형무소	내지인	20	20		18		2					
	조선인	1,028	996	32	861	22	116	8	16	2	3	
	외국인	8	8		8							

청주지소	내지인	1	1		1							
	조선인	297	291	6	280	2	7		4	3		1
공주형무소	내지인	4	4		4							
	조선인	410	401	9	393	5			8	4		
	외국인	1	1		1							
함흥형무소	내지인	35	33	2	25	2	8					
	조선인	1,631	1,562	69	1,174	46	363	18	25	5		
	외국인	26	23	3	18	2	5	1				
원산지소	내지인	6	6		5		1					
	조선인	451	442	9	332	2	99	5	11			2
	외국인	1	1		1							
청진형무소	내지인	31	29	2	19	2	7		3			
	조선인	793	751	42	515	25	139	6	95	10	2	1
	외국인	30	30		15		15					
평양형무소	내지인	58	57	1	41		16	1				
	조선인	1,648	1,473	175	1,167	148	280	24	22		4	3
	외국인	17	14	3	13	3	1					
진남포지소	내지인	1	1		1							
	조선인	152	150	2	116	2	32		2			
	외국인	3	3		2		1					
금산포지소	조선인	340	340		338				2			
신의주형무소	내지인	25	24	1	16	1	7		1			
	조선인	1,404	1,346	58	1,184	37	116	16	44	2	2	3
	외국인	59	58	1	54	1	2		2			
해주형무소	내지인	8	8		7		1					
	조선인	665	653	12	613	5	33	7	7			
	외국인	5	5		5							
서흥지소	조선인	124	124		100		19		5			
대구형무소	내지인	20	20		16		4	12				
	조선인	1,219	1,163	56	1,032	42	120		9	1	2	1
안동지소	내지인	3	2	1	2	1						
	조선인	211	209	2	183	2	20		6			
	외국인	4	4		4							
부산형무소	내지인	49	48	1	29	1	18		1			
	조선인	1,244	1,233	11	1,107	4	114	6	12	1		

마산지소	내지인	3	3		3						
	조선인	288	286	12	279	2	6		1		
	외국인	3	3		3						
진주지소	내지인	2	2		2						
	조선인	318	312	6	288	3	22	3	2		
광주형무소	내지인	3	3		3						
	조선인	701	663	38	597	34	59	3	6	1	1
	외국인	3	3		3						
소록도지소	조선인	57	55	2	55	2					
목포형무소	내지인	4	4		3		1				
	조선인	568	558	10	506	5	36	4	16	1	
전주형무소	내지인	5	4	1	4					1	
	조선인	658	655	3	472	1	179	2	4		
	외국인	3	3		3						
군산지소	내지인	4	4		4						
	조선인	351	349	2	331		6	12	2		
	외국인	1	1		1						
인천 소년형무소	내지인	20	20		20						
	조선인	649	649		649						
개성 소년형무소	내지인	4	4		4						
	조선인	882	882		882						
김천 소년형무소	내지인	10	10		10						
	조선인	744	744		733		11				
	외국인	3	3		3						

2) 재소자 연인원

〈자료 307〉

제목: (1913~1932년) 재소자 연인원
출전: 조선총독부, 『昭和7年 朝鮮總督府統計年報』
생산연도: 1934년
원문 쪽수: 590~591쪽

	수형자		형사피고인		노역장 유치자		휴대아		석방해야 할 자로서 중병으로 인한 재소		합계	
	남	여	남	여	남	여	남	여	남	여	남	여	계
1913	3,127,991	143,883	310,875	17,465	6,361	656	2,168	2,412	14	6	3,447,409	164,422	3,611,831
1914	3,007,223	165,939	337,709	18,546	9,558	816	3,091	3,608	32		3,357,613	188,909	3,546,522
1915	3,177,080	194,710	352,821	21,251	12,073	1,045	2,894	3,436			3,544,868	220,442	3,765,310
1916	3,326,250	213,278	344,275	21,531	15,254	2,143	4,350	3,360			3,690,129	240,312	3,930,441
1917	3,652,675	249,608	366,563	22,140	19,425	1,773	4,786	3,549			4,043,449	277,070	4,320,519
1918	3,819,491	266,396	352,213	20,428	10,682	1,791	3,514	4,358			4,185,900	292,973	4,478,873
1919	4,295,088	238,551	1,169,144	31,557	4,756	731	2,798	3,967	5,020		5,471,791	274,806	5,746,597
1920	4,260,250	191,629	719,189	27,725	18,424	385	2,763	4,290	2		5,000,646	224,029	5,224,675
1921	4,757,153	201,659	775,460	27,883	46,263	963	3,150	5,138			5,582,028	235,688	5,817,716
1922	5,049,706	207,153	483,514	22,374	62,189	1,200	3,664	1,843			5,599,073	232,570	5,831,643

1923	4,558,817	191,397	380,037	20,292	72,770	1,754	1,917	3,733		5,013,541	217,176	5,230,717
1924	4,024,294	144,672	366,868	16,674	81,007	2,439	1,075	2,730		4,473,244	166,515	4,639,759
1925	4,092,418	125,088	414,456	19,222	120,701	3,629	1,353	1,713		4,628,928	149,652	4,778,580
1926	4,247,136	143,461	442,412	21,034	132,807	5,994	3,462	2,722		4,825,817	173,211	4,999,028
1927	4,131,151	142,468	481,963	24,340	127,713	7,565	2,808	1,909	1	4,743,636	176,282	4,949,918
1928	4,361,404	141,371	539,056	23,323	149,225	7,358	2,124	1,829		5,051,809	173,881	5,225,690
1929	4,353,223	145,201	683,407	26,660	161,455	11,363	1,360	3,106	18	5,890,463	186,330	5,385,793
1930	4,969,460	158,151	752,036	27,686	167,209	12,720	2,196	2,478		5,890,901	201,035	6,091,936
1931	5,056,250	148,029	744,112	25,175	211,029	15,917	3,076	3,886		6,041,467	193,007	6,207,474
1932	5,347,273	145,682	876,005	31,568	205,502	23,393	3,522	2,333	31	6,432,333	202,976	6,636,309

형무소별(1932년)

경성형무소	내지인	14,088									14,088		14,088
	조선인	401,185			1,113						402,298		402,298
	외국인	11,537									11,537		11,537
서대문형무소	내지인	28,955	1,860	17,335	479	403					46,693	2,339	49,032
	조선인	433,447	31,717	287,662	8,838	13,245	453	456	168	31	734,841	41,176	776,017
	외국인	6,981	936	1,707	117	413	44	44			9,101	1,097	10,198
춘천지소	내지인	1,541		17	7						1,558	7	1,565
	조선인	89,158	8,507	4,757	314	7,161	389	41	118		101,117	9,328	110,445
	외국인	274									274		274
공주형무소	내지인	906		276							1,182		1,182
	조선인	176,845	11,803	11,906	1,407	4,528	1,694	134	403		193,413	15,307	208,720
	외국인	628	21								628	21	649

시설	구분													
청주지소	내지인	3,711			79		30						3,820	3,820
	조선인	110,384		4,839	471	5,010	227	20				120,253	747	121,000
대전형무소	내지인	11,359		247								11,606		11,606
	조선인	344,346		4,231		4,248						352,825		352,825
	외국인	4,012	318			97						4,109		4,109
함흥형무소	내지인	4,183		2,674	42	108						6,965	360	7,325
	조선인	147,515	4,731	133,867	1,573	13,994	80					295,376	6,384	301,760
	외국인	7,073	26	503	47	22						7,598	73	7,671
원산지소	내지인	2,636		1,327	112	99						4,062	112	4,174
	조선인	93,877	16	14,513	499	4,809	130	198				113,397	645	114,042
	외국인	1,763	4	164	51	74						2,001	55	2,056
청진형무소	내지인	4,233	479	3,302	54	5	20					7,540	553	8,093
	조선인	104,846	861	41,138	372	16,530	145					162,514	1,378	163,892
	외국인	3,048	159	348		158						3,554	159	3,713
평양형무소	내지인	9,790	330	3,125	64	65						12,980	394	13,374
	조선인	441,120	30,796	69,754	5,550	14,652	399	667	491			526,193	37,236	563,429
	외국인	3,998	367	205		34						4,237	367	4,604
진남포지소	내지인	1,047		18		6						1,071		1,071
	조선인	40,202		728	35	60						40,990	35	41,025
	외국인	85		6		40						131		131
금산포지소	내지인	616										616		616
	조선인	49,484				2,389						51,873		51,873

시설	구분												
신의주형무소	내지인	4,820		636							5,916		5,916
	조선인	245,025	554	55,493	3,031	19,384	288		4		319,902	3,877	323,779
	외국인	11,963		1,621		718					14,302		14,302
해주형무소	내지인	1,561		38							1,599		1,599
	조선인	193,034	5,571	11,715	907	8,463	565		27		213,212	7,070	220,282
	외국인	1,642	26	232	22	47					1,921	48	1,969
서흥지소	내지인	16		39							55		55
	조선인	28,776		5,303	574	5,395	251	10	1		39,484	826	40,310
	외국인	149									149		149
대구형무소	내지인	15,154	548	2,237	47	122					17,513	595	18,108
	조선인	429,030	13,684	44,291	1,653	13,735	4,521	623	478		487,679	20,336	508,015
	외국인	2,178		41							2,219		2,219
안동지소	내지인	298									298		298
	조선인	61,362	1,174	6,890	863	9,343	1,591	124	128		77,719	3,756	81,475
부산형무소	내지인	21,627		2,014	214	575	7				24,216	221	24,437
	조선인	208,729	134	24,471	989	4,592	167	15	25		237,807	1,315	239,122
	외국인	1,830		7							1,837		1,837
마산지소	내지인	2,609		537		84					3,230	24	3,254
	조선인	70,819	4,118	11,125	505	3,653	941	55	78		85,652	5,642	91,294
	외국인	732		192							924		924
진주지소	내지인	1,411		26		2					1,439		1,439
	조선인	96,601	1,168	16,544	940	10,960	2,762	192	157		124,297	5,027	129,324

		1	2	3	4	5	6	7	8	9	소계(남)	소계(여)	계
광주형무소	내지인	1,819	623	232	27	418					2,469	650	3,119
	조선인	237,453	22,204	14,936	339	11,983	2,139	484	78		264,856	24,760	289,616
	외국인	256	107								256	107	363
목포형무소	내지인	1,796		540							2,336		2,336
	조선인	207,767	256	27,702	285	12,492	4,510	354	105		248,315	5,156	253,471
	외국인					18					18		18
전주형무소	내지인	2,123		1,617	18						3,740	18	3,758
	조선인	231,225	2,120	27,389	486	6,821	1,376	57	23		265,492	4,005	269,497
	외국인	732	366	106							838	366	1,204
군산지소	내지인	3,329		432	16	22					3,783	16	3,799
	조선인	181,209	98	11,199	287	6,682	670	9			199,099	1,055	200,154
	외국인	1,010		379							1,389		1,389
개성소년형무소	내지인	4,504									4,504		4,504
	조선인	272,819				50					272,869		272,869
	외국인	831									831		831
김천소년형무소	내지인	5,527		112							5,639		5,639
	조선인	239,108	3,181		333	190		83			242,562		242,895
	외국인	1,526									1,526		1,526
총계	내지인	149,659	4,158	36,860	1,080	2,399	51				188,918	5,289	194,207
	조선인	5,135,366	139,512	833,634	90,251	201,482	23,298	3,522	2,333	31	6,174,035	195,394	6,369,429
	외국인	62,248	2,012	5,511	237	1,621	44				69,380	2,293	71,673
	계	5,347,273	145,682	876,005	31,568	205,502	23,393	3,522	2,333	31	6,432,333	202,976	6,635,909

〈자료 308〉

제목: (1933~1942년) 재소자 연인원
출전: 조선총독부, 『昭和17年 朝鮮總督府統計年報』
생산연도: 1944년
원문 쪽수: 331쪽

	총수			수형자			형사피고인			노역장 유치자			유대아			석방해야 할 자로서 중병으로 인한 재소	
	총수	남	여	총수	남	여		남	여		남	여		남	여	남	여
1933	6,924,590	6,718,809	205,781	5,668,353	5,668,353	152,849		863,835	29,013		184,606	20,394		2,015	3,525		
1934	632,412	6,317,509	214,903	5,456,437	5,456,437	160,886		689,208	30,080		169,117	20,232		2,747	3,705		
1935	6,666,924	6,442,979	223,945	5,669,878	5,669,878	172,873		611,981	29,454		157,356	17,368		3,764	4,250		
1936	6,775,757	6,548,988	226,769	5,831,184	5,831,184	176,802		568,176	28,170		145,879	17,215		3,749	4,582		
1937	7,004,749	6,771,739	233,010	5,936,912	5,936,912	184,483		692,741	29,072		138,832	15,558		3,254	3,897		
1938	7,077,769	6,851,057	226,712	5,972,515	5,972,515	177,036		758,606	33,432		116,363	12,983		3,571	3,261	2	
1939	6,977,245	6,756,075	221,170	5,939,479	5,939,479	175,697		727,652	31,626		85,971	9,128		2,973	4,719		
1940	6,654,791	6,447,129	207,662	5,550,292	5,550,292	159,012		825,552	40,140		67,954	5,262		3,331	3,248		
1941	7,212,616	7,000,554	212,062	5,974,942	5,974,942	155,435		919,830	44,053		102,211	9,914		3,571	2,660		
1942	7,625,055	7,396,280	228,775	6,335,163	6,335,163	170,954		941,907	44,831		115,911	10,446		3,299	2,544		
내지인·조선인·외국인 별 (1942년)																	
총수	7,625,055	7,396,280	228,775	6,335,163	6,335,163	170,954		941,907	44,831		115,911	10,446		3,299	2,544		
내지인	160,741	156,321	4,420	122,829	122,829	3,507		32,693	788		799	88			37		
조선인	7,392,028	7,170,741	221,287	6,153,538	6,153,538	165,179		899,539	43,243		114,365	10,358		3,299	2,507		
외국인	72,286	69,218	3,068	58,796	58,796	2,268		9,675	800		747						

관보에 나타난 사형 집행 사례

해제

 감옥은 형벌을 집행하는 시설로 수형자 수감뿐만 아니라 미결수 수용 등의 절차를 집행하고 노역장 유치 운영도 담당한다. 또한 법정 최고형인 사형을 집행하는 장소이기도 하다. 1908년 신감옥이 설립된 후 사형은 감옥 안의 형장에서 교수형 방식으로 집행되었다. 경성감옥, 평양감옥, 대구감옥 안에는 사형장이 설치되었다. 사법적 판단을 근거로 사형이 집행된 이후 그 결과는 《관보》를 통해 게시하였다.

 관보는 정부 당국에 법령사항이나 행정사항 등을 일반에게 공식적으로 공표하기 위해 발행하는 정기간행물이다. 조선 정부는 1894년 8월 초순 관보를 창간하여 1910년 8월 말까지 발간하였다. 관보의 편집·인쇄·발행을 위해 내각 법제국 안에 관보과를 두어 운영하였다. 조선총독부는 이를 이어받아 1910년 8월 29일부터 《조선총독부관보》를 발행하였다. 편찬 업무는 총무부 문서과에서 담당하였다. 관보 발행은 일요일과 휴일을 제외하고 매일 이루어졌기 때문에, 1945년 8월 30일까지 만 35년간 발간한 《조선총독부관보》만 해도 10,450호(호외 제외)에 달한다.

 《관보》는 일정한 편찬규정에 의해 따라 편집·발행되었기 때문에, 일정한 형식과 순서, 내용을 갖추고 있다. 《관보》에 수록되는 내용은 주로 법령 제정·개정 사항, 관리의 임명 및 이동사항을 위주로 하고, 각 부서에서 취급·결정된 주요 사항 등도 휘보·광고 등의 양식을 통해 게시한다. 「부령」, 「훈령」란에는 감옥 운영과 관련한 각종 법령·규정의 발표와 개정사항을 정확하게 확인할 수 있다. 「휘보(彙報)」란에는 사법, 경찰 및 감옥의 세부 항목이 설정되어 있는데, 이를 통해 사형 집행, 대사(大赦), 특사(特赦), 감형(減刑), 가출옥, 변호사 등록 등의 주요 사항도 확인할 수 있다.

 그중에서 본 자료집이 주목한 것은 '사형 집행' 기사이다. 각 감옥에서 사형을 집행한 결과에 따라 그 내용을 정리하여 조선총독부 총무부 문서과(대한제국 관보는 내각 법제국 관보과)로 송부한다. 이를 일정한 양식에 맞추어 관보에 게시하는 것이다. 《대한제국관보》 제4135호(1908.

7. 25.)에 사형 집행이 처음 게재되었고, 이후 사형 집행 기사는 관보의 「휘보」란에 '○ 사법(司法)'으로 별도 표기되어 고정적으로 게시되었다. 강점 이후에는 《조선총독부관보》에 동일하게 게재되는데, 기재 방식만 약간 변화하였다.

본 자료집에서는 수많은 사형 집행 기사 중 항일독립운동가의 집행내용만 선별하여 수록하였다. 집행대상의 이름 및 주소, 사형일 등을 『독립유공자공훈록』 명단과 대조하여 대상을 선별하였다. 해당 독립운동가의 이름, 생년월일, 출신지역, 공훈사항, 주요 행적 등 기본정보 역시 『독립유공자공훈록』에 근거에 기록하였다. 이 중 출신 지역은 본적을 기준으로 하되, 본적이 미상인 경우 주소지를 기재하였다. 공훈록상 생몰년에 오류가 있는 경우에도 비교의 필요성이 있어 일단 그대로 표시하였다.

기록상 가장 먼저 사형이 집행된 인물은 경북·강원·경기 일대에서 활약한 의병장 이강년(李康年)이다. 이강년에 대해서는 1908년(융희 2) 10월 8일 내란죄로 교수형에 처할 것을 법부대신이 상주(上奏)하여 재가를 받은 내용이 수록되어 있다. 가장 마지막으로 사형에 처해진 인물은 1938년 5월 26일자 《관보》에 수록된 오면직(吳冕稙)이다. 오면직은 중국 상해에서 맹혈단(猛血團)을 조직해 군자금 모집과 밀정 처단 활동을 한 인물이다. 1936년 상해 주재 일본영사관 공격을 계획하던 중 체포되어 평양복심법원에서 살인죄로 사형을 선고받고 5월 16일 평양형무소에서 사형이 집행되었다. 그 후 1945년 7월까지도 사형은 계속되었지만, 항일독립운동 사실을 확인하기 어려운 인물들이 대부분이다. 이렇게 사형 집행 기사가 확인되는 독립운동가의 숫자를 연도별로 정리하면 아래와 같다.

연도								1908	1909	1910
인원								8	47	89
연도	1911	1912	1913	1914	1915	1916	1917	1918	1919	1920
인원	17	7	2	8	1	1	2	4		3
연도	1921	1922	1923	1924	1925	1926	1927	1928	1929	1930
인원	15	15	6	4	3	1	2	1	9	1
연도	1931	1932	1933	1934	1935	1936	1937	1938	1939~	합계
인원	1	1	1	3			2	2		248

《관보》의 사형 집행 기사 기재 방식은 총 5차례의 변화를 거쳤다. 처음에는 황제에게 교수형에 대한 재가를 받은 내용 위주로 작성되었다. 해당 날짜, 사형수의 죄명 및 성명이 기재되어 있는데(기재예 1), 이후 사형을 집행한 날짜와 장소가 추가되었다(기재예 2).

〈기재예 1〉

융희 2년 10월 8일에 내란죄인 이강년(李康年)을 교(絞)에 처할 뜻으로 법부대신이 상주하와 가(可)라 하신 지(旨)를 받듦
　　　　　　　　　　　　　　　　　　　　　　　　　　《관보》제4204호 1908년 10월 17일

〈기재예 2〉

융희 3년 3월 3일 강도살인죄인 김구학(金龜鶴), 이완보(李完甫), 김순옥(金順玉)과 고살죄인 박일복(朴一福)을 교에 처할 뜻으로 법부대신이 상주하와 가라 하신 뜻을 받든 후에 본년 3월 9일 경성감옥에서 집행한 일.
　　　　　　　　　　　　　　　　　　　　　　　　　　《관보》제4325호 1909년 3월 15일

1909년 11월부터는 황제에게 재가받는 내용이 생략되고, 사형의 집행은 내각총리대신의

이름으로 고시되었다(기재예 3). 사형 집행 기사가 게재되는 위치도 '고시(告示)'란으로 변경되었다. 1909년 7월 12일 한국의 사법권과 감옥 사무 처리권을 일본 정부에 위임한 이른바 '기유각서(己酉覺書)'의 영향이다. 각서 체결에 따라 그해 10월 법부(法部)가 폐지되고 기존의 사법 관련 법령은 모두 폐지되었다. 이에 따라 사형의 집행 전 국왕에게 상주하여 재가를 구하던 오랜 전통도 사라지게 되었다.

〈기재예 3〉
내각고시 제51호
강도 및 모살범 이능한(李能漢)은 본년 12월 2일 경성감옥에서 교형의 집행을 완료한 일.
위와 같이 고시함.
융희 3년 12월 4일
내각총리대신 이완용

강점 이후 내각총리대신의 이름을 빌릴 필요가 없어지면서 기재방식은 다시 변화하였다. 사형수의 이름, 죄명, 사형 선고일 및 법원명, 집행일의 5가지 정보가 포함되었으며(집행예 4), 게재란은 다시 '휘보'로 복구되었다. 1911년부터는 여기에 사형수의 본적(혹은 주소)과 집행감옥이 추가된다(기재예 5).

〈기재예 4〉
○ 김수용(金垂鏞)은 내란(內亂) 및 모살(謀殺)의 죄로 인하여 본년 7월 9일 대구공소원(大邱控訴院)에서 사형의 선고를 받고 동년 8월 23일 집행하였다.

《조선총독부관보》 제4호 1910년 9월 1일)

〈기재예 5〉

○ 충청북도 제천군(堤川郡) 출포(出浦) 한명만(韓命萬)은 강도, 고살, 강도살인으로 인하여 1910년(明治 43) 12월 24일 대구공소원에서 사형의 선고를 받고 본년 2월 4일 대구감옥에서 집행하였다.
《조선총독부관보》제135호 1911년 2월 14일)

그리고 1918년 확정일이 추가되면서 사형기사의 《관보》 기재방식은 이후 고정되었다. 본적, 판결일, 판결법원, 죄명, 확정일, 집행감옥, 집행일의 7가지 정보가 담겨 있다(기재예 6).

〈기재예 6〉

○ 본적 함경북도 경흥군(慶興郡) 웅기면(雄基面) 영저(嶺底) 염재군(廉才君)은 동도 동군 동면 하송현(下松峴) 김광은(金光恩)은 1918년(大正 7) 4월 24일 경성복심법원에서 살인죄로 인하여 각각 사형선고를 받고 동년 6월 1일 재판 확정된바 동년 7월 9일 서대문감옥에서 모두 집행하였다.
《조선총독부관보》제1800호 1918년 8월 6일)

《관보》에 수록된 사형 집행 기사는 판결문 등 사법 계통의 기록과는 달리 사형 집행 이후에 게재되며, 개인문집류나 가승 등으로 전해지는 정보보다 그 정확도가 높다. 해당 인물이 순국한 정확한 사형일자를 파악할 수 있어 자료적 가치가 크다. 또한 선택적으로 기사가 소개되는 신문과 달리 정기적이고 일관되게 기사가 게재되었기 때문에 일제강점기 동안 집행된 사형의 전반을 파악할 수 있는 자료이다. 이처럼 《관보》의 사형 집행 기사 정리를 통해 지금까지 부정확하게 알려져 있던 독립운동가의 순국일자를 명확히 확인할 수 있게 된 것은 본 자료집 발간에 따른 중요한 성과라 하겠다.

1. 대한제국관보

1908년

〈자료 309〉

《관보》제4204호 1908년 10월 17일

휘보_사법

융희 2년 10월 8일에 내란죄인 이강년(李康秊)[338]을 교형(絞形)에 처할 뜻으로 법부대신이 상주하와 가(可)라 하신 지(旨)를 받듦.

〈자료 310〉

《관보》제4214호 1908년 10월 29일

휘보_사법

융희 2년 10월 13일에 내란죄인 허위(許蔿)[339]를 교에 처할 뜻으로 법부대신이 상주하와 가라 하신 뜻을 받듦.

〈자료 311〉

《관보》제4224호 1908년 11월 10일

휘보_사법

---

[338] 이강년(李康秊, 혹은 李姜年), 1859. 12. 30.~1908. 9. 19. 경상북도 문경, 대한민국장(1962)
 - 1895년 문경에서 거의, 유인석(柳麟錫) 휘하로 들어가 유격장으로 활동
 - 1907년 3월 의병 일으켜 강원도 원주·횡성, 충청북도 제천·단양 등지에서 활동
 - 1907년 11월 13도의대진소 호서창의대장으로 서울진공작전에 참여
 - 1908년 6월 청풍 까치성전투에서 체포되어 경성감옥 수감, 1908년 10월 13일(양) 사형 순국

[339] 허위(許蔿), 1854. 4. 1~1908. 9. 27. 경상북도 선산, 대한민국장(1962)
 - 1896년 3월 김산의진(金山義陣) 참모장
 - 1907년 9월 경기 연천·적성, 강원 철원 등지에서 의진 구성
 - 1907년 11월 13도연합대진소 구성, 군사장으로 활동
 - 1908년 6월 영평에서 체포되어 10월 21일(양) 사형 순국

융희 2년 10월 23일에 강도죄인 이치옥(李致玉)[340]을 교에 처할 뜻으로 법부대신이 상주하와 가라 하신 뜻을 받듦.

〈자료 312〉

《관보》제4233호 1908년 11월 21일

휘보_사법

융희 2년 10월 30일에 강도죄인 정석만(鄭錫萬), 이금옥(李今玉),[341] 안경숙(安慶鼐)을 교에 처할 뜻으로 법부대신이 상주하와 가라 하신 뜻을 받듦.

〈자료 313〉

《관보》제4262호 1908년 12월 25일

휘보_사법

융희 2년 12월 2일에 강도살인 이덕경(李德慶)[342]과 강도죄인 김법윤(金法允)을 교에 처할 뜻으로 법부대신이 상주하와 가라 하신 뜻을 받듦.

융희 2년 12월 9일에 모살죄인 정정근(鄭正根), 유주옥(柳周玉)과 강도죄인 김경운(金景云)[343]을 교에 처할 뜻으로 법부대신이 상주하와 가라 하신 뜻을 받듦.

융희 2년 12월 10일에 고살죄인 김쌍봉(金雙奉)[344]을 교에 처할 뜻으로 법부대신이 상주하

---

[340] 이치옥(李致玉), (1879)~1908, 경기도 용인, 애국장(1991)
- 1908년 음력 3월 경기도 통진군에서 정용대(鄭用大) 의진 참여, 통진·고양·교하 등지에서 활동
- 1908년 10월 내란죄로 사형 순국
[341] 이금옥(李今玉), (1864)~1908. 10. 30. 경기도 포천, 애국장(2018)
- 1907년 음력 12월~1908년 경기도 포천군 일대에서 군자금 및 군수품 모금 활동
- 1908년 내란죄로 사형 순국
[342] 이덕경(李德慶), (1883)~1908. 12. 2. 충청남도 공주, 애국장(2018)
- 1907년 12월 김법윤(金法允)과 함께 의병부대 결성, 공주군 일대에서 활동
- 1908년 10월 30일 경성공소원에서 '강도·살인죄' 언도받고, 사형 순국
[343] 김경운(金景云), (1861)~1908. 12. 9. 경기도 통진, 독립장(1995)
- 1907년 9월 박래병(朴來秉) 의진에 가담. 경기도 통진·고양 일대에서 군자금 모집
- 통진·고양 일대에서 일본군 수비대와 3차례 교전
- 1908년 체포되어 11월 6일 경성공소원에서 교수형 확정, 사형 순국
[344] 김쌍봉(金雙奉), (1879)~1909. 12. 10. 충청남도 해미, 애국장(1991)
- 1908년 5월경 충남 해미·당진 일대에서 군자금 모집 및 일제 밀정 처단
- 1908년 11월 6일 경성공소원에서 교수형 언도, 사형 순국

와 가라 하신 뜻을 받듦.

융희 2년 12월 15일에 강도죄인 김상준(金相俊)을 교에 처할 뜻으로 법부대신이 상주하와 가라 하신 뜻을 받듦.

1909년

〈자료 314〉

《관보》제4273호 1909년 1월 13일

휘보_사법

융희 2년 12월 14일에 강도죄인 송경기(宋景基), 방운경(方雲卿)을 교에 처할 뜻으로 법부대신이 상주하와 가라 하신 뜻을 받듦.

융희 2년 12월 18일에 모살죄인 장윤삼(張允三)을 교에 처할 뜻으로 법부대신이 상주하와 가라 하신 뜻을 받듦.

융희 2년 12월 23일에 강도살인죄인 김윤황(金允璜)[345]을 교에 처할 뜻으로 법부대신이 상주하와 가라 하신 뜻을 받듦.

융희 2년 12월 24일에 모살본부죄인 이소사(李召史)를 교에 처할 뜻으로 법부대신이 상주하와 가라 하신 뜻을 받듦.

〈자료 315〉

《관보》제4291호 1909년 2월 3일

휘보_사법

융희 3년 1월 19일에 강도죄인 한창렬(韓昌烈)[346]을 교에 처할 뜻으로 법부대신이 상주하와

---

[345] 김윤황(金允璜), (1885)~1908. 12. 경상북도 상주, 애국장(1991)
 - 1903년 9월 경북 청도군에서 일본인 살해
 - 1904~1908년 자인군·경주군·경산군 등지에서 군자금 모집하다 체포
 - 1908년 12월 28일 고등법원 상고 기각, 사형 순국
[346] 한창렬(韓昌烈), (1882)~(1909), 경기도 장단, 애국장(1991)
 - 1908년 음력 2월 박종환(朴宗煥) 의진에서 중군장으로 경기도 고양·과천·파주·장단 일대에서 활동

가라 하신 뜻을 받듦(법부).

〈자료 316〉

《관보》제4295호 1909년 2월 8일

휘보_사법

융희 3년 1월 18일에 내란죄인 조정인(趙正仁)[347]을 교에 처할 뜻으로 법부대신이 상주하와 가라 하신 뜻을 받듦.

융희 3년 1월 18일에 강도죄인 김군락(金君樂)을 교에 처할 뜻으로 법부대신이 상주하와 가라 하신 뜻을 받듦.

융희 3년 1월 20일에 방화죄인 임춘서(林春瑞)를 교에 처할 뜻으로 법부대신이 상주하와 가라 하신 뜻을 받듦.

〈자료 317〉

《관보》제4325호 1909년 3월 15일

휘보_사법

융희 3년 3월 3일 강도살인죄인 김구학(金龜鶴),[348] 이완보(李完甫),[349] 김순옥(金順玉)[350]과 고살죄인 박일복(朴一福)을 교에 처할 뜻으로 법부대신이 상주하와 가라 하신 뜻을 받든 후에

---

[347] 조정인(趙正仁), (1872)~1909. 1. 25. 전라남도 나주, 독립장(1977)
  - 1907년 정미7조약 이후 의병 거의
  - 1907년 12월 6일 김태원(金泰元), 기삼연(奇參衍) 의진과 합세하여 일본군과 전투
  - 1908년 6월 나주에서 탄약 제조 중 체포, 내란죄 언도받고 대구감옥에서 사형 순국
[348] 김구학(金龜鶴), (1864)~1909. 3. 9. 강원도 회양, 애국장(1991)
  - 1907년 10월 17일경 김보삼(金甫三) 의병장 지휘로 강원도 흡곡군 경찰분파소와 일어학교 습격
  - 동월 20일 통천군 내에서 군자금 모집하다 헌병에 체포
[349] 이완보(李完甫), (1856)~1909. 3. 9. 강원도 회양, 애국장(1991)
  - 1907년 10월 17일경 김보삼(金甫三) 의병장 지휘로 강원도 흡곡군 경찰분파소와 일어학교 습격
  - 동월 20일 통천군 내에서 군자금 모집하다 헌병에 체포
  - 1909년 2월 6일 대심원에서 내란죄 확정, 사형 순국
[350] 김순옥(金順玉), (1875)~1909. 3. 9. 강원도 통천, 애국장(1991)
  - 1908년 6월 현성팔(玄成八) 의병장과 강원도 흡곡 순사파출서 습격, 부일순사 처단, 일어학교 습격
  - 1909년 2월 6일 대심원에서 강도살인죄 확정, 사형 순국

본년 3월 9일 경성감옥에서 집행한 일.

〈자료 318〉

《관보》제4342호 1909년 4월 5일

휘보_사법

융희 3년 3월 19일에 강도범 고익규(高翊奎)[351]를 교에 처할 뜻으로 법부대신이 상주하와 가라 하신 뜻을 받든 후에 본년 3월 30일에 경성감옥에서 집행한 일.

〈자료 319〉

《관보》제4344호 1909년 4월 7일

휘보_사법

융희 3년 3월 19일에 방화범 정흥대(鄭興大)[352]를 교에 처할 뜻으로 법부대신이 상주하와 가라 하신 뜻을 받든 후에 본년 3월 30일에 대구감옥에서 집행한 일.

〈자료 320〉

《관보》제4354호 1909년 4월 19일

휘보_사법

융희 3년 4월 2일에 강도범 이성재(李成在)[353]를 교에 처할 뜻으로 법부대신이 상주하와 가라 하신 뜻을 받든 후에 본년 4월 12일에 대구감옥에서 집행한 일.

---

[351] 고익규(高翊奎), (1855)~1909. 3. 30. 함경남도 이원, 애국장(1991)
- 1907년 12월 25일(음) 유기운(劉基雲) 의진 입진, 함남 이원군·북청군 일대에서 활동
- 1908년 음력 2월 이원군 일대에서 군자금 모집하다 체포
- 1909년 2월 23일 대심원에서 폭동 및 강도죄 확정, 사형 순국

[352] 정흥대(鄭興大), (1860)~1909. 2. 경상북도 문경, 애국장(1991)
- 1907년 7월 29일경(음) 이인영(李麟榮) 의진에 참여하여 경북 상주·문경 등지에서 활약
- 동년 8월 1일경(음) 의병 30여 명과 문경 읍내에서 친일순검 집에 방화하고 체포됨
- 1908년 10월 10일 대구지방재판소에서 폭동 및 방화죄로 종신형 언도, 검사의 공소로 1909년 2월 9일 대구공소원에서 교수형 확정, 사형 순국

[353] 이성재(李成在), 1874. 11. 14.~1909. 4. 25. 경상북도 문경, 건국포장(2008)
- 1907년 3월 문경에서 재봉기한 이강년 의진의 좌종사로 활동

〈자료 321〉

《관보》제4376호 1909년 5월 14일

휘보_사법

융희 3년 4월 28일에 고살범 김태산(金泰山)[354]을 교에 처할 뜻으로 법부대신이 상주하와 가라 하신 뜻을 받든 후에 본년 5월 5일에 경성감옥에서 집행한 일.

〈자료 322〉

《관보》제4378호 1909년 5월 17일

휘보_사법

융희 3년 4월 21일에 살인범 장학이(張鶴伊)[355]를 교에 처할 뜻으로 법부대신이 상주하와 가라 하신 뜻을 받든 후에 본년 5월 11일에 대구감옥에서 집행한 일.

융희 3년 5월 1일에 강도범 김재수(金在水)를 교에 처할 뜻으로 법부대신이 상주하와 가라 하신 뜻을 받든 후에 본년 5월 10일에 대구감옥에서 집행한 일.

〈자료 323〉

《관보》제4387호 1909년 5월 27일

휘보_사법

융희 3년 5월 15일에 강도살인범 신정우(申正雨)[356]와 내란범 노인선(盧仁先)[357]을 교에 처할 뜻

---

[354] 김태산(金泰山), (1873)~1909. 5. 5. 함경남도 단천, 애국장(1995)
　- 1908년 1월 18~19일 단천군에서 일진회원 김영덕(金永德)·정명학(鄭明學) 처단
　- 동년 1월 25일(음) 전주익(全周益) 의진에 가담하여 함남 단천·갑산 일대에서 활동
　- 1909년 3월 19일 경성공소원에서 교수형 확정, 사형 순국
[355] 장학이(張鶴伊), (1881)~(1909. 3.), 경상남도 상주, 애국장(1991)
　- 1907년 9월 30일(음) 박연백(朴淵伯) 의진에 가담하여 군자금 모집과 밀정 처단
　- 1908년 음력 6월 이토옥(李土玉) 의진에 참여, 의성군 사곡면·채동면 등지에서 군자금 모집
　- 1909년 3월 23일 살인 및 강도죄 확정, 사형 순국
[356] 신정우(申正雨), (1879)~1909. 5. 21. 전라남도 곡성, 애국장(2007) 및 독립장(1968, 신정백)
　* 이중포상으로 내용은 '신정우'를 기준으로 작성하였음
　- 1908년 3월 김동신(金東臣) 의병장 체포 후 독자적인 의병부대를 편성하여 전남 곡성·구례·남원 등지에서 활동
　- 동년 4월 구례·곡성 등지에서 노인선(盧仁先) 의진과 연합하여 일본군과 수차례 교전
　- 동년 11월 29일 체포. 1909년 3월 27일 대구공소원에서 교수형 언도, 사형 순국

으로 법부대신이 상주하와 가라 하신 뜻을 받든 후에 본월 21일에 대구감옥에서 집행한 일.

〈자료 324〉

《관보》제4396호 1909년 6월 7일

휘보_사법

융희 3년 5월 21일에 강도범 김진철(金鎭哲)[358]을 교에 처할 뜻으로 법부대신이 상주하와 가라 하신 뜻을 받든 후 5월 31일에 대구감옥에서 집행한 일.

융희 3년 5월 24일에 강도살인범 정윤협(鄭允峽)을 교에 처할 뜻으로 법부대신이 상주하와 가라 하신 뜻을 받든 후에 5월 31일에 평양감옥에서 집행한 일.

〈자료 325〉

《관보》제4401호 190년 6월 12일

휘보_사법

융희 3년 6월 1일에 내란범 오상원(吳相元)[359]을 교에 처할 뜻으로 법부대신이 상주하와 가라 하신 뜻을 받든 후에 본월 8일에 경성감옥에서 집행한 일.

융희 3년 6월 2일에 강도상인죄인 임도유(任道有)를 교에 처할 뜻으로 법부대신이 상주하와 가라 하신 뜻을 받든 후에 본월 8일에 대구감옥에서 집행한 일.

---

[357] 노인선(盧仁先), 본명 노임수(盧琳壽), 1876. 5. 24.~1909. 5. 21. 전라남도 곡성, 독립장(1977)
 - 을사늑약 이후 의병 모집하여 곡성 석곡면·삼산 일대에서 일본군과 교전
 - 1907년 김동신(金東臣) 의진에서 활동하다가 1908년 4월 독자적 의진 구성하여 곡성·구례·낙안 등지에서 활동
 - 1908년 4월 16일 신정우 의진과 합진하여 곡성군 죽곡면에서 일본군 수비대 및 일경과 교전
 - 1908년 11월 24일 체포되어 1909년 1월 교수형 선고, 사형 순국

[358] 김진철(金鎭哲), (1848)~(1909. 1.), 충청남도 금산, 애국장(1991)
 - 1908년 3월 서주일(徐周一) 의진에 참여, 경북 청송군 일대에서 군자금 모집
 - 동년 12월 5일 청송군 부남면에서 밀고자 처단하려다 체포
 - 1909년 1월 25일 대구지방재판소에서 강도죄로 교수형 언도, 사형 순국

[359] 오상원(吳相元), (1844)~(1909), 간도 백초구도(白草溝杜), 독립장(1995)
 - 1908년 음력 2월 노령 연추(煙秋)에서 이범윤(李範允)과 의병을 일으켜 군사(軍師)로 활동
 - 1908~1909년 군사 모집 및 주도 함북 경원·종성·서강 등지에서 국내진공작전 지도
 - 1909년 4월 27일 대심원에서 형 확정, 사형 순국

〈자료 326〉

《관보》제4407호 1909년 6월 19일

휘보_사법

융희 3년 6월 8일에 고살죄인 김창희(金昌熙)를 교에 처할 뜻으로 법부대신이 상주하와 가라 하신 뜻을 받든 후에 6월 14일에 경성감옥에서 집행한 일.

융희 3년 6월 8일에 강도상인죄인 정원국(鄭元局)³⁶⁰을 교에 처할 뜻으로 법부대신이 상주하와 가라 하신 뜻을 받든 후에 6월 14일에 대구감옥에서 집행한 일.

융희 3년 6월 9일에 강도죄인 김재득(金在得), 홍순종(洪順鍾)을 교에 처할 뜻으로 법부대신이 상주하와 가라 하신 뜻을 받든 후에 6월 14일에 대구감옥에서 집행한 일.

융희 3년 6월 11일에 강도죄인 이한성(李汗成), 안춘발(安春發), 유봉석(柳鳳石)³⁶¹을 교에 처할 뜻으로 법부대신이 상주하와 가라 하신 뜻을 받든 후에 6월 16일에 경성감옥에서 집행한 일.

〈자료 327〉

《관보》제4408호 1909년 6월 21일

휘보_사법

융희 3년 6월 8일에 내란죄인 이은찬(李殷瓚)³⁶²을 교에 처할 뜻으로 법부대신이 상주하와 가라 하신 뜻을 받든 후에 6월 16일에 경성감옥에서 집행한 일.

---

360 정원국(鄭元局), (1876)~1909. 5. 14. 전북 전주, 애국장(1991)
   - 1909년 1월 1~2일 전북 전주 및 임실군 일대에서 군자금 모집
   - 동년 5월 14일 대심원에서 강도죄로 교수형 확정, 사형 순국
361 유봉석(柳鳳石), 1857. 2. 13.~1909. 4. 30. 강원도 춘성, 애족장(1990)
   - 1896년 1월 유인석(柳麟錫)이 주도하는 호좌의진(湖左義陣)에 참여
   - 1907년 7월 경춘도계(京春道界)에서 의병항전 재개
362 이은찬(李殷瓚), (1878)~1909. 6. 16. 강원도 원주, 대통령장(1962)
   - 1907년 9월 강원도 원주에서 의병 봉기, 이인영(李麟榮)을 총대장으로 추대하여 관동창의군(關東倡義軍) 중군장으로 활약
   - 1908년 서울진공작전 이후 독자 의진 구성하여 1909년 2월 말까지 임진강 및 서해 도서지역에서 일군과 전투, 총대장으로 의병활동 지휘
   - 1909년 2월 말 이후 만주 간도지방으로 이동을 준비하던 중 일경에 체포
   - 1909년 5월 10일 경성지방법원에서 교수형 선고받고, 사형 순국

〈자료 328〉

《관보》제4410호 1909년 6월 23일

휘보_사법

융희 3년 6월 11일에 강도죄인 여규호(呂圭浩)[363]를 교에 처할 뜻으로 법부대신이 상주하와 가라 하신 뜻을 받든 후에 6월 17일에 대구감옥에서 집행한 일.

융희 3년 6월 11일에 고살죄인 박일권(朴一權)을 교에 처할 뜻으로 법부대신이 상주하와 가라 하신 뜻을 받든 후에 6월 18일에 평양감옥에서 집행한 일.

융희 3년 6월 15일에 모살죄인 박영춘(朴永春)을 교에 처할 뜻으로 법부대신이 상주하와 가라 하신 뜻을 받든 후에 6월 19일에 대구감옥에서 집행한 일.

융희 3년 6월 15일에 폭행도주죄인 김용서(金用西)를 교에 처할 뜻으로 법부대신이 상주하와 가라 하신 뜻을 받든 후에 6월 18일에 경성감옥에서 집행한 일.

〈자료 329〉

《관보》제4418호 1909년 7월 2일

휘보_사법

융희 3년 6월 22일에 모살인죄인 노한문(盧漢文)[364]을 교에 처할 뜻으로 법부대신이 상주하와 가라 하신 뜻을 받든 후에 6월 28일에 대구감옥에서 집행한 일.

융희 3년 6월 23일에 고살인죄인 정재근(鄭在根)[365]을 교에 처할 뜻으로 법부대신이 상주하

---

[363] 여규호(呂圭浩), 본명 여규목(呂圭穆), 1888. 4. 25.~1909. 6. 17. 전라북도 임실, 애국장(1990)
 - 1906년 9월 전북 진안 마이산에서 이석용(李錫庸)을 의병장으로 추대하여 동맹단(同盟團) 결성, 중군장으로 활동
 - 1908년 5~12월 8차례에 걸쳐 군자금 모집, 동년 말 임실군 서수면 내평리 성수치에서 체포
 - 1909년 4월 27일 대구공소원에서 교수형 확정, 사형 순국
[364] 노한문(盧漢文), (1869)~1909. 6. 28. 전라북도 태인, 애국장(1991)
 - 1908년 6월 전해산(全海山) 의진에서 활동하다 동년 9월 독자적 의진 구성
 - 전북 태인군 일대에서 군자금 모집, 밀고자 처단 활동
 - 1909년 5월 28일 고등법원에서 강도 및 모살죄로 교수형 확정, 사형 순국
[365] 정재근(鄭在根), (1891)~1909. 6. 28. 강원도 인제, 애국장(2010)
 - 1907년 의병 투신하여 군자금 모집, 1908년 2월 장연수(張連水) 의진 참여
 - 1909년 3월 경성공소원에서 내란 및 강도죄로 교수형 확정, 사형 순국

와 가라 하신 뜻을 받든 후에 6월 28일에 경성감옥에서 집행한 일.

융희 3년 6월 23일에 강도상인죄인 신석존(申石存)³⁶⁶을 교에 처할 뜻으로 법부대신이 상주하와 가라 하신 뜻을 받든 후에 6월 28일에 대구감옥에서 집행한 일.

〈자료 330〉

《관보》제4426호 1909년 7월 12일

휘보_사법

융희 3년 6월 25일에 강도살인죄인 김용기(金龍基)³⁶⁷를 교에 처할 뜻으로 법부대신이 상주하와 가라 하신 뜻을 받든 후에 7월 3일에 경성감옥에서 집행한 일.

융희 3년 6월 26일에 내란죄인 유지명(柳志明)³⁶⁸을 교에 처할 뜻으로 법부대신이 상주하와 가라 하신 뜻을 받든 후에 본년 7월 3일에 대구감옥에서 집행한 일.

〈자료 331〉

《관보》제4434호 1909년 7월 21일

휘보_사법

융희 3년 6월 30일에 내란죄인 김현국(金顯國)³⁶⁹을 교에 처할 뜻으로 법부대신이 상주하와

---

366 신석존(申石存), (1883)~(1909. 5.), 경상북도 영덕, 애국장(1991)
  - 1906년 11월 정환직(鄭煥直) 의진에서 활동
  - 1908년 11월 22일 오두환(吳斗煥) 의진에 참여해 영덕군 일대에서 군자금 모집
  - 1909년 5월 29일 대심원에서 강도 및 방화죄로 교수형 확정, 사형 순국
367 김용기(金龍基), (1875)~1909. 7. 3. 황해도 배천, 애국장(1991)
  - 1907년 12월 박정빈(朴正彬) 의병장 휘하에서 창의돌격대 총대장으로 활약
  - 1908년 8월 20일경 강화도 해안에 있던 일본인 기선 습격 및 밀정 처단
  - 1909년 5월 20일 대심원에서 강도·살인죄로 교수형 확정, 사형 순국
368 유지명(柳志明), 1881. 9. 21.~1909. 7. 3. 전라북도 고산, 독립장(1977)
  - 1907년 9월 삼남의병대장을 자칭하고 의병 수백 명 모집하여 전북 용담·고산 및 충남 은진 등에서 일본군과 교전
  - 동년 10월 3일 용담군 내 일본인 사살, 12월 24일 의병을 사칭하는 윤병오(尹炳五) 처단
  - 1909년 1월 23일 일헌병에 체포, 교수형 언도받고 사형 순국
369 김현국(金顯國), (1853)~(1909. 6.), 강원도 원주, 애국장(1991)
  - 1907년 7월 6일 70여 명 인솔하여 여주군 우편취급소 습격, 군자금 모집
  - 1908년 4월 20일 횡성수비대 습격, 9월 8일 신림 헌병분견소 습격 등 강원도·경기도 각지에서 일경과 교전

가라 하신 뜻을 받든 후에 본년 7월 6일에 경성감옥에서 집행한 일.

융희 3년 6월 30일에 강도상인죄인 이문이(李文伊)를 교에 처할 뜻으로 법부대신이 상주하와 가라 하신 뜻을 받든 후에 본년 7월 7일에 대구감옥에서 집행한 일.

융희 3년 7월 2일에 강도상인죄인 한문선(韓文先)을 교에 처할 뜻으로 법부대신이 상주하와 가라 하신 뜻을 받든 후에 본년 7월 12일에 대구감옥에서 집행한 일.

〈자료 332〉

《관보》제4436호 1909년 7월 23일

휘보_사법

융희 3년 7월 9일에 모살죄인 배창근(裵昌根),[370] 이기석(李基石)[371]을 교에 처할 뜻으로 법부대신이 상주하와 가라 하신 뜻을 받든 후에 융희 3년 7월 17일에 경성감옥에서 집행한 일.

〈자료 333〉

《관보》제4446호 1909년 8월 4일

휘보_사법

융희 3년 7월 17일에 강도상인죄인 오두환(吳斗煥)[372]을 교에 처할 뜻으로 법부대신이 상주하와 가라 하신 뜻을 받든 후에 융희 3년 7월 23일에 대구감옥에서 집행한 일.

융희 3년 7월 17일에 모살인죄인 송흥선(宋興善)을 교에 처할 뜻으로 법부대신이 상주하와 가라 하신 뜻을 받든 후에 융희 3년 7월 24일에 경성감옥에서 집행한 일.

- 1909년 6월 5일 고등법원에서 내란죄로 교수형 확정, 사형 순국
[370] 배창근(裵昌根), (1869)~1909. 7. 9. 평안남도 평양, 애국장(1993)
- 1907년 청주진위대 육군 하사로 근무하다 군대해산
- 1907년 7월 18일(음) 충북 청안군에서 낙오된 일본군 2명을 총살 처단
[371] 이기석(李基石), (1873)~1909. 7. 17. 충청북도 청주, 애국장(2013)
- 1907년까지 청주진위대 병사로 근무
- 1907년 8월 25일 충북 청안군에서 낙오된 일본군 2명을 진천군 초평면에서 처단
- 1909년 6월 7일 대심원 형사부에서 모살죄로 교수형 확정, 사형 순국
[372] 오두환(吳斗煥), (1881)~1909. 7. 23. 경상북도 영덕, 애국장(2017)
- 1908년 음력 11월경 십수 명의 의병 규합한 후 영덕 일대에서 군자금·군수품 모집
- 1909년 6월 21일 고등법원에서 강도상인 및 방화죄로 교수형 확정, 사형 순국

융희 3년 7월 23일에 강도죄인 권양동(權陽洞), 최문옥(崔文玉)을 교에 처할 뜻으로 법부대신이 상주하와 가라 하신 뜻을 받든 후에 융희 3년 7월 29일에 대구감옥에서 집행한 일.

〈자료 334〉

《관보》제4463호 1909년 8월 25일

휘보_사법

융희 3년 8월 3일에 강도살인범 신창룡(申昌龍)[373]을 교에 처할 뜻으로 법부대신이 상주하와 가라 하신 뜻을 받든 후에 융희 3년 8월 16일에 경성감옥에서 집행한 일.

〈자료 335〉

《관보》제4468호 1909년 9월 1일

휘보_사법

융희 3년 8월 10일에 강도살인 박홍석(朴弘錫)[374]을 교에 처할 뜻으로 법부대신이 상주하와 가라 하신 뜻을 받든 후에 융희 3년 8월 24일에 경성감옥에서 집행한 일.

융희 3년 8월 10일에 모살인범 김원준(金元俊)을 교에 처할 뜻으로 법부대신이 상주하와 가라 하신 뜻을 받든 후에 융희 3년 8월 24일에 경성감옥에서 집행한 일.

〈자료 336〉

《관보》제4474호 1909년 9월 8일

휘보_사법

융희 3년 8월 25일에 강도범 한성호(韓聖浩)를 교에 처할 뜻으로 법부대신이 상주하와 가라

---

[373] 신창룡(申昌龍), (1877)~(1909), 경기도 양주, 독립장(1995)
  - 1908년 8월 25일 최문봉(崔文鳳) 의진에 투신하여 경기도 광주·양주 일대에서 활동
  - 1908년 12월 5일 뚝섬 순사파출소 습격 등 일본인 처단 및 군자금 모집 활동 전개
  - 1909년 6월 16일 경성공소원에서 교수형 선고, 사형 순국

[374] 박홍석(朴弘錫), (1867)~(1909), 서울, 애국장(1995)
  - 1907년 길찬범(吉贊範) 의진 가담, 8월 14일 충남 직산군 순사주재소 습격
  - 1908년 12월 5일 서울 뚝섬 순사파출소 기습, 무기 및 군수품 탈취
  - 1909년 7월 13일 대심원에서 교수형 확정, 사형 순국

하신 뜻을 받든 후에 융희 3년 9월 4일에 경성감옥에서 집행한 일.

융희 3년 8월 25일에 강도살인범 김의성(金義聖)³⁷⁵을 교에 처할 뜻으로 법부대신이 상주하와 가라 하신 뜻을 받든 후에 융희 3년 9월 4일에 대구감옥에서 집행한 일.

〈자료 337〉

《관보》제4480호 1909년 9월 15일

휘보_사법

융희 3년 9월 2일에 강도살인범 원인석(元仁石),³⁷⁶ 손출이(孫出伊)와 강도상인범 구돌석(具乭石), 조경술(曺敬述)을 교에 처할 뜻으로 법부대신이 상주하와 가라 하신 뜻을 받든 후에 융희 3년 9월 11일에 대구감옥에서 집행한 일.

〈자료 338〉

《관보》제4489호 1909년 9월 25일

휘보_사법

융희 3년 9월 13일에 내란범 이인영(李麟榮)³⁷⁷을 교에 처할 뜻으로 법부대신이 상주하와 가라 하신 뜻을 받든 후에 융희 3년 9월 20일에 경성감옥에서 집행한 일.

---

375 김의성(金義聖), (1880)~1909. 9. 4. 경상북도 진보, 애국장(1991)
  - 1907년 9월 신돌석(申乭石) 의진 참여, 경북 안동군 일대에서 군자금 모집
  - 1908년 1월 10일과 6월 15일 친일협력자 총살
  - 1909년 7월 27일 고등법원에서 강도 및 살인죄로 교수형 확정, 사형 순국
376 원인석(元仁石), (1888)~(1909. 8.), 충청북도 영춘, 애국장(1991)
  - 1909년 2월 19일 전해산(全海山) 의진 참여, 전남 함평 및 전북 흥덕 등지에서 활동
  - 1909년 2월 전북 흥덕군에서 일본인 가옥 방화 및 일본인 사살
  - 동년 5월 영광군에서 군자금 모집하다 체포
  - 1909년 8월 13일 대심원에서 강도·살인·방화죄로 교수형 확정, 사형 순국
377 이인영(李麟榮), 1868. 9. 23.~1909. 9. 21. 경기도 여주, 대통령장(1962)
  - 1895년 유인석·이강년 등과 의병 일으켜 춘천·양구 등지에서 일본군과 전투
  - 1907년 9월 이은찬(李殷瓚), 이구채(李求采)의 추대로 관동창의대장에 올라 의병 모집
  - 1907년 11월 전국에 8도 의병 규합을 촉구하는 격문 보내 연합 의진 구성
  - 13도 연합 의진 총대장으로 서울진공작전 전개
  - 1909년 6월 7일 일 헌병에게 체포, 경성감옥에서 사형 순국

융희 3년 9월 16일에 강도살인범 조운이(趙云伊)[378]를 교에 처할 뜻으로 법부대신이 상주하와 가라 하신 뜻을 받든 후에 융희 3년 9월 21일에 대구감옥에서 집행한 일.

〈자료 339〉

《관보》제4496호 1909년 10월 4일

휘보_사법

융희 3년 9월 16일에 강도범 이태인(李泰仁), 최용성(崔龍成), 유창수(兪昌守), 김봉룡(金奉龍), 송홍규(宋弘奎), 김덕규(金德圭), 김홍룡(金興龍), 박삼준(朴三俊)을 교에 처할 뜻으로 법부대신이 상주하와 가라 하신 뜻을 받든 후에 융희 3년 9월 25일에 경성감옥에서 집행한 일.

융희 3년 9월 18일에 강도범 임세묵(林世默),[379] 공성찬(孔成鑽)을 교에 처할 뜻으로 법부대신이 상주하와 가라 하신 뜻을 받든 후에 융희 3년 9월 27에 대구감옥에서 집행한 일.

〈자료 340〉

《관보》제4503호 1909년 10월 13일

휘보_사법

융희 3년 9월 28일에 강도살인범 김치삼(金致三)[380]을 교에 처할 뜻으로 법부대신이 상주하와 가라 하신 뜻을 받든 후에 융희 3년 10월 5일에 대구감옥에서 집행한 일.

융희 3년 9월 29일에 강도상인범 박경삼(朴敬三)을 교에 처할 뜻으로 법부대신이 상주하와

---

[378] 조운이(趙云伊), (1870)~ 1909. 9. 21. 경상남도 칠원, 애국장(2015)
  - 1908년 2월 의병 투신, 소규모 의병부대 이끌고 경북 경주·영천·청송 등지에서 일본인과 한일 밀정 처단
  - 1909년 3월 일본군 수비대에 체포
  - 1909년 9월 21일 강도살인죄로 교수형 확정, 사형 순국

[379] 임세묵(林世默), (1876)~ (1909. 9.), 전라북도 순창, 애국장(1991)
  - 1907년 8월 호남에서 기의하여 전북지역에서 활동
  - 1908년 3월 김성구(金聖九) 의진에 가담, 전북 남원·구례·옥과·순천·곡성 등지에서 활동, 일군과 교전
  - 1909년 4월 군자금 모집활동 중 체포
  - 1909년 9월 7일 대심원에서 내란 및 강도·약인(掠人)죄로 교수형 확정, 사형 순국

[380] 김치삼(金致三), (1872)~(1909. 9.), 전라북도 용담, 애국장(1991)
  - 유지명(柳志明)·정성일(丁成一) 등과 거의 후 전북 용담군에서 일본인 습격, 무기류 탈취
  - 1909년 9월 14일 대심원에서 모살·강도 및 방화죄로 교수형 확정, 사형 순국

가라 하신 뜻을 받든 후에 융희 3년 10월 7일에 대구감옥에서 집행한 일.

〈자료 341〉

《관보》제4518호 1909년 10월 30일

휘보_사법

융희 3년 10월 9일에 강도살인범 구만성(具萬成)을 교에 처할 뜻으로 법부대신이 상주하와 가라 하신 뜻을 받든 후에 융희 3년 10월 21일에 경성감옥에서 집행한 일.

융희 3년 10월 13일에 강도살인범 신현구(申鉉九)[381]를 교에 처할 뜻으로 법부대신이 상주하와 가라 하신 뜻을 받든 후에 융희 3년 10월 21일에 경성감옥에서 집행한 일.

융희 3년 10월 14일에 고살인범 원일상(元逸常)[382]을 교에 처할 뜻으로 법부대신이 상주하와 가라 하신 뜻을 받든 후에 융희 3년 10월 21일에 경성감옥에서 집행한 일.

융희 3년 10월 14일에 강도범 김재호(金在鎬), 이윤명(李允明)을 교에 처할 뜻으로 법부대신이 상주하와 가라 하신 뜻을 받든 후에 융희 3년 10월 19일에 경성감옥에서 집행한 일.

융희 3년 10월 14일에 모살인범 서광도(徐光道)[383]를 교에 처할 뜻으로 법부대신이 상주하와 가라 하신 뜻을 받든 후에 융희 3년 10월 21일에 평양감옥에서 집행한 일.

〈자료 342〉

《관보》제4523호 1909년 11월 6일

---

381 신현구(申鉉九), (1878)~(1909. 9.), 경기도 죽산, 애국장(1991)
  - 1908년 2월 정주원(鄭周源) 의진 가담, 동년 4~6월 죽산군 일대에서 군자금 모집
  - 1909년 6월 죽산군 시암장 내 여인숙에 들어가 일본인 등 2명 처단하고 군자금 모집
  - 1909년 9월 13일 경성공소원에서 교수형 확정, 사형 순국
382 원일상(元逸常), (1849)~1909. 10. 21. 함경남도 북청, 애국장(2018)
  - 후기 의병기 고익규 등 8명과 의병부대 결성, 항일투쟁
  - 1909년 3월 이원군에서 군자금 모집
  - 1909년 9월 30일 대심원에서 교수형 확정, 사형 순국
383 서광도(徐光道), 미상~1909. 10. 21. 평안남도 성천, 애국장(2008)
  - 1908년 황해도 곡산, 평남 성천 등지에서 의병진 조직, 군자금 모금
  - 1908년 음력 10월 의병을 밀고한 이관술(李寬述) 처단
  - 1909년 1월 23일 성천에서 체포. 1909년 10월 4일 대심원에서 교수형 확정, 사형 순국

휘보_사법

융희 3년 10월 6일에 모살범 신석규(申石奎)[384]를 교에 처할 뜻으로 법부대신이 상주하와 가라 하신 뜻을 받든 후에 본 10월 15일에 경성감옥에서 집행한 일.

〈자료 343〉

《관보》제4547호 1909년 12월 6일

고시(告示)

내각고시(內閣告示) 제48호

강도 및 강도살상인범 조창순(趙昌淳)을 본년 11월 22일 평양감옥에서 교형의 집행을 완료한 일.

위와 같이 고시함.

융희 3년 12월 4일

내각총리대신(內閣總理大臣) 이완용(李完用)

내각고시 제49호

강도 및 강도상인범 정처중(鄭處重), 김진기(金鎭基)는 본년 11월 27일 평양감옥 대흥부출장소에서 교형의 집행을 완료한 일.

위와 같이 고시함.

융희 3년 12월 4일

내각총리대신 이완용

내각고시 제50호

강도범 이용손(李龍孫)은 본년 1월 1일 평양감옥 대흥부출장소에서 교형의 집행을 완료한 일.

---

[384] 신석규(申石奎), (1861)~(1909), 함경남도 갑산, 애국장(1995)
 - 1907년 이후 의병운동 투신
 - 1908년 1월 일진회원 수명 총살 처단
 - 1909년 9월 8일 경성공소원에서 교수형 확정, 사형 순국

위와 같이 고시함.

융희 3년 12월 4일

내각총리대신 이완용

내각고시 제51호

강도 및 모살범 이능한(李能漢)[385]은 본년 12월 2일 경성감옥에서 교형의 집행을 완료한 일.

위와 같이 고시함.

융희 3년 12월 4일

내각총리대신 이완용

내각고시 제52호

살인범 유병규(劉秉奎)는 본년 12월 1일 경성감옥에서 교형의 집행을 완료한 일.

위와 같이 고시함.

융희 3년 12월 4일

내각총리대신 이완용

〈자료 344〉

《관보》제4550호 1909년 12월 9일

고시

내각고시 제53호

강도범 김화선(金化先) 강도살인범 박병칠(朴炳七), 강도 및 모살범 정일국(鄭一國)[386]은 본년

---

[385] 이능한(李能漢), 본명 이능권(李能權) (1864)~1909. 12. 2. 경기도 강화, 독립장(1980)
  - 1905년 구한국군 육군장교로 만국평화회의에 참가하는 이준(李儁) 일행 호위
  - 1907년 군대해산 후 강화진위대 군인 300명 규합하여 의병대장 자처
  - 1908년 대동창의진(大同倡義陣)이라 명명하고 활동, 군자금 모금 및 이적행위자 처단 등
  - 1909년 9월 27일 경성공소원에서 강도 및 모살죄로 교수형 확정, 사형 순국

[386] 정일국(鄭一國), (1882)~(1909. 10.) 전라북도 남원, 애국장(1991)
  - 1906년 7월 전북 남원에서 기의, 1908년 음력 2월까지 구례·담양, 경남 거창·하동 등지에서 활약
  - 1908년 4월 순창 우편취급소, 동년 음력 8월 구례 순사주재소, 음력 9월 경남 안의군청 공격

11월 30일 대구감옥에서 교형의 집행을 완료한 일.

융희 3년 12월 7일

내각총리대신 이완용

〈자료 345〉

《관보》제4562호 1909년 12월 23일

고시

내각고시 제58호

내란범 김수민(金秀敏)[387]은 본년 12월 17일 경성감옥에서 교형의 집행을 완료한 일.

위와 같이 고시함.

융희 3년 12월 22일

내각총리대신 이완용

〈자료 346〉

《관보》호외 1909년 12월 28일

고시

내각고시 제61호

강도 및 모살범 이성덕(李聖德),[388] 강도살인범 김희국(金熙國)은 본년 12월 20일 경성감옥에서 교형의 집행을 완료한 일.

  - 1909년 10월 8일 광주지방재판소 전주지부에서 강도·모살·방화죄로 교수형 언도, 사형 순국
[387] 김수민(金秀敏), (1867)~1909. 12. 17. 경기도 고양, 독립장(1962)
  - 1907년 8월 25일(음) 장단군 북면에서 의병 조직
  - 1907년 9~11월 경기도 개성·장단 등에서 일본군 수비대와 교전
  - 1908년 10월 강화도를 근거지로 일본군과 격전, 1909년 3월 이후 강원·충청·황해 일대에서 활약
  - 1909년 11월 22일 교수형 확정, 사형 순국
[388] 이성덕(李聖德), (1887)~1909. 12. 20. 강원도 평창, 애국장(2000)
  - 1909년 5월 동지를 규합, 스스로 의병장이 되어 봉기
  - 동년 5월 평창군 미탄면·대화면 면장에게 군자금 및 군수품 징발, 6월 밀정 처단
  - 동년 6월 밀정 처단 및 일본군 기습 공격
  - 1909년 12월 1일 고등법원에서 교수형 확정, 사형 순국

위와 같이 고시함.

융희 3년 12월 28일

내각총리대신 이완용

1910년

〈자료 347〉

《관보》제4573호 1910년 1월 11일

고시

내각고시 제1호

내란범 강윤희(姜允熙),[389] 강도 및 수도도주범(囚徒逃走犯) 이명준(李明俊), 내란 및 수도도주범 엄해윤(嚴海潤),[390] 살인범 김영권(金永權)[391]은 융희 3년 11월 30일 경성감옥에서 교형의 집행을 완료한 일.

위와 같이 고시함.

융희 4년 1월 10일

내각총리대신 이완용

---

[389] 강윤희(姜允熙), 1868. 11. 11.~1909. 11. 30. 경기도 가평, 독립장(1996)
- 1905년 을사늑약 이후 서울에 설치된 유약소(儒約所)에 참여해 을사5적 처단 및 조약 파기 주장
- 1907년 10월 이인영(李麟榮) 의병장의 관동창의진 부장으로 항일활동 전개
- 1908년 이인영 의병장 체포 이후 독자 의진 결성, 강원도 화천·양구 등지에서 부일배 처단 및 일군과 교전
- 1909년 5월 일군에 체포, 경성지방재판소 춘천지부에서 교수형 언도받고 사형 순국

[390] 엄해윤(嚴海潤), (1863)~1909. 11. 30. 강원도 영월, 독립장(1996)
- 1906년 노응규(盧應奎) 의진에 참여, 선봉장이 되어 무기 수집·제조 및 군사 훈련
- 1907년 체포되어 유형 7년 언도, 황해도 장연군 백령도로 유배
- 1908년 특별사면 된 후 이은찬(李殷贊) 의진에 투신, 참모로 활동
- 1908년 12월 황해도 금천·토산군 일대에서 활동 중 체포
- 경성감옥 재감 중 1909년 4월 13일 탈옥, 다시 체포되어 교수형 언도, 사형 순국

[391] 김영권(金永權), (1868)~1909. 11. 30. 함경남도 갑산, 애국장(1995)
- 1907년 이후 홍범도 의진 가담, 함남 갑산 일대에서 활동
- 1908년 1월 9일 일진회원 총살 처단
- 1909년 9월 20일 경성공소원에서 교수형 확정, 사형 순국

내각고시 제2호

내란 및 강도범 강사문(姜士文)³⁹²은 융희 3년 12월 17일 광주감옥에서 교형의 집행을 완료한 일.

위와 같이 고시함.

융희 4년 1월 10일

내각총리대신 이완용

〈자료 348〉

《관보》제4576호 1910년 1월 14일

고시

내각고시 제4호

강도 및 거포상인범(拒捕傷人犯) 염봉선(廉奉善)³⁹³은 본년 1월 7일 평양감옥 대흥부출장소에서 교형의 집행을 완료한 일.

위와 같이 고시함.

융희 4년 1월 12일

내각총리대신 이완용

〈자료 349〉

《관보》제4589호 1910년 1월 29일

고시

---

392 강사문(姜士文), (1876)~1909. 12. 17. 전라남도 장성, 애국장(1998)
  - 1908년 김태원(金泰元) 의진 참여
  - 1908년 3월 전남 장성에서 100여 명의 군사 규합해 독자 의진 구성, 전남 광주·화순·창평·담양·장성 등지에서 부일배 처단, 일군과 교전
  - 1909년 3월 창평군 연천에서 일본군의 공격으로 부상, 재거의 모색 중 일경에 체포되어 사형 순국

393 염봉선(廉奉善), (1878)~1909. 12. 27. 황해도 재령, 애국장(2018)
  - 1907년 이후 노학선 등과 의병부대 결성
  - 1909년 9월 황해도 재령군 일대에서 군자금 및 군수품 모집, 일본 경찰과 접전
  - 1909년 12월 27일 평양공소원에서 교수형 확정, 사형 순국

내각고시 제7호

내란범 정용대(鄭用大)[394]는 본월 26일 경성감옥에서 교형의 집행을 완료한 일.

위와 같이 고시함.

융희 4년 1월 28일

〈자료 350〉

《관보》제4594호 1910년 2월 4일

고시

내각고시 제9호

강도 및 모살범 김인성(金麟聖),[395] 강도·강도상인 및 방화범 유해룡(柳海龍)은 본년 1월 28일 평양감옥 대흥부출장소에서 교형의 집행을 완료한 일.

위와 같이 고시함.

융희 4년 2월 3일

내각총리대신 이완용

〈자료 351〉

《관보》제4611호 1910년 2월 24일

고시

내각고시 제14호

살인범 박광천(朴光天)[396]은 본월 18일 경성감옥에서 교형의 집행을 완료한 일.

---

[394] 정용대(鄭用大), 1882. 2. 28.~1910. 1. 11. 경기도 적성, 독립장(1977)
  - 1907년 군대해산 이후 창의좌군장(倡義左軍將)을 자칭하고 의병 주도, 경기도 적성·양주·풍덕·교하·통진 등지에서 일본군과 전투
  - 1908년 4월부터 경기도 일대에서 군자금 모집 활동
  - 1909년 일본 토벌대에 체포되어 10월 29일 경성지방재판소에서 교수형 선고, 사형 순국

[395] 김인성(金麟聖), (1882)~ 1819. 1. 28. 황해도 토산, 애국장(2000)
  - 1908년 1월 이종협(李種協) 의진 참여, 토산군 유촌면장 등에게 군자금 모집
  - 1909년 3월 의병을 사칭하는 윤만보 처단
  - 1909년 11월 29일 평양공소원에서 강도·모살죄로 교수형 확정, 사형 순국

[396] 박광천(朴光天), (1853)~(1910. 1.), 경기도 양평, 애국장(1991)

위와 같이 고시함.

융희 4년 2월 23일

내각총리대신 이완용

〈자료 352〉

《관보》제4622호 1910년 3월 9일

고시

내각고시 제19호

강도 및 모살범 유덕삼(劉德三),³⁹⁷ 모살범 김순서(金順西)는 본월 2일 경성감옥에서 교형의 집행을 완료한 일.

위와 같이 고시함.

융희 4년 3월 8일

내각총리대신 이완용

〈자료 353〉

《관보》제4626호 1910년 3월 14일

고시

내각고시 제 21호

강도 및 모살범 우윤구(禹潤九)³⁹⁸, 내란범 김영준(金永俊)³⁹⁹은 본월 7일 경성감옥에서 교형의

　　- 1907년 8월 김상진(金相鎭) 의병장 휘하로 들어가 강원도 홍천군에서 활동
　　- 강원도 홍천군 동신대에서 친일 밀고자 처단
　　- 1910년 1월 27일 고등법원에서 교수형 확정, 사형 순국
397　유덕삼(劉德三), (1878)~1910. 3. 2. 충청북도 영춘, 애국장(1991)
　　- 1907년 8월 충북에서 기의, 청주·보은에서 활약
　　- 1908년 11월 경북 순흥군에서 군자금 모집, 의병을 밀고한 일진회원 및 밀정 총살 처단
　　- 1909년 경성공소원에서 살인 및 강도죄로 교수형 확정, 사형 순국
398　우윤구(禹潤九), (1882)~(1910), 경기도 마전, 애국장(1995)
　　- 1907년 이후 김세경(金世卿) 의진에 투신해 군수품 징발 등 활동
　　- 1909년 홍원유(洪元有) 의진 참여해 경기도 마전·양주·적성 등지에서 활동
　　- 1909년 9월 9일 의병을 밀고한 친일면장 윤중구 처단
　　- 1910년 2월 4일 고등법원에서 교수형 확정, 사형 순국

집행을 완료한 일.

위와 같이 고시함.

융희 4년 3월 12일

내각총리대신 이완용

내각고시 제22호

강도 및 방화범 편군선(片君善), 강도살인범 이벽인(李璧仁)은 본월 8일 대구감옥에서 교형의 집행을 완료한 일.

위와 같이 고시함.

융희 4년 3월 12일

내각총리대신 이완용

〈자료 354〉

《관보》제4630호 1910년 3월 18일

고시

내각고시 제25호

강도 및 모살범 추삼만(秋三萬),[400] 강도·강도살인·방화 및 죄수도주범 곽이용(郭伊用)[401]은 본월 14일 경성감옥에서 교형의 집행을 완료한 일.

---

399 김영준(金永俊), (1967)~(1910), 강원도 금성, 애국장(1991)
  - 1907년 8월 강원도 평강에서 의병을 일으켜 강원도, 황해도, 함경도 등지에서 활약
  - 1908년 11월 강원도 이천읍에서 일경과 교전
  - 1909년 10월 23일 일헌병에 체포, 1910년 2월 15일 고등법원에서 교수형 확정, 사형 순국
400 추삼만(秋三萬), (1880)~(1910. 3. 14.), 경기도 양주, 독립장(1990)
  - 1907년 8월 황재호(黃在浩) 의병장 휘하에 들어가 경기도 양주군 일대에서 의병활동
  - 1907년 9월 이재학(李在學) 의진으로 옮겨, 적성·삭녕 일대에서 활동, 일진회원 처단
  - 1910년 1월 15일 경성공소원에서 교수형 확정, 사형 순국
401 곽이용(郭伊用), (1875. 12.)~1910. 3. 14. 경상북도 성주, 애국장(2016)
  - 1907년 박타관(朴他官) 의병장의 부하로 경기도 선산·개령·금산 등지에서 군자금 모집
  - 1909년 4월 19일 박타관과 체포되었다가 탈옥, 동년 5월 16일 황간군에서 재체포
  - 1910년 1월 27일 고등법원에서 교수형 확정, 사형 순국

위와 같이 고시함.

융희 4년 3월 17일

내각총리대신 이완용

내각고시 제26호

강도살인범 이계우(李桂雨)는 본월 15일 대구감옥에서 교형의 집행을 완료한 일.

위와 같이 고시함.

융희 4년 3월 17일

내각총리대신 이완용

〈자료 355〉

《관보》제4637호 1910년 3월 28일

고시

내각고시 제29호

내란범 박도경(朴道京),[402] 강도 및 살인범 김기중(金祺重),[403] 폭동 및 강도·강도살인범 정낙중(鄭洛仲)[404]은 본월 18일 대구감옥에서 교형의 집행을 완료한 일.

위와 같이 고시함.

---

[402] 박도경(朴道京), 1874. 3. 23.~1910. 3. 18. 전라북도 고창, 독립장(1968)
  - 1905년 을사늑약 이후 기삼연(奇參衍) 의진에 참여해 종사로 활동, 초모활동과 무기 수집
  - 1908년 1월 기삼연 순국 뒤 포사장(砲射將)이 되어 의진 지휘
  - 김준(金準), 전해산(全海山) 의진 등과 협력해 일본군과 교전
  - 1909년 12월 광주재판소 전주지부에서 교수형 선고, 순국
[403] 김기중(金祺重), (1870)~1910. 3. 18. 전라북도 남원, 애국장(1991)
  - 1907년 9월 양인숙(楊仁淑) 의진에서 활동
  - 전북 남원 일대에서 군자금 모집 및 친일파 처단 활동
  - 1910년 1월 18일 대구공소원에서 교수형 확정, 사형 순국
[404] 정낙중(鄭洛仲), (1884)~1910. 3. 18. 전라남도 함평, 애국장(2000)
  - 1907년 김태원(金泰元) 의진 참여
  - 김태원 의병장 순국 후 1909년 2월 박사화(朴士化) 의진 참여
  - 1909년 6월 나주군 욱곡면에서 일본 헌병 공격, 동년 7월 영암군 종남면에서 친일동장 처단 등
  - 1909년 8월 나성화(羅成化) 의진 참여
  - 1910년 1월 26일 고등법원에서 교수형 확정, 사형 순국

융희 4년 3월 8일

내각총리대신 이완용

내각고시 제30호

강도, 방화 및 모살범 김운익(金雲益),⁴⁰⁵ 강도 및 모살범 이성근(李聖根)⁴⁰⁶은 본월 18일 경성감옥에서 교형의 집행을 완료한 일.

위와 같이 고시함.

융희 4년 3월 26일

내각총리대신 이완용

내각고시 제31호

강도범 신경빈(申敬彬)⁴⁰⁷은 본월 19일 평양감옥 대흥부출장소에서 교형의 집행을 완료한 일.

위와 같이 고시함.

융희 4년 3월 26일

내각총리대신 이완용

---

405 김운익(金雲益), (1870)~1910. 3. 18. 전라북도 여산, 애국장(2016)
  - 을사늑약 이후 의병 일으켜 전북 용안군아 공격 등 활동
  - 1907~1909년 전북 임피·익산, 충남 은진 등지에서 군자금 모집
  - 1909년 3월 전북 함열에서 헌병보조원 처단
  - 1910년 2월 21일 고등법원에서 교수형 확정, 사형 순국

406 이성근(李聖根), (1889)~1910. 3. 18. 전라북도 여산, 애국장(2016)
  - 1908년 9월~1909년 8월(음) 충남 공주·은진, 전북 임피·김제 등지에서 군자금 모집
  - 1909년 3월 헌병보조원 임헌근 처단
  - 1910년 2월 21일 고등법원에서 교수형 확정, 사형 순국

407 신경빈(申敬彬), (1881)~1910. 3. 19. 황해도 평산, 애국장(2010)
  - 1907년 8월 박기섭(朴基燮) 의진 참여하여 유격장으로 황해도 일대에서 활동
  - 1908년 이진룡(李鎭龍) 의진 창의유격대 제5대장으로 평산·서흥·봉산 일대에서 활동
  - 1909년 8월 격문 「훈시개성상인등(訓示開城商人等)」을 통해 일본인과 거래하는 상인에게 경고
  - 1910년 3월 19일 사형 순국

〈자료 356〉

《관보》제4640호 1910년 3월 31일

고시

내각고시 제34호

강도살인범 정영운(鄭永雲),[408] 내란범 이교영(李敎永)[409]은 본월 23일 경성감옥에서 교형의 집행을 완료한 일.

위와 같이 고시함.

융희 4년 3월 30일

내각총리대신 이완용

내각고시 제35호

내란범 김공삼(金公三)[410]은 본월 23일 대구감옥에서 교형의 집행을 완료한 일.

위와 같이 고시함.

융희 4년 3월 30일

내각총리대신 이완용

〈자료 357〉

《관보》제4648호 1910년 4월 9일

---

[408] 정영운(鄭永雲), (1878)~(1910. 3.) 경기도 양평, 애국장(1991)
  - 임행숙(任行淑) 의진 가담하여 활동
  - 1907년 11월 1일 경기도 여주군에서 여주경찰서 순사 4명 사살
  - 1910년 3월 1일 경성공소원에서 교수형 확정, 사형 순국

[409] 이교영(李敎永), (1873)~1911. 2. 13. 경상북도 영천, 독립장(1995)
  - 1907년 이명상(李明相) 의병장과 거의한 후 1909년까지 강원도 영월, 충북 영춘·단양, 경북 영천·풍기·순흥 등지에서 의병장으로 활동
  - 1909년 3~10월 경북 안동, 예천 등지에서 일진회원 및 부일협력자 등 처단
  - 1909년 11월경에 체포되어 1910년 2월 24일(양) 교수형 확정, 사형 순국

[410] 김공삼(金公三), (1865)~(1910), 전라북도 고창, 애국장(1991)
  - 1907년 음력 8월 기삼연(奇參衍) 의진의 중군장으로 전북 고창·무장·부안, 전남 담양 등지에서 활동
  - 동년 음력 9월 고창주재소 습격, 11월 추월산에서 일군수비대와 접전
  - 1908년 음력 1월 기삼연 체포된 후 의병장에 추대되어 전남 장성 등지에서 일본군과 격전
  - 1909년 9월 20일경에 체포되어 1910년 1월 27일 대구공소원에서 교수형 확정, 사형 순국

고시

내각고시 제39호

강도살인·방화범 이석이(李石伊),[411] 동 김선일(金善日)[412]은 대구감옥에서 교형의 집행을 완료한 일.

위와 같이 고시함.

융희 4년 4월 8일

내각총리대신 이완용

⟨자료 358⟩

《관보》 제4651호 1910년 4월 13일

고시

내각고시 제40호

강도살인범 이근배(李根培)[413]는 본월 8일 경성감옥에서 교형의 집행을 완료한 일.

위와 같이 고시함.

융희 4년 4월 12일

내각총리대신 이완용

---

[411] 이석이(李石伊), (1879)~1911. 12. 18. 경상북도 청송, 독립장(1995)
    - 1906년 정용기(鄭鏞基) 의진에 투신하여 영남 일대에서 활동
    - 1907년 정용기 피살 순국 이후 독자 의진 편성
    - 1907~1908년 경북 청하군 일대에서 군자금 징수, 밀정 처단활동
    - 1910년 3월 4일 고등법원에서 교수형 확정, 사형 순국

[412] 김선일(金善日), (1880)~(1910), 경상남도 울산, 애국장(1995)
    - 1906년 정용기(鄭鏞基) 의진 가담, 북상을 위한 연락활동 담당
    - 경남 울산을 중심으로 의병활동 전개
    - 1910년 3월 4일 고등법원에서 교수형 확정, 사형 순국

[413] 이근배(李根培), (1882)~(1910. 2.), 강원도 철원, 애국장(1991)
    - 1908년 연기우(延基羽) 의진 참여하여 강원도 철원 일대에서 활동
    - 1908년 2월 24일 일헌병 저격 및 동년 12월 2일 장흥산 거주 일인 집 습격
    - 1910년 2월 16일 경성지방재판소에서 교수형 언도, 사형 순국

〈자료 359〉

《관보》제4658호 1910년 4월 21일

고시

내각고시 제43호

폭동·강도·모살범 이복근(李復根)[414]은 본월 15일 대구감옥에서 교형의 집행을 완료한 일.

위와 같이 고시함.

융희 4년 4월 20일

내각총리대신 이완용

〈자료 360〉

《관보》제4660호 1910년 4월 23일

고시

내각고시 제44호

강도 및 강도살인범 천순호(千順浩)[415]는 본월 18일 평양감옥 대흥부출장소에서 교형의 집행을 완료한 일.

위와 같이 고시함.

융희 4년 4월 22일

내각총리대신 이완용

---

[414] 이복근(李復根), (1879)~1910. 4. 20. 전라남도 영암, 애국장(2000)
 - 1908년 2월 심남일(沈南一) 의진 참여, 중군장으로 활약
 - 1908년 10월 박사화(朴士化) 의진 참여하여 전남 능주·나주·영산포·영암 등지에서 대일항전
 - 1909년 6월 나주군 욱곡면 일본 헌병 기습공격 및 7월 영암군 종남면 친일동장 처단 등
 - 1910년 3월 29일 고등법원에서 교수형 확정, 사형 순국

[415] 천순호(千順浩), (1865)~1910. 4. 18. 황해도 연안, 애국장(2016)
 - 1909년 음력 2~8월 공태원(孔泰元) 의진 부장 총찰관 활동
 - 황해도 연안, 해주 등지에서 군자금 및 군수품 모집
 - 1910년 3월 24일 고등법원에서 교수형 확정, 사형 순국

〈자료 361〉

《관보》제4663호 1910년 4월 27일

고시

내각고시 제45호

내란범 조운식(趙雲植)[416]은 본월 20일 경성감옥에서 교형의 집행을 완료한 일.

위와 같이 고시함.

융희 4년 4월 26일

내각총리대신 이완용

〈자료 362〉

《관보》제4671호 1910년 5월 6일

고시

내각고시 제48호

죄수도주범 이성용(李成用),[417] 동 정기선(鄭基善)[418]은 본년 4월 7일 광주감옥 전주분감에서 교형의 집행을 완료한 일.

위와 같이 고시함.

융희 4년 5월 5일

내각총리대신 이완용

---

416 조운식(趙雲植), (1873)~1910. 4. 20. 경상북도 상주, 애국장(1991)
  - 1909년 음력 7월 경북 풍기에서 거의, 의병 총대장으로 활동
  - 1909년 음력 8월 경북 상주군에서 밀정 처단
  - 1909년 10월 이범진(李範晋)의 제안
417 이성용(李成用), (1882)~1910. 5. 5. 전라북도 고부, 애국장(2000)
  - 1909년 김영백(金永伯) 의진 참여하여 전남북 일대에서 일본군과 교전
  - 1909년 일제의 남한대토벌작전 당시 김영백 의병장과 자수
  - 1910년 광주감옥 전주분감에 수감 중 탈출 기도
  - 1910년 3월 4일 광주지방재판소 전주지부에서 교수형 판결, 사형 순국
418 정기선(鄭基善), (1878)~1910. 3. 4. 전라북도 순창, 독립장(1990)
  - 1908년 11월 양윤숙(楊允淑) 의진에 들어가 전북 순창 일대에서 활동
  - 1909년 11월 22일 징역 7년을 언도받고 광주감옥 전주분감 수감 중 탈출 기도
  - 1910년 3월 4일 광주지방재판소 전주지부에서 교수형 판결, 사형 순국

내각고시 제47호

내란·방화범 양윤숙(楊允淑)[419]은 본년 4월 14일 광주감옥 전주분감에서 교형의 집행을 완료한 일.

위와 같이 고시함.

융희 4년 5월 5일

내각총리대신 이완용

내각고시 제50호

폭동, 모살, 강도 및 방화범 최산흥(崔山興)[420]은 본년 4월 30일 대구감옥에서 교형의 집행을 완료한 일.

위와 같이 고시함.

융희 4년 5월 5일

내각총리대신 이완용

〈자료 363〉

《관보》제4672호 1910년 5월 7일

고시

내각고시 제51호

내란범 김영백(金永伯)[421]은 본월 3일 대구감옥에서 교형의 집행을 완료한 일.

---

[419] 양윤숙(楊允淑), 1875. 12. 2.~1910. 4. 14. 전라북도 순창, 독립장(1980)
 - 1906년 최익현(崔益鉉) 의진에 참여
 - 1908년 순창군 회문산(回文山)에서 의병 조직, 순창·남원·임실 등지에서 일본군과 수차례 교전
 - 1909년 12월 3일 김제수비대에 체포, 1910년 4월 14일 사형 순국
[420] 최산흥(崔山興), (1882)~1910. 4. 30. 전라북도 순창, 독립장(1990)
 - 1906년 이경춘(李慶春) 의진에서 도십장(都什長), 전포장(前砲將)으로 활동
 - 1907년 7월~1908년 4월 이석용(李錫庸) 의병장과 함께 임실·남원·진안·용담 등지에서 일군과 전투
 - 1908년 6월 양윤숙(楊允淑) 의진에서 중군장으로 활동, 임실 수비기병대 및 주재소 등 공격
 - 1910년 4월 8일 고등법원에서 교수형 확정, 사형 순국
[421] 김영백(金永伯), (1880)~1910. 5. 3. 전라북도 장성, 독립장(1982)
 - 1907년 10월 전남 장성군 북이면에서 거의

위와 같이 고시함.

융희 4년 5월 6일

내각총리대신 이완용

〈자료 364〉

《관보》제4677호 1910년 5월 13일

고시

내각고시 제53호

강도 및 살인범 양경학(梁景學),[422] 살인범 김태일(金太一)[423]은 본월 5일 대구감옥에서 교형의 집행을 완료한 일.

위와 같이 고시함.

융희 4년 5월 12일

내각총리대신 이완용

〈자료 365〉

《관보》제4678호 1910년 5월 14일

고시

내각고시 제54호

강도살인, 강도상인, 강도 및 방화범 권운택(權雲澤)[424]은 본월 11일 경성감옥에서 교형의 집

- 1908~1909년 정읍, 흥덕, 장성 등지에서 일본군과 수차례 교전
- 1909년 12월 일헌병대에 자수, 사형 순국
[422] 양경학(梁景學), 1883. 1. 1.~(1910), 전라북도 순창, 독립장(1990)
- 1909년 2월 15일(음) 최산흥(崔山興) 의진 참여
- 1909년 음력 3~9월 전북 순창 일대에서 군자금 모집 및 밀정 처단
- 1910년 4월 18일 고등법원에서 교수형 확정, 사형 순국
[423] 김태일(金太一), (1874)~1910. 4. 전라북도 순창, 애국장(1991)
- 전북 순창에서 최산흥(崔山興) 의병장의 부하로 항일 활동
- 1909년 9월 30일 순창군 인화면에서 밀정 처단 중 전주수비대에 체포
- 1910년 4월 8일 고등법원에서 교수형 확정, 사형 순국
[424] 권운택(權雲澤), (1854)~1910. 5. 11. 충청남도 부여, 애국장(2016)
- 1909년 이관도(李寬道) 의진 참여해 충남 대흥·예산·청양 군자금 모집 및 일경과 교전

행을 완료한 일.

위와 같이 고시함.

융희 4년 5월 13일

내각총리대신 이완용

〈자료 366〉

《관보》제4682호 1910년 5월 19일

고시

내각고시 제56호

내란 및 모살범 임윤팔(林允八),[425] 내란·모살 및 강도상인범 김재민(金在珉),[426] 폭동·강도 및 모살범 이중백(李仲伯)[427]은 본월 11일 대구감옥에서 교형의 집행을 완료한 일.

위와 같이 고시함.

융희 4년 5월 18일

내각총리대신 이완용

〈자료 367〉

《관보》제4684호 1910년 5월 21일

고시

  - 1910년 3월 23일 고등법원에서 교수형 확정, 사형 순국
[425] 임윤팔(林允八), (1886)~(1910), 전라남도 광주, 애국장(1999)
  - 1909년 김동수(金東洙) 의진 도포사로 활동
  - 전남 광주, 화순, 담양, 장성 일대에서 일본군과 격전 및 친일면장 처단
  - 1909년 11월 30일 광주지방재판소에서 내란 및 모살죄로 사형 선고, 사형 순국
[426] 김재민(金在珉), (1886)~1910. 5. 11. 전라남도 광주, 애국장(1991)
  - 1909년 4월 20일~5월 18일 김동수(金東洙) 의병장과 전남 광주 일대에서 군자금 모집
  - 1909년 5월 19일 의병을 밀고한 친일이장 등을 처단
  - 1910년 4월 19일 고등법원에서 교수형 확정, 사형 순국
[427] 이중백(李仲伯), (1877)~1910. 5. 11. 전라남도 장성, 애국장(2000)
  - 1907년 12월 기삼연(奇參衍)의 호남창의회맹소에 입진해 종사로 전남 장성 일대에서 군자금 모집
  - 1908년 기삼연 순국 후 박도경 의진 및 김여회 의진에서 활동, 밀고자 처단 등
  - 1909년 독자적 의진 이끌다 체포되어 교형 순국

내각고시 제57호

내란범 이원오(李元吳),⁴²⁸ 동 김창섭(金昌燮),⁴²⁹ 폭동·강도·살상인범 박봉석(朴奉石)⁴³⁰은 본월 16일 대구감옥에서 교형의 집행을 완료한 일.

위와 같이 고시함.

융희 4년 5월 20일

내각총리대신 이완용

〈자료 368〉

《관보》제4689호 1910년 5월 27일

고시

내각고시 제59호

죄수도주, 폭동 및 모살범 황준성(黃俊聖)⁴³¹은 본월 21일 대구감옥에서 교형의 집행을 완료한 일.

위와 같이 고시함.

융희 4년 5월 26일

---

428 이원오(李元吾), (1876)~1910. 5. 12. 충청남도 공주, 애국장(1995)
  - 1908년 음력 10월 조경환(曺京煥) 의진 좌익장으로 전남 광산, 함평 등지에서 활동
  - 1909년 1월 조경환 의병장 전사 후 의병장이 되어 활약
  - 1909년 6월 12일(음) 체포되어 1910년 4월 22일 고등법원에서 교수형 확정, 사형 순국
429 김창섭(金昌燮), 본명 김원국(金元國), 1870. 11. 11.~1909. 12. 5. 전라남도 광주, 독립장(1963)
  - 1906년 3월 전남 광주 무등촌에서 거의, 기삼연(奇參衍)·김태원(金泰元)과 합진하여 선봉장으로 활동
  - 1908년 9월 조경환(曺京煥) 의진에 들어가 창평, 영광, 광산 등지에서 일본군과 교전
  - 조경환 의병장 순국 뒤 의병장이 되어 광주, 나주, 담양 등지에서 활동
  - 1909년 12월 5일 영광 불갑산(佛甲山)에서 교전 중 체포, 사형 순국
430 박봉석(朴奉石), (1885)~(1910), 전라남도 광주, 독립장(1990)
  - 1908년 11월 안규홍(安圭洪) 의진에 들어가 포군(砲軍)으로 활동
  - 1909년 5월 18일 보성군 율어면에서 일본군과 교전
  - 1909년 9월 24일 일본군에 체포, 1910년 5월 2일 고등법원에서 교수형 확정, 사형 순국
431 황준성(黃俊聖), (1897)~1910. 5. 21. 전라북도 진안, 독립장(1986)
  - 1907년 대한제국군 참령으로 재직 중 군대해산에 반대하는 항쟁 전개
  - 1908년 1월 유형 10년형을 받고 전남 완도 유배 중 탈출, 의병 봉기
  - 1909년 7월 완도군 북종면에서 의병장에 추대, 대둔사(大屯寺)·미황사(美黃寺)를 중심으로 활동
  - 1910년 2월 20일 광주지방재판소 목포지부에서 폭동 및 모살범으로 교수형 언도받고 사형 순국

내각총리대신임시서리내부대신(內閣總理大臣臨時署理內部大臣) 박제순(朴齊純)

〈자료 369〉

《관보》제4691호 1910년 5월 30일

고시

내각고시 제60호

내란, 모살 및 죄수도주범 송학묵(宋學默)[432]은 본월 17일 광주감옥에서 교형의 집행을 완료한 일.

위와 같이 고시함.

융희 4년 5월 28일

내각총리대신임시서리내부대신 박제순

〈자료 370〉

《관보》제4698호 1910년 6월 7일

고시 및 고유(告諭)

내각고시 제62호

폭동 및 살인범 이황룡(李黃龍),[433] 내란범 양진여(梁振汝)[434]는 본년 5월 30일 대구감옥에서

---

[432] 송학묵(宋學默), (1871)~(1910. 5.), 전라남도 광주, 애국장(2000)
  - 1907년 전남 광주에서 조직한 김동수(金東洙) 의진에 참여
  - 1909년 음력 4월 광주군 덕산면에서 친일면장·이장 처단 응징
  - 광주감옥에 구금 중 탈옥 시도, 1909년 11월 30일 광주지방재판소에서 교수형 판결, 사형 순국
[433] 이황룡(李黃龍), (1886)~(1910), 전라북도 순창, 독립장(1990)
  - 1908년 8월 양윤숙(楊允淑)과 최산흥(崔山興) 의진에 가담하여 순창군 일대에서 항일전 전개
  - 1908년 8월 순창주재소 소속 박경홍을 사살 후 체포
  - 1910년 4월 14일 고등법원에서 교수형 확정, 사형 순국
[434] 양진여(梁振汝), 1862. 5. 11.~1910. 5. 20. 전라남도 광산, 독립장(1977)
  - 1907년 해산군인인 아들 양상기(梁相基)와 함께 의병 봉기
  - 1908년 7월 의병장에 추대, 광주·창평·나주·장성 등지에서 의병활동
  - 1908~1909년 광주 대치산(大峙山)·추월산(秋月山) 등지에서 일본군과 격전
  - 1909년 10월 담양 무동촌(茂童村)에서 일본군 수비대와 교전 중 체포
  - 1910년 3월 4일 대구공소원 형사부에서 내란죄로 교수형 선고, 사형 순국

교형의 집행을 완료한 일.

위와 같이 고시함.

융희 4년 6월 6일

내각총리대신임시서리내부대신 박제순

내각고시 제63호

강도 및 강도살인범 유치학(兪致學)은 본월 1일 경성감옥에서 교형의 집행을 완료한 일.

융희 4년 6월 6일

위와 같이 고시함.

내각총리대신임시서리내부대신 박제순

〈자료 371〉

《관보》 제4699호 1910년 6월 8일

내각고시 제64호

폭동 및 모살범 이강산(李江山),[435] 동 박치일(朴致一),[436] 동 정인술(鄭寅述),[437] 동 박장봉(朴章奉),[438] 동 서성학(徐成學),[439] 동 양창국(梁昌國),[440] 강도상인범 김일수(金日洙),[441] 모살범 김연이

---

[435] 이강산(李江山), 1874. 4. 16.~1910. 6. 6. 전라남도 함평, 독립장(1977)
 - 1909년 7월 전남 함평군 대야면에서 의병 봉기
 - 1909년 8월 29일 나주헌병분견소와 연결되어 밀정활동을 하던 4명 처단
 - 1910년 3월 8일 대구공소원에서 교수형 확정, 사형 순국
[436] 박치일(朴致一), 1882. 7. 17.~1910. 6. 2. 전라남도 화순, 애국장(1990)
 - 1909년 7월 김준(金準) 의병장 휘하로 들어감
 - 1909년 8월 29일 나주헌병분견소 구례파견소 밀정으로 활약하던 이판안(李判安) 등 3명 처단
 - 1910년 3월 8일 대구공소원에서 교수형 확정, 사형 순국
[437] 정인구(鄭寅述), 1879. 3. 15.~(1910. 5.), 전라남도 함평, 애국장(1990)
 - 1907년 9월 기삼연(奇參衍) 의진에 입진해 담양, 능주, 장성 등지에서 의병활동 전개
 - 1908년 3월 김준(金準) 의진, 동년 5월 조경환(曺京煥) 의진 참여
 - 1909년 전해산(全海山) 의진에 소속, 소모활동 전개
 - 1909년 8월 나주헌병분견대 밀정 처단
 - 1910년 3월 8일 대구공소원에서 교수형 확정, 사형 순국
[438] 박장봉(朴章奉), (1881)~1910. 6. 2. 전라남도 함평, 애족장(2003)
 - 일찍이 전해산(全海山) 의진에서 활동하였으며, 1909년 7~9월 이강산(李江山) 의진에 가담하여 활동

(金連伊)는 본월 2일 대구감옥에서 교형의 집행을 완료한 일.

위와 같이 고시함.

융희 4년 6월 7일

내각총리대신임시서리내부대신 박제순

〈자료 372〉

《관보》제4701호 1910년 6월 10일

내각고시 제65호

폭동 및 강도살상인범 임영화(林永化),[442] 동 박인찬(朴仁贊),[443] 동 임도돌(林道乭)[444]은 본월 3일 대구감옥에서 교형의 집행을 완료한 일.

    - 1909년 8월 29일 함평에서 나주헌병분견소 밀정 이판안(李判安) 외 3명 처단
    - 1910년 폭동 및 모살죄로 교수형 확정, 사형 순국
439 서성학(徐成學), (1865)~1910. 6. 2. 전라남도 함평, 애국장(1999)
    - 1909년 7월 이강산(李江山)과 함께 의병 조직하여 전남 함평, 영광 등지에서 의병활동
    - 군자금 모집 및 1909년 8월 나주헌병분견소 소속 밀정 처단
    - 1909년 12월 25일 광주지방재판소에서 폭동 및 모살죄로 교수형 선고, 사형 순국
440 양창국(梁昌國), 1884. 5. 5.~1910. 6. 2. 전라남도 함평, 애국장(1990)
    - 1909년 7월 김준(金準) 의진 휘하 이강산(李江山) 부대에 입대
    - 1909년 8월 29일 나주헌병분견소 소속 밀정 4명 처단
    - 1909년 12월 25일 광주지방재판소에서 폭동 및 모살죄로 교수형 선고, 사형 순국
441 김일수(金日洙), (1887)~1910. 6. 2. 전라남도 담양, 애국장(2015)
    - 1909년 6월 양상기(梁相基) 의진 참여, 전남 광주·담양 등지에서 활동
    - 1909년 6월 21일 담양군 우치면에서 체포
    - 1910년 4월 28일 고등법원에서 교수형 확정, 사형 순국
442 임영화(林永化), (1884)~(1910. 6.), 전라남도 나주, 애국장(2000)
    - 1909년 전남 나주에서 활동하는 나성화(羅成化) 의진에서 장포(長砲)로 활약
    - 1909년 7월 전남 무안 삼향면에서 일본인 처단, 군자금 모집
    - 1909년 남한대토벌작전 당시 자수, 1910년 5월 16일 고등법원에서 교수형 확정, 사형 순국
443 박인찬(朴仁贊), (1878)~(1910. 6.), 전라남도 나주, 애국장(2000)
    - 1909년 전남 나주 나성화(羅成化) 의진에서 순독(巡督) 및 보초감독(步哨監督)으로 활동
    - 1909년 4월 나주군 죽포면에서 일본군과 접전, 동년 7월 무안군 삼향면에서 일본군 처단
    - 1909년 남한대토벌작전 당시 자수, 1910년 5월 16일 고등법원에서 교수형 확정, 사형 순국
444 임도돌(林道乭), (1887)~(1910. 6.), 전라남도 나주, 애국장(2000)
    - 1909년 전남 나주에서 활동하는 나성화(羅成化) 의진에서 활동
    - 1909년 7월 전남 무안 삼향면에서 일본인 처단, 군자금 모집
    - 1909년 남한대토벌작전 당시 자수, 1910년 5월 16일 고등법원에서 교수형 확정, 사형 순국

위와 같이 고시함.

융희 4년 6월 9일

내각총리대신임시서리내부대신 박제순

내각고시 제66호

죄수도주범 이동식(李東植)은 본월 6일 평양감옥 대흥부출장소에서 교형의 집행을 완료한 일.

위와 같이 고시함.

융희 4년 6월 9일

내각총리대신임시서리내부대신 박제순

〈자료 373〉

《관보》제4707호 1910년 6월 17일

고시

내각고시 제68호

내란, 강도, 강도살상인, 살인 및 죄수도주범 박사화(朴士化)[445]는 본월 11일 대구감옥에서 교형의 집행을 완료한 일.

위와 같이 고시함.

융희 4년 6월 16일

내각총리대신임시서리내부대신 박제순

〈자료 374〉

《관보》제4709호 1910년 6월 20일

---

445 박사화(朴士化), (1880)~1912. 7. 5. 전라남도 나주, 독립장(1998)
  - 1908년 2월 전남 함평에서 거의한 심남일(沈南一) 의진 중군장으로 활약
  - 1908년 3월부터 강진·남평·능주·영암·나주·장흥·해남 등지에서 일본군 격파
  - 1910년 5월 19일 광주지방법원에서 내란 및 살인죄로 교수형 언도, 사형 순국

고시

내각고시 제69호

강도·방화·강도살상인범 이여숭(李汝崇),[446] 강도·강도살상인범 계석노(桂錫魯),[447] 강도·방화·강도살상인범 차연욱(車連旭),[448] 동 이정식(李定植)[449]은 본월 13일 평양감옥 대흥부출장소에서 교형의 집행을 완료한 일.

위와 같이 고시함.

융희 4년 6월 18일

내각총리대신 임시서리 내부대신 박제순

〈자료 375〉

《관보》제4710호 1910년 6월 21일

고시

내각고시 제70호

폭동 및 강도살상인범 김유성(金有星)[450]은 본월 8일 광주감옥에서 교형의 집행을 완료한 일.

---

[446] 이여숭(李汝崇), (1878)~1910. 6. 13. 평안북도 선천, 애국장(2018)
  - 1907년 이후 유상돈(劉尙敦) 의병장 휘하에서 항일투쟁
  - 1908~1909년 평북 의주 등지에서 군자금 모집
  - 1910년 5월 13일 고등법원에서 교수형 확정, 사형 순국

[447] 계석노(桂錫魯), (1877)~1910. 6. 7. 평안북도 선천, 애국장(2018)
  - 1907년 이후 유상돈(劉尙敦) 의병장 휘하에서 항일투쟁
  - 1908년 11월 17일~1909년 3월 26일 군자금 모집
  - 1910년 5월 13일 고등법원에서 교수형 확정, 사형 순국

[448] 차연욱(車連旭), (1874)~1910. 6. 13. 평안북도 선천, 애국장(2018)
  - 1907년 이후 유상돈(劉尙敦) 의병장 휘하에서 항일투쟁
  - 1908년 11월 17일~1909년 3월 26일 평북 의주·선천 등지에서 군자금 모금활동
  - 1910년 5월 13일 고등법원에서 교수형 확정, 사형 순국

[449] 이정식(李定植), (1886)~1910. 6. 13. 평안북도 선천, 애국장(2018)
  - 1907년 이후 유상돈(劉尙敦) 의병장 휘하에서 항일투쟁
  - 1908년 11월 17일~1909년 3월 26일 평북 의주·선천 등지에서 군자금 모금활동
  - 1910년 5월 13일 고등법원에서 교수형 확정, 사형 순국

[450] 김유성(金有星), (1868)~1910. 6. 8. 전라남도 나주, 애국장(2016)
  - 1909년 3월 나성화(羅成化) 의진 참여하여 전남 나주·무안 등지에서 군자금 활동
  - 1909년 7월 2일 무안 삼향면에 거주하는 일본인 공격·처단 및 군자금 모집
  - 1909년 11월 20일 광주지방재판소에서 폭동·강도·살상인죄로 교수형, 사형 순국

위와 같이 고시함.

융희 4년 6월 20일

내각총리대신임시서리내부대신 박제순

내각고시 제71호

폭동, 모살 및 모살치상범 이범진(李凡辰)[451]은 본월 14일 대구감옥에서 교형의 집행을 완료한 일.

위와 같이 고시함.

융희 4년 6월 20일

내각총리대신임시서리내부대신 박제순

〈자료 376〉

《관보》제4716호 1910년 6월 28일

고시

내각고시 제73호

강도살인범 조영환(趙永煥),[452] 강도살인 및 강도상인범 이계일(李啓一), 동 박복양(朴復陽)은 본월 22일 경성감옥에서 교형의 집행을 완료한 일.

위와 같이 고시함.

융희 4년 6월 27일

내각총리대신임시서리내부대신 박제순

---

[451] 이범진(李凡辰), (1879)~1910. 6. 8. 전라남도 영광, 애국장(2000)
 - 1908년 조경환(曺京煥) 의진 참여, 종사(從事)로 활동
 - 1908년 9월부터 전해산(全海山) 의진 참여, 도포장(都砲將)으로 대일항전
 - 1908년 9월 일본 헌병의 밀정 처단 및, 1909년 2월 일본군 오장(伍長) 공격
 - 1910년 5월 12일 대구공소원에서 교수형 확정, 사형 순국

[452] 조영환(趙永煥), (1867)~(1910), 함경남도 안변, 애국장(1995)
 - 1909년 5~11월 함경도, 강원도, 황해도 일원에서 의병활동
 - 함남 안변, 강원도 이천, 황해도 곡산 등지에서 군자금 징수 및 일제 밀정 처단
 - 1910년 5월 28일 고등법원에서 교수형 확정, 사형 순국

〈자료 377〉

《관보》제4717호 1910년 6월 29일

고시

내각고시 제74호

폭동·모살·강도 및 방화범 안계홍(安桂洪)[453]은 본월 22일 대구감옥에서 교형의 집행을 완료한 일.

위와 같이 고시함.

융희 4년 6월 28일

내각총리대신임시서리내부대신 박제순

〈자료 378〉

《관보》제4525호 1910년 7월 8일

고시

내각고시 제78호

강도 및 강도살상인범 임익상(林翊相),[454] 폭동 및 모살범 김선여(金善汝),[455] 모살범 박성도(朴成道), 폭동 및 강도살인범 권영회(權寧會)[456]는 본월 1일 대구감옥에서 교형의 집행을 완료한 일.

---

[453] 안계홍(安桂洪), 본명 안규홍(安圭洪), 1879. 4. 10.~1910. 6. 22. 전라남도 보성, 독립장(1963)
  - 1907년 전남 보성에서 농민을 모아 의병 조직
  - 1908년 8월 24일 진산(眞山), 1909년 3월 25일 원봉(圓峯) 등지에서 일군수비대와 수차례 격전
  - 1909년 5월 이후 심남일(沈南一) 의진과 연합하여 보성, 순천, 여수, 곡성 등지에서 게릴라 항전
  - 1909년 9월 25일 보성군 봉덕면에서 광주경찰서 일경에 체포, 사형 순국
[454] 임익상(林翊相), (1876)~(1910. 5. 18.), 전라북도 무주, 애국장(1991)
  - 1909년 7월 19일(음) 전북 장수 등지에서 군자금 모집활동
  - 1909년 10월 10일 경남 안의군 일대에서 일본인 처단 및 군자금 모집
  - 1910년 5월 18일 고등법원에서 교수형 확정, 사형 순국
[455] 김선여(金善汝), (1875)~1910. 6. 27. 전라북도 순창, 독립장(1995)
  - 1908년 4월~1909년 3월 신보현(申甫鉉) 의진 좌익장·선봉장으로 전남 장성 및 전북 순창·태인 등지에서 활동
  - 1909년 3월 독립 의진 편성, 의병장이 되어 일본군과 전투 및 사칭 의병 처단
  - 1910년 4월 21일 대구공소원에서 교수형 확정, 사형 순국
[456] 권영회(權寧會), 1885. 9. 19.~1910. 7. 1. 전라남도 남평, 애국장(1990)
  - 1907년 6월 기삼연(奇參衍) 의진에서 활동, 동년 11월 심남일(沈南一) 의진에 참여

위와 같이 고시함.

융희 4년 7월 7일

내각총리대신 이완용

〈자료 379〉

《관보》제4740호 1910년 7월 26일

고시 내각고시 제82호

강도 및 모살범 황순팔(黃順八)[457]은 본월 8일 경성감옥에서 교형의 집행을 완료한 일.

위와 같이 고시함.

융희 4년 7월 25일

내각총리대신 이완용

내각고시 제83호

강도 및 강도상인범 이창선(李昌善)은 본월 16일 평양감옥 대흥부출장소에서 교형의 집행을 완료한 일.

위와 같이 고시함.

융희 4년 7월 25일

내각총리대신 이완용

〈자료 380〉

《관보》제4741호 1910년 7월 27일

- 1908년 조경환(曺京煥) 의진 참모로 전남 함평·광주 등지에서 대일항전
- 1909년 1월 2일 무안읍에서 순사를 사살하고 무기 등 취득
- 1910년 5월 31일 대구공소원에서 교수형 확정, 사형 순국

[457] 황순팔(黃順八), (1890)~(1910. 7. 8.), 강원도 평창, 애국장(2000)
- 1909년 5월 동지를 규합해 소규모 의진 편성
- 강원도 평창·정선 일대에서 군자금 징발 및 밀정 처단 등 활동
- 1910년 6월 20일 고등법원에서 교수형 확정, 사형 순국

고시

내각고시 제84호

간통 및 모살범 박성칠(朴成七), 폭동 및 모살범 손덕오(孫德伍),[458] 동 염인서(廉仁瑞),[459] 동 정기찬(鄭寄贊)[460]은 본월 18일 대구감옥에서 교형의 집행을 완료한 일.

위와 같이 고시함.

융희 4년 7월 26일

내각총리대신 이완용

⟨자료 381⟩

《관보》제4742호 1910년 7월 28일

고시

내각고시 제86호

내란 및 강도범 맹달섭(孟達燮)[461]은 본월 18일 경성감옥에서 교형의 집행을 완료한 일.

위와 같이 고시함.

융희 4년 7월 27일

내각총리대신 이완용

---

[458] 손덕오(孫德五), (1867)~1910. 7. 18. 전라남도 보성, 독립장(1990)
  - 1908년 2월 안규홍(安圭洪) 의병장 도포장, 좌우포장, 좌우익장으로 대일항전
  - 1908년 4월 6일 의병을 사칭하는 강사문(姜士文) 총살 처단
  - 1910년 6월 2일 대구공소원에서 교수형 확정, 사형 순국

[459] 염인서(廉仁瑞), (1863)~1910. 7. 18. 전라남도 보성, 독립장(1990)
  - 1908년 2월 안규홍(安圭洪) 의진의 좌우포장, 좌우익장으로 전남 보성·순천 등지에서 일군과 교전
  - 일제 밀정 염영화(廉永化) 및 일진회원, 사칭의병 등 처단
  - 1910년 6월 2일 대구공소원에서 교수형 언도, 사형 순국

[460] 정기찬(鄭寄贊), (1880)~1910. 7. 18. 전라남도 보성, 독립장(1990)
  - 1908년 2월 안규홍(安圭洪) 의진 포군 십장(什長)·기군장(起軍將)으로 보성·순천·동복 등지에서 활동
  - 일제 밀정 염영화(廉永化) 및 일진회원, 사칭의병 등 처단
  - 1910년 6월 2일 대구공소원에서 교수형 언도, 사형 순국

[461] 맹달섭(孟達燮), (1881)~1910. 7. 18. 충청남도 서산, 애국장(2000)
  - 1906년 충남 홍산에서 거의한 민종식(閔宗植) 의진 참여
  - 1906년 5월 19일 홍주성 전투 참여 및 충남 정산·부여, 경기도 죽산·양성 등지에서 일군과 교전
  - 1910년 5월 23일 공주지방재판소에서 교수형 판결, 사형 순국

〈자료 382〉

《관보》제4750호 1910년 8월 6일

고시

내각고시 제89호

간통 및 모살범 윤여옥(尹汝玉), 동 한화녀(韓花女), 모살범 장계종(張桂宗), 폭동·모살·강도 및 강도살인범 임하중(林夏仲)[462]은 본년 7월 29일 대구감옥에서 교형의 집행을 완료한 일.

위와 같이 고시함.

융희 4년 8월 5일

내각총리대신 이완용

내각고시 제90호

폭동·강도·방화 및 모살범 양상기(梁相基),[463] 폭동 및 강도범 유병기(劉秉淇)[464]는 본월 1일 대구감옥에서 교형의 집행을 완료한 일.

위와 같이 고시함.

융희 4년 8월 5일

내각총리대신 이완용

내각고시 제91호

---

[462] 임하중(林夏仲), (1871)~1910. 7. 23. 전라남도 보성, 독립장(1990)
- 1908년 2월 안규홍(安圭洪) 의진 도십장(都什長)으로 보성·순천·동복 등지에서 활동
- 1909년 3월 6일 보성군에 사는 일진회원 등 처단 및 군자금 모집
- 1910년 6월 27일 고등법원에서 교수형 확정, 사형 순국

[463] 양상기(梁相基), 1883. 10. 10.~1910. 8. 1. 전라남도 광산, 애국장(1990)
- 한국진위대 병사 출신으로 1907년 군대해산 이후 부친 양진여(梁振汝)와 전남 일대에서 의병활동
- 1909년 2~4월 전남 담양·동복·창평 등지에서 군자금 모집
- 1909년 4월 담양군 정면 덕곡리에서 일본군과 전투 후 체포, 1910년 사형 순국

[464] 유병기(劉秉淇), 1882. 5. 3.~1910. 5. 30. 전라남도 구례, 독립장(1977)
- 1907년 김태원(金泰元)·김율(金聿) 등과 협의하여 의진 구성
- 1908년 2월 2일 창평군 무등촌(無等村) 및 5월 30일 창평 용흥사(龍興寺) 등지에서 일군과 교전
- 1910년 3월 29일 광주지방재판소에서 사수형 선고, 사형 순국

모살 및 절도범 유원엽(劉元燁)은 본월 1일 경성감옥에서 교형의 집행을 완료한 일.

위와 같이 고시함.

융희 4년 8월 5일

내각총리대신 이완용

〈자료 383〉

《관보》제4757호 1910년 8월 15일

고시

내각고시 제 92호

강도살인범 김성달(金聖達)은 본월 5일 대구감옥에서 교형의 집행을 완료한 일.

위와 같이 고시함.

융희 4년 8월 13일

내각총리대신 이완용

〈자료 384〉

《관보》제4768호 1910년 8월 29일

고시

내각고시 제99호

내란 및 모살범 박영근(朴永根)[465]은 본월 17일 대구감옥에서 교형의 집행을 완료한 일.

위와 같이 고시함.

융희 4년 8월 26일

내각총리대신 이완용

---

[465] 박영근(朴永根), 1885. 9. 15.~1910. 7. 23. 전라남도 함평, 애국장(1990)
- 1907년 전남 나주에서 전해산(全海山) 의병장과 의병 봉기, 기삼연(奇參衍) 의진에서 활동
- 1908년 8월 23일 전해산 독립 의진 구성시 호군장으로 임명, 군수품 조달 및 운반 담당
- 전남 영광 불갑산, 순창 낭월산 등지에서 수차례 일본군과 교전
- 1910년 7월 21일 사형 확정

2. 조선총독부관보

1910년

〈자료 385〉

《조선총독부관보》 제4호 1910년 9월 1일

○ 김수용(金垂鏞)[466]은 내란(內亂) 및 모살(謀殺)의 죄로 인하여 본년 7월 9일 대구공소원(大邱控訴院)에서 사형의 선고를 받고 동년 8월 23일 집행하였다.

〈자료 386〉

《조선총독부관보》 제21호 1910년 9월 21일

○ 신대룡(申大龍)[467]은 강도(强盜) 및 모살범으로 본년 7월 7일 경성공소원에서, 김병주는 강도·죄수도주·고살범으로 본년 7월 15일 평양공소원에서 사형 선고를 받아, 본월 14일에 집행하였다.

〈자료 387〉

《조선총독부관보》 제22호 1910년 9월 22일

○ 오성술(吳成述)[468]은 강도살인과 강도상인과 모살과 방화범에 의하여 본년 7월 16일에

---

[466] 김수용(金垂鏞), 전수용(全垂鏞)의 오기, 1879. 10. 18.~1910. 7. 19. 전라북도 장수, 대통령장(1962)
　- 1907년 전북 남원에서 거의
　- 1908년 7월 25일 영광 불갑산(佛甲山), 10월 광주 대치(大峙) 등지에서 일본군과 전투
　- 은거 중 일본군에 체포, 1910년 7월 대구감옥에서 사형 순국
[467] 신대룡(申大龍), (1877)~1910. 9. 14. 경상북도 봉화, 애국장(1995)
　- 1907년 이후 정경태(鄭敬泰) 의진에 가담하여 경북 울진·평해 일대에서 활동
　- 1909년 5~12월 군자금 모집 및 밀고자 처단
　- 1910년 9월 14일 경성공소원에서 사형 확정
[468] 오성술(吳成述), 1884. 5. 15.~1910. 9. 15. 전라남도 광산, 독립장(1977)
　- 1907년 용문산(龍文山)에서 거의, 김태원(金泰元) 의진 참여
　- 김태원 의병장 순국 후 기삼연, 전해산 의진에서 의병활동
　- 1908년 1월 밀정 처단 및 군자금 모집활동
　- 1910년 9월 15일 대구형무소에서 사형 순국

대구 공소원에서 사형의 선고를 받아 본월 15일에 집행한 바가 되니라.

〈자료 388〉

《조선총독부관보》 제31호 1910년 10월 4일

○ 이재명(李在明)[469]은 모살미수 및 고살범으로 본년 5월 18일 경성지방재판소에서 사형의 선고를 받아 지난달 30일 집행하였다.

〈자료 389〉

《조선총독부관보》 제46호 1910년 10월 22일

○ 심수택(沈守澤),[470] 강윤수(姜尹秀)[471]는 모살범으로 본년 6월 3일 광주지방재판소에서 사형의 선고를 받고 10월 4일에, 장인초(張仁初)[472]는 강도 및 모살범으로 본년 9월 15일 고등법원에서 사형의 선고를 받아 9월 30일에 모두 대구감옥에서 집행하였다.

〈자료 390〉

《조선총독부관보》 제61호 1910년 11월 10일

---

[469] 이재명(李在明), 1887. 10. 16.~1910. 9. 30. 평안남도 평양, 대통령장(1962)
- 1906년 공립협회 가입 활동
- 1909년 12월 22일 이완용(李完用) 처단 시도
- 1910년 5월 18일 사형 확정

[470] 심수택(沈守澤), 본명 심남일(沈南一), 1871. 2. 10.~1910. 10. 4. 전라남도 함평, 독립장(1962)
- 을사늑약 이후 김율(金聿) 의병장의 부장으로 전남 장성, 영광, 함평 등지에서 대일항전
- 김율 전사 후 독립 의진 구성하여 함평, 장흥, 나주, 보성 등지에서 활동
- 1910년 10월 4일 대구감옥에서 사형

[471] 강윤수(姜尹秀), 본명 강무경(姜武景), (1878)~1910. 10. 4. 전라북도 무주, 독립장(1962)
* 강현수(姜鉉秀)의 오기로 보인다.
- 1907년 심남일(沈南一)과 김율 의진에서 활동, 김율 순국 후 심남일을 대장으로 추대하고 선봉장으로 활동됨
- 1908년 3월~1907년 7월 전남 강진, 장흥, 남평, 해남 등지에서 일본군과 전투
- 1909년 7월 21일 고종의 해산 조칙을 받아들여 의진 해체 후 은거 중 체포
- 1910년 사형 순국

[472] 장인초(張仁初), (1877)~1910. 9. 30. 전라남도 능주, 독립장(1990)
- 1909년 2월 안규홍(安圭洪) 의진에 들어가 선봉장으로 활동
- 1909년 7월부터 심남일 의병장 선봉장으로 전남 장흥, 강진, 보성 등지에서 항전
- 1910년 9월 30일 대구공소원에서 사형 확정

○ 이세창(李世昌)⁴⁷³은 모살 및 강도범으로 인하여 본년 9월 6일, 윤치달(尹致達)⁴⁷⁴은 강도 및 강도상인범으로 인하여 본년 9월 10일, 윤흥곤(尹興坤)⁴⁷⁵·김일원(金日元)⁴⁷⁶은 방화·강도살인 및 강도범으로 인하여 본년 9월 20일, 심낙준(沈落俊)⁴⁷⁷·김화서(金化瑞)⁴⁷⁸는 방화 및 강도범으로 인하여 본년 9월 6일 모두 대구공소원에서 사형의 선고를 받고. 지난달 31일에 대구감옥에서 집행하였다.

〈자료 391〉

《조선총독부관보》 제93호 1910년 12월 19일

○ 최성천(崔聖天)⁴⁷⁹은 고살과 강도와 강도살인범에 인하여 본년 11월 12일에 대구공소원

---

473 이세창(李世昌), (1882)~1910. 10. 31. 전라남도 장흥, 애국장(1999)
  - 1908년 9월 전남 남평에서 거의한 심남일 의진에 입진, 군량장으로 활동
  - 1909년 3~4월 장흥, 보성 등지에서 군자금 모집 및 친일면장 등 처단
  - 1909년 9월 자수하였으나 사형 선고받아 사형 순국
474 윤치달(尹致達), (1881)~1910. 10. 31. 충청남도 연산, 애국장(2013)
  - 1909년 음력 8월~1910년 음력 3월 충남 연산·은진, 전북 고산·여산 일대에서 군자금 모집
  - 1910년 10월 1일 고등법원에서 사형 확정
475 윤흥곤(尹興坤), (1880)~1910. 10. 31. 경상북도 청하, 독립장(1995)
  - 1907년 정환직(鄭煥直) 의진에 투신해 경북 일대에서 활동
  - 1907년 10월 29일 경북 흥해군 우편취급소 습격, 일본인 소장 처단 및 군자금 모집
  - 동년 11월 신령군 및 의흥군 경무분파소 습격
  - 1910년 10월 31일 대구공소원에서 사형 확정
476 김일원(金日元), (1880)~1910. 10. 31. 경상북도 영덕, 독립장(1995)
  - 1907년 정환직(鄭煥直) 의진에 투신해 경북 일대에서 활동
  - 1907년 10월 29일 경북 흥해군 우편취급소 습격, 일본인 소장 처단 및 군자금 모집
  - 동년 11월 신령군 및 의흥군 경무분파소 습격
  - 1910년 10월 31일 대구공소원에서 사형 확정
477 심낙준(沈落俊), (1874)~1910. 10. 31. 경상남도 거창, 애국장(2013)
  - 1907년 11월 김화서(金化瑞) 의진 부대장으로 군자금 모집 등 의병활동 전개
  - 1910년 10월 4일 고등법원에서 사형 확정
478 김화서(金化瑞), (1862)~1910. 10. 31. 경상남도 거창, 애국장(2013)
  - 1907년 11월 의병 일으켜 의병장이 됨
  - 경남 합천·안의·삼가 일대에서 군자금 모집
  - 1910년 10월 31일 대구공소원에서 사형 확정
479 최성천(崔聖天), (1884)~1910. 12. 12. 충청북도 충주, 독립장(1995)
  - 1908년 6월 김상태(金相泰) 의진에 참여
  - 1909년 3월 충북 단양군 순사주재소 습격, 동년 8월 경북 봉화군에서 일본군 밀정 처단
  - 김상태 순국 후 의병장이 되어 소백산을 근거지로 대일항전
  - 1910년 12월 12일 대구공소원에서 사형 선고받아, 사형 순국

에서 사형의 선고를 받고 본월 8일에 대구감옥에서, 양상균(梁相均)은 강도와 강도강간범에 인하여 본년 11월 17일에 경성공소원에서 사형의 선고를 받고, 본월 12일에 경성감옥에서 집행한 바가 되니라.

1911년

〈자료 392〉

《조선총독부관보》제109호 1911년 1월 12일

○ 김수동(金壽童)[480]은 강도 및 고살범에 인하여 1910년(明治 43) 11월 15일 대구공소원에서 사형의 선고를 받고 동년 12월 23일 대구감옥에서 집행하였다.

〈자료 393〉

《조선총독부관보》제121호 1911년 1월 26일

○ 김응백(金應伯)[481]은 강도살인, 방화 및 강도범으로 인하여 1910년(明治 43) 11월 22일 대구공소원에서 사형의 선고를 받고 본년 1월 16일 대구감옥에서 집행하였다.

〈자료 394〉

《조선총독부관보》제135호 1911년 2월 14일

○ 충청북도 제천군(堤川郡) 출포(出浦) 한명만(韓命萬)[482]은 강도, 고살, 강도살인범으로 인하

---

[480] 김수동(金壽童), (1885)~1910. 12. 23. 충청북도 영춘, 애국장(1995)
 - 1907년 9월 이강년(李康年) 의진 참여, 경북 문경과 충북 단양 등지에서 일본군과 전투
 - 이강년 체포 이후 최성천 의진 참여, 소백산 일대에서 활동
 - 1910년 6월 6일 경북 영천군에서 순사 및 밀정 처단
 - 1910년 12월 23일 대구공소원에서 사형 확정
[481] 김응백(金應伯), (1870)~1911. 1. 16. 전라남도 광양, 독립장(1995)
 - 1907년 이후 황영문(黃永文) 의진에 투신
 - 1908년 8월 전남 광양군 거주 일본인 사살 및 군수품 노획
 - 1911년 1월 16일 대구공소원에서 사형 확정,
[482] 한명만(韓命萬, 韓明萬), (1887)~1911. 2. 4. 충청북도 제천, 애국장(2009)
 - 1907년 의병을 일으켜 경북 북부지역에서 활동

여 1910년(明治 43) 12월 24일 대구공소원에서 사형의 선고를 받고 본년 2월 4일 대구감옥에서 집행하였다.

〈자료 395〉

《조선총독부관보》 제158호 1911년 3월 13일

○ 경상북도 안동군(安東郡) 북후면(北後面) 옹천리(瓮泉里) 강운수(姜雲秀)는 강도살인·강도범으로 인하여 본년 1월 24일, 경상북도 예천군(醴泉郡) 보문면(普文面) 두곡동(杜谷洞) 윤국범(尹國範)[483]은 강도·강도살인범으로 인하여 동 28일에 모두 대구공소원에서 사형의 선고를 받고, 2월 28일 대구감옥에서 집행하였다.

〈자료 396〉

《조선총독부관보》 제161호 1911년 3월 16일

○ 충청북도 영춘군(永春郡) 서면(西面) 임연리(臨淵里) 허복순(許福淳)[484]은 강도살인·고살·강도범으로 인하여 본년 1월 31일, 전라남도 광주군(光州郡) 선도면(船道面) 세동리(細洞里) 김재홍(金載弘)은 모살·절도범으로 인하여 본년 2월 7일 모두 대구공소원에서 사형의 선고를 받고 3월 6일 대구감옥에서, 집행하였다.

〈자료 397〉

《조선총독부관보》 제184호 1911년 4월 14일

○ 충청북도 옥천군(沃川郡) 옥천읍(沃川邑) 임한수(林漢水)와 전라북도 고산군(高山郡) 북면(北

- 1910년 3월 26일 예천에서 일본인 처단, 동년 7월 안동군 서기 처단
- 1911년 1월 18일 고등법원에서 사형 확정
[483] 윤국범(尹國範), 1883. 3. 10.~1911. 2. 28. 경상북도 예천, 애국장(1990)
- 1909년 의병을 일으켜 이강년 휘하에서 활동
- 1909~1910년 일본인 및 친일분자 처단 및 군자금 모집
- 1911년 2월 8일 대구공소원에서 사형 확정, 순국
[484] 허복순(許福淳), (1888)~1911. 3. 6. 충청북도 단양, 애국장(2010)
- 1910년 3~9월 최성천(崔聖天) 의진에 가담하여 경북 예천, 안동, 영주 등지에서 활동
- 일본인 처단 및 군자금 모집
- 1911년 2월 17일 대구공소원에서 사형 확정

面) 대궁리(大弓里) 배춘성(裵春成)은 강도·모살범으로 인하여 본년 1월 24일, 경상남도 안의군(安義郡) 서하면(西下面) 봉평동(鳳坪洞) 전성범(全聖範)[485]은 모살 및 방화범으로 인하여 본년 2월 18일, 전라북도 전주군(全州郡) 이동면(伊東面) 계동(鷄洞) 김정오(金定悟)는 강도범으로 인하여 본년 2월 23일, 전라북도 임실군(任實郡) 하북면(下北面) 횡암리(橫岩里) 이재화(李在化)는 강도상인 및 강도범으로 인하여 본년 2월 25일, 경상북도 문경군(聞慶郡) 읍내면(邑內面) 상리(上里) 장엄전(張嚴全)은 친속살사범(親屬殺死犯)으로 인하여 본년 3월 2일 모두 대구공소원에서 사형의 선고를 받고, 본월 5일 대구감옥에서 집행하였다.

〈자료 398〉

《조선총독부관보》 제232호 1911년 6월 9일

○ 경기도 파주군(坡州郡) 문산포(汶山浦) 정홍준(鄭弘俊)[486]은 모살 및 강도범으로 인하여 본년 4월 24일 경성공소원에서 사형 선고를 받고 본월 6일 경성감옥에서 집행하였다.

〈자료 399〉

《조선총독부관보》 제246호 1911년 6월 26일

○ 경상북도 대구군(大邱郡) 동상면(東上面) 동문 내 박화준(朴華俊)[487]은 모살, 강도, 강도와주범(强盜窩主犯)으로 인하여 본년 5월 22일 경성공소원에서 사형의 선고를 받고 본월 17일에, 충청북도 청주군(淸州郡) 북강내일면(北江內一面) 신안리(新安里) 정춘서(鄭春瑞)[488]는 강도 및 강

---

[485] 전성범(全聖範), 1870. 6. 13.~1911. 4. 5. 경상남도 함양, 애족장(1990)
 - 1906년 5월 최익현(崔益鉉) 의진 중군장으로 활약
 - 1907년 경남 거창에서 거의하여 안의, 진주 등지에서 일본군과 접전
 - 1911년 2월 18일 대구공소원에서 사형 확정, 순국
[486] 정홍준(鄭弘俊), (1879)~1911. 6. 6. 경기도 파주, 애국장(1991)
 - 1909년 전성서(田聖瑞) 의진 가담, 경기 양주·파주·적성 등지에서 활동
 - 1907년 7월 5일 양주군 광석면에서 헌병 밀정 처단
 - 1911년 5월 24일 고등법원에서 사형 확정, 순국
[487] 박화준(朴華俊), (1881)~1911. 6. 20. 경상북도 대구, 애국장(1991)
 - 1907년 7월 30일(음)경 신돌석(申乭石) 의병장과 강원도 삼척에서 일본인 처단 및 울진에서 의병 밀고자 처단
 - 1911년 5월 22일 경성공소원에서 사형 확정, 사형 순국
[488] 정춘서(鄭春瑞), 1885. 2. 2.~1911. 6. 20. 충청북도 청주, 독립장(1977)

도와주범으로 인하여 본년 5월 19일 경성공소원에서 사형의 선고를 받고 본월 20일에 모두 경성감옥에서 집행하였다.

〈자료 400〉

《조선총독부관보》제272호 1911년 7월 26일

○ 함경남도 안변군(安邊郡) 영풍(永豐) 사하리(社下里) 노탄동(蘆灘洞) 김언세(金彦世)[489]는 방화, 강도, 강도살인범으로 인하여 본년 6월 19일 경성공소원에서 사형 선고를 받고 본월 15일 경성감옥에서 집행하였다.

〈자료 401〉

《조선총독부관보》제318호 1911년 9월 18일

○ 경상남도 울산군(蔚山郡) 상부면(上府面) 반곡동(盤谷洞) 김치일(金致一)[490]은 강도 및 방화범으로 인하여 본년 7월 29일, 경상북도 상주군(尙州郡) 내북면(內北面) 발산리(鉢山里) 임성화(林聖和)는 강도살인범으로 인하여 본년 8월 3일 모두 대구공소원에서 사형의 선고를 받고, 본월 12일 대구감옥에서 집행하였다.

〈자료 402〉

《조선총독부관보》제326호 1911년 9월 27일

○ 강원도 철원군(鐵原郡) 송내면(松內面) 장족리(長足里) 문춘흥(文春興)은 강도살인범으로 인하여 본년 8월 5일 경성공소원에서 사형 선고를 받고 본월 22일 경성감옥에서, 충청북도 영

- 1907년 4월 초 한봉수(韓鳳洙) 의병장과 함께 거의
- 1907년 5월 괴산군 서면 사치(沙峙)에서 일본군 수비대 2명, 8월 15일 밀정 1명 사살
- 1911년 6월 교수형 확정, 사형 순국

[489] 김언세(金彦世), (1868)~1911. 7. 15. 함경남도 안변, 애국장(1991)
- 1907년 11월 이래 채응언(蔡應彦), 연기우(延基羽) 등과 강원도·함경도·황해도 각지에서 활동
- 1910년 4월 28일 함남 안변군 경찰주재소 일인순사 총살, 6월 14일 황해도 곡산 헌병분견소 습격
- 1911년 6월 19일 경성공소원에서 사형 확정, 사형 순국

[490] 김치일(金致一), (1867)~1911. 9. 12. 경상남도 울산, 애국장(2009)
- 1908년 김기준(金基俊) 의진에 소속되어 울산 일대에서 군자금 모집 등 활동
- 1911년 7월 29일 대구공소원에서 사형 선고받고 순국

춘군(永春郡) 군내면(郡內面) 남천동(南川洞) 김상태(金尙台)⁴⁹¹는 강도 및 강도와주범으로 인하여 본월 8월 31일 대구공소원에서 사형의 선고를 받고, 본월 21일 대구감옥에서 모두 집행하였다.

〈자료 403〉

《조선총독부관보》제346호 1911년 10월 21일

○ 황해도 곡산군(谷山郡) 이령면(伊寧面) 거리소리(巨利所里) 대천동(垈川洞) 김대길(金大吉), 같은 곳 임소사(林召史)는 친속살사 및 모살범으로 인하여 본년 8월 31일에, 평안남도 평양부(平壤府) 융덕면(隆德面) 칠리(七里) 유병수(劉秉洙)⁴⁹²는 강도, 강도살상인 및 방화범으로 인하여 본년 9월 5일에 평양공소원에서 사형 선고를 받고, 본월 14일 평양감옥에서 모두 집행하였다.

〈자료 404〉

《조선총독부관보》제352호 1911년 10월 28일

○ 경기도 강화군(江華郡) 동검도(東檢島) 김성권(金聖權)은 강도살인범으로 인하여 본년 9월 18일에, 경기도 파주군(坡州郡) 파평면(坡平面) 금곡리(金谷里) 안해룡(安海龍)과 동군 천현면(泉峴面) 문평리(文平里) 윤소사(尹召史)는 간통 및 모살범으로 인하여 동월 20일에 경성공소원에서 사형 선고를 받고, 본월 23일 경성감옥에서 모두 집행하였다.

〈자료 405〉

《조선총독부관보》제361호 1911년 11월 9일

---

491 김상태(金尙台), (1864)~1912. 9. 21. 충청북도 단양, 독립장(1963)
 - 1896년 이강년(李康年)의 중군장으로 의병활동, 유인석 의진 가담
 - 1905년 을사늑약 이후 거의하여 1907년 이강년과 합진, 경북 순흥·봉화·영춘 등지에서 일본군과 50여 회 교전
 - 일경에 체포되어 대구감옥에 수감 중 단식 단행, 1912년 9월 21일 옥중 순절
492 유병수(劉秉洙), 미상~1911. 10. 14. 평안남도 평양, 애국장(2012)
 - 오승태(吳承泰) 의진에 참여해 1910년 6월 채응언(蔡應彦) 의진과 연합해 황해도 곡산 일대에서 활동
 - 1910년 6월 14일 곡산 선암헌병파견소 공격, 일본 헌병 및 조선인 헌병보조원 총살
 - 1911년 9월 5일 평양공소원에서 사형 선고받고 사형 순국

○ 경기도 영평군(永平郡) 서면(西面) 고소성리(姑蘇城里) 박복인(朴福仁)[493]은 모살 및 강도범으로 인하여 본년 10월 6일 경성공소원에서 사형 선고를 받고 본월 2일 경성감옥에서 집행하였다.

〈자료 406〉

《조선총독부관보》제376호 1911년 11월 28일

○ 강원도 춘천군(春川郡) 군내면(郡內面) 수임계(水臨溪) 정경태(鄭敬泰)[494]는 강도, 방화 및 고살범으로 인하여 본년 10월 25일 경성공소원에서 사형 선고를 받고 본월 22일 경성감옥에서 집행하였다.

〈자료 407〉

《조선총독부관보》제403호 1911년 12월 29일

○ 경상북도 영양군(英陽郡) 수비면(首比面) 광석리(廣石里) 권중흠(權重欽)[495]은 강도 및 모살범으로 인하여 본년 10월 23일 대구공소원에서 사형 선고를 받고 동년 12월 25일 대구감옥에서 집행하였다.

---

493 박복인(朴福仁), (1878)~1911. 11. 2. 경기도 영평, 애국장(1991)
  - 1908년 10월 6일 연기우(延基羽) 의진에 참여하여 의병을 밀고한 궁촌리 이장 처단
  - 1909년 10~11월 영평군 일대에서 군자금 모집
  - 1911년 10월 16일 고등법원에서 사형 확정, 사형 순국
494 정경태(鄭敬泰), (1878)~1911. 11. 22. 강원도 춘천, 애국장(1991)
  - 1907년 7월 성익현(成益鉉) 의진 중군장으로 강원도 울진, 삼척, 평해 등지에서 활약
  - 1908년 5월 관동창의장(關東倡義將)을 자처하며 강원도와 경북 일대에서 항일투쟁
  - 1911년 11월 10일 고등법원에서 사형 확정, 순국
495 권중흠(權重欽), (1876)~1911. 12. 25. 경상북도 영양, 애국장(2009)
  - 1908년 음력 7월부터 1910년 6월까지 김상태(金相泰) 의진에 참여하여 감관장(監官將)으로 활동
  - 경북 봉화·순흥, 충북 영춘·충주, 강원도 영월 등지에서 군자금 모집
  - 1911년 10월 23일 대구지방재판소에서 사형 선고받고, 순국

1912년

〈자료 408〉

《조선총독부관보》제437호 1912년 2월 14일

○ 강원도 영월군(寧越郡) 하동면(下東面) 외직리(外直里) 3통 5호 김응문(金應文)[496]은 강도, 고살범으로 인하여 1912년(明治 45) 1월 17일 경성공소원에서 사형 선고를 받고 본월 8일 경성감옥에서 집행하였다.

〈자료 409〉

《조선총독부관보》제459호 1912년 3월 11일

○ 전라남도 영암군(靈巖郡) 원정면(元井面) 신흥리(新興里) 김선중(金善仲)[497]은 인모살치상(因謀殺致傷) 및 모살범으로 인하여 본년 1월 18일 대구공소원에서 사형 선고를 받고 본월 6일 대구감옥에서 집행하였다.

〈자료 410〉

《조선총독부관보》제482호 1912년 4월 9일

○ 강원도 원주군(原州郡) 판제면(板梯面) 개운교리(開雲橋里) 서운선(徐云先)[498]은 강도살인범으로 인하여 본년 3월 6일 경성공소원에서 사형의 선고를 받고 본월 2일 경성감옥에서 집행

---

[496] 김응문(金應文), 미상~1912. 2. 8. 강원도 영월, 애국장(2009)
  - 김상태(金相泰) 의진에 참여하여 소백산 일대에서 의병활동
  - 1910년 4월 20일(음) 경북 순흥군 단산면에서 일본 밀정 김해수 총살 및 군자금 모집 활동
  - 1912년 1월 17일 경성공소원에서 사형 선고, 4월 8일 순국
[497] 김선중(金善仲), (1885)~1912. 3. 6. 전라남도 영암, 애국장(1995)
  - 박사과(朴士果) 의진에 가담하여 전남 영암, 나주군 일대에서 군수품 수집 및 일본군과 교전
  - 1909년 음력 5월 전남 나주 방추목(坊推木)에서 일본군 헌병대와 접전, 헌병보조원 1명 사살
  - 1912년 2월 13일 고등법원에서 사형 확정
[498] 서운선(徐云先), (1884)~1912. 4. 2. 강원도 원주, 애국장(1999)
  - 1907년 이후 탁한종(卓漢宗), 엄봉진(嚴奉鎭), 김룡(金龍) 등과 함께 의병 참여
  - 강원도 원주 등지에서 부일배 처단활동
  - 1912년 3월 6일 고등법원에서 사형 확정

하였다.

〈자료 411〉

《조선총독부관보》제576호 1912년 7월 27일

○ 전라북도 남원군(南原郡) 아산면(阿山面) 정세창(鄭世昌)[499]은 강도 및 강도상인범으로 인하여 본년 5월 28일 대구복심법원에서 사형 선고를 받고 7월 17일 대구감옥에서 집행하였다.

〈자료 412〉

《조선총독부관보》제66호 1912년 10월 19일

○ 강원도 울진군(蔚珍郡) 서면(西面) 후곡동(後谷洞) 백수영(白琇瑛)[500]은 강도살인범으로 1912년(明治 45) 7월 22일 경성복심법원에서 사형의 선고를 받고 1912년(大正 원년) 10월 14일 서대문감옥에서 집행하였다.

〈자료 413〉

《조선총독부관보》제121호 1912년 12월 24일

○ 강원도 울진군(蔚珍郡) 서면(西面) 후곡동(後谷洞) 사문성(史文成)[501]은 강도·고살죄로 인하여, 경상북도 예천군(醴泉郡) 위라면(位羅面) 산합동(山合洞) 김영수(金永壽)는 강도·고살 및 강도

---

[499] 정세창(鄭世昌), 미상~1912. 7. 17, 전라북도 남원, 애국장(2009)
  - 1908~1909년 이석용(李錫庸) 의진 참모로 전북 임실·순창 등지에서 활동
  - 1911년 10월 청주에서 김수옥(金守玉)과 김학준(金學俊)을 동지로 영입하여 태인 등지에서 군자금 모집
  - 1912년 5월 28일 대구복심법원에서 사형 선고, 7월 17일 사형 순국

[500] 백수영(白琇瑛), 1873. 11. 3.~1912. 10. 14. 경상북도 울진, 애국장(1999)
  - 1906년 음력 10월 임성기(任性基) 의진, 1907년 음력 7월 정경태(鄭敬泰) 의진에 참여하여 경북 울진 일대에서 활동
  - 1911년 음력 4월 강원도 삼척군 원덕면 권태정(權泰鼎) 집에서 군자금 모집 및 밀정 혐의로 처단
  - 1912년 7월 22일 경성복심법원에서 사형 언도, 10월 14일 순국

[501] 사문성(史文成), 미상~1911. 12. 18. 경상북도 울진, 애국장(1999)
  - 1911년 9월 경북 봉화 일대에서 김병일(金炳一) 등과 함께 군자금 모집 등 의병활동 전개
  - 1912년 10월 15일 대구복심법원에서 사형 언도, 12월 18일 형집행 순국

살인죄로 인하여 경상북도 진보군(眞寶郡) 동면(東面) 삼의동(三宜洞) 이석이(李錫伊)[502]는 강도·강도살인죄로 인하여 1912년(大正 원년) 10월 15일 대구복심법원에서 각자 사형 선고를 받고, 본월 18일 대구감옥에서 모두 집행하였다.

1913년

〈자료 414〉

《조선총독부관보》제249호 1913년 5월 31일

○ 전라북도 김제군(金堤郡) 면 불상(不詳) 재남리(才南里) 김필수(金必洙)[503]는 모살, 강도상인, 강도죄로 인하여 1913년(大正 2) 3월 29일 대구복심법원에서 사형 선고를 받고 본월 26일 대구감옥에서 집행하였다.

〈자료 415〉

《조선총독부관보》제303호 1913년 8월 4일

○ 강원도 울진군(蔚珍郡) 서면(西面) 후곡동(後谷洞) 박문술(朴文術)[504]은 살인·강도 및 도주죄로 인하여, 충청북도 괴산군(槐山郡) 이도면(二道面) 대덕리(大德里) 정석숭(鄭錫崇)은 살인 및 시체유기죄로 인하여 모두 본년 5월 20일 경성복심법원에서 사형 선고를 받고, 7월 26일 서대

---

502 이석이(李錫伊), (1879)~1911. 12. 18. 경상북도 청송, 독립장(1995)
  - 1906년 정용기(鄭鏞基) 의진에 투신해 경북 영천 일대에서 활동하다 1907년 정용기 의병장 순국 후 독자적 의진 구성
  - 경북 청하군 일대에서 군자금 징수, 밀정 처단 및 일본군과 전투
  - 1912년 11월 27일 고등법원에서 사형 확정
503 김필수(金必洙), (1875)~1913. 5. 26. 전라북도 김제, 애국장(2009)
  - 1908년 음력 9월부터 1912년 12월까지 이석용(李錫庸) 의진에 참여해 전북 진안·장수·임실 등지에서 활동
  - 1908년 9월 6일(음) 밀정 김관일(金寬日) 처단 및 김제·장수 일대에서 군자금 모집
  - 1912년 장수군 진전면사무소 기습
  - 1913년 3월 29일 대구복심법원에서 사형선고 받음
504 박문술(朴文術), 미상~1913. 7. 26. 강원도 울진, 애국장(1999)
  - 강원도 울진에서 의병을 일으켜 강원도 황해도 일대에서 일군과 교전
  - 1911년 5월 강원도 삼척군 원덕면과 경북 봉화군 소천면에서 밀고자 처단
  - 1913년 5월 20일 경성복심법원에서 사형 선고

문감옥에서 집행하였다.

1914년

〈자료 416〉

《조선총독부관보》 제453호 1914년 2월 4일

○ 경상북도 안동군(安東郡) 임동면(臨東面) 수곡동(水谷洞) 대평리(大坪里) 유시연(柳時淵)[505]은 강도 및 강도상인죄로 인하여 1913년(大正 2) 1월 29일 대구복심법원에서 사형 선고를 받고 1914년(大正 3) 1월 29일 대구감옥에서 집행하였다.

〈자료 417〉

《조선총독부관보》 제484호 1914년 3월 13일

○ 황해도 평산군(平山郡) 세하면(細下面) 광평(廣坪) 한정만(韓貞萬)[506]은 모살, 강도, 강도교사, 가택침입, 상해 및 방화죄로 인하여 작년 12월 26일 평양복심법원에서 사형 선고를 받고 본년 3월 6일 평양감옥에서 집행하였다.

〈자료 418〉

《조선총독부관보》 제506호 1914년 4월 10일

---

[505] 유시연(柳時淵), (1874)~1914. 1. 29. 경상북도 안동, 독립장(1962)
  - 1895년 안동군에서 거의한 권세연(權世淵) 의진에서 의병활동, 1896년 김하락(金河洛) 의진과 합진해 일본군과 전투
  - 1906년 봄 경주 분황사에서 총대장(영남의병대장)에 추대되어 진보·영덕 등지에서 활동
  - 1907년 울진에서 친일 토벌대장 박두일(朴斗日) 처단, 영양·청송·안동 등지에서 일본군과 격전
  - 1911년 8월 만주로 망명하여 안창호(安昌浩)와 독립운동, 1912년 국내로 들어와 군자금 모집
  - 1913년 5월 영주왜경소에 체포되어 1914년 1월 29일 사형 순국

[506] 한정만(韓貞萬), 1865. 9. 5.~1914. 3. 6. 황해도 평산, 독립장(1980)
  - 1907년 이후 황해도에서 거의한 박기섭(朴箕燮) 의진에 입대해 중대장으로 활동
  - 1910년 이진룡(李鎭龍) 의진 참여, 3월 3일 계정역(鷄井驛) 인근에서 일본군 7명과 격전, 경의선 선로 파괴 활동
  - 1913년 9월 24일 일본 헌병에 체포, 고등법원에서 사형 확정

○ 함경남도 고원군(高原郡) 운곡면(雲谷面) 천을리(天乙里) 김치복(金致福)[507]은 강도, 강도상인 및 강도살인죄로 인하여 본년 2월 9일 평양복심법원에서 사형 선고를 받고 본월 6일 평양감옥에서 집행하였다.

〈자료 419〉

《조선총독부관보》제510호 1914년 4월 15일

○ 황해도 해주군(海州郡) 동면(東面) 동현동(東峴洞) 출생 주소 부정(不定) 이용석(李龍石)[508]은 강도, 강도살인, 방화죄로 인하여 1914년(大正 3) 2월 6일 평양복심법원에서 사형을 선고받고 본월 9일 평양감옥에서 집행하였다.

〈자료 420〉

《조선총독부관보》제521호 1914년 4월 28일

○ 경상북도 봉화군(奉化郡) 소천면(小川面) 석포리(石浦里) 김희명(金喜明)이라 하는 김병일(金炳一)[509]은 강도, 방화 및 살인죄로 인하여 본년 2월 18일 경성복심법원에서 사형 선고를 받고 본월 23일 서대문감옥에서 집행하였다.

〈자료 421〉

《조선총독부관보》제525호 1914년 5월 2일

---

[507] 김치복(金致福), (1867)~1914. 4. 6. 함경남도 영흥, 애국장(2009)
 - 1908년 6월 평남 선천에서 박형운(朴亨雲) 의진 가담, 일본인 처단 및 군자금 모집
 - 1914년 2월 9일 평양복심법원에서 사형 선고
[508] 이용석(李龍石), (1886)~1914. 4. 9. 황해도 해주, 애국장(1999)
 - 1910년 한정만(韓貞萬) 의병부대에 참가하여 황해도·평안도 일대에서 활동
 - 경의선 전복 시도, 일본헌병파출소 습격 등
 - 1914년 일본군과 총격전 중 체포되어 1914년 2월 6일 평양복심법원에서 사형 선고
[509] 김병일(金炳一), (1885)~1914. 4. 23. 경상북도 봉화, 애국장(1991)
 - 국망 후 경북에서 의병 봉기, 1911년 6월 20일~9월 11일(음) 김영수(金永壽)·사문성(史文成) 등과 함께 강원도 삼척, 경북 봉화군 일대에서 군자금 모집
 - 1912년 7월 10일 일인에게 협조한 여일구(余一九) 등 3인 집에 방화
 - 1914년 2월 18일 경성복심법원에서 사형 언도, 형 집행

○ 전라북도 임실군(任實郡) 성수면(聖壽面) 삼보리(三寶里) 이석용(李錫庸)[510]은 방화, 상해, 모살, 강도, 강도상인죄로 인하여 작년 3월 6일 대구복심법원에서 사형 선고를 받고 동년 4월 28일 대구감옥에서 집행하였다.

〈자료 422〉

《조선총독부관보》 제666호 1914년 10월 21일

○ 경상북도 영천군(永川郡) 북안면(北安面) 수성동(守城洞) 강봉학(姜鳳鶴),[511] 동도 청하군(淸河郡) 죽북면(竹北面) 고천동(高川洞) 어천식(魚千植)은 절도, 강도, 강도살인죄로 인하여 1914년(大正 3) 7월 23일 대구복심법원에서 각각 사형 선고를 받고 본월 14일 대구감옥에서 모두 집행하였다.

〈자료 423〉

《조선총독부관보》 제711호 1914년 12월 15일

○ 황해도 평산군(平山郡) 세곡면(細谷面) 광평(廣坪) 한수만(韓壽萬)[512]은 방화, 모살, 고살미수, 불법체포, 강도 및 강도살상인죄로 인하여 1914년(大正 3) 9월 29일 평양복심법원에서 사형 선고를 받고 본월 9일 평양감옥에서 집행하였다.

---

510 이석용(李錫庸), 1877. 11. 29.~1914. 4. 28. 전라북도 임실, 독립장(1962)
 - 1907년 8월 26일 전북 진안에서 의병대장에 추대
 - 1907년 9월 영광에서 기삼연과 합진, 호남창의진 편성하여 을사오적 주참 등을 담은 격문 발표
 - 1908년 남원·전주·임실 등지에서 활동하다가 9월 임실전투 패배 후 의진 해산
 - 1913년 겨울 임실에서 체포, 1914년 2월 7일 광주지방법원 전주지청에서 사형 언도, 1914년 4월 28일 순국
511 강봉학(姜鳳鶴) (1889)~1914. 10. 14. 경상북도 영천, 애국장(1999)
 - 1907년 정환직(鄭煥直) 의진에 참여하여 경북 일대에서 활동
 - 1907년 1월 흥해군 우편국 분파소 습격, 동년 11월 신녕(新寧)분파소 및 흥해 분파소 등 습격
 - 1909년 2월 대구지방법원에서 징역 7년형 받고 옥고 치르다 감형 출옥
 - 출옥 후 군자금 수합, 1914년 7월 23일 대구복심법원에서 사형 선고
512 한수만(韓壽萬), (1889)~1914. 12. 9. 황해도 평산, 애국장(1999)
 - 1910년 이래 한정만(韓貞萬) 의진에 가담하여 황해도 일대에서 활동
 - 경의선 기차 전복 시도, 일본헌병파출소 습격 등 의병활동 전개
 - 1914년 9월 29일 평양복심법원에서 사형 언도

1915년

⟨자료 424⟩

《조선총독부관보》 제982호 1915년 11월 11일

○ 황해도 해주군(海州郡) 내성면(來城面) 오리(伍里) 서신동(西新洞) 이근식(李根植)은 강도살인죄로 인하여 본년 9월 16일 평양복심법원에서 사형 선고를 받고 본월 3일 평양감옥에서, 황해도 평산군(平山郡) 용산면(龍山面) 삼봉동(三峯洞) 출생 주소 부정(不定) 김경칠(金景七)[513]은 살인강도 및 방화죄로 인하여 본년 9월 21일 평양복심법원에서 사형 선고를 받고 본월 3일 평양감옥에서 모두 집행하였다.

1916년

⟨자료 425⟩

《조선총독부관보》 제1031호 1916년 1월 14일

○ 평안남도 대동군(大同郡) 임원면(林原面) 남사동(南四洞) 오승태(吳承泰)[514]는 강도, 강도상인 및 강도살인죄로 인하여 1915년(大正 4) 11월 2일 평양복심법원에서 사형 선고를 받고 1915년(大正 4) 12월 28일 평양감옥에서 집행하였다.

---

[513] 김경칠(金景七), (1879)~1915. 11. 3. 황해도 평산, 애국장(1999)
 - 1910년 김정안(金貞安) 의진 참여, 황해도 해주·평산·곡산 일대에서 활동
 - 1911년 종두 면허원 등 일본군 밀정 총살, 군자금 모집활동 전개
 - 1914년 일본군 토벌대와 교전 중 총상, 전투 후 은신 중 체포
 - 1915년 9월 21일 평양복심법원에서 사형 선고

[514] 오승태(吳承泰), (1879)~1915. 12. 28. 평안남도 대동, 애국장(2012)
 - 평양진위대 해산군인으로 1909년 창의하여 평안도·함경도·황해도 일대에서 활동
 - 1910년 6월 채응언(蔡應彦) 의병부대와 연합, 황해도 곡산 일대에서 활동
 - 1910년 6월 14일 곡산군 선암헌병파견소 공격하여 일본 헌병 상등병 등 총살
 - 1915년 11월 2일 평양복심법원에서 사형 판결, 12월 28일 형 집행

1917년

〈자료 426〉

《조선총독부관보》 제1414호 1917년 4월 24일

○ 전라북도 남원군(南原郡) 이백면(二白面) 내동리(內洞里) 우성녀(禹姓女), 동도 동군 동면 동리 이만선(李萬先)은 살인죄로 인하여 1917년(大正 6) 2월 19일 대구복심법원에서 각각 사형 선고를 받고 1917년 4월 17일 대구감옥에서, 강원도 원주군(原州郡) 귀래면(歸來面) 당우리(堂隅里) 2통 7호 김종근(金鐘根)[515]과 경상북도 봉화군(奉化郡) 물야면(物也面) 가성리(佳城里) 5통 1호 김종철(金鍾鐵)[516]은 강도·살인·방화 및 강도상인죄로 인하여 1916년(大正 5) 11월 29일 경성복심법원에서 각각 사형 선고를 받고 1917년(大正 6) 4월 19일 서대문감옥에서 모두 집행하였다.

1918년

〈자료 427〉

《조선총독부관보》 제1724호 1918년 5월 8일

○ 본적 황해도 평산군(平山郡) 주암면(舟岩面) 퇴탄동(退灘洞) 이진룡(李鎭龍),[517] 본적 동

---

[515] 김종근(金鐘根), (1881)~1917. 4. 19. 강원도 원주, 애국장(1995)
  - 1914년 봄 해산의병을 규합하여 의진 조직, 강원도 일대에서 활동
  - 1914년 강원도 횡성·홍천·평창 등지에서 군자금 모집 및 1915년 6월 6일 강릉에서 부일배 총살 처단
  - 1916년 11월 29일 경성복심법원에서 사형 언도

[516] 김종철(金鍾鐵), 1880. 3. 24.~1917. 4. 19. 경상북도 봉화, 독립장(1995)
  - 1907년 8월 강원도 인제에서 박화암(朴化巖)을 의병장으로 추대하여 의병 활동
  - 1909년 '남한대토벌작전' 이후 재거의, 강원도 인제·강릉 일대에서 친일관리 및 밀정 등 처단
  - 1916년 11월 29일 경성복심법원에서 사형 확정

[517] 이진룡(李鎭龍), (1879)~1918. 5. 1. 황해도 평산, 독립장(1962)
  - 유인석(柳麟錫)의 문인, 을사늑약 이후 황해도 평산에서 박기섭(朴箕燮)을 대장으로 추대하고 선봉장으로 활동
  - 1911년 황해도 해주·평산·곡산 일대에서 일본군과 접전, 동년 10월 남만주로 망명
  - 장백(長白) 무송현(撫松縣) 등에 근거를 두고 포수단 조직, 군자금 모금에 주력

도 동군 파부산면(下扶山面) 소하동(小下洞) 황봉신(黃鳳信),⁵¹⁸ 본적 평안남도 성천군(成川郡) 숭인면(崇仁面) 철동(鐵洞) 황봉운(黃鳳雲)⁵¹⁹은 강도 및 강도살상인죄에 의하여 1917년(大正 6) 12월 25일 평양복심법원에서 사형 선고를 받고 1918년(大正 7) 2월 2일 확정된바 동년 5월 1일 모두 평양감옥에서, 황해도 해주군(海州郡) 월록면(月祿面) 안현리(安峴里) 강원경(姜元卿)은 강도살인죄에 의해 1918년(大正 7) 1월 29일 평양복심법원에서 사형 선고를 받고 동년 2월 28일 판결 확정된바 동년 5월 1일 평양감옥에서, 경상북도 봉화군(奉化郡) 물야면(物也面) 압동리(鴨洞里) 226번지 유관증(劉觀曾) 및 강원도 정선군(旌善郡) 신동면(新東面) 예미리(禮美里) 4통 8호 죽은 김응오(金應伍)의 처 김성녀(金姓女)는 살인죄로 인하여 1918년(大正 7) 1월 14일 경성복심법원에서 각각 사형 선고를 받아 동년 2월 14일 판결 확정된바 동년 5월 2일 서대문감옥에서 집행하였다.

〈자료 428〉

《조선총독부관보》 제1800호 1918년 8월 6일

○ 본적 함경북도 경흥군(慶興郡) 웅기면(雄基面) 영저(嶺底) 염재군(廉才君)⁵²⁰과 동도 동군 동면 하송현(下松峴) 김광은(金光恩)은 1918년(大正 7) 4월 24일 경성복심법원에서 살인죄로 인하여 각각 사형 선고를 받고 동년 6월 1일 재판 확정된바 동년 7월 9일 서대문감옥에서 모두

- 1918년 1월 황봉신(黃鳳信)·차도선(車道善) 등과 함께 비밀결사 충의사(忠義社) 조직, 3.1운동 후 국내침공 계획 중 관전현(寬甸縣)에서 체포
518 황봉신(黃鳳信), (1887)~1918. 5. 1. 황해도 평산, 독립장(1995)
- 을사늑약 이후 이진룡(李鎭龍) 의진에 가입하여 황해도 평산 일대에서 활동하다 국망 이후 만주로 망명
- 1916년 9월 9일(음) 조맹선(趙孟善)·황봉운(黃鳳雲) 등과 함께 평북 운산금광 운송마차 공격 시도
- 일본군에 체포된 이진룡을 구출하려다 황봉운과 붙잡혀 평양형무소 수감
- 1917년 12월 15일 평양복심법원에서 사형 언도
519 황봉운(黃鳳雲), (1889)~1918. 5. 1. 평안남도 성천, 독립장(1995)
- 을사늑약 이후 이진룡(李鎭龍) 의진에 가입하여 황해도 평산 일대에서 활동하다 국망 이후 만주로 망명
- 1916년 9월 9일(음) 조맹선(趙孟善)·황봉운(黃鳳雲) 등과 함께 평북 운산금광 운송마차 공격 시도
- 일본군에 체포된 이진룡을 구출하려다 황봉신과 붙잡혀 평양형무소 수감
- 1917년 12월 15일 평양복심법원에서 사형 언도
520 염재군(廉才君), (1884)~1918. 7. 9. 함경북도 경흥, 애국장(2018)
- 1916년 4월 21일 중국인으로 변장한 일본군 첩자 야마나카(山中唯一) 등을 유인해 처단
- 1917년 10월 백초구(百草溝) 일대에서 조선총독부 헌병 경찰과 간도총영사관 경찰로 구성된 수색대에 체포
- 1918년 4월 24일 경성복심법원에서 사형 언도

집행하였다.

1920년

〈자료 429〉

《조선총독부관보》 제2399호 1920년 8월 9일

○ 충청남도 연기군(燕岐郡) 서면(西面) 월하리(月下里) 안광조(安光祚)[521]는 강도, 강도살인, 강도상인, 살인, 방화죄로 인하여 1919년(大正 8) 12월 12일 평양지방법원에서 사형 선고를 받고 동일 재판 확정된바 1920년(大正 9) 7월 28일 평양감옥에서 집행하였다.

〈자료 430〉

《조선총독부관보》 제2502호 1920년 12월 13일

○ 함경남도 홍원군(洪原郡) 용원면(龍原面) 영덕리(靈德里) 재적 중국 길림성(吉林省) 요하현(饒河縣) 신흥동(新興洞) 거주 강우규(姜宇奎)[522]는 폭발물취체규칙위반 및 살인죄로 인하여 1920년(大正 9) 4월 26일 경성복심법원에서 사형 선고를 받고 5월 27일 판결 확정된바 11월 29일 서대문감옥에서 집행하였다.

〈자료 431〉

《조선총독부관보》 제2509호 1920년 12월 21일

○ 황해도 해주군(海州郡) 마산포(馬山浦) 최영순(崔永淳)[523]은 1920년(大正 9) 10월 26일 평양

---

[521] 안광조(安光祚), (1884)~1920. 7. 28. 충청남도 연기, 독립장(1996)
  - 1910년대 채응언(蔡應彦) 의진에 가담하여 경기·강원·황해도 대일항전 전개
  - 1915년 채응언 순국 후 군자금 모집활동을 하던 중 1919년 체포
  - 1919년 12월 12일 평양지방법원에서 사형 언도, 1920년 7월 형 집행
[522] 강우규(姜宇奎), 1855. 7. 14.~1920. 11. 29. 평안남도 덕천, 대한민국장(1962)
  - 1910년 국망 이후 길림성 요하현(饒河縣)으로 망명하여 광동학교(光東學校) 설립
  - 1919년 5월 노령의 노인동맹단(老人同盟團) 참가, 노인단 대표로 조선 총독 폭살 계획
  - 1919년 9월 2일 남대문 정거장에서 조선총독 사이토 마코토(齋藤實) 일행의 마차에 폭탄 투척
  - 동년 9월 17일 체포되어 서대문형무소에서 사형 집행
[523] 최영순(崔永淳), (1887)~1920. 12. 14. 황해도 해주, 애국장(1996)

복심법원에서 대정8년 제령 제7호 위반 및 살인범으로 사형 선고를 받고 11월 27일 판결 확정된바 12월 14일 평양감옥에서 집행하였다.

1921년

〈자료 432〉

《조선총독부관보》제2618호 1921년 5월 5일

○ 함경남도 북청군(北靑郡) 중산면(中山面) 광천리(廣川里) 이창덕(李昌德)[524]은 1920년(大正 9) 12월 6일 평양지방법원 신의주지청에서 대정8년 제령 제7호 위반 및 살인죄로 인해 사형 선고를 받고 1921년(大正 10) 2월 26일 판결 확정된바 1921년 4월 21일 평양감옥에서 집행하였다.

〈자료 433〉

《조선총독부관보》제2636호 1921년 5월 26일

○ 평안북도 선천군(宣川郡) 남면(南面) 산성동(山省洞) 최일엽(崔日燁)[525]은 1921년(大正 10) 1월 29일 평양복심법원에서 대정8년 제령 제7호 위반 및 살인죄로 사형 선고를 받고 3월 7일 판결 확정된바 5월 17일 평양감옥에서 집행하였다.

〈자료 434〉

《조선총독부관보》제2684호 1921년 7월 21일

○ 함경남도 갑산군(甲山郡) 장평면(長坪面) 장평리(長坪里) 박기성(朴基成)은 1921년(大正 10) 4

- 1919년 7월 중국 봉천성(奉天省) 유하현(柳河縣)에서 무장독립운동단체 대한독립단(大韓獨立團)에 가입
- 집안현(輯安縣) 등지에서 독립운동자금 모금활동, 1919년 12월 7일 밀정 최경태(崔京泰) 사살 후 체포

[524] 이창덕(李昌德), (1883)~ 1921. 4. 21. 함경남도 북청, 독립장(1968)
- 1919년 4월 17일 중국 환인현 홍석뢰자(桓仁縣 紅錫磊子)에서 만세운동 주도
- 대한독립단, 서로군정서 입대, 친일파 후창군수 계응규(桂應奎) 총살
- 1921년 2월 26일 고등법원에서 사형 확정, 순국

[525] 최일엽(崔日燁), 1873. 9. 1.~1921. 5. 17. 평안북도 선천, 독립장(1995)
- 3.1운동 이후 대한독립단(大韓獨立團) 가입, 집동총관(輯東總管) 직책을 맡아 집안현 일대에서 활동
- 만주와 국내에서 일본인 및 친일파 숙청, 일제기관 파괴 추진에 기여
- 1921년 3월 7일 사형 선고, 5월 17일 형 집행

월 20일 경성복심법원에서 살인 및 사체유기죄에 의해 사형 선고를 받고 5월 14일 판결 확정된바 7월 12일 서대문감옥에서 집행하고, 함경북도 회령군(會寧郡) 봉의면(鳳儀面) 보을동(甫乙洞) 이인준(李仁俊)[526]과 동도 동군 벽성면(碧城面) 대덕동(大德洞) 모인화(毛仁華)[527]는 1921년(大正 10) 4월 25일 경성복심법원에서 대정8년 제령 제7호 위반 및 살인죄·강도치사죄로 인해 각각 사형 선고를 받고 5월 23일 판결 확정된바 7월 9일 동 감옥에서 각각 집행하고, 경상남도 밀양군(密陽郡) 상남면(上南面) 마산리(馬山里) 최경학(崔敬鶴)[528]은 1921년(大正 10) 4월 16일 대구복심법원에서 폭발물취체규칙위반 및 건조물손괴(建造物損壞), 구내침입죄(構內侵入罪)로 인해 사형 선고를 받고 5월 23일 판결 확정된바 7월 8일 대구감옥에서 집행하였다.

〈자료 435〉

《조선총독부관보》 제2713호 1921년 8월 25일

○ 경상북도 영주군(榮州郡) 풍기면(豊基面) 동부동(東部洞) 소몽(小夢)이라고 하는 채기중(蔡基中)[529]은 살인, 거주침입, 방화, 공갈, 보안법위반, 총포화약류취체령위반으로 인하여, 동도 동군 봉석면(鳳碩面) 노좌동(魯佐洞) 봉계우(鳳桂又) 또는 동근(東根)이라고 하는 임세규(林世圭)[530]

---

[526] 이인준(李仁俊), (1893)~1921. 7. 9. 함경북도 회령, 애국장(1995)
- 1920년 4월 29일 광복단(光復團) 가입
- 1920년 10월 1일 화룡현(和龍縣) 서대사(西對社) 서래동(西來洞) 쌍봉산(雙峯山)에서 밀정 이국보(李國輔) 처단
- 1921년 2월 함흥지방법원 청진지청에서 사형 선고, 1921년 5월 23일 사형 확정, 동년 7월 9일 형 집행 순국

[527] 모인화(毛仁華), (1897)~1921. 7. 9. 함경북도 회령, 애국장(1995)
- 1920년 8월 24일 의군단(義軍團) 가입
- 1920년 10월 1일 화룡현(和龍縣) 서대사(西對社) 서래동(西來洞) 쌍봉산(雙峯山)에서 밀정 허수여(許守汝)와 이국보(李國輔) 처단
- 1921년 5월 23일 사형 확정

[528] 최경학(崔敬學), 또는 최수봉(崔壽鳳), 1894. 3. 3.~1921. 7. 8. 경상남도 밀양, 독립장(1963)
- 1919년 의열단원 고인덕(高仁德)으로부터 폭약과 폭탄제조기를 전달받아 폭탄 제조
- 1920년 12월 27일 2개의 폭탄을 준비하여 밀양경찰서에 투척
- 1921년 4월 16일 사형 언도를 받고 7월 8일 대구감옥에서 형 집행 순국

[529] 채기중(蔡基中), 1873. 7. 7.~1921. 8. 12. 경상북도 상주, 독립장(1963)
- 1913년 경북 풍기에서 유창순(庾昌淳)·유장렬(柳璋烈) 등과 풍기광복단(豊基光復團) 결성
- 1915년 박상진(朴尙鎭)의 조선국권회복단(朝鮮國權恢復團)과 합해 대한광복회(大韓光復會) 결성
- 1917년 11월 칠곡군 친일부호 장승원(張承遠) 처단 거사 지휘, 이후 망명 계획 중 1918년 일경에 체포

[530] 임세규(林世圭), 본명 임봉주(林鳳柱), (1880)~1921. 8. 12. 경상북도 영주, 독립장(1963)
- 대한광복회 단원으로 가입해 친일부호 처단 등 의협활동 전개

는 살인, 거주침입, 주거침입, 공갈, 보안법위반으로 인하여, 충청남도 청양군(靑陽郡) 적곡면(赤谷面) 관현리(冠峴里) 영근(永根)이라고 하는 김경태(金敬泰)는 살인, 주거침입 및 강도죄로 인하여 경성복심법원에서 각각 사형 선고를 받고 1920년(大正 9) 3월 1일 판결 확정된바 8월 12일 서대문감옥에서 집행하였다.

〈자료 436〉

《조선총독부관보》제2721호 1921년 9월 5일

○ 함경북도 경성군(鏡城郡) 주을온면(朱乙溫面) 약수동(藥水洞) 한상호(韓相浩),[531] 함경남도 함흥군(咸興郡) 함흥면(咸興面) 중하리(中荷里) 임국정(林國禎),[532] 함경북도 회령군(會寧郡) 봉의면(鳳儀面) 파전리(芭田里) 윤준희(尹俊熙)[533]는 1921년(大正 10) 2월 12일 경성복심법원에서 살인강도치사와 대정8년 제령 제7호 위반죄로 인하여 각각 사형 언도를 받고 1921년 4월 4일 판결 확정을 한 바 8월 25일 서대문감옥에서 각각 집행하였다.

〈자료 437〉

《조선총독부관보》제2724호 1921년 9월 8일

- 1917년 11월 칠곡(漆谷)의 친일부호 장승원(張承遠) 및 1918년 1월 충남 아산군(牙山郡) 도고면(道高面) 면장 박용하(朴容夏) 처단
- 1918년 조직이 발각되면서 일경에 체포 순국

[531] 한상호(韓相浩), 미상~1921. 8. 25. 함경북도 경성, 독립장(1963)
- 3.1운동 이후 윤준희(尹俊熙)·임국정(林國禎) 등과 철혈광복단(鐵血光復團) 조직, 이후 북로군정서 가입
- 1920년 1월 조선은행 회령(會寧)지점에서 용정(龍井)으로 운반 중인 현금 15만 원 탈취
- 1920년 12월 엄인섭(嚴仁燮)의 밀고로 일본 헌병에게 체포
- 1921년 4월 4일 고등법원에서 사형 확정

[532] 임국정(林國禎), 1894. 3. 25.~1921. 8. 25. 함경남도 함흥, 독립장(1963)
- 3.1운동 이후 만주 망명하여 윤준희(尹俊熙)·한상호(韓相浩) 등과 철혈광복단 조직 및 북로군정서 가담
- 1920년 1월 조선은행 회령(會寧)지점에서 용정(龍井)으로 운반 중인 현금 15만 원 탈취
- 1920년 12월 엄인섭(嚴仁燮)의 밀고로 일본 헌병에게 체포, 경성복심법원에서 사형 확정

[533] 윤준희(尹俊熙), 1892. 12. 26.~1921. 8. 25. 함경북도 회령, 독립장(1963)
- 3.1운동 이후 만주 망명하여 윤준희(尹俊熙)·한상호(韓相浩) 등과 철혈광복단 조직 및 북로군정서 가담
- 1920년 1월 조선은행 회령(會寧)지점에서 용정(龍井)으로 운반 중인 현금 15만 원 탈취 후 무기 구입
- 1920년 12월 엄인섭(嚴仁燮)의 밀고로 일본 헌병에게 체포, 1921년 4월 4일 고등법원에서 사형 확정

○ 경상북도 경주군(慶州郡) 외동면(外東面) 녹동리(鹿洞里) 박상진(朴尙鎭)[534]과 충청남도 예산군(禮山郡) 광시면(光時面) 신흥리(新興里) 김한종(金漢鍾)[535]은 1920년(大正 9) 9월 11일 대구복심법원에서 살인, 공갈, 보안법위반죄로 인하여 각각 사형 선도를 받고 1920년 11월 4일 판결 확정된바 1921년(大正 10) 8월 11일 대구감옥에서 각각 집행하였다.

〈자료 438〉

《조선총독부관보》제2753호 1921년 10월 14일

○ 평안북도 선천군(宣川郡) 남면(南面) 삼봉동(三峯洞) 박치의(朴治毅)[536]는 1921년(大正 10) 4월 12일 평양복심법원에서 대정8년 제령 제7호 위반, 폭발물취체규칙위반과 건조물손괴죄로 인하여 사형 언도를 받아 7월 2일 판결 확정된바 9월 30일 평양감옥에서 집행하였다.

〈자료 439〉

《조선총독부관보》제2760호 1921년 10월 24일

○ 평안북도 의주군(義州郡) 옥상면(玉尙面) 어상동(於上洞) 이한익(李漢翼),[537] 같은 곳 이정서

---

[534] 박상진(朴尙鎭), 1884. 12. 7.~1921. 8. 11. 경상남도 울산, 독립장(1963)
 - 1912년 대구에 상덕태상회(尙德泰商會) 설립하여 독립운동 거점으로 활용
 - 1915년 대구에서 혁신유림을 규합하여 조선국권회복단(朝鮮國權恢復團) 결성, 독립군 지원
 - 풍기광복단(豊基光復團)과 제휴해 대한광복회 결성, 독립군 양성 및 군자금 모집
 - 1917년 11월 칠곡(漆谷)의 친일부호 장승원(張承遠) 및 1918년 1월 충남 아산군(牙山郡) 도고면(道高面) 면장 박용하(朴容夏) 처단 지휘
 - 1918년 일경에 체포, 1921년 8월 11일 사형 순국
[535] 김한종(金漢鍾), 1883. 1. 14.~1921. 8. 11. 충청남도 예산, 독립장(1963)
 - 1906년 민종식(閔宗植)의 홍주의진(洪州義陣)에 참여
 - 1917년 대한광복회(大韓光復會) 충청도 책임자로 박상진(朴尙鎭)과 함께 친일부호 처단 및 군자금 모집
 - 1917년 11월 칠곡(漆谷)의 친일부호 장승원(張承遠) 처단 및 1918년 1월 충남 아산군(牙山郡) 도고면(道高面) 면장 박용하(朴容夏) 처단 지휘
 - 1918년 일경에 체포, 1921년 8월 11일 사형 순국
[536] 박치의(朴治毅), 1892. 8. 20.~ 1924. 9. 30. 평안북도 선천, 독립장(1962)
 - 1920년 8월 24일 미국의원단 방문 소식을 듣고 광복군총영(光復軍總營) 결사대원 임용일(林龍日)·이학필(李學弼)·김응식(金應植)과 함께 선천에서의 투탄의거 계획
 - 1920년 9월 1일 선천군청와 선천경찰서에 투탄, 경고문 등 유인물 살포
 - 1920년 9월 7일 무렵 체포, 1921년 7월 2일 고등법원에서 사형 확정
[537] 이한익(李漢翼), (1901)~1921. 10. 14. 평안북도 의주, 애국장(1991)
 - 1920년 5월 대한독립단(大韓獨立團) 가입, 최시흥(崔時興) 휘하에서 의주 천마산(天摩山)과 청성(昌城)

(李貞瑞)[538]는 대정8년 제령 제7호 위반 및 방화, 살인미수, 강도죄로 인하여, 동도 동군 월화면(月華面) 화하동(化下洞) 김효준(金孝俊)[539]은 동죄 및 살인죄로 인하여 1921년(大正 10) 4월 14일 평양복심법원에서 각각 사형 언도를 받고 5월 30일 판결 확정된바 10월 14일 각각 집행하였다.

1922년

〈자료 440〉

《조선총독부관보》제2849호 1922년 2월 14일

○ 평안북도 철산군(鐵山郡) 서림면(西林面) 광봉동(光峯洞) 김내찬(金迺贊)[540]은 1919년(大正 8) 제령 제7호 위반·가택침입·강도살인·방화·방화미수·강도미수·폭발물취체벌칙위반죄로 인하여, 평안북도 신의주부(新義州府) 진사정(眞砂町) 6정목 김형석(金亨碩)[541]과 동도 철산군(鐵山

   화봉산(華峯山)을 근거로 활동
   - 1920년 8월 14일 옥상면사무소와 일경주재소 습격 방화
   - 1921년 5월 30일 고등법원에서 사형 확정
[538] 이정서(李貞瑞), (1875)~1921. 10. 14. 평안북도 의주, 애국장(1991)
   - 1920년 8월 평북 창성·의주 일대에서 군자금 모집 및 부일배 응징
   - 대한독립단(大韓獨立團) 가입, 최시흥(崔時興) 휘하에 들어가 1920년 8월 14일 옥상면사무소와 일경주재소 습격 방화 동참
   - 1921년 5월 30일 고등법원에서 사형 확정
[539] 김효준(金孝俊), (1891)~1921. 10. 14. 평안북도 의주, 애국장(1991)
   - 1920년 5월 대한독립단(大韓獨立團) 가입, 최시흥(崔時興) 휘하에서 의주 천마산(天摩山)과 창성(昌城) 화봉산(華峯山)을 근거로 활동
   - 1920년 8월 14일 옥상면사무소와 일경주재소 습격 방화
   - 1921년 5월 30일 고등법원에서 사형 확정
[540] 김내찬(金迺贊), (1884)~1922. 2. 2. 평안북도 철산, 애국장(1991)
   - 1920년 5월 평북 의주군 동암산(東岩山)을 근거지로 한 보합단(普合團)에 가입하여 소모원으로 활동
   - 1920년 9월 28일 친일파 문치무(文致武) 처단 및 군자금 모집
   - 1921년 5월 신의주지방법원에서 사형 언도, 불복 공소하였으나 평양복심법원에서 기각
[541] 김형석(金亨碩), (1896)~1922. 2. 2. 평안북도 의주, 애국장
   - 1919년 3.1운동 이후 김도원(金道源)·이광세(李光世)·조원세(趙元世) 등과 함께 항일무장단체 보합단(普合團) 조직
   - 1919년 9월 내산사(內山寺), 삼도만(三道灣) 등지에서 일경과 전투
   - 군자금 모집 및 일본 밀정 문치무(文致武) 처단
   - 1921년 평양복심법원에서 사형 확정

郡) 여한면(餘閑面) 가산동(嘉山洞) 김흥도(金興道)[542]는 각각 대정8년 제령 제7호 위반·가택침입·강도·살인·방화·강도미수죄로 인하여, 동도 동군 서림면(西林面) 광봉동(光峯洞) 심창숙(沈昌淑)[543]은 대정8년 제령 제7호 위반·가택침입·강도·살인·방화죄로 인하여 각기 1921년(大正 10) 9월 27일 평양복심법원에서 사형 언도를 받고 동년 11월 14일 확정된바 1922년(大正 11) 2월 2일 평양감옥에서 각각 집행하였다.

〈자료 441〉

《조선총독부관보》 제2893호 1922년 4월 8일

○ 황해도 해주군(海州郡) 천결면(泉決面) 좌야리(佐野里) 민양기(閔良基)[544]는 1921년(大正 10) 11월 30일 평양복심법원에서 대정8년 제령 제7호, 총포화약류취체령, 동시행규칙 위반 및 살인, 동미수, 공무집행방해, 주거침입죄로 인하여 사형 언도를 받고 1922년(大正 11) 2월 9일 판결 확정된바 3월 25일 평양감옥에서 집행하였다.

〈자료 442〉

《조선총독부관보》 제2905호 1922년 4월 22일

○ 중국 간도 연길현(延吉縣) 지인사(智仁社) 의란구(依蘭溝) 이억준(李億俊),[545] 중국 간도 왕청

---

[542] 김흥도(金興道), (1891)~1922. 2. 2. 평안북도 철산, 애국장(1991)
  - 1919년 3.1운동 이후 김도원(金道源)·이광세(李光世) 등과 함께 항일무장단체 보합단(普合團) 조직
  - 1919년 9월 내산사(內山寺), 삼도만(三道灣) 등지에서 일경과 전투
  - 군자금 모집 및 일본 밀정 문치무(文致武) 처단
  - 1921년 평양복심법원에서 사형 확정

[543] 심창숙(沈昌淑), (1893)~1922. 2. 2. 평안북도 철산, 애국장(1991)
  - 1919년 3.1운동 이후 김도원(金道源)·이광세(李光世)·조원세(趙元世) 등과 함께 항일무장단체 보합단(普合團) 조직하여 무기 구입과 적 기관 파괴 및 밀정 숙청 활동 전개
  - 1919년 9월 하순 내산사(內山寺), 삼도만(三道灣) 등지에서 일경과 교전
  - 1920년 11월 2일경에 체포, 평양형무소에서 사형 순국

[544] 민양기(閔良基), 1899. 3. 17.~1933. 3. 25. 황해도 해주, 독립장(1962)
  - 1920년 만주에서 대한독립단에 가입, 6월 황해도지역에 파견되어 8월 송화군 구월산에서 무장독립대 결성
  - 1920년 8월 15일 김난섭(金蘭燮) 등 동지들과 은율(殷栗) 군수 최병혁(崔丙赫) 처단
  - 1921년 11월 30일 평양복심법원에서 사형 확정. 사형 순국

[545] 이억준(李億俊), (1897)~1922. 4. 15. 함경북도 명천, 애국장(1995)
  - 3.1운동 후 북간도에서 조직된 의군단(義軍團, 일명 의군부 또는 의군산포대) 단원으로 활동

현(汪淸縣) 소백초구(小百草溝) 춘흥동(春興洞) 석기호(石基浩),⁵⁴⁶ 중국 간도 왕청현 소백초구 송림동(松林洞) 이응수(李應洙)⁵⁴⁷는 모두 대정8년 제령 제7호 위반, 주거침입, 살인 및 강도치사죄로 인하여 1922년(大正 11) 1월 30일 경성복심법원에서 사형 언도를 받고 동년 3월 16일 판결 확정된바 동년 4월 15일 서대문감옥에서 각각 집행하였다.

〈자료 443〉

《조선총독부관보》제2980호 1922년 7월 19일

○ 본적 평안북도 의주군(義州郡) 비현면(枇峴面) 홍희동(弘希洞) 주소 부정 김창곤(金昌坤)⁵⁴⁸은 대정8년 제령 제7호 위반, 살인, 가택침입, 강도미수 및 강도죄로 인하여 1922년(大正 11) 4월 15일 평양복심법원에서 사형 언도를 받고 동년 6월 12일 판결 확정된바 동년 7월 6일 평양감옥에서 집행하였다.

〈자료 444〉

《조선총독부관보》제2983호 1922년 7월 22일

○ 평안남도 순천군(順川郡) 신창면(新倉面) 신창리(新倉里) 김영란(金永蘭)⁵⁴⁹은 대정8년 제령

- 연길현 지인사 의란구에 거주하면서 1920년 7월(음) 무기운반 담당
- 1921년 9월(음) 석기호, 이응수 등과 함께 밀정 박창근(朴昌根), 이재준(李在俊) 처단하고 매장
- 1922년 3월 경성복심법원에서 사형 확정, 사형 순국

546 석기호(石基浩), (1894)~1922. 4. 15. 본적 미상, 주소 만주 간도 연길현, 애국장(1995)
- 3.1운동 후 북간도에서 조직된 의군단(義軍團, 일명 의군부 또는 의군산포대) 단원으로 활동
- 1921년 9월(음) 이응수, 이억준 등과 함께 밀정 박창근(朴昌根), 이재준(李在俊) 처단
- 1922년 3월 경성복심법원에서 사형 확정, 사형 순국

547 이응수(李應洙), (1896)~1922. 4. 15. 함경북도 명천, 애국장(1995)
- 3.1운동 후 북간도에서 조직된 의군단(義軍團, 일명 의군부 또는 의군산포대) 단원으로 활동
- 1921년 9월(음) 이억준, 석기호 등과 함께 밀정 박창근(朴昌根), 이재준(李在俊) 처단
- 1922년 3월 경성복심법원에서 사형 확정, 사형 순국

548 김창곤(金昌坤), (1892)~1922. 7. 6. 평안북도 의주, 독립장(1963)
- 1919년 12월 만주에서 조직된 광복군사령부(光復軍司令部)의 제6영장(營長)으로 활동
- 1920년 2월~1921년 6월 사령부 특파원으로 평북 의주, 용천, 철산 등 국내에서 일제 헌병 처단, 군자금 모집, 일본기관 파괴활동, 악질 순사 처단활동 전개
- 1922년 4월 15일 평양복심법원에서 사형 확정, 사형 순국

549 김영란(金永蘭), (1894)~1922. 7. 12. 평안남도 순천, 독립장(1995)
- 1919년 11월 평안남도 순천, 성천 등지에서 최병갑(崔炳甲), 박곽수(朴郭洙) 등과 대한민국 임시정부를 후

제7호 위반, 방화, 살인미수, 가택침입 및 강도죄로 인하여 1922년(大正 11) 4월 4일 평양복심법원에서 사형 언도를 받고 동년 6월 15일 판결 확정된바 동년 7월 12일 평양감옥에서 진행하였다.

〈자료 445〉

《조선총독부관보》제3013호 1922년 8월 26일

○ 중국 관전현(寬田縣) 납자구(拉子溝) 유수양구(柳樹楊句) 백운한(白雲翰)[550]은 1922년(大正 11) 4월 13일 평양복심법원에서 대정8년 제령 제7호 위반, 가택침입, 강도, 살인, 살인미수 및 강도살인죄로 인하여 사형 언도를 받고 동년 7월 22일 판결 확정된바 동년 8월 17일 평양감옥에서 집행하였다.

〈자료 446〉

《조선총독부관보》제3021호 1922년 9월 6일

○ 황해도 평산군(平山郡) 세곡면(細谷面) 수동리(修洞里) 유상렬(柳相烈)[551]은 1922년(大正 11) 4월 12일 평양복심법원에서 대정8년 제령 제7호 위반, 협박, 공갈, 살인 및 사체유기죄로 인하여 사형 언도를 받고 동년 7월 27일 판결 확정되고, 평안남도 덕천군(德川郡) 태극면(太極面) 풍

　　원할 목적으로 숭의단(崇義團)과 공성단(共成團)을 조직하여 독립운동자금 모집활동 전개
　- 1920년 1월 1일 친일밀고자 정현조의 집을 방화, 소각
　- 1920년 3~4차례에 걸쳐 군자금 930여 원을 모집하여 대한민국 임시정부로 송금하는 등 활동을 전개하다가 1920년 6월 21일 일경에 체포
　- 1922년 6월 15일 고등법원에서 사형 확정, 사형 순국
[550] 백운한(白雲翰), 1880. 4. 17~1922. 8. 17. 평안북도 용천, 독립장(1963)
　- 1919년 3.1운동 후 만주 관전현 납자구 유양전으로 건너가 대한독립단에 가입, 활동
　- 1919년 10월부터 1920년 4월 중 평안남북도 일대에서 군자금 모집, 친일파 처단 등 활동
　- 1920년 3월 5일 평북 선천군 태산면사무소 앞에서 태산면장 김병준(金炳駿), 서기 김은기(金殷基) 처단. 같은 해 4월 평양 내 일제기관 습격
　- 1921년 7월 22일 평양복심법원에서 사형 확정
[551] 유상렬(柳相烈), 1885. 10. 28~1922. 8. 28. 황해도 평산, 독립장(1963)
　- 1919년 7월(음) 비밀결사 주비단(籌備團)에 가입, 소단장으로 부하 10여 명을 이끌고 군자금 모집활동
　- 1921년 모금한 군자금 5,000여 원을 대한민국 임시정부에 송금
　- 1922년 4월 12일 평양복심법원에서 사형 확정

전리(豐田里) 나병삼(羅炳三)[552]은 동년 3월 28일 동원에서 대정8년 제령 제7호 위반, 강도, 강조 살인 및 살인죄로 인하여 사형 언도를 받고 동년 7월 22일 판결 확정된바, 모두 동년 8월 28일 평양감옥에서 집행하였다.

〈자료 447〉

《조선총독부관보》제3067호 1922년 11월 1일

○ 평안남도 강서군(江西郡) 성태면(星台面) 연곡리(硯谷里) 204번지 조진탁(曺振鐸)[553]은 1922년(大正 11) 5월 13일 평양복심법원에서 보안법위반, 살인 및 소요죄로 인하여 사형 언도를 받고 동년 6월 29일 판결 확정된바 10월 18일 평양감옥에서 집행하였다.

1923년

〈자료 448〉

《조선총독부관보》제3199호 1923년 4월 13일

○ 평안북도 선천군(宣川郡) 심천면(深川面) 월곡동(月谷洞) 인준(仁俊)이라고 하는 김도원(金道源)[554]은 1922년(大正 11) 12월 27일 경성복심법원에서 대정8년 제령 제7호 위반, 주거침입, 강

---

[552] 나병삼(羅炳三), (1893)~1922. 8. 28. 평안남도 덕천, 독립장(1995)
- 1921년 2월 대한독립광복군 사령부의 산하 청년조직인 대한독립청년단연합회(大韓獨立青年團聯合會)에 가입하여 활동, 평안남도 덕천군 일대에서 군자금 660원을 모집
- 1921년 3월 20일 덕천군 풍덕면 신흥리 대현에서 일제 우편수송차량을 습격하여 순사 박의창(朴義昌)을 처단하고 군자금 5,000원, 권총 1정을 노획
- 1922년 7월 22일 평양복심법원에서 사형 확정, 사형 순국

[553] 조진탁(曺振鐸), 1868. 10. 18~1922. 10. 18. 평안남도 강서, 독립장(1963)
- 1919년 3월 4일 평안남도 대동군 금제면 원장리 장날을 이용하여 독립만세운동 주도
- 시위 과정에서 매복한 일제 헌병에 투석전으로 맞서면서 행진
- 지명수배를 받은 후 1921년 2월 9일(음) 일제 형사에게 체포, 5월 13일 평양복심법원에서 사형 언도, 사형 순국

[554] 김도원(金道源), (1895)~1923. 4. 6. 평안북도 선천, 독립장(1962)
- 1920년 여름 의주군 월화면에서 조직한 보합단에 가입, 친일파 처단 및 군자금 모집활동 전개
- 1920년 12월 서울에서 친일파 처단, 은행 습격 등 군자금 모집계획을 추진하다가 발각되어 종로구 운니동에서 일제 경찰과 총격전을 벌여 끝에 일경 2명 처단
- 1922년 12월 27일 경성복심법원에서 사형 확정

도, 공무집행방해 및 강도살인죄로 인하여 사형의 언도를 받고 1923년(大正 12) 2월 26일 판결 확정된바 동년 4월 6일 서대문감옥에서 집행하였다.

〈자료 449〉

《조선총독부관보》 제3256호 1923년 6월 19일

○ 황해도 평산군(平山郡) 적암면(積岩面) 갈산리(葛山里) 서의배(徐義培),[555] 동도 동군 고지면(古之面) 봉암리(鳳岩里) 조창선(趙昌善)[556]은 1923년(大正 12) 1월 30일 평양복심법원에서 대정8년 제령 제7호 위반, 공갈, 강도, 강도상인, 살인, 공무집행방해죄 등으로 인하여 모두 사형 언도를 받고 5월 10일 판결 확정된바 6월 11일 평양형무소에서 각각 집행하였다.

〈자료 450〉

《조선총독부관보》 제3259호 1923년 6월 22일

○ 평안남도 순천군(順川郡) 용화면(龍化面) 숭덕리(崇德里) 조창룡(趙昌龍)[557]은 1923년(大正 12) 3월 17일 평양복심법원에서 대정8년 제령 제7호 위반, 방화, 살인, 살인미수, 가택침입, 강도, 총포화약류취체령 및 동령 시행규칙 위반죄로 인하여 사형 언도를 받고 5월 10일 판결 확정된바 6월 11일 평양형무소에서, 황해도 신천군(信川郡) 가련면(加蓮面) 조우리(棗隅里) 유영용(柳永鎔)은 살인 및 도주미수죄로 인하여 동도 동군 온천면(溫泉面) 산수리(山水里) 윤대길(尹大吉)은 살인죄로 인하여 모두 1923년(大正 12) 3월 8일 평양복심법원에서 사형 언도를 받고 5월 21일 판결 확정된바 6월 11일 평양형무소에서 각각 집행하였다.

---

[555] 서의배(徐義培), (미상)~1923. 6. 11. 황해도 서흥, 독립장(1968)
  - 1919년 8월 유상렬(柳相烈)의 권유로 조창선(趙昌善)과 함께 주비단(籌備團)에 가입, 군자금 모집활동
  - 1921년 5월 평산군 일대에서 군자금 모집, 조창선과 함께 밀정 이칠성(李七星)·이범락(李範洛) 처단
  - 1923년 5월 10일 고등법원에서 사형 확정, 사형 순국
[556] 조창선(趙昌善), 1879. 3. 22.~1923. 6. 11. 황해도 평산군 고지면 봉암동 460, 독립장(1968)
  - 1920년 8월 민승현(閔承顯)의 권유로 주비단(籌備團)에 가입, 군자금 모집 활동 전개
  - 1921년 평산군 마산면에 거주하는 밀정 이칠성(李七星), 이범락(李範洛) 처단
  - 1923년 5월 10일 고등법원에서 사형 확정, 사형 순국
[557] 조창룡(趙昌龍), (1899)~1923. 6. 11. 평안남도 순천, 독립장(1995)
  - 1919년 상해에서 국내로 진입, 1920년 1월 성천군에서 면장 김관종(金觀鍾)과 순사 이희춘(李凞春), 성천군 금융조합 일본인 이사 처단
  - 1923년 3월 17일 평양복심법원에서 사형 언도, 사형 순국

〈자료 451〉

《조선총독부관보》제3333호 1923년 9월 19일

○ 평안남도 덕천군(德川郡) 태극면(太極面) 송산리(松山里) 김명권(金明權),[558] 경기도 연천군(漣川郡) 왕징면(旺澄面) 고왕리(高旺里) 유씨(柳氏)라고 하는 유맹동(柳孟洞), 같은 곳 송원영(宋元永)은 1923년(大正 12) 6월 16일 평양복심법원에서 살인죄로 인하여 사형 언도를 받고 8월 2일 판결 확정되고, 황해도 신천군(信川郡) 척서리(滌暑里) 김유관(金裕寬)은 동년 7월 5일 동원에서 동죄로 인하여 사형 언도를 받고 8월 9일 판결 확정되었으며, 동도 수안군(遂安郡) 대평면(大坪面) 대평리(大坪里) 양용재(梁龍在)는 동년 7월 17일 동원에서 절도, 강도살인죄로 인하여 사형 언도를 받고 8월 13일 판결 확정된바 모두 9월 6일 평양형무소에서 집행하였다.

〈자료 452〉

《조선총독부관보》제3411호 1923년 12월 25일

○ 중국 간도 연길현(延吉縣) 용지사(湧智社) 화첨자(鏵尖子) 용북동(龍北洞) 채경옥(蔡京鈺)[559]은 1923년(大正 12) 10월 15일 경성복심법원에서 대정8년 제령 제7호 위반, 살인, 살인미수 및 불법체포감금죄로 인하여 사형 언도를 받고 11월 12일 판결 확정된바 12월 17일 서대문형무소에서 집행하였다.

---

[558] 김명권(金明權), 1889. 5. 12.~1923. 9. 6. 평안남도 덕천, 독립장(1968)
 - 1919년 만주로 망명, 1921년 대한청년단에 가입하여 활동
 - 1921년 1월 27일 왕익붕(王益鵬)과 함께 덕천군 태극면 영창리 산중에서 태극면 주재소 순사 4명 처단, 권총 노획
 - 1923년 8월 2일 평양복심법원에서 사형 확정, 사형 순국

[559] 채경옥(蔡京鈺), (1879)~1823. 12. 17. 함경북도 종성, 애국장(1995)
 - 1919년 11월 북간도 연길현 춘양향(春陽鄕)에서 조직된 대한국민회(大韓國民會)에 가입하여 활동
 - 1920년 3월(음) 최진동이 이끄는 군무도독부(軍務都督府)에 가입하여, 같은 해 4월 연대장으로 함북 종성에 파견되어 일본 밀정을 납치, 해란강 일대에서 조태서(趙泰瑞) 등 일본 밀정 2명 처단
 - 1923년 10월 15일 경성복심법원에서 사형 언도, 사형 순국

1924년

〈자료 453〉

《조선총독부관보》 제3426호 1924년 1월 17일

○ 본적 함경북도 경원군(慶源郡) 유덕면(有德面) 소낭동(昭浪洞) 주소 부정 김광(金光)이라고 하는 김학섭(金學燮)[560]과 함경북도 온성군(穩城郡) 미포면(美浦面) 미산동(美山洞) 문언준(文彦俊)이라고 하는 문창학(文昌學)[561]은 모두 1923년(大正 12) 9월 28일 경성복심법원에서 강도살인, 폭발물취체벌칙, 건조물손괴 및 대정8년 제령 제7호 죄로 인하여 사형 언도를 받고 11월 8일 판결 확정된바 12월 20일 서대문형무소에서, 평안북도 후창군(厚昌郡) 동흥면(東興面) 나죽동(羅竹洞) 한씨(韓氏)는 동년 10월 23일 평양복심법원에서 살인죄로 인하여 사형 언도를 받고 12월 6일 판결 확정된바 동월 26일 평양형무소에서, 중국 간도 연길현(延吉縣) 지인사(志仁社) 위재구(偉財溝) 최경호(崔京鎬)[562]는 동년 10월 24일 경성복심법원에서 살인 및 대정8년 제령 제7호 위반으로 인하여 사형 언도를 받고 12월 6일 판결 확정된바 동월 27일 서대문형무소에서 집행하였다.

---

560 김학섭(金學燮), (1878)~1923. 12. 20. 함경북도 경원, 독립장(1968)
 - 1919년 3월 대한군정서(大韓軍政署)에 가입하여 활동
 - 1920년 12월 초 러시아 '시지미'에서 문창학(文昌學), 최시능(崔時能), 최영찬(崔英燦) 등과 함께 임시대한독립군을 조직하고 대장에 선출되어 워싱턴회의에 대표 파견, 국내에서 일경과 무장투쟁 등 결의
 - 1921년 1월 4일 오전 1시 단원들과 함께 함경북도 온성군 신건원(新乾源) 경찰관 주재소를 습격하여 순사 마쓰키 야스타로(松岐安太郎)를 처단하고, 주재소를 파괴
 - 1923년 11월 8일 고등법원에서 사형 확정, 사형 순국

561 문창학(文昌學), (1882)~1923. 12. 20. 함경북도 온성, 독립장(1968)
 - 1921년 12월 5일 대한군정서(大韓軍政署) 김학섭(金學燮)의 인솔하에 함경북도 온성군 신건원(新乾源) 경찰관 주재소를 습격
 - 일경과 교전을 벌여 순사 마쓰키 야스타로(松岐安太郎) 처단, 주재소를 파괴
 - 1923년 11월 8일 사형 확정, 사형 순국.

562 최경호(崔京鎬), (1893)~1923. 12. 27. 함경북도 종성, 애국장(1995)
 - 1920년 여름 독립운동가 최조륙(崔助陸)의 경호원으로 활동하며 독립운동 전개
 - 1920년 7월 밀정 김주연(金周蓮) 등 2명을 체포하여 처단
 - 1923년 12월 6일 경성복심법원에서 사형 확정, 사형 순국

〈자료 454〉

《조선총독부관보》제3542호 1924년 6월 5일

○ 중국 흥경장(興京莊) 왕청문(旺淸門) 두도구(頭道溝) 곡창구(谷倉溝) 이진택(李珍澤)[563]은 1924년(大正 23) 2월 14일 평양복심법원에서 대정8년 제령 제7호 위반, 저택건조물침입(邸宅建造物侵入), 방화, 동미수, 강도, 강도살인, 동미수죄로 인하여 사형 언도를 받고 4월 21일 판결 확정된바 5월 28일 평양형무소에서 집행하였다.

1925년

〈자료 455〉

《조선총독부관보》제3743호 1925년 2월 7일

○ 평안북도 후창군(厚昌郡) 동신면(東新面) 두지동(杜芝洞) 영실(永實)이라고 하는 이춘섭(李春涉)[564]은 1924년(大正 3) 10월 7일 평양복심법원에서 살인죄로 인하여 사형 언도를 받고 동년 12월 12일 판결 확정되어 1925년(大正 14) 2월 3일 평양형무소에서 집행하였다.

〈자료 456〉

《조선총독부관보》제3774호 1925년 3월 17일

○ 평안북도 의주군(義州郡) 고령삭면(古寧朔面) 천마동(天摩洞) 최시흥(崔時興)[565]은 1924년(大

---

[563] 이진택(李珍澤), (1902)~1924. 5. 28. 평안남도 진남포, 독립장(1968)
  - 1919년 2월(음) 만주로 건너가 대한독립단(大韓獨立團)에 가입하여 활동
  - 1922년 환인현에서 전덕원(全德元), 채상덕(蔡相德) 등이 조직한 의군부(義軍府)에 가입하여 활동
  - 1923년 8월 의주군 청성진(淸城津)에 진입하여 경찰관 주재소, 세관, 우편국 등을 습격하고 일경과 교전
  - 1924년 4월 21일 평양복심법원에서 사형 확정, 사형 순국

[564] 이춘섭(李春涉), (1896)~1925. 2. 3. 평안북도 후창, 애국장(2012)
  - 1920년 중국 길림성 장백현에서 태극단(太極團)에 가입하여 활동
  - 1921년 4월 10일(음) 한석복(翰石福), 강석환(姜錫煥) 등과 함께 밀정 2명 처단
  - 1924년 12월 12일 고등법원에서 사형 확정, 사형 순국

[565] 최시흥(崔時興), (1890)~1925. 3. 11. 평안북도 의주, 독립장(1962)
  - 1920년 2월 평안북도 의주군 고령삭면 천마산에서 천마산대(天摩山隊) 조직, 활동
  - 1920년 만주 관전현의 광복군총영의 천마산별영대(別營隊)로 편입
  - 1920년 7월 고령삭면에서 밀정 처단, 평안북도 구성군 사기면에서 신시(新市) 주재소 습격, 의주에서 밀정

正 13) 11월 18일 평양복심법원에서 대정8년 제령 제7호 위반, 가택침입, 살인, 살인미수, 방화죄로 인하여 사형 언도를 받고 1925년(大正 14) 2월 13일 판결 확정되어 동년 3월 11일 평양형무소에서 집행하였다.

〈자료 457〉

《조선총독부관보》제3945호 1925년 10월 10일

○ 평안남도 평양부(平壤府) 이문리(里門里) 38번지 이태화(李泰華)[566]는 1925년(大正 14) 6월 11일 평양복심법원에서 주거침입, 강도치사, 강도상인, 공무집행방해죄에 의하여 사형 판결 언도를 받고 동년 8월 24일 해당 판결 확정되어 1925년 10월 3일 평양형무소에서 집행하였다.

1926년

〈자료 458〉

《조선총독부관보》제4055호 1926년 2월 27일

○ 평안남도 평양부(平壤府) 하수구리(下水口里) 양세진(楊世振) 또는 양세진(梁世振)이라고 하는 양승우(楊承雨)[567]는 1925년(大正 24) 9월 24일 평양복심법원에서 대정8년 제령 제7호 위반, 살인, 살인미수, 방화, 강도, 강도살인죄에 의하여 사형 판결 언도를 받고 동년 12월 17일 해

최학정(崔學貞) 처단. 8월 의주 옥상(玉尙)면사무소, 경찰관 주재소, 우편소 등 습격
- 1922년 광복군총영 제4영장에 임명, 무장활동
- 1924년 11월 18일 평양복심법원에서 사형 언도, 사형 순국

[566] 이태화(李泰華), 미상~1925. 10. 7. 평안남도 중화, 애국장(1989)
- 독립단의 단원으로 1925년 2월 9일 오전 3시경 평남 평양 선교리 중국인 음식점에서 일제 순사부장 구마가야(熊谷)를 처단하고, 순사 1명에게 중상을 가함
- 1925년 8월 24일 평양복심법원에서 사형 확정, 사형 순국

[567] 양승우(楊承雨), (1891)~1926. 2. 18. 평안남도 평양, 독립장(1968)
- 1918년 만주로 건너가 유하현에서 대한독립단(大韓獨立團)에 가입하여 제2대대장으로 임명, 활동
- 1920년 8월 평안북도 벽동(碧潼)·창성(昌城) 경계지점에서 김태원(金泰源) 등과 벽창의용대(碧昌義勇隊) 결성, 대장으로 선임되어 평남 일대에서 군자금 모집 등 활동, 창성군 창주면 사창동에서 일경의 밀정 처단
- 1920년 10월 대동군 일대에서 군자금 모집 중 일경 3명 처단, 대동군 전촌(全村) 주재소 습격
- 1923년 6월 관전현에서 친일파 김용국(金用國) 처단, 8월 창성군 일대에서 군자금 모집, 일경 처단, 금융조합 습격 등 활동
- 평양복심법원에서 사형 언도, 1925년 12월 4일 상고 취하, 사형 순국

당 판결 확정되어 1926년(大正 15) 2월 18일 평양형무소에서 집행하였다.

1927년

〈자료 459〉

《조선총독부관보》제12호 1927년 1월 14일

○ 평안북도 신의주부(新義州府) 노송정(老松町) 9번지 김태원(金泰源)568은 1926년(大正 15) 9월 4일 평양복심법원에서 강도살인죄에 의하여 사형 판결 언도를 받고 동년 11월 8일 해당 판결 확정되어 동년 12월 23일 평양형무소에서 집행하였다.

1928년

〈자료 460〉

《조선총독부관보》제120호 1927년 5월 26일

○ 경기도 고양군(高陽郡) 연희면(延禧面) 아현리(阿峴里) 27번지 송학선(宋學先)569은 1926년(大正 25) 11월 10일 경성복심법원에서 살인죄에 의하여 사형 판결 언도를 받고 1927년(昭和 2) 2월 3일 해당 판결 확정되어 동년 5월 19일 서대문형무소에서 집행하였다.

〈자료 461〉

《조선총독부관보》제397호 1928년 4월 28일

---

568 김태원(金泰源), (1903)~1926. 12. 23. 평안북도 신의주, 독립장(1963)
 - 1919년 중국 관전현의 대한독립단(大韓獨立團)에 가입하여 활동
 - 1921년 벽창의용단(碧昌義勇團) 단원으로 군자금 모집, 밀정 처단, 무장투쟁 등 활동
 - 1926년 11월 8일 평양복심법원에서 사형 확정, 사형 순국
569 송학선(宋學先), 1897. 2. 19.~1927. 5. 19. 서울 천연동, 독립장(1962)
 - 17세에 조선총독 사이토 마코토(齋藤實)를 처단하기로 결심
 - 1926년 3월 18일 금호문(金虎門) 앞에 대기하던 중 일본인이 탄 자동차가 창덕궁으로 들어가자 사이토 마코토가 탑승한 것으로 생각, 다시 자동차가 나올 때 뛰어 올라타서 탑승하고 있던 일본인 2명을 처단
 - 현장에서 체포되어 1927년 2월 3일 고등법원에서 사형 확정, 사형 순국

○ 본적 황해도 신계군(新溪郡) 마서면(麻西面) 증영리(增永里) 문창숙(文昌淑)[570]은 1927년(昭和 2) 10월 20일 평양복심법원에서 대정8년 제령 제7호 위반, 살인교사, 가택침입, 강도, 강도미수, 공갈, 살인죄에 의하여 사형 판결 언도를 받고 1928년(昭和 3) 3월 19일 해당 판결 확정되어 동년 4월 23일 평양형무소에서 집행하였다.

1929년

〈자료 462〉

《조선총독부관보》 제629호 1929년 2월 7일

○ 평안북도 위원군(渭原郡) 밀산면(密山面) 송주동(松楱洞) 83번지 이의준(李義俊)[571]은 1928년(昭和 3) 11월 6일 평양복심법원에서 치안유지법위반, 가택침입, 강도, 살인, 살인미수, 방화, 전신법위반죄에 의하여 사형의 판결 언도를 받고 동일 판결 확정되어 1929년(昭和 4) 1월 28일 평양형무소에서 집행하였다.

〈자료 463〉

《조선총독부관보》 제650호 1929년 3월 5일

○ 경기도 이천군(利川郡) 읍내면(邑內面) 창전리(倉前里) 224번지 이수흥(李壽興)[572]은 1928

---

570 문창숙(文昌淑), (1898)~1928. 4. 23. 황해도 신계, 독립장(1977)
- 1919년 신계군에서 3.1운동에 참여하다 체포되어 옥고를 치른 후, 만주로 건너가 9월 신흥무관학교 입교
- 1923년 참의부(參議府)에서 소대장으로 활동, 밀정 홍종흡(洪宗洽) 처단, 국내진입작전 수행
- 1927년 11월(음) 평안북도 강계 일원에서 군자금 모집활동 중 체포
- 1928년 3월 19일 고등법원에서 사형 확정, 사형 순국
571 이의준(李義俊), (1893)~1929. 1. 28. 평안북도 위원, 독립장(1968)
- 1922년 8월 만주로 건너가 참의부에 가입, 제1중대 1소대장으로 활동
- 1923년 4월 우편수송차 습격, 1,500원 군자금 확보. 6월 평북경찰부 수사대와 교전, 8월 강계(江界)경찰서 청풍주재소 습격, 일경 처단
- 1924년 5월 19일 이춘화(李春和), 김창균(金昌均) 등과 함께 압록강 중류 마시탄(馬嘶灘)을 통과하는 조선총독 사이토 마코토(齋藤實)에게 총격을 가했으나 실패
- 1924년 7월 김창균과 함께 밀정 한일룡(翰一龍), 장갈성(張渴成) 처단
- 1925년 6월 19일 평안북도 강계 일원에서 일제 경찰과 교전
- 1928년 11월 평양복심법원에서 사형 확정, 사형 순국
572 이수흥(李壽興), (1905)~1929. 2. 27. 경기도 이천, 독립장(1962)

(昭和 3) 7월 10일 경성지방법원에서 치안유지법위반, 총포화약류취체령위반, 주거침입, 공갈미수, 살인, 살인미수, 강도미수, 강도살인죄에 의하여, 동도 동군 동면 중리(中里) 237번지 유택수(柳澤秀)[573]는 1928년(昭和 3) 12월 20일 경성복심법원에서 주거침입, 공갈미수, 살인, 살인미수, 강도살인죄에 의하여 각각 사형 판결 언도를 받고 언도 당일 판결 확정되어 1929년(昭和 4) 2월 27일 서대문형무소에서 모두 집행하였다.

〈자료 464〉

《조선총독부관보》 제680호 1929년 4월 11일

○ 강원도 인제군(麟蹄郡) 인제면(麟蹄面) 귀둔리(貴屯里) 마남룡(馬南龍)[574] 및 동도 춘천군(春川郡) 북삼면(北三面) 조교리(照橋里) 김석규(金錫奎)[575]는 1928년(昭和 3) 12월 12일 경성복심법원에서 주거침입, 강도미수, 강도, 강도살인죄에 의하여 사형 판결 언도를 받고 1929년(昭和 4) 2월 28일 해당 판결 확정되어 동년 4월 4일 서대문형무소에서 모두 집행하였다.

- 1923년 7월 대한통의부(大韓統義府)에 가입하여 활동, 이후 육군주만참의부(陸軍駐滿參議府)에서 활동
- 1926년 5월 조선총독 및 일제 고관 처단을 목적으로 국내진입, 7월 서울 동소문 파출소 습격, 일경 도쿠나가(德永勝次) 저격. 9월 유택수(柳澤秀)와 함께 안성에서 군자금 모집 중 부호의 아들 박태병(朴泰秉) 처단. 10월 서울에서 전당포를 습격하여 군자금 모집
- 1928년 7월 10일 경성지방법원에서 사형 언도, 사형 순국

[573] 유택수(柳澤秀), (1901)~1929. 2. 27. 경기도 이천, 독립장(1968)
- 1926년 5월 참의부(參議府) 대원 이수흥(李壽興)과 함께 서울 동소문파출소 습격, 안성에서 군자금 모집 중 부호의 아들 박태병(朴泰秉) 처단, 10월 서울에서 전당포를 습격하여 군자금 모집
- 1928년 12월 20일 경성복심법원에서 사형 확정, 사형 순국

[574] 마남룡(馬南龍), (1894)~1929. 4. 4. 강원도 홍천, 애국장(2002)
- 1921년 9월 강원도 홍천에서 일경 처단 목적의 장총단(長銃團)이 조직되자 가입하여 활동
- 1921년 9월 홍천군 두촌면 어은리 경찰관 주재소 습격을 비롯하여 김석규(金錫奎), 전봉학(全鳳學) 등과 1927년 11월 체포 전까지 강원도 춘천, 홍천, 인제 일원에서 6년간 24차례에 걸쳐 군차금 모집 및 경찰소 습격활동
- 1929년 2월 28일 경성복심법원에서 사형 확정, 사형 순국

[575] 김석규(金錫奎), (1888)~1929. 4. 4. 강원도 영월, 애국장(2002)
- 1921년 9월 강원도 홍천에서 일경 처단 목적의 장총단(長銃團)이 조직되자 가입하여 활동
- 1921년 9월 홍천군 두촌면 어은리 경찰관 주재소 습격을 비롯하여 마남룡(馬南龍), 전봉학(全鳳學) 등과 1927년 11월 체포 전까지 강원도 춘천, 홍천, 인제 일원에서 6년간 24차례에 걸쳐 군차금 모집 및 경찰소 습격활동
- 1929년 2월 28일 경성복심법원에서 사형 확정, 사형 순국

〈자료 465〉

《조선총독부관보》 제777호 1929년 8월 3일

○ 평안북도 자성군(慈城郡) 장토면(長土面) 벌동(伐洞) 전학수(田學秀)[576]는 1929년(昭和 4) 4월 23일 평양복심법원에서 치안유지법위반, 살인, 살인미수, 불법체포, 거주침입, 강도죄에 의하여 사형 판결 언도를 받고 동년 6월 27일 해당 판결 확정되어 동년 7월 27일 평양형무소에서 집행하였다.

〈자료 466〉

《조선총독부관보》 제818호 1929년 9월 20일

○ 경상북도 대구부(大邱府) 명치정(明治町) 2정목 75번지 김무열(金武烈)[577]은 1929년(昭和 4) 5월 31일 경성복심법원에서 총포화약류취체령위반, 주거침입, 강도, 살인미수, 살인죄에 의하여 판결 언도를 받고 동년 7월 31일 판결 확정되어 동년 9월 13일 서대문형무소에서 집행하였다.

〈자료 467〉

《조선총독부관보》 제881호 1929년 12월 9일

○ 평안북도 초산군(楚山郡) 고면(古面) 문덕동(文德洞) 황학봉(黃學奉)[578]은 1929년(昭和 4) 8월

---

[576] 전학수(田學秀), (1896)~1929. 7. 27. 평안북도 자성, 독립장(1995)
- 1920년 대한독립단(大韓獨立團)에 가입하여 1년여 동안 통신원으로 활동
- 1922년 5월경 평안북도 강계군에 진입하여 문옥면(文玉面)에서 일경과 교전
- 이후 대한통의부(大韓統義府)에서 활동
- 1929년 6월 27일 평양복심법원에서 사형 언도, 사형 순국.

[577] 김무열(金武烈), (1887)~1929. 9. 13. 경상북도 대구, 애국장(2009)
- 1920년대 중반 독립운동을 위해 시베리아로 갔다가 1927년 11월 만주로 건너와 사격훈련 등 무장투쟁 준비
- 1928년 초 경기도 고양군 삼송리에 진입하여 군자금 모집, 군자금 모집을 방해하는 오천만 처단
- 이후 간도 지역에서 방용신(方鏞信)과 함께 대공단(大公團) 조직, 간도에 파견된 일경에게 체포
- 1929년 5월 31일 사형 언도, 사형 순국.

[578] 황학봉(黃學奉), (1902)~1929. 11. 27. 평안북도 초산, 독립장(1963)
- 1923년 1월 남만주에서 조직된 참의부(參議府)에 가입, 유격대 참사(參士)로 활동, 1월 송익순(宋益淳)과 함께 군자금 모집
- 1924년 국내에 진입하여 김석조(金錫祖) 등과 초산군·벽동군 일원에서 군자금 모집, 친일파 처단, 일경 마차 습격 등 활동

17일 평양복심법원에서 치안유지법위반, 방화, 살인, 살인미수, 횡령죄에 의하여 사형 판결 언도를 받고 동년 10월 24일 판결 확정되어 11월 27일 평양형무소에서 집행하였다.

〈자료 468〉

《조선총독부관보》제894호 1929년 12월 24일

○ 본적 평안북도 의주군(義州郡) 의주면(義州面) 원화동(元化洞) 김용택(金用澤)[579]은 1929년(昭和 4) 9월 5일 평양복심법원에서 치안유지법위반, 살인, 살인미수죄에 의하여 사형 판결 언도를 받고 11월 11일 판결 확정되어 12월 16일 평양형무소에서 집행하였다.

1930년

〈자료 469〉

《조선총독부관보》제965호 1930년 3월 25일

○ 주거 부정 본적 평안북도 초산군(楚山郡) 도원면(桃源面) 동창동(東倉洞) 130번지 김성범(金成範)[580]은 1929년(昭和 4) 11월 19일 평양복심법원에서 강도치사, 방화미수, 살인미수, 치안유지법위반죄에 의하여 사형 판결 언도를 받고 1930년(昭和 5) 1월 30일 판결 확정되어 동년 3월 17일 평양형무소에서 집행하였다.

- 1929년 10월 24일 평양복심법원에서 사형 확정, 사형 순국
[579] 김용택(金用澤), (1905)~1929. 12. 16. 평안북도 의주, 애국장(1995)
  - 만주에서 조직된 정의부(正義府)에 가입하여 활동
  - 1927년 7월 27일 정의부 제6중대 소속원으로 홍재명(洪在明), 조재균(趙在均) 등과 함께 봉천성(奉天省) 금천현(金川縣) 일대에서 일본인 처단
  - 1929년 11월 11일 고등법원에서 사형 확정, 사형 순국
[580] 김성범(金成範), (1898)~1930. 3. 17. 평안북도 초산, 독립장(1995)
  - 1920년 2월 평북 의주군 고령삭면 천마산에서 조직된 천마산대(天摩山隊)가 같은 해 만주 관전현의 광복군총영의 천마산별영대(別營隊)로 편입된 후, 1923년 이에 가입하여 활동
  - 1923년부터 1926년 8월 22일 체포까지 초산, 창성, 벽동, 강계, 희천, 태천 일원에서 46회 국경을 넘나들며 군자금 모집, 친일파 처단, 면사무소 습격 등 20여 회의 활동 전개
  - 1929년 11월 19일 평양복심법원에서 사형 언도, 사형 순국

1931년

〈자료 470〉

《조선총독부관보》 제1335호 1931년 6월 19일

○ 본적 황해도 수안군(遂安郡) 오동면(梧桐面) 이하 불상, 주거 중화민국 길림성(吉林省) 화전현(樺甸縣) 목기하(木其河) 이제우(李濟宇)[581]는 1931년(昭和 6) 3월 12일 경성복심법원에서 살인죄에 의하여 사형 판결 언도를 받고 동년 5월 11일 해당 판결 확정되어 동년 6월 11일 서대문형무소에서 집행하였다.

1932년

〈자료 471〉

《조선총독부관보》 제1738호 1932년 10월 22일

○ 본적 평안북도 철산군(鐵山郡) 참면(站面) 동천동(東川洞) 300번지 주거 부정 최효일(崔孝一)[582](호적명 윤장손(尹長孫))은 1932년(昭和 7) 4월 4일 경성복심법원에서 치안유지법위반, 살인, 협박 및 강도죄에 의하여 사형 판결 언도를 받고 동년 6월 6일 판결 확정되어 본월 12일 서대문형무소에서 집행하였다.

---

[581] 이제우(李濟宇), (1905)~1931. 6. 11. 황해도 수안, 애국장(1995)
 - 1926년 9월 정의부(正義府)에 가입하여 활동, 장백현에서 최산호(崔山虎)와 함께 밀정 길성룡(吉成龍) 등 처단
 - 1928년 6월 26일(음) 김경근과 함께 밀정 강영섭(姜永燮) 처단
 - 1931년 5월 11일 경성복심법원에서 사형 확정

[582] 최효일(崔孝一), 미상~1932. 10. 12. 평안북도 철산, 애국장(1995)
 - 1930년대 초 남만주지역의 대표적 독립운동 단체인 국민부(國民府)에서 특무 제1대장으로 활동
 - 1930년 6월 박차석(朴次石), 정주양(鄭柱陽) 등과 함께 국내로 진입 군자금 모집활동, 함경남도 풍산(豐山) 내중(內中) 경찰관 주재소를 습격하여 순사부장 마쓰야마 이조(松山猪三) 처단

1933년

〈자료 472〉

《조선총독부관보》제1911호 1933년 5월 26일

○ 본적 함경북도 경원군(慶源郡) 경원읍(慶原邑) 주소 만주국 혼춘현(琿春縣) 숭례향(崇禮鄕) 연통뢰자(煙筒磊子) 신광삼(申光三)[583]은 1932년(昭和 7) 9월 19일 경성복심법원에서 강도살인, 살인미수, 주거침입, 강도, 강도미수, 절도죄에 의하여 사형 판결 언도를 받고 동년 11월 21일 판결 확정되어 1933년(昭和 8) 5월 17일 서대문형무소에서 집행하였다.

1934년

〈자료 473〉

《조선총독부관보》제2213호 1934년 5월 29일

○ 본적 평안북도 의주군(義州郡) 주내면(州內面) 어적동(於赤洞) 304번지 주거 만주국 봉천성(奉天省) 관전현(寬甸縣) 안평하(安平河) 홍학순(洪學淳)[584]은 1934년(昭和 9) 2월 7일 평양복심법원에서 치안유지법위반, 살인, 강도, 강도살인, 방화 등의 죄에 의하여 사형 판결 언도를 받고 동월 8일 판결 확정되어 동년 5월 18일 평양형무소에서 집행하였다.

○ 본적 평안북도 정주군(定州郡) 옥천면(玉泉面) 월옥동(月玉洞) 620번지 주거 부정 이진무(李

---

583 신광삼(申光三), (1894)~1933. 5. 17. 함경북도 경원, 독립장(2010)
  - 1920년 4월부터 1931년 12월까지 중국 길림성, 함경북도, 황해도 등지에서 군자금 모집, 친일파 처단, 일경 처단
  - 1921년 12월 한민회(韓民會) 군무부 참모로 황해도 신갈원주재소 습격, 일경 처단
  - 1932년 9월 19일 평양복심법원에서 사형 언도, 사형 순국

584 홍학순(洪學淳), 1904. 8. 15~1934. 5. 18. 평안북도 의주, 독립장(1995)
  - 1924년 2월 중국 봉천성(奉天省) 관전현(寬甸縣)에서 대한통의부(大韓統義府)에 가입하여 활동
  - 1925년 7월 장기천(張基千), 김봉수(金奉秀) 등과 함께 평북 의주군 가산면에서 밀정 강영화(姜榮化), 계승호(桂承浩) 등 처단, 구성군 조악(造岳)경찰관 주재소 일경 오다메 고(重爲好) 처단
  - 1927년 8월 장기천과 함께 의주군 식산은행 의주지점과 용만(龍灣)금융조합 습격, 군자금 982원 확보
  - 1931년 4월(음) 조선혁명군에 가입하여 군자금 모집 등 활동
  - 1934년 2월 평양복심법원에서 사형 언도, 사형 순국

振武)⁵⁸⁵는 1933년(昭和 8) 6월 26일 신의주지방법원에서 치안유지법위반, 살인, 강도, 강도살인, 방화 등의 죄에 의하여 사형 판결 언도를 받고 1934년(昭和 9) 1월 29일 판결 확정되어 동년 5월 18일 평양형무소에서 집행하였다.

1937년

〈자료 474〉

《조선총독부관보》 제3074호 1937년 4월 16일

○ 전라북도 정읍군(井邑郡) 내장면(內藏面) 금명리(琴明里) 484번지 안승언(安承彦)은 대구복심법원에서 강도살인죄에 의하여 사형 판결 언도를 받고 1936년(昭和 11) 11월 19일 상고 기각된바 1937년(昭和 12) 4월 8일 대구형무소에서 집행하였다.

○ 중화민국 상해(上海) 법계(法界) 채시로(菜市路) 순양리(順陽里) 12호 엄순봉(嚴舜奉)⁵⁸⁶은 경성복심법원에서 살인죄에 의하여 사형 판결 언도를 받고 1936년(昭和 11) 10월 15일 상고 기각된바 1937년(昭和 12) 4월 9일 서대문형무소에서 집행하였다.

〈자료 475〉

《조선총독부관보》 제3222호 1937년 10월 11일

○ 본적 평안북도 철산군(鐵山郡) 이하 불상 주거 부정 정운준(鄭雲俊)⁵⁸⁷은 평양복심법원에

---

585 이진무(李振武), (1900. 6. 21.)~1934. 5. 18. 평안북도 정주, 독립장(1962)
  - 1919년 3.1운동 직후 만주로 건너가 광복군총영에 가입하여 활동
  - 1920년 8월 국내 진입, 신의주역과 신의주 내 호텔에 폭탄을 투척했으나 불발로 실패
  - 1925년 정의부 제5중대 소속으로 활동, 7월 평안북도 철산군 차련관(車輦館)주재소를 습격해 일경 4명 처단 동월 홍학순(洪學淳), 김봉수(金奉秀) 등과 국내에 진입, 구성군 조악경찰관주재소를 습격
  - 1933년 6월 조선혁명군 제5중대 부관으로 무장투쟁 활동
586 엄순봉(嚴舜奉), (1906)~1937. 4. 9. 경상북도 영양, 독립장(1963)
  - 1933년 북만주 석하(石河)에서 한족총연합회(韓族總聯合會)를 조직하여 청년부장으로 활동
  - 재만주 조선인 아나키스트 연맹 가입, 활동
  - 1933년 8월 상해에서 흑색공포단 가입, 옥관빈(玉觀彬) 처단
  - 1935년 3월 이규창(李圭昌), 정화암(鄭華岩)과 함께 상해 조선인거류민회 부회장 이용로(李容魯) 처단
  - 1936년 10월 15일 경성복심법원에서 사형 확정, 사형 순국
587 정운준(鄭雲俊), (1916)~1937. 10. 4. 평안북도 철산, 애국장(1995)

서 강도살인죄에 의하여 사형 판결 언도를 받고 1937년(昭和 12) 7월 22일 상고 기각된바 동년 10월 4일 평양형무소에서 집행하였다.

1938년

〈자료 476〉

《조선총독부관보》제3405호 1938년 5월 26일

○ 경성부 신교정(新橋町) 76번지 김창근(金昌根)[588]은 평양복심법원에서 폭발물취체벌칙위반에 의하여 사형 판결을 받고 1937년(昭和 12) 12월 28일 상고 기각된바 1938년(昭和 13) 5월 16일 평양형무소에서 집행하였다.

○ 중화민국 산동성(山東省) 등주부(登州府) 봉래현(蓬萊縣) 조수시(朝水市) 왕세덕(王世德)은 1937년(昭和 12) 12월 28일 고등법원에서 강도치사죄에 의하여 사형 판결을 받은바 1938년(昭和 13) 5월 16일 평양형무소에서 집행하였다.

○ 황해도 안악군(安岳郡) 은홍면(銀紅面) 상홍리(上紅里) 226번지 양여주(楊汝舟), 마중량(馬仲良), 주효춘(朱曉春), 오철(吳哲)이라고 하는 오면직(吳冕稙)[589]은 평양복심법원에서 살인죄에 의하여 사형 판결을 받고 1937년(昭和 12) 12월 28일 상고 기각된바 1938년(昭和 13) 5월 16일 평양형무소에서 집행하였다.

- 조선혁명군(朝鮮革命軍) 상등병(上等兵)으로 활동하면서 국내 진입, 평안북도 벽동군(碧潼郡) 도장(渡章) 파출소 습격하여 순사 3명 및 추격해 오는 일본인 순사 1명 처단
- 1937년 7월 22일 평양복심법원에서 사형 확정, 사형 순국

588 김창근(金昌根), (1902)~1938. 5. 16. 서울, 독립장(1963)
- 1926년 1월 상해에서 나창헌(羅昌憲) 등이 조직한 병인의용대(丙寅義勇隊)에 가입하여 활동
- 1936년 1월 군자금 모집활동. 오면직(吳冕稙) 등이 조직한 맹혈단(猛血團)에 가입하여 연극 단원으로 만주 및 중국 일대에서 독립사상 고취 및 일본 영사관 습격 등 활동
- 1937년 4월 16일 해주지방법원에서 사형 언도, 사형 순국

589 오면직(吳冕稙), 1894. 6. 15~1938. 5. 16. 황해도 안악, 독립장(1963)
- 1930년 재중국 무정부주의자연맹 조직, 남화한인청년연맹(南華韓人靑年聯盟)에 가입하여 활동
- 1932년 이회영(李會榮)을 밀고한 밀정 이규서(李圭瑞), 연충렬(延忠烈) 처단
- 1935년 남경에서 유형석(柳瀅錫), 한도원(韓道源), 김동우(金東宇) 등과 맹혈단(猛血團) 조직, 단장으로 조직을 이끌면서 군자금 모집, 밀정 처단 등 활동
- 1936년 초 상해 일본영사관 습격 시도 중 발각되어 체포, 고등법원에서 사형 확정 순국

자료목록

자료번호	자료명	본문 쪽수
자료 01	〈감옥인계 반포〉,《황성신문》, 1907.08.01, 2면 6단.	35
자료 02	〈신협약의 논란〉,《황성신문》, 1909.07.29, 2면 3단.	35
자료 03	〈감옥제도〉,《대한매일신보(국한문)》, 1909.10.17, 2면 3단.	35
자료 04	〈감옥제도 개정〉,《황성신문》, 1909.10.17, 2면 5단.	36
자료 05	〈위임지고(委任之故)〉,《대한매일신보(국한문)》, 1909.12.11, 1면 6단.	36
자료 06	〈감옥 개량〉,《매일신보》, 1910.09.08, 1면 5단.	36
자료 07	〈사법부와 감옥통계〉,《매일신보》, 1910.10.27, 2면 6단.	37
자료 08	〈대전감옥 설치〉,《매일신보》, 1919.05.08, 2면 4단.	37
자료 09	〈감옥원 증가〉,《매일신보》, 1919.05.11, 2면 4단.	37
자료 10	〈4월 1일부터 발포 시행될 조선의 태형 폐지〉,《매일신보》, 1920.03.31, 3면 2단.	38
자료 11	〈감옥직원 수 개정〉,《매일신보》, 1922.04.01, 2면 11단.	38
자료 12	〈감옥법 대개정〉,《매일신보》, 1922.11.21, 2면 3단.	39
자료 13	〈조선의 감옥 명칭도 형무소로〉,《매일신보》, 1922.12.17, 3면 2단.	39
자료 14	〈감옥을 형무소로 형무소 고친 후에는 전옥의 직명도 형무소장으로 부르게〉,《매일신보》, 1923.05.06, 3면 1단.	40
자료 15	〈총독 훈시 : 형무소장회의〉,《매일신보》, 1923.10.04, 2면 6단.	41
자료 16	〈현행 감옥법 개정〉,《매일신보》, 1924.04.01, 2면 5단.	42
자료 17	〈형무소법 개정 여하〉,《매일신보》, 1924.04.24, 2면 8단.	43
자료 18	〈법령을 선(善)히 활용해서 시운에 순응을 기도하여 형무의 효과를 오르게 하라〉,《매일신보》, 1924.10.05, 2면 6단.	43
자료 19	〈금회의 행정 정리에 따른 도(道) 사무분장 규정〉,《매일신보》, 1924.12.17, 2면 6단.	45
자료 20	〈시기문제인 감옥제도의 개선〉,《매일신보》, 1925.01.20, 1면 7단.	45
자료 21	〈사법성에서 탈고한 신감옥법 개정 요점〉,《매일신보》, 1926.07.08, 1면 1단.	46
자료 22	〈시대에 합(合)토록 감옥법 개정〉,《동아일보》, 1930.11.27, 1면 8단.	47
자료 23	〈일본의 감옥제도 개선안〉,《동아일보》, 1931.01.27, 1면 1단.	48
자료 24	〈행형법규의 관견(1)/칼럼〉,《동아일보》, 1931.05.03, 6면 3단.	49

자료 25	〈행형법규의 관견(2)/칼럼〉,《동아일보》, 1931.05.06, 6면 5단.	51
자료 26	〈행형법규의 관견(3)/칼럼〉,《동아일보》, 1931.05.07, 6면 2단.	54
자료 27	〈사설: 수인의 격증〉,《동아일보》, 1931.07.23, 1면 1단.	56
자료 28	〈사설: 행형제도 개선의 필요〉,《동아일보》, 1932.07.21, 1면 1단.	57
자료 29	〈소년법은 무망, 형무소 확장예산 60만 원을 세워〉,《매일신보》, 1933.07.12, 2면 4단.	59
자료 30	〈회의의 중심점은 사상범문제〉,《동아일보》, 1933.09.29, 2면 8단.	60
자료 31	〈복수주의 행형에서 '개과천선' 목표로!〉,《동아일보》, 1935.10.24, 2면 1단.	60
자료 32	〈소년범죄는 증가, 사상범은 낙조〉,《매일신보》, 1937.01.06, 1면 1단.	61
자료 33	〈형무소장회의 자문사항〉,《매일신보》, 1938.03.31, 2면 11단.	64
자료 34	〈적의부터 개량코, 신문 구독도 허가〉,《매일신보》, 1938.12.25, 2면 4단.	64
자료 35	〈응보행형에서 교육행형으로〉,《매일신보》, 1940.06.20, 3면 1단.	65
자료 36	〈국가부탁에 부응하라, 형무소장 및 보호교도소장 회의 미나미(南) 총독 훈시〉,《매일신보》, 1941.11.07, 1면 1단.	66
자료 37	〈감옥사무 개시〉,《황성신문》, 1908.07.16, 2면 1단.	67
자료 38	〈철망감옥〉,《대한매일신보(국한문)》, 1908.09.05, 2면 2단.	67
자료 39	〈감옥 수리〉,《황성신문》, 1908.09.05, 2면 2단.	67
자료 40	〈감옥서 이접〉,《황성신문》, 1908.10.07, 2면 3단.	67
자료 41	〈감옥 이첩〉,《황성신문》, 1908.10.20, 2면 4단.	68
자료 42	〈감옥 설치〉,《황성신문》, 1908.12.04, 2면 2단.	68
자료 43	〈죄수 분옥(分獄)〉,《대한매일신보(국한문)》, 1909.01.28, 2면 4단.	68
자료 44	〈구재(區裁) 및 감옥 개청〉,《대한매일신보(국한문)》, 1909.02.21, 2면 1단.	68
자료 45	〈사무 개시〉,《황성신문》, 1909.02.25, 2면 2단.	69
자료 46	〈대감옥 건축〉,《대한매일신보(국한문)》, 1909.04.08, 2면 2단.	69
자료 47	〈대감옥 건축비〉,《황성신문》, 1909.04.08, 2면 3단.	69
자료 48	〈감옥 증축〉,《대한매일신보(국한문)》, 1909.04.16, 2면 3단.	70
자료 49	〈짓나니, 감옥서〉,《대한매일신보(국한문)》, 1909.06.27, 2면 2단.	70
자료 50	〈감옥 일증〉,《대한매일신보(국한문)》, 1910.02.12, 2면 3단.	70
자료 51	〈재판소와 감옥의 건축비〉,《황성신문》, 1910.02.24, 2면 3단.	70
자료 52	〈감옥일대〉,《대한매일신보(국한문)》, 1910.03.23, 2면 2단.	71
자료 53	〈재판소와 감옥서〉,《대한매일신보(국한문)》, 1910.05.06, 3면 2단.	71
자료 54	〈감옥 신건공사〉,《대한매일신보(국한문)》, 1910.06.26, 2면 4단.	71
자료 55	〈신의주감옥 이전〉,《매일신보》, 1911.11.10, 2면 7단.	71

자료 56	〈분감 신축〉,《매일신보》, 1912.10.11, 1면 2단.	72
자료 57	〈마포감옥 준성〉,《매일신보》, 1912.11.05, 2면 5단.	72
자료 58	〈대구감옥 증축 결정 곧 공사에 착수〉,《부산일보》, 1915.08.12, 3면 3단.	72
자료 59	〈대전감옥 설치〉,《부산일보》, 1918.02.21, 2면 4단.	73
자료 60	〈감옥 대확장, 다섯 곳의 분감을 본감으로 승격해〉,《매일신보》, 1920.09.25, 4면 7단.	73
자료 61	〈감옥의 대증축〉,《매일신보》, 1920.11.16, 3면 5단.	74
자료 62	〈재감인 반수는 독립단, 경성감옥의 현상〉,《조선일보》, 1920.12.17, 3면 4단.	74
자료 63	〈종로구치감에 보건 욕장 건설〉,《매일신보》, 1921.06.19, 3면 10단.	74
자료 64	〈조선 최초의 유년감옥〉,《매일신보》, 1921.09.29, 3면 2단.	75
자료 65	〈유년감옥 공사 3곳 함께 진행 중〉,《동아일보》, 1922.03.03, 2면 2단.	76
자료 66	〈소년감옥 10월경 일제 개시〉,《동아일보》, 1922.07.11, 2면 4단.	76
자료 67	〈유년감 개감기〉,《매일신보》, 1922.07.12, 2면 3단.	77
자료 68	〈강릉분감 개청식〉,《매일신보》, 1922.07.20, 4면 4단.	78
자료 69	〈유년감옥 개청식〉,《매일신보》, 1922.09.26, 3면 6단.	78
자료 70	〈전선 감옥 대만원〉,《매일신보》, 1925.03.06, 2면 2단.	79
자료 71	〈강릉형무소 결국 폐지〉,《부산일보》, 1925.03.06, 4면 7단.	79
자료 72	〈주의자 형무소 특별 설립계획〉,《동아일보》, 1926.09.18, 2면 7단.	80
자료 73	〈사상범 독감방 100여 개 증설〉,《동아일보》, 1926.12.03, 2면 4단.	80
자료 74	〈총독부 내년 영선건축비 340여만 원〉,《동아일보》, 1926.12.26, 1면 12단.	81
자료 75	〈전주형무소 증축, 곧 면목을 일신할 것이다〉,《부산일보》, 1927.06.07, 3면 7단.	82
자료 76	〈격리수 1,500 특별감방 계획〉,《동아일보》, 1928.04.13, 2면 6단.	82
자료 77	〈사상범 전문 형무소 신설 계획안 제의〉,《매일신보》, 1928.05.29, 2면 5단.	83
자료 78	〈100만 원 거액으로 사상범 독방 확장〉,《동아일보》, 1928.07.01, 2면 6단.	84
자료 79	〈명년도 건축비 420만 원〉,《동아일보》, 1928.08.21, 1면 7단.	84
자료 80	〈명년도 예산 2억 4천만〉,《동아일보》, 1928.08.23, 1면 6단.	85
자료 81	〈사상범 격증, 가감방 급조, 불일간 낙성을 보리라고〉,《동아일보》, 1928.08.31, 2면 4단.	86
자료 82	〈김천소년형무소 독방과 교장(敎場) 증축〉,《매일신보》, 1929.03.11, 2면 7단.	86
자료 83	〈목포형무소개축〉,《매일신보》, 1930.08.13, 3면 4단.	87
자료 84	〈감옥확장비 60만 원 계상〉,《동아일보》, 1930.09.05, 2면 8단.	88
자료 85	〈형무소 증축비로 1,000만원 예산 청구〉,《동아일보》, 1930.09.10, 2면 7단.	88
자료 86	〈대전형무소 독감방 건축〉,《매일신보》, 1930.09.22, 3면 9단.	89

자료 87	〈대전형무소 감방 금년 내 증축〉,《동아일보》, 1930.10.02, 6면 2단.	90
자료 88	〈800만 원의 경비로 감옥확장안 실현?〉,《동아일보》, 1930.10.29, 2면 6단.	90
자료 89	〈서대문형무소 확장, 부청사의 신축 등〉,《동아일보》, 1930.11.09, 1면 4단.	90
자료 90	〈서문형무소 독방에 증축 총 경비 집주〉,《매일신보》, 1930.11.09, 2면 8단.	91
자료 91	〈대전형무소에서 독방 80 준공〉,《동아일보》, 1930.12.19, 3면 7단.	92
자료 92	〈1931년도(昭和 6) 조선 예산 강요(綱要)(하)〉,《동아일보》, 1931.01.15, 1면 5단.	92
자료 93	〈사상범 수용할 독거방 각 형무소에 증설〉,《매일신보》, 1931.01.31, 2단 7단.	92
자료 94	〈평양사건으로 형무소 가증축〉,《동아일보》, 1931.07.16, 2면 1단.	93
자료 95	〈500여 명을 수용할 가(假)형무소를 급조〉,《매일신보》, 1931.07.16, 7면 1단.	93
자료 96	〈청진형무소 50 감방 증축, 감옥이 협착해 또다시 지어 수용자는 일가월증〉,《동아일보》, 1931.07.19, 7면 3단.	94
자료 97	〈청진감옥 증축 독방 50을 늘여〉,《동아일보》, 1931.08.05, 3면 2단.	94
자료 98	〈형무소 2개소 증설을 계획〉,《매일신보》, 1931.08.16, 1면 5단.	94
자료 99	〈평양형무소 감방을 증축〉,《동아일보》, 1931.10.07, 3면 5단.	95
자료 100	〈독립 구치감 금춘부터 기공〉,《동아일보》, 1932.02.07, 7면 4단.	95
자료 101	〈청진형무소 증축〉,《동아일보》, 1932.05.16, 3면 6단.	96
자료 102	〈형무소 증설과 소작조정령 실행〉,《동아일보》, 1932.06.28, 2면 4단.	96
자료 103	〈5만 원 예산 들여 함흥형무소 증축〉,《동아일보》, 1933.04.01, 3면 5단.	97
자료 104	〈사상범 격증으로 함흥형무소 증축〉,《조선중앙일보》, 1933.07.28, 5면 1단.	97
자료 105	〈각종 범죄 축일(逐日) 증가로 전 조선 유치장 확장〉,《동아일보》, 1933.08.21, 2면 1단.	98
자료 106	〈정원 초과로 구치감 신축〉,《조선중앙일보》, 1933.10.01, 4면 7단.	98
자료 107	〈경성구치감 명춘 3월 준공〉,《조선중앙일보》, 1933.12.25, 2면 7단.	99
자료 108	〈사상사건 검거 증가로 형무소 증설 결정〉,《동아일보》, 1933.12.25, 2면 5단.	99
자료 109	〈법무국 신규사업, 형무소를 신축 개수〉,《매일신보》, 1934.07.14, 1면 1단.	100
자료 110	〈형무소 대확장 동시 사상 제2부 신설〉,《조선중앙일보》, 1934.07.14, 2면 4단.	100
자료 111	〈50만 원 예산으로 소년형무소 증설〉,《조선중앙일보》, 1934.07.14, 2면 4단.	101
자료 112	〈평양형무소 여감, 암정(岩町) 이전은 명춘 3월〉,《매일신보》, 1934.07.25, 5면 7단.	101
자료 113	〈소년형무소 명년도에 실현〉,《매일신보》, 1934.09.12, 1면 5단.	102
자료 114	〈함흥형무소 불원간 낙성?〉,《동아일보》, 1934.11.07, 5면 7단.	102
자료 115	〈문둥병자 전문의 병동형무소 신설〉,《조선중앙일보》, 1935.01.17, 2면 1단.	103
자료 116	〈나환자 수용의 특별형무소 신설〉,《매일신보》, 1935.01.18, 1면 3단.	103
자료 117	〈인천소년형무소 기지를 결정〉,《매일신보》, 1935.04.28, 5면 3단.	104

자료 118	〈문제의 소년형무소 인천부 외로 결정〉,《조선중앙일보》, 1935.05.08, 2면 1단.	104
자료 119	〈경성구치감 낙성식〉,《매일신보》, 1935.06.10, 2면 7단.	105
자료 120	〈구 마산시가 주민 형무소 이전 갈망〉,《매일신보》, 1935.08.09, 3면 4단.	105
자료 121	〈나병환자 전문의 특수형무소 설치〉,《조선중앙일보》, 1935.08.16, 2면 6단.	106
자료 122	〈소년형무소 30만 원으로 인천에 건설〉,《부산일보》, 1935.08.20, 7면 3단.	106
자료 123	〈인천소년형무소〉,《부산일보》, 1935.08.31, 5면 7단.	107
자료 124	〈소록도 특수형무소, 수형자 60명 수용〉,《조선중앙일보》, 1935.09.08, 2면 4단.	107
자료 125	〈소년형무소 건축하고자 100여 성인수 이감〉,《동아일보》, 1935.11.07, 2면 7단.	107
자료 126	〈청진형무소 이전에 부민이 반대운동〉,《매일신보》, 1936.04.25, 5면 9단.	108
자료 127	〈영천 악박골 흥망사(2)〉,《매일신보》, 1936.06.02, 7면 1단.	109
자료 128	〈홍제정에 있는 화장장 이거를 요구〉,《조선중앙일보》, 1936.06.30, 2면 1단.	109
자료 129	〈민의를 무시하고 증축하는 형무소〉,《부산일보》, 1936.06.30, 5면 3단.	110
자료 130	〈인천소년형무소 소장 이하 임명〉,《매일신보》, 1936.07.17, 2면 9단.	111
자료 131	〈서부 경성 발전에 장벽인 경성형무소〉,《조선중앙일보》, 1936.08.20, 2면 6단.	111
자료 132	〈행형기관 확충, 형무소 증설〉,《매일신보》, 1936.08.21, 2면 10단.	112
자료 133	〈인천소년형무소 28일 개소식〉,《매일신보》, 1936.10.23, 5면 11단.	113
자료 134	〈30명 수(囚) 청주 이감〉,《매일신보》, 1936.10.28, 3면 6단.	113
자료 135	〈대전형무소 무덕전(武德殿) 낙성식〉,《매일신보》, 1936.11.10, 4면 7단.	113
자료 136	〈형무소 교회당(敎誨堂) 신축〉,《부산일보》, 1937.03.20, 2면 9단.	114
자료 137	〈대전형무소에도 여수(女囚) 수용소 설치〉,《부산일보》, 1938.01.20, 8면 11단.	114
자료 138	〈진주형무소 연무장 낙성〉,《부산일보》, 1938.04.08, 3면 8단.	114
자료 139	〈심신모약(心神耗弱) 수형자는 공주형무소로〉,《매일신보》, 1938.06.28, 3면 6단.	115
자료 140	〈서대문형무소 신축 청사 준공〉,《매일신보》, 1939.05.17, 3면 7단.	115
자료 141	〈부산형무소 부전리의 가감〉,《부산일보》, 1940.12.06, 3면 9단.	115
자료 142	〈일인으로 서임〉,《대한매일신보(국한문)》, 1907.08.22, 2면 2단.	117
자료 143	〈감옥설비상 참고〉,《황성신문》, 1908.03.15, 1면 6단.	117
자료 144	〈일인 전옥〉,《황성신문》, 1908.04.25, 2면 2단.	117
자료 145	〈감옥의 한일인〉,《황성신문》, 1908.05.23, 2면 5단.	118
자료 146	〈감옥사무 인계〉,《대한매일신보(국한문)》, 1908.06.12, 2면 3단.	118
자료 147	〈필의 후 사무 인계〉,《황성신문》, 1908.06.12, 2면 1단.	118
자료 148	〈한인 간수〉,《대한매일신보(국한문)》, 1908.06.24, 2면 2단.	118
자료 149	〈일인 예산 유족호(日人豫算有足乎)〉,《황성신문》, 1908.06.24, 2면 3단.	119

자료 150	〈김(金)·신(愼) 자퇴〉,《대한매일신보(국한문)》, 1908.07.15, 2면 2단.	119
자료 151	〈감옥서 배치〉,《황성신문》, 1908.07.15, 2면 4단.	119
자료 152	〈전옥 조처〉,《황성신문》, 1908.08.16, 2면 2단.	120
자료 153	〈내시사형자(乃是死刑者)〉,《황성신문》, 1909.04.16, 2면 4단.	120
자료 154	〈사형하다(死刑何多)〉,《대한매일신보(국한문)》, 1909.06.15, 2면 4단.	120
자료 155	〈감옥 경비〉,《황성신문》, 1910.02.06, 3면 1단.	121
자료 156	〈결(決)·미결(未決) 분수(分囚)〉,《대한매일신보(국한문)》, 1910.06.26, 1면 5단.	121
자료 157	〈감옥 개량 실시〉,《매일신보》, 1910.10.23, 2면 4단.	121
자료 158	〈감옥서 상황 관람 통지〉,《매일신보》, 1913.01.26, 2면 8단.	122
자료 159	〈태형 집행과 조사〉,《매일신보》, 1918.08.01, 2면 3단.	122
자료 160	〈태형 폐지와 자유형〉,《매일신보》, 1920.01.13, 2면 5단.	123
자료 161	〈작년의 조선, 총독부 조사: 사법〉,《매일신보》, 1920.02.09, 1면 1단.	124
자료 162	〈서대문서 낙성 축하와 여흥〉,《매일신보》, 1921.06.20, 3면 4단.	125
자료 163	〈조선인 간수시험〉,《매일신보》, 1921.08.03, 3면 12단.	126
자료 164	〈조선에도 감옥 개명하야 형무소로, 유년감옥에는 간수복도 개량〉,《동아일보》, 1922.11.22, 3면 8단.	126
자료 165	〈전 조선에 1만여 인, 형벌 집행 후라도 반이 못 되면 4분의 1, 반을 지난 사람은 남은 형기의 2분의 1〉,《동아일보》, 1924.01.27, 2면 1단.	127
자료 166	〈감형 죄수 수 속보〉,《동아일보》, 1924.01.29, 2면 1단.	128
자료 167	〈전국 형무소장회의 개최〉,《매일신보》, 1924.03.16, 2면 7단.	130
자료 168	〈개정 감옥관제, 형무소에 전문 기수〉,《동아일보》, 1924.05.05, 1면 9단.	131
자료 169	〈조선인 여감 채용시험, 기일은 20일〉,《매일신보》, 1926.07.09, 3면 7단.	132
자료 170	〈적색을 회색화, 수인복색 변혁, 미결 청색복도 개조〉,《동아일보》, 1927.03.08, 2면 3단.	132
자료 171	〈조선인 간수시험〉,《매일신보》, 1928.06.20, 4면 6단.	132
자료 172	〈죄수 복색 변경, 붉은 빛을 갈게 되었다고〉,《동아일보》, 1928.10.23, 2면 3단.	133
자료 173	〈장단기 분리 수용, 기미결 구별 대우〉,《동아일보》, 1929.10.11, 2면 8단.	133
자료 174	〈평양형무소 간수 양성 개시〉,《매일신보》, 1929.12.12, 5면 3단.	134
자료 175	〈여간수 모집〉,《매일신보》, 1930.04.23, 7면 4단.	134
자료 176	〈감옥관제 개정, 29일 각의 결정〉,《매일신보》, 1930.05.28, 1면 8단.	134
자료 177	〈간수증원〉,《동아일보》, 1931.08.03, 2면 5단.	135
자료 178	〈형무소 초만원과 행형당국의 대책〉,《조선중앙일보》, 1933.09.28, 2면 5단.	135
자료 179	〈재범 방지, 행형당국의 계획〉,《동아일보》, 1935.06.19, 2면 10단.	136

자료 180	〈서대문-영천 간 전차 부설 착공〉,《조선중앙일보》, 1935.07.03, 2면 4단.	136
자료 181	〈범죄소년 교정문제〉,《동아일보》, 1935.07.20, 1면 1단.	136
자료 182	〈형무소를 나오는 사람들 매년 평균 2만 5,000, 그들은 과연 재생(再生)하는가?〉,《매일신보》, 1935.08.15, 5면 6단.	138
자료 183	〈각지 정신작흥주간〉,《매일신보》, 1935.11.13, 4면 3단.	138
자료 184	〈간도사건 사형수, 작일 전부 사형 집행〉,《조선중앙일보》, 1936.07.24, 2면 1단.	139
자료 185	〈조선 내 형무소 수형 구분 개정〉,《매일신보》, 1937.03.25, 2면 6단.	140
자료 186	〈대구서 전선에 효시 수인의 노력조사 심리〉,《매일신보》, 1937.05.15, 3면 2단.	141
자료 187	〈형무소장과 관찰소장회의〉,《매일신보》, 1937.10.08, 1면 11단.	141
자료 188	〈교육칙어 봉재, 전선 각 형무소에서〉,《매일신보》, 1938.02.05, 1면 1단.	142
자료 189	〈전선 형무소에서 레코-드 배부〉,《매일신보》, 1938.02.16, 2면 4단.	142
자료 190	〈형무소 '감(監)'자 철폐, 용어부터 개선키로 법무국에서 통첩〉,《매일신보》, 1938.08.04, 2면 4단.	143
자료 191	〈소년교호의 급무〉,《매일신보》, 1938.09.16, 2면 1단.	144
자료 192	〈총후후원주간 각 형무소 행사〉,《동아일보》, 1938.10.02, 2면 8단.	145
자료 193	〈철창에도 애국가, 애국심을 기르고자〉,《매일신보》, 1939.02.28, 2면 11단.	145
자료 194	〈모자 대신 철모, 형무소직원 복장 개정〉,《매일신보》, 1944.06.03, 3단 1단.	145
자료 195	〈기결자 이수〉,《대한매일신보(국한문)》, 1908.10.08, 2면 4단.	147
자료 196	〈죄수 통계표〉,《황성신문》, 1909.01.26, 2면 5단.	147
자료 197	〈죄수의 거처 상태〉,《황성신문》, 1910.02.06, 2면 4단.	147
자료 198	〈8천 죄수〉,《대한매일신보(국한문)》, 1910.06.18, 3면 2단.	147
자료 199	〈전도 재감수도 수〉,《매일신보》, 1911.11.15, 3면 4단.	148
자료 200	〈최근의 재감수도〉,《매일신보》, 1912.01.16, 2면 5단.	148
자료 201	〈재감인원의 현상〉,《매일신보》, 1912.07.11, 2면 5단.	149
자료 202	〈경향 각 감옥 재감인원〉,《매일신보》, 1913.02.13, 2면 5단.	149
자료 203	〈서대문감옥 현황〉,《매일신보》, 1913.12.11, 2면 4단.	150
자료 204	〈대구감옥 재감수〉,《부산일보》, 1914.12.09, 6면 4단.	150
자료 205	〈죄수 증가의 추세, 감옥 증축의 필요〉,《매일신보》, 1916.06.29, 2면 4단.	151
자료 206	〈현재의 감옥수(囚), 살인강도가 제일 많아〉,《매일신보》, 1920.01.14, 3면 8단.	151
자료 207	〈서대문감옥의 매일 취반(炊飯)이 13섬(石)〉,《매일신보》, 1920.10.05, 3면 5단.	151
자료 208	〈하절에 옥중생활〉,《매일신보》, 1921.08.25, 3면 5단.	152
자료 209	〈정치범의 미결수〉,《매일신보》, 1921.10.12, 3면 6단.	154
자료 210	〈해주감옥 재감수〉,《매일신보》, 1922.03.06, 4면 5단.	154

자료 211	〈진남포형무소 수인 150여 명으로, 연 1만 1,000여 원의 생산〉,《동아일보》, 1924.10.25, 3면 5단.	155
자료 212	〈부산형무소 죄수 격증, 원인은 생활난〉,《동아일보》, 1925.06.06, 3면 4단.	155
자료 213	〈형무소 재감인 1만 2,825명, 작년 말 현재〉,《동아일보》, 1925.08.25, 5면 3단.	156
자료 214	〈작년 중 조선의 암흑면, 살인사건 600, 교수대 원혼 17명〉,《동아일보》, 1926.01.20, 2면 1단.	156
자료 215	〈전 조선 기결수 1만 3,000여 명〉,《동아일보》, 1926.05.20, 2면 5단.	158
자료 216	〈연년 증가하는 가련한 죄수군, 전선 16개소의 형무소에 신음하는 무리들이 날로 늘어 6월 말 현재 약 1만 4,000〉,《매일신보》, 1926.08.12, 3면 6단.	160
자료 217	〈원산의 형무지소 근황〉,《매일신보》, 1926.09.15, 2면 2단.	161
자료 218	〈전 조선 형무소에 1만 4,101명〉,《동아일보》, 1926.12.12, 5면 1단.	162
자료 219	〈전선 형무소 재감 조선인 수=미결 1,029인, 기결 1만 1,730인〉,《매일신보》, 1927.02.06, 2면 1단.	162
자료 220	〈일각삼추(一刻三秋)의 지정(至情)에도, 완호부동(頑乎不動)한 흑철원문(黑鐵圓門)〉,《동아일보》, 1927.02.08, 2면 1단.	163
자료 221	〈2월 말 현재 재감수 1만 3,600인으로 점점 증가〉,《동아일보》, 1927.03.15, 5면 5단.	170
자료 222	〈옥중에서 괴로워하는 사람, 부산형무소 복역자 남녀 합해 528명, 형사피고인은 42명〉,《부산일보》, 1927.06.04, 2면 9단.	170
자료 223	〈전선 형무소에 1만 3,000여 명〉,《매일신보》, 1927.10.06, 2면 9단.	171
자료 224	〈마산형무소 재감자 수 237명〉,《부산일보》, 1927.10.12, 7면 3단.	171
자료 225	〈2,700 동포 철창 신음 또 1년, 철창 밑에도 새로운 햇빛, 경성·서대문 양 감옥〉,《동아일보》, 1928.01.01, 2면 7단.	172
자료 226	〈군산 재감자 현재 480명〉,《동아일보》, 1928.01.29, 4면 4단.	172
자료 227	〈부산형무소의 재감자 630명, 5월 17일 현재 조사〉,《부산일보》, 1928.05.18, 4면 9단.	172
자료 228	〈정원 200명에 500명을 수용, 소장회의에서 망라하였던 양 형무소의 소년수〉,《매일신보》, 1928.06.10, 2면 1단.	173
자료 229	〈신의주감옥 죄수 현재 수〉,《동아일보》, 1928.09.28, 3면 2단.	173
자료 230	〈연부년(年復年) 증가하는 철창신음의 수인수, 작년보다도 1,000여 명 늘어〉,《동아일보》, 1928.10.23, 2면 3단.	174
자료 231	〈매년 1만여 명 입감, 사형 집행 40여〉,《동아일보》, 1928.12.31, 2면 4단.	174
자료 232	〈전주 재감자 작년 말일 현재〉,《동아일보》, 1929.01.05, 5면 3단.	175
자료 233	〈6월 말 조선재감자 1만 4,600여 인, 해마다 증가되는 현상〉,《동아일보》, 1929.07.14, 2면 6단.	176
자료 234	〈광주형무소 재감 694명〉,《동아일보》, 1929.07.21, 4면 3단.	176
자료 235	〈각지 감옥 대만원, 독감 부족으로 공황〉,《동아일보》, 1929.12.16, 2면 5단.	177

자료 236	〈조선의 옥정〉,《동아일보》, 1929.12.17, 1면 1단.	178
자료 237	〈함흥형무소 최근의 상황〉,《매일신보》, 1929.12.20, 3면 3단.	179
자료 238	〈말없는 철문 타령(1) 내 문 밉다면서도 출입자 1만 2,000명〉,《동아일보》, 1929.12.29, 2면 5단.	180
자료 239	〈말없는 철문 타령(2) 우울과 초조중에 침묵하는 미결수인〉,《동아일보》, 1929.12.30, 2면 3단.	181
자료 240	〈말없는 철문 타령(3) 금년도 저물었다, 출입한 사상범인〉,《동아일보》, 1929.12.31, 2면 3단.	183
자료 241	〈수인의 대부분이 30 이내의 장년, 현재 재수는 총 1,404명, 대구형무소 근황〉,《매일신보》, 1930.04.16, 7면 8단.	185
자료 242	〈8,000명 있을 형무소에 1만 6,000명 수용〉,《매일신보》, 1930.05.30, 2면 1단.	186
자료 243	〈개성형무소와 장기수의 상황〉,《매일신보》, 1930.07.31, 3면 6단.	186
자료 244	〈함흥형무소 재류자 수 늘어남, 현재 854명〉,《부산일보》, 1930.09.18, 7면 7단.	187
자료 245	〈대전형무소 재감자 800〉,《동아일보》, 1930.09.18, 7면 3단.	188
자료 246	〈전선 형무소 재소인원 총 1만 7,424인, 전월보다 406명 증가〉,《매일신보》, 1930.11.20, 7면 7단.	188
자료 247	〈신의주형무소에 난방장치, 금후 부쩍 추운 지방에 있는 각 형무소에도 시설〉,《매일신보》, 1930.12.04, 2면 6단.	190
자료 248	〈청진형무소 연말 죄수 현재〉,《매일신보》, 1930.12.12, 3면 9단.	190
자료 249	〈함흥형무소 죄수 수〉,《매일신보》, 1930.12.21, 3면 13단.	190
자료 250	〈대전형무소 재감자 800여〉,《동아일보》, 1931.02.13, 7면 7단.	191
자료 251	〈철창 신음 1만 6,000여 인, 금년엔 1,000명을 보석, 수용 정원의 3~4배씩 수용하야〉,《동아일보》, 1931.03.08, 2면 7단.	192
자료 252	〈1만 6,900 죄수, 철창 고열 또 1년〉,《동아일보》, 1931.07.22, 2면 1단.	193
자료 253	〈평양형무소 대혼잡 연출〉,《동아일보》, 1931.07.22, 2면 6단.	195
자료 254	〈대전 재감자 현재 800여〉,《동아일보》, 1931.10.02, 3면 6단.	195
자료 255	〈전 조선 재감자 총수 1만 7,500여 명〉,《동아일보》, 1931.12.19, 2면 1단.	196
자료 256	〈부산형무소 수형자 통계〉,《동아일보》, 1932.01.07, 3면 1단.	196
자료 257	〈개성소년형무소 상황〉,《부산일보》, 1932.03.18, 3면 12단.	197
자료 258	〈청주형무소 재감자 350여 인〉,《동아일보》, 1932.06.22, 4면 5단.	197
자료 259	〈원산형무소 재감자 348인〉,《동아일보》, 1932.06.25, 4면 4단.	198
자료 260	〈함흥재감자 990명〉,《동아일보》, 1932.12.08, 3면 1단.	198
자료 261	〈과동(過冬) 재유자 737명 전주형무소에서〉,《동아일보》, 1932.12.23, 5면 8단.	198
자료 262	〈사상 관계의 재감자 2,200명 돌파, 공산주의자만 1,400여 명〉,《동아일보》, 1933.02.27, 2면 2단.	199

자료 263	〈수인 격증으로 간수를 증원〉,《매일신보》, 1933.04.01, 2면 5단.	200
자료 264	〈형사 피고 갈수록 증가, 각 형무소 초만원〉,《동아일보》, 1933.08.04, 2면 6단.	201
자료 265	〈고열 지나니 감상의 추풍, 철창 수인 1만 8,000여 명〉,《동아일보》, 1933.08.11, 2면 1단.	202
자료 266	〈수인은 수년 증가, 각 형무소 초만원〉,《조선중앙일보》, 1933.08.29, 2면 1단.	203
자료 267	〈형무소 확장난으로 금후 가출옥 증가?〉,《동아일보》, 1933.08.30, 2면 3단.	203
자료 268	〈형무소 감방에 매 평 4인 이상을 수용, 인도상으로도 중대 문제〉,《조선중앙일보》, 1933. 09.03, 2면 4단.	204
자료 269	〈수인 등 대전 이감〉,《조선중앙일보》, 1933.09.04, 2면 11단.	204
자료 270	〈선내(鮮內)의 각 형무소 불황으로 좁아지다, 범죄 격증으로 만원의 성황〉,《부산일보》, 1933.10.21, 2면 5단.	204
자료 271	〈함흥형무소 기결 여수 14인 원산형무소로 이감〉,《조선중앙일보》, 1933.11.02, 5면 7단.	205
자료 272	〈각 형무소 재감자, 점차 증가하는 경향〉,《조선중앙일보》, 1933.11.30, 2면 5단.	205
자료 273	〈서대문이 만원으로 평양으로 죄수 이송〉,《조선중앙일보》, 1933.12.29, 4면 11단.	206
자료 274	〈철창 과세 재감자 전 조선 1만 8,000여〉,《동아일보》, 1933.12.30, 2면 4단.	206
자료 275	〈초범보다 누범이 많고 지능범도 수년 증가〉,《매일신보》, 1934.09.08, 7면 1단.	207
자료 276	〈형무소 수용 과잉으로 20명 죄수를 이감〉,《조선중앙일보》, 1934.09.29, 2면 9단.	208
자료 277	〈서대문형무소 만원, 죄수 중 25명을 경성형무소로 이감〉,《조선중앙일보》, 1934.10.16, 2면 10단.	208
자료 278	〈감방에서 환세하게 될 수인, 1만 7,000으로 정원 초과〉,《동아일보》, 1934.12.05, 7면 1단.	209
자료 279	〈형무소의 증축 절박, 반갑지 않은 현상, 법무당국은 완화책에 부심 중〉,《매일신보》, 1934.12.05, 2면 5단.	209
자료 280	〈수인 25명 경성에서 이사, 청주형무소에 이감〉,《부산일보》, 1935.03.28, 3면 8단.	210
자료 281	〈전 조선 각 형무소의 수용자 1만 8,000여〉,《조선중앙일보》, 1935.05.08, 2면 1단.	210
자료 282	〈서대문감옥 수인 신감방으로 이감〉,《조선중앙일보》, 1935.07.02, 2면 7단.	211
자료 283	〈염열(炎熱)하의 수인 1만 8,000여〉,《동아일보》, 1935.07.19, 2면 7단.	211
자료 284	〈옥문을 통해 본 세대 매년 수형자 1만 2,000, 재범자 10분의 4〉,《동아일보》, 1935.09.14, 2면 1단.	212
자료 285	〈입초의 서대문감, 함흥·공주로 수인 이동〉,《동아일보》, 1935.09.30, 2면 5단.	213
자료 286	〈엄동을 압둔 철창에 수용된 1만 8,000명〉,《조선중앙일보》, 1935.11.04, 2면 4단.	213
자료 287	〈소록도형무소에 나병수인 이송〉,《동아일보》, 1935.11.21, 2면 7단.	214
자료 288	〈수인의 격증으로 전 조선 형무소 초만원〉,《동아일보》, 1935.12.08, 2면 4단.	214

자료 289	〈사설: 소년수형자의 격증, 감옥 증축만이 능사인가〉,《조선중앙일보》, 1935.12.21, 1면 1단.	215
자료 290	〈전조선 27개 형무소에 수용자 1만 8,000명〉,《동아일보》, 1936.03.08, 2면 8단.	217
자료 291	〈널리 천하의 환희 춘색, 철창 통한 해방 소식〉,《매일신보》, 1937.04.02, 4면 1단.	217
자료 292	〈전선 27개 형무소에 수용자 1만 9,000여〉,《매일신보》, 1938.01.12, 3면 1단.	218
자료 293	〈전선 형무소 재소 수인 조사, 1월 말 현재 약 2만 인〉,《부산일보》, 1939.04.03, 2단 8단.	218
자료 294	조선총독부 법무국 행형과,『조선형무제요』, 조선치형협회, 1942.	225
자료 295	조선총독부 법무국 행형과,『조선의 행형제도』, 치형협회, 1938.	403
자료 296	서대문형무소직원교우회,『서대문형무소예규류찬』, 1936.	539
자료 297	「제491표 구통감부 사법 및 감옥비(원)」,『제4차 조선총독부통계연보』, 1910.	720
자료 298	「제443표 구통감부 사법 및 감옥비(원)」,『조선총독부통계연보(1910년(明治 43))』, 1912.	721
자료 299	「제185표 감옥 및 직원」,『제4차 조선총독부통계연보』, 1910.	722
자료 300	「제372표 감옥 및 직원」,『조선총독부통계연보(1910년(明治 43))』, 1912.	723
자료 301	「318. 형무소 직원」,『1932년(昭和 7) 조선총독부통계연보』, 1934.	724
자료 302	「338. 형무소 직원」,『1942년(昭和 17) 조선총독부통계연보』, 1944.	727
자료 303	「제186표 재감인원」,『제4차 조선총독부통계연보』, 1910.	729
자료 304	「제373표 재감인원」,『조선총독부통계연보(1910년(明治 43))』, 1912.	730
자료 305	「319. 연말재소인원」,『1932년(昭和 7) 조선총독부통계연보』, 1934.	732
자료 306	「339. 재소인원」,『1942년(昭和 17) 조선총독부통계연보』, 1944.	736
자료 307	「322. 재소자 연인원」,『1932년(昭和 7) 조선총독부통계연보』, 1934.	739
자료 308	「341. 재소자 연인원」,『1942년(昭和 17) 조선총독부통계연보』, 1944.	744
자료 309	《관보》제4204호, 1908.10.17.	751
자료 310	《관보》제4214호, 1908.10.29.	751
자료 311	《관보》제4224호, 1908.11.10.	751
자료 312	《관보》제4233호, 1908.11.21.	752
자료 313	《관보》제4262호, 1908.12.25.	752
자료 314	《관보》제4273호, 1909.01.13.	753
자료 315	《관보》제4291호, 1909.02.03.	754
자료 316	《관보》제4295호, 1909.02.08.	754
자료 317	《관보》제4325호, 1909.03.15.	754
자료 318	《관보》제4342호, 1909.04.05.	755

자료 319	《관보》 제4344호, 1909.04.07.	755
자료 320	《관보》 제4354호, 1909.04.19.	755
자료 321	《관보》 제4376호, 1909.05.14.	756
자료 322	《관보》 제4378호, 1909.05.17.	756
자료 323	《관보》 제4387호, 1909.05.27.	756
자료 324	《관보》 제4396호, 1909.06.07.	757
자료 325	《관보》 제4401호, 190.06.12.	757
자료 326	《관보》 제4407호, 1909.06.19.	758
자료 327	《관보》 제4408호, 1909.06.21.	758
자료 328	《관보》 제4410호, 1909.06.23.	759
자료 329	《관보》 제4418호, 1909.07.02.	759
자료 330	《관보》 제4426호, 1909.07.12.	760
자료 331	《관보》 제4434호, 1909.07.21.	760
자료 332	《관보》 제4436호, 1909.07.23.	761
자료 333	《관보》 제4446호, 1909.08.04.	761
자료 334	《관보》 제4463호, 1909.08.25.	762
자료 335	《관보》 제4468호, 1909.09.01.	762
자료 336	《관보》 제4474호, 1909.09.08.	762
자료 337	《관보》 제4480호, 1909.09.15.	763
자료 338	《관보》 제4489호, 1909.09.25.	763
자료 339	《관보》 제4496호, 1909.10.04.	764
자료 340	《관보》 제4503호, 1909.10.13.	764
자료 341	《관보》 제4518호, 1909.10.30.	765
자료 342	《관보》 제4523호, 1909.11.06.	765
자료 343	《관보》 제4547호, 1909.12.06.	766
자료 344	《관보》 제4550호, 1909.12.09.	767
자료 345	《관보》 제4562호, 1909.12.23.	768
자료 346	《관보》 호외, 1909.12.28.	768
자료 347	《관보》 제4573호, 1910.01.11.	769
자료 348	《관보》 제4576호, 1910.01.14.	770
자료 349	《관보》 제4589호, 1910.01.29.	770
자료 350	《관보》 제4594호, 1910.02.04.	771

자료 351	《관보》 제4611호, 1910.02.24.	771
자료 352	《관보》 제4622호, 1910.03.09.	772
자료 353	《관보》 제4626호, 1910.03.14.	772
자료 354	《관보》 제4630호, 1910.03.18.	773
자료 355	《관보》 제4637호, 1910.03.28.	774
자료 356	《관보》 제4640호, 1910.03.31.	776
자료 357	《관보》 제4648호, 1910.04.09.	776
자료 358	《관보》 제4651호, 1910.04.13.	777
자료 359	《관보》 제4658호, 1910.04.21.	778
자료 360	《관보》 제4660호, 1910.04.23.	778
자료 361	《관보》 제4663호, 1910.04.27.	779
자료 362	《관보》 제4671호, 1910.05.06.	779
자료 363	《관보》 제4672호, 1910.05.07.	780
자료 364	《관보》 제4677호, 1910.05.13.	781
자료 365	《관보》 제4678호, 1910.05.14.	781
자료 366	《관보》 제4682호, 1910.05.19.	782
자료 367	《관보》 제4684호, 1910.05.21.	782
자료 368	《관보》 제4689호, 1910.05.27.	783
자료 369	《관보》 제4691호, 1910.05.30.	784
자료 370	《관보》 제4698호, 1910.06.07.	784
자료 371	《관보》 제4699호, 1910.06.08.	785
자료 372	《관보》 제4701호, 1910.06.10.	786
자료 373	《관보》 제4707호, 1910.06.17.	787
자료 374	《관보》 제4709호, 1910.06.20.	787
자료 375	《관보》 제4710호, 1910.06.21.	788
자료 376	《관보》 제4716호, 1910.06.28.	789
자료 377	《관보》 제4717호, 1910.06.29.	790
자료 378	《관보》 제4525호, 1910.07.08.	790
자료 379	《관보》 제4740호, 1910.07.26.	791
자료 380	《관보》 제4741호, 1910.07.27.	791
자료 381	《관보》 제4742호, 1910.07.28.	792
자료 382	《관보》 제4750호, 1910.08.06.	793

자료 383	《관보》제4757호, 1910.08.15.	794
자료 384	《관보》제4768호, 1910.08.29.	794
자료 385	《조선총독부관보》제4호, 1910.09.01.	795
자료 386	《조선총독부관보》제21호, 1910.09.21.	795
자료 387	《조선총독부관보》제22호, 1910.09.22.	795
자료 388	《조선총독부관보》제31호, 1910.10.04.	796
자료 389	《조선총독부관보》제46호, 1910.10.22.	796
자료 390	《조선총독부관보》제61호, 1910.11.10.	796
자료 391	《조선총독부관보》제93호, 1910.12.19.	797
자료 392	《조선총독부관보》제109호, 1911.01.12.	798
자료 393	《조선총독부관보》제121호, 1911.01.26.	798
자료 394	《조선총독부관보》제135호, 1911.02.14.	798
자료 395	《조선총독부관보》제158호, 1911.03.13.	799
자료 396	《조선총독부관보》제161호, 1911.03.16.	799
자료 397	《조선총독부관보》제184호, 1911.04.14.	799
자료 398	《조선총독부관보》제232호, 1911.06.09.	800
자료 399	《조선총독부관보》제246호, 1911.06.26.	800
자료 400	《조선총독부관보》제272호, 1911.07.26.	801
자료 401	《조선총독부관보》제318호, 1911.09.18.	801
자료 402	《조선총독부관보》제326호, 1911.09.27.	801
자료 403	《조선총독부관보》제346호, 1911.10.21.	802
자료 404	《조선총독부관보》제352호, 1911.10.28.	802
자료 405	《조선총독부관보》제361호, 1911.11.09.	802
자료 406	《조선총독부관보》제376호, 1911.11.28.	803
자료 407	《조선총독부관보》제403호, 1911.12.29.	803
자료 408	《조선총독부관보》제437호, 1912.02.14.	804
자료 409	《조선총독부관보》제459호, 1912.03.11.	804
자료 410	《조선총독부관보》제482호, 1912.04.09.	804
자료 411	《조선총독부관보》제576호, 1912.07.27.	805
자료 412	《조선총독부관보》제66호, 1912.10.19.	805
자료 413	《조선총독부관보》제121호, 1912.12.24.	805
자료 414	《조선총독부관보》제249호, 1913.05.31.	806

자료 415	《조선총독부관보》 제303호, 1913.08.04.	806
자료 416	《조선총독부관보》 제453호, 1914.02.04.	807
자료 417	《조선총독부관보》 제484호, 1914.03.13.	807
자료 418	《조선총독부관보》 제506호, 1914.04.10.	807
자료 419	《조선총독부관보》 제510호, 1914.04.15.	808
자료 420	《조선총독부관보》 제521호, 1914.04.28.	808
자료 421	《조선총독부관보》 제525호, 1914.05.02.	808
자료 422	《조선총독부관보》 제666호, 1914.10.21.	809
자료 423	《조선총독부관보》 제711호, 1914.12.15.	809
자료 424	《조선총독부관보》 제982호, 1915.11.11.	810
자료 425	《조선총독부관보》 제1031호, 1916.01.14.	810
자료 426	《조선총독부관보》 제1414호, 1917.04.24.	811
자료 427	《조선총독부관보》 제1724호, 1918.05.08.	811
자료 428	《조선총독부관보》 제1800호, 1918.08.06.	812
자료 429	《조선총독부관보》 제2399호, 1920.08.09.	813
자료 430	《조선총독부관보》 제2502호, 1920.12.13.	813
자료 431	《조선총독부관보》 제2509호, 1920.12.21.	813
자료 432	《조선총독부관보》 제2618호, 1921.05.05.	814
자료 433	《조선총독부관보》 제2636호, 1921.05.26.	814
자료 434	《조선총독부관보》 제2684호, 1921.07.21.	814
자료 435	《조선총독부관보》 제2713호, 1921.08.25.	815
자료 436	《조선총독부관보》 제2721호, 1921.09.05.	816
자료 437	《조선총독부관보》 제2724호, 1921.09.08.	816
자료 438	《조선총독부관보》 제2753호, 1921.10.14.	817
자료 439	《조선총독부관보》 제2760호, 1921.10.24.	817
자료 440	《조선총독부관보》 제2849호, 1922.02.14.	818
자료 441	《조선총독부관보》 제2893호, 1922.04.08.	819
자료 442	《조선총독부관보》 제2905호, 1922.04.22.	819
자료 443	《조선총독부관보》 제2980호, 1922.07.19.	820
자료 444	《조선총독부관보》 제2983호, 1922.07.22.	820
자료 445	《조선총독부관보》 제3013호, 1922.08.26.	821
자료 446	《조선총독부관보》 제3021호, 1922.09.06.	821

자료 447	《조선총독부관보》제3067호, 1922.11.01.	822
자료 448	《조선총독부관보》제3199호, 1923.04.13.	822
자료 449	《조선총독부관보》제3256호, 1923.06.19.	823
자료 450	《조선총독부관보》제3259호, 1923.06.22.	823
자료 451	《조선총독부관보》제3333호, 1923.09.19.	824
자료 452	《조선총독부관보》제3411호, 1923.12.25.	824
자료 453	《조선총독부관보》제3426호, 1924.01.17.	825
자료 454	《조선총독부관보》제3542호, 1924.06.05.	826
자료 455	《조선총독부관보》제3743호, 1925.02.07.	826
자료 456	《조선총독부관보》제3774호, 1925.03.17.	826
자료 457	《조선총독부관보》제3945호, 1925.10.10.	827
자료 458	《조선총독부관보》제4055호, 1926.02.27.	827
자료 459	《조선총독부관보》제12호, 1927.01.14.	828
자료 460	《조선총독부관보》제120호, 1927.05.26.	828
자료 461	《조선총독부관보》제397호, 1928.04.28.	828
자료 462	《조선총독부관보》제629호, 1929.02.07.	829
자료 463	《조선총독부관보》제650호, 1929.03.05.	829
자료 464	《조선총독부관보》제680호, 1929.04.11.	830
자료 465	《조선총독부관보》제777호, 1929.08.03.	831
자료 466	《조선총독부관보》제818호, 1929.09.20.	831
자료 467	《조선총독부관보》제881호, 1929.12.09.	831
자료 468	《조선총독부관보》제894호, 1929.12.24.	832
자료 469	《조선총독부관보》제965호, 1930.03.25.	832
자료 470	《조선총독부관보》제1335호 1931.06.19.	833
자료 471	《조선총독부관보》제1738호, 1932.10.22.	833
자료 472	《조선총독부관보》제1911호, 1933.05.26.	834
자료 473	《조선총독부관보》제2213호, 1934.05.29.	834
자료 474	《조선총독부관보》제3074호, 1937.04.16.	835
자료 475	《조선총독부관보》제3222호, 1937.10.11.	835
자료 476	《조선총독부관보》제3405호, 1938.05.26.	836

참고문헌

신문
《황성신문》
《대한매일신보》
《부산일보》
《매일신보》
《조선일보》
《동아일보》
《조선중앙일보》

문헌 자료
《대한제국관보》(1909).
《조선총독부관보》(1910~1945).
조선총독부, 『조선총독부통계연보』(1910~1942).
『조선형무소사진첩(朝鮮刑務所寫眞帖)』, 1924, 조선치형협회.
『조선치형계제(朝鮮治刑階梯)』, 1924, 조선치형협회.
中橋政吉, 1934, 『조선행형 실무계호지요(朝鮮行刑實務戒護指要)』, 조선치형협회.
中橋政吉, 1936, 『조선구시의 형정(朝鮮舊時の刑政)』, 조선총독부법무국.
『조선사법대관(朝鮮司法大觀)』, 1936, 사법협회.
조선총독부법무국행형과 편, 1938, 『조선의 행형제도(朝鮮の行刑制度)』, 재단법인 치형협회.
서대문형무소직원교우회, 1939, 『서대문형무소예규류찬(西大門刑務所例規類纂)』, 행정학회인쇄소.
형무협회, 『조선대만 형무소연혁사(朝鮮臺灣刑務所沿革史)』(연도 미상).

저서 및 자료집

국가보훈처, 『독립유공자 공훈록』.

重松一義, 1985, 『일본의감옥사(日本の監獄史)』, 雄山閣出版社.

이종민, 1999, 『식민지하 근대감옥을 통한 통제 메카니즘 연구-일본의 형사처벌 체계와의 비교』, 연세대학교 사회학과박사학위논문.

법무부 교정본부, 2010, 『대한민국교정사』 I.

박경목, 2019, 『식민지근대감옥 서대문형무소』, 일빛.

인명색인

ㄱ

가나이다 기요노리(金井田淸德) 138
가사이 겐타로(笠井健太郎) 59, 96, 203
가키하라(柿原) 93, 126
강달영(姜達永) 191
강봉학(姜鳳鶴) 809
강사문(姜士文) 770
강우규(姜宇奎) 813
강운수(姜雲秀) 799
강원경(姜元卿) 812
강윤희(姜允熙) 769
계석노(桂錫魯) 788
고마루 겐자에몬(小丸源左衛門) 186
고익규(高翊奎) 755
고인현(高仁鉉) 165
고창희(高昌熙) 165
고쿠부(國分) 73
고하경 139
공성찬(孔成鑽) 764
곽이용(郭伊用) 773
곽재기(郭在驥) 130
구도 에이치(공등영일工藤英一) 78
구돌석(具乭石) 763
구만성(具萬成) 765
권동진(權東鎭) 184
권양동(權陽洞) 762
권영회(權寧會) 790

권운택(權雲澤) 781
권종열 119
권중흠(權重欽) 803
권철수 119
권태산 139
권태석 184, 191
기리하라 히코요시(桐原彦吉) 117
기타노 겐조(北野憲造) 341
김경운(金景云) 752
김경칠(金景七) 810
김경태(金敬泰) 816
김곤섭(金坤涉) 165
김공삼(金公三) 776
김광묵 139
김광은(金光恩) 750, 812
김구학(金龜鶴) 748, 754
김군락(金君樂) 754
김기준 119
김기중(金祺重) 774
김남섭(金南涉) 165
김내찬(金迺贊) 818
김대길(金大吉) 802
김덕규(金德圭) 764
김도원(金道源) 822
김동필 139
김두일(金斗一) 130
김명권(金明權) 824

김무열(金武烈) 184, 831
김법윤(金法允) 752
김병일(金炳一) 808
김병주 795
김봉걸 139
김봉룡(金奉龍) 764
김상준(金相俊) 753
김상태(金尙台) 802
김석규(金錫奎) 830
김석황(金錫璜) 130
김선여(金善汝) 790
김선일(金善日) 777
김선중(金善仲) 804
김성권(金聖權) 802
김성녀(金姓女) 812
김성달(金聖達) 794
김성범(金成範) 832
김성택(金聖澤) 130
김세완(金世玩) 104
김소연(金素然) 184
김수동(金壽童) 798
김수민(金秀敏) 768
김수용(金垂鏞) 749, 795
김순서(金順西) 772
김순옥(金順玉) 748, 754
김쌍봉(金雙奉) 752
김언세(金彦世) 801
김연이(金連伊) 785
김영권(金永權) 769
김영란(金永蘭) 820
김영백(金永伯) 780
김영수(金永壽) 805
김영자 184
김영준(金永俊) 772

김영철(金泳喆) 130
김용기(金龍基) 760
김용서(金用西) 759
김용운 139
김용택(金用澤) 832
김운익(金雲益) 775
김원준(金元俊) 762
김유관(金裕寬) 824
김유성(金有星) 788
김윤황(金允璜) 753
김은종 119
김응문(金應文) 804
김응백(金應伯) 798
김응수 139
김응오(金應五) 812
김의성(金義聖) 763
김익상(金益相) 166
김인성(金麟聖) 771
김일수(金日洙) 785
김일원(金日元) 797
김재득(金在得) 758
김재민(金在珉) 782
김재수(金在水) 756
김재호(金在鎬) 765
김재홍(金載弘) 799
김정련(金正蓮) 184
김정오(金定悟) 800
김종근(金鐘根) 811
김종철(金鍾鐵) 811
김준연 184
김지섭(金祉燮) 166
김진기(金鎭基) 766
김진철(金鎭哲) 757
김창곤(金昌坤) 820

김창근(金昌根) 836
김창섭(金昌燮) 783
김창희(金昌熙) 758
김철산(金鐵山) 205
김최명(金最明) 130
김치복(金致福) 808
김치삼(金致三) 764
김치일(金致一) 801
김태산(金泰山) 756
김태원(金泰源) 828
김태일(金太一) 781
김필수(金必洙) 806
김학섭(金學燮) 825
김한종(金漢鍾) 817
김현국(金顯國) 760, 836
김형석(金亨碩) 818
김화서(金化瑞) 797
김화선(金化先) 767
김효준(金孝俊) 818
김흥도(金興道) 819
김흥룡(金興龍) 764
김희국(金熙國) 768
김희명(金喜明) 808

ㄴ

나가타 겐지(永田顯土) 104
나병삼(羅炳三) 822
나카오카 곤이치(中岡良一) 164
노인선(盧仁先) 756
노창호 139
노한문(盧漢文) 759

ㄷ

데구치 오니사부로(出口王仁三郞) 166
도미타 기사쿠(富田儀作) 407
도이(土居) 45, 89, 152
도조 히데키(東條英機) 339, 340

ㄹ

류남수 184
류택수(柳澤秀) 184

ㅁ

마남룡(馬南龍) 830
마루야마 시게토시(丸山重俊) 78, 117
마스나가 쇼이치(增永正一) 61, 105
마정덕(馬正德) 130
맹달섭(孟達燮) 792
모로도메 131
모리우라(森浦) 61
모인화(毛仁華) 815
문창숙(文昌淑) 829
문창학(文昌學) 825
문춘흥(文春興) 801
미나미 지로(南次郞) 66
미쓰이 구요(三井久陽) 151
미야모토 하지메(宮本元) 66
미야자키 하야토(宮崎速任) 399, 539,
미즈노 시게가쓰(水野重功) 167
민양기(閔良基) 819
민영갑 119
민창식 139

ㅂ

박경삼(朴敬三) 764
박광천(朴光天) 771
박금철 139
박기성(朴基成) 814
박도경(朴道京) 774
박도식 184
박동필 139
박문술(朴文術) 806
박병칠(朴炳七) 767
박복양(朴復陽) 789
박복인(朴福仁) 803
박봉석(朴奉石) 783
박사화(朴士化) 787
박삼준(朴三俊) 764
박상진(朴尙鎭) 817
박성도(朴成道) 790
박성칠(朴成七) 792
박열(朴烈) 166
박영근(朴永根) 794
박영춘(朴永春) 759
박익섭 139
박인찬(朴仁贊) 786
박일권(朴一權) 759
박일복(朴一福) 748, 754
박장봉(朴章奉) 785
박치의(朴治毅) 817
박치일(朴致一) 785
박홍석(朴弘錫) 762
박화준(朴華俊) 800
방운경(方雲卿) 753
배창근(裵昌根) 761
배춘성(裵春成) 800

백기환(白基煥) 165
백수영(白琇瑛) 805
백운한(白雲翰) 821
백은선(白恩善) 165
변화(卞和) 165

ㅅ

사문성(史文成) 805
사이토(齋藤) 38, 43, 78
서광도(徐光道) 765
서성학(徐成學) 785
서운선(徐云先) 804
서의배(徐義培) 823
석기호(石基浩) 820
손덕오(孫德五) 792
손영삼(孫永三) 120
손출이(孫出伊) 763
송경기(宋景基) 753
송병준 109
송원영(宋元永) 824
송학묵 784
송학선(宋學先) 167, 168, 828
송흥규(宋弘奎) 764
송흥선(宋興善) 761
스오(周坊) 106
시오텐 가즈마(四王天數馬) 117
신경빈(申敬彬) 775
신광삼(申光三) 834
신대룡(申大龍) 795
신석규(申石奎) 766
신석존(申石存) 760
신정우(申正雨) 756
신창룡(申昌龍) 762

신철 183
신태범 119
신현구(申鉉九) 765
심낙준(沈落俊) 797
심수택(沈守澤) 796
쓰다(津田) 113

ㅇ

아키야마(秋山) 39
안경숙(安慶肅) 752
안계홍(安桂洪) 790
안광조(安光祚) 813
안기성 183
안승언(安承彦) 835
안재홍 183
안춘발(安春發) 758
안해룡(安海龍) 802
양경학(梁景學) 781
양근환(梁權煥) 166
양상균(梁相均) 798
양상기(梁相基) 793
양승우(楊承雨) 827
양용재(梁龍在) 824
양윤숙(楊允淑) 780
양진여(梁振汝) 784
양창국(梁昌國) 785
엄순봉(嚴舜奉) 835
엄해윤(嚴海潤) 769
엄해조(嚴海調) 120
여규호(呂圭浩) 759
여운형(呂運亨) 184, 191
염봉선(廉奉善) 770
염인서(廉仁瑞) 792

염재군(廉才君) 750, 812
오남석(吳南石) 120
오노 로쿠이치로(大野綠一郞) 340
오두환(吳斗煥) 761
오면직(吳冕稙) 747, 836
오상원(吳相元) 757
오성술(吳成述) 795
오승태(吳承泰) 810
오시마(大島元瑞) 507
오이시 다마키 129
와다 규타로(和田久太郞) 166
왕세덕(王世德) 836
요코가와(橫川) 106
요코야마 도사부로(橫山藤三郞) 43
요코타고로(橫田五郞) 76~78, 126, 219
우성녀(禹姓女) 811
우윤구(禹潤九) 772
우치야마 류지(內山隆治) 111
원인석(元仁石) 763
원일상(元逸常) 765
유관증(劉觀曾) 812
유덕삼(劉德三) 772
유맹동(柳孟洞) 824
유문재(柳文在) 120
유병규(劉秉奎) 767
유병기(劉秉淇) 793
유병수(劉秉洙) 802
유봉석(柳鳳石) 758
유상렬(柳相烈) 821
유시연(柳時淵) 807
유영용(柳永鎔) 823
유원엽(劉元燁) 794
유주옥(柳周玉) 752
유지명(柳志明) 760

유창수(俞昌守) 764
유치학(俞致學) 785
유태순 139
유택수(柳澤秀) 830
유해룡(柳海龍) 771
유현서(柳鉉西) 120
윤국범(尹國範) 799
윤대길(尹大吉) 823
윤소룡(尹小龍) 130
윤소사(尹召史) 802
윤여옥(尹汝玉) 793
윤준희(尹俊熙) 816
윤치달(尹致達) 797
윤치형(尹致衡) 130
윤흥곤(尹興坤) 797
음재식(陰在軾) 105
이강년(李康年) 747, 748, 751
이강산(李江山) 785
이계우(李桂雨) 774
이계일(李啓一) 789
이교영(李敎永) 776
이근배(李根培) 777
이근식(李根植) 810
이금옥(李今玉) 752
이기석(李基石) 761
이기용 119
이능한(李能漢) 749, 767
이덕경(李德慶) 752
이동선 139
이동식(李東植) 787
이리에(入江) 161
이만선(李萬先) 811
이명준(李明俊) 769
이무타 히코지로(蘭牟田彦次郎) 75

이문이(李文伊) 761
이범진(李凡辰) 789
이벽인(李壁仁) 773
이복근(李復根) 778
이석구 119
이석용(李錫庸) 809
이석이(李石伊) 777
이석이(李錫伊) 806
이선구 184
이성근(李聖根) 775
이성덕(李聖德) 768
이성용(李成用) 779
이성재(李成在) 755
이성태 183
이성팔(李聖八) 120
이세창(李世昌) 797
이소사(李召史) 753
이수탁 184
이수흥(李壽興) 829, 184, 186
이시다 에이이치로(石田英一郎) 166
이억준(李億俊) 819
이여숭(李汝崇) 788
이영배(李永培) 36
이와이 게이타로(岩井敬太郎) 117
이완보(李完甫) 748, 754
이완용(李完用) 749, 766~783, 791~794
이용석(李龍石) 808
이용손(李龍孫) 766
이원오(李元吾) 783
이윤명(李允明) 765
이은찬(李殷贊) 758
이응수(李應洙) 820
이의준(李義俊) 829
이인영(李麟榮) 763

이인준(李仁俊) 815
이재명(李在明) 796
이재화(李在化) 800
이정규 183
이정서(李貞瑞) 817
이정식(李定植) 788
이정하(李鼎夏) 165
이제우(李濟宇) 833
이종립 139
이중백(李仲伯) 782
이진룡(李鎭龍) 811
이진무(李振武) 834
이진택(李珍澤) 826
이창덕(李昌德) 814
이창선(李昌善) 791
이춘섭(李春涉) 826
이치옥(李致玉) 752
이태인(李泰仁) 764
이태화(李泰華) 827
이판능(李判能) 166
이한성(李汗成) 758
이한익(李漢翼) 817
이황룡(李黃龍) 784
임국정(林國禎) 816
임도돌(林道乭) 786
임도유(任道有) 757
임성화(林聖和) 801
임세규(林世圭) 815
임세묵 764
임소사(林召史) 802
임영화(林永化) 786
임용대(林容大) 120
임윤팔(林允八) 782
임익상(林翊相) 790

임춘서(林春瑞) 754
임하중(林夏仲) 793
임한수(林漢水) 799

ㅈ

장계종(張桂宗) 793
장남섭(張南燮) 130
장두량(張斗良) 130
장봉학(張鳳鶴) 130
장엄전(張嚴全) 800
장윤삼(張允三) 753
장인초(張仁初) 796
장태칠(張台七) 130
장학이(張鶴伊) 756
전기선 119
전성범(全聖範) 800
전일(全一) 164
전재일(全在一) 164
전학수(田學秀) 831
전협(全協) 165
정경태(鄭敬泰) 803
정기선(鄭基善) 779
정기찬(鄭寄贊) 792
정낙중(鄭洛仲) 774
정석만(鄭錫萬) 752
정석숭(鄭錫崇) 806
정세창(鄭世昌) 805
정영운(鄭永雲) 776
정용대(鄭用大) 771
정운준(鄭雲俊) 835
정원국(鄭元局) 758
정윤협(鄭允峽) 757
정일국(鄭一國) 767

정재근(鄭在根) 759
정재윤(鄭在潤) 191
정정근(鄭正根) 752
정찬도(鄭贊道) 165
정처중(鄭處重) 766
정춘서(鄭春瑞) 800
정홍준(鄭弘俊) 800
정흥대(鄭興大) 755
조경술(曺敬述) 763
조동율 139
조병옥(趙炳玉) 184
조영환(趙永煥) 789
조운식(趙雲植) 779
조운이(趙云伊) 764
조정인(趙正仁) 754
조진탁(曺振鐸) 822
조창룡(趙昌龍) 823
조창선(趙昌善) 823
조창순(趙昌淳) 766
조한용(趙漢用) 191
주요한(朱耀翰) 184
주현갑 139
지연호 139
진병기(陳秉基) 129

ㅊ

차연욱(車連旭) 788
채경옥(蔡京鈺) 824
채기중(蔡基中) 815
천순호(千順浩) 778
최경학(崔敬鶴) 815
최경호(崔京鎬) 825
최인해(崔寅海) 49, 51, 54

최문옥(崔文玉) 762
최산흥(崔山興) 780
최성천(崔聖天) 797
최시흥(崔時興) 826
최양옥(崔養玉) 184
최영순(崔永淳) 813
최용성(崔龍成) 764
최원택 183
최일엽(崔日燁) 814
최효일(崔孝一) 833
추삼만(秋三萬) 773

ㅍ

편군선(片君善) 773

ㅎ

한명만(韓命萬) 750, 798
한문선(韓文先) 761
한상호(韓相浩) 816
한성호(韓聖浩) 762
한수만(韓壽萬) 809
한용운 184
한용운(韓龍雲) 184
한정만(韓貞萬) 807
한창렬(韓昌烈) 753
한화녀(韓花女) 793
함태영(咸台永) 117
허복순(許福享) 799
허위(許蔿) 751
허헌 184
호리에 세이지로(掘江淸次郞) 108
홍명희(洪命熹) 184

홍순종(洪順鍾) 758
홍진항 119
홍학순(洪學淳) 834
황봉신(黃鳳信) 812
황봉운(黃鳳雲) 812
황순팔(黃順八) 791

황옥(黃鈺) 183
황준성(黃俊聖) 783
황학봉(黃學奉) 831
후지무라(藤村) 113
후카자와(深澤) 38, 122
히지야(泥谷) 78

| 기타색인

ㄱ

가석방심사규정 60
간도공산당 183, 184, 194, 205
간수교습소 441, 536
간수 선발 19
간수연습소 134
감옥관제 28, 131, 134, 135, 410~412, 416, 422, 430, 535
감옥령시행규칙 64, 223~235, 259, 260, 264, 303, 308~311
감옥법 18, 21, 22, 39, 42~44, 46, 47, 49, 52, 53, 223~225, 243, 245~247, 252, 254, 331, 332, 352, 358, 430, 432, 441, 481, 498, 507, 649
감화원 38, 50, 144, 287, 315, 318, 319
강릉분감 24, 78, 404, 426
강릉분소 127
강릉형무소 24, 79, 80
개성대성회 523, 528, 531, 533
개성소년감 76, 77
개성소년형무소 32, 127, 141, 186, 197, 328, 414, 437, 498, 502, 503, 504, 536, 538, 728
경기항소원 416
경성감옥 414, 416, 419, 422, 430, 437, 498, 535, 746, 748, 749, 755~769, 771~773, 775~777, 779, 781, 785, 789, 791, 792, 794, 798, 800~804
경성구치감 431
경성구호회 507, 512, 528, 531, 533
경성분감 404
경성형무소 26, 33, 57, 58, 108, 111, 112, 130, 140, 164~166, 172, 208, 217, 324, 325, 327, 338, 339, 396, 537, 538, 725, 727, 733, 736, 740
경주감옥 419
경찰법처벌규칙 57
공명단(共鳴團) 사건 184
공주감옥 73, 76, 77, 416~418
공주관업원(公州慣業院) 507, 513
공주지방법원 100, 101, 114
공주형무소 26, 43, 115, 128, 140, 167, 213, 324, 326~329, 334~336, 537, 725, 728, 733, 736, 740
관찰소장회의 141
광복단 130
광주감옥 73, 76, 411, 413, 416, 422, 424, 431, 770, 779, 780, 784, 788
광주유린회 521, 529, 532, 534
광주형무소 31, 106, 107, 134, 140, 176, 324, 326, 327, 329, 332, 333, 411, 412, 466, 538, 726, 728, 735, 737, 742
광주형무소 소록도지소 412

교정원 50, 137, 144, 287, 315, 318~320
교회사 124, 241, 269, 270, 303, 351, 367, 370, 480, 481, 483, 496, 535, 583, 584, 607, 648, 722, 723, 724, 725, 726, 727
구마모토(熊本)형무소 97
구재판소 69, 70
구치감 18, 23, 25, 26, 74, 75, 90~92, 95, 98, 99, 100, 105, 143, 151, 213, 225~227, 237, 242, 321, 374, 404, 412, 418, 419, 422, 431, 433, 537
국제감옥회의 50
군산분감 411, 413, 428, 536
군산분소 128
군산성지회 507, 523, 529, 533, 534
군산형무소 172, 177
금산포분소 128
금산포선린회 517, 528, 532
금산포지소 → 평양형무소 금산포지소 140, 324, 326, 327, 538, 725, 728, 734, 737, 741
기유각서 17, 18, 718, 749
김천감옥 76
김천분소 128
김천소년형무소 24, 86, 141, 328, 415, 437, 498, 536, 538, 728

ㄴ

나병환자 26, 106, 115, 328, 336
누진준비회 270, 281, 282, 291, 298, 303, 308, 309

ㄷ

대구감옥 415, 424, 431, 498, 746, 750, 755~758, 759~765, 768, 773, 774, 776~778, 780~784, 786, 787, 789, 790, 792~794, 796~807, 809, 811, 815, 817
대구상성회 507, 519, 529, 532, 533
대구항소원 416
대구형무소 31, 110, 129, 140, 141, 185, 202, 312, 313, 324, 326, 327, 409, 538, 726, 728, 734, 737, 742, 835
대구형무소 안동지소 409
대동단사건 165
대본교(大本敎) 162, 166
대사령(大赦令) 168, 535
대전감옥 21, 23, 37, 73, 431, 437, 536
대전자강회 514, 528, 531, 533
대전형무소 24~26, 31, 32, 89, 90, 92, 98, 113, 114, 128, 140, 188, 191, 195, 204, 324, 326, 327, 329, 537, 538, 725, 728, 733, 736, 741
대전형무소 청주지소 140, 324, 326, 327, 329, 537, 538, 725, 728, 733, 736, 470
《대한매일신보》 17, 35, 36, 67~71, 117~121, 147
《대한제국관보》 746
도망범죄인인도조례 237
독감방 18, 24, 79, 80, 89, 96
독거방 25, 80, 81, 92, 93, 269, 295, 436, 649
《동아일보》 17, 19, 47~49, 51, 54~57, 60, 76, 80~82, 84~85, 86, 88, 90, 92~99, 102, 107, 114, 126~128, 131~133, 135, 136, 155, 156, 158, 162, 163, 170, 172~178, 180, 181, 183, 188, 191~193, 195~199, 201, 202, 203, 206, 209, 211~214, 217

ㅁ

마산갱생회 520, 529, 532, 533

마산분소 127
마산지소 115, 140, 324, 326, 410, 538, 726, 728, 734, 737, 742
마산형무소 30, 105, 171, 466, 537
마포감옥 23, 72
《매일신보》 17, 19, 36~43, 45, 46, 59, 61, 64~66, 71~75, 77~79, 83, 86, 87, 89, 91~94, 100~105, 108, 109, 111~113, 115, 121~126, 130, 132, 134, 138, 140~145, 148, 149, 150~152, 154, 160~162, 171, 173, 179, 185, 186, 188, 190, 200, 207, 209, 217, 218
맹혈단(猛血團) 747
면수보호 19, 135, 138, 161, 179, 507, 535
목포분감 411, 412
목포성미회 522, 529, 532, 534
목포형무소 24, 87, 128, 141, 324, 326, 412, 538, 726, 728, 735, 738, 743
목포형무소 제주지소 45

ㅂ

범죄와 형벌 56
병동형무소 18, 25, 103
보건기사 270, 337, 466, 475, 536, 607, 706
보건기수 270, 337, 466, 475, 536, 641, 648, 725, 726
보안법 19, 57, 151, 168, 192, 815~817, 822
보호관찰소 63
보호관찰심사회 63
보호주의 58
본원사 483
부산보성회 507, 520, 524, 529, 532
《부산일보》 17, 72, 73, 79, 82, 106, 107, 110, 114, 115, 150, 170~172, 187, 197, 204, 210, 218
부산형무소 26, 30~32, 114, 115, 140, 170, 172, 196, 324, 326, 327, 410, 411, 466, 538, 726, 728, 734, 737, 742
부산형무소 마산지소 115, 140, 324, 326, 410, 538, 726, 728, 734, 737, 742
부산형무소 진주지소 140, 324, 326, 411, 538, 726, 728, 735, 737, 742

ㅅ

사법보호의 날 507, 509~511
사상범 18, 19, 22, 24, 25, 31, 57, 58, 60, 61, 63, 66, 80~84, 86, 88, 91, 92, 94, 96, 97, 99, 135, 177, 180, 183, 185, 191, 193, 195, 198, 199, 204, 210, 211, 213, 306, 327, 400, 438, 506, 541, 616, 634
사상범보호관찰제도 506
사상형무소 83, 97
사형폐지론 56
삼림령 38, 57, 187
삼화부 72
서대문 19, 24, 26, 27~30, 33, 46, 73~75, 80, 81, 86, 88, 90~93, 95, 99, 100, 105, 109~113, 115, 121, 122, 124, 125, 132, 136, 138, 139, 140, 150~152, 154, 159, 160, 163, 164, 172, 180, 191, 194, 200, 202, 204, 206, 208, 210, 211, 213, 215, 217
서대문감옥 29, 30, 33, 74, 75, 86, 125, 150~152, 154, 211, 418, 430, 431, 437, 441, 535, 750, 805, 806, 808, 811, 812, 813, 815, 816, 820, 823
서대문형무소 24, 26, 33, 46, 81, 86, 88,

90~93, 95, 99, 105, 109~113, 115, 132, 138~140, 163, 172, 180, 191, 194, 200, 202, 204, 206, 208, 210, 211, 213, 215, 217, 398, 399, 419, 422, 430, 431, 448, 478, 481, 498, 537, 541, 553, 556, 604, 624~628, 642, 664, 677, 727, 733, 736, 740, 824, 825, 828, 830, 831, 833, 834, 835

서대문형무소 춘천지소 138, 324, 325
서대문형무소직원교우회 399
서흥보전회 518, 529, 532, 533
서흥분소 128
서흥지소 → 해주형무소 서흥지소 140, 324, 326, 408, 538, 726, 728, 734, 737, 742
석방자 보호사업 41, 44, 717
소년감옥령 76
소년감화사업시설 144
소년보호사 315, 317~320
소년심판소 137, 317~321
소년형무소 18, 25, 26, 59, 62, 86, 87, 95, 96, 100~102, 104, 106, 107, 112, 137, 144, 146, 171, 173, 178, 187, 201, 203, 215, 217, 314, 324, 326~328, 334, 409, 431, 481, 498, 538
소록도 18, 26, 103, 106, 107, 115, 141, 214, 298, 324, 326, 328, 411, 440, 466, 475, 497
소록도 갱생원 103, 106
소록도형무소 33, 214, 466
소요사건 151, 162, 438
소작조정령(小作調停令) 25, 96
수인자치제(囚人自治制) 50
신분장부 254, 257, 273, 282, 291, 293, 342~344, 356, 364, 365, 367, 370, 375, 377~379, 388, 611, 619, 620, 644, 645, 653, 657
신분장부(身分帳簿) 240, 342, 355
신의주감옥 23, 31, 71, 173

신의주자제회 517, 528, 532, 533
신의주형무소 32, 127, 140, 173, 190, 324, 326, 407, 538, 728, 734, 737, 741

ㅇ

안동분소 127
안동신유박애회 519
안동지소 140, 324, 326, 409, 538, 726, 728, 734, 737, 742
약제사 465, 466, 475, 535, 607, 722~724, 727
연무장 26, 114, 444, 580
영등포감옥 73
영등포분감 73, 427, 535
영등포형무소 45, 79, 437, 536
영흥학교 144
외국선박승조원의 체포 유치에 관한 원조법 237
용산방 71
원산양보회 515, 528, 532, 533
원산지소 → 함흥형무소 원산지소 140, 324, 326, 327, 329, 386, 405, 538, 725, 728, 734, 736, 741
원산형무소 32, 33, 80, 198, 205
유년감옥 24, 28, 38, 75~77, 78, 126
은사령 151, 164, 167, 535, 536, 537
의열단 183
의주분감 73, 407, 425, 431, 437, 535
이사청 감옥 405, 410
이와쿠니(岩國)감옥 75
이와쿠니감옥 75
인천구호원 507, 508
인천분감 426, 431, 437, 507, 536
인천소년형무소 26, 104, 107, 111, 113, 141, 324, 326, 327, 414, 431, 437, 537, 538, 728

ㅈ

작업상여금 229, 245, 246, 256, 257, 262, 268, 277~279, 282, 293, 299, 300, 301, 307, 308, 311, 400, 618, 644, 649, 716, 717
전옥서 416, 418, 419, 422
전조선형무소장 회의 404
전주유종회 522, 529, 532, 534
전주형무소 24, 32, 82, 128, 141, 175, 198, 324, 326, 327, 329, 413, 538, 726, 728, 735, 738, 743
전주형무소 군산지소 413
정미조약 16
정치에 관한 처벌 57
제주분감 428
조선감옥령 42, 223~225, 342, 374, 375, 430, 535, 651
조선감옥령시행규칙 223, 235, 259, 260, 264
조선사상범보호관찰령 717, 719
조선소년령 223, 224, 314
『조선의 행형제도』 223, 395, 396
조선총독부 16, 17, 19, 20, 37, 39, 45, 131, 135, 223, 315, 317, 318, 323, 324, 339~341, 343, 390~394
조선총독부 간수채용규칙 535
조선총독부 감옥관제 430, 535
《조선총독부관보》 746, 747, 749, 750, 795~836
『조선총독부통계연보』 717
조선치형협회 222, 536, 537
《조선치형휘보》 536
조선행형교육규정 481, 537
조선행형누진처우규칙 223, 224, 263, 272
『조선형무제요』 221, 222, 224, 225, 323
종로구치감 23, 74, 75, 151, 418, 419, 422, 535, 536

중국공산당 간도총국 139
즉결사건 123
진남포분감 72, 536
진남포장선원 516, 528, 532, 533
진남포지소 → 평양형무소 진남포지소 406, 538
진주부액관 521, 529
진주지방 100, 101
진주지소 140, 324, 326, 411, 726, 728, 735, 737, 742
진주형무소 26, 114
징벌주의 58

ㅊ

책부제도 47
청주분감 448
청주분소 127
청주지소 → 대전형무소 청주지소 140, 324, 326, 327, 329, 537, 725, 728, 733, 736, 740
청주형무소 32, 33, 113, 197, 210
청진분감 73, 404, 405
청진제성회 515, 528, 532, 533
청진형무소 25, 26, 32, 94, 96, 108, 128, 140, 164, 190, 324, 326, 327, 329, 339, 341, 405, 538, 725, 728, 734, 737, 741
춘천동포회 507, 512, 528, 531, 533
춘천분감 69, 427
춘천분소 128
출판법 57, 162, 168
충북유린회(忠北有隣會) 507, 513, 528, 531, 533
치안유지법 57, 63, 100, 101, 162, 174, 180, 191, 192, 208, 211, 237, 315, 719, 829~835
치외법권 36
치형협회 222, 396, 537

ㅌ

탈옥 16, 67, 568, 577, 602
태평동출장소 430, 535, 536
태형 21, 27, 38, 74, 122~124, 225, 345, 380, 381, 420, 438, 536
통감부 감옥관제 410~412, 535
『통감부통계연보』 716
특수형무소 26, 106, 107

ㅍ

평양감옥 대흥부출장소 429, 766, 770, 771, 775, 778, 787, 788, 791
평양유항회 516, 528, 532
평양지방법원 93, 129, 813, 814
평양항소원 416
평양형무소 25, 28, 32, 93, 95, 101, 102, 129, 134, 140, 167, 195, 206, 324, 326, 327, 406, 407, 538, 725, 728, 734, 737, 741, 747, 823~829, 831~836
평양형무소 금산포지소 140, 324, 326, 327, 538, 725, 728, 734, 737, 741
평양형무소 대흥부(大興部)출장소 101
평양형무소 진남포지소 140, 324, 326, 406, 538, 725, 728, 734, 737, 741

ㅎ

한센병 18
한일신협약 19, 35
함흥감옥 73, 78, 405, 416, 422, 429, 431
함흥박인회 514, 528, 532, 533
함흥형무소 25, 31~33, 45, 80, 97, 102, 127, 140, 161, 179, 187, 190, 191, 198, 205, 213, 324, 326, 327, 329, 386, 404, 405, 538, 725, 728, 733, 736, 741
함흥형무소 강릉지소 45
함흥형무소 원산지소 140, 161, 324, 326, 327, 329, 386, 405, 538, 725, 728, 734, 736, 741
해주감옥 30, 154, 208
해주제미회 518, 529, 532, 533
해주형무소 128, 133, 140, 208, 324, 326, 327, 408, 538, 726, 728, 734, 737, 742
해주형무소 서흥지소 140, 324, 326, 408, 538, 728, 726, 734, 737, 742
행형과 61, 81, 83, 86, 89, 91, 99, 157, 158, 171, 176, 178, 186, 190, 193, 203, 206, 210, 218, 222, 396, 416, 466, 716
행형누진처우규칙 64
행형누진처우령 60
행형누진처우제 19, 298
형무관연습소 388, 441~443, 537, 704
형무관회의 265, 267, 270, 271, 274, 277, 282, 283, 291
형무소장 회의 18, 21, 22, 28, 41~43, 60, 61, 64, 65, 80, 83, 84, 91, 115, 130, 133, 135, 141, 173, 222
형사보상법 96
형사소송법 39, 42, 130
형사피고인 30, 52, 56, 148~150, 156, 157, 161, 162, 170, 189, 192~197, 199~202, 204, 212, 214, 217, 218
홍제정 26, 109, 110, 112
《황성신문》 17, 18, 35, 36, 67~70, 117~121, 147
효창원 71

동북아역사재단 일제침탈사 자료총서 10
정치편

행형제도 감옥(1)
식민지 감옥의 설치와 운영

초판 1쇄 인쇄 2021년 12월 20일
초판 1쇄 발행 2021년 12월 31일

기획 | 동북아역사재단 일제침탈사 편찬위원회
편역 | 이종민 · 박경목 · 이승윤
펴낸이 | 이영호
펴낸곳 | 동북아역사재단

등록 | 제312-2004-050호(2004년 10월 18일)
주소 | 서울시 서대문구 통일로 81 NH농협생명빌딩
전화 | 02-2012-6065
팩스 | 02-2012-6189
홈페이지 | www.nahf.or.kr
제작 · 인쇄 | (주)동국문화

ISBN 978-89-6187-694-0 94910
      978-89-6187-693-3 (세트)

• 이 책은 저작권법으로 보호를 받는 저작물이므로 어떤 형태나 어떤 방법으로도 무단전재와 무단복제를 금합니다.
• 책값은 뒤표지에 있습니다. 잘못된 책은 바꾸어 드립니다.